자유롭고, 아름다운 음악 창작을 위한

Logic Pro 9 입문편

DIGITAL BOOKS
www.digitalbooks.co.kr

자유롭고, 아름다운 음악 창작을 위한

Logic Pro 9 입문편

| 만든 사람들 |

기획 _ IT · CG 기획부
진행 _ 신민정
집필 _ 최인영
편집디자인 _ 홍진옥

| 책 내용 문의 |

도서의 내용에 대한 궁금한 사항이 있으시면,
저자의 이메일이나 디지털북스 홈페이지의 게시판을 통해서 해결하실 수 있습니다.
• 저자 E-mail _ pfian@naver.com
• 디지털북스 홈페이지 _ www.digitalbooks.co.kr

| 각종 문의 |

영업 관련 _ hi@digitalbooks.co.kr
기획 관련 _ digital@digitalbooks.co.kr
Tel _ 02-447-3157~8

어딘가 다다르고자 할 때
도구가 필요합니다.

도구를 다루기가 어려워서,
아름답고 자유로운 마음을 접으면 안 되니까.

이런 것 쯤.
우습다는 듯.
습득하시길 바랍니다.

인생은 알 수 없고,
사랑은 수수께끼 같은 것

로직을 배우고,
쇼를 즐겨요.
(Just enjoy the Show)

엇갈림 속의 긴 잠에서 깨면
주위엔 아무도 없고,

묻지 않아도 알 수 있는
그곳에 가려고 하는 이들에게

이 책을 선물합니다.

contents

PART 01 시스템과 로직

Chapter 1. 로직 소개 ································· **18**

1. 로직의 역사 ························· 18
2. 로직의 특징 ························· 18
3. 로직의 종류 ························· 19

Chapter 2. 오디오와 미디 장비 ················· **20**

1. 컴퓨터(Computer) ··················· 20
2. 오디오 인터페이스(Audio Interface)········ 22
3. 미디 인터페이스(Midi Interface)········· 25
4. 키보드(Keyboard) ··················· 26
5. 스피커, 헤드폰(Speaker, Headphone) ····· 27
6. 마이크(Microphone) ················· 27
7. 믹서(Mixer) ······················· 28
8. 케이블(Cable) ····················· 29

Chapter 3. 시스템의 연결 ···················· **32**

1. 맥북과 오디오 카드, 키보드, 마이크, 스피커(헤드폰) 연결················· 32
2. 아이맥과 오디오 카드, 키보드, 믹서, 마이크, 스피커(헤드폰) 연결 ········ 33

Chapter 4. 로직의 설치와 실행 ················· **34**

1. 오디오 인터페이스 설치 ··············· 34
2. 로직 설치 ························· 36
3. 로직 실행 ························· 38
4. 프로젝트 열고 닫기 ················· 39

PART 02 둘러보기

Chapter 1. 어레인지 윈도우(Arrange Window) ······ 44

1. 어레인지 윈도우 기본 화면 살펴보기 ······ 44

2. 툴바(Tool Bar) ······ 46

3. 어레인지 편집창 ······ 48

4. 인스펙터(Inspector) ······ 50

5. 트랜스포트바(Transport Bar) ······ 52

6. 노트(Notes), 리스트(Lists), 미디어(Media) 영역 ······ 54

Chapter 2. 편집창(Editor Areas) ······ 56

1. 믹서(Mixer) ······ 56

2. 샘플 에디터(Sample Editor) ······ 58

3. 피아노롤(Piano Roll) ······ 59

4. 스코어(Score) ······ 60

5. 하이퍼 에디터(Hyper Editor) ······ 61

PART 03 기본 기능 살펴보기

Chapter 1. 탐색 기능(Navigate) ······ 64

1. 스크롤(Scroll) ······ 64

2. 확대, 축소(Zoom) ······ 66

3. 플레이헤드(Playhead) 움직이기 ······ 72

Chapter 2. 재생 기능(Play) ·································· **73**

  1. 재생(Play)하기 ···································· 73

  2. 싸이클 모드(Cycle Mode) ························ 77

  3. 솔로 모드(Solo Mode) ·························· 80

Chapter 3. 툴 활용하기(Tools) ························· **84**

  1. 툴의 종류 ······································· 84

  2. 사용 툴 변경하기 ································ 86

  3. 커맨드 툴 사용하기 ····························· 87

  4. 포인터 툴 활용하기 ····························· 91

PART 04

프로젝트 만들기

Chapter 1. 프로젝트 설정(Project Setup) ·············· **96**

  1. 새로운 프로젝트 만들기 ························· 96

  2. 프로젝트 설정 ·································· 98

  3. 프로젝트 저장하기 ······························ 100

  4. 개러지밴드 프로젝트 불러오기 ·················· 102

Chapter 2. 트랙 다루기(Working with Tracks) ········· **104**

  1. 새로운 트랙 만들기 ····························· 104

  2. 트랙 아이콘 변경하기 ··························· 108

  3. 트랙 이름 설정하기 ····························· 110

  4. 트랙 지우기 ···································· 111

  5. 트랙 이동하기 ·································· 112

  6. 트랙 버튼 ······································ 112

Chapter 3. 소프트웨어 악기 불러오기(Software Instruments) ··· **113**

1. 라이브러리에서 악기 불러오기 ·········· 113

2. 채널 스트립으로 불러오기 ·········· 116

3. 로직의 소프트웨어 악기 불러오기 ·········· 118

Chapter 4. 애플 루프 불러오기(Apple Loops) ························ **119**

1. 애플 루프(Apple Loops)란 ·········· 119

2. 루프 브라우저(Loop Browser) ·········· 120

3. 애플 루프 불러오기 ·········· 124

Chapter 5. 기초적인 리전 편집(Edit Region) ················· **127**

1. 리전을 루프시키기 ·········· 127

2. 리전을 이동, 복사, 편집하기 ·········· 130

PART 05

미디 레코딩과 편집

Chapter 1. 미디 레코딩(Recording MIDI) ················· **140**

1. 미디(MIDI)란 ·········· 140

2. 처녀 레코딩 ·········· 141

3. 메트로놈 설정 ·········· 146

Chapter 2. 피아노롤(Piano Roll) ················· **149**

1. 피아노롤 살펴보기 ·········· 149

2. 노트의 이동과 복사 ·········· 150

3. 노트의 음정과 길이 ·········· 152

4. 노트의 세기(Velocity) ································· 155

5. 퀀타이즈(Quantize) ································· 157

6. 스냅(Snap) ································· 165

7. 하이퍼드류(Hyper Drew) ································· 168

Chapter 3. 인스펙터창의 활용(Inspector) ················· **173**

1. 인스펙터창에서 퀀타이즈하기 ················· 173

2. 트랜스포지션(Transposition) ················· 176

3. Q-Strength ················· 178

4. 리전 파라미터의 여러 가지 기능 ················· 179

Chapter 4. 미디 레코딩 옵션(Recording Options) ················· **182**

1. 미디 레코딩의 기본 옵션으로 레코딩하기 ················· 182

2. 리전을 합쳐가며(Merge) 레코딩하기 ················· 183

3. 싸이클 모드에서 레코딩하기 ················· 184

4. Midi Thru 기능 ················· 185

5. 스텝 인풋 레코딩 ················· 186

6. Capture as Recording ················· 188

7. Record Repeat ················· 189

Chapter 5. 그 밖의 미디 입력과 편집 ················· **190**

1. 여러 가지 툴 활용하기 ················· 190

2. 스코어 에디터(Score Editor) ················· 195

3. 이벤트 리스트(Event List) ················· 199

4. 링크 모드(Link Mode) ················· 202

5. Alias ················· 204

6. Bounce in place ················· 205

7. 리전 다듬기 ················· 207

PART 06 오디오 레코딩과 편집

Chapter 1. 오디오 레코딩(Recording Audio) ······· **212**

1. 오디오 설정 ······· 212
2. 오디오 레코딩 ······· 214
3. 멀티테이크 레코딩 ······· 218
4. 멀티트랙 레코딩 ······· 226
5. Punching on the Fly ······· 228
6. Autopunch ······· 230
7. 모니터링(Monitoring) ······· 232
8. 채널 스트립 ······· 234
9. 플러그인 ······· 237
10. 로우 레이턴시 모드(Low Latency Mode) ······· 240
11. 리버브(Reverb) 사용하기 ······· 240
12. 인풋/아웃풋 채널 이름 설정 ······· 245
13. 아웃풋 미러링 ······· 246

Chapter 2. 오디오 편집(Editing Audio) ······· **247**

1. 페이드(Fade) ······· 247
2. 비트 디텍션(Beat Detection) ······· 251
3. 비트 매핑(Beat Mapping) ······· 255
4. 타임 스트래칭(Time Stretching) ······· 258
5. 플렉스(Flex) ······· 259
6. 스윙퀀타이즈 ······· 262
7. 샘플 에디터(Sample Editor) ······· 264
8. 오디오 빈(Audio Bin) ······· 266

PART 07 소프트웨어 악기와 기타 앰프

Chapter 1. 외부 소프트웨어 악기 사용(External Software Instrument) ······ **272**

1. 외부 소프트웨어 악기 불러오기 ······ 272

2. 멀티팀벌 트랙 만들기 ······ 275

3. Aux 트랙으로 멀티아웃 보내기 ······ 276

Chapter 2. 울트라비트(UltraBeat) ······ **279**

1. 프리셋 불러오기 ······ 279

2. 패턴 만들기 ······ 281

3. 트랙으로 가져오기 ······ 288

Chapter 3. 앰프 디자이너와 페달보드(Amp Designer & Pedalboard) ······ **290**

1. 앰프 디자이너 ······ 290

2. 페달보드 ······ 294

PART 08

트랙 활용과 트랜스포트바

Chapter 1. 트랙 활용(Working with Track) ································· **298**

1. 트랙 헤더 설정 ································· 298

2. 프리즈(Freeze) 기능 ································· 299

3. 하이드(Hide) 기능 ································· 300

4. 트랙 재설정하기(Reassign Track) ································· 301

5. 메트로놈 트랙 만들기 ································· 302

Chapter 2. 글로벌 트랙(Global Track) ································· **305**

1. 마커(Marker) 만들기 ································· 305

2. 마커 변경, 삭제하기 ································· 307

3. 마커 간의 이동과 재생 ································· 309

4. 시그너처 트랙(Signature Track) ································· 310

5. 템포 트랙(Tempo Track) ································· 312

Chapter 3. 트랜스포트바(Transport Bar) ································· **314**

1. 포지션(Position) ································· 314

2. 디비전 & 그리드(Division & Grid) ································· 315

3. 디스플레이 옵션(Display Option) ································· 316

4. 사용자화(Customize) ································· 317

PART 09 오토메이션과 믹싱

Chapter 1. 오토메이션(Automation) ·········· **320**

1. 트랙 오토메이션 만들기 ·········· 320
2. 오토메이션 선택, 편집하기 ·········· 322
3. 다양한 오토메이션 ·········· 324
4. 오토메이션 레코딩 ·········· 326

Chapter 2. 믹싱(Mixing) ·········· **328**

1. 믹서 ·········· 328
2. 볼륨과 팬 ·········· 331
3. 그룹 만들기 ·········· 334
4. Aux(Auxiliary) 채널 ·········· 335
5. Bus ·········· 339
6. Aux와 Bus의 활용 ·········· 341
7. EQ(Equalizer) ·········· 348
8. 컴프레서(Compressor) ·········· 352
9. 리버브(Reverb) ·········· 355

Chapter 3. 바운스(Bounce) ·········· **357**

1. 프로젝트 바운스(Bounce) ·········· 357
2. 멀티트랙 익스포트(Export)하기 ·········· 361
3. 미디 파일로 익스포트하기 ·········· 363

PART 10 사용자 환경 최적화와 동영상 불러오기

Chapter 1. 단축키 활용(Key Commands) ···················· 366
1. 단축키 창 불러오기 ·· 366
2. 단축키 창의 기본적인 기능 ······························· 366
3. 단축키 지정, 변경하기 ···································· 368
4. 단축키 관리하기 ·· 369

Chapter 2. 스크린셋(Screen Set) ························· 370
1. Screen Set 설정하기 ····································· 370
2. Screen Set 이름 변경하기 ······························· 371
3. Screen Set 복제하기 ····································· 372

Chapter 3. 템플릿(Template) ···························· 373
1. Template 활용하기 ······································· 373
2. 나만의 Template 만들기 ·································· 375

Chapter 4. 동영상 불러오기(Importing Movies) ··········· 377
1. 동영상 불러오기 ·· 377
2. 동영상 재생하기 ·· 377
3. 동영상의 오디오 추출하기 ································· 379
4. 동영상 내보내기 ·· 379
5. 설정 변경하기 ·· 380

시스템과 로직

Chapter 1. 로직 소개
Chapter 2. 오디오와 미디 장비
Chapter 3. 시스템의 연결
Chapter 4. 로직의 설치와 실행

로직(Logic) 소프트웨어에 대한 전반적인 설명과 로직을 사용하기 위해 기본적으로 갖추어야 할 시스템에 대해 알아보겠습니다. 맥 컴퓨터를 처음 접하거나, 로직을 처음 접하는 분들에게는 중요하면서도 생소한 내용일 수 있으므로 쉽게 풀어서 설명해보겠습니다.

로직 소개

로직(Logic)은 Apple사에서 개발, 판매하고 있는 Mac용 DAW(Digital Audio Workstation)입니다. DAW(Digital Audio Workstation)란 컴퓨터와 오디오 장비를 이용해서 미디와 오디오의 녹음, 편집, 믹싱 등 음악을 기록하고 편집, 출력하는데 필요한 기능을 제공하는 프로그램을 뜻합니다. 로직은 프로페셔널 퀄리티 음원을 제작하기 위한 모든 기능들을 갖추고 있고, 그 외 음악관련 프로그램을 패키지로 제공하여 (Logic Express 버전에서는 제공하지 않음) 확장된 작업환경을 제공합니다.

마이크로소프트사의 윈도우 환경을 지원하는 큐베이스(Cubase), 누엔도(Nuendo), 소나(Sonar)와 같은 프로그램들 또한 같은 계열의 DAW 프로그램입니다. 근래 들어 오디오 녹음과 편집에 특화되어 스튜디오에서 표준처럼 사용되던 프로툴(Protools) 또한 하드웨어 제약을 없애면서 DAW 시장에 뛰어들고 있습니다.

1. 로직의 역사

로직은 1980년대 중반 독일의 C-LAB이라는 회사에서 만든 'Supertrack' 이라는 프로그램이, Atari ST에서 작동하는 'Notator' 라는 획기적인 미디 편집 프로그램으로 발전되면서부터 시작됩니다. 당시 만들어진 그래픽 구조의 편집 형식과 다양한 미디 정보를 한 눈에 보여주는 에디터 방식은, 현재의 피아노 롤(Piano roll), 이벤트 리스트(Event list) 등 현재 활용도가 높은 미디 편집 방식의 시초를 만들어냈습니다. 'Logic' 이라는 이름으로 제품이 출시된 것은 1993년 Notator의 핵심 개발자들이 별도의 회사인 Emagic사를 만들면서 부터입니다. 당시에는 맥용과 윈도우용을 모두 개발하여 내놓았었는데, 2002년 Apple사가 Emagic사를 인수하면서 Logic 6 버전부터 맥전용 프로그램으로 출시되었고, 현재의 Logic 9 버전까지 같은 방식으로 개발되어 오고 있습니다.

2. 로직의 특징

○ 운영체제의 안정성, 하드웨어와의 뛰어난 연동

윈도우 기반에서 음악 작업을 조금이라도 해봤던 사용자라면, 잦은 오류로 고생해본 경험을 누구나 가지고 있을 것입니다. 대다수의 윈도우 유저들이 맥 기반 시스템을 꿈꾸는 첫 번째 이유가 바로 안정성일 것입니다. 바이러스의 위험과 응용 프로그램들의 불안정한 뒤틀림에 대해 자유롭고, 작업환경에 대한 신뢰감을 가질 수 있다는 것은 아주 커다란 장점입니다. 아포지(Apogee)사의 오디오 인터페이스처럼 맥전용 하드웨어와의 연동 또한 수준 높은 작업환경과 편리함을 동시에 제공하는 맥 시스템의 장점이라 할 수 있을 것입니다.

● 올인원(All-in-One) 타입의 편리한 작업환경 제공

로직에는 장르별로 다양한 음원 라이브러리들과, 신디사이저, 애플 루프, 플러그인들이 모두 들어 있습니다. 그러므로 별도의 프로그램 없이도 일정 수준 이상의 작업을 해낼 수 있고, 패키지로 제공되는 프로그램을 통해 다양한 음악 활동을 지원받을 수 있습니다. 이러한 올인원 환경은 별도의 소프트웨어 가상악기 설치가 어려운 초보자이거나, 맥북을 이용해 빠르고 간단하게 작업을 해야 하는 유저에게 더욱 더 매력적일 수 있습니다.

● 맥 기반 기기들과의 호환성

프로 뮤지션의 경우 스튜디오와의 연동 작업이 많을 수밖에 없기 때문에, 대부분의 스튜디오에서 사용하고 있는 프로툴과의 연계는 아주 중요한 부분입니다. 아무래도 같은 운영체제 안에서 구동되는 프로그램이니만큼 여러 가지 연결고리를 가지고 소통할 수 있는 기회가 주어진다는 것 또한 장점이라 할 수 있을 것입니다. 그 밖에 아이패드를 컨트롤러 개념으로 활용하여 출시되는 소프트웨어 악기들처럼 애플사의 관련 기기들과 연동 또한 점차 늘어나는 추세로, 앞으로 더욱 더 다양한 활용이 기대됩니다.

이러한 여러 가지 장점들 때문에 국내에서도 많은 음악인들이 안정성과 전문성이 뛰어난 맥 기반의 하이 퀄리티 시스템을 꿈꾸고 있습니다. 지금까지 맥의 OS 환경에 익숙하지 않아 선뜻 선택할 수 없었던 매킨토시 시스템이었지만 아이팟, 아이패드의 보급으로 국내에서도 점차 맥 사용자 수가 늘어가고 있는 추세이므로, 로직(Logic) 또한 음악인들에게 널리 보급될 것이라 생각합니다.

3. 로직의 종류

현재 로직은 패키지에 따라 두 가지 버전으로 판매되고 있습니다.

● Logic Express

Garage Band와 호환되면서 Logic Express 버전을 제공하고, 36개의 악기 플러그인과 70여 가지의 이펙터를 제공합니다. 간단하게 사용할 수 있는 입문용 버전이라 할 수 있습니다. 본 교재에서는 Logic Pro 버전을 기본으로 설명하기 때문에 Express 사용자는 화면이나 샘플 소스가 다를 수도 있습니다.

● Logic Studio

Logic Pro 9, Soundtrack Pro 3, MainStage 2, Wave Burner를 모두 포함하고 있으며 1,000여 개의 악기와 2만여 개의 애플루프를 사용할 수 있습니다. 일반적으로 많이 사용되고 있는 버전으로, 본 교재에서 앞으로 언급되는 '로직' 이라는 단어는 모두 Logic Pro를 뜻합니다.

오디오와 미디 장비

컴퓨터를 이용하여 처음으로 미디와 오디오 녹음을 해보고자 하는 사용자에게는 생소하고 어려운 용어들과 장비들이 많을 수 있습니다. 이번에는 어느 정도의 하드웨어를 구비해야 무리 없이 작업을 할 수 있는지, 장비들 간의 연결 방법들은 어떠한 것들이 있는지 알아보겠습니다. 시작 단계에서 필수 불가결하게 구비해야 하는 장비들은 있지만, 좋은 장비가 좋은 음악을 만들어주지는 않는다는 것을 염두에 두고, 불필요할 정도로 장비에 집착하지 않도록 주의하는 것이 좋습니다.

1. 컴퓨터(Computer)

시스템 사양

로직 스튜디오 풀버전(Full version)을 설치할 때 나오는 권장 사양은 다음과 같습니다.

HDD(하드디스크)	47GB 사용
운영체제	Mac OS X 10.5.7 or later
CPU	Inter Processor
RAM	최소 1GB

HDD

요즘에는 노트북에서도 기본 하드디스크 용량이 늘어나 저장 공간이 모자랄 경우는 거의 없을 테지만, 운영체제와 여타 공간을 생각하면 최소 200GB 이상의 하드디스크를 확보해 놓는 것이 좋습니다.

CPU

아주 오래된 컴퓨터가 아니면, 대부분 인텔 기반의 CPU를 장착하고 있습니다. 일반적으로 작업속도는 CPU의 성능보다는 RAM의 용량에 조금 더 민감하므로, CPU 성능의 작은 차이 때문에 높은 비용을 지불하는 것은 권하고 싶지 않습니다.

RAM

1GB 정도만 장착하고 있어도 로직을 실행하는 데는 문제가 없지만, 고용량 샘플을 활용하거나 멀티트랙 레코딩을 위해서 최소 2GB 이상 확보해 두는 것이 좋습니다.

매킨토시 컴퓨터의 종류

매킨토시 컴퓨터는 크게 세 가지 종류로 판매되고 있습니다.

1 MacBook

노트북(랩탑) 타입의 컴퓨터로, MacBook, MacBook Pro, MacBook Air 세 가지 타입으로 판매되고 있습니다. 맥북프로가 전문가용으로 가장 높은 사양을 가지고 있고, 맥북은 보급형, 맥북에어는 휴대성이 뛰어난 작고 얇은 모델로서 판매되고 있습니다. 오디오 카드는 USB, Firewire 방식을 사용할 수 있고, 하드의 용량은 처음 구매할 때 옵션으로 변경할 수 있으며, 램은 허용하는 범위에서 추가 설치가 가능합니다. 매킨토시 컴퓨터를 구매할 때는 로직 소프트웨어를 옵션으로 함께 구매할 수 있고 학생들은 학생 할인을 받을 수 있습니다.

2 iMAC

올인원 데스크탑 형태의 컴퓨터로 본체와 모니터가 하나로 되어 있는 것이 특징입니다. 맥북과 마찬가지로 하드의 용량은 처음 구매할 때 옵션으로 변경할 수 있고, 램을 추가 설치할 수 있습니다. USB, Firewire 방식의 외장 오디오 카드를 사용할 수 있습니다.

❸ MacPro

매킨토시 컴퓨터 중에 가장 높은 사양의 컴퓨터로서 전문적인 작업용으로 많이 쓰입니다. 램이나 하드 모두 확장성이 있어 추가 설치가 가능하고, PCI-e 타입의 내장 오디오 카드나 플러그인 보드를 설치할 수도 있습니다. 고성능인 만큼 고가의 컴퓨터이기 때문에 무리해서 욕심낼 필요는 없습니다.

2. 오디오 인터페이스(Audio Interface)

보통 '오디오 카드' 라고 불리기도 하는 장비로, 컴퓨터로 음악 작업을 할 때 가장 중요한 장비입니다. 오디오 인터페이스의 핵심 기능은 AD/DA 컨버터(Analog to Digital / Digital to Analog Converter)라 할 수 있는데, 이는 우리가 일상적으로 들을 수 있는 소리, 즉 아날로그 신호를 디지털로 바꾸어 컴퓨터에 입력할 수 있게 해주고, 컴퓨터의 디지털 신호를 아날로그 신호로 변환해서 스피커를 통해 우리가 들을 수 있게 해주는 기능입니다.

시스템별로 오디오 프로세싱을 위해서 필요한 드라이버가 있는데, 로직에서는 Core Audio라는 규격으로 오디오 프로세스를 실행하기 때문에, Core Audio를 지원하는 오디오 인터페이스를 사용해야만 합니다. 시중에서 판매되는 대부분의 오디오 인터페이스는 대부분 Core Audio를 지원합니다.

연결 방식

오디오 인터페이스와 컴퓨터를 연결하는 방식은 다음과 같습니다.

❶ USB, Firewire 방식

가장 일반적인 외장 하드웨어 방식으로 케이블(USB, Firewire) 연결을 통해 맥북, 아이맥, 맥프로에서 모두 사용할 수 있습니다. 대표적인 모델로는 Apogee사의 Duet, Ensemble, RME사의 Fireface, UFX, M-audio사의 Profire, Fast track 등이 있습니다. 보통 어댑터를 이용해서 전원을 공급받는데, 컴퓨터에 연결하는 것만으로도 전원을 공급받는 모델도 있습니다.

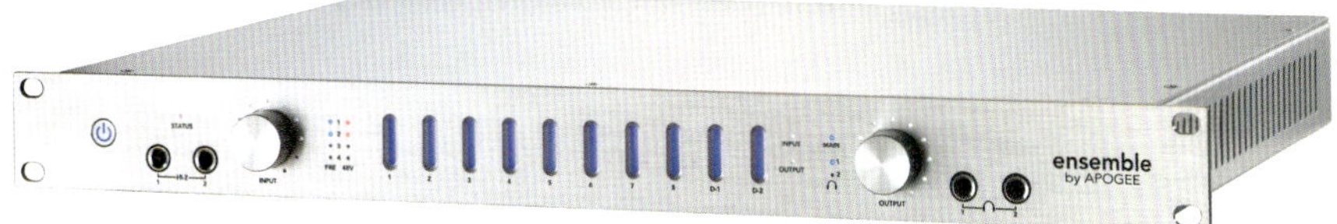

▲ Apogee Duet2   ▲ Apogee Ensemble

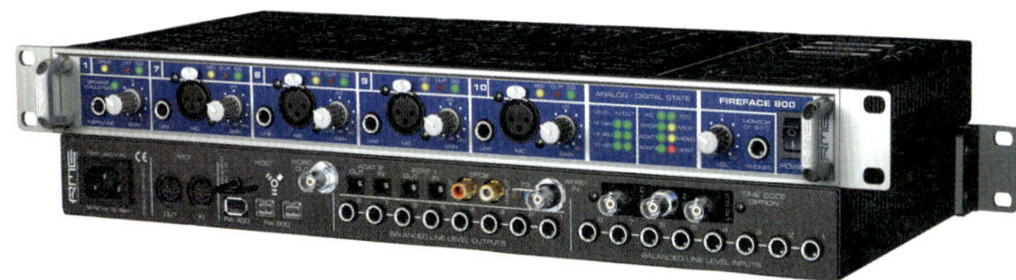

▲ RME Fireface 800   ▲ M-Audio Profire 610

❷ PCI-e 방식

맥프로 데스크탑의 내장되어 있는 PCI-e 슬롯에 장착하여 사용할 수 있는 방식으로, 대표적인 모델은 Apogee Symphony Series, RME RayDat, Lynx AES-16e 등이 있습니다. 이러한 인터페이스의 경우 대부분 외장 컨버터를 사용하여 구동하게 되어 있어 하이엔드 오디오 장비들과 연결됩니다. 맥프로에는 PCI 슬롯이 없어 PCI 방식 오디오 인터페이스는 지원하지 않습니다.

▲ Apogee Symphony 64   ▲ RME RayDat

오디오 인터페이스의 기본 기능

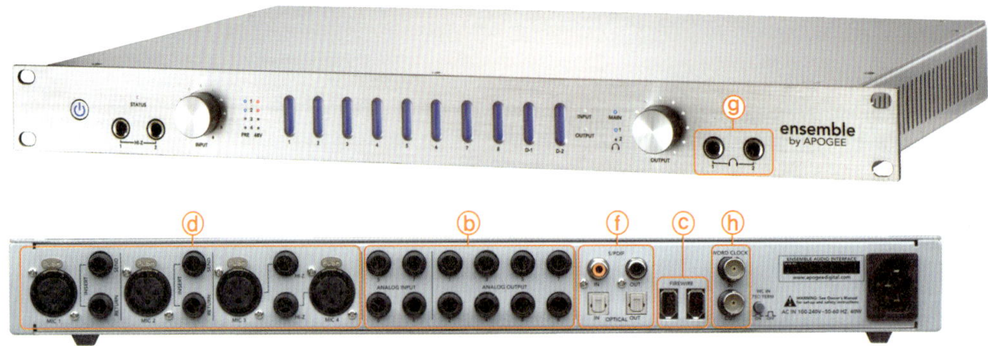

▲ Apogee Ensemble

▲ RME Fireface 800

ⓐ Core Audio Driver, AD/DA Converter : 앞서 말했듯이 오디오 인터페이스의 가장 기본적인 기능이므로 필수적으로 지원합니다. 컨버터는 24bit/192kHz를 지원한다는 식으로 표현되며, 이러한 샘플 레이트의 개념은 'Part 6. 오디오 레코딩과 편집'에서 설명하도록 하겠습니다.

ⓑ Analog IN/OUT : 컨버터를 거쳐서 나온 소리를 스피커나 믹서로 연결시켜주는 아날로그 아웃 기능, 믹서나 외부 프리엠프에서 출력되는 소리를 컴퓨터로 입력시켜주는 아날로그 인풋 기능입니다. 가장 핵심적인 기능 중 하나라 할 수 있고, 인터페이스마다 출력되는 아웃풋 채널과 인풋 채널의 숫자가 다릅니다. 예를 들어 '2in/6out'이라 표기되어 있으면 인풋 채널이 2개(모노 2개, 즉 스테레오 1채널), 아웃풋 채널이 6개(스테레오 3채널)라는 뜻입니다. 입출력되는 단자의 종류에 따라 TRS, XLR 등으로 나뉘게 됩니다. (29 페이지 '8. 케이블' 참조)

ⓒ 컴퓨터와 연결 단자 : 위에서 언급한 것처럼 USB, Firewire 방식으로 연결되는 일반적인 경우와, PCI-e 타입의 슬롯 탈착 방식을 제공합니다.

ⓓ Mic PreAmp : 마이크를 사용하기 위해서는 마이크 프리앰프가 필요합니다. 대부분의 오디오 인터페이스에서는 간단한 마이크 프리 기능을 제공합니다.

ⓔ Midi Interface : 건반, 외장 음원 등 미디 장비를 사용하기 위한 인터페이스 기능입니다.(25 페이지 '3. 미디 인터페이스' 참조)

ⓕ Digital IN/OUT : ADAT이나 S/PDIF, AES/EBU와 같은 디지털 신호를 주고받는 기능입니다.

ⓖ Headphone Amp : 출력되는 소리를 헤드폰으로 모니터링할 수 있게 하는 기능입니다.

ⓗ Word Clock : 여러 대의 디지털 기기들을 동기화(Synchronize)할 때 사용하는 기능입니다.

이러한 하드웨어에서 제공하는 기능들 외에, 전용 프로그램을 통해 믹서의 기능을 제공하기도 합니다.

3. 미디 인터페이스(Midi Interface)

오디오 인터페이스가 오디오 신호의 인/아웃을 관장하는 역할을 한다면, 미디 인터페이스 또한 같은 의미에서 미디 신호의 인/아웃을 관장합니다. 오디오 인터페이스에서 미디 인/아웃 단자를 제공하는 경우에, 별다른 미디 인터페이스가 없어도 지원하는 채널 수 만큼 미디 인/아웃을 사용할 수 있습니다. 근래에 출시되는 마스터 건반들은 대부분 미디 인터페이스를 이용하지 않아도, USB 연결을 통해 미디 신호를 주고받을 수 있게 되어 있어 드라이버 설치만으로 편리하게 미디 인/아웃을 사용할 수 있습니다. 오디오 프로세스는 Core Audio 드라이버가 필요했듯이, 미디 프로세스에서는 Core Midi 드라이버를 반드시 지원해야 합니다.

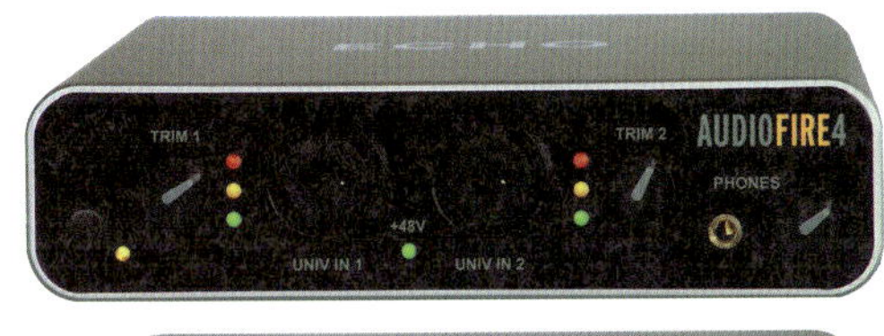

▲ 오디오 인터페이스이지만 1 IN/ 1 OUT 미디 인/아웃을 제공하는 ECHO사의 AUDIOFIRE4

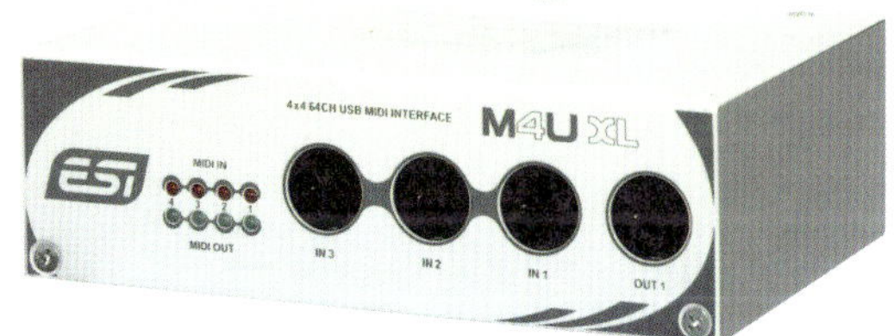

▲ 4 IN/ 4 OUT을 제공하는 미디 인터페이스 전용기기 ESI의 M4U

4. 키보드(Keyboard)

일반적으로 '마스터 키보드'라 부르는 키보드는 내장 음원이 없거나, 아주 간단하게 내장되어 있고 주로 미디 입력의 도구로서 활용되는 형태의 건반을 뜻합니다. 드럼 사운드 입력을 위한 패드나, 컨트롤러 기능을 겸하는 노브(knob), 페이더(fader) 등을 장착하고 있는 경우도 있습니다.

내장 음원을 많이 가지고 있고 음색을 컨트롤해서 만들어 낼 수 있으며, 때로 시퀀서(Sequencer)의 기능까지 포함하고 있는 키보드는 보통 '신디사이저(synthesizer)'라고 호칭합니다. 그 외에 디지털 피아노의 역할을 하는 피아노 음원 위주의 키보드는 '스테이지 피아노'라고 부르기도 합니다. 이러한 종류의 키보드는 방송이나 공연장의 라이브 무대에서 흔하게 볼 수 있습니다.

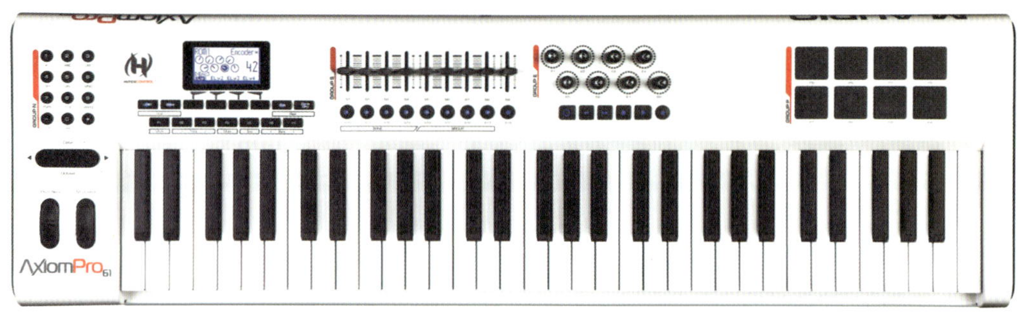

▲ M-Audio의 마스터 키보드 Axiom Pro 49

▲ Yamaha의 신디사이저 S90XS

키보드는 대부분 미디 입출력 포트(port)를 가지고 있지만, 근래의 모델들은 USB를 이용하여 미디 신호를 통신할 수 있는 기능을 동시에 갖추고 있습니다.

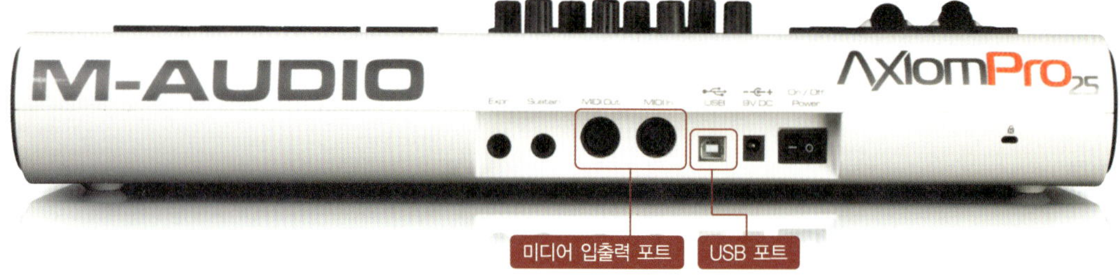

5. 스피커, 헤드폰(Speaker, Headphone)

가정에서 음악감상용으로 사용하는 스피커와 다르게, 모든 음역대를 고르게 내주는 스피커를 '모니터 스피커' 라 부릅니다. 음악작업에 있어 편향되지 않은 객관적인 사운드 모니터링은 아무리 강조해도 모자라지 않을 만큼 중요하다고 할 수 있으므로, 스피커의 선택과 작업공간의 음향설계는 매우 민감한 문제입니다. 스피커는 앰프가 내장되어 있는 액티브(Active) 방식의 스피커와, 앰프가 내장되어 있지 않아 별도의 외장 앰프를 사용해야 하는 패시브(Passive) 방식의 스피커로 나뉘어집니다.

스튜디오에서 범용으로 사용되는 두 종류의 스피커는 다음과 같습니다.

▲ 패시브 스피커 Yamaha NS-10M

▲ 액티브 스피커 Genelec 1031A

헤드폰은 가급적 장시간 사용하지 않는 것이 귀의 건강을 위해 좋지만, 방음 문제와 작업공간의 음향설계 문제를 해결하는 것보다 훨씬 간단하게 객관적인 모니터링을 할 수 있기 때문에 유용하게 활용할 수 있습니다. 헤드폰을 고를 때는 DJ용이나, 음악감상용 모델보다는 모니터링용으로 쓸 수 있는 모델을 구입하는 것이 좋습니다.

6. 마이크(Microphone)

마이크는 일반적으로 다이내믹(Dynamic) 마이크와 콘덴서(Condenser) 마이크로 나뉘어집니다. 외부 소리를 민감하게 받아들이기 보다는 가까운 소리 위주로 받아들이는 다이내믹 마이크는 노래방에서 흔하게 볼 수 있습니다. 48볼트 팬텀파워(Phantom Power)를 지원받아야만 소리를 녹음할 수 있는 콘덴서 마이크는 다이내믹보다는 민감하게 소리를 잡아냅니다.

▲ 다이내믹 마이크 Shure SM58

▲ 콘덴서 마이크 Neumann U87 Ai

7. 믹서(Mixer)

믹서는 여러 채널의 페이더(Fader)를 이용해 키보드나 마이크를 모두 연결해서 스피커로 소리를 내보낼 때 편리하게 사용할 수 있고, 녹음시 토크백(Talk Back) 용도로 사용하거나, 간단한 EQ, 이펙터를 연결해서 사용할 수도 있습니다. 오디오 인터페이스에서 제공하는 컴퓨터 소프트웨어를 이용해서도 비슷한 역할을 해 낼 수 있지만, 믹서를 사용하면 소프트웨어를 사용하기 위해 컴퓨터를 켜고 마우스로 움직이는 번거로움보 다 물리적으로 조절할 수 있는 편리함이 있습니다. 여러 채널의 컨트롤이 굳이 필요하지 않은 경우 스피커의 볼륨만 조절할 수 있는 컨트롤러를 쓰기도 합니다. 민감한 모니터링 환경에서는 사운드의 왜곡 때문에 믹서 를 사용하지 않거나 고가의 레벨 컨트롤러를 사용하기도 합니다. 맥 컴퓨터 환경에서는 키보드의 기본 볼륨 컨트롤 버튼으로 오디오 카드의 메인 아웃풋 볼륨을 제어할 수 있는 경우도 있습니다. 이렇게 키보드의 볼륨 컨트롤 버튼으로 제어하거나, 오디오 카드의 볼륨 노브가 있어 볼륨을 컨트롤하는 경우 믹서를 거치지 않고 손상되지 않은 음질로 모니터링 할 수 있어 좋습니다.

▲ 16채널 아날로그 믹서 Mackie Onyx1620

8. 케이블(Cable)

처음 장비를 구입하고, 컴퓨터와의 연결을 시도할 때 다양한 케이블 종류 때문에 어려움을 겪는 경우가 많습니다. 간단하게 케이블의 종류를 살펴보겠습니다.

컴퓨터와 오디오 인터페이스를 연결하는 케이블

Firewire 단자는 세 가지 종류가 있습니다.

- 4pin : 노트북용 작은 단자, 맥에서는 거의 사용하지 않음
- 6pin(Firewire400, IEEE1394) : 가장 많이 사용하는 일반적인 단자
- 9pin(Firewire800, 1394beta, 1394b) : 맥에서 사용하는 파이어와이어 단자

본인의 컴퓨터를 살펴보면 6pin 혹은 9pin 단자를 확인할 수 있습니다. 오디오 인터페이스가 파이어와이어 방식의 연결단자를 가지고 있을 경우에, 컴퓨터의 단자와 오디오 인터페이스의 단자를 연결할 수 있는 케이블을 사용하면 됩니다.

▲ 9pin과 6pin을 연결하는 케이블

▲ 6pin과 4pin을 연결하는 케이블

USB 케이블은 많이 사용하는 것이니 굳이 설명하지 않고 넘어가겠습니다.

아날로그 오디오 케이블

1 XLR

XLR은 프로페셔널 퀄리티를 위한 대표적인 케이블입니다. 마이크를 연결하거나, 믹서, 오디오 인터페이스, 스피커를 연결할 때 모두 쓰일 수 있습니다. 여타 케이블도 그렇지만, 선재와 커넥터의 종류에 따라 퀄리티와 가격이 차등됩니다. 커넥터의 모양에 따라 암, 수로 나뉩니다.

❷ TRS, TS(5.5mm)

1/4인치 두께의 케이블로 쓰임새는 XLR과 같습니다. TRS와 TS는 'Balanced', 'Unbalanced' 로 부르기도 하고, 5.5mm의 두께 때문에 '55케이블' 이라고 부르기도 합니다.

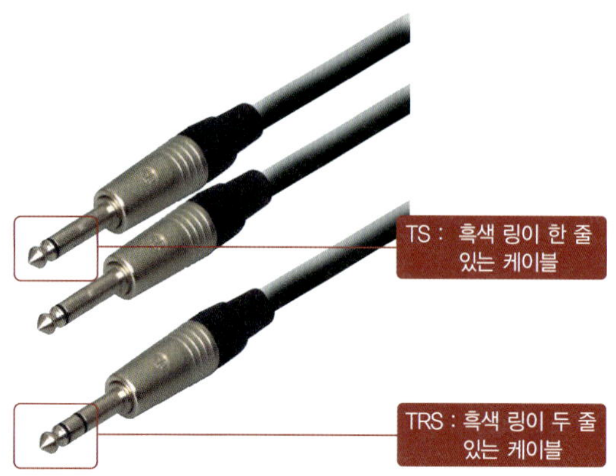

❸ 3.5mm 케이블

MP3 플레이어나, 노트북 음성단자에서 흔하게 사용하는 이어폰 규격의 케이블입니다. 미니플러그, 폰잭, 미니 스테레오 케이블 등 다양한 이름으로 불립니다.

❹ RCA

음악감상용 A/V 기기들에서 주로 사용하는 케이블로 '인터케이블' 이라고 불리기도 합니다.

디지털 케이블

① AES/EBU

XLR 커넥터를 사용하는 디지털 입출력 케이블입니다.

② ADAT

Alesis Digital Audio Tape의 약자로 8채널 통신이 가능한 디지털 단자입니다. 대부분 각진 모양이지만, 원형도 있습니다. 'Adat Optical Cable'이 정확한 명칭으로 '옵티컬(Optical) 케이블', '광오디오 케이블'이라 불리기도 합니다.

③ S/PDIF

Sony/Philips Digital Interface의 약자입니다. RCA 케이블 형태로 생긴 것(Coaxial)과 옵티컬(Optical) 케이블 형태로 생긴 것이 있습니다.

미디 케이블

컴퓨터와 미디 신호를 주고받기 위해 사용하는 케이블입니다.

CHAPTER 03 시스템의 연결

1. 맥북과 오디오 카드, 키보드, 마이크, 스피커(헤드폰) 연결

2. 아이맥과 오디오 카드, 키보드, 믹서, 마이크, 스피커(헤드폰) 연결

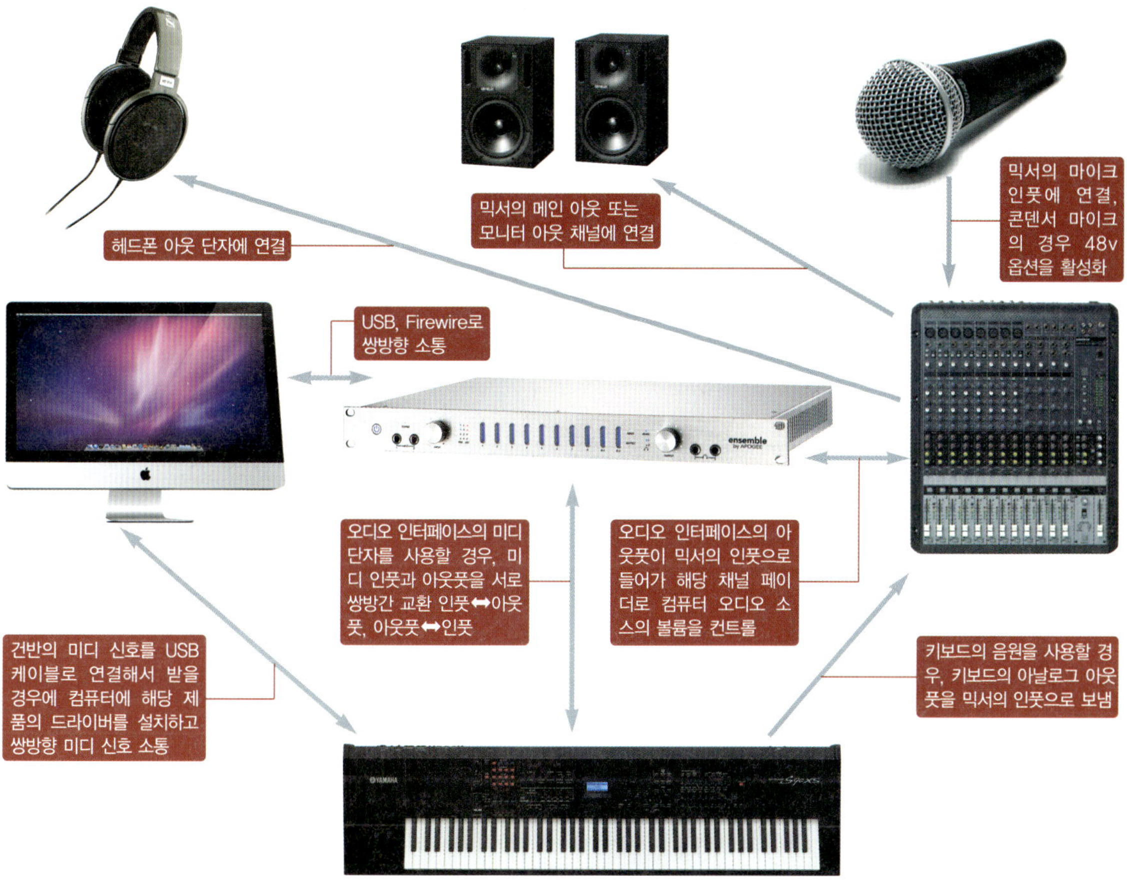

CHAPTER 04

로직의 설치와 실행

1. 오디오 인터페이스 설치

오디오 인터페이스를 구매할 때 들어 있는 CD로 설치를 하거나, 자신이 가지고 있는 오디오 인터페이스 제작사의 웹사이트에서 해당 제품의 드라이버를 다운로드받아서 설치합니다. 예시로 아포지 듀엣2의 드라이버를 다운로드받아 설치해보겠습니다.

01 아포지 웹사이트에 접속합니다.
(http://www. apogeedigital.com)

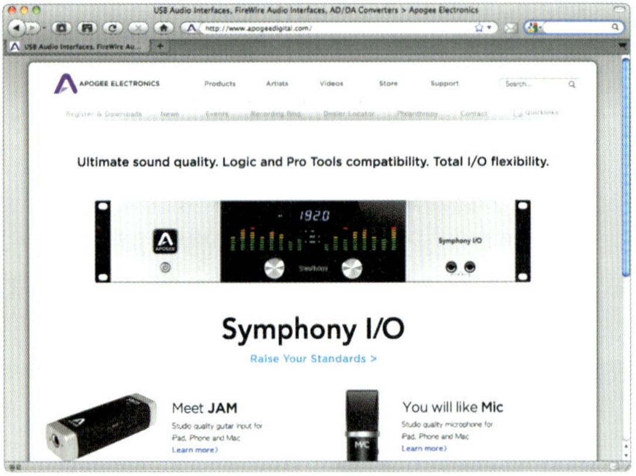

02 Support 〉 Deut 2 〉 Downloads를 클릭합니다.

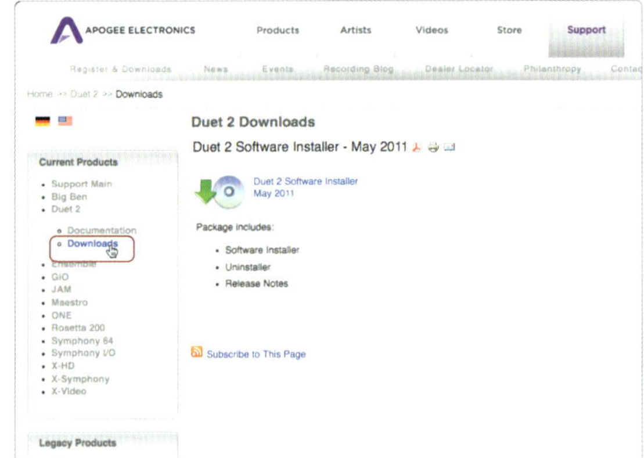

03 소프트웨어 인스톨러를 다운받습니다.

04 **파인더 〉 사용자 〉 다운로드** 폴더에 받아진 'dmg' 파일을 실행합니다.

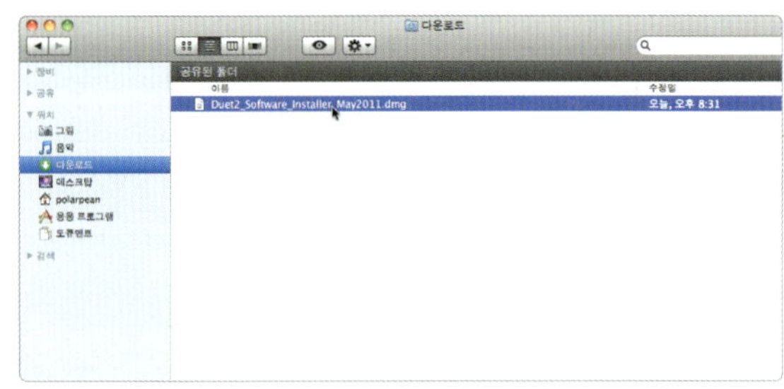

05 'Duet 2 Software Installer'를 실행합니다.

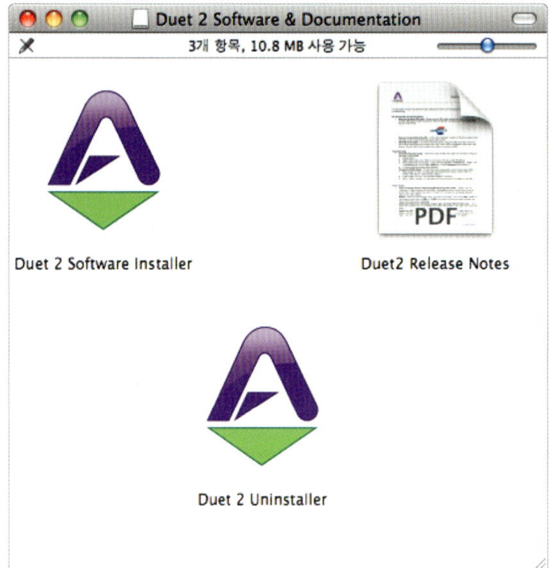

06 안내에 따라 설치를 마무리합니다. 대부분의 오디오 인터페이스가 비슷하게 설치되므로 어렵지 않게 해낼 수 있습니다.

설치한 오디오 인터페이스가 컴퓨터의 기본 오디오 출력으로 설정되지만, 만약 그렇지 않은 경우에는 **시스템 환경설정 〉 사운드**에 들어가서 설정합니다.

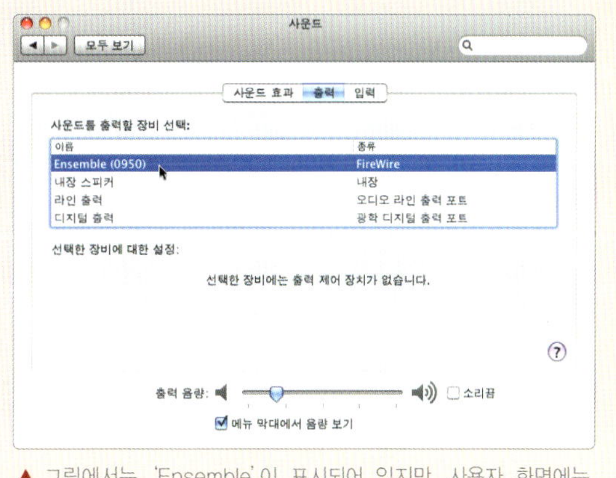

▲ 그림에서는 'Ensemble'이 표시되어 있지만, 사용자 화면에는 본인이 설치한 오디오 카드의 이름이 나타나게 됩니다.

2. 로직 설치

본 교재에서는 Logic Pro 버전을 다루고 있기 때문에, Logic Express 사용자는 화면이 다를 수 있습니다.

01 로직 설치 DVD 중 유일하게 흰색으로 되어 있는 DVD 'Logic Studio Install DVD'를 넣고, 'Install Logic Studio'를 실행합니다.

＊ 이 책에서는 프로그램을 제공하지 않습니다.

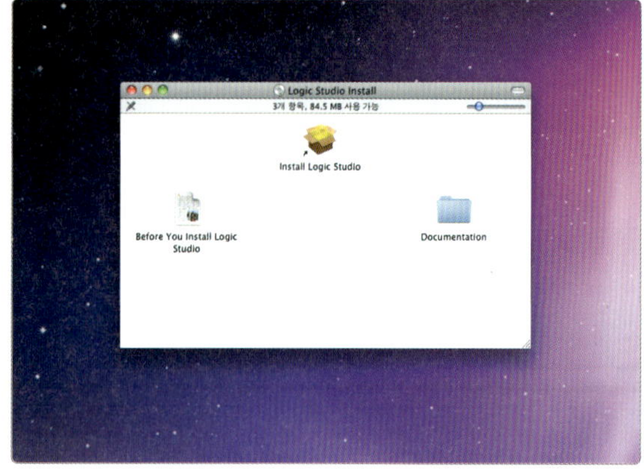

02 Logic Pro 9, MainStage 2, Soundtrack Pro3 등 다양한 콘텐츠가 설치됨을 알려줍니다. [계속] 버튼을 클릭하고 진행합니다.

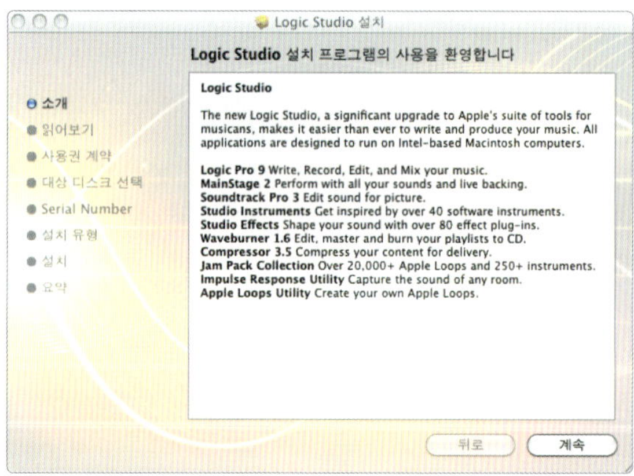

03 경고와 최소 시스템 요구사항이 나옵니다.

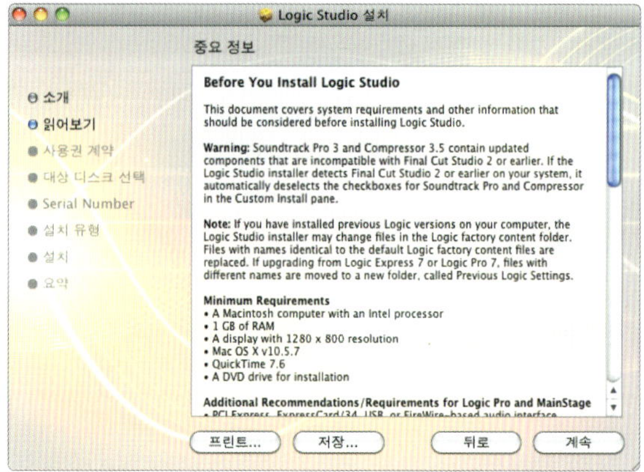

04 이름과 시리얼 넘버를 입력합니다. 시리얼 넘버는 설치 안내 책자 뒤편에 붙어있습니다.

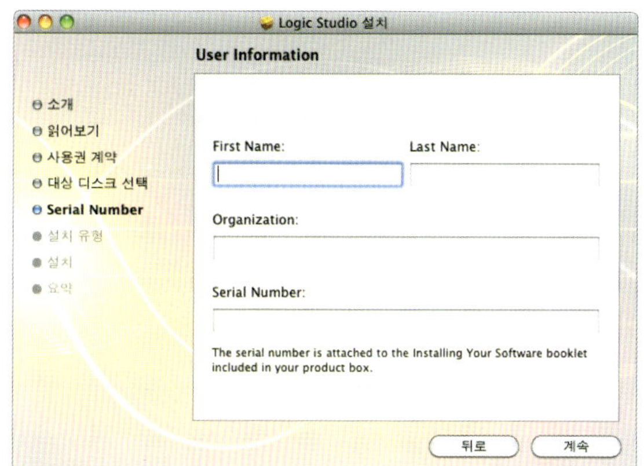

05 로직 스튜디오에서 제공하는 여러 가지 패키지 프로그램을 OS가 설치되어 있는 하드디스크에 설치하게 됩니다. 원하지 않는 프로그램이 있을 경우에는 체크 박스를 해제하고 설치를 진행하면 됩니다.

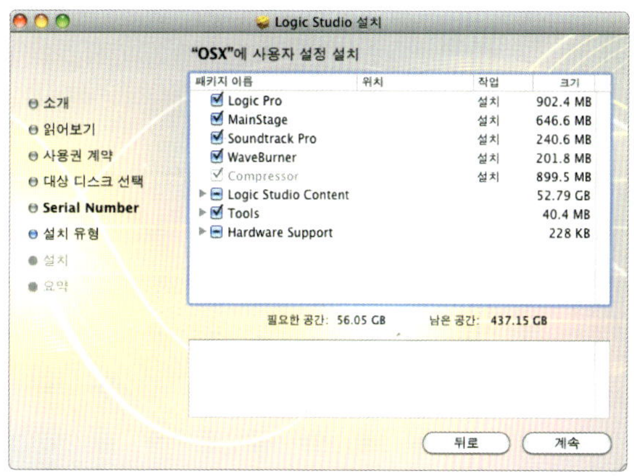

06 콘텐츠가 들어있는 검정색 DVD를 설치 순서대로 컴퓨터에 넣어주면 됩니다.

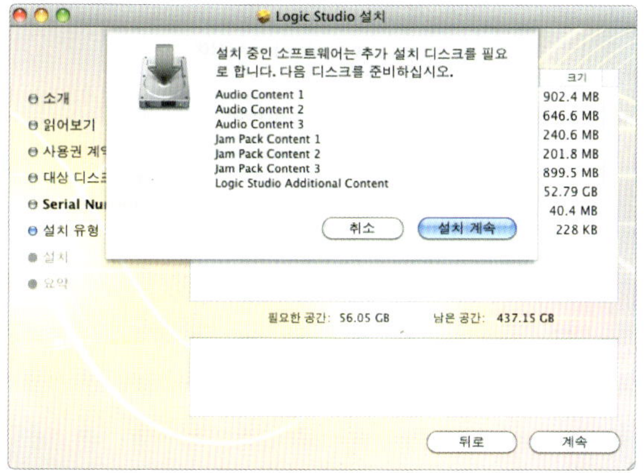

07 56.05GB의 용량을 요구합니다. 설치를 계속하고, 완료될 때까지 진행합니다.

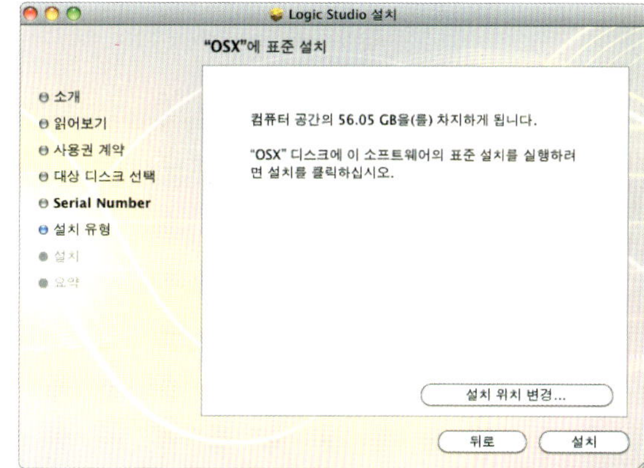

3. 로직 실행

01 **파인더 〉 응용 프로그램**을 보면 'Logic Pro' 아이콘이 생성된 것을 확인할 수 있습니다.

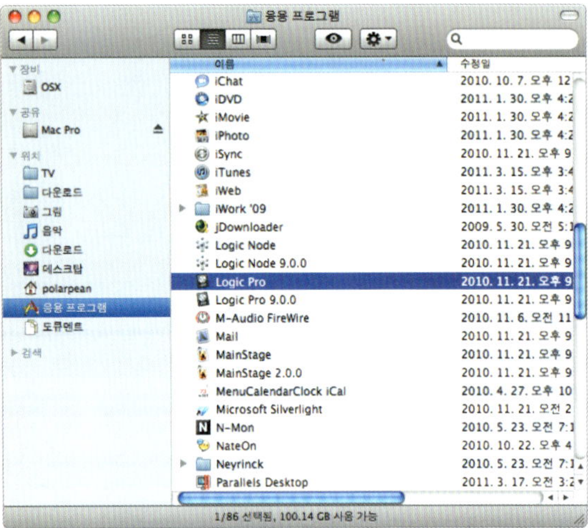

02 아이콘을 더블클릭하면 로직을 실행할 수 있습니다.

03 로직을 64bit 모드로 실행하고자 할 때는 아이콘을 **우 클릭 〉 정보 입수 〉 32비트 모드에서 열기**를 체크 해제하면 됩니다.

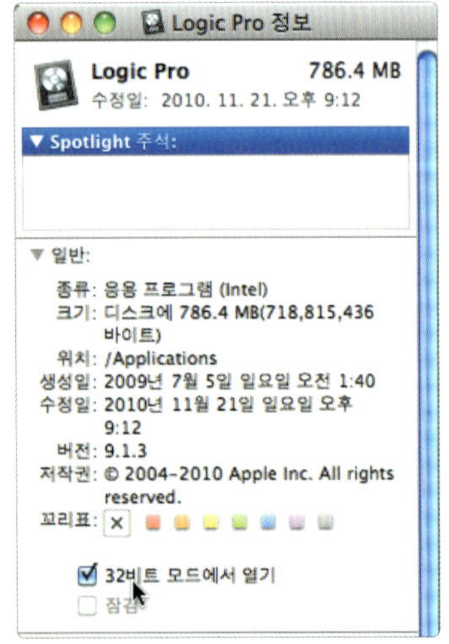

아이콘을 드래그해서 독(Dock)에 가져다 놓으면 빠르게 실행할 수 있습니다.

4. 프로젝트 열고 닫기

프로젝트 열기

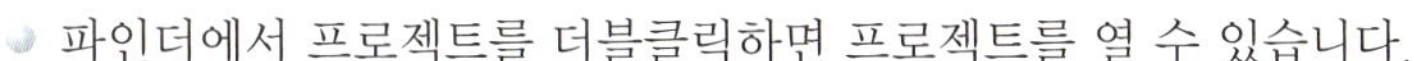

프로젝트를 여는 방법들을 설명하겠습니다.

● 파인더에서 프로젝트를 더블클릭하면 프로젝트를 열 수 있습니다.

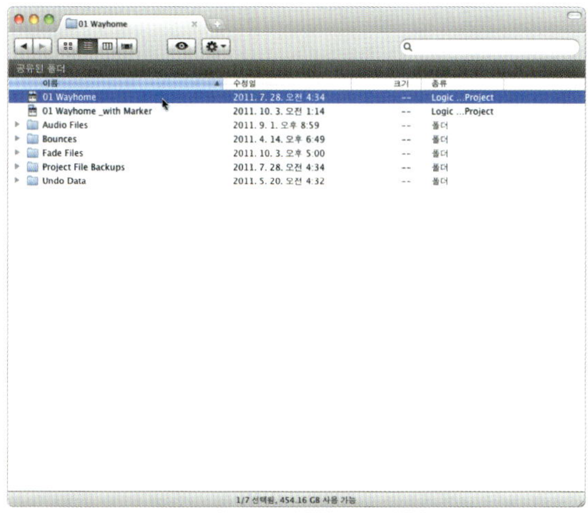

● 상단 메뉴바에서 File 〉 Open (단축키 Command + O)을 선택한 후, 프로젝트명을 더블클릭 혹은 [Open]
버튼을 클릭하는 방법으로 열 수 있습니다.

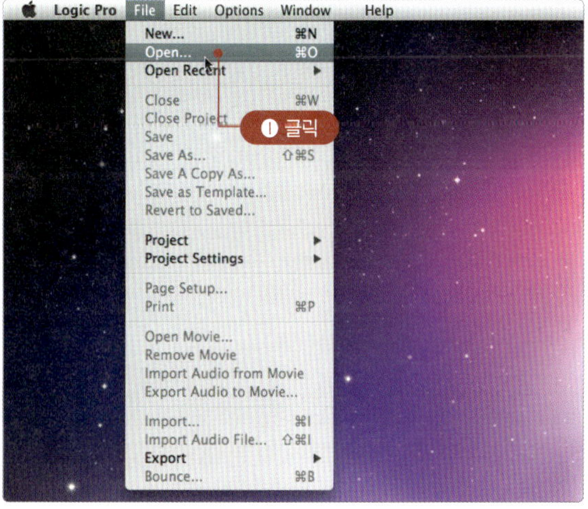

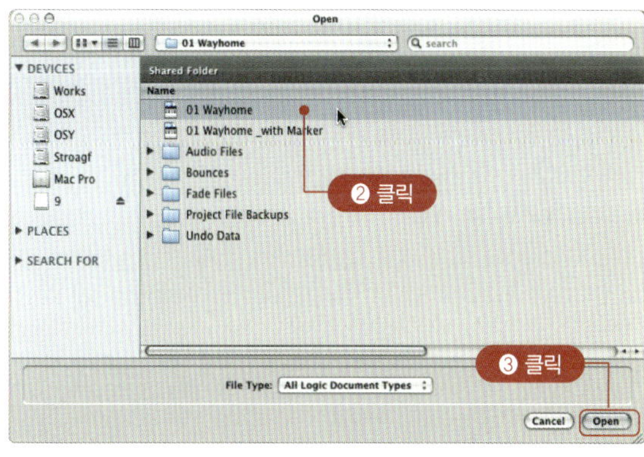

● 상단 메뉴바에서 File 〉 Open Recent를 보면, 최근에 사용했던 프로젝트의 목록이 나타납니다. 목록에서 원하는 프로젝트를 선택하면 열 수 있습니다.

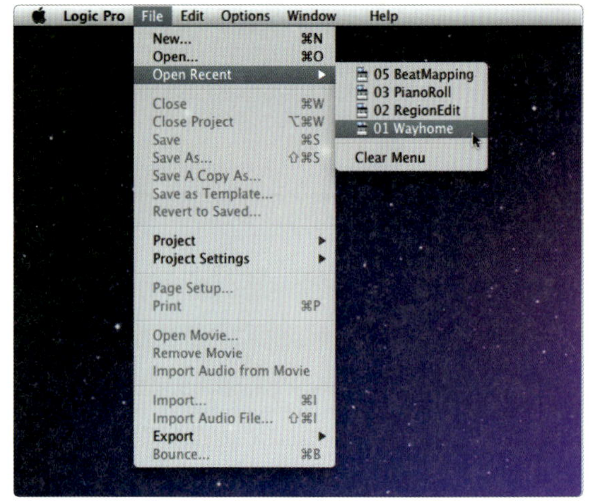

로직을 종료하고 다시 실행했을 때, 이전에 사용하던 프로젝트가 자동으로 열리게 됩니다. 이러한 동작이 불편한 경우 ⬚(Preferences) 〉 General 〉 Project Handling 탭의 'Startup Action'에서 'Do Nothing'으로 설정하면 로직을 실행했을 때 아무런 동작을 하지 않게 됩니다.

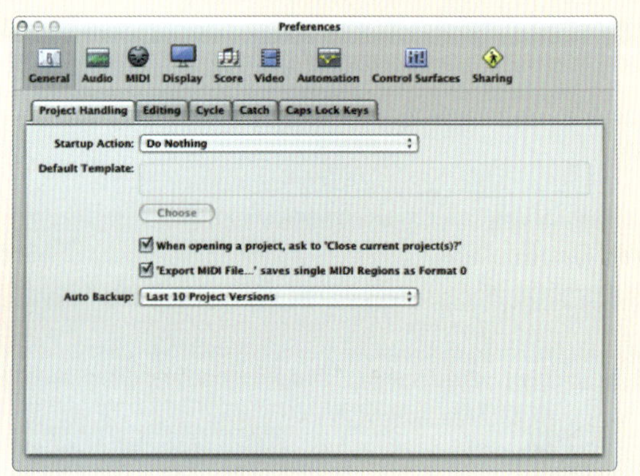

프로젝트 닫기

● File 메뉴를 보면 'Close(Command + W)'와 'Close Project(Alt + Command + W)'가 있습니다. Close는 믹서창이나 피아노롤과 같은 편집 창이 열려 있을 때 닫는 역할을 하고, Close Project는 프로젝트를 닫을 때 사용합니다.

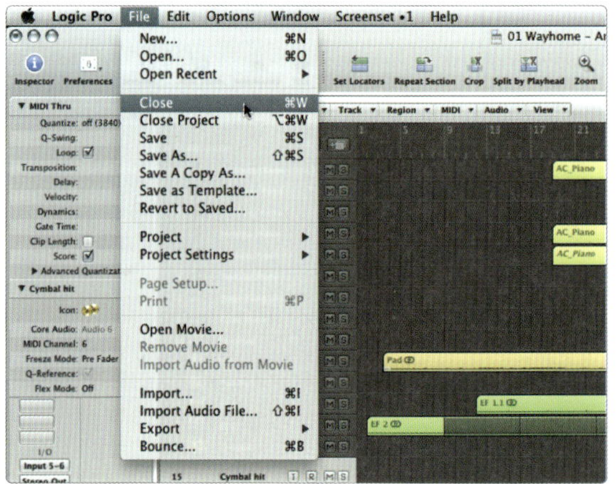

● 프로젝트를 닫으면 저장 여부를 묻는 창이 나타납니다. 저장하지 않고 닫으려면 좌측의 [Don't Save] 버튼을 클릭합니다.

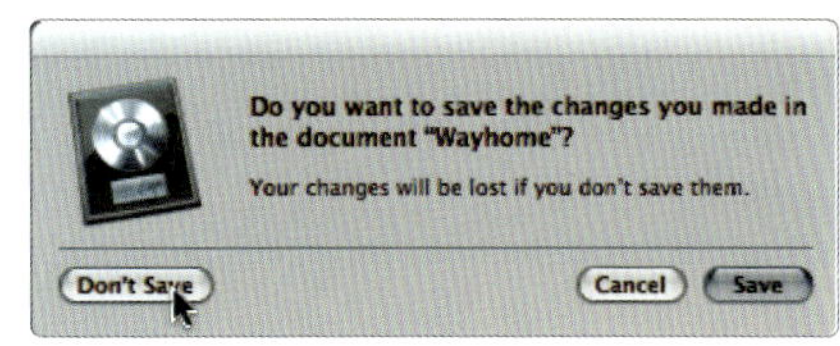

단축키 보는 법

방금 사용했던 'File' 메뉴를 보면 메뉴명 옆에 아이콘과 함께 문자가 적혀 있는 것을 볼 수 있습니다. 예를 들면 'Close Project'는 ⌥⌘W , Import Audio File은 ⇧⌘I 입니다.

맥을 사용했던 유저라면 이러한 기호들이 무엇을 뜻하는지 금방 알 수 있겠지만, 모르는 독자들을 위해 설명을 하자면 ⇧ 는 Shift , ⌘ 는 Command , ⌥ 는 Option (Alt), ⌃ 는 Control 키를 뜻합니다.

그러므로, ⌥⌘W 는 Option + Command + W , ⇧⌘I 는 Shift + Command + I 가 되는 것입니다. 이러한 방식으로 모르는 단축키도 메뉴 옆의 아이콘을 통해 알아낼 수 있습니다.

둘러보기

Chapter 1. 어레인지 윈도우 (Arrange Window)
Chapter 2. 편집창 (Editor Areas)

무사히 설치 과정을 마쳤다면 이번 장에서는 가벼운 마음으로 로직의 화면 구성을 둘러
보도록 하겠습니다.

어레인지 윈도우 (Arrange Window)

어레인지 윈도우는 로직을 구동하면 가장 먼저 접하게 되는 창입니다. 멀티트랙과 타임라인을 한눈에 볼 수 있고, 리전 단위의 편집과 인스펙터를 이용한 트랙값 변경, 악기 로딩과 레코딩 등 음악 작업에서 가장 주요한 기능들을 관장하는 메인 편집창이라 할 수 있습니다. 둘러보는 단계이니 낯선 용어들이 나와도 부담 갖지 말고 훑어보길 바랍니다.

1. 어레인지 윈도우 기본 화면 살펴보기

예제 파일 : 01 Wayhome – 01 Wayhome

01 샘플CD '01 Wayhome'을 열어보겠습니다. CD에 있는 파일을 직접 열면 작동이 느리기 때문에, 샘플CD의 '01 Wayhome' 폴더를 찾아 본인의 하드디스크에 복사합니다.

02 로직을 실행합니다.

03 로직을 처음 실행했을 때 새로운 프로젝트 만들기 화면이 나오면 좌측 상단의 닫기(◉) 버튼을 누르고, 상단 메뉴바에서 **File 〉 Open** 을 선택합니다.

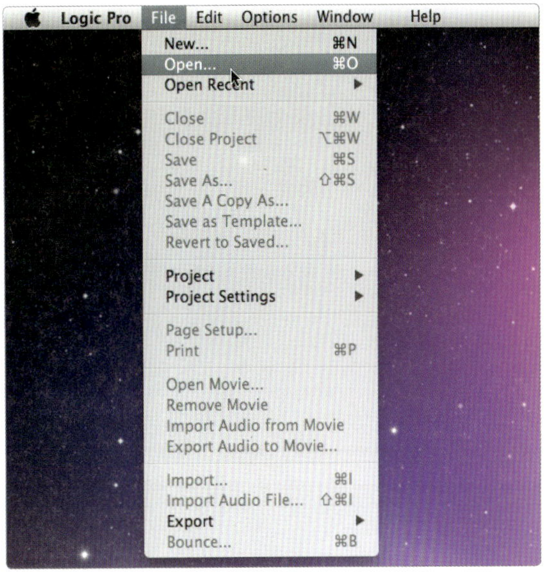

04 본인의 하드디스크에 복사된 '01 Wayhome' 폴더를 찾아 들어가면 로직 프로젝트 아이콘으로 표시되어 있는 'Wayhome'이라는 파일이 있습니다. 선택한 후 [Open] 버튼을 클릭합니다.

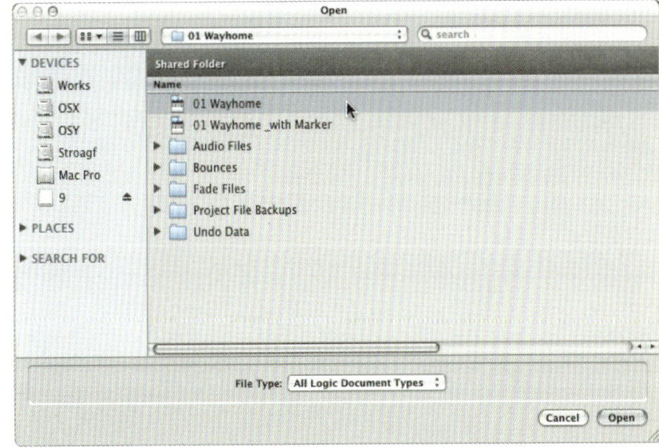

05 프로젝트가 로딩됩니다.

(Wayhome은 2007년에 발매한 필자의 1집에 수록된 곡입니다. 부끄럽지만 본 교재의 설명을 위해 예제로서 간단하게 멀티 트랙을 만들어보았습니다. 로직 익스프레스 사용자들은 일부 악기나 플러그인이 작동하지 않을 수 있습니다.)

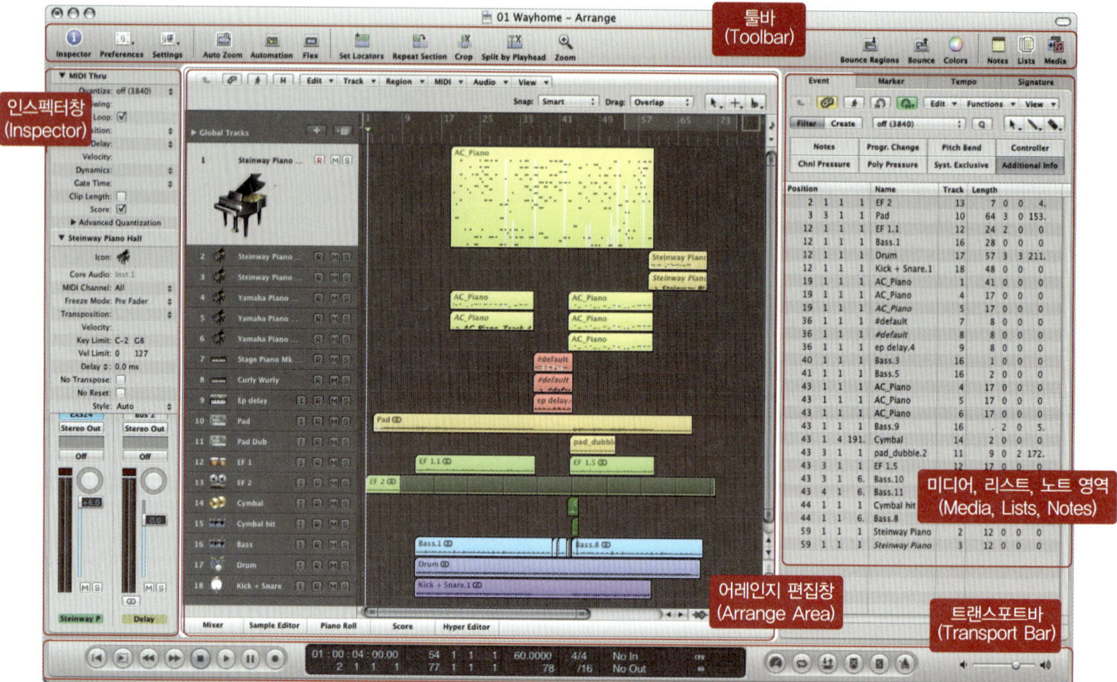

2. 툴바(Tool Bar)

● 툴바는 자주 사용하는 기능들을 버튼으로 모아 놓은 영역입니다.

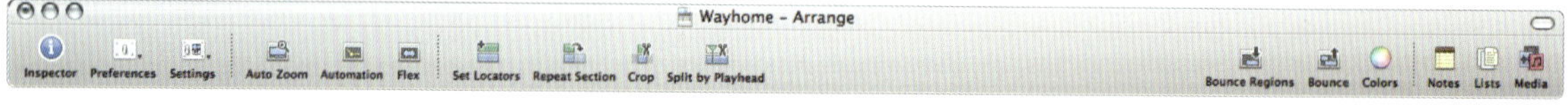

● 버튼을 클릭하면 기능이 활성화되면서 아이콘 배경이 흰색으로 변하게 됩니다.

사용자 툴바 구성하기

아직은 자주 사용하는 기능이 어떤 것들이 될지 알 수 없지만, 로직을 계속해서 사용하다보면 본인이 자주 사용하는 기능들로 툴바를 사용자화하는 것이 편리합니다.

01 툴바 영역에서 **우클릭(Control +클릭) 〉 Customize Toolbar**를 선택합니다.

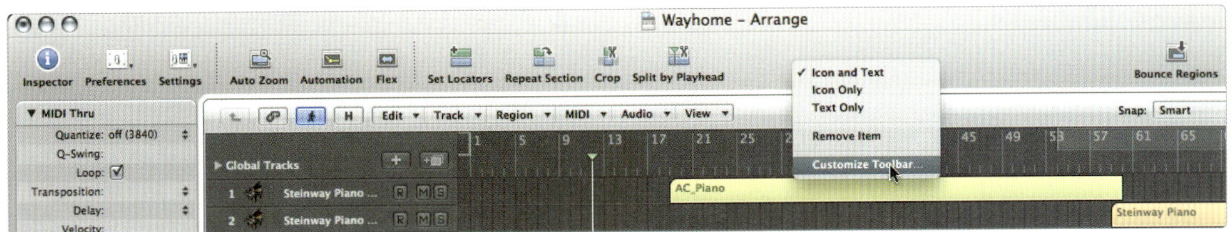

02 여러 개의 아이콘 중에 'zoom'을 선택한 후, 드래그해서 빈 공간에 가지고 와 봅니다.

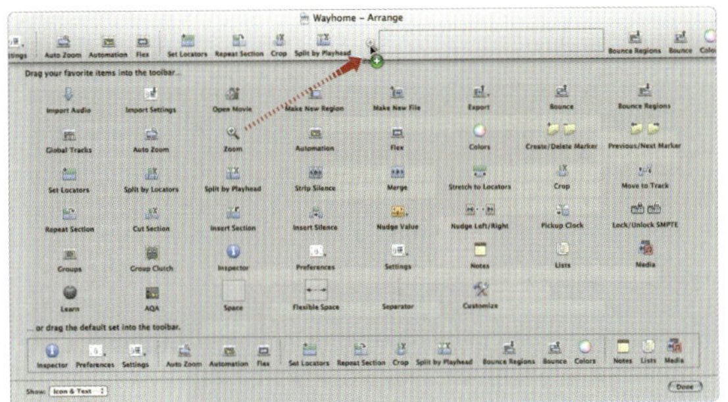
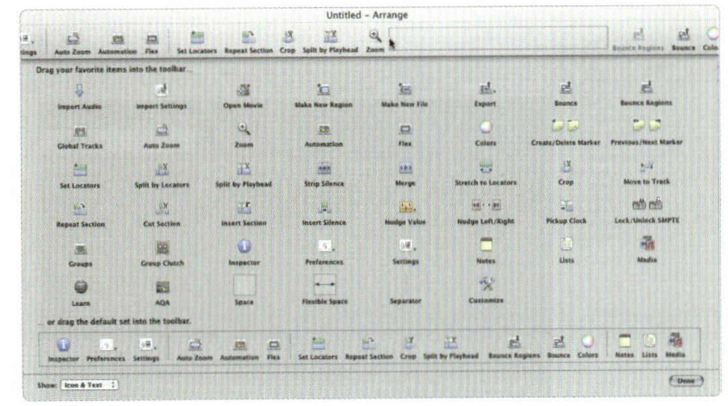

03 다시 드래그해서 밖으로 빼놓아 봅니다.

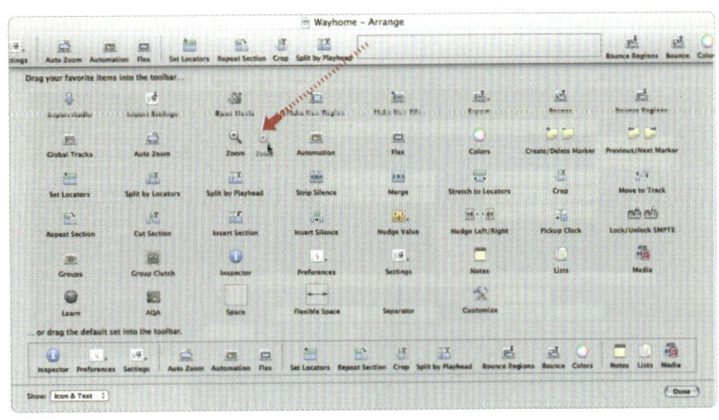

이러한 방법으로 추후에 자신이 원하는 버튼들로 툴바를 구성하면 됩니다.

툴바 표시 방법 변경하기

툴바를 표시하는 방법은 세 가지가 있는데, 공간 활용을 위해 텍스트만 나오는 형태로 바꿔보겠습니다. 메뉴 명에서 쉽게 알 수 있듯이 'Icon and Text' 는 아이콘과 텍스트가 모두 나타나는 상태, 'Icon Only' 는 아이 콘만 나타나는 상태, 'Text Only' 는 텍스트만 나타나는 상태를 뜻합니다.

01 툴바 영역에서 **우클릭** 〉 Text Only를 선택합니다.

02 툴바 영역의 아이콘이 없어지고, 텍스트만 남은 것을 확인할 수 있습니다.

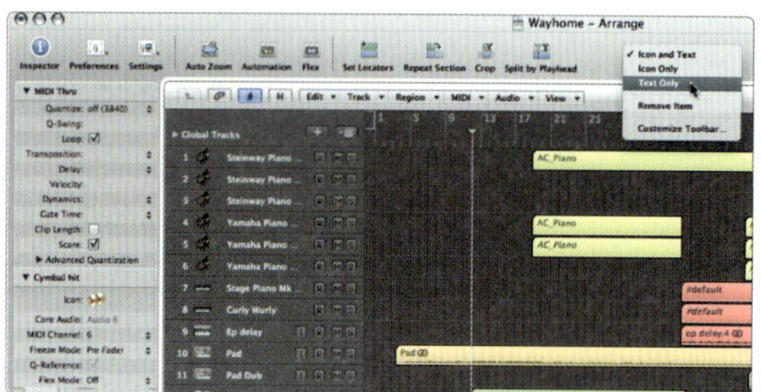

3. 어레인지 편집창

트랙

어레인지 편집창 좌측 악기 모양 아이콘(❶)과 이름(❷)이 상하로 층층이 배열되어 있는 것이 트랙입니다. 클 릭하면 각 트랙을 선택, 활성화시킬 수 있습니다.

리전

화면 가운데의 여러 가지 색상을 띈 사각형 막대들을 '리전(Region)'이라 부릅니다. '리전(Region)'이란 영문 뜻대로 풀이하면 '영역'이라는 뜻으로 어레인지 윈도우 상에서 미디나 오디오 신호를 나타내는 개체를 뜻합니다. 예를 들어 오디오를 30초간 레코딩했다면, 30초 길이의 오디오 리전이 생성됩니다. 이 리전을 자르거나 줄여서 전체 영역을 모두 사용하지 않고 부분적으로만 쓸 수도 있고, 이동, 복사 등 다양한 기능들을 실행할 수도 있습니다. 리전(Region)은 편집의 기본 단위가 되는 개체로서, 앞으로 다양하게 다루게 될 것입니다.

리전에는 미디 신호를 가지고 있는 미디 리전(Midi Region)과, 오디오 신호를 가지고 있는 오디오 리전(Audio Region)이 있습니다.

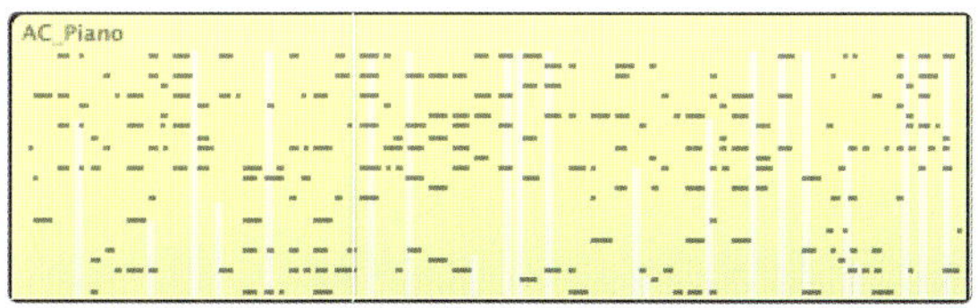

▲ 미디 리전(Midi Region) : 점자 기호처럼 미디 신호가 찍혀 있는 리전

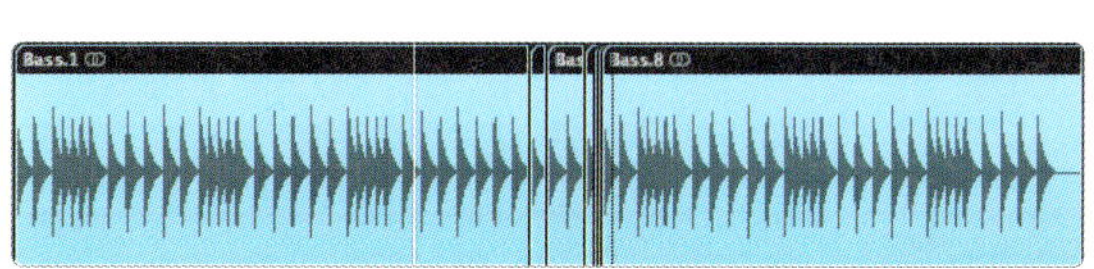

▲ 오디오 리전(Audio Region) : 웨이브(Wave) 파형이 그림처럼 나타나 있는 리전

플레이헤드

어레인지 편집창을 위, 아래로 가르고 있는 흰색 선이 '플레이헤드(Play Head)'입니다. 플레이헤드는 음악을 시작하거나 레코딩, 편집할 지점을 지정할 때 쓰입니다.

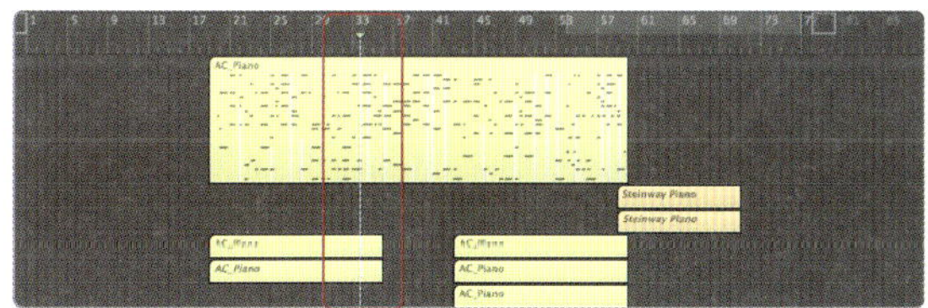

룰러

플레이헤드 위쪽 삼각형이 위치한 가로 눈금자가 룰러(Bar Ruler)입니다. 시간 축을 마디 단위, 시간 단위로 나타내주고, 싸이클 모드(Cycle Mode)를 위한 로케이터(Locator), 마커(Marker) 등이 표시됩니다. 자세히 들여다보면 플레이헤드 삼각형의 윗변을 기준으로 위아래로 분할되어 있습니다.

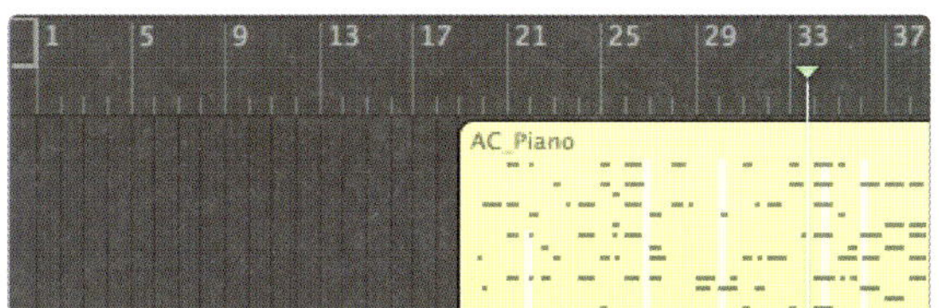

4. 인스펙터(Inspector) – 단축키 [I]

어레인지 윈도우 좌측에 길게 내려뻗은 설정창이 트랙(Track), 리전(Region), 채널 스트립(Channel Strip)을 제어하는 인스펙터창입니다.

인스펙터 표시/숨기기

인스펙터창은 단축키 [I] 또는 툴바 좌측 상단의 아이콘으로 열고 닫을 수 있습니다.

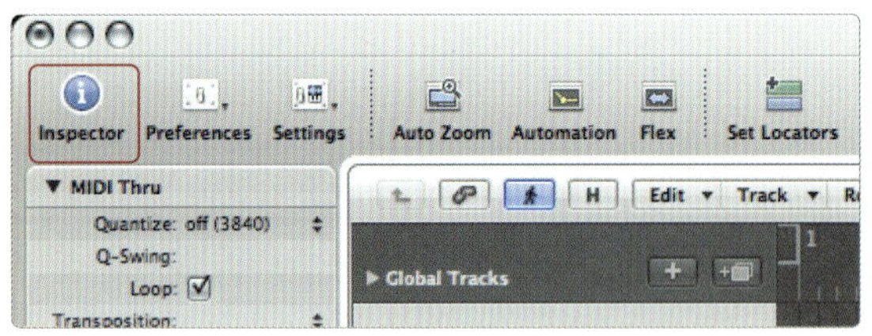

단축키를 실행할 때

입력 언어가 한글로 되어 있으면 [I]와 같은 영문 단축키는 실행되지 않습니다. 그러므로 로직을 운용할 때는 되도록 운영체제의 입력 언어를 영문으로 바꾸어 놓고 하는 것이 좋습니다. 대부분 [Command] + [Space Bar] 키로 입력 언어가 바뀌게 설정되어 있으므로 간단하게 실행할 수 있습니다.

인스펙터창의 구성

인스펙터창은 세 가지 영역으로 이루어져 있습니다.

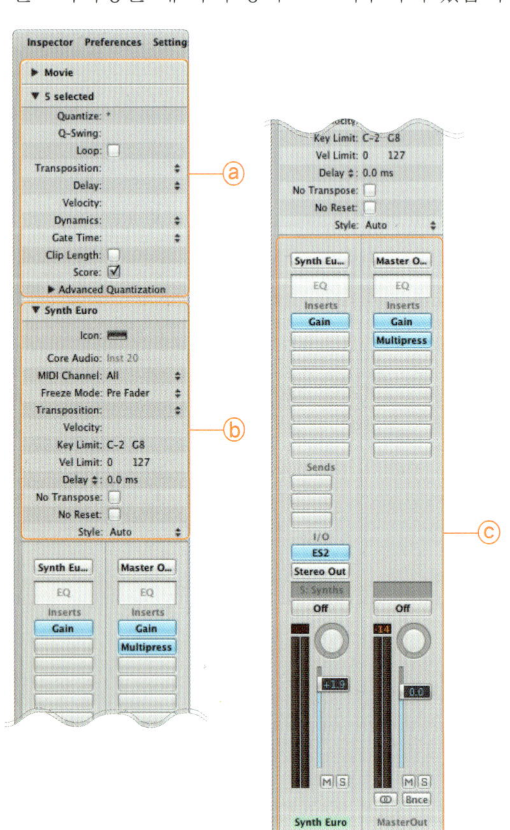

ⓐ 리전 파라미터 박스(Region Parameter box)

선택된 리전 혹은 리전들의 설정 값을 조절할 수 있습니다. 설정 값의 변경으로 리전 자체를 바꾸는 권한은 없고 재생 시에 파라미터 박스의 값들에 의해 리전이 영향을 받으며 재생되도록 합니다. 퀀타이즈(Quantization)나, 트랜스포지션(Transposition) 등을 행할 수 있습니다.

ⓑ 트랙 파라미터 박스(Track Parameter box)

해당 트랙에 포함되어 있는 모든 리전에게 영향을 미치는 설정 값들을 조절할 수 있습니다.

ⓒ 채널 스트립(Channel Strip)

악기 선택과 사운드 소스 출력에 관계된 흐름을 제어할 수 있습니다.

채널 스트립(Channel Strip)이란

채널 스트립의 개념은 하나의 채널에 신호가 들어오고 나가는 모든 과정을 제어하는 채널별 제어장치라고 할 수 있습니다. 일반적으로 아날로그 방식의 외장 믹서(Mixer)에는 채널당 마이크 프리앰프(Mic Preamp)와, 이큐(EQ), 팬(Pan), 볼륨 페이더(Volume Fader) 등이 장착되어 있고, 외장 이펙터에는 이큐, 컴프레서, 필터 등이 장착되어 있습니다. 이러한 개념을 소프트웨어 상으로 옮겨와서 각 채널별로 인, 아웃풋(Input, Output)의 설정, 이퀄라이저(EQ)와 팬(Pan), 볼륨(Volume) 등을 제어할 수 있도록 만들어진 장치입니다.

＊ 외장 믹서의 채널 스트립

＊ 로직 인스펙터창의 채널 스트립

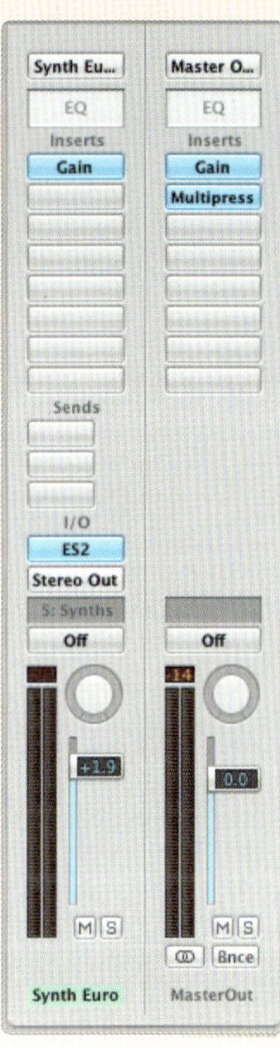

＊ 각종 이펙터들이 모아져 있는 플러그인 채널 스트립

5. 트랜스포트바(Transport Bar)

트랜스포트바에는 재생 기능을 통제하는 가장 기초적인 버튼들과 프로젝트의 정보를 담은 화면, 옵션 버튼 등이 배열되어 있습니다.

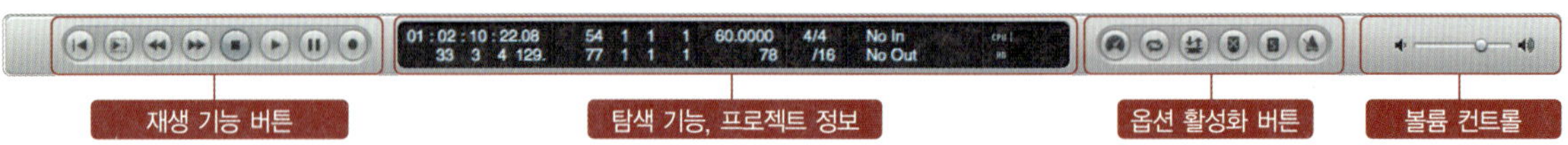

재생 기능 버튼

- Play 버튼을 클릭하며 프로젝트를 재생해봅니다. [Space Bar] 키를 눌러 실행할 수도 있습니다. 버튼 위에 마우스를 올려 놓고 잠시 기다리면 그림처럼 버튼의 기능에 대한 설명 문구가 나타나게 됩니다.

- Stop 버튼을 클릭하여 프로젝트 재생을 멈추어봅니다. 이 동작 또한 [Space Bar] 키를 눌러 실행할 수도 있습니다.

- 좌측 끝 버튼을 클릭하여 플레이헤드를 프로젝트 제일 앞부분으로 옮겨봅니다. [Return] 키를 눌러 실행할 수도 있습니다.

- Forward 버튼으로 플레이헤드를 움직여봅니다. [>] 키를 눌러 실행할 수도 있습니다.

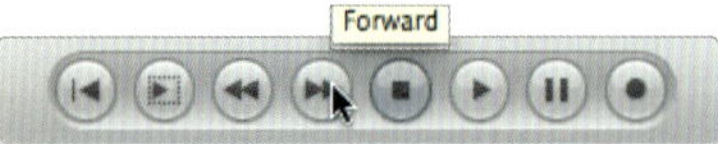

재생과 관련한 더욱 더 자세한 기능들은 [Part 03] - [Chapter 02 재생 기능]편에서 다루도록 하겠습니다.

탐색 기능, 프로젝트 정보

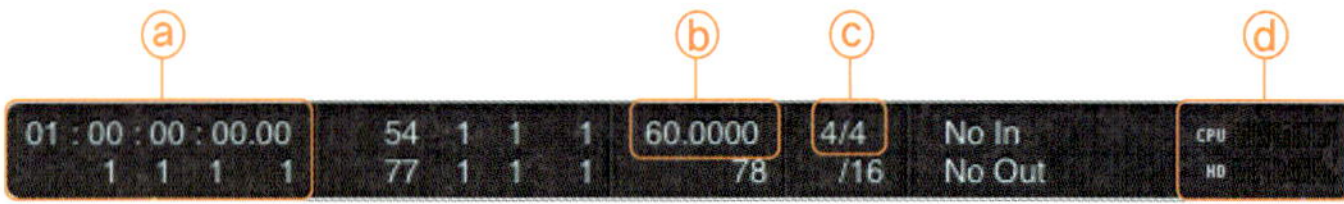

ⓐ 플레이헤드의 위치를 알 수 있습니다. 플레이헤드를 움직이면 위치 정보가 변하는 것을 확인할 수 있습니다.

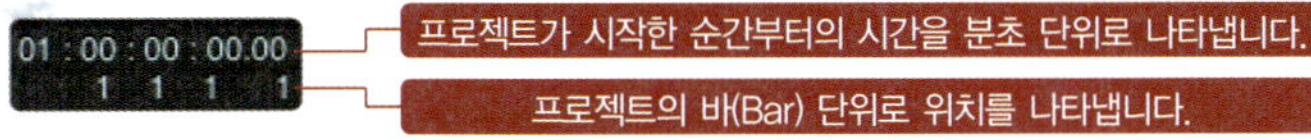

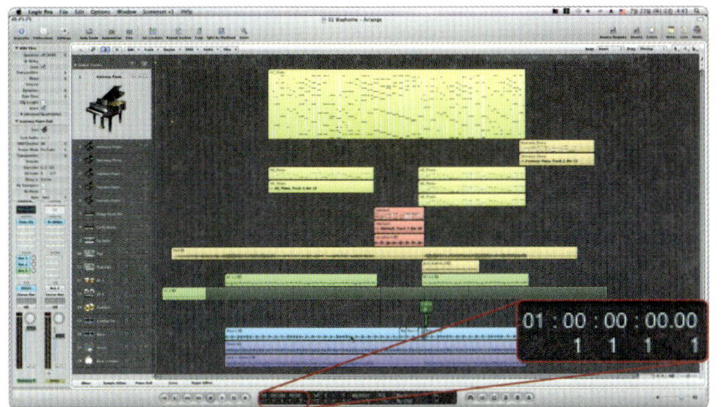

▲ 그림에서 보이는 위치는 플레이헤드가 프로젝트의 가장 앞부분에 위치했을 때의 상태입니다.

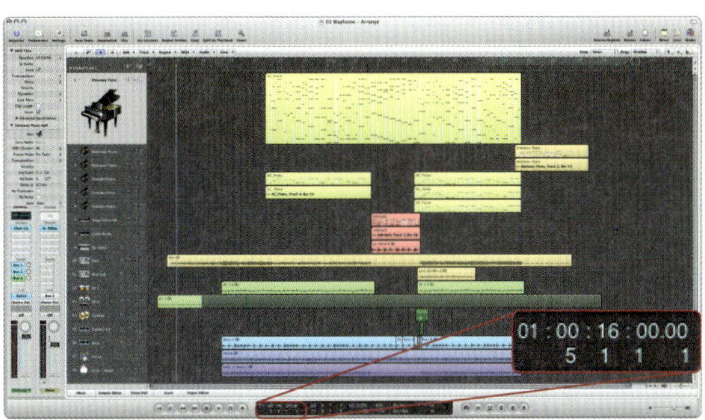

▲ 그림을 보면 프로젝트 시작점으로부터 16초의 시간이 지난 지점이고, 5번 마디의 첫 부분이라는 것을 알 수 있습니다.

ⓑ 프로젝트의 템포(Tempo)를 알 수 있습니다.

ⓒ 프로젝트의 박자(Signature)를 알 수 있습니다.

ⓓ CPU 사용량과 하드디스크(HD) 사용량을 볼 수 있습니다.

옵션 활성화 버튼

● 자주 사용하는 기능의 버튼이 나열되어 있으며, 버튼을 클릭하면 색상이 변하면서 기능이 활성화됩니다.

● 툴바와 마찬가지로 사용자화가 가능합니다.

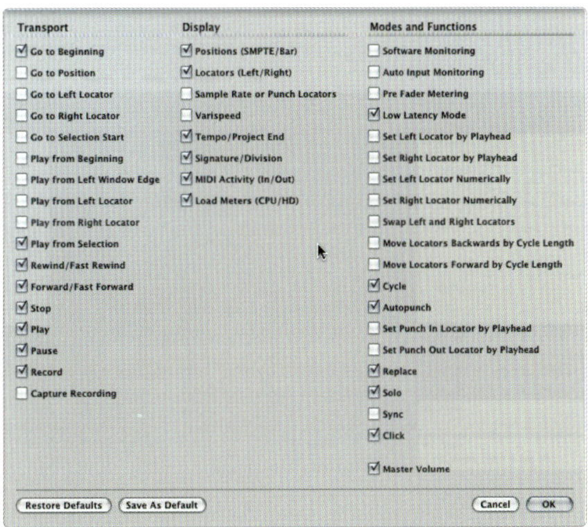

6. 노트(Notes), 리스트(Lists), 미디어(Media) 영역

기본 화면에서는 숨겨져 있지만, 어레인지 윈도우의 우측 영역에 위치한 창으로 다양하게 활용할 수 있습니다.

- (Notes) 아이콘을 클릭하여 노트창을 열어봅니다. 이 창에서는 프로젝트에 대한 노트와, 트랙에 대한 노트를 기록할 수 있습니다.

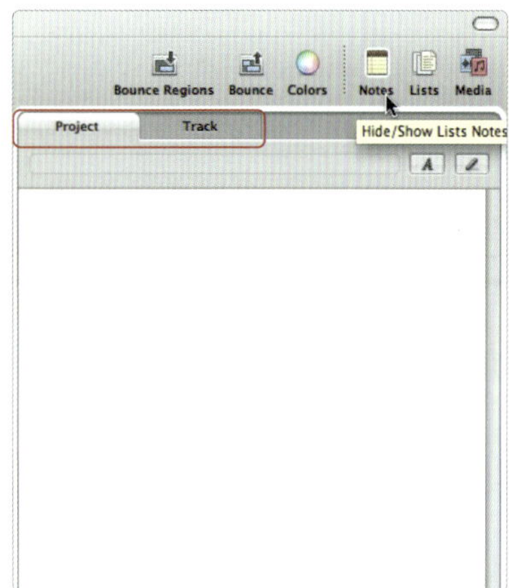

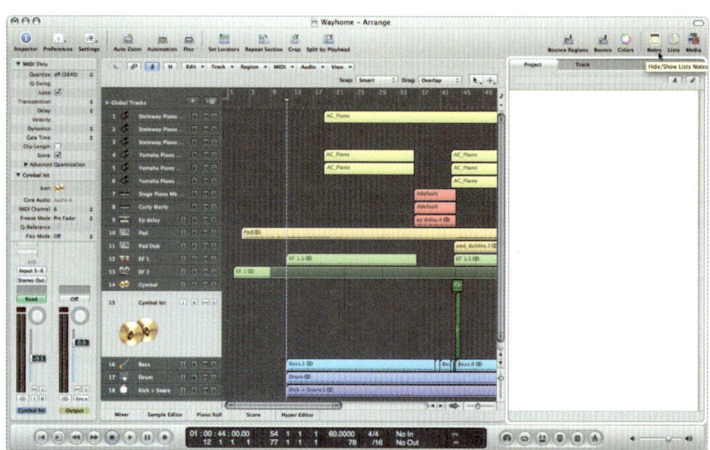

- (Lists) 아이콘을 클릭하여 열고 닫아봅니다. Event, Marker, Tempo, Signature 창이 탭으로 나란히 열립니다. 미디 노트, 마커 값 등 시간 흐름에 따라 변하는 값들을 리스트로 보여주는 창들이 있습니다.

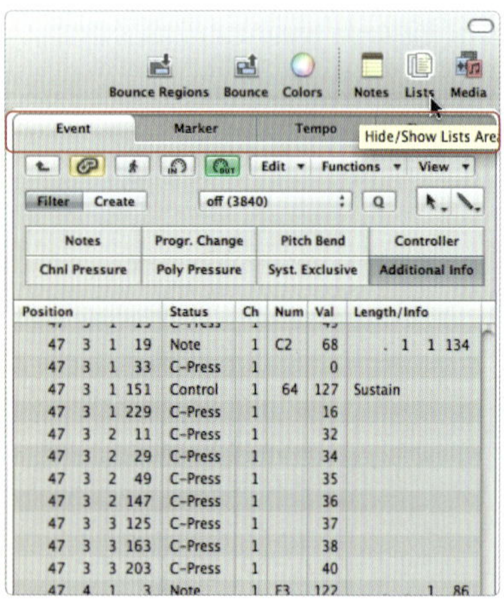

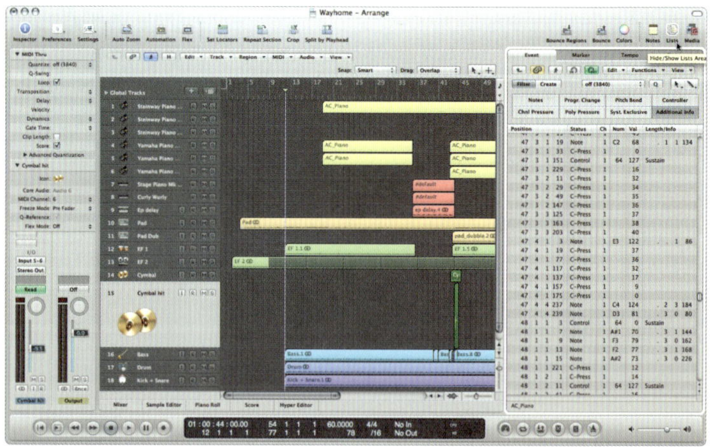

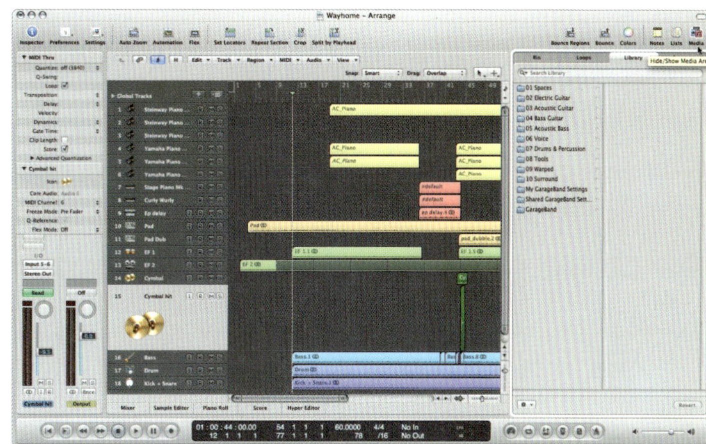 (Media) 아이콘을 클릭하여, 열고 닫아봅니다. Bin, Loops, Library, Browser 창이 탭으로 나란히 열립니다. 악기를 불러들이거나, 애플 루프를 불러오는 등 다양한 미디어들을 활용할 수 있는 영역입니다.

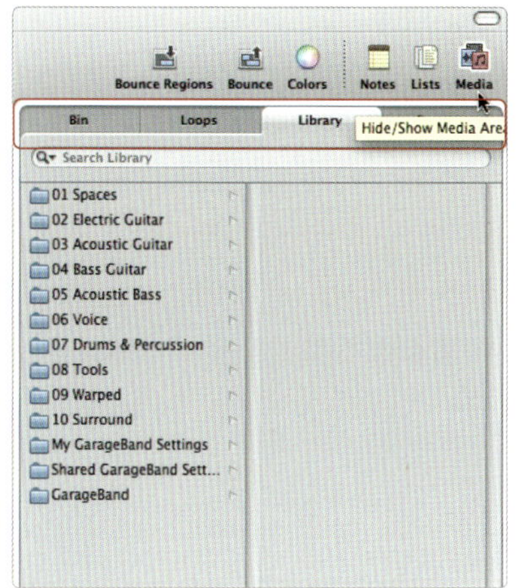

CHAPTER 02 편집창 (Editor Areas)

데이터를 편집할 수 있는 다양한 편집창에 대해 살펴보겠습니다.

1. 믹서(Mixer) – 단축키 [X]

여러 채널의 채널 스트립을 한 눈에 볼 수 있는 창입니다. 트랙별로 데이터의 흐름을 명쾌하게 볼 수 있습니다.

믹서창 표시/숨기기

단축키 [X]를 누르거나 어레인지 윈도우 하단의 [Mixer] 탭을 클릭하여 믹서창을 열거나 닫을 수 있습니다.

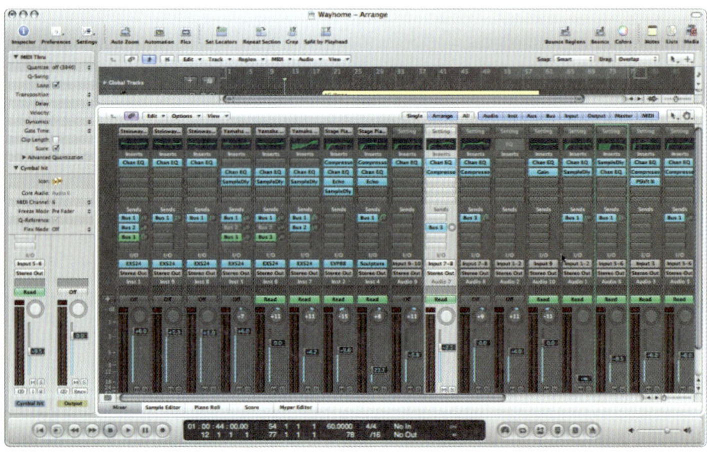

믹서창 크기 조절하기

화면 가운데의 편집창을 구분짓는 선을 드래그해서 위아래로 영역을 넓히고 좁힐 수 있습니다. 이와 같은 방법으로 다른 에디터 화면들도 보이는 영역을 넓히고 좁힐 수 있습니다.

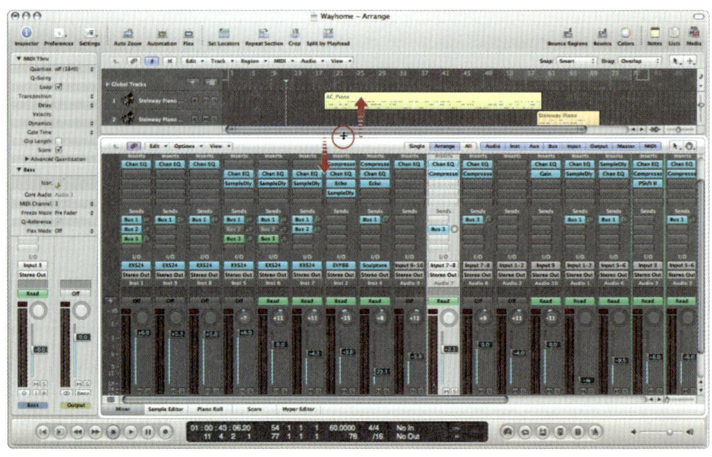

믹서의 채널 스트립 보는 법

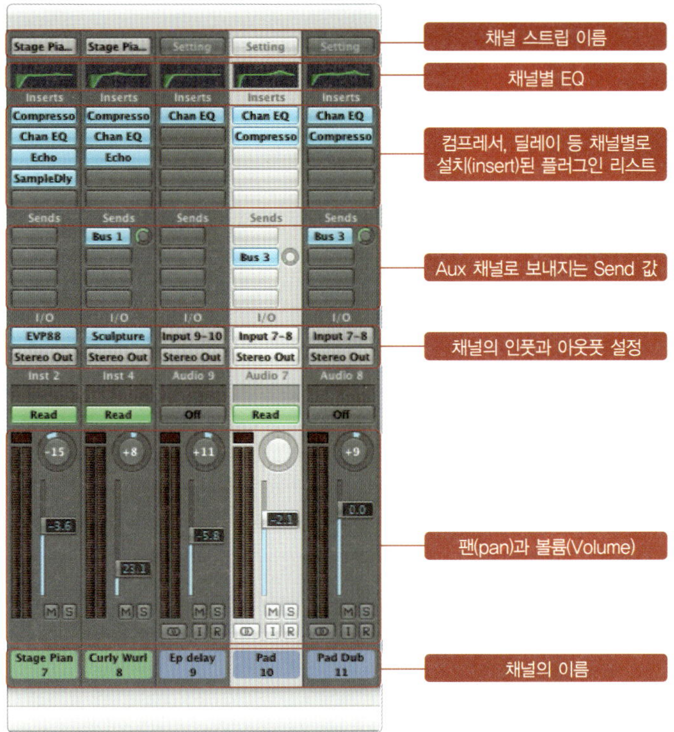

별도의 창으로 열기

단축키 `Command` + `2`를 누르거나, 상단 메뉴바에서 Window 〉 Mixer를 선택하면 새로운 창으로 믹서를 열 수 있습니다. 다른 편집창들도 마찬가지 방법으로 별도의 창으로 열어 볼 수 있습니다.

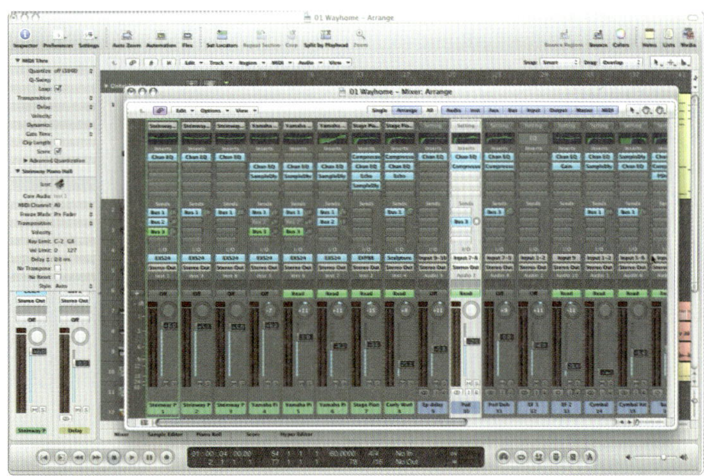

2. 샘플 에디터(Sample Editor) - 단축키 [W]

오디오 편집의 가장 기본이 되는 편집창입니다. 오디오 파형을 세밀하게 관찰할 수 있고, 다양한 오디오 편집 작업 및 프로세싱을 가능하게 해줍니다.

샘플 에디터 표시/숨기기

◦ 'Bass' 트랙을 선택한 후, 단축키 W를 누르거나 좌측 하단의 [Sample Editor] 탭을 클릭하여 샘플 에디터를 열거나 닫을 수 있습니다.

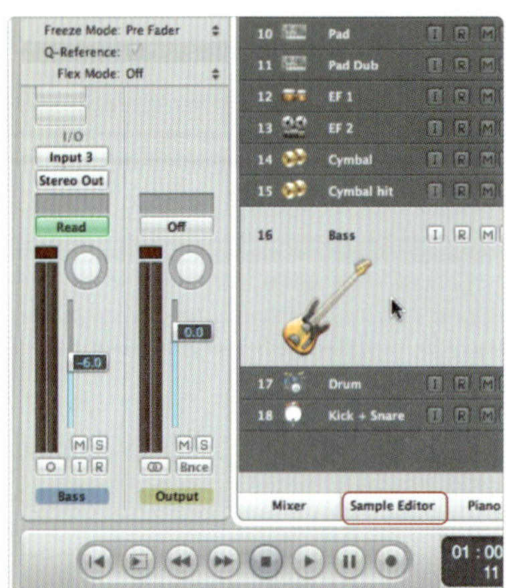

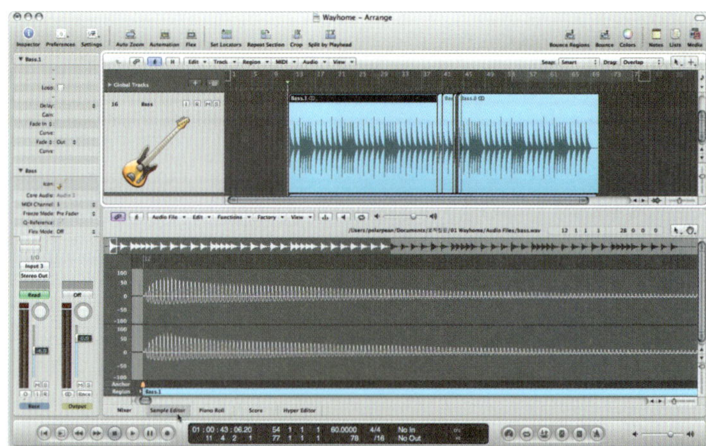

◦ 오디오 리전을 더블클릭해서 샘플 에디터를 열 수도 있습니다.

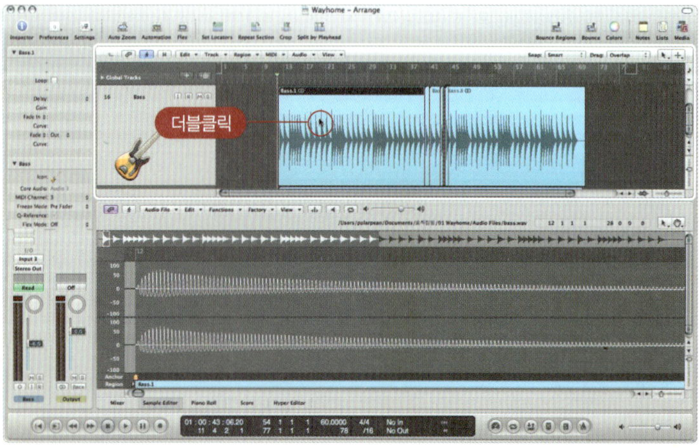

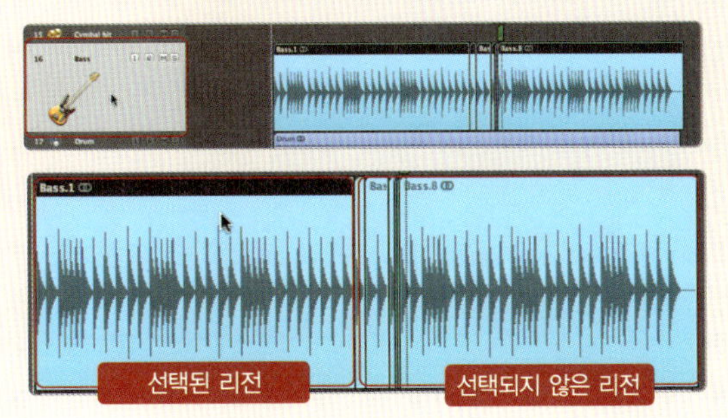

* 트랙을 선택하면 해당 트랙의 리전들이 자동으로 모두 선택됩니다.

* 리전의 윗부분이 검정색으로 활성화되면 선택된 것입니다.

3. 피아노롤(Piano Roll) – 단축키 [P]

미디 편집의 가장 기본이 되는 편집창입니다.

피아노롤 표시/숨기기

○ 어레인지 윈도우 위쪽의 노란색 피아노 트랙의 리전을 클릭해 선택한 후, 단축키 [P]를 누르거나 좌측 하단의 [Piano Roll] 탭을 클릭하여 피아노롤을 열거나 닫을 수 있습니다.

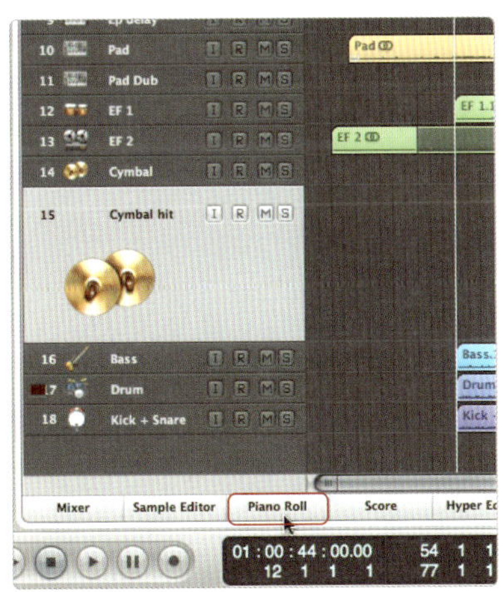

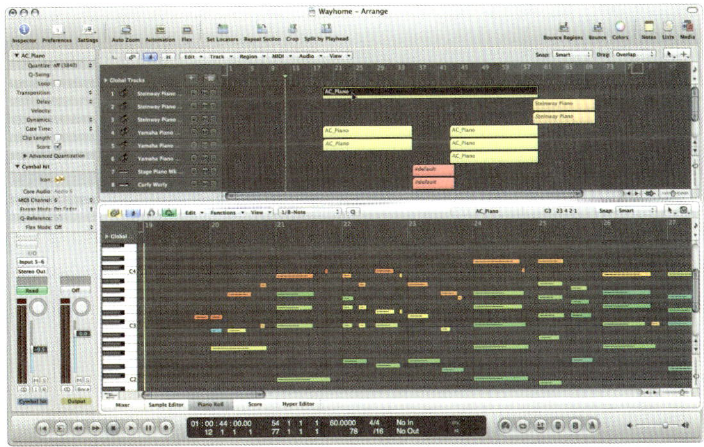

○ 피아노롤이 닫혀 있는 상태에서, 미디 리전을 더블클릭해 자동으로 활성화할 수도 있습니다.

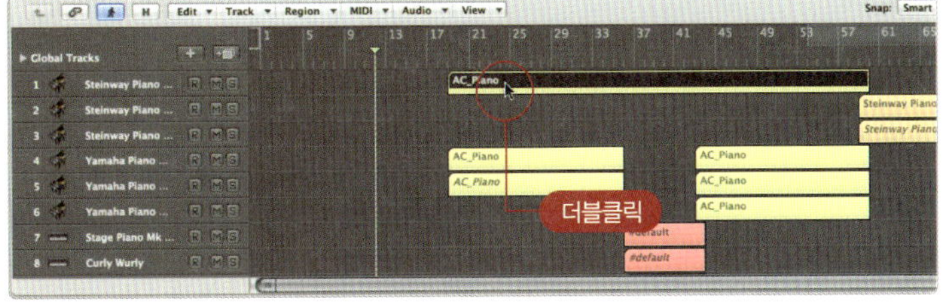

피아노롤에서 음표 보는 법

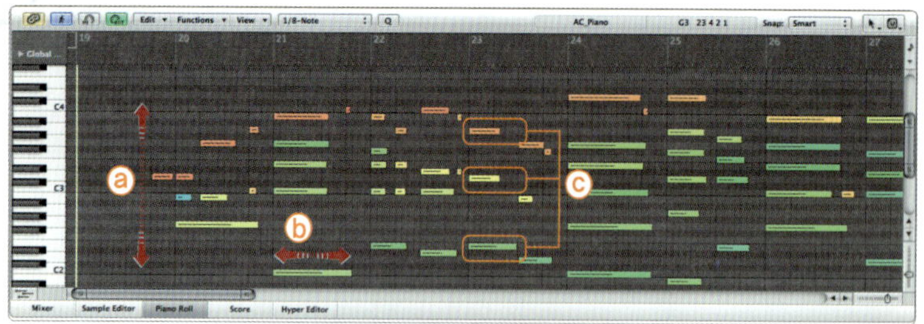

ⓐ 좌측 피아노 건반의 음높이에 맞추어 상하로 음이 높고 낮음을 나타냅니다. 음높이를 나타내는 영문표기법은 C(도), D(레), E(미), F(파), G(솔), A(라), B(시)입니다. C1, C2, C3, C4...처럼 숫자가 커질수록 높은 옥타브를 나타냅니다.

ⓑ 좌우로 뻗어 있는 막대의 길이는 음의 길이를 뜻합니다.

ⓒ 막대의 색상은 옵션을 통해 설정할 수 있지만, 기본적으로는 음표의 세기(Velocity)를 나타냅니다. 무지개 색상을 기준으로 붉은 색일수록 소리가 큰 음표이고, 보라색에 가까워질수록 작은 소리입니다.

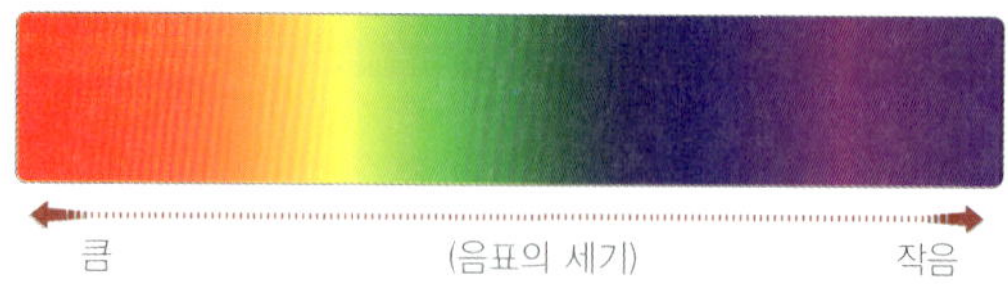

4. 스코어(Score) – 단축키 [N]

○ 오선지 악보 형태로 미디 노트를 보고, 편집할 수 있는 편집창입니다. 피아노롤에서는 할 수 없는 악상 기호를 넣거나 가사를 쓰는 등 악보 작업을 위한 기능들을 실행합니다. 프린트 기능 또한 유용하게 개발되어 있습니다.

○ 미디 리전을 선택한 후, 단축키 N을 누르거나 좌측 하단의 [Score] 탭을 클릭하여 열거나 닫을 수 있습니다.

5. 하이퍼 에디터(Hyper Editor) - 단축키 [Y]

- 미디 리전의 컨트롤러 값을 에디팅하거나, 드럼을 간편하게 프로그래밍하는 등 흔하게 쓰이지는 않아도 유용하게 쓰일 수 있는 기능들을 담고 있는 편집창입니다.

- 미디 리전을 선택한 후, 단축키 [Y]를 누르거나 좌측 하단의 [Hyper Editor] 탭을 클릭하여 열거나 닫을 수 있습니다.

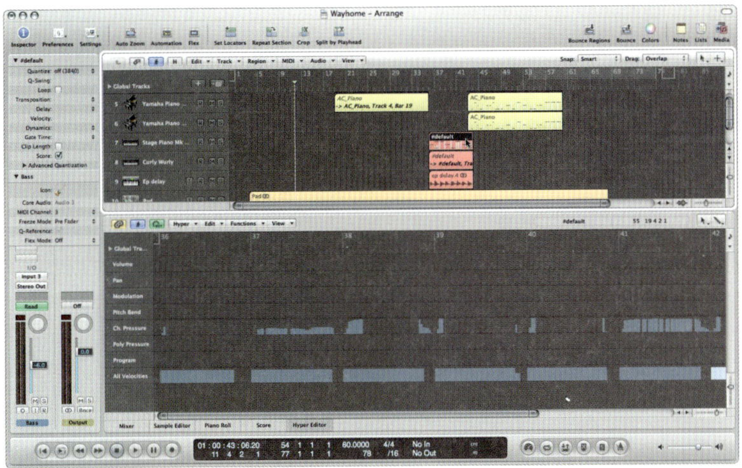

기본 기능 살펴보기

Chapter 1. 탐색 기능 (Navigate)
Chapter 2. 재생 기능 (Play)
Chapter 3. 툴 활용하기 (Tools)

로직의 기본적인 화면 구성에 대해 어느 정도 이해가 되었다면, 이번에는 로직의 기본적인 작동법들에 대해 알아보도록 하겠습니다.

CHAPTER 01

탐색 기능 (Navigate)

1. 스크롤(Scroll)

일반적으로 사용하는 마우스의 스크롤 기능은 웹 서핑을 할 때처럼 위아래로 하는 경우가 많지만, 음악작업을 하다보면 시간 축에 따라 좌우로 움직여야 하는 경우가 많습니다. 이번에는 상하좌우로 스크롤하는 방법에 대해 알아보겠습니다.

마우스의 휠을 이용하는 방법

- 어레인지 윈도우에서 마우스의 스크롤 휠을 이용해 위아래로 스크롤해봅니다. 어레인지 편집창이 위아래로 스크롤되는 것을 확인할 수 있습니다.

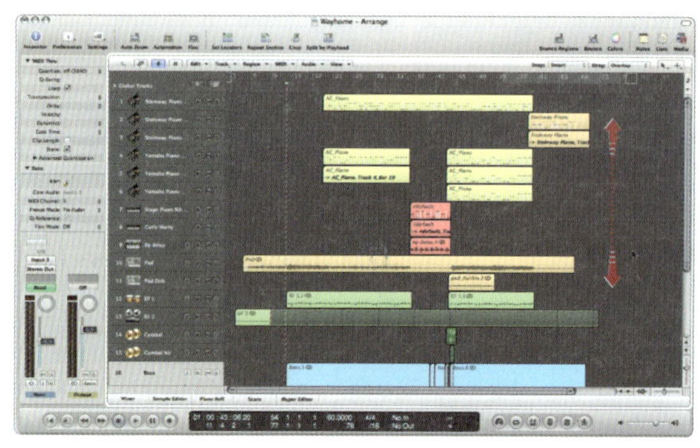

- Shift 키를 누른 채 마우스 휠을 위아래로 스크롤을 해봅니다. 화면이 좌우로 스크롤되는 것을 확인할 수 있습니다.

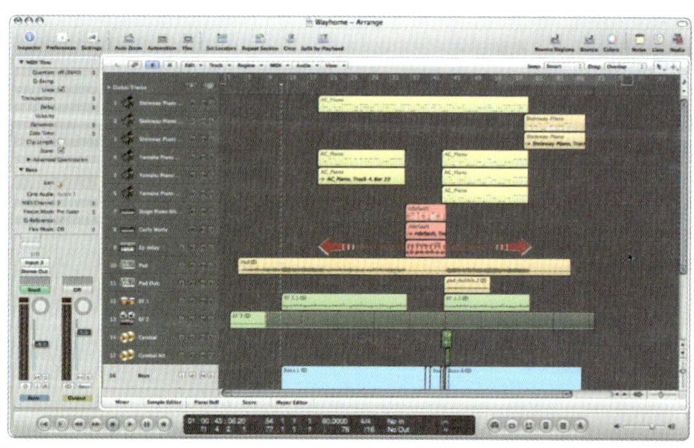

맥북과 애플전용 마우스의 스크롤 기능
맥북 유저이거나 트랙패드를 사용하는 유저의 경우, 두 손가락 터치를 이용하여 상하 좌우로 드래그하면 화면을 스크롤 할 수 있습니다. 애플전용 마우스의 경우 대부분 상하, 좌우 방향의 스크롤 기능을 제공하고 있습니다.

스크롤바를 이용하는 방법

● 좌우, 상하의 스크롤바를 드래그하거나 빈 부분을 클릭해서 화면을 움직여봅니다.

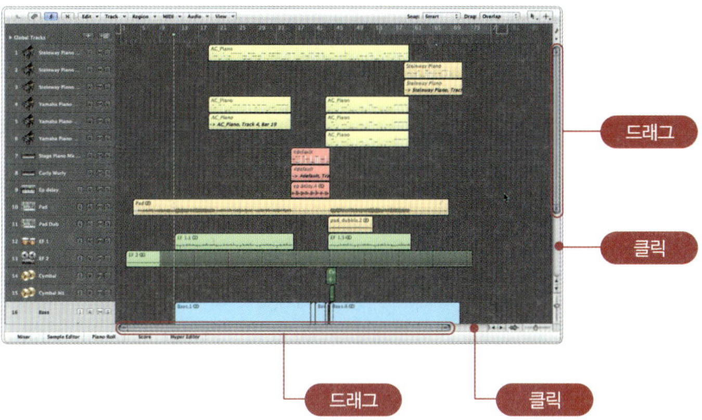

● 스크롤바 옆의 이동 버튼을 클릭해서 화면을 움직여봅니다.

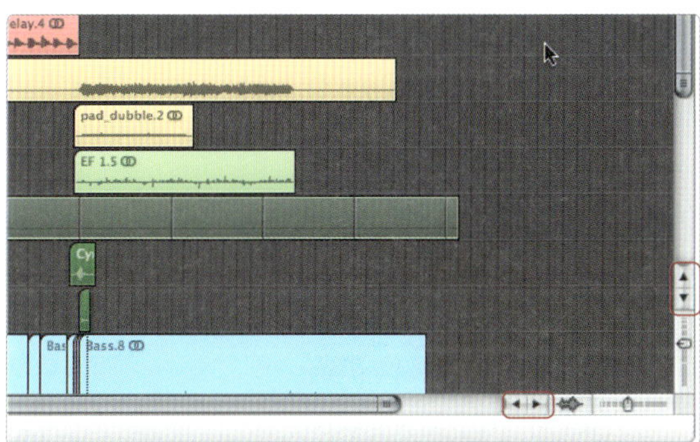

단축키를 이용하는 방법

Shift + Control 키를 누르고 있으면 마우스 포인터의 모양이 바뀝니다. 이때 원하는 방향으로 마우스를 드래그해서 어레인지 윈도우가 움직이는 것을 확인해봅니다.

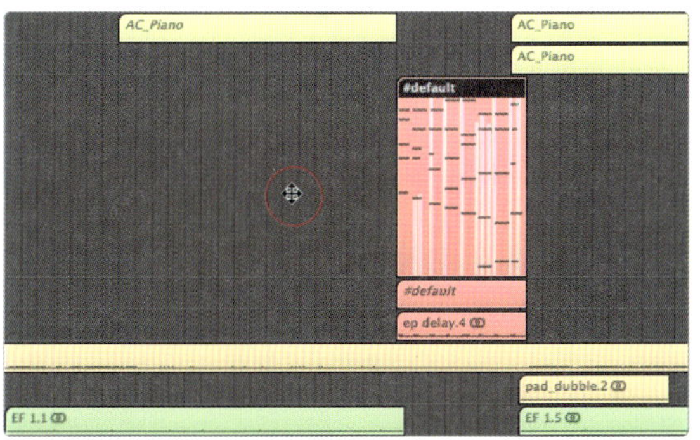

2. 확대, 축소(Zoom)

화면을 확대하고, 축소해서 보는 작업은 가장 많이 반복하는 일 중에 하나일 것입니다. 이번에는 로직의 다양한 확대 축소 방법에 대해 알아보겠습니다.

기본적인 확대, 축소 방법

1 마우스 휠을 이용하는 방법

- Option 키를 누른 채로 휠을 움직여보겠습니다. 화면이 위아래로 확대, 축소됩니다.
  → 단축키 Control + Option + ↑ , ↓

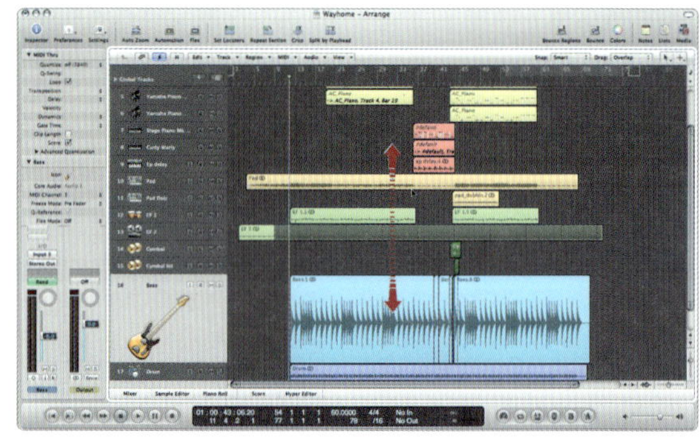

- Option + Command 키를 모두 누르고 휠을 움직여봅니다. 트랙패드 유저는 두 손가락 터치로 넓히고, 좁히는 동작으로 동일하게 실행할 수 있습니다. 화면이 좌우로 확대, 축소됩니다.
  → 단축키 Control + Option + ← , →

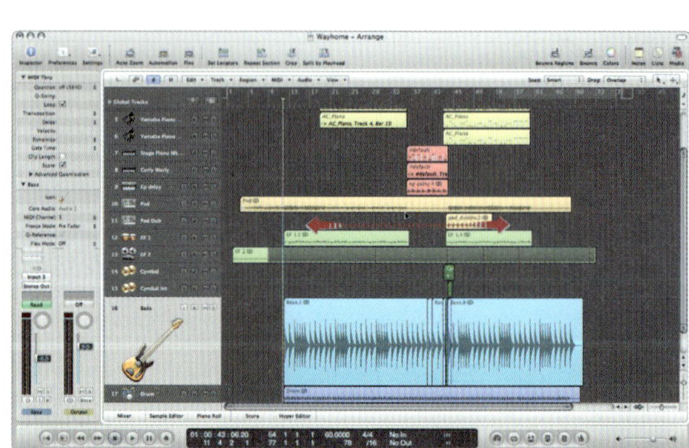

- Option + Control 키를 누른 채로 휠을 움직여봅니다. 화면이 상하좌우 모든 방향으로 확대, 축소됩니다.

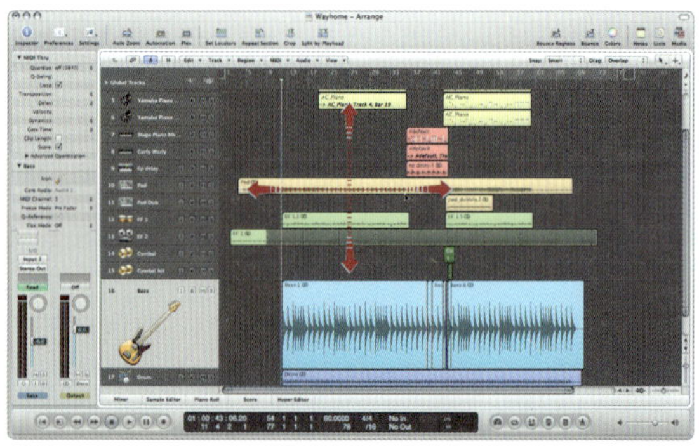
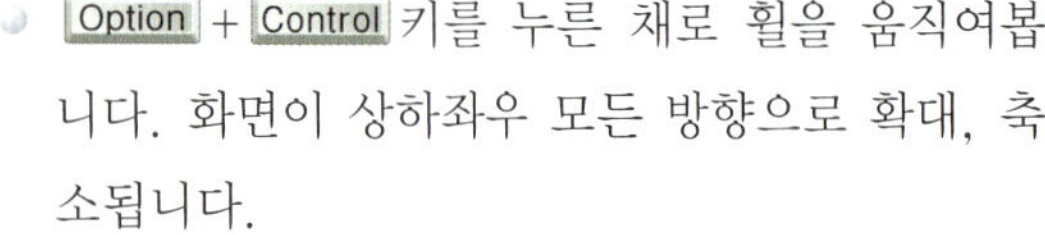

❷ 룰러를 이용하는 방법

룰러의 밑부분을 드래그해서 위, 아래로 움직여봅니다. 화면이 좌우로 확대, 축소되는 것을 확인할 수 있습니다.

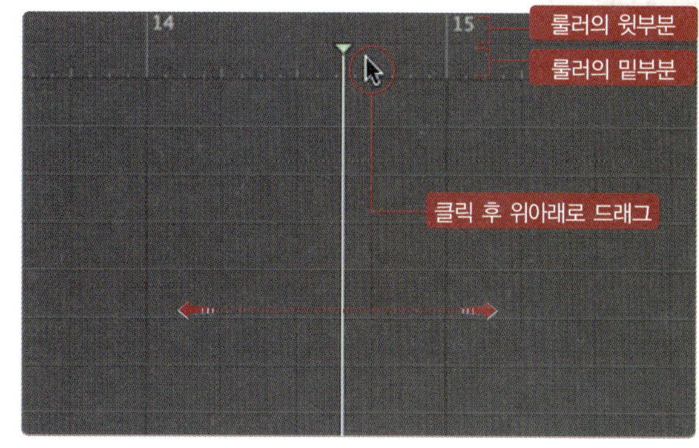

❸ 스크롤 영역을 이용하는 방법

- 스크롤바 끝부분(▦)을 드래그해서 좌우, 상하로 확대, 축소를 해보겠습니다.

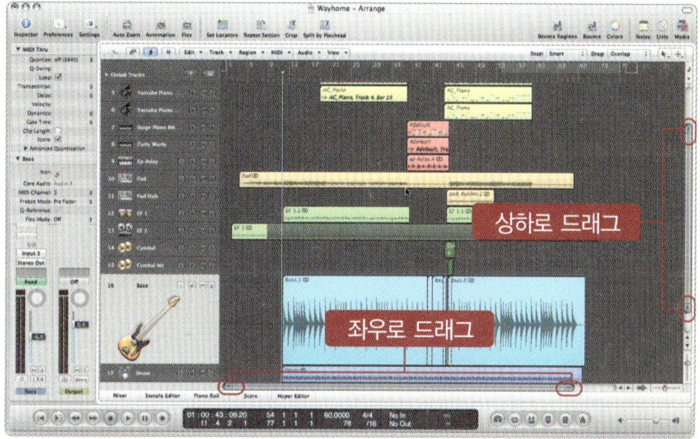

- 우측 하단의 눈금을 움직여서 상하좌우로 확대, 축소를 해보겠습니다.

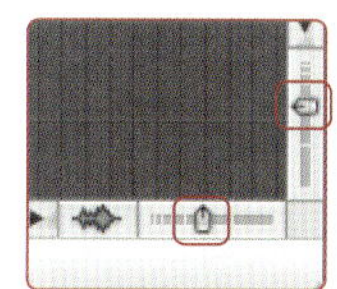

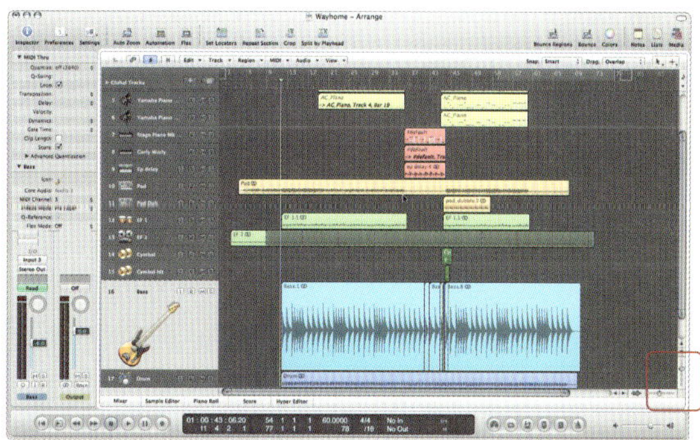

기본적인 확대, 축소 방법에 대해 알아봤습니다. 이와 같이 로직은 같은 기능에 대해서 다양한 방법을 제공하고 있으므로, 본인이 가장 편한 방법으로 선택해서 몸에 익히는 것이 좋습니다. 권장하는 것은 아니지만, 좌우 확대, 축소 같은 경우에는 가장 많이 사용하는 기능 중 하나이기 때문에 필자는 좀 더 간편한 단축키로 바꾸어서 사용하고 있습니다. 단축키를 설정하는 방법은 [Part 10] - [Chapter 01 단축키 활용]에서 다루고 있습니다.

오토트랙줌을 활용한 확대, 축소

이번에는 오토트랙줌(Auto track zoom) 기능을 실행해보겠습니다.

● 오토트랙줌은 툴바의 (Auto Zoom) 아이콘을 클릭하거나 단축키 Control + Z 키로 활성화시킬 수 있습니다.

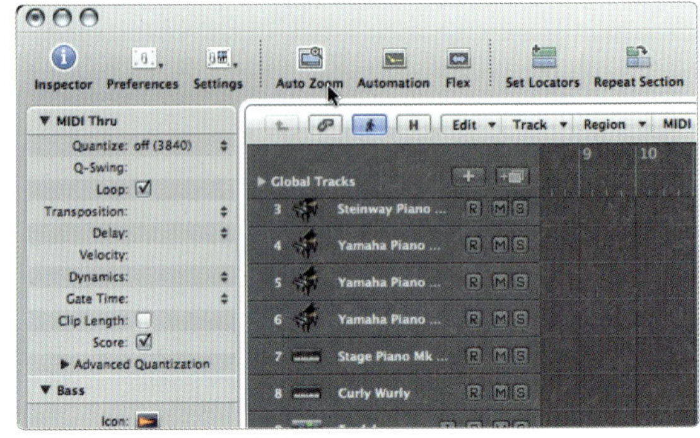

● 오토트랙줌이 활성화된 상태( )에서는 트랙을 선택할 때마다 해당 트랙이 확대됩니다. 여러 트랙을 바꾸어 선택하면서 확대되는 것을 확인해봅니다.

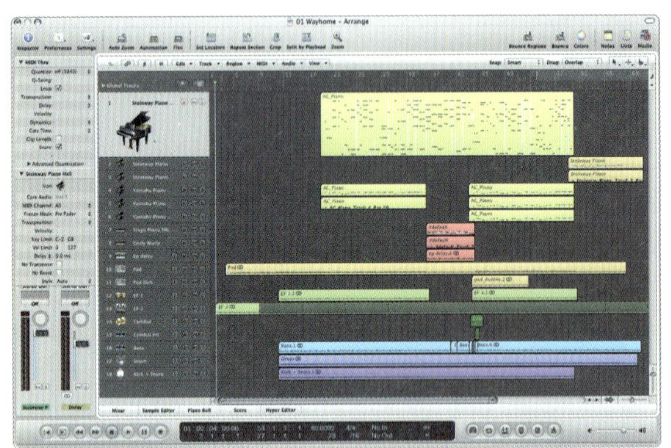

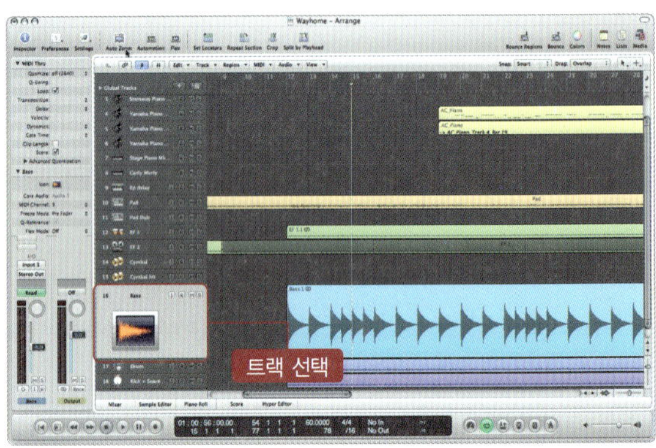

트랙의 확대된 정도를 조절하기 위해서는 트랙의 좌측 하단에 마우스를 놓고 손가락 모양 포인터가 생겼을 때 위아래로 드래그하면 됩니다. 한 번 크기를 바꾸면 다른 트랙도 계속해서 바뀌어진 크기로 확대됩니다.

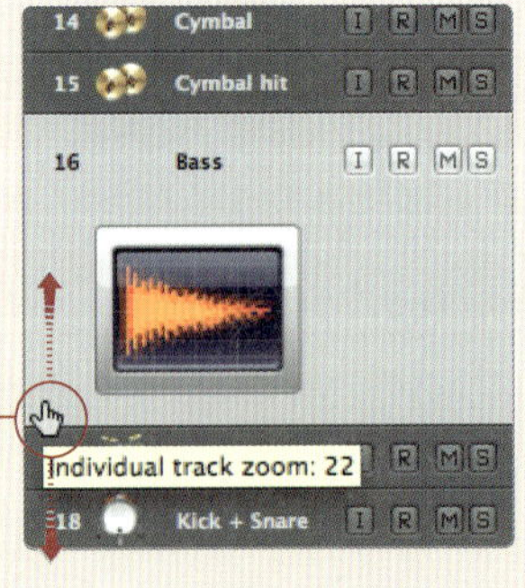

포인터 모양이 이렇게 바뀌었을 때 위아래로 드래그하면 됩니다.

줌(zoom) 툴 활용하기

툴(Tool)에 대해서는 [Chapter 03 툴 활용하기]에서 다루게 되겠지만, 여기서 일단 확대 축소에 관련된 줌(zoom) 툴을 간단하게 다루어보겠습니다.

1 단축키로 호출한 후 활용하기

앞에서 확대 축소를 실행하는 단축키는 Control + Option + ↑, ↓, ←, →임을 배웠습니다. 눈치 빠른 독자는 알아챘겠지만 Control + Option 키를 누르면 화면의 포인터 모양이 돋보기 모양(🔍)으로 바뀌게 됩니다. 이 상태가 바로 줌 툴이 활성화된 상태입니다. 이렇게 Control + Option 키를 누른 상태에서 화면을 드래그해 사각형 영역을 지정하면 지정한 만큼 확대가 됩니다.

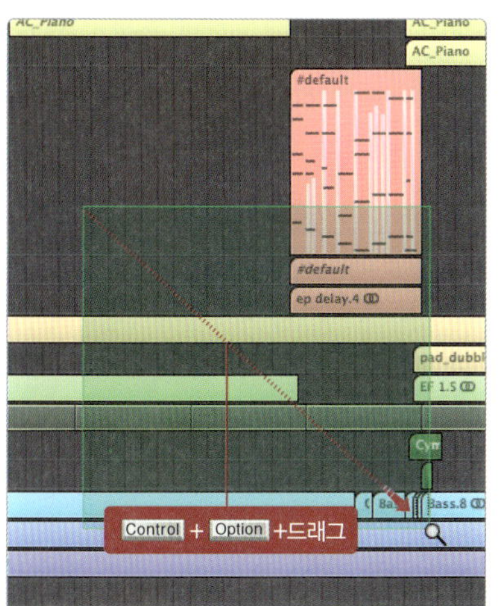

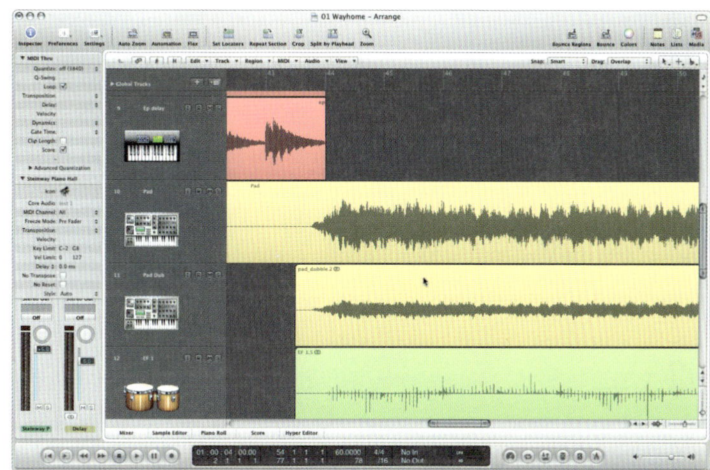

2 Esc 키로 호출하여 선택한 후 활용하기

01 Esc 키를 누르고, 'Zoom Tool'을 선택하면 단축키를 사용하지 않아도 같은 기능을 실행할 수 있습니다.

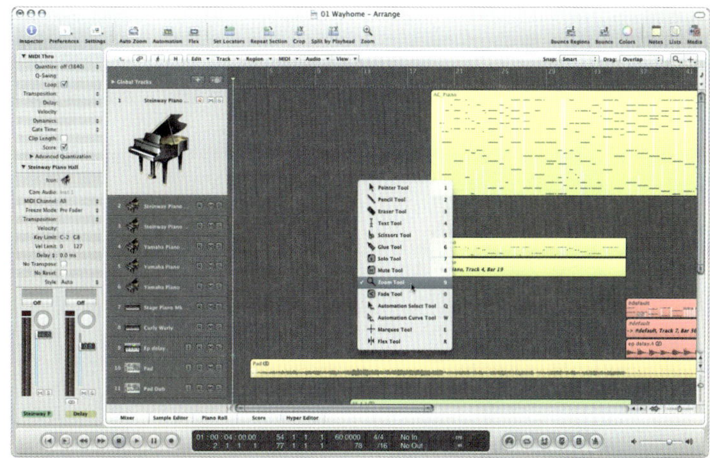

02 줌 툴이 활성화된 상태에서 드래그를 반복해서 확대해봅니다.

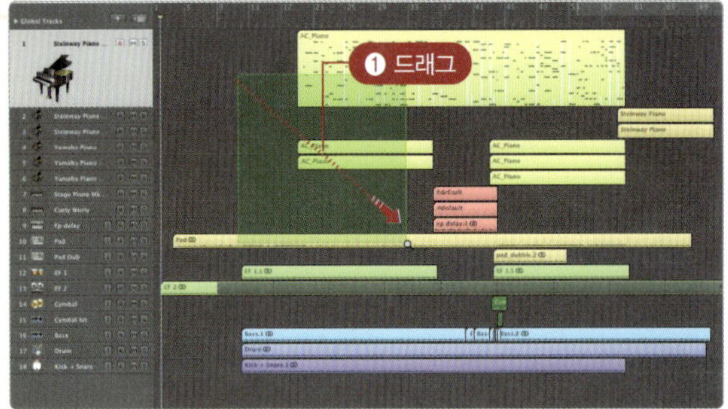
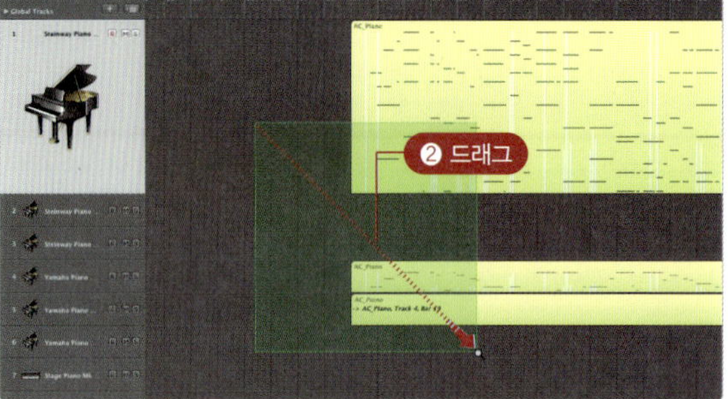

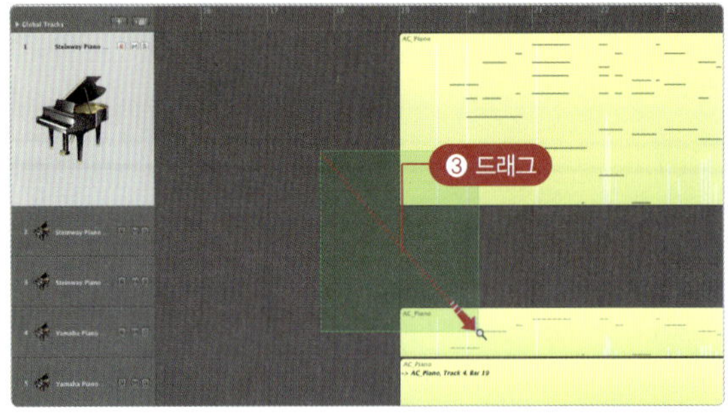

03 줌 툴로 어레인지 편집창의 아무 곳이나 클릭하면, 확대하기 전 단계로 돌아가게 됩니다.

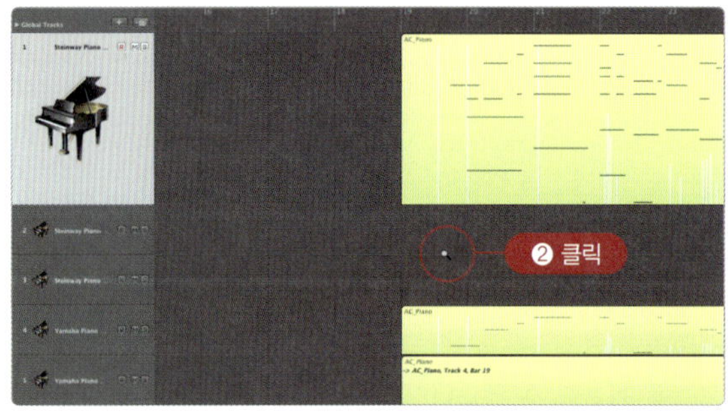

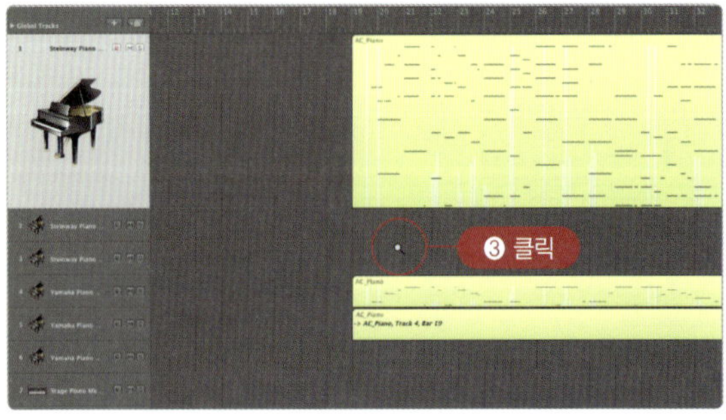
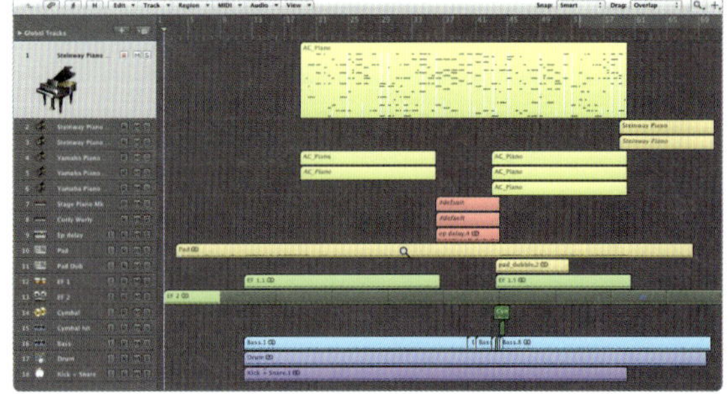

04 Esc 키를 두 번 누르면 다시 포인터(pointer) 툴로 돌아갈 수 있습니다.

Z 키 활용하기

Z 키는 선택된 리전을 화면에 맞추어 보여주는 단축키입니다.

🔵 리전을 선택한 후에 Z 키를 누르면 화면에 맞추어 확대됩니다.

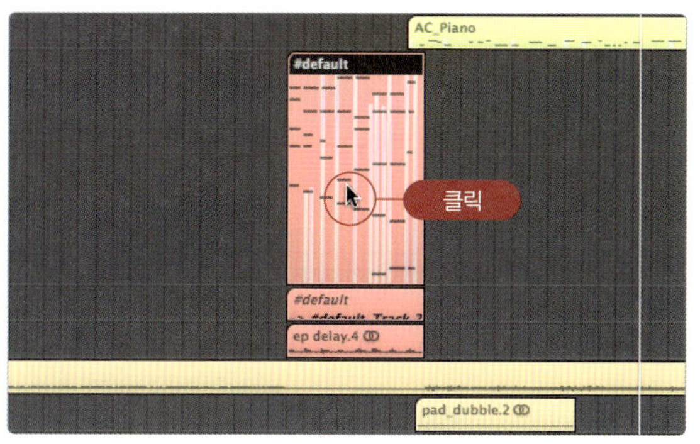

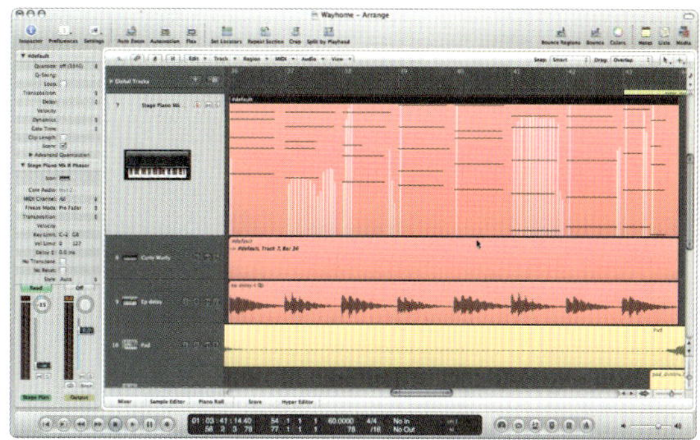

🔵 리전을 여러 개 선택한 상태에서 Z 키를 누르면 선택된 리전이 모두 보이게 되는 범위에서 화면이 확대됩니다.

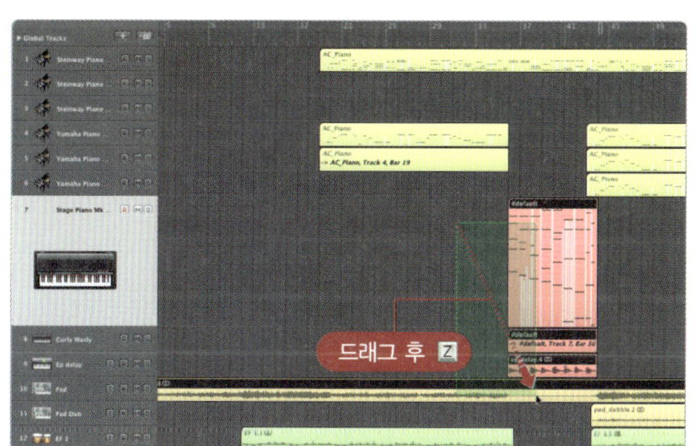

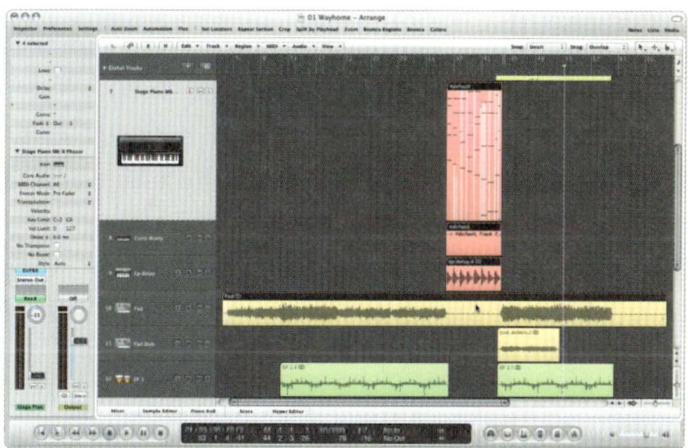

🔵 아무 리전도 선택되지 않은 상태에서 Z 키를 누르면 모든 리전이 눈에 들어오도록 화면이 확대/축소됩니다.

확대된 상태에서 Z 키를 한 번 더 누르면 원상태로 돌아옵니다.

3. 플레이헤드(Playhead) 움직이기

플레이헤드는 앞에서 설명했다시피, 재생, 녹음 시 시작점을 설정하는 위아래로 뻗은 가늘고 흰 구분선입니다.

01 트랜스포트바의 버튼을 이용해서 플레이헤드를 한마디씩 앞뒤로 움직여봅니다. 이 동작은 단축키 ⟨ , ⟩ 로도 동일하게 실행할 수 있습니다.

02 트랜스포트바의 버튼을 이용해서 프로젝트의 제일 앞부분으로 플레이헤드를 움직여봅니다. 이 동작은 Return 키로도 실행할 수 있습니다.

03 Shift + ⟩ , Shift + ⟨ 키로 8마디씩 플레이헤드를 앞뒤로 움직여봅니다.

04 룰러의 밑 부분을 클릭해서 플레이헤드의 위치를 바꿔봅니다.

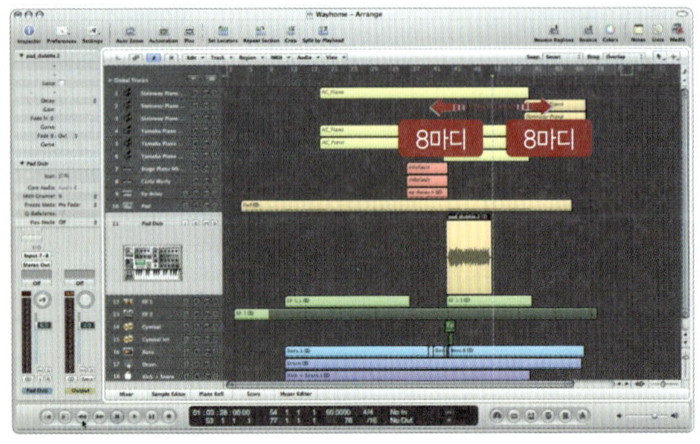

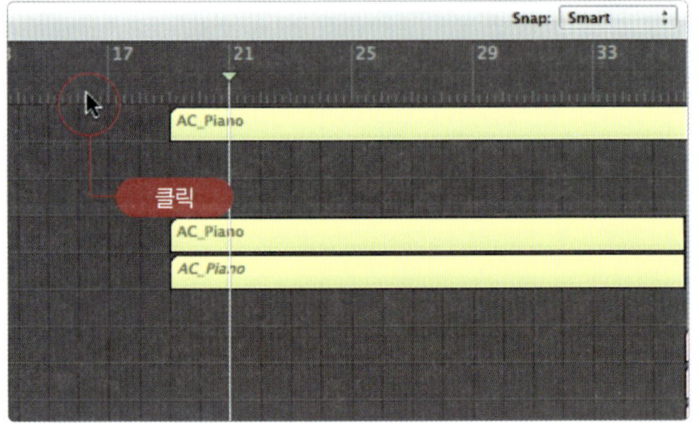

(Catch Playhead) 버튼이 활성화( )되어 있을 때는, 어레인지 편집창이 플레이헤드의 위치에 맞추어 움직이게 됩니다. 다른 편집창에 이 버튼이 있을 때도 동일하게 작동합니다.

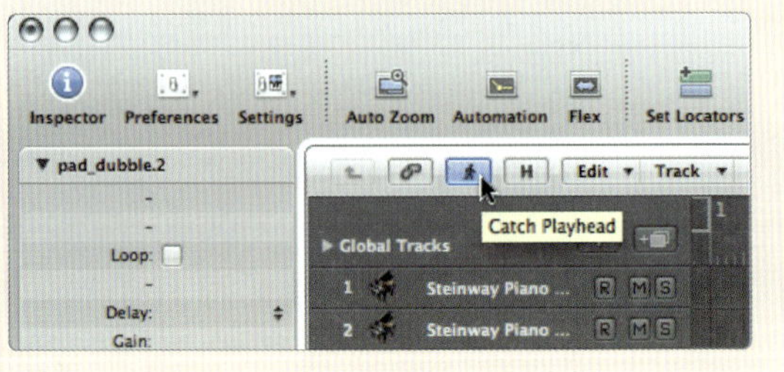

재생 기능 (Play)

1. 재생(Play)하기

기본적인 재생 방법

● 트랜스포트바의 ▶ 버튼을 클릭하면 플레이헤드가 우측으로 움직이면서 프로젝트가 재생됩니다. 트랜스포트바의 ■ 버튼을 클릭하면 재생이 멈추게 됩니다.

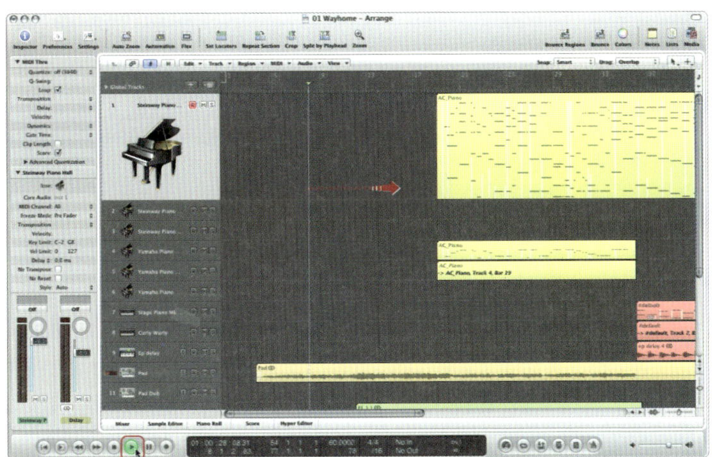

Return 키를 누르거나, 트랜스포트바의 ■ 버튼을 클릭하면 플레이헤드가 프로젝트 제일 앞부분으로 움직이게 됩니다. 플레이헤드를 프로젝트 시작점으로 움직인 후 Space Bar 키를 눌러 재생해봅니다.

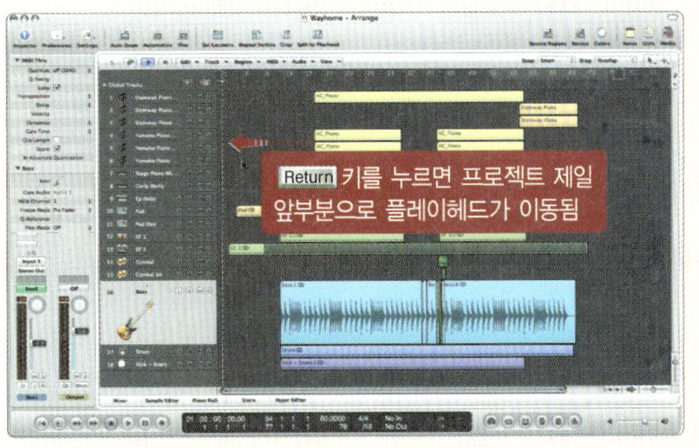

Space Bar 키를 누르면 재생(play), 멈춤(stop) 기능이 번갈아 실행됩니다. 로직을 사용하면서 가장 많이 쓰이는 기능이라 할 수 있습니다. 원하는 위치에 플레이헤드를 옮겨 놓고 Space Bar 키를 눌러 재생을 실행하고, 다시 Space Bar 키를 눌러 멈춰봅니다.

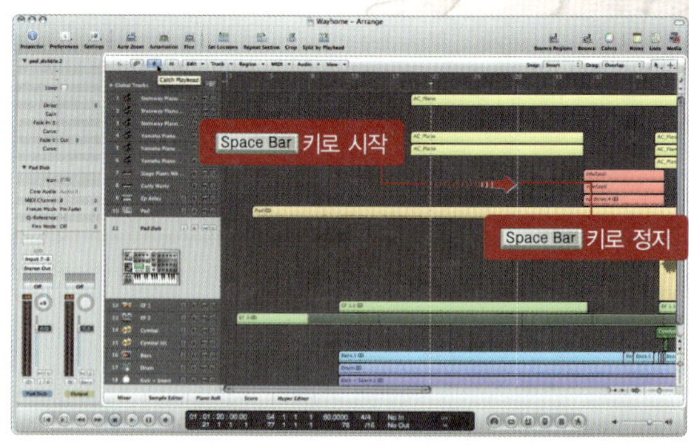

룰러의 밑부분을 한 번 클릭하면 플레이헤드의 위치가 지정되고, 더블클릭하면 플레이헤드가 움직이면서 자동으로 재생이 시작됩니다.

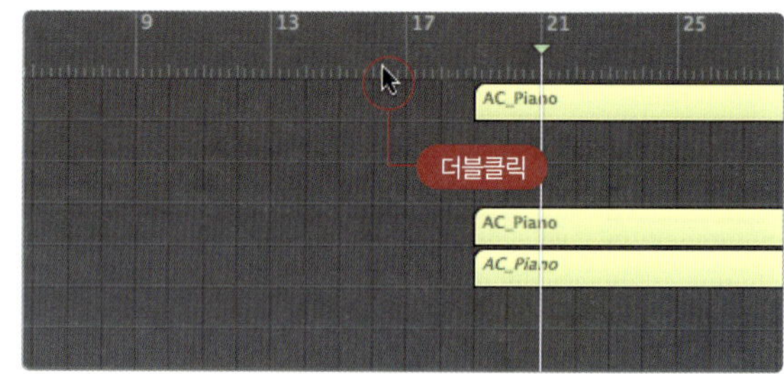

시작 위치 바꾸기

01 Space Bar 키를 눌러 재생을 실행하고 Space Bar 키를 눌러 멈춘 후에 다시 Space Bar 키로 재생을 실행하면 멈춘 자리부터 다시 재생이 시작됩니다.

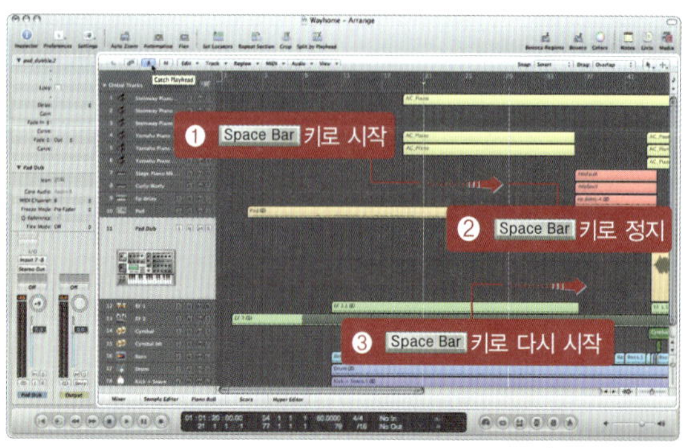

02 트랜스포트바의 ▶ 버튼을 우클릭 혹은 Control + 클릭한 다음 'Play From Last Locate Position'을 체크해서 활성화합니다.

마우스 우클릭과 Control +클릭은 로직 내에서 동일한 기능으로 작용합니다. 앞으로 우클릭이라 표기하는 것은 모두 Control +클릭으로도 실행할 수 있는 것으로, 본인이 편한 방법으로 실행하길 바랍니다.

03 재생을 멈춘 후에 다시 재생해보면, 처음 시작했던 위치에서 다시 재생되는 것을 확인할 수 있습니다.

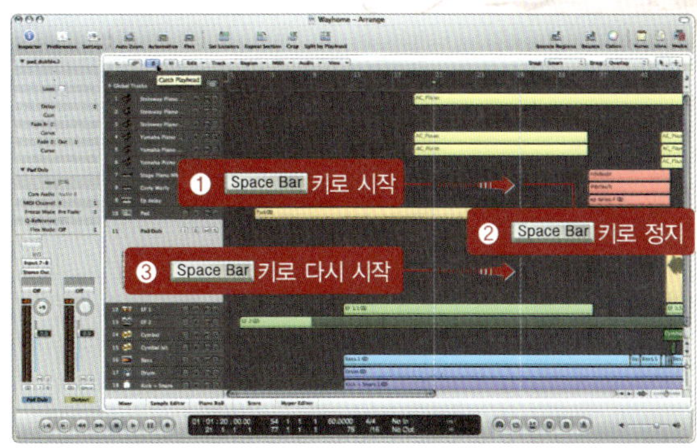

▶ 버튼에서 옵션을 해제하면 원상태로 돌아갑니다. 본인에게 편리한 방법을 선택해서 사용하면 됩니다.

선택한 리전부터 재생하기

● 특정한 리전의 시작 부분부터 재생해서 듣고 싶을 때는 리전을 선택하여 활성화한 상태에서 Shift + Enter↵ 키를 눌러 재생하면 됩니다.

● 키패드가 없는 사용자는 Enter↵ 키가 없으므로, 지정된 단축키를 바꾸어서 사용해야 합니다. 단축키 설정법은 [Part 10] − [Chapter 01 단축키 활용]에서 다루고 있습니다.

트랜스포트바의 ▶ 버튼을 우클릭한 후 'Play From Selected Region' 옵션을 활성화시키면, 단축키를 사용하지 않아도 선택한 리전부터 재생할 수 있습니다.

마키(Marquee) 툴을 이용해서 재생하기

01 트랜스포트바의 ▶ 버튼을 우클릭해보면 'Play Marquee Selection'은 기본으로 활성화(체크)되어 있는 것을 확인할 수 있습니다.

02 Esc 키를 누르고 마키(Marquee) 툴을 선택합니다.

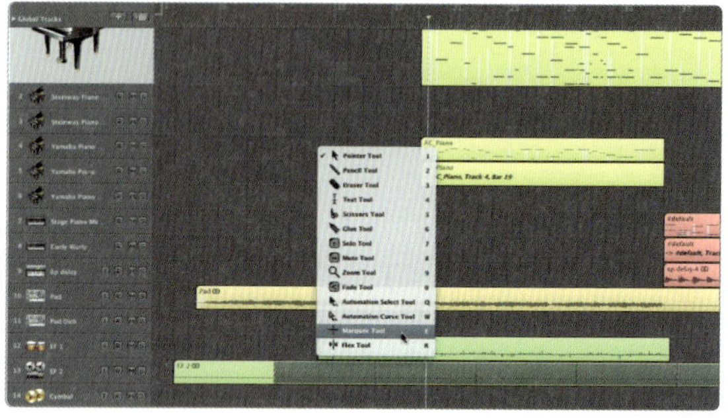

03 드래그해서 재생하고자 하는 영역을 지정합니다.

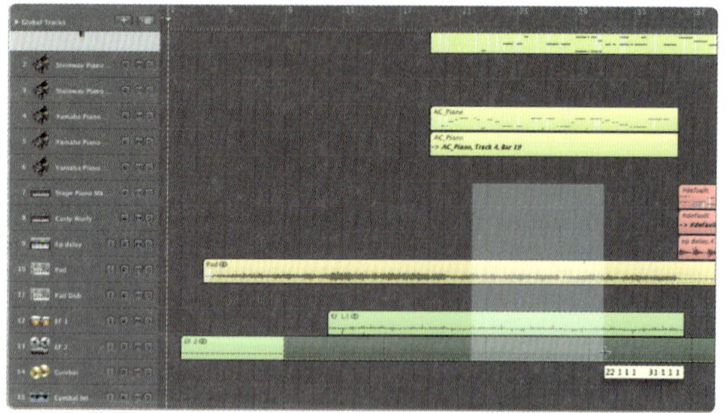

04 Space Bar 키를 눌러 실행하면 마키 툴로 지정한 영역의 시작 부분부터 재생되고, 영역의 끝 부분에서 멈춥니다.

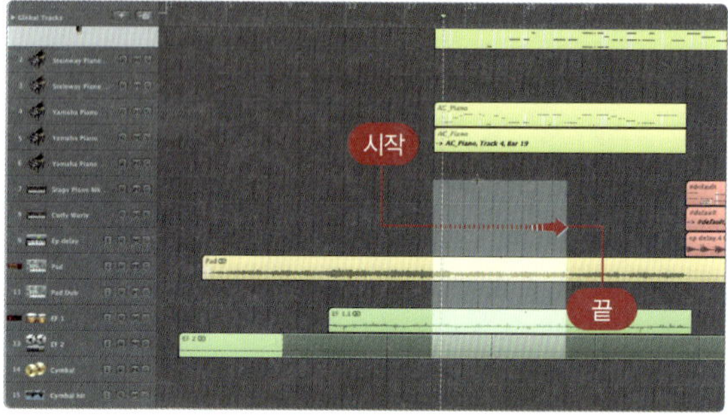

05 Esc 키를 두 번 눌러 포인터 툴로 돌아갈 수 있습니다.

'Play Marquee Selection' 옵션이 해제되어 있을 때는 마키 툴로 선택한 영역과 관계없이 재생 기능이 실행됩니다.

3. 싸이클 모드(Cycle Mode)

싸이클 모드는 로케이터(Locator)로 선택한 영역을 반복해서 재생하거나, 녹음할 때 사용하는 기능입니다.

싸이클 모드 실행하기

- 싸이클 모드는 트랜스포트바의 🔁 버튼이나 단축키 C 로 켜고 끌 수 있습니다.

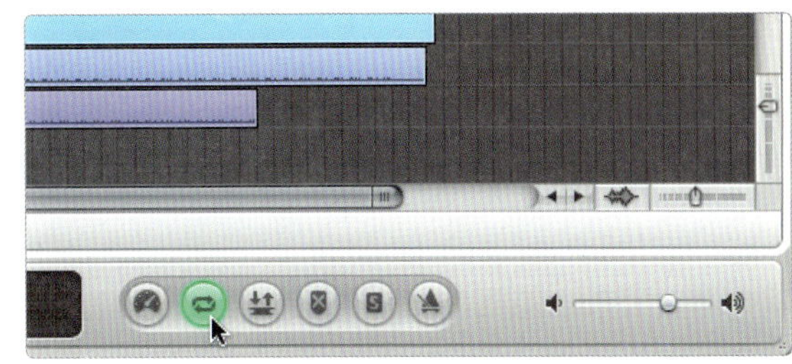

- 싸이클 모드가 켜진 상태에서는 룰러의 윗부분에 녹색 막대가 표시됩니다.

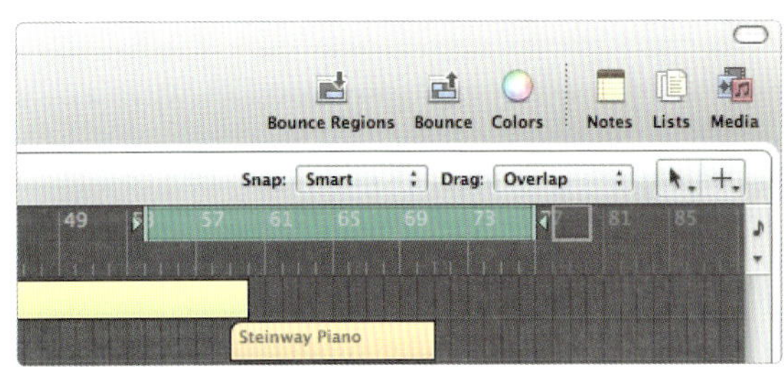

만약 그림처럼 녹색 막대에 검은 선이 그어져 있다면, 영역 선택이 반전되어 있다는 뜻이므로 영역을 다시 선택하거나, 선택을 반전시키는 단축키 J 를 이용해야 합니다.

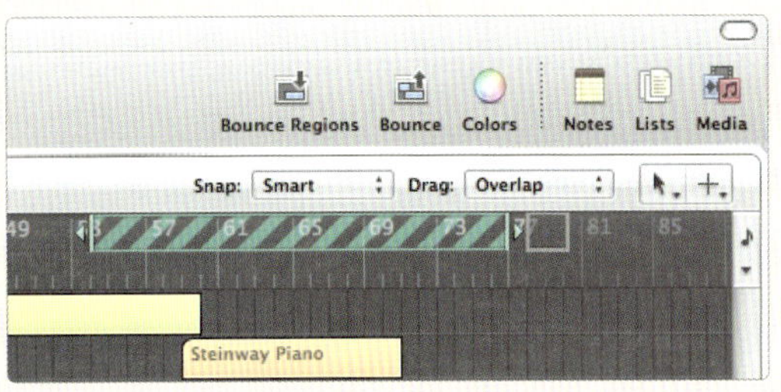

싸이클 모드에서 영역을 지정하는 방법

싸이클 모드에서 영역을 지정하는 방법은 여러 가지가 있습니다.

01 룰러의 윗부분을 드래그해서 영역을 지정해봅니다.

02 지정된 영역의 왼쪽 끝부분 로케이터(화살표 모양)를 드래그해서 움직여봅니다. 끝부분을 클릭하는 순간 포인터의 모양이 그림처럼 변하게 됩니다. 오른쪽 로케이터도 마찬가지로 움직여서 영역을 지정할 수 있습니다.

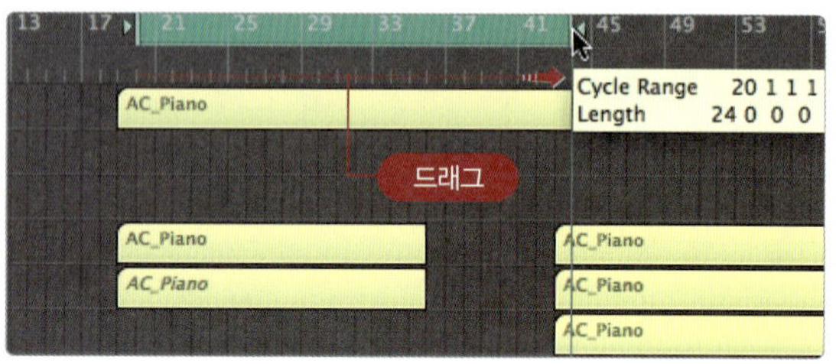

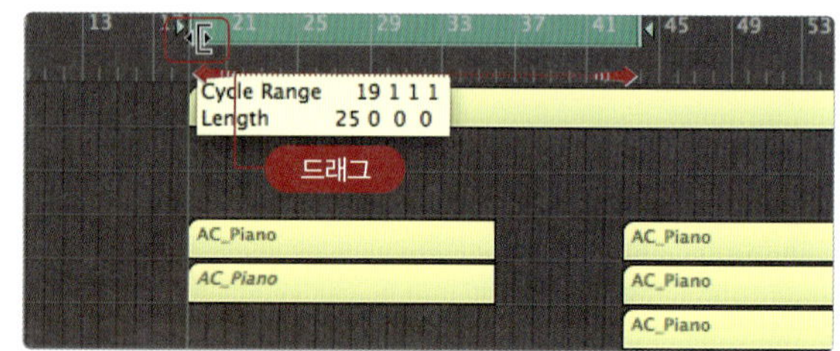

03 룰러 윗부분의 빈 곳을 Shift +클릭하면, 로케이터가 따라 오게 됩니다.

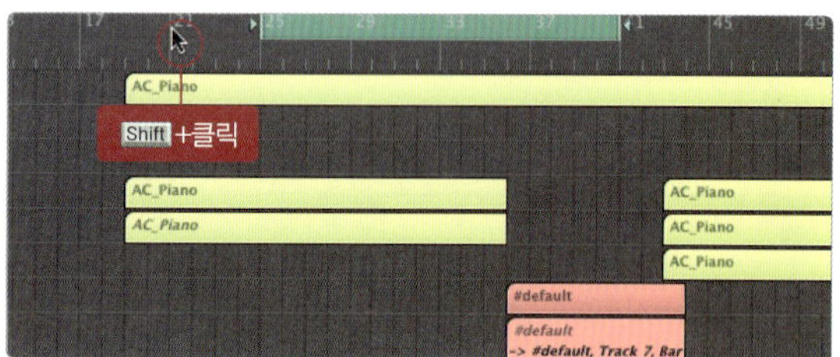

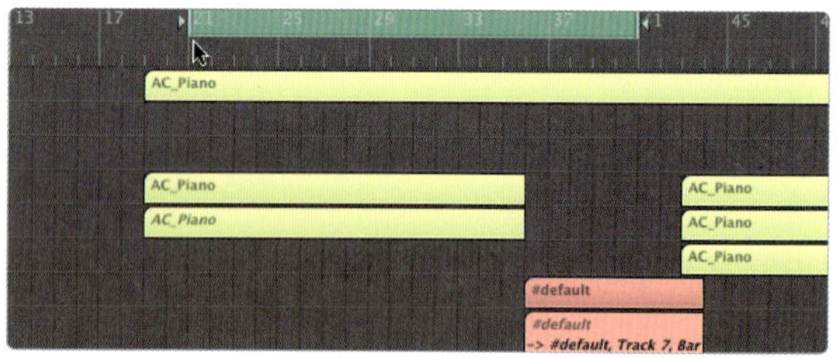

04 로케이터의 녹색 부분을 드래그해서 위치를 이동시킬 수도 있습니다. 영역이 이동될 때는 그림처럼 포인터가 손 모양으로 바뀌게 됩니다.

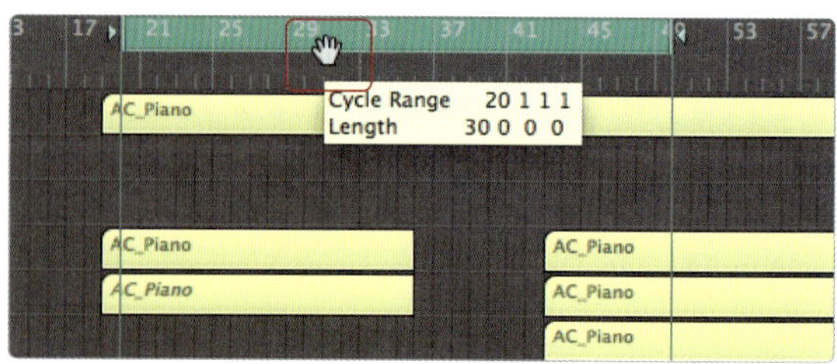

그 밖에, 단축키를 이용하거나 트랜스포트를 이용해서 로케이터를 지정하는 방법 등 여러 가지가 있지만, 가장 기본적인 방법들 위주로 설명하도록 하겠습니다.

로케이터 자동 지정 모드 사용하기

● 트랜스포트바의 ⟳ 버튼을 우클릭한 후, 'Auto Set Locators'를 활성화시킵니다. 메뉴가 활성화되면 ⟳ 버튼이 ⟳ 모양으로 바뀌게 됩니다.

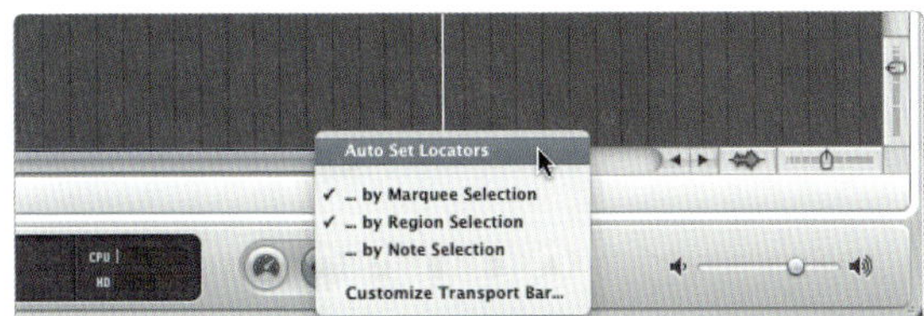

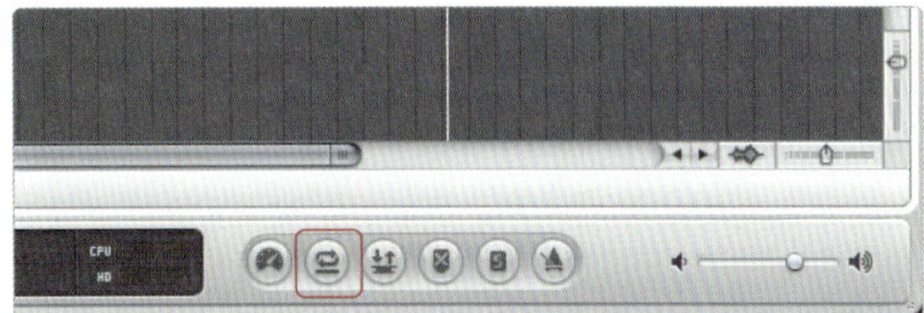

● '... by Region Selection' 항목은 기본으로 체크되어 있습니다. '... by Region Selection' 항목이 활성화되어 있기 때문에, 리전을 선택하면 로케이터의 위치가 자동으로 쫓아오게 됩니다.

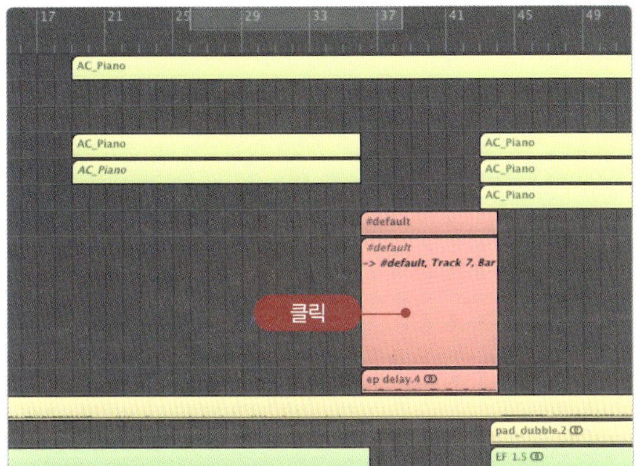

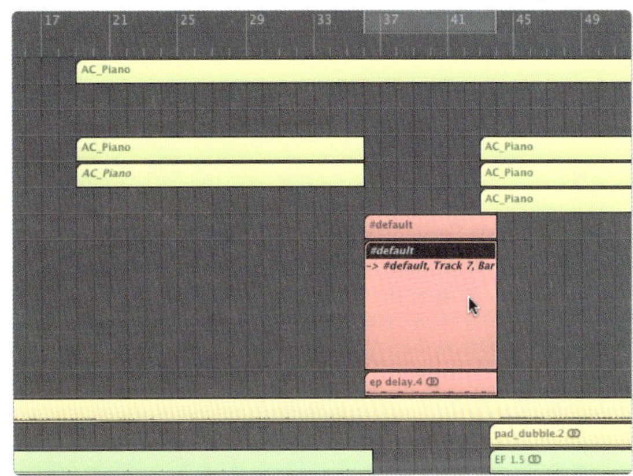

● '... by Marquee Selection' 항목은 기본으로 체크되어 있습니다. '... by Marquee Selection' 항목이 활성화되어 있기 때문에, 마키 툴로 영역을 지정하면 로케이터의 위치도 자동으로 따라오게 됩니다.

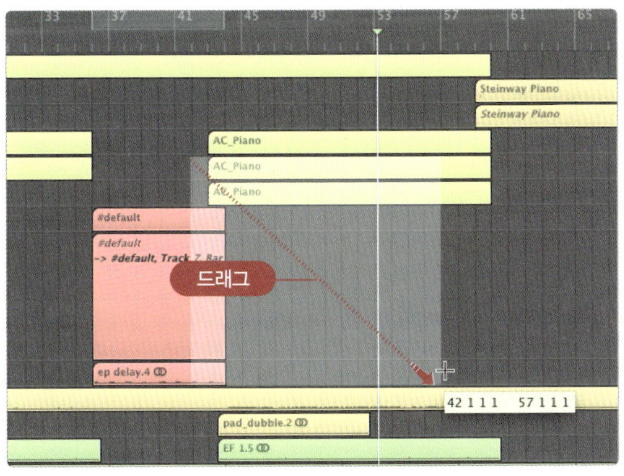

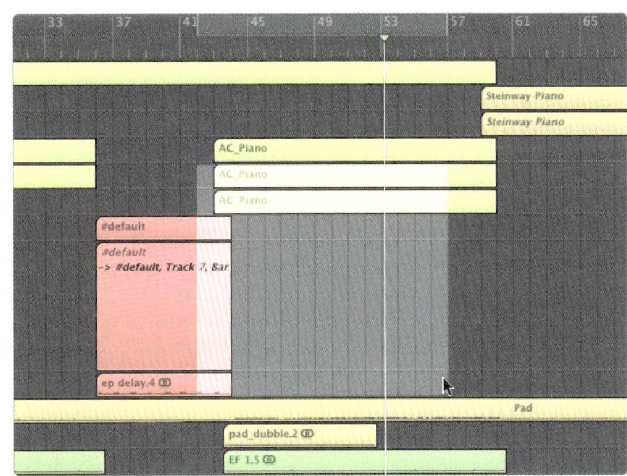

싸이클 모드가 켜진 상태에서의 재생

현재 플레이헤드의 위치에 관계없이 왼쪽 로케이터에서부터 시작해서, 오른쪽 로케이터에 닿으면 자동으로 왼쪽 로케이터로 돌아가 끊임없이 반복 재생되게 됩니다. 싸이클 모드를 켜 놓은 상태에서 Space Bar 키로 재생을 시작해봅니다.

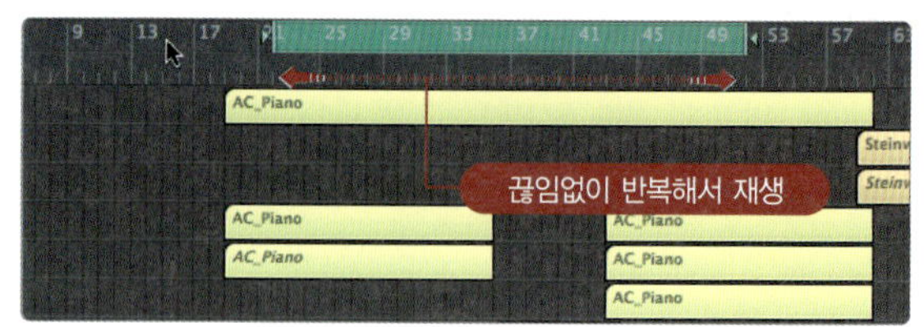

4. 솔로 모드(Solo Mode)

솔로 모드는 지정한 트랙이나 리전의 소리만 듣고 싶을 때 사용하는 기능입니다.

솔로 모드 실행

- 솔로 모드 또한 트랜스포트바의 S 버튼이나 단축키 S 를 이용하여 켜고 끌 수 있습니다.

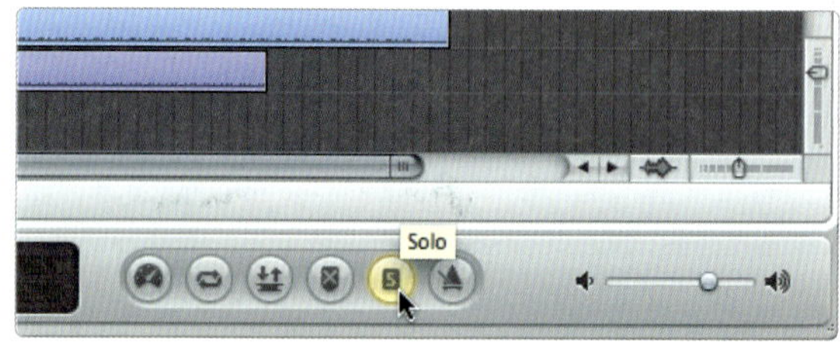

- 솔로 모드가 켜져 있는 상태에는 룰러가 노란색을 띄게 됩니다. 이 상태에서 리전을 선택하면 노란색 테두리가 생깁니다.

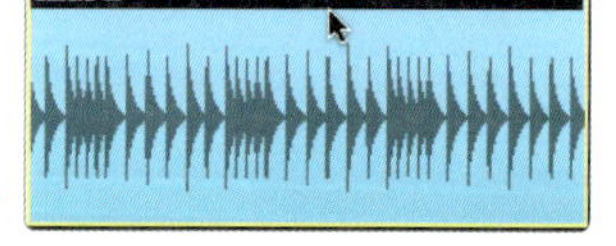

노란색 테두리가 생김 ▶

- 재생을 시작해보면 선택된 리전의 소리 외에 아무런 소리도 나지 않는 것을 확인할 수 있습니다. 선택된 리전부터 재생을 하기 위해 앞서 배운 단축키 Shift + Enter 를 유용하게 사용할 수 있습니다.

여러 개의 리전을 솔로 모드로 듣기

리전을 여러 개 선택하는 방법은 다음과 같습니다.

● **방법-1** : 드래그해서 원하는 리전을 모두 포함 시킵니다.

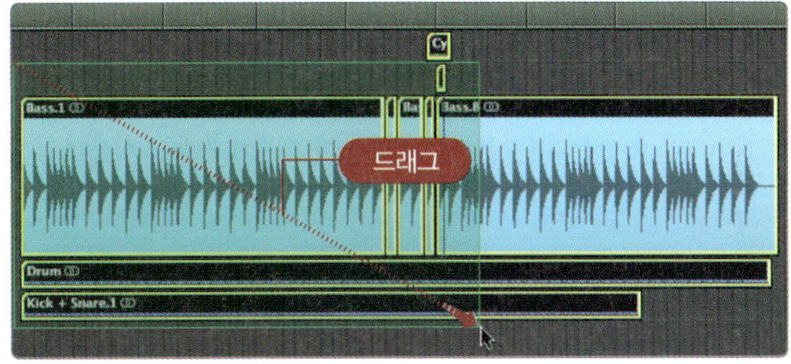

● **방법-2** : Shift 키를 누른 채 리전을 하나씩 클릭합니다.

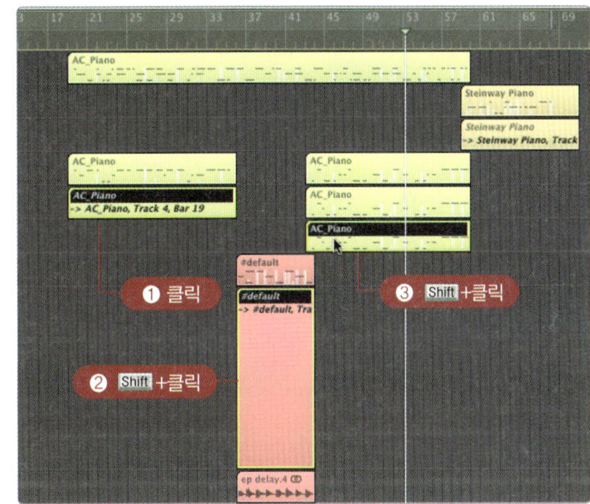

여러 개의 리전을 솔로 모드로 활성화시켜 놓고 플레이헤드를 옮겨가며 듣다 보면, 어레인지 편집창의 빈 공간을 클릭해서 선택했던 리전의 솔로 모드가 모두 풀려버리는 경우가 자주 있습니다. 이럴 때는 Option + S 키를 이용하여 솔로 모드를 고정시키는 방법이 있습니다.

리전을 선택하고 Option + S 키를 실행하면, 다른 리전을 선택하거나 빈 영역을 클릭해도 솔로 모드가 풀리지 않습니다.

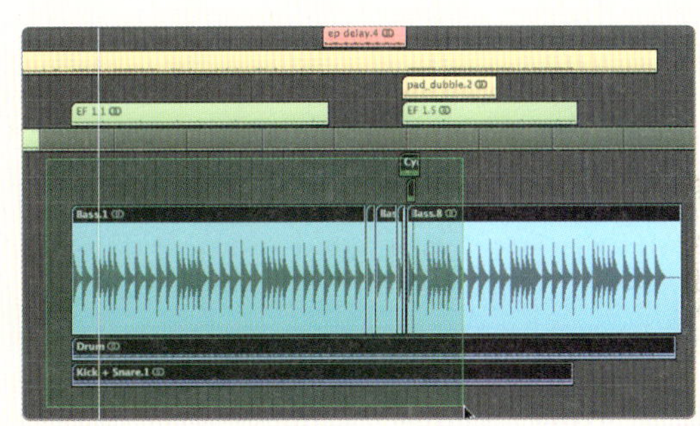

▲ 리전 선택 후 Option + S

트랙 전체를 솔로 모드로 듣기

1 솔로 모드 설정하기

● 트랙별로 솔로 모드를 듣고 싶을 때는 트랙 헤더 우측의 솔로 버튼(S)을 이용하거나 단축키 Control + S 를 사용하면 됩니다. 단축키를 사용할 때는 원하는 트랙이 선택된 상태에서 실행해야 합니다. 그림처럼 트랙 솔로 모드에서는 리전에는 아무런 변화가 생기지 않습니다.

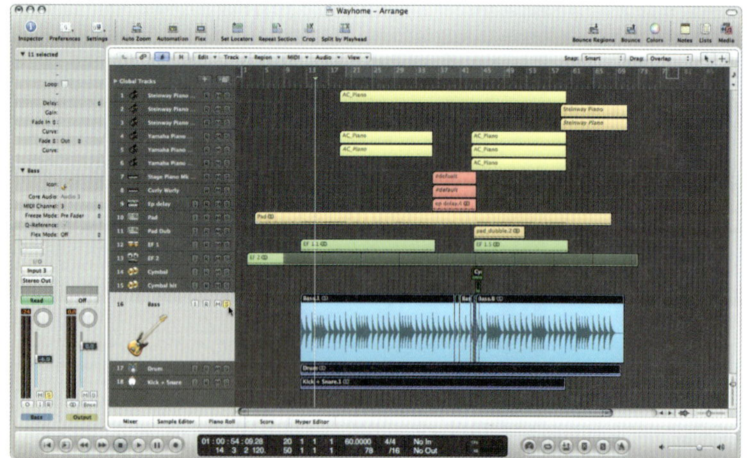

● 트랙별로 솔로 버튼(S)을 클릭하면, 여러 개의 트랙을 솔로 모드로 활성화시킬 수도 있습니다.

● 솔로 버튼(S)을 드래그해서 한꺼번에 여러 개의 트랙을 솔로 모드로 활성화시킬 수도 있습니다.

2 솔로 모드 해제하기

여러 트랙이 솔로 모드로 활성화됐을 때 `Option` 키를 누른 채로 솔로 버튼(**S**)을 클릭하면 한꺼번에 솔로 모드를 해제할 수 있습니다.

솔로 툴 사용하기

솔로 툴은 앞서 사용했던 줌 툴과 마찬가지로 `Esc` 키를 누르고 'Solo Tool'을 선택하면 사용할 수 있습니다.

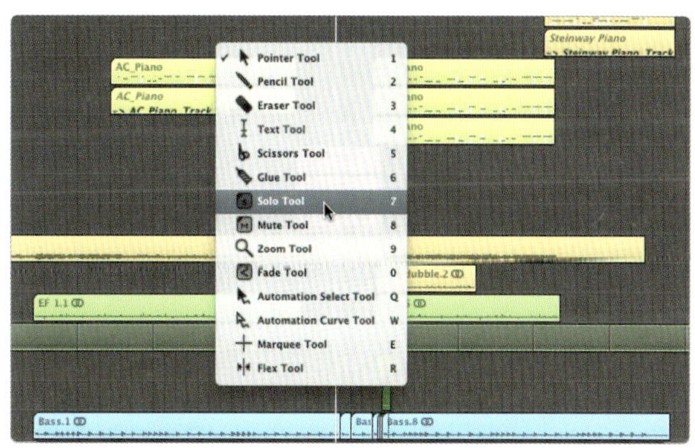

솔로 툴을 선택된 상태에서 리전을 클릭하고 있으면 해당 리전이 솔로 모드로 바뀌면서 자동으로 재생이 시작됩니다.

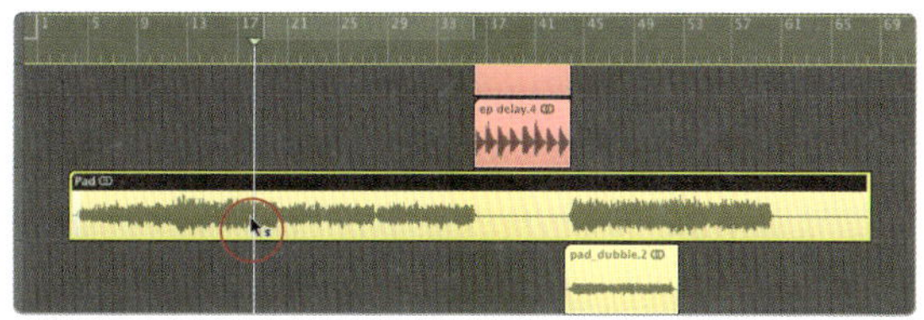

CHAPTER 03 · 툴 활용하기 (Tools)

로직에서는 기능들을 빠르게 활용하기 위해 키보드 단축키처럼 마우스 툴 또한 유용하게 제공하고 있습니다. 이번 장에서는 어떠한 툴들이 있고, 어떻게 사용할 수 있는지에 대해 알아보겠습니다. 각 툴(tool)별 사용법은 뒤에서 점차 다루도록 하겠습니다.

1. 툴의 종류

예제 파일 : 01 Wayhome – 01 Wayhome

● 어레인지 편집창 위에서 Esc 키를 누르면 로직에서 제공하는 기본 툴들을 볼 수 있습니다. 다시 Esc 키를 누르면 포인터 툴(Pointer Tool)이 선택되면서 없어집니다.

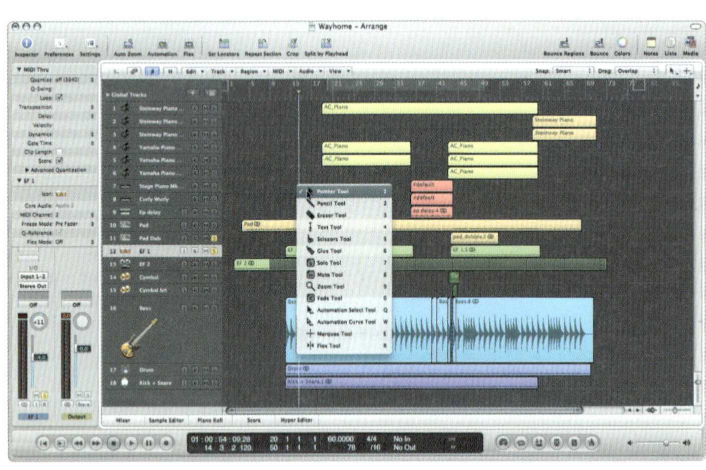

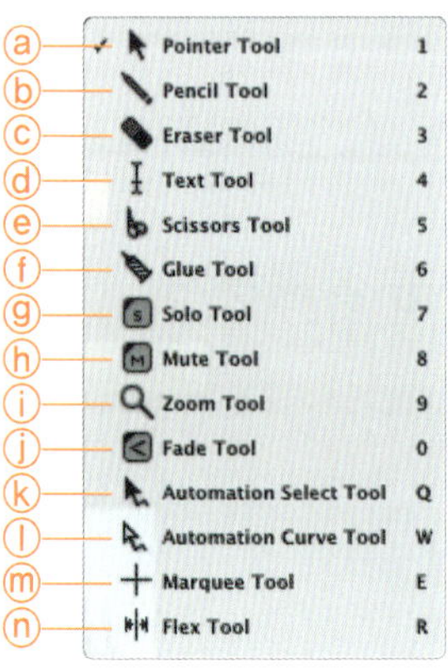

ⓐ 포인터 툴 : 프로젝트를 시작하면 기본으로 선택되는 툴입니다. 리전이나 노트 등을 선택, 조절, 드래그하는 등 다양한 기능을 수행합니다.

ⓑ 펜슬 툴 : 리전을 만들거나 노트, 오토메이션 등을 그리고 만들 때 사용합니다.

ⓒ 이레이저 툴 : 리전이나 노트 등을 삭제할 때 사용합니다.

ⓓ 텍스트 툴 : 리전의 이름을 바꾸거나 텍스트를 입력할 때 사용합니다.

ⓔ 시저스 툴 : 리전이나 노트 등을 자르고 분리할 때 사용합니다.

ⓕ 글루 툴 : 리전이나 노트 등을 합칠 때 사용합니다.

ⓖ 솔로 툴 : 홀로 소리가 나도록 하는 솔로 기능을 활성화할 때 사용합니다.

ⓗ 뮤트 툴 : 소리가 나지 않게 하는 뮤트 기능을 실행할 때 사용합니다.

ⓘ 줌 툴 : 편집창 확대, 축소를 실행할 때 사용합니다.

ⓙ 페이드 툴 : 페이드 인, 아웃을 실행할 때 사용합니다.

ⓚ 오토메이션 셀렉트 툴 : 오토메이션 값을 선택할 때 사용합니다.

ⓛ 오토메이션 커브 툴 : 형성되어 있는 오토메이션 라인을 곡선으로 만들 때 사용합니다.

ⓜ 마키 툴 : 편집창 위에 사각 영역을 선택하기 위해 사용합니다.

ⓝ 플렉스 툴 : 오디오 리전의 박자를 변경하는 플렉스 기능을 실행할 때 사용합니다.

💧 피아노롤에서 사용되는 툴은 조금 다릅니다. 대부분의 툴은 어레인지 편집창에서 사용하는 것이므로 몇 가지 다른 것들만 설명하도록 하겠습니다.

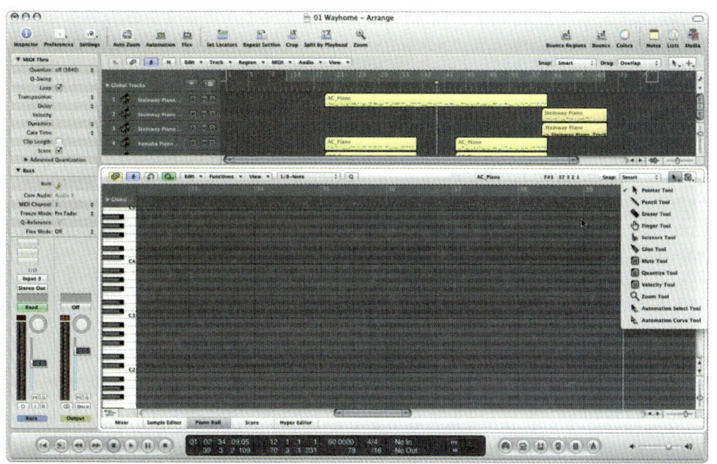
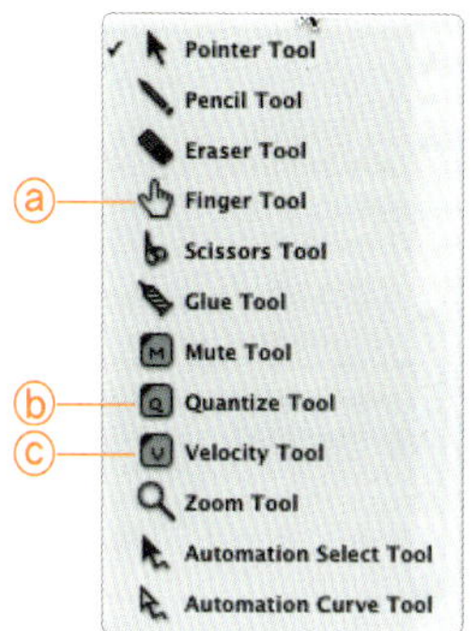

ⓐ 핑거 툴 : 노트의 길이를 변경할 때 사용합니다.

ⓑ 퀀타이즈 툴 : 노트의 박자를 맞추는 퀀타이즈를 실행할 때 사용합니다.

ⓒ 벨로시티 툴 : 노트의 세기를 결정하는 벨로시티를 변경할 때 사용합니다.

💧 이 밖에 편집창에 따라 사용되는 툴이 조금씩 달라지므로 기능에 따라 차근차근 배워나가도록 하겠습니다.

2. 사용 툴 변경하기

우리가 여태껏 기본으로 사용했던 툴은 'Pointer Tool' 입니다. 그 외의 툴을 고르는 방법은 클릭해서 선택하거나, 그림처럼 툴의 이름이 화면에 보이는 상태에서 툴별로 옆에 쓰여 있는 번호(문자)를 키보드로 입력하는 방법이 있습니다.

01 앞으로 많이 사용하게 될 'Marquee Tool(E)'을 골라보겠습니다. Esc 키를 실행하고 E 키를 누르거나, 마우스로 'Marquee Tool' 을 선택합니다.

02 마우스 포인터의 모양이 십자 모양(+)으로 바뀐 것을 확인할 수 있습니다. 드래그해서 영역을 만들어보겠습니다.

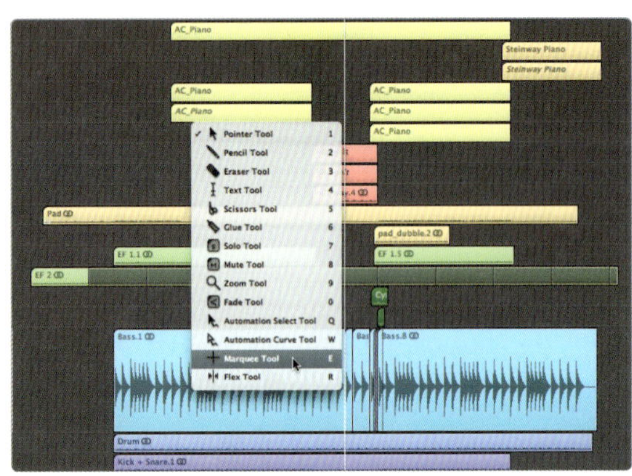

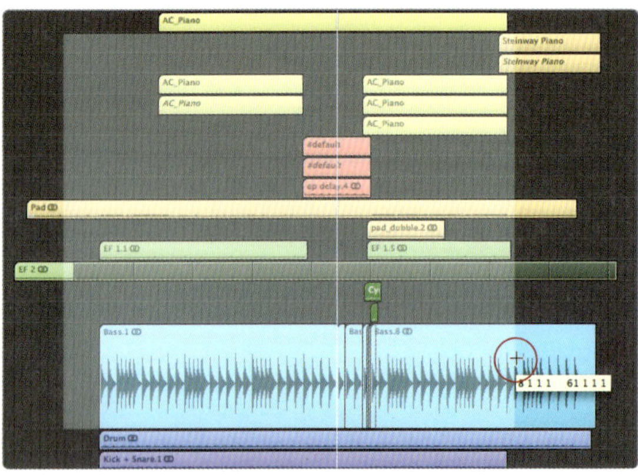

03 Esc 키를 두 번 눌러 기본 포인터 툴로 돌아옵니다. Esc 를 한 번 누르고 포인터 툴을 선택하거나 1 키를 이용해서 포인터 툴로 돌아오는 것도 같은 동작입니다. 이러한 방법으로 툴을 선택하고 포인터 툴로 돌아올 수 있습니다.

실행 취소 단축키 Command + Z

앞에서도 마찬가지이지만 교재에서 설명하고 있는 따라하기를 실행하는 와중에 본의 아니게 실수로 다른 작업이 진행될 때가 있습니다. 본인이 실수를 했다고 판단했을 때는 Command + Z 키를 이용해서 실행을 취소할 수 있습니다. 여러 번 누르면 순차적으로 작업이 뒤로 돌아가게 됩니다. 아주 유용한 단축키이므로 필수로 알아두시기 바랍니다.

3. 커맨드 툴 사용하기

로직에서는 기본 툴 외에 툴을 한 가지를 더 골라 사용할 수 있게 되어 있습니다. Command 키를 누른 채로 실행하게 되는 툴이기 때문에 편의적으로 '커맨드 툴'이라 호칭하겠습니다.

어레인지 편집창의 툴 박스

01 오른쪽 윗부분의 툴 박스를 확인해봅니다. 왼쪽 툴은 포인터 툴(Pointer Tool)로, 오른쪽 툴은 마키 툴(Marquee Tool)로 설정되어 있습니다. 왼쪽 툴은 앞서 계속해서 사용하던 툴이고, 우측 툴은 Command 키를 누른 채로 사용할 수 있는 커맨드 툴입니다.

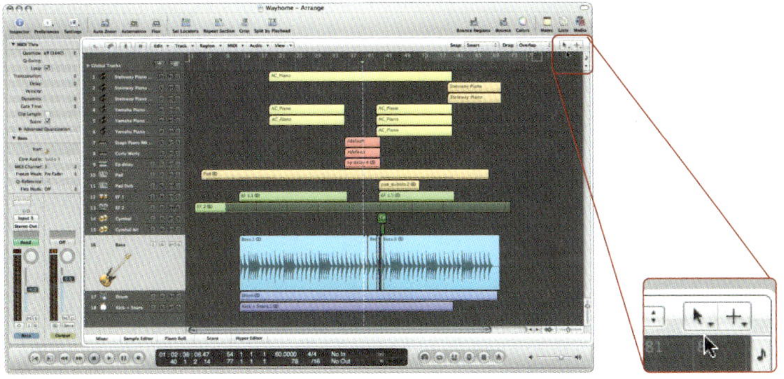

02 현재 상태에서 Command 키를 누르고 있으면 마우스 포인터가 십자 모양의 마키 툴로 바뀌는 것을 확인할 수 있습니다.

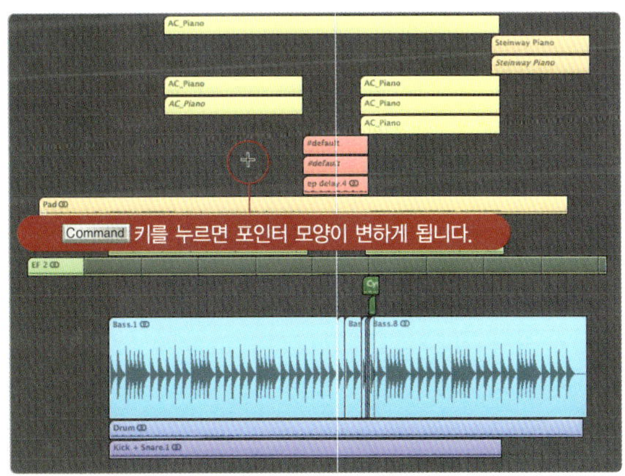

커맨드 툴을 바꾸는 방법

● **방법-1** : 툴 박스에서 원하는 툴을 선택하기만 하면 됩니다.

01 어레인지 편집창의 툴 박스에서 마키 툴로 설정되어 있는 오른쪽 툴을 클릭한 후, 'Scissors Tool'로 바꾸어 봅니다.

02 Command 키를 누른 채로 리전 위에 마우스를 가져다 놓으면 가위 툴(Scissors Tool)의 모양이 나타나게 됩니다.

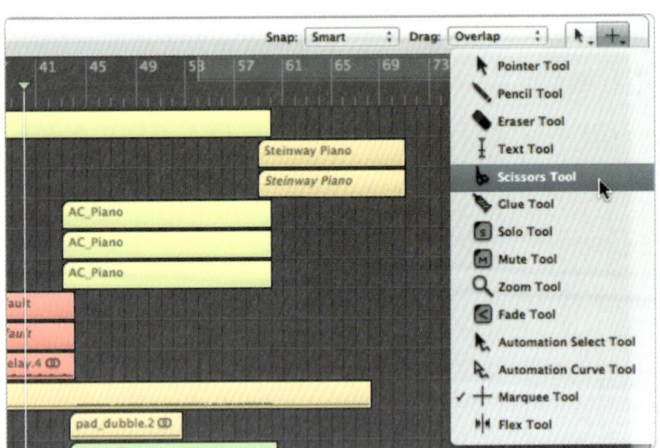

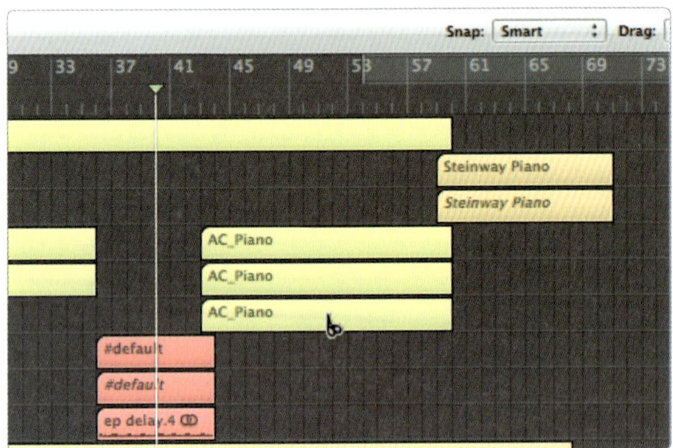

● **방법-2** : 어레인지 편집창에 Esc 키로 툴 메뉴를 활성화시켰을 때 Command 키를 누르고 툴을 선택하면 커맨드 툴로 지정됩니다.

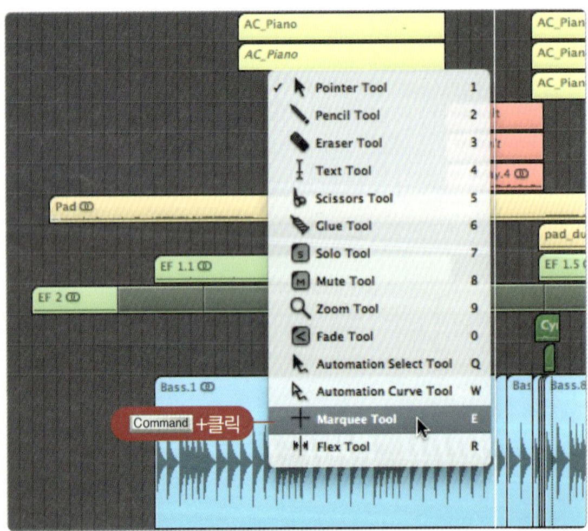

다른 편집창의 툴 박스

01 이번에는 미디 리전을 선택한 후 피아노롤 편집창을 열어 우측 두 개의 툴 박스를 확인해봅니다. 어레인지 편집창의 툴 박스와 별개로 두 개의 툴 박스가 더 보입니다.

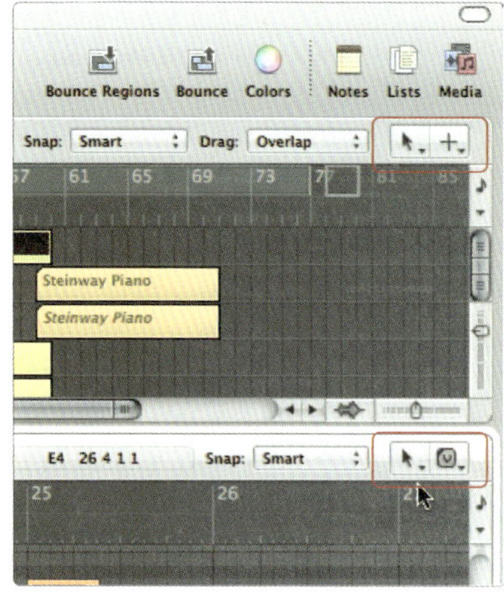

02 피아노롤의 커맨드 툴을 클릭해보면, 어레인지 편집창과는 다른 메뉴들을 볼 수 있습니다. 기본 툴을 핑거 툴로, 커맨드 툴을 벨로시티 툴로 지정해보겠습니다.

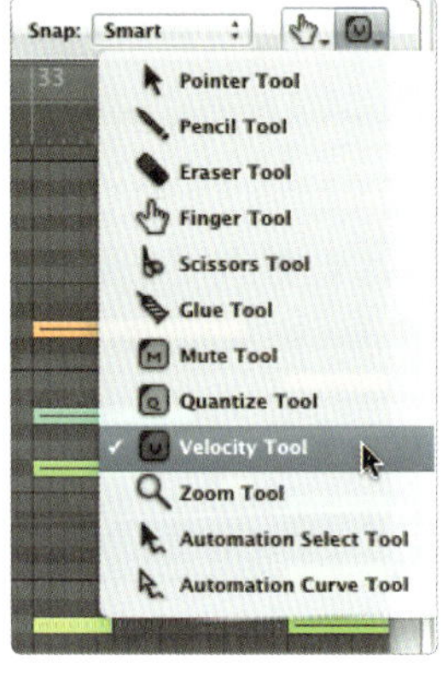

03 어레인지 편집창 위에서는 포인터 툴과 마키 툴, 피아노롤 편집창에서는 핑거 툴과 벨로시티 툴이 사용됩니다. 이러한 방법으로 편집창별로 다양한 툴을 활용할 수 있습니다.

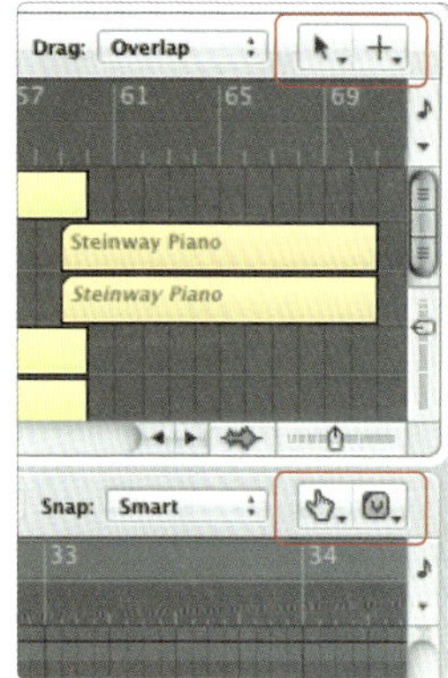

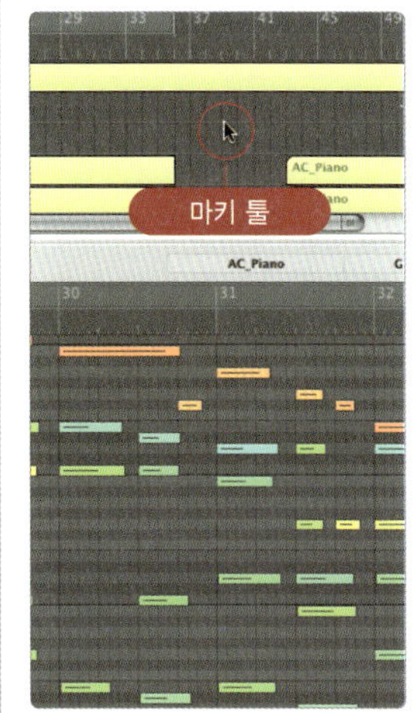

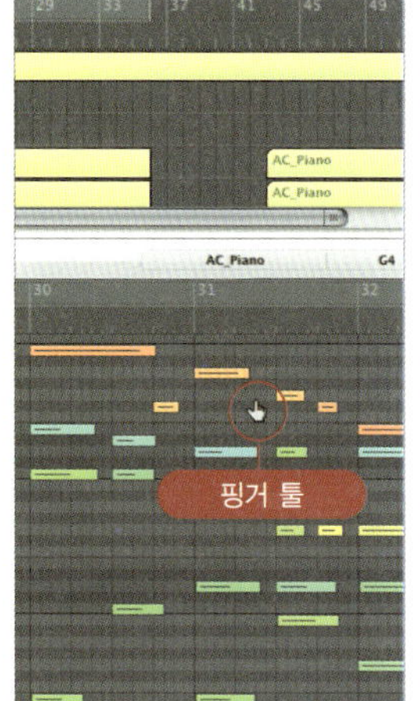

우클릭 툴 추가하기

앞서 일반적인 좌클릭 툴과 커맨드 툴을 활용하는 법을 배웠습니다. 여기에 우클릭을 이용하여 툴 박스를 세 개까지 늘려서 사용하는 법을 배워보도록 하겠습니다.

01 옵션 설정을 위해 Preference( ) 〉 General 〉 Editing 탭에 들어가봅니다.

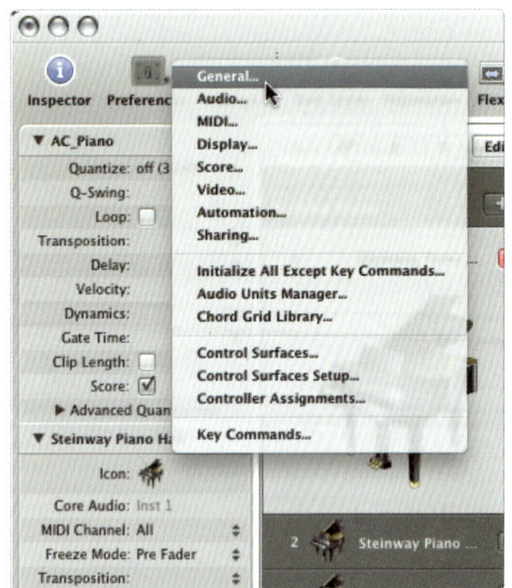

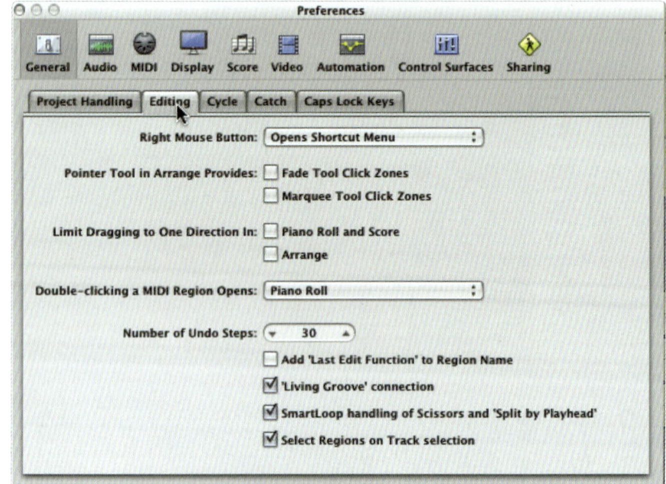

02 Right Mouse Button 메뉴를 클릭한 후, 'Is Assignable to a Tool' 항목을 선택합니다.

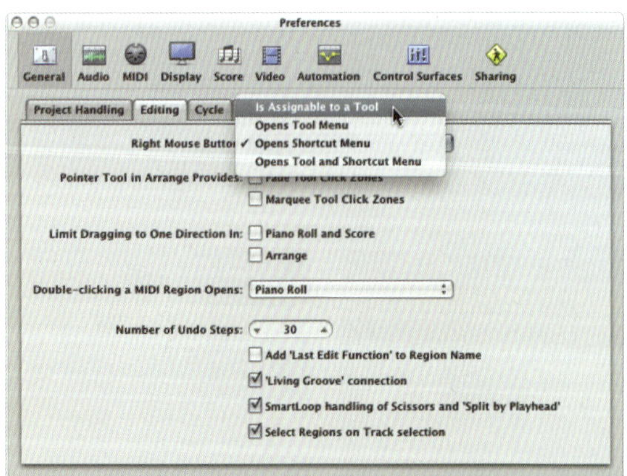

03 어레인지 편집창 툴 박스에 세 개의 툴이 나타나는 것을 확인할 수 있습니다. 여기서 우측 끝의 툴이 바로 우클릭으로 사용할 수 있는 툴이 됩니다.

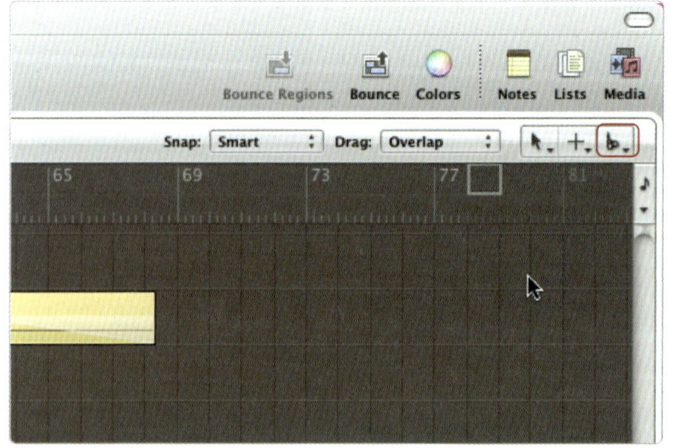

우클릭은 기본적으로 숏컷 메뉴를 나타내는 역할을 하지만 이렇게 툴로서 활용하면 숏컷 메뉴를 볼 수 없으므로, 숏컷 메뉴를 보기 위해서는 원래의 우클릭과 같은 기능을 수행하는 Control +클릭을 사용해야 합니다.

4. 포인터 툴 활용하기

포인터 툴은 가장 흔하게 사용하는 툴이지만 옵션 설정에 따라 다양하게 활용할 수 있습니다.

위치에 따른 포인터 툴의 기본 기능

포인터 툴을 리전의 끝 부분에 가져다 놓으면 세 가지 툴로 활용할 수 있음을 알 수 있습니다.

- 리전의 가장 위쪽에 위치시키면, 루프를 만들 수 있는 툴이 됩니다. 이 상태에서 우측으로 드래그하면 루프가 생성됩니다.

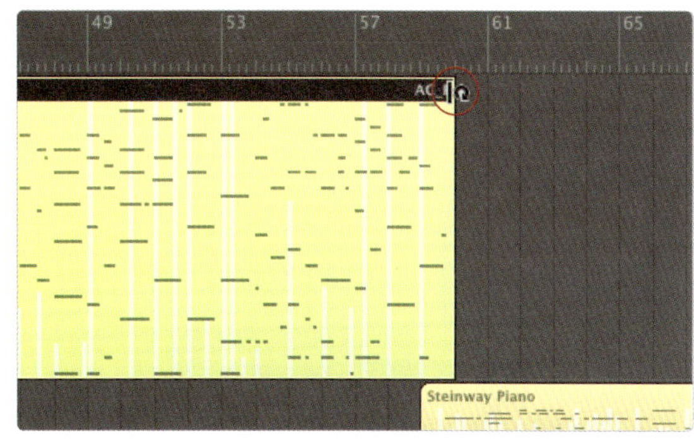

- 리전의 중간 부분에 있을 때는 리전을 선택, 해제할 수 있는 일반적인 포인터 툴로 활용할 수 있습니다.

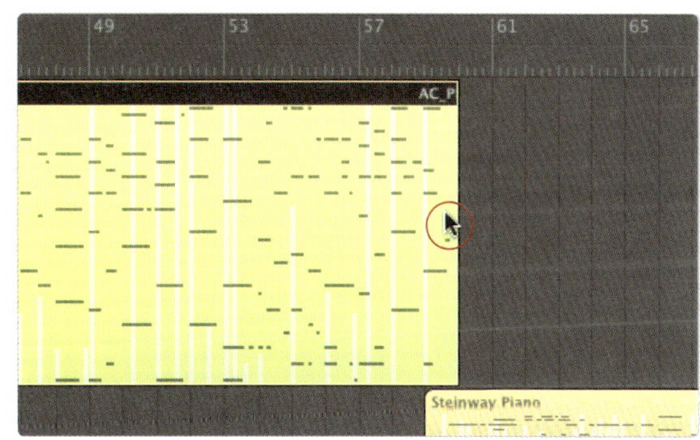

- 리전의 아래 부분에 있을 때는 리전의 길이를 조절하는 툴로 활용할 수 있습니다. 이 상태로 좌우로 드래그하면 리전의 길이를 변화시킬 수 있습니다.

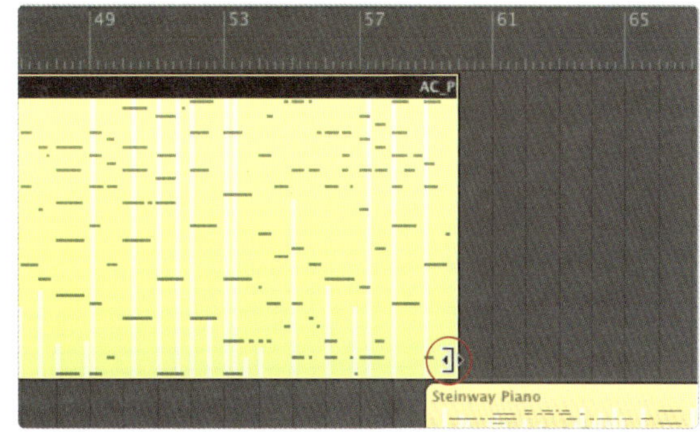

옵션 설정하기

01 포인터 툴의 옵션 설정을 위해 **Preference( )** 〉 **General** 〉 **Editing** 탭에 들어가봅니다.

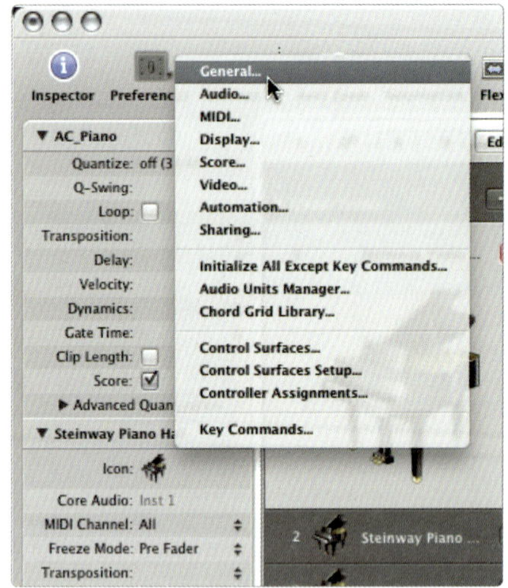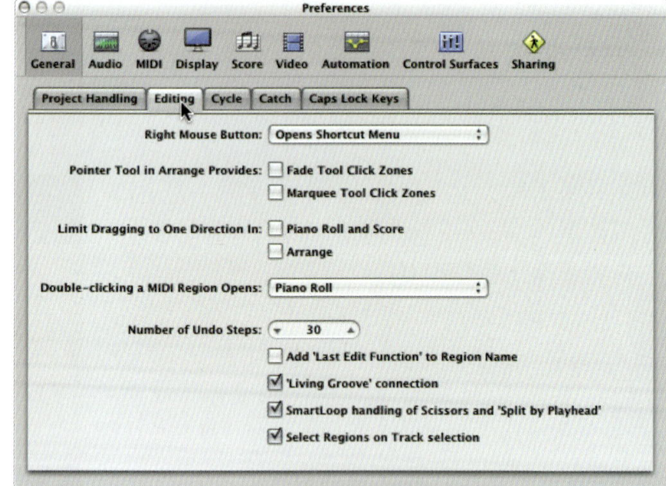

02 'Fade Tool Click Zones'과 'Marquee Tool Click Zones'를 체크해서 활성화시킵니다.

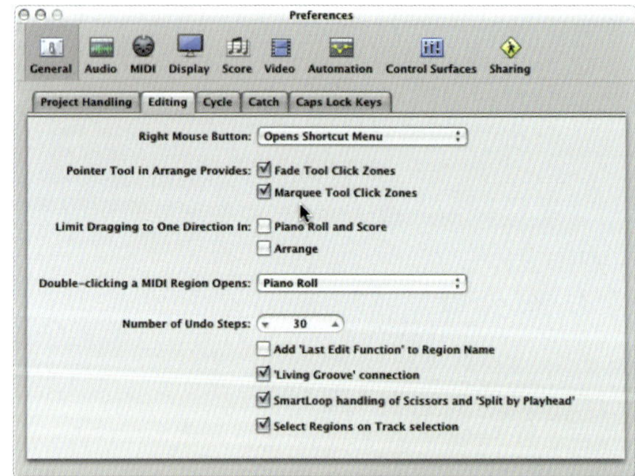

03 'Fade Tool Click Zones' 옵션을 활성화시켰기 때문에, 오디오 리전 끝부분의 상단에 마우스를 가져다 놓으면 그림처럼 페이드 툴이 나타나고 좌측으로 드래그하면 페이드 아웃이 생성됩니다. 마찬가지 방법으로 페이드인을 만들 수도 있습니다.

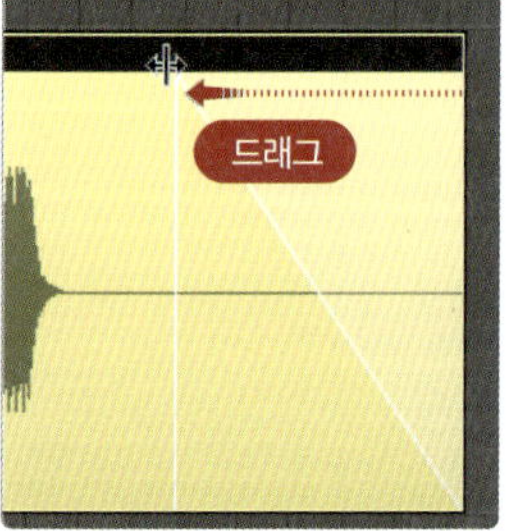

04 'Marquee Tool Click Zones' 옵션을 활성화시켰기 때문에, 리전(미디, 오디오)의 상하 중간 부분에 마우스를 가져다 놓으면 그림처럼 마키 툴이 나타나고, 마키 툴과 동일하게 드래그해서 사용할 수 있습니다.

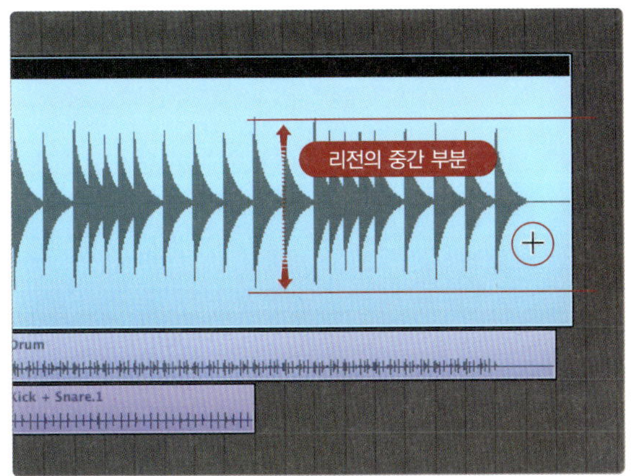

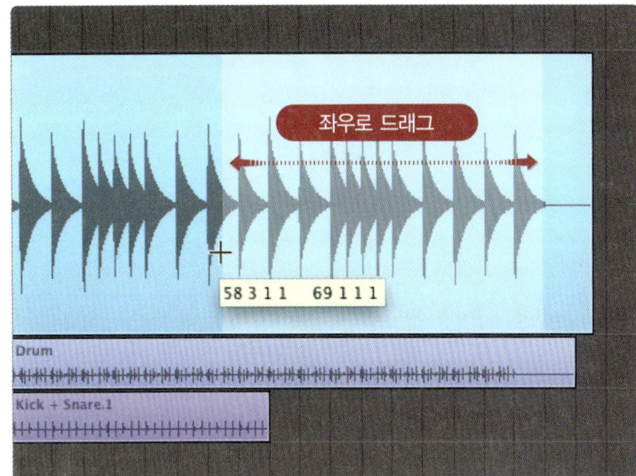

이러한 방법으로 포인터 툴 옵션을 두 가지 더 늘려서 사용할 수 있지만, 기존의 루프시키는 기능이나 리전의 길이를 조절하는 기능 또한 그대로 남아 있어 사용이 오히려 복잡할 수 있으므로 본인의 작업 성향에 맞추어 활용하기 바랍니다.

프로젝트 만들기

Chapter 1. 프로젝트 설정 (Project Setup)
Chapter 2. 트랙 다루기 (Working with Tracks)
Chapter 3. 소프트웨어 악기 불러오기 (Software Instruments)
Chapter 4. 애플 루프 불러오기 (Apple Loops)
Chapter 5. 기초적인 리전 편집 (Edit Region)

지금까지 로직을 다루기 위한 기본적인 방법들을 간단하게 훑어보았습니다. 이제부터는 본격적으로 프로젝트를 만들고 편집, 저장하는 방법에 대해 배우도록 하겠습니다.

CHAPTER 01

프로젝트 설정 (Project Setup)

1. 새로운 프로젝트 만들기

01 로직을 실행한 후, 상단 메뉴바에서 **File 〉 New...** 를 선택하거나 단축키 Command + N 를 누릅니다.

02 프로젝트 템플릿(Template)을 선택하는 창이 나옵니다. **Explore 〉 Empty Project**를 선택합니다.

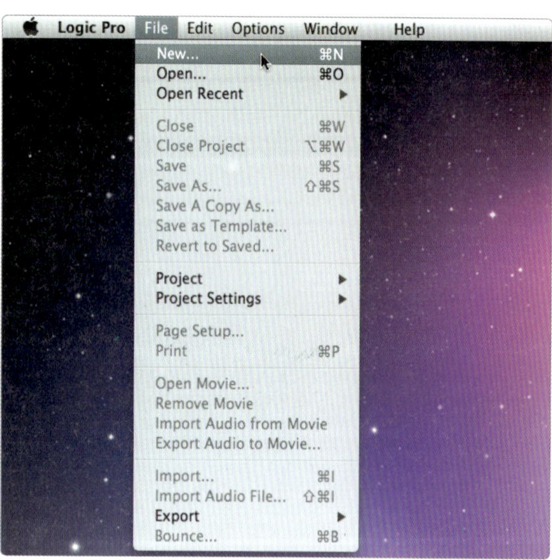

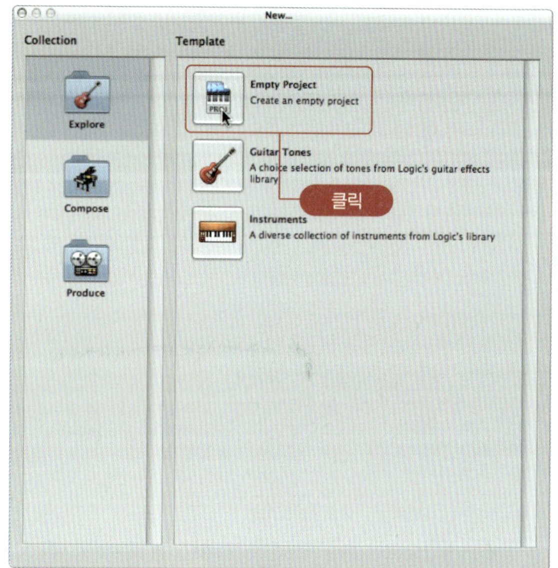

03 새로운 트랙을 만드는 창이 나옵니다. 로직에서는 트랙이 없는 상태의 프로젝트를 허락하지 않기 때문에 처음에는 어떤 트랙이라도 하나 만들어야 합니다. 'Software Instrument'를 선택하고 'Open Library' 항목을 체크한 다음 [Create] 버튼을 클릭합니다.

04 새로운 악기 트랙과 라이브러리의 탐색창이 활성화되는 것을 확인할 수 있습니다.

프로젝트 템플릿 소개

[1] Explore

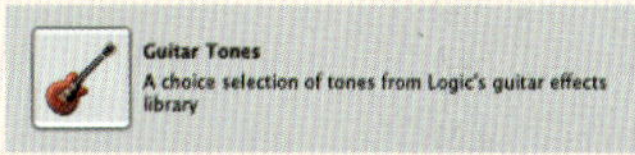

로직에서 제공하는 기타톤들이 트랙에 배열되어 있음

로직의 대표적인 소프트웨어 악기들이 트랙에 배열되어 있음

[2] Composer

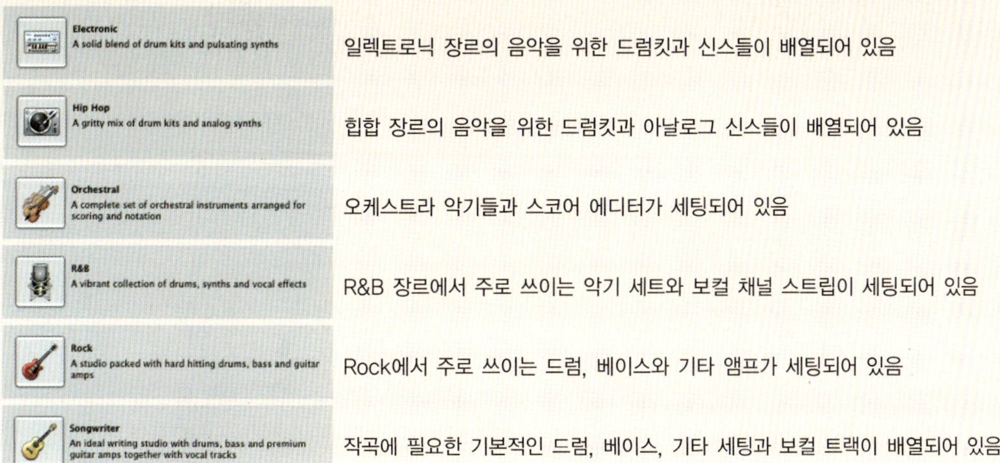

일렉트로닉 장르의 음악을 위한 드럼킷과 신스들이 배열되어 있음

힙합 장르의 음악을 위한 드럼킷과 아날로그 신스들이 배열되어 있음

오케스트라 악기들과 스코어 에디터가 세팅되어 있음

R&B 장르에서 주로 쓰이는 악기 세트와 보컬 채널 스트립이 세팅되어 있음

Rock에서 주로 쓰이는 드럼, 베이스와 기타 앰프가 세팅되어 있음

작곡에 필요한 기본적인 드럼, 베이스, 기타 세팅과 보컬 트랙이 배열되어 있음

[3] Producer

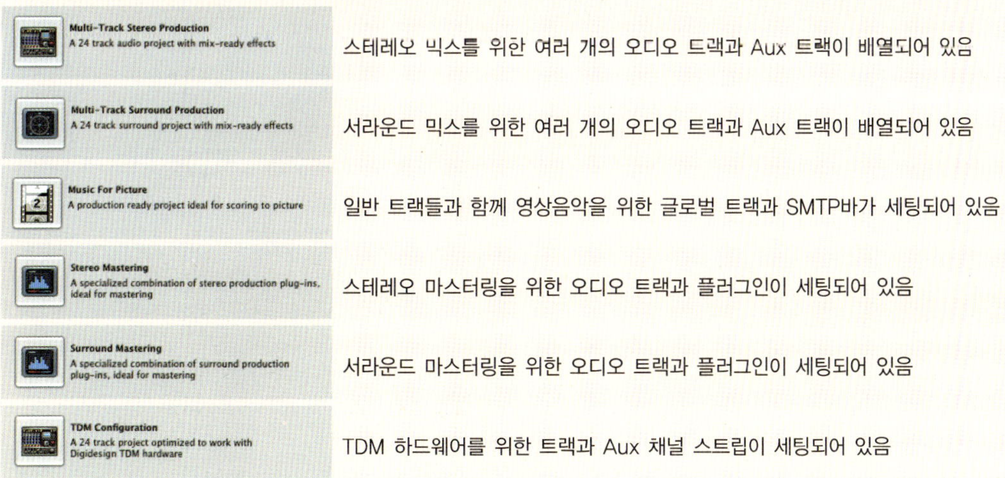

스테레오 믹스를 위한 여러 개의 오디오 트랙과 Aux 트랙이 배열되어 있음

서라운드 믹스를 위한 여러 개의 오디오 트랙과 Aux 트랙이 배열되어 있음

일반 트랙들과 함께 영상음악을 위한 글로벌 트랙과 SMTP바가 세팅되어 있음

스테레오 마스터링을 위한 오디오 트랙과 플러그인이 세팅되어 있음

서라운드 마스터링을 위한 오디오 트랙과 플러그인이 세팅되어 있음

TDM 하드웨어를 위한 트랙과 Aux 채널 스트립이 세팅되어 있음

2. 프로젝트 설정

오디오 인터페이스 설정

01 툴바의 (Preferences) 〉 Audio를 클릭합니다. 상단의 메뉴바에서 **Logic Pro 〉 Preference 〉 Audio**를 선택해도 동일하게 실행할 수 있습니다.

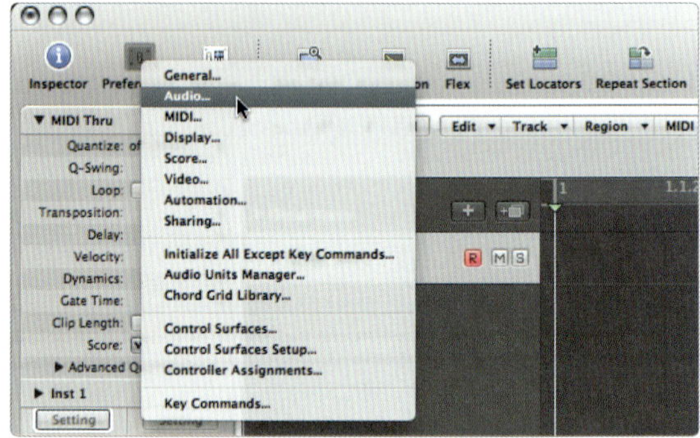

02 본인이 설치한 오디오 인터페이스가 올바르게 설정되어 있는지 확인합니다. 오디오 인터페이스를 별도로 가지고 있지 않은 유저들은 맥의 기본 오디오 인터페이스(Built-in)가 세팅되어 있으면 됩니다. 로직은 별도의 오디오 인터페이스가 없어도 구동이 되기 때문에 어디서든 간편하게 이용할 수 있습니다.

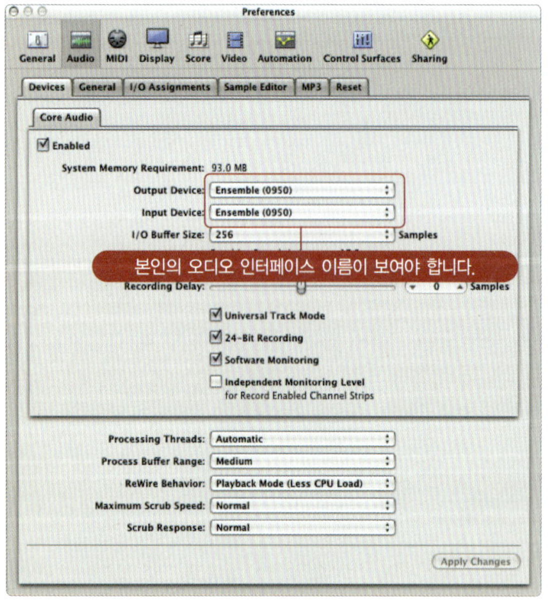

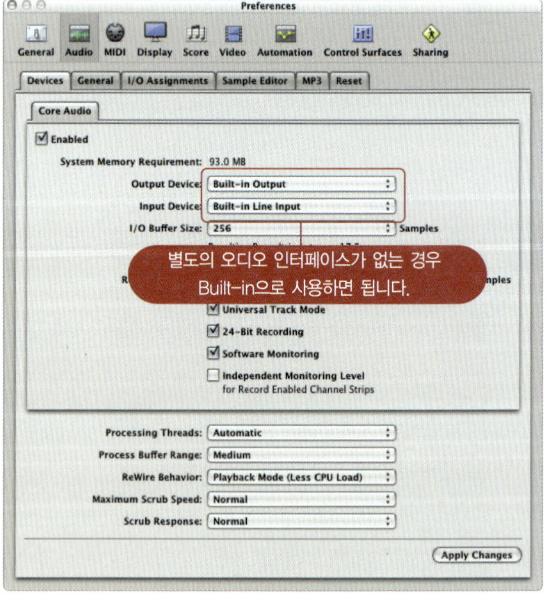

필요한 경우 I/O Buffer Size를 조절합니다. 작은 숫자를 선택할수록 레이턴시(latency – 소프트웨어의 소리가 하드웨어로 출력될 때까지의 시간)는 작아지지만 컴퓨터에 높은 부하가 주어지게 되고, 큰 숫자를 선택할수록 레이턴시는 커지지만 시스템은 안정적으로 돌아가게 됩니다.

템포와 박자표 변경하기

01 템포를 변경해보겠습니다. 기본으로 설정되어 있는 템포는 '120Bpm (Beats per minute)' 입니다. 여러 가지 변경 방법이 있지만 여기서는 트랜스포트바를 이용해보겠습니다. 하단 트랜스포트바의 '120' 이라 쓰여 있는 숫자를 더블클릭해서 템포(Tempo)를 '80' 으로 입력해봅니다.

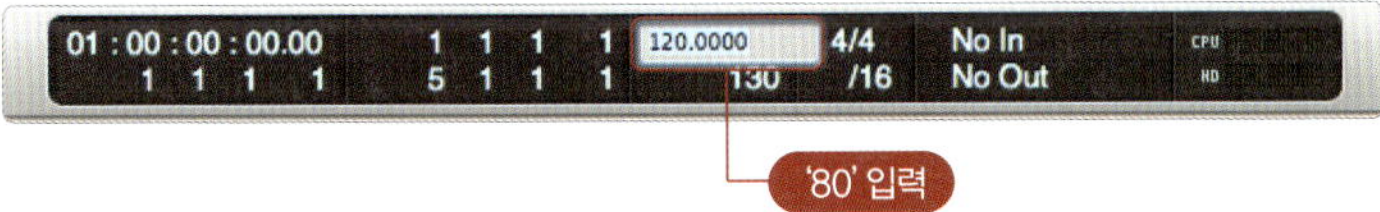

02 박자표를 변경해보겠습니다. 4/4의 좌측 숫자 '4' 를 더블클릭해서 '3' 으로 바꾸어봅니다.

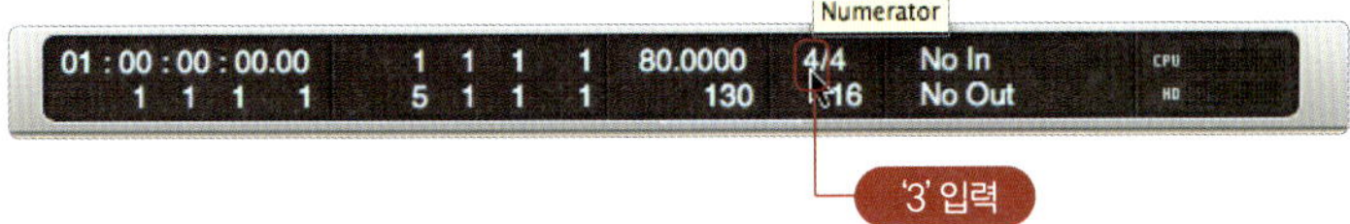

03 박자표가 3/4로 바뀌는 것을 확인할 수 있습니다.

3. 프로젝트 저장하기

저장하기

프로젝트를 저장해보겠습니다.

01 상단 메뉴바에서 **File 〉 Save**를 선택합니다. 단축키는 오른쪽에 나와 있는 아이콘과 문자를 통해 알 수 있습니다.

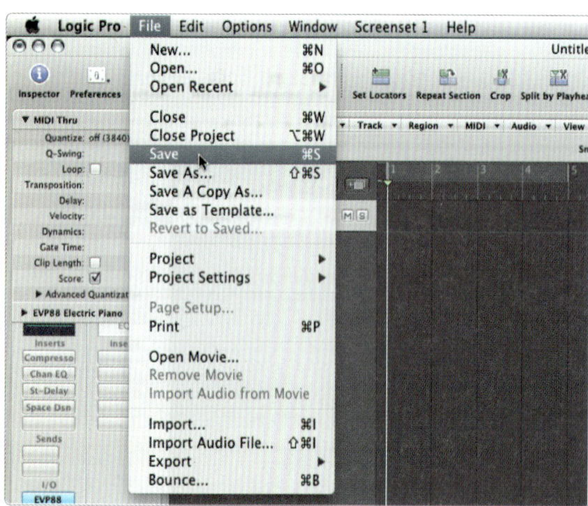

02 Save 창이 그림처럼 작게 나오면 우측의 화살표(▾)를 클릭합니다.

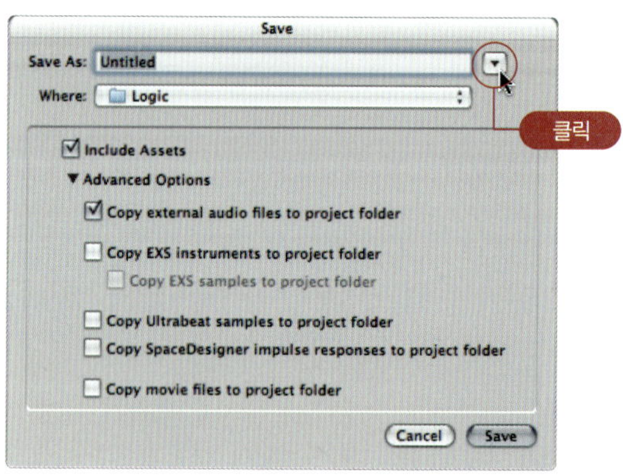

03 원하는 폴더를 지정하고, 프로젝트 이름을 'test'로 입력한 다음 'include Assets' 옵션이 체크되어 있는지 확인하고 [Save] 버튼을 클릭합니다.

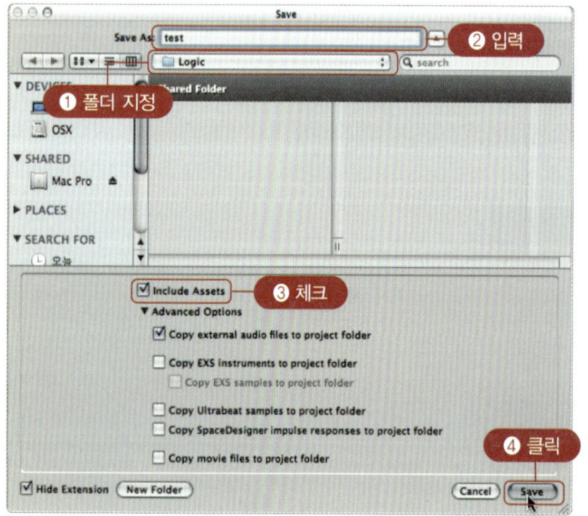

04 저장할 때 지정한 폴더를 보면 프로젝트 이름으로 폴더가 자동 생성되고, 그 안에 'Audio Files' 폴더와 로직 프로젝트 파일이 생성되어 있는 것을 확인할 수 있습니다.

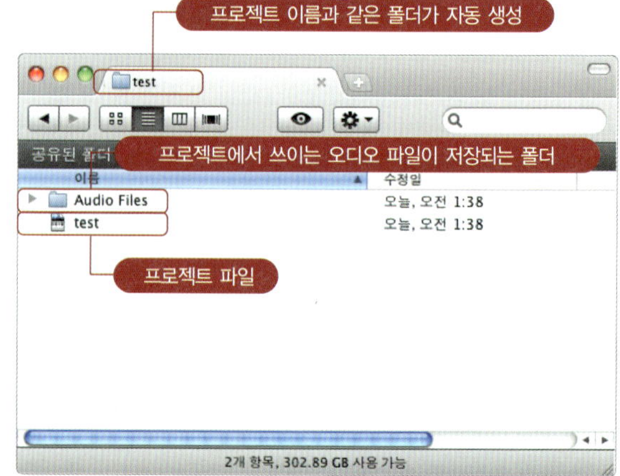

Asset이란

로직에서의 'Asset'이란 프로젝트와 관련된 데이터들, 예를 들면 오디오 파일, 동영상 파일, EXS24 샘플러 악기, Ultrabeat 샘플 등을 뜻합니다. 이러한 Asset들을 함께 저장함으로써 프로젝트와 관련된 파일들을 폴더 안에 함께 가지고 있게 되어 편리하게 관리할 수 있습니다. 방금 확인한 Audio Files 폴더에는 프로젝트에서 사용하는 오디오 파일들이 자동으로 저장되어 Assets로 관리됩니다.

다른 이름으로 저장하기

프로젝트를 다른 이름으로 저장해보겠습니다. 원본을 그대로 둔 상태로 다른 버전을 만들 때 유용하게 사용할 수 있습니다.

01 상단 메뉴바에서 **File 〉 Save As...**를 선택합니다.

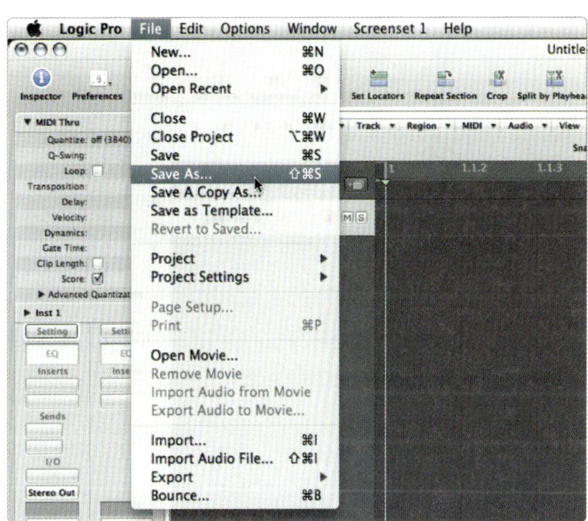

02 이미 저장되어 있는 폴더의 프로젝트 이름이 보입니다. 프로젝트 이름을 바꾸어 넣고 [Save] 버튼을 클릭합니다.

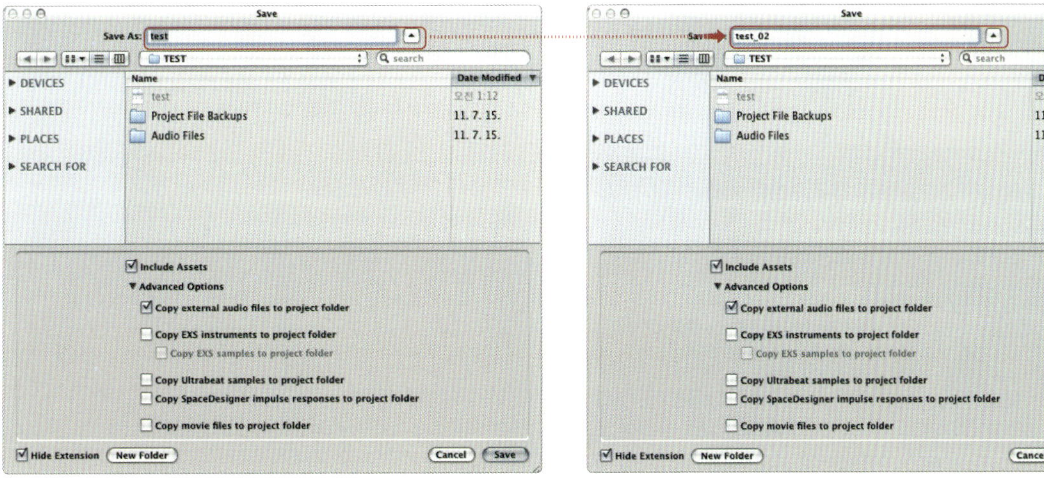

03 전에 저장했던 프로젝트 파일과 함께, 새로 저장한 파일이 보입니다. 이러한 방법으로 오디오 파일과 같은 Assets를 공유한 채로 여러 가지 버전을 저장해서 활용할 수 있습니다.

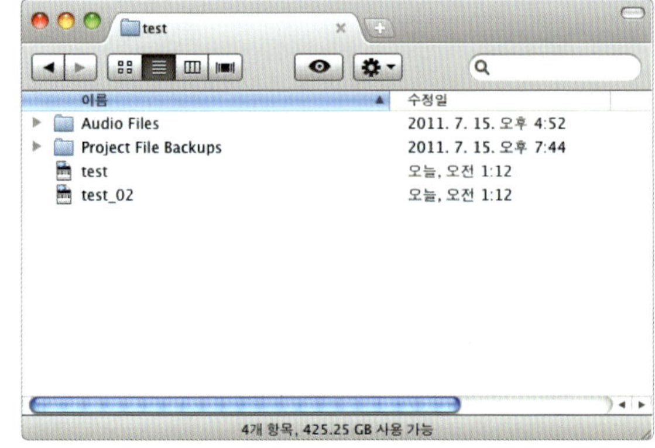

프로젝트를 같은 폴더에 다른 이름으로 저장하면 Assets를 공유해서 사용하게 되지만, 다른 폴더를 지정해서 저장하면 프로젝트 이름으로 별도의 폴더가 생성되며 Audio Files 폴더와 프로젝트 파일이 저장되고 Assets를 통째로 복사해서 가져가게 됩니다.

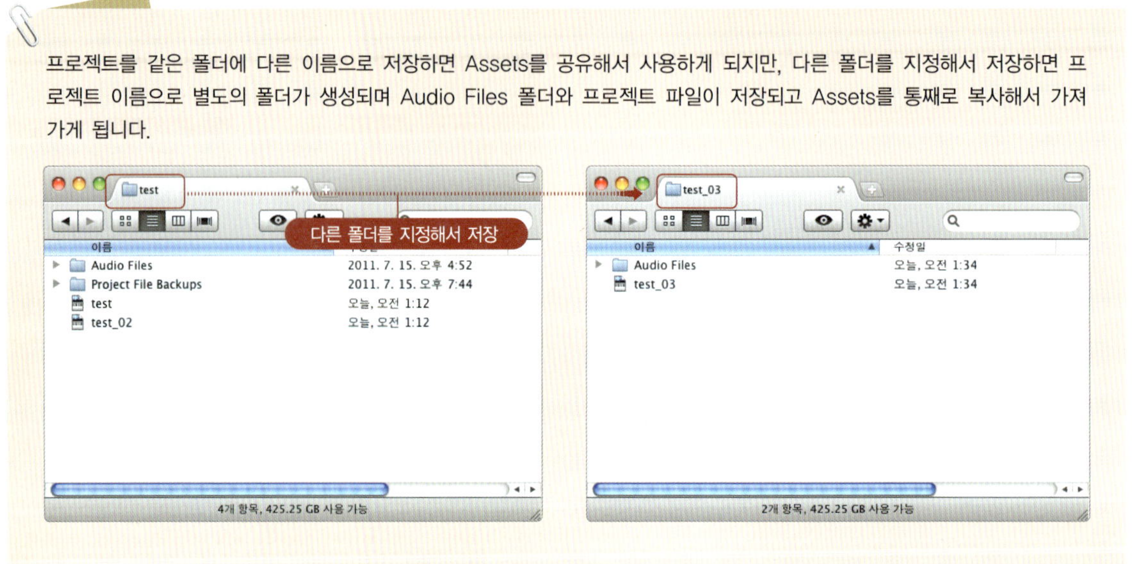

4. 개러지밴드 프로젝트 불러오기

기존에 만들어 놓은 개러지밴드 프로젝트가 있을 경우, 로직으로 불러올 수 있습니다.

▲ 게러지 밴드에서 제작된 프로젝트의 모습

01 상단 메뉴바에서 **File > Open**(단축키 `Command` + `O`)을 선택하고 본인의 개러지밴드 프로젝트가 저장되어 있는 폴더를 찾아 개러지밴드 프로젝트를 Open합니다. (개러지밴드 샘플은 제공하지 않습니다. 직접 만들어본 후 가져와봅니다.)

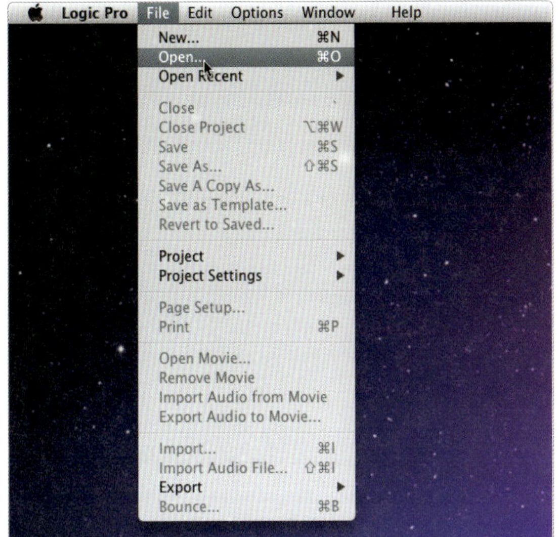
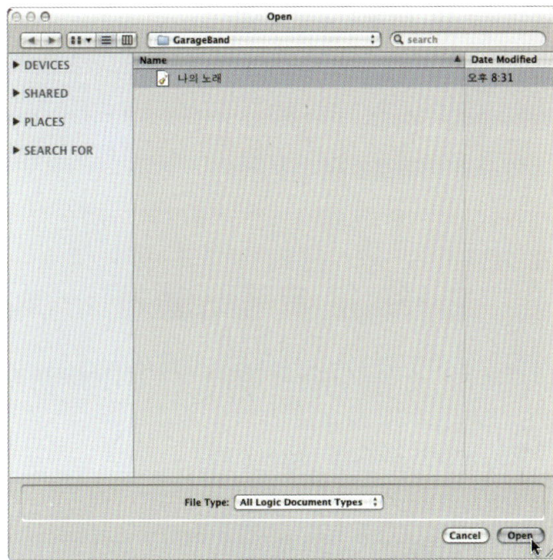

02 로직 프로젝트로 저장하라는 Save 창이 나타납니다. 원하는 이름을 기입하고 [Save] 버튼을 클릭하면, 로직 프로젝트로 저장되면서 개러지밴드에서 만들었던 트랙들이 변환되어 그대로 나타나게 됩니다.

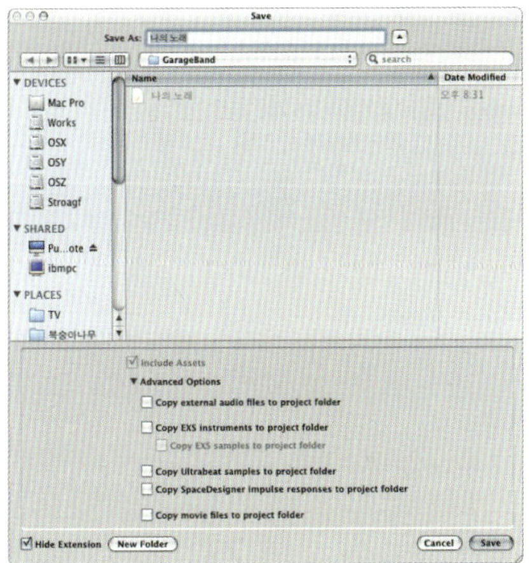
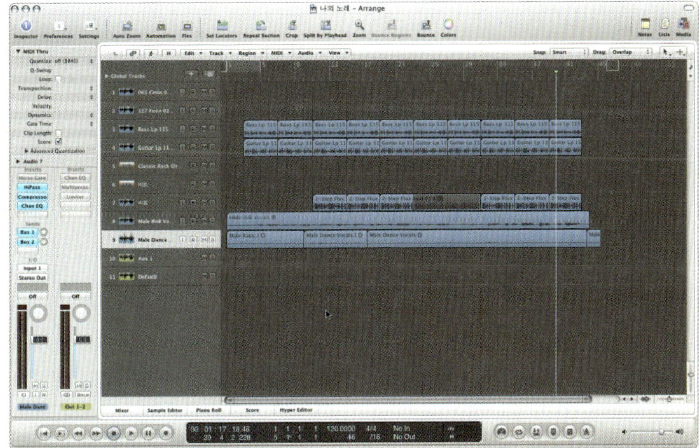

CHAPTER 02 트랙 다루기 (Working with Tracks)

프로젝트를 만드는 법에 대해 간략하게 배워봤습니다. 이번에는 프로젝트에 들어가는 트랙을 만들고 다루는 법에 대해 배워보겠습니다.

1. 새로운 트랙 만들기

새로운 트랙을 만드는 방법은 여러 가지가 있습니다.

01 새로운 프로젝트를 만들어보겠습니다. 프로젝트 만들기 창에서 'Empty Project'를 선택합니다.

02 자동으로 새로운 트랙 만들기 창이 나타납니다. 'Software Instrument'를 선택하고 'Open Library'가 체크되어 있는지 확인한 다음 [Create] 버튼을 클릭합니다.

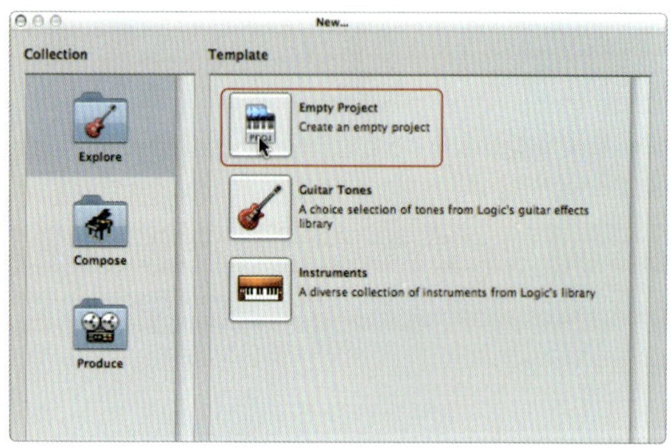

03 어레인지 편집창 메뉴바에서 **Track 〉 New...**를 선택해서 트랙 만들기 창을 띄워봅니다. 단축키가 Alt + Command + N 이라는 것 또한 확인할 수 있습니다.

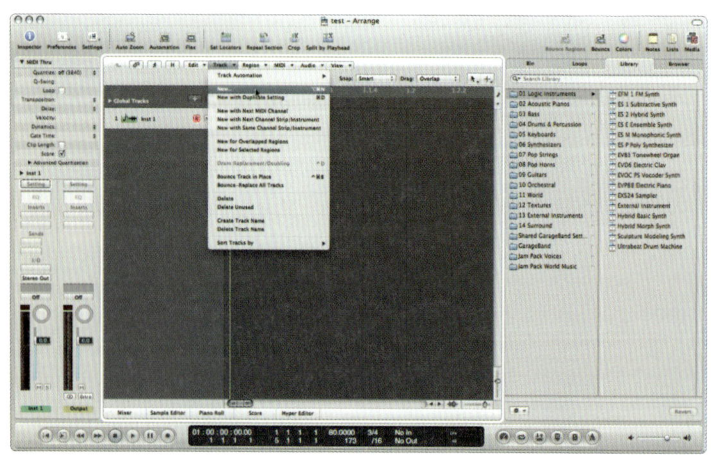

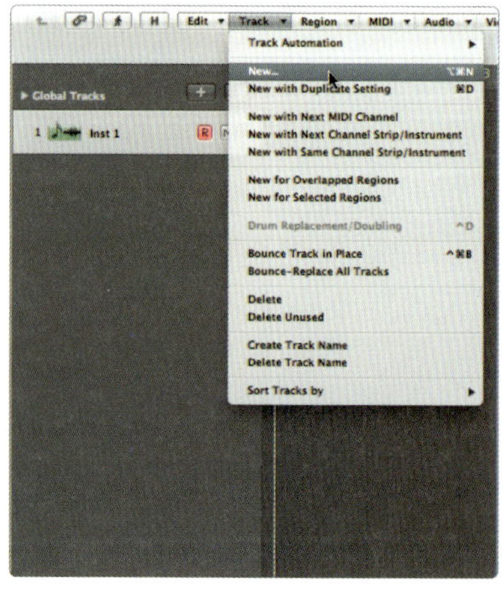

04 로직에서 만들 수 있는 트랙은 세 가지 종류가 있습니다. 그 중에서 'Audio' 트랙을 만들어보겠습니다. 'Audio'를 선택하고 [Create] 버튼을 클릭합니다.

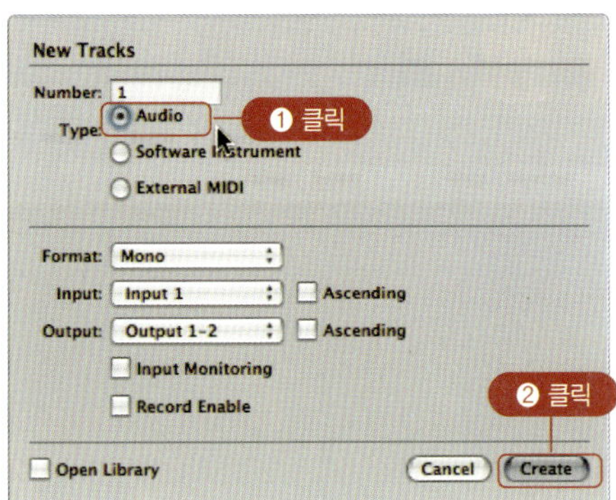

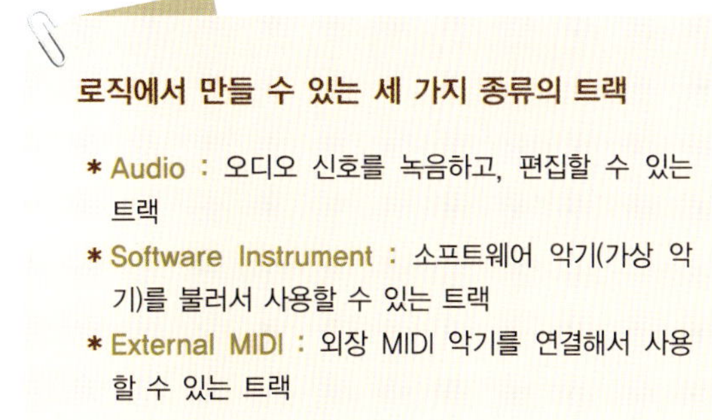

05 어레인지 편집창 위에 [Chapter 01]에서 프로젝트를 만들 때 생성했던, 소프트웨어 악기 트랙과 함께 방금 만든 오디오 트랙이 생성되었습니다. 초록색 음표 그림 아이콘이 '소프트웨어 악기 트랙'을 뜻하고, 파란색 웨이브 파형 아이콘이 '오디오 트랙'을 뜻합니다.

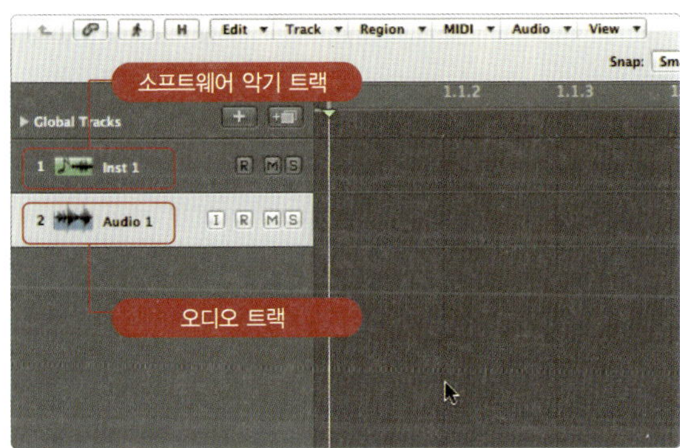

06 여러 개의 오디오 트랙을 한꺼번에 만들어보겠습니다. 이번에는 트랙 위쪽의 ⊞ 버튼을 클릭해서 만들어보겠습니다.

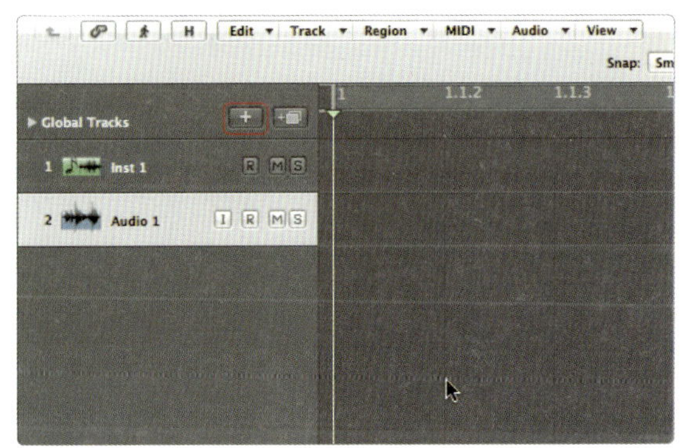

07 'Audio' 타입을 선택하고 Number란에 숫자 '5'를 입력한 후, [Create] 버튼을 클릭합니다.

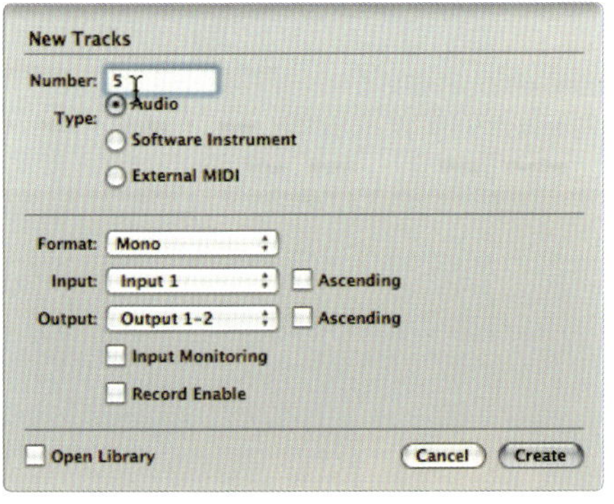

08 오디오 트랙이 5개 늘어난 것을 확인할 수 있습니다.

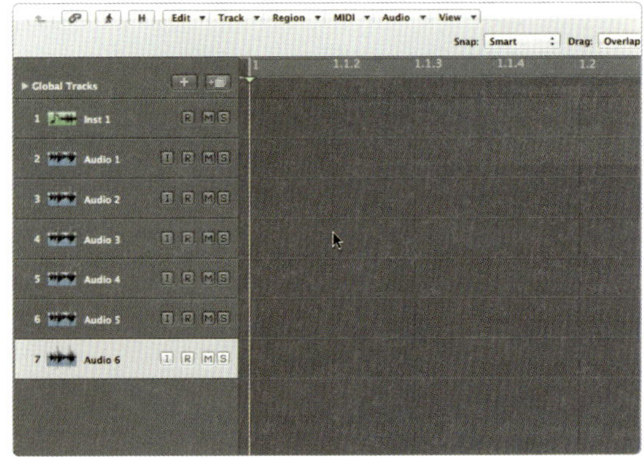

트랙 만들 때 Ascending 기능

트랙 만들기 창에서 여러 트랙을 만들 때 Input 소스 설정과, Output 소스 설정 옆에 Ascending 체크 박스가 있습니다.
이 메뉴를 활성화시키면 새로 만드는 트랙의 인풋(아웃풋) 소스가 순차적으로 값을 가지게 됩니다.

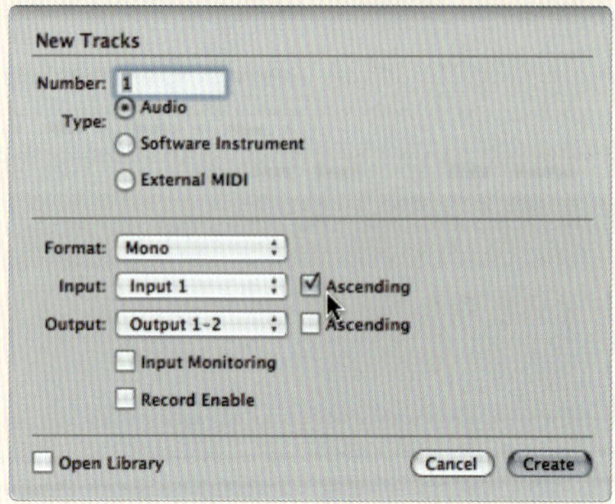

예를 들어 인풋 옵션에 'Ascending'을 체크하고 한꺼번에 트랙을 5개 만들었다면, 첫 트랙은 인풋 소스가 Input 1, 두 번째 트랙은 인풋 소스가 Input 2.... 이런 식으로 Input 5까지 순서대로 인풋 소스 값을 가지게 됩니다. 'Ascending'을 체크하지 않으면 지정한 인풋 소스(input 1)가 모든 오디오 트랙에 적용되게 됩니다. 멀티트랙 녹음을 자주 하는 유저에게는 유용한 기능입니다.

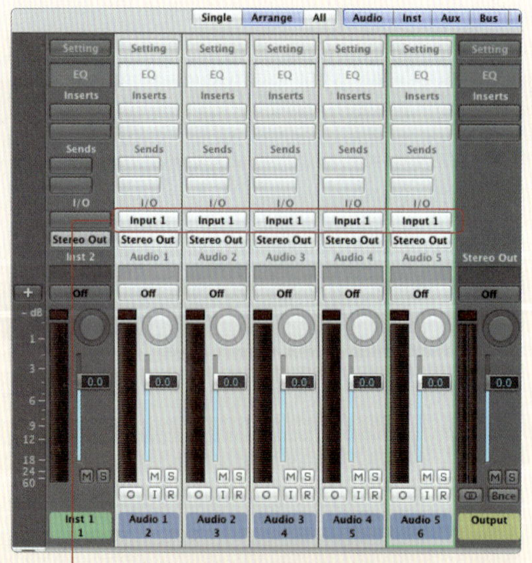

Ascending 박스를 체크하지 않고 5개의 트랙을 생성하면 트랙 만들기 창에서 지정한 Input 채널이 5개의 트랙에 모두 적용됩니다.

Ascending 박스를 체크하고 5개의 트랙을 생성하면 트랙 만들기 창에서 지정한 Input 채널부터 순서대로 트랙에 적용됩니다.

09 가장 위에 있는 소프트웨어 악기 트랙을 선택합니다.

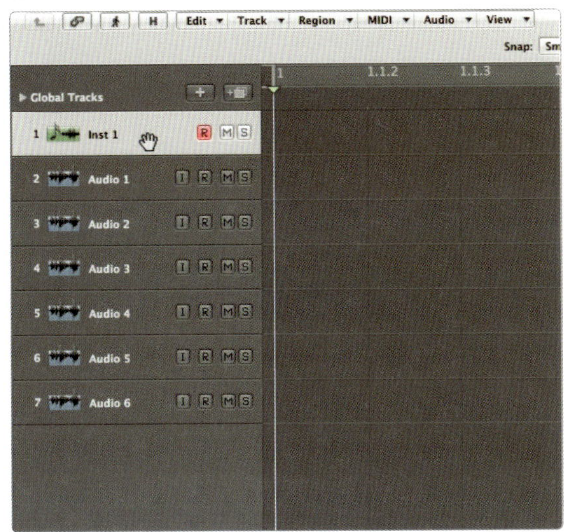

10 아래쪽의 빈 공간을 더블클릭합니다.

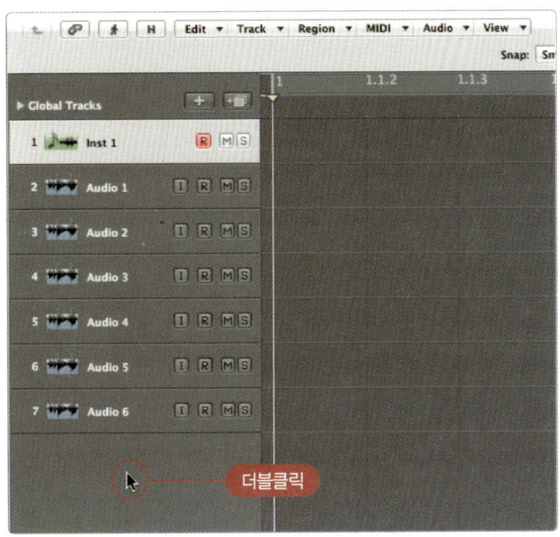

11 새로운 소프트웨어 악기 트랙이 생성되는 것을 확인할 수 있습니다. 마찬가지 방법으로 오디오 트랙이 선택되어 있는 상태에서 빈 공간을 더블클릭하면 오디오 트랙이 생성됩니다.

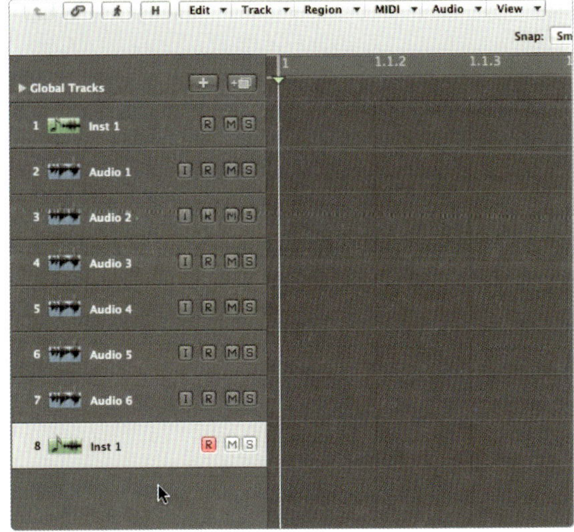

12 ➕ 버튼 오른쪽의 🎛(New Track with Duplicate Setting) 버튼을 클릭하면 선택되어 있는 트랙과 같은 세팅으로 트랙이 하나 더 생기게 됩니다. 소프트웨어 악기 트랙이 선택되어 있는 상태에서 버튼을 클릭해봅니다.

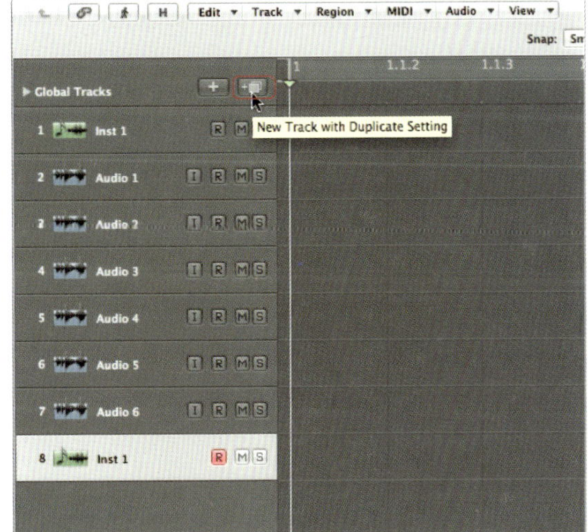

13 소프트웨어 악기 트랙이 하나 더 생성되는 것을 확인할 수 있습니다. 이 기능은 선택되어 있는 트랙의 설정 값을 그대로 모두 다 가져오기 때문에 유용하게 쓰일 수 있습니다.

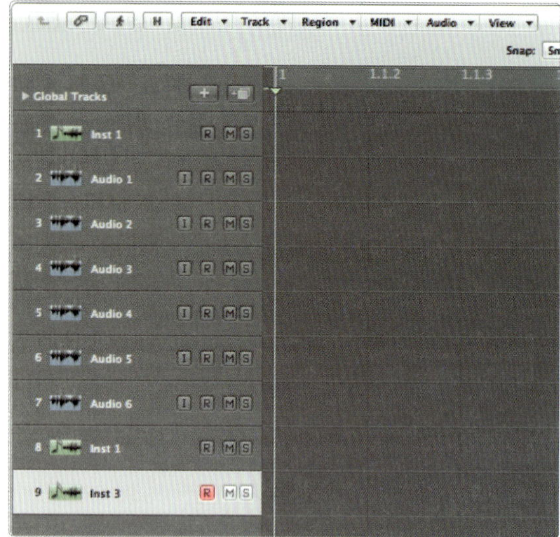

Track 〉New with Duplicate Setting을 이용해도 선택되어 있는 트랙과 같은 세팅으로 트랙이 하나 더 생기는 동일한 동작을 행할 수 있습니다.
단축키는 Command + D 입니다.

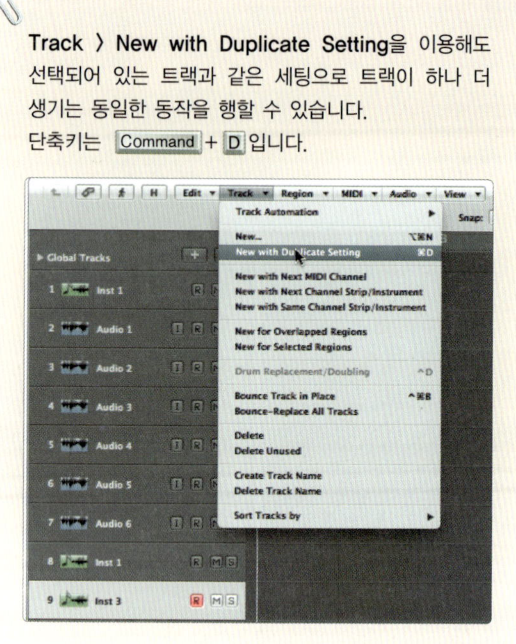

2. 트랙 아이콘 변경하기

트랙의 아이콘을 변경해보겠습니다.

01 소프트웨어 인스트루먼트 트랙을 선택한 후, 좌측의 인스펙터창에  아이콘이 보이는지 확인합니다.

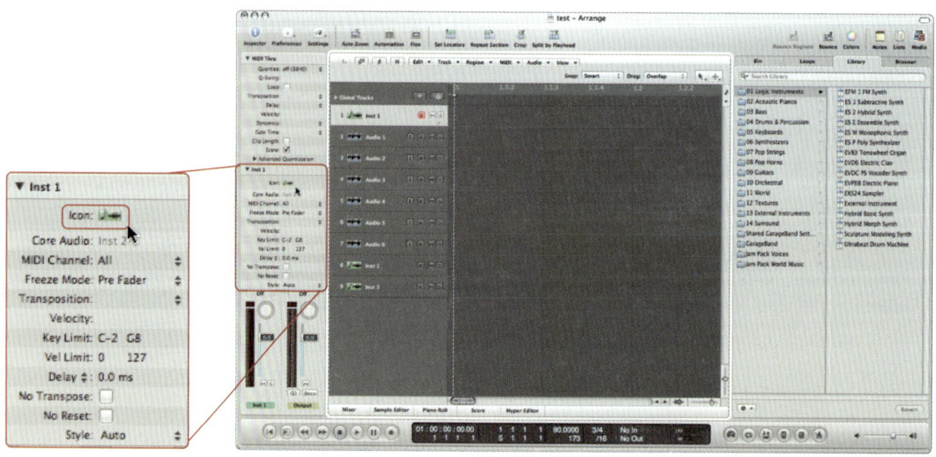

그림처럼 아이콘이 보이지 않을 때는 삼각형 모양 버튼(▶)을 클릭해서 접혀 있는 메뉴를 펴봅니다.

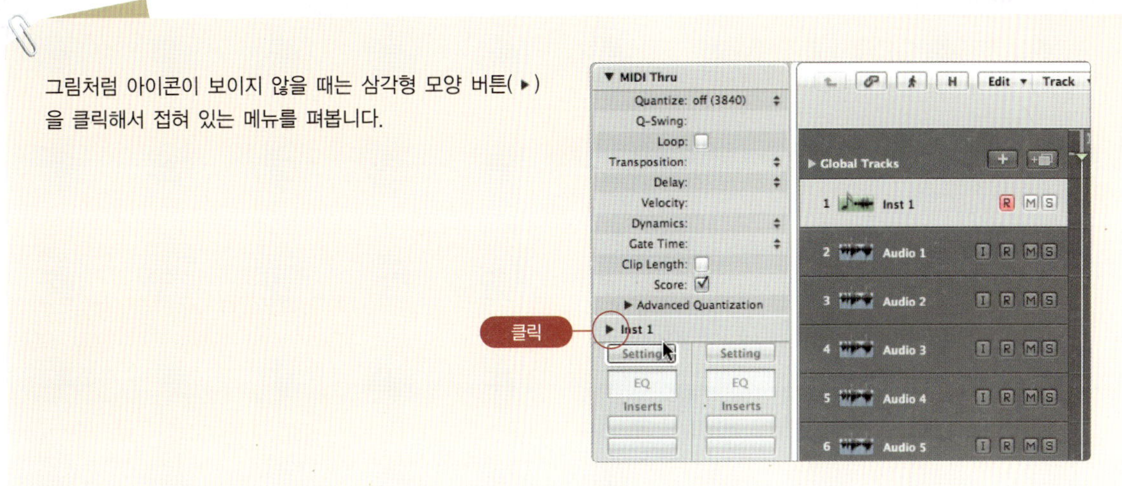

02 인스펙터창의 아이콘을 클릭하면 여러 가지 아이콘을 선택할 수 있는 그림판이 나타납니다. 코끼리 그림을 선택해보겠습니다.

03 트랙의 아이콘이 코끼리 모양으로 바뀐 것을 확인할 수 있습니다.

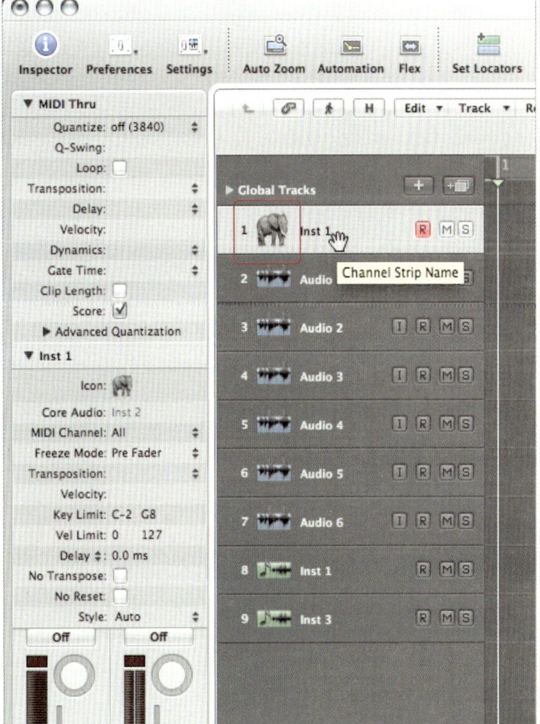

3. 트랙 이름 설정하기

01 'Inst 1'이라 쓰여 있는 글씨를 더블클릭하면 트랙의 이름을 바꿀 수 있는 입력창이 생성됩니다. 'africa'라고 입력하고 Return 키를 실행합니다.

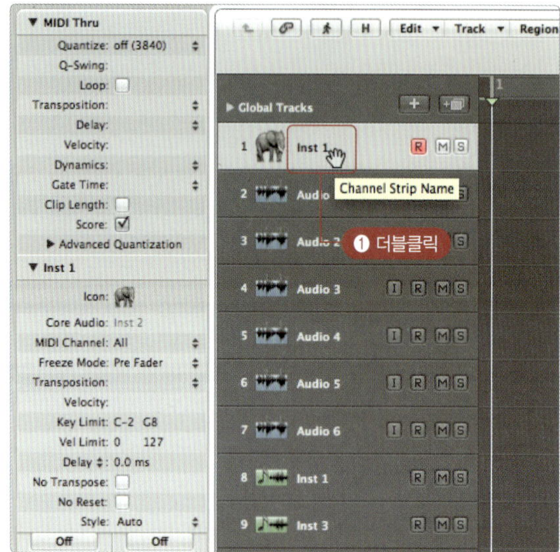

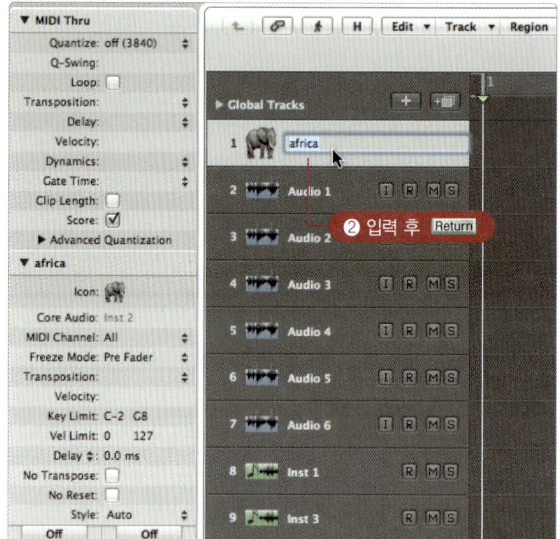

02 이번에는 아래의 'Audio 1' 트랙의 이름을 더블클릭하여 '1'을 입력한 후, Return 키를 누르지 않고 Tab 키를 눌러 보겠습니다. 다음 트랙의 이름을 입력하는 상태로 넘어가게 됩니다. '2'를 입력한 후 Tab 키를 또 누르면 트랙의 이름을 연속해서 바꿀 수 있습니다.

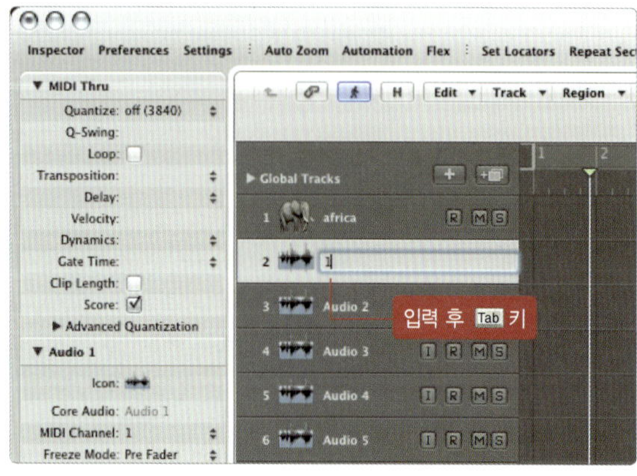

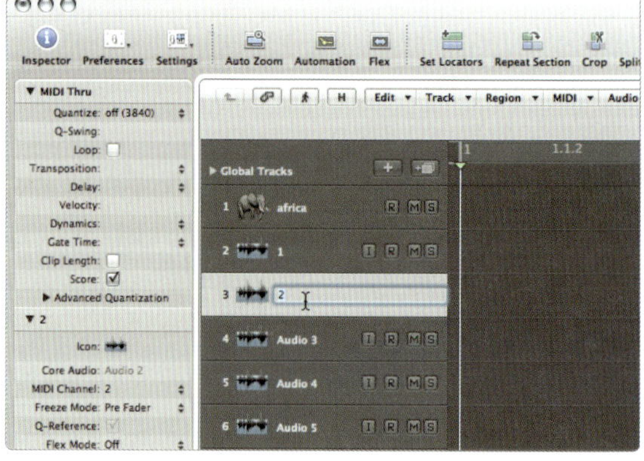

4. 트랙 지우기

● 트랙에 아무런 리전이 없을 때는 삭제를 원하는 트랙을 선택하고 Delete 키를 눌러 간단하게 삭제할 수 있습니다. 어레인지 편집창의 **Track 〉 Delete** 메뉴와 같은 동작입니다.

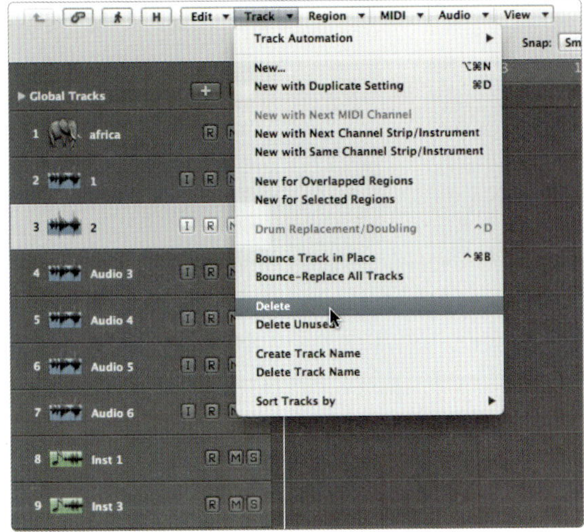

● 삭제를 원하는 트랙을 드래그해서 왼쪽 인스펙터창으로 가져가면 포인터의 모양이 지우개 모양(✎)으로 변하게 됩니다. 이때 마우스에서 손을 떼면 해당 트랙이 삭제됩니다.

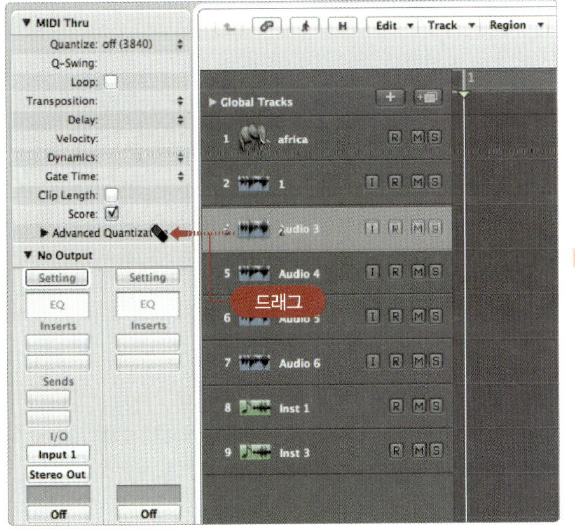

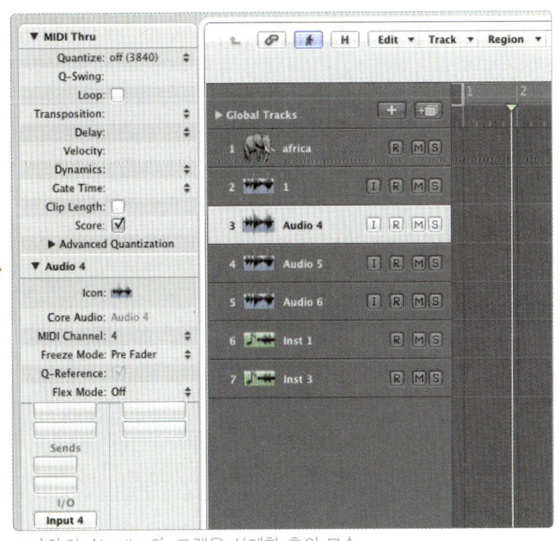

▲ '2'와 'Audio 3' 트랙을 삭제한 후의 모습

5. 트랙 이동하기

트랙을 드래그해서 위아래로 움직이면 트랙의 배열 순서를 바꿀 수 있습니다.

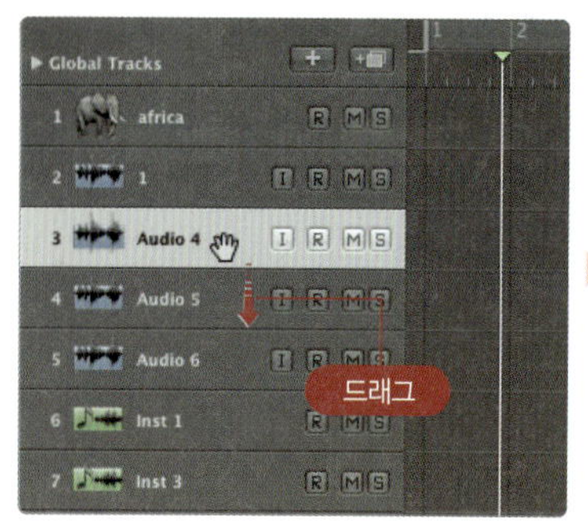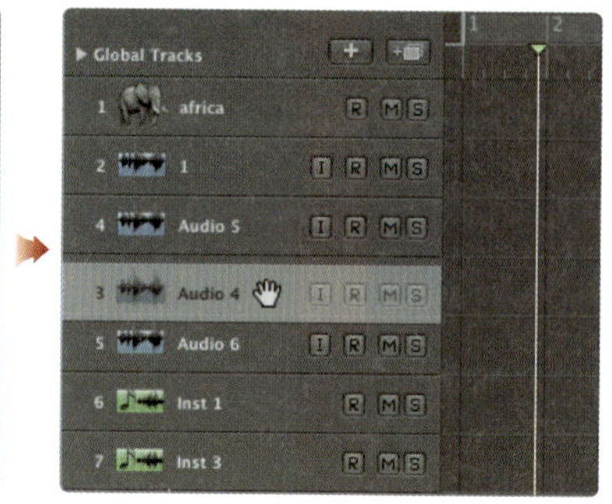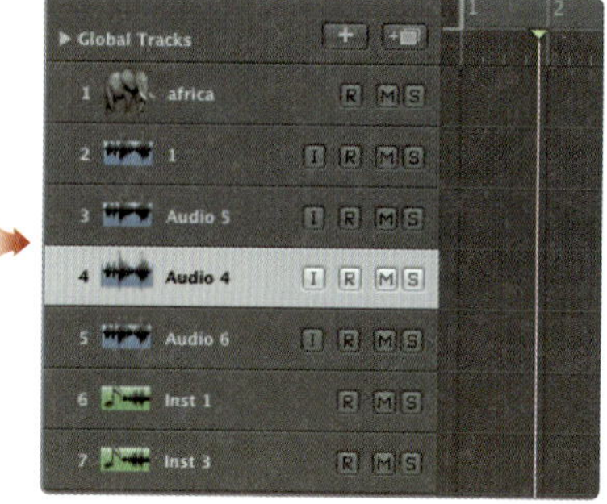

6. 트랙 버튼

트랙별로 우측에 버튼들이 있습니다.

- Record Arm (R) 버튼은 트랙에 레코딩을 할 준비가 되어 있다는 뜻입니다. 여러 트랙을 동시에 녹음할 때 유용하게 쓸 수 있으며, 붉은색이 들어와 있는 상태가 활성화된 것입니다.

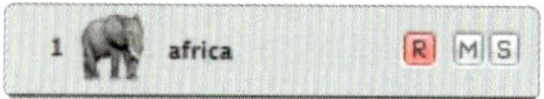

- Mute (M) 버튼은 트랙을 뮤트(소리가 나지 않는 상태)시키는 기능입니다.

- Solo (S) 버튼은 트랙을 솔로 모드로 만드는 버튼으로, [Part 03] – [Chapter 02 재생 기능]에서 자세히 다루었습니다.

- Input Monitor (I) 버튼은 오디오 트랙에서 해당 채널에 들어오고 있는 오디오 신호를 들어볼 수 있는(모니터링) 기능입니다. 예를 들어 마이크를 오디오 인터페이스의 인풋 채널 1번에 연결하고, 해당 채널을 인풋 소스로 하는 오디오 트랙을 생성했다 해도 마이크 소리가 외부 출력으로 들리지 않게 됩니다. 이런 상태에서 (I) 버튼을 활성화시키면 입력 소스의 소리를 들어볼 수 있습니다.

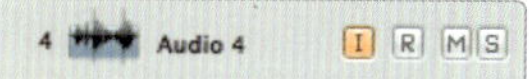

간단하게 트랙을 만들고 사용하는 법을 알아보았습니다. 트랙을 활용하는 더욱 더 자세한 내용은 [Part 08] –[Chapter 01 트랙 활용]에서 다루도록 하겠습니다.

CHAPTER 03 소프트웨어 악기 불러오기
(Software Instruments)

로직은 기본적으로 다양한 소프트웨어 악기와, 샘플 라이브러리를 제공하고 있습니다. 이를 활용해서 트랙에 소프트웨어 악기를 불러오는 과정을 설명해보겠습니다.

1. 라이브러리에서 악기 불러오기

01 새로운 프로젝트를 만들어보겠습니다. 프로젝트 만들기 창에서 'Empty Project'를 선택합니다.

02 자동으로 새로운 트랙 만들기 창이 나타납니다. 'Software Instrument'를 선택하고 'Open Library'가 체크되어 있는지 확인한 다음 [Create] 버튼을 클릭합니다.

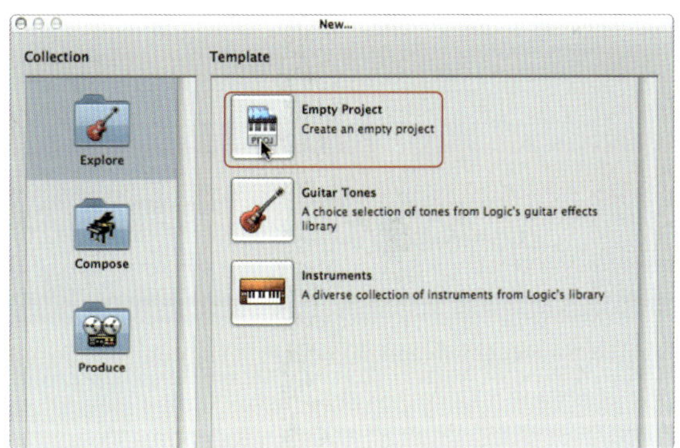

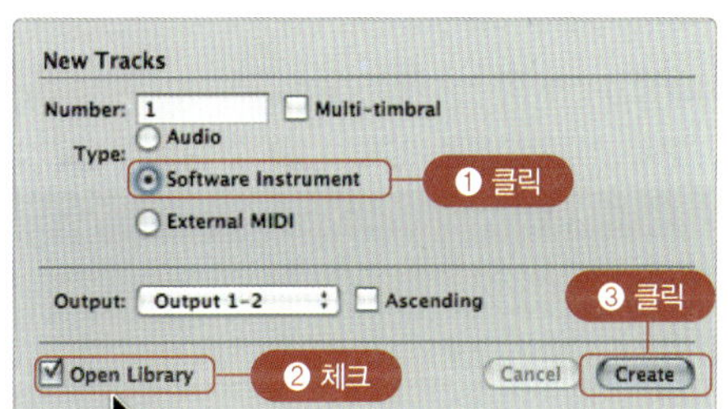

03 'Open Library' 옵션을 켠 상태에서 만들었기 때문에, 인스트루먼트 트랙이 생성되고 우측의 라이브러리 창이 열립니다.

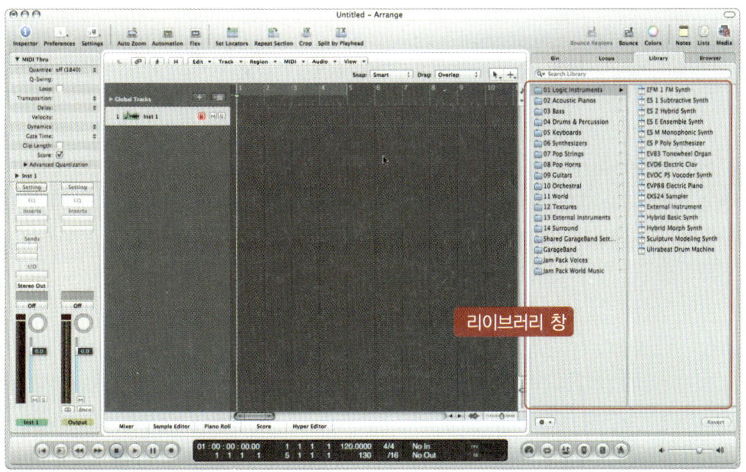

04 라이브러리창에서 **02 Acoustic Pianos 〉 Steinway Piano Hall**을 선택합니다. 인스트루먼트 트랙의 아이콘과 이름이 자동으로 변경되는 것을 확인할 수 있습니다.

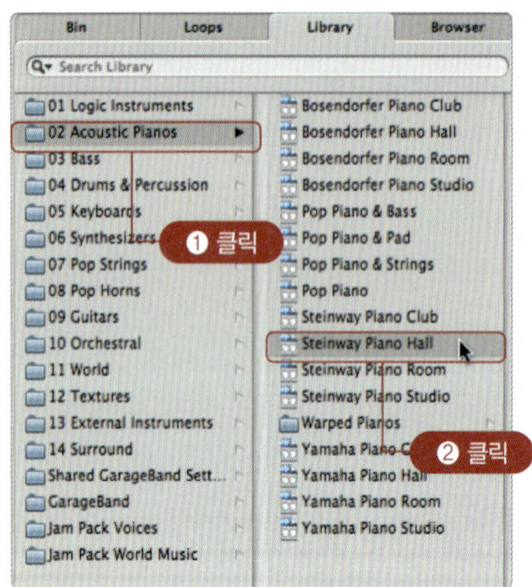
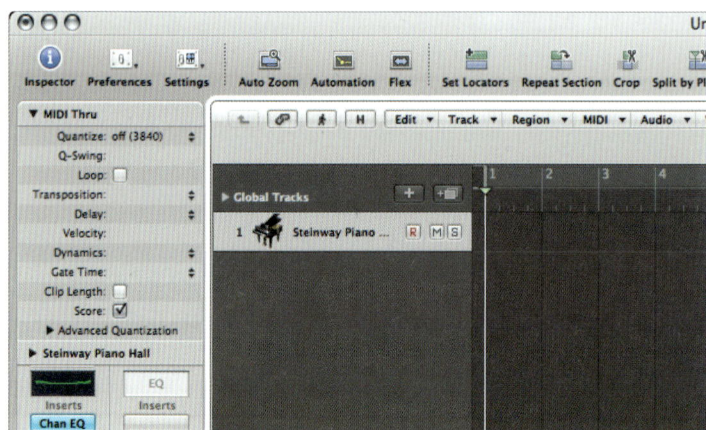

05 건반과 같은 미디 입력 도구가 연결되어 있는 유저들은 건반을 눌러 불러들인 피아노 소리가 출력되는 것을 확인합니다. 만약 미디 입력 도구가 연결되어 있지 않은 상태라면 Caps Lock 키로 로직에서 제공하는 키보드 건반을 열어 컴퓨터 키보드로 건반을 연주하듯이 소리를 내어봅니다.

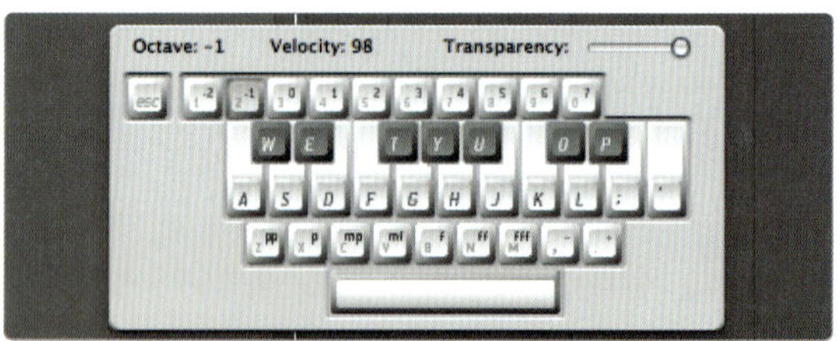

Caps Lock **키보드 건반**

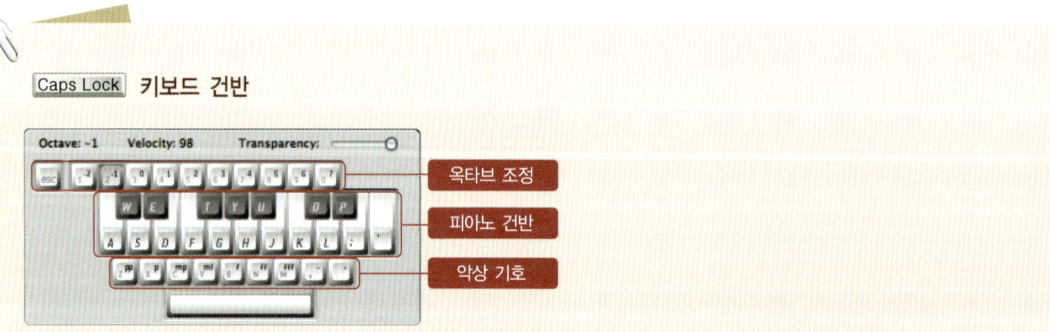

위의 숫자키들은 옥타브를 움직이는 기능을 하고, 가운데의 영문자들은 피아노 건반, 아래의 악상 기호는 키보드의 입력 세기(Velocity)를 나타냅니다. 컴퓨터 키보드로는 강약이 입력되지 않으니 이러한 악상 기호를 미리 세팅해 놓고 입력하는 수밖에 없습니다. 옥타브와 벨로시티는 좌측 상단에 표시되며, Transparency로는 키보드 건반의 투명도를 조절할 수 있습니다. 음길이는 키보드를 누르고 있는 만큼 표현이 됩니다.

06 악기를 바꿔보겠습니다. 라이브러리창에서 **05 Keyboards** 〉 **01 Electric Pianos** 〉 **Electra Piano**를 선택합니다.

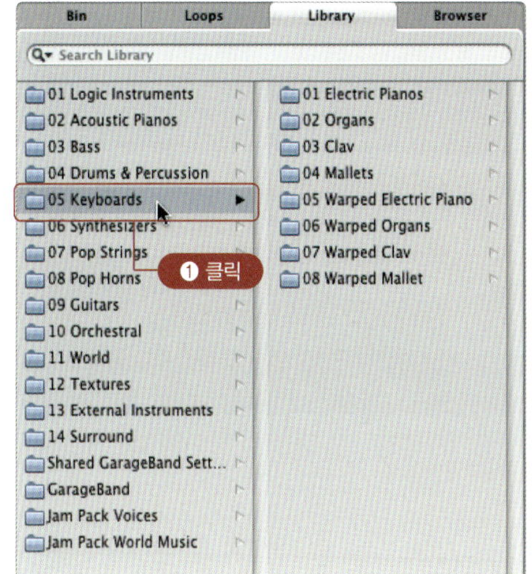
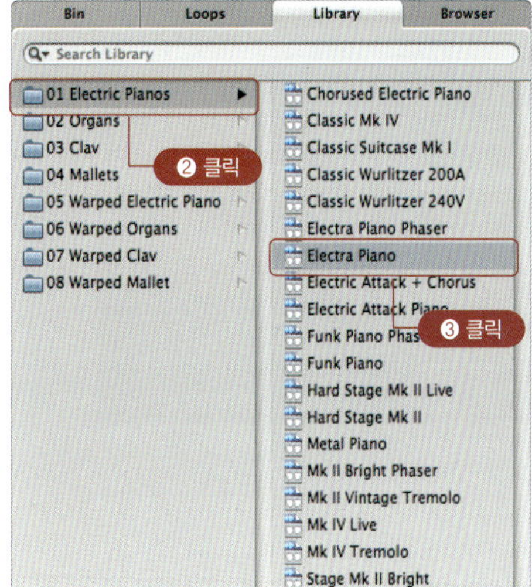

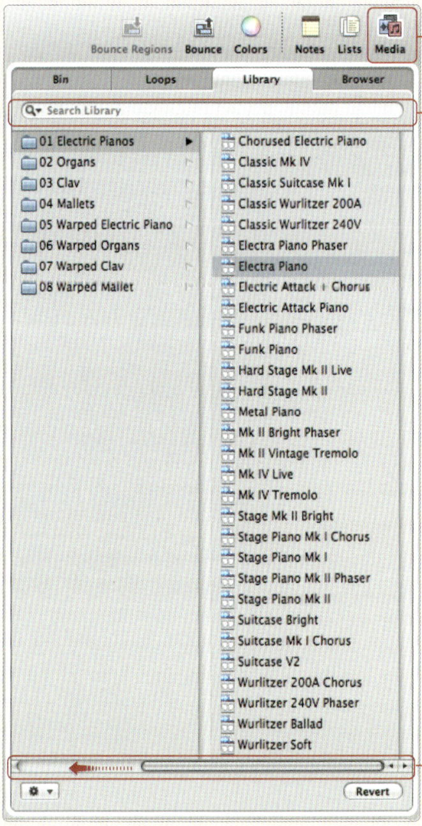

라이브러리창은 툴바에서 미디어(📺) 아이콘을 클릭해서 열고 닫을 수 있습니다. 단축키는 Alt + L 입니다.

라이브러리창 위쪽의 검색창을 이용해서 악기를 검색할 수도 있습니다.

처음에 보이던 라이브러리창의 큰 카테고리 메뉴들이 보이지 않을 때는 아래의 스크롤바를 좌측으로 드래그해서 다시 볼 수 있습니다.

07 ■■(New Track with Duplicate Setting) 버튼을 클릭하여 동일한 세팅의 트랙을 하나 더 만들 수도 있습니다. 단축키는 `Command` + `D` 입니다.

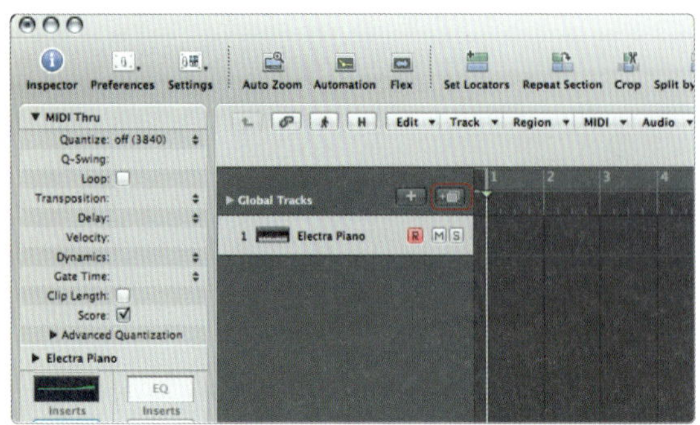

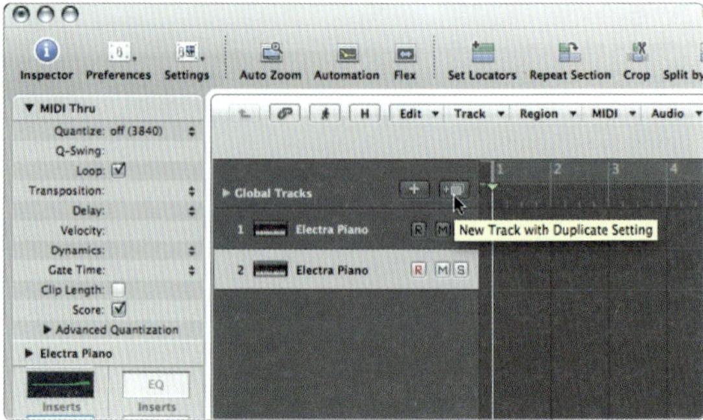

2. 채널 스트립으로 불러오기

01 인스펙터창에서 채널 스트립을 변경함으로써 악기를 불러보겠습니다. 채널 스트립 이름이 보이는 박스를 클릭한 채로 잠시만 기다리면 채널 스크립 메뉴가 나타납니다.

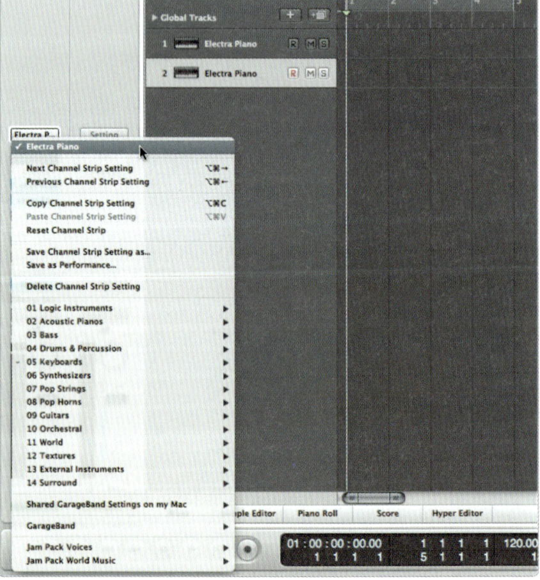

인스펙터창에서 채널 스트립 이름이 보이지 않는다면 위의
파라미터 박스들을 접어서 보이도록 합니다.

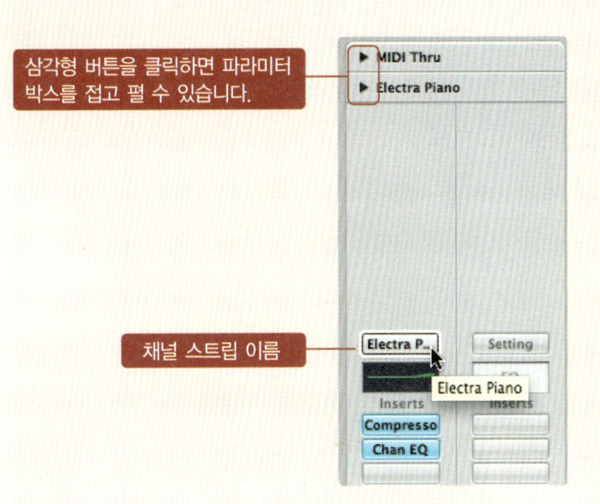

02 채널 스트립 메뉴를 통해 신스리드 악기를 불러보겠습니다.

03 'Next Channel Strip Setting'은 다음 순서의 악기를 불러들이는 메뉴입니다. 단축키 Alt + Command + → 를 이용하면 음원을 편하게 바꾸면서 들어볼 수 있습니다. 'Previous Channel Strip Setting(이전 채널 스트립 세팅으로 바꾸기)'은 Alt + Command + ← 입니다.

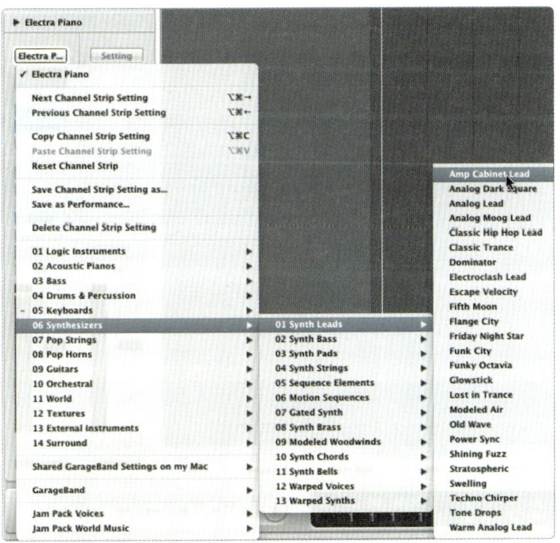

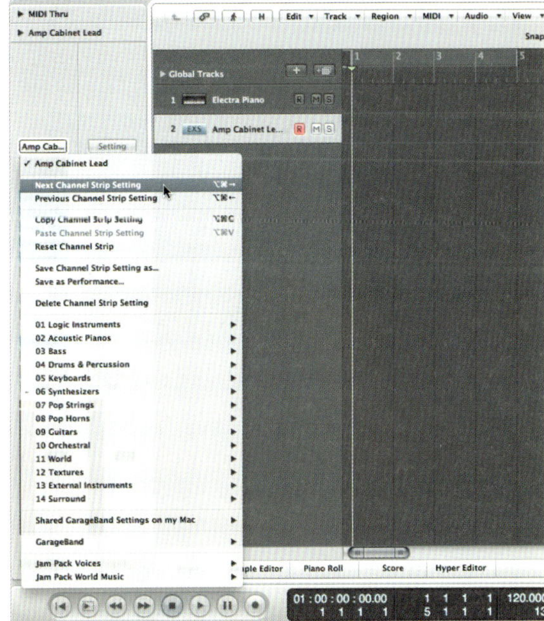

3. 로직의 소프트웨어 악기 불러오기

로직에 포함되어 있는 강력한 소프트웨어 신디사이저들을 이용해서, 악기를 불러보겠습니다.

01 채널 스트립 세팅에서 'ES 2 Hybrid Synth'를 선택합니다. 물론 라이브러리창에서도 선택할 수 있습니다.

02 인스펙터창의 푸른색 'ES2' 라고 쓰여 있는 박스를 한 번 클릭하면, 우측 라이브러리창에 다양한 신스 라이브러리들이 로딩됩니다.

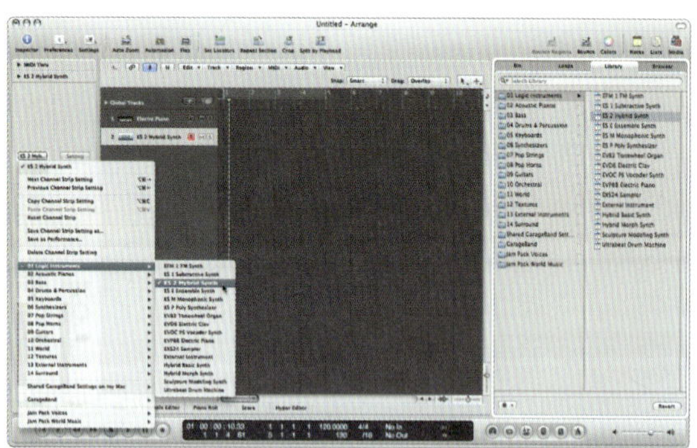

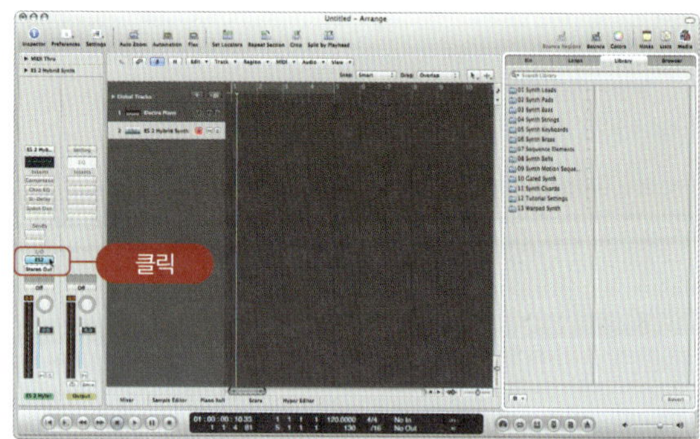

03 인스펙터창의 푸른색 'ES2' 박스를 더블클릭하면 ES2 신디사이저가 보입니다.

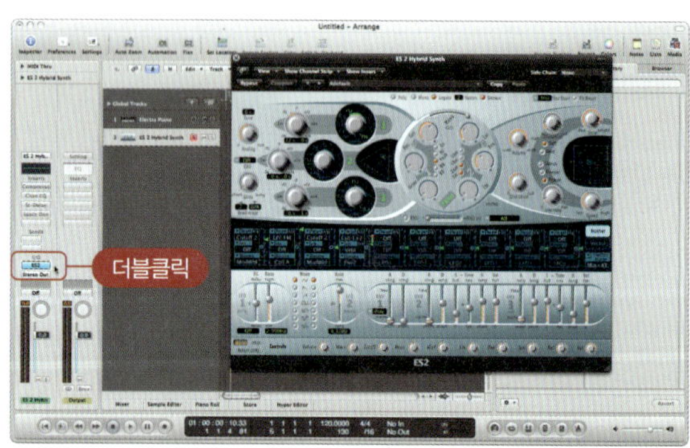

04 신디사이저의 '#default' 라고 쓰여 있는 풀다운메뉴를 이용해서 악기를 불러올 수도 있습니다. 여기서 부를 수 있는 악기들은 앞에서 채널 스트립이나 라이브러리창에서 로딩한 악기들과 같습니다. 로직에서 제공하는 악기들은 모두 이렇게 로직의 샘플러나 신디사이저에서 불러들인 소리로, 그림에 보이는 다양한 노브들로 사운드메이킹이 가능합니다.

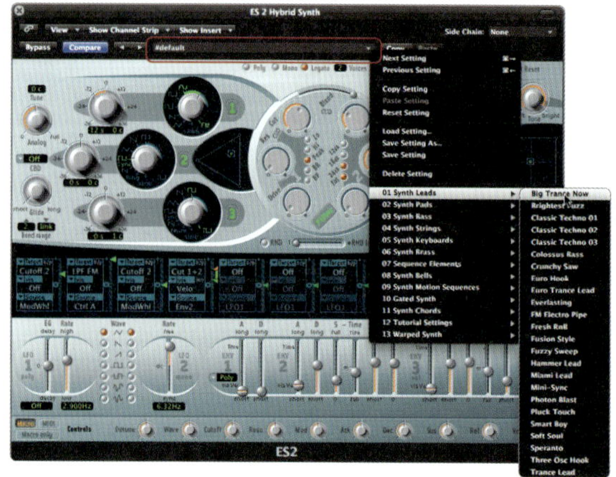

애플 루프 불러오기
(Apple Loops)

1. 애플 루프(Apple Loops)란

'애플 루프'란 개러지밴드(Garageband), 로직(Logic) 등 매킨토시 컴퓨터 환경의 프로그램에서 사용하는 음악 루프 소스를 말합니다. 애플 루프 외에 많은 오디오 루프와 샘플러 소스 등 비슷한 소스들이 많이 나와 있고 로직에서도 그러한 소스들을 불러다 쓸 수 있게 되어 있지만, 애플 루프를 사용하게 될 경우에 몇 가지 장점이 있습니다.

애플 루프는 보통 aiff 파일 형태로 일반적인 오디오 파일과 같이 작동하지만, 음정에 대한 정보, 박자에 대한 정보, 카테고리를 나눌 수 있는 키워드 인덱스 등을 가지고 있기 때문에 로직에서 매우 유용하게 검색하고 활용할 수 있습니다.

애플 루프의 종류

애플 루프는 두 가지 종류가 있습니다. 소프트웨어 악기를 이용하는 초록색 미디 루프와 오디오 소스를 가지고 있는 파란색 오디오 루프입니다.

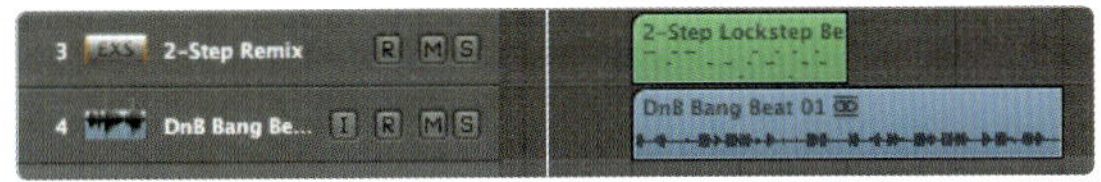

- 초록색 미디 루프는 어레인지 편집창 위에서 미니 노트로 나타나기 때문에 음악에 맞추어 노트를 편집하기가 용이하지만, 로직의 소프트웨어 악기를 사용하는 음원이기 때문에 개성이나 퀄리티면에서 아주 훌륭하기는 어렵습니다.

- 일련의 가공이 끝나 있는 상태의 루프인 파란색 오디오 루프가 일반적으로 사용되는 루프입니다. 애플 루프가 아닌 경우에는 편집하거나 키(key)를 맞추기 어려운 곤란함이 있어 사용이 용이하지 않지만, 애플 루프는 오디오 소스이면서 키와 템포를 어느 정도 자유롭게 맞추어낼 수 있다는 장점이 있습니다.

Bin	Loops	Library	Browser

View: Show All Signature: 4/4

Scale: Any

Reset ⊗	Acoustic	Bass	All Drums
Favorites	Electric	Guitars	Kits
All	Clean	Piano	Beats
Rock/Blues	Distorted	Elec Piano	Shaker
Electronic	Dry	Organ	Tambourine
World	Processed	Synths	Percussion
Urban	Grooving	Strings	Bell
Jazz	Melodic	Horn	Timpani
Country	Relaxed	Woodwind	Cymbal
Cinematic	Intense	Brass	Vinyl
Orchestral	Cheerful	Mallets	FX
Experimental	Dark	Vibes	»

Name ▼	Tempo	Key	Beats	Match
2-Step Lockstep Beat	128	–	8	87%
Ambient Beat 01	100	–	16	78%
Breaks Brick Wall Beat 01	100	–	8	78%
Breaks Brick Wall Beat 02	100	–	8	78%
Breaks Brick Wall Beat 03	100	–	8	78%
Breaks Dig It Beat	100	–	8	78%
Breaks Rim Rocker Beat	100	–	8	78%
Breaks Snare Master Beat	100	–	8	78%
Breaks Soul Patch Beat	100	–	8	78%
Breaks Tricky Rim Beat	100	–	8	78%
Breaks Viscous Beat	100	–	8	78%
DnB Bang Beat 01	160	–	16	50%
DnB Bang Beat 02	160	–	16	50%
DnB Bang Beat 03	160	–	16	50%
DnB Bang Beat 04	160	–	16	50%

초록색 루프

파란색 루프

2. 루프 브라우저(Loop Browser)

루프 브라우저 열기

01 루프 브라우저를 열어보겠습니다. 방금 전에 사용했던 라이브러리창의 바로 옆에 있는 탭으로서, 툴바에서 (Media) 아이콘을 이용해서 접근할 수도 있고 단축키 O 를 이용할 수도 있습니다. 처음에 기본적으로 보게 되는 루프 정렬 방식은 그림과 같은 뮤직뷰(Music View)입니다.

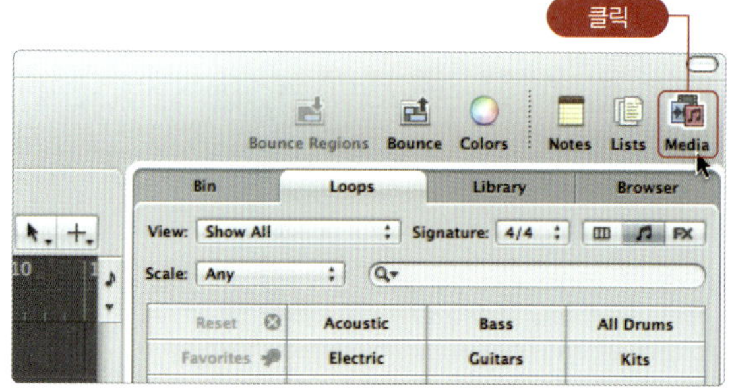

02 'Acoustic' 카테고리를 선택한 뒤 'Beats' 카테고리를 누릅니다. 아래에 여러 가지 루프들이 검색되는 것을 확인할 수 있습니다.

03 'Beats' 카테고리를 다시 클릭해서 선택을 해제하고, 'Dry'와 'Jazz'를 클릭해봅니다. 다른 종류의 루프들이 정렬되는 것을 확인할 수 있습니다. 이런 식으로 관련된 카테고리들을 계속 선택해서 자신이 찾고자 하는 종류의 루프에 다가갈 수 있습니다.

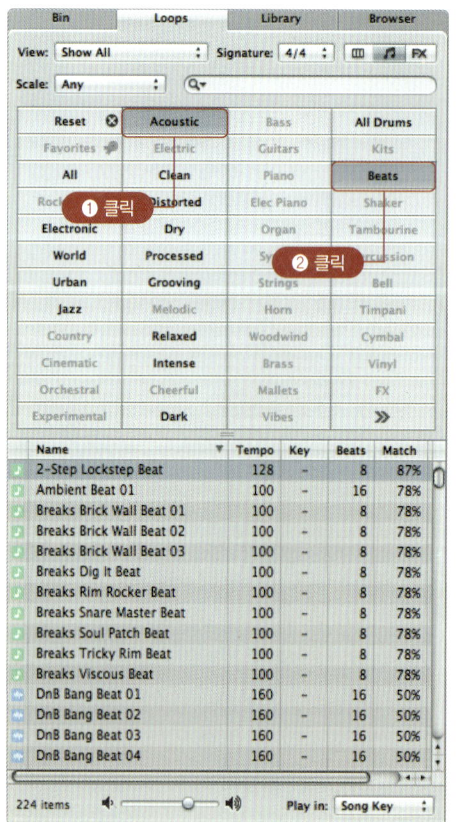

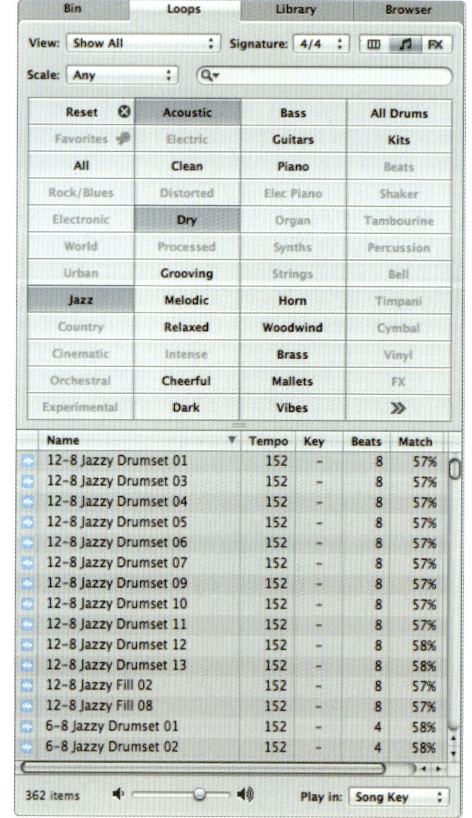

04 가장 위에 있는 루프를 클릭해서 소리를 들어봅니다. 클릭해서 선택할 때마다 루프는 자동으로 플레이가 됩니다. 볼륨 조절은 아래의 슬라이더를 이용하면 되고, 소리를 끄고 싶을 때는 스피커 모양(🔊) 아이콘을 클릭하거나 Space Bar 키를 누르면 됩니다.

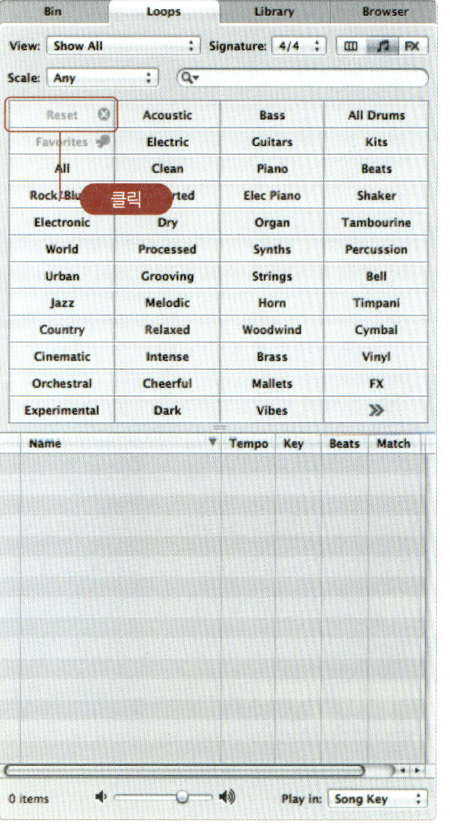

클릭하면 미리듣기 소리를 켜고 끌 수 있습니다.

미리듣기 소리의 볼륨을 조절할 수 있습니다.

05 Space Bar 키를 활용하면 루프의 미리듣기를 켜고 끌 수 있습니다. 하지만, 어레인지 편집창이 활성화되어 있을 때 Space Bar 키는 프로젝트를 재생, 정지시키므로 편집창을 옮겨가며 사용하다보면 Space Bar 키를 정확하게 활용하기 힘들어지기도 합니다. 이럴 때 Tab 키를 이용하면 활성화된 창을 바꿔가며 사용할 수 있습니다. 활성화된 창은 흰색 테두리가 더욱 뚜렷해집니다.

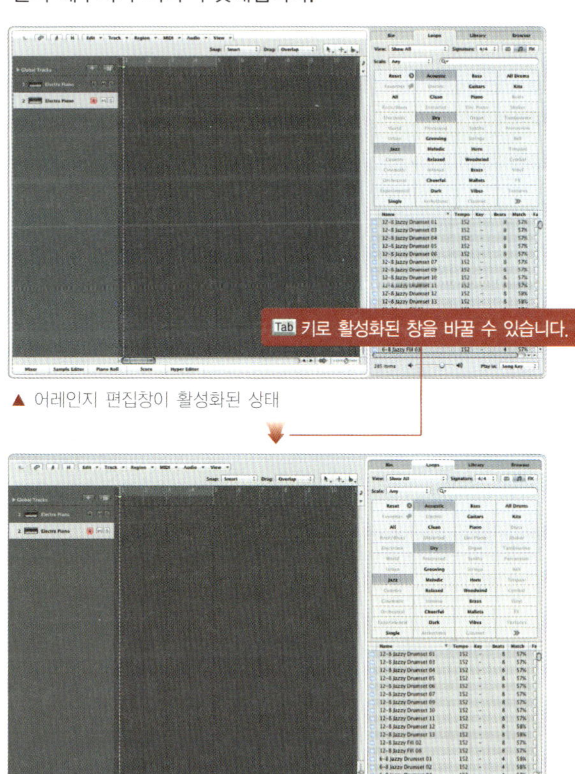

Tab 키로 활성화된 창을 바꿀 수 있습니다.

▲ 어레인지 편집창이 활성화된 상태

▲ 루프 브라우저가 활성화된 상태

06 'Reset' 카테고리를 클릭해서 처음 상태로 되돌려봅니다.

루프 브라우저의 옵션

단축키 X 를 누르거나 어레인지 윈도우 하단의 [Mixer] 탭을 클릭하여 믹서창을 열거나 닫을 수 있습니다.

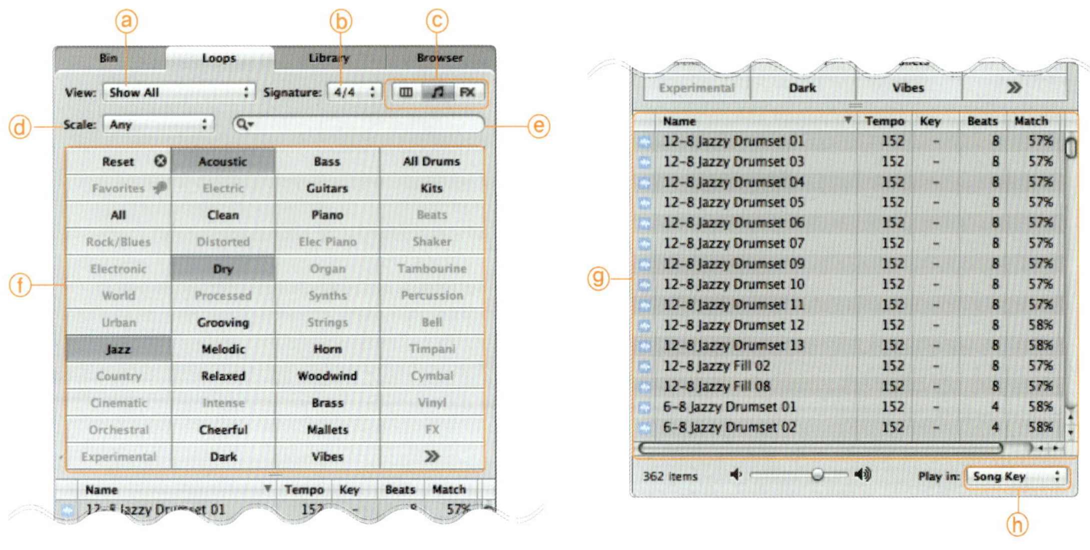

ⓐ 잼팩, 개러지밴드 등 공급원별로 루프를 정렬할 수 있습니다.

ⓑ 박자표를 지정해서 박자에 맞는 루프를 찾을 수 있습니다.

ⓒ 루프 정렬 방식

- (컬럼뷰, Column View) : 카테고리로 단락을 나누어 보여주는 루프 정렬 방식입니다. 단계별로 접근할 수 있는 장점이 있습니다.

- (뮤직뷰, Music View) : 기본적으로 보게 되는 루프 정렬 방식입니다.

- FX (사운드 이펙트뷰, Sound Effects View) : 뮤직뷰와 인터페이스는 같지만, 사운드 이펙트 소스들을 정렬해서 볼 수 있는 특징이 있습니다.

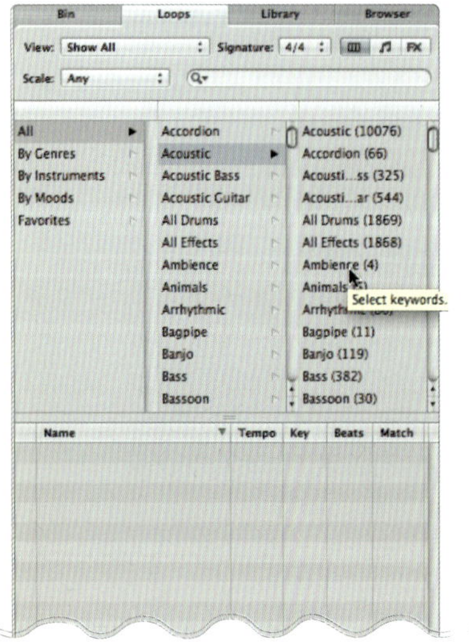

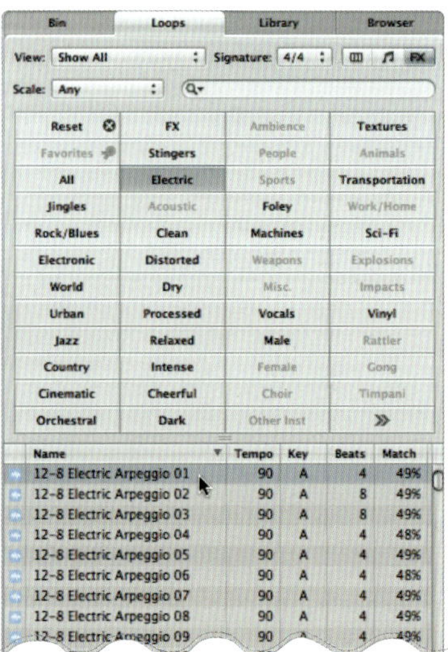

ⓓ 메이저(Major), 마이너(Minor)와 같은 스케일별로 루프를 정렬할 수 있습니다.

ⓔ 루프를 검색할 수 있습니다.

ⓕ 카테고리들이 나열되어 있습니다.

ⓖ 루프 리스트

- Name : 루프의 이름이 쓰여 있습니다.
- Tempo : 루프가 가지고 있는 원래의 템포로서, 프로젝트의 템포와 차이가 많이 날수록 음원이 구겨지거나 어색해질 수 있습니다.
- Key : 루프에 조성이 정해져 있는 경우 표시되게 됩니다. 프로젝트를 만들 때 일반적으로 조성을 정해주지 않기 때문에 자동으로 C 메이저(major) 키로 설정되어 있어, 루프가 자동으로 C키에 맞추어 나오게 되는 경우가 많으므로 주의해야 합니다.
- Beats : 8비트, 4비트와 같이 루프가 가진 리듬구조를 나타냅니다.
- Match : 템포와 키 등을 모두 고려해서, 현재의 프로젝트와 잘 어울리는 루프의 매칭률을 보여줍니다.
- Fav : 아래의 좌우 스크롤바를 오른쪽으로 당겨보면 'Fav' 메뉴가 나타납니다. Fav는 'Favorite'을 나타내는 것으로, 즐겨찾기라고 생각하면 됩니다. 마음에 드는 루프가 있을 때 체크해 놓으면 손쉽게 다시 찾아볼 수 있습니다.

Name ▼	Tempo	Key	Beats	Match	Fav
2-8 Jazzy Drumset 01	152	–	8	57%	☐
2-8 Jazzy Drumset 03	152	–	8	57%	☐
2-8 Jazzy Drumset 04	152	–	8	57%	☐
2-8 Jazzy Drumset 05	152	–	8	57%	☐
2-8 Jazzy Drumset 06	152	–	8	57%	☐
2-8 Jazzy Drumset 07	152	–	8	57%	☐
2-8 Jazzy Drumset 09	152	–	8	57%	☐
2-8 Jazzy Drumset 10	152	–	8	57%	☐
2-8 Jazzy Drumset 11	152	–	8	57%	☐
2-8 Jazzy Drumset 12	1..	–	8	58%	☐
2-8 Jazzy Drumset 13	152	–	8	58%	☐
2-8 Jazzy Fill 02	152	–	8	57%	☐
2-8 Jazzy Fill 08	152	–	8	57%	☐
6-8 Jazzy Drumset 01	152	–	4	58%	☐
6-8 Jazzy Drumset 02	152	–	4	58%	☐

387 items Play in: Original Key

단락명을 클릭하면 해당 단락의 값이 높거나 낮은 순으로 정렬됩니다. 예를 들어 Match를 클릭하면 클릭할 때마다 매치율이 높은 순이나 낮은 순으로 번갈아가며 정렬됩니다.

Name	Tempo	Key	Beats	Match ▲	Fav
uth Background 05	120	C	16	100%	☐
uth Background 02	120	C	16	100%	☐
ounge Vibes 40	120	C	8	100%	☐
ounge Vibes 11	120	C	8	100%	☐
unky Latin Drums 09	120	–	8	100%	☐
ool Upright Bass 17	120	C	8	100%	☐
ool Upright Bass 16	120	C	8	100%	☐
ool Upright Bass 14	120	C	8	100%	☐
ool Upright Bass 12	120	C	16	100%	☐
ool Upright Bass 11	120	C	8	100%	☐
ool Upright Bass 08	120	C	8	100%	☐
ool Upright Bass 07	120	C	8	100%	☐
ool Upright Bass 04	120	C	16	100%	☐
ool Upright Bass 03	120	C	16	100%	☐
ool Upright Bass 02	120	C	16	100%	☐

ⓗ Play in

- Song Key 옵션으로 선택되어 있을 때는, 프로젝트의 키에 맞추어 루프가 자동 변환되어 들려지게 됩니다.
- Original Key 옵션이 선택되어 있을 때는, 프로젝트의 키와 관계없이 루프가 가지고 있는 원래의 음원이 나오게 됩니다.

루프 브라우저 사용자화

루프 브라우저의 카테고리를 변경해서 편리하게 사용할 수 있습니다. 기존의 카테고리 중 바꾸고자 하는 카테고리를 우클릭한 후 Genre(장르), Instruments(악기), Descriptors(느낌, 주제)에 따라 나뉘어져 있는 카테고리 중 하나를 선택하면 됩니다.

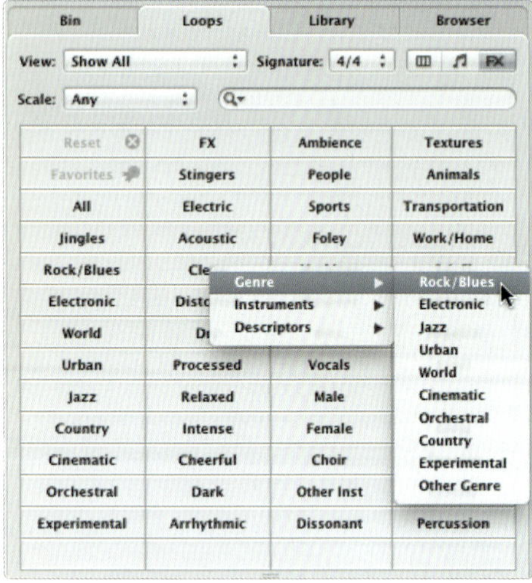

3. 애플 루프 불러오기

01 뮤직뷰 상태에서 'Acoustic', 'Beats'를 선택하고 초록색 미디 루프를 선택해서 들어봅니다. 맘에 드는 루프를 어레인지 편집창의 빈 곳으로 드래그해봅니다.

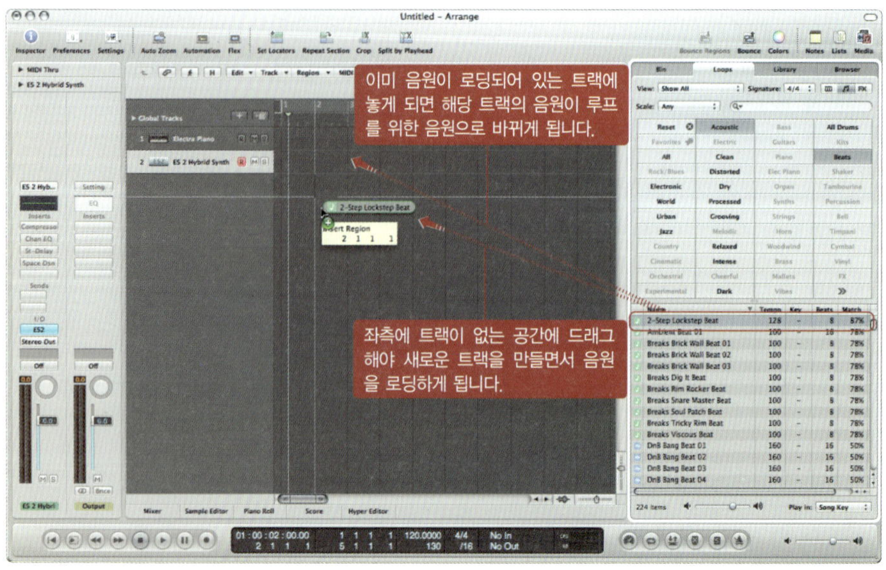

02 새로운 트랙이 생기면서 초록색 루프가 리전이 되어 나타나는 것을 확인할 수 있습니다.

03 마찬가지 방법으로 푸른색 오디오 루프를 선택해서 어레인지 편집창의 빈 곳에 놓아봅니다.

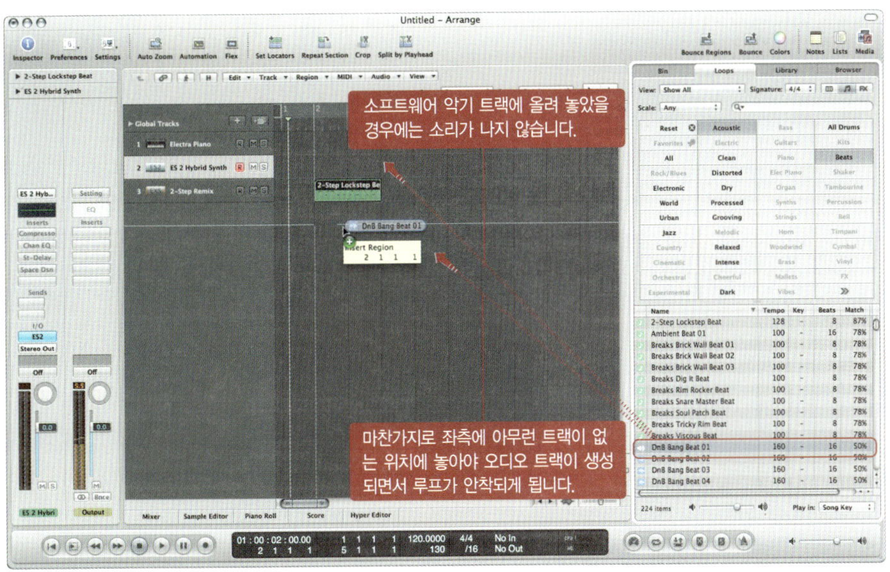

04 새로운 트랙이 생기면서 파란색 루프가 리전이 되어 나타나는 것을 확인할 수 있습니다.

05 플레이헤드를 리전 앞부분에 가져다 놓고 `Space Bar` 키를 눌러 재생해봅니다.

06 트랜스포트바에서 프로젝트의 템포를 '90'으로 변경해봅니다.

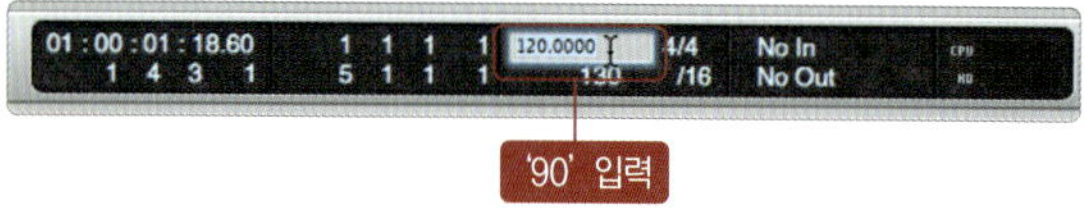

07 애플 루프는 프로젝트의 템포에 자동으로 맞추어지기 때문에, 다시 재생해보면 느려진 템포에 맞추어 루프가 느리게 재생되는 것을 확인할 수 있습니다.

프로젝트의 템포가 확실히 정해지기 전에 루프를 불러오면 루프가 가지고 있는 템포를 프로젝트에 적용할지를 묻는 팝업창이 나타납니다. 이때 'Yes'를 선택하면 프로젝트의 템포가 루프가 가지고 있는 템포로 바뀌게 됩니다.

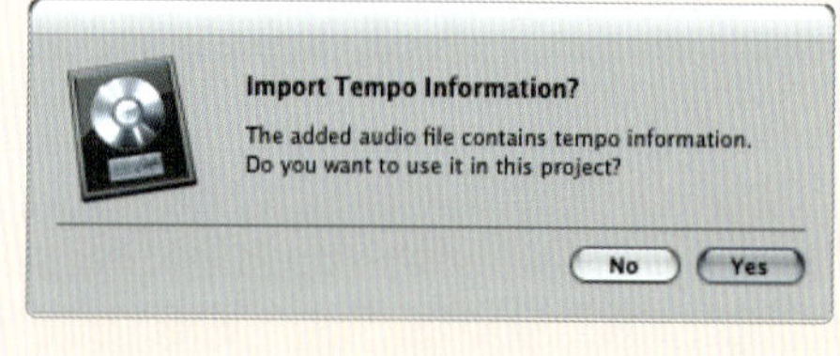

기초적인 리전 편집
(Edit Region)

CHAPTER 05

1. 리전을 루프시키기

예제 파일 : 02 RegionEdit – 02 RegionEdit

이전까지 사용하던 프로젝트를 닫고, 샘플CD의 '02 RegionEdit' 를 열어보겠습니다. 가급적이면 CD에 있는 폴더를 통째로 본인의 하드디스크에 복사시킨 뒤에 하드디스크에 있는 프로젝트 파일을 여는 것이 안정성을 위해 좋습니다. 샘플 프로젝트는 로직에 있는 루프만을 가지고 간단하게 만들어진 것이니 본인이 원하는 루프로 바꾸거나, 더해가면서 음악을 만들어가는 재미를 느껴보는 것도 좋습니다.

01 상단 메뉴바에서 **File 〉 Open** (단축키 `Command` + `O`)을 선택하여 프로젝트 파일을 엽니다.

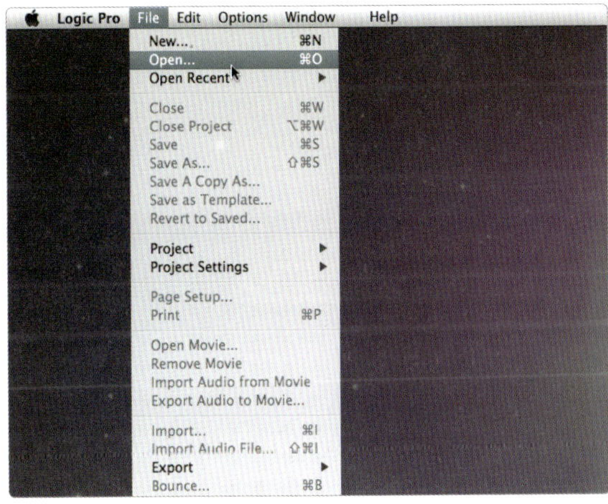

02 '02 RegionEdit' 파일을 선택하고 [Open] 버튼을 클릭합니다. 파일을 더블클릭해도 똑같이 실행할 수 있습니다.

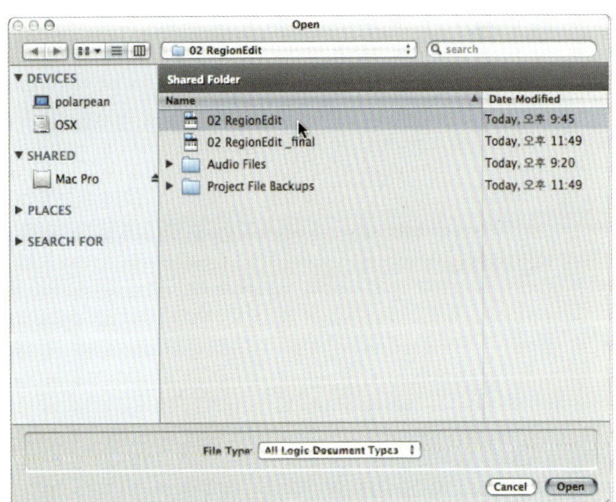

03 `Space Bar` 키를 눌러 재생을 시작해봅니다. 테크노 비트가 한 번 나오고 한참 뒤에 다른 소리들이 산발적으로 나오는 것을 확인할 수 있습니다.

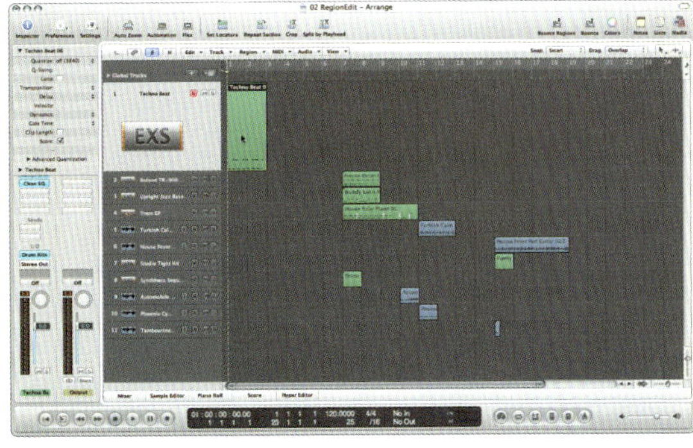

04 'Techno Beat' 리전을 선택한 후, L 키를 실행해봅
니다. 시스템의 입력 소스가 한글로 되어 있으면 단축키가
실행되지 않기 때문에 영문으로 바꾼 뒤 실행합니다. 리전
이 옅은 어두운 색깔로 늘어나게 됩니다. 재생해보면 테크
노 비트가 반복되는 것을 확인할 수 있습니다. 편집하다가
실수했을 때는 언제나 Command + Z 키로 실행을 취소할
수 있습니다.

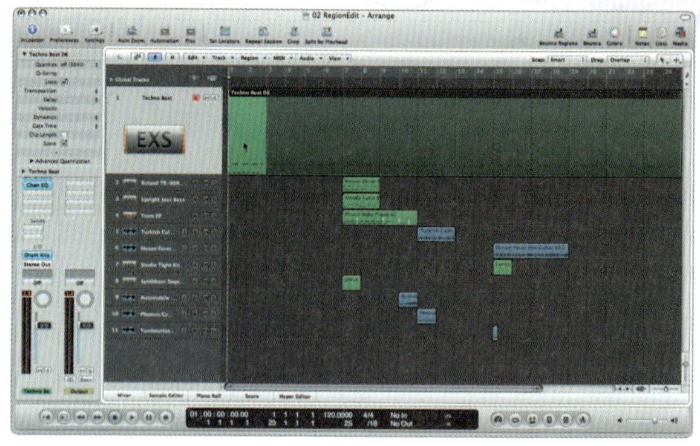

* 프로젝트의 끝은 룰러의 흰색 상자로서 지정되어 있습니다. 리전의 루프는 프로젝트 끝까지 반복되기 때문에 흰색 상자
까지만 생성됩니다.

* 프로젝트의 영역은 레코딩을 하거나 리전을 움직이면
자동으로 늘어나지만, 흰색 상자를 드래그해서 넓힐 수
도 있습니다.

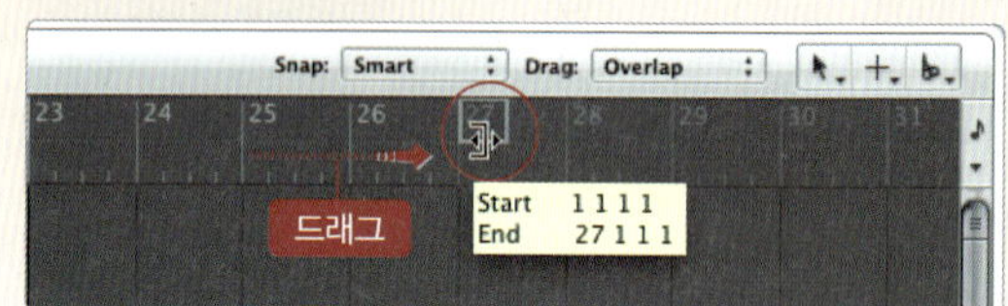

05 23번 마디 밑에 리전의 위쪽에 마우스를 가져다 놓으면 그림처럼 포인터 모양( )이 바뀝니다. 포인터가 그림처럼 됐
을 때 클릭하면 루프가 잘려나갑니다.

리전의 우측 상단 끝부분에 마우스를 올려놓고 그림처럼 포인터 모양(|ဂ)이 바뀌었을 때 좌우로 드래그해서 루프의 길이를 조절할 수도 있습니다. 정확하게 자르지 못했다면 루프의 끝을 드래그해서 루프의 길이를 조절할 수 있습니다.

06 아래의 'House Drum' 리전을 이동시켜보겠습니다. 트랙 이름(Roland TR-909)을 먼저 클릭해 자동으로 확대(Auto Track Zoom)되게 해놓은 상태에서, 리전을 잡고 왼쪽으로 드래그해서 시작 부분을 그림처럼 3번 마디 시작 부분에 가져다 놓습니다.

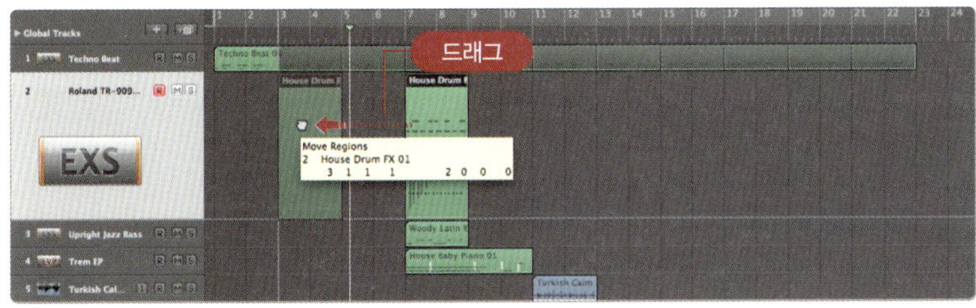

07 해당 리전이 선택된 상태에서 L 키로 루프를 시킨 다음 마찬가지로 23번 마디 시작 부분에서 끝나도록 조절해봅니다.

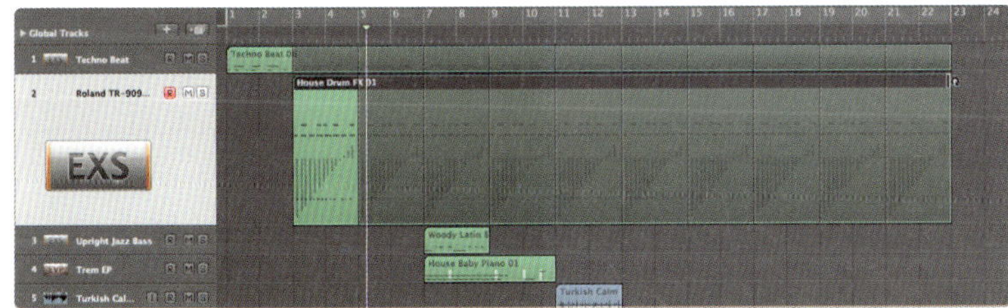

08 아래의 'Woody Latin Bass' 리전부터 아래의 다섯 개의 리전을 그림처럼 모두 드래그해서 선택해봅니다. 앞에서도 언급했지만 리전을 편집할 때 해당 트랙의 이름을 먼저 클릭하면 오토트랙줌 기능(, 단축키 Control + Z)에 의해 그림처럼 트랙이 확대되므로 편집하기가 용이합니다.

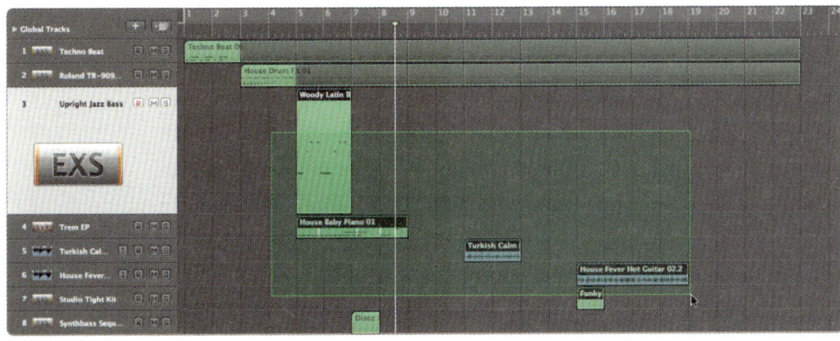

09 리전이 모두 선택되어 있는 상태에서 ⨆ 키로 루프시켜 봅니다. 여러 개의 리전이 한꺼번에 루프되는 것을 확인할 수 있습니다.

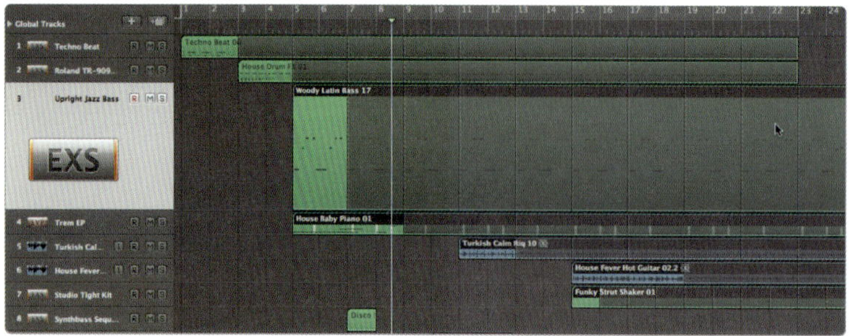

10 그림처럼 리전이 모두 선택되어 있는 상태에서 가장 위에 있는 리전을 23번 마디 시작 부분에서 루프를 중지시키면 선택되어 있는 다른 리전들도 모두 동일하게 조절됩니다.

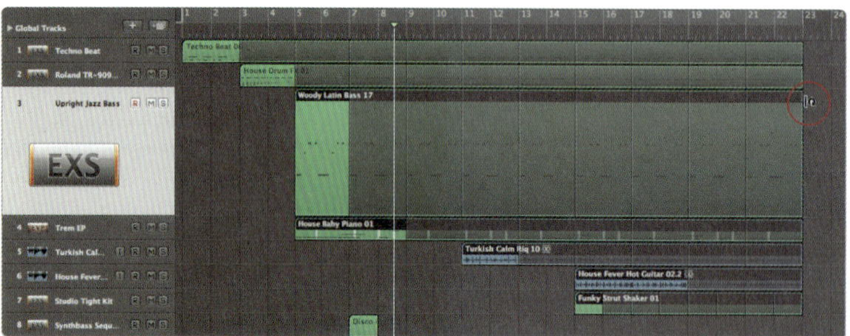

2. 리전을 이동, 복사, 편집하기

01 아래의 'Disco Pick Bass' 리전을 이동시켜보겠습니다. 'Synthbass' 트랙을 선택해서 확대시킨 후, 리전을 드래그해서 3번 마디 시작 부분으로 가지고 옵니다.

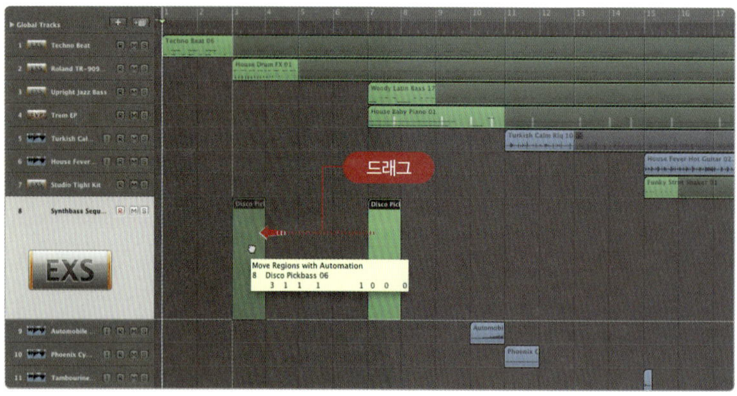

02 Option 키를 누른 채로 드래그해서 5번 마디 시작 부분에 가져다 놓으면 복사가 됩니다.

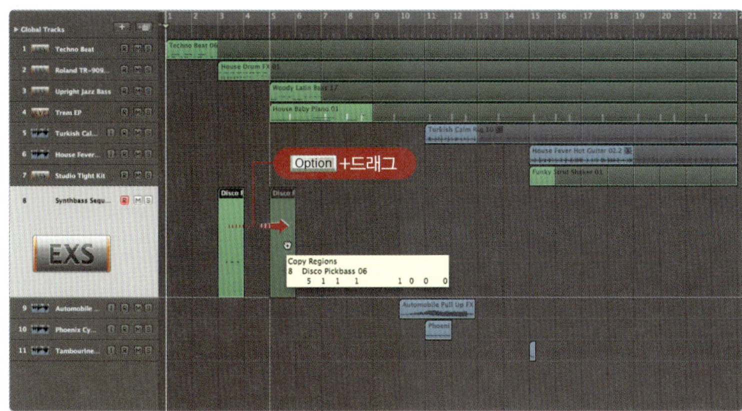

03 복사된 두 개의 리전을 선택합니다.

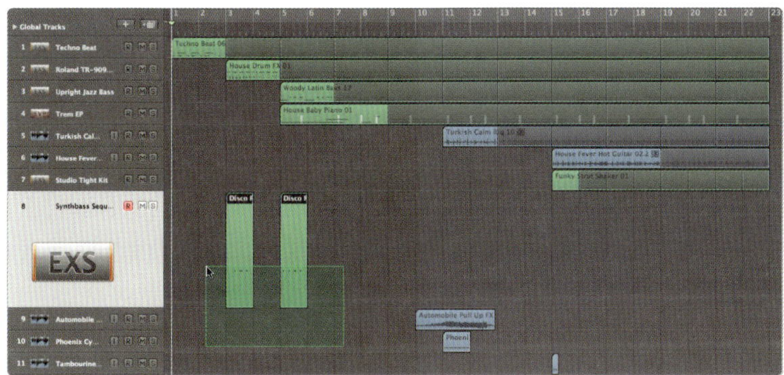

04 방금처럼 Option 키를 누른 채로 7번 미디 시작 부분에 가져다 놓습니다. 한 번에 두 개의 리전이 카피되는 것을 확인할 수 있습니다.

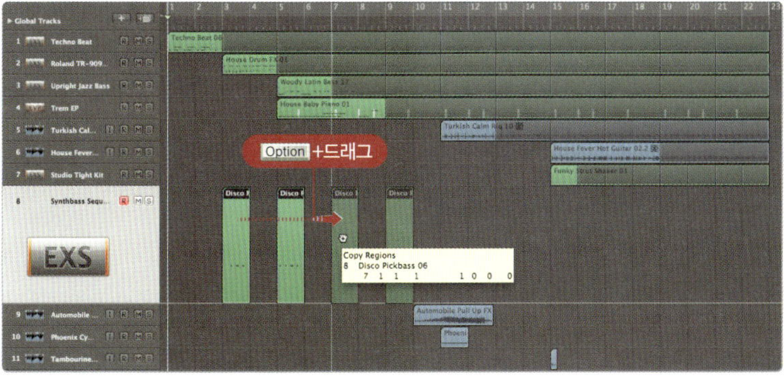

05 같은 방법으로 네 개씩, 혹은 두 개씩 복사해서 그림처럼 21번 마디 첫 번째까지 리전을 배열해봅니다.

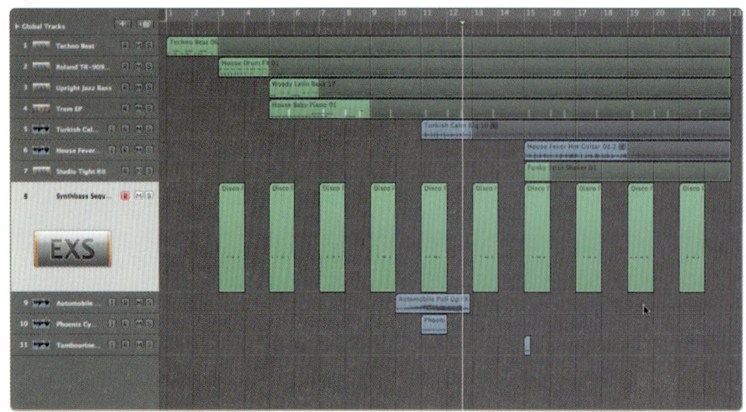

06 위의 'Woody Latin Bass' 리전과 'House Baby Piano' 리전을 뒤로 미뤄보겠습니다. 이번에는 베이스 리전을 클릭하고, Shift 키를 누른 상태로 피아노 리전을 클릭해서 복수 선택을 실행해보겠습니다.

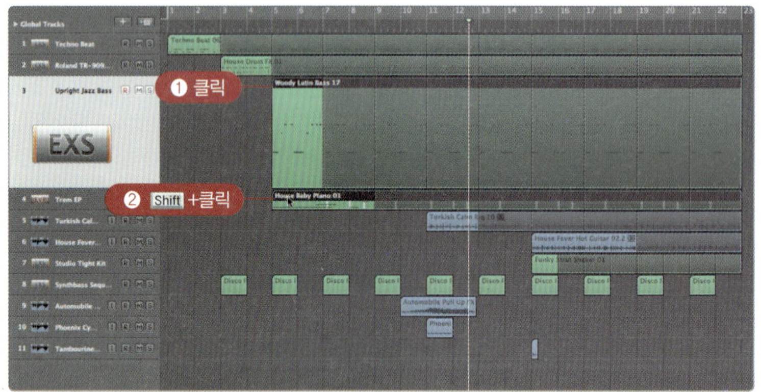

07 두 개의 리전을 7번 마디 시작 부분까지 드래그해서 뒤로 이동시킵니다.

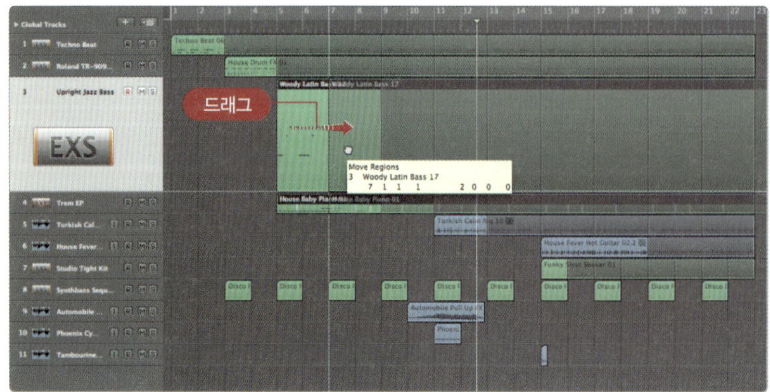

08 이렇게 루프가 생성되어 있는 상태에서 리전을 움직이게 되면 루프까지 같이 움직이게 됩니다. 다시 23번 마디 시작 부분에 맞추어 두 리전의 루프를 잘라냅니다.

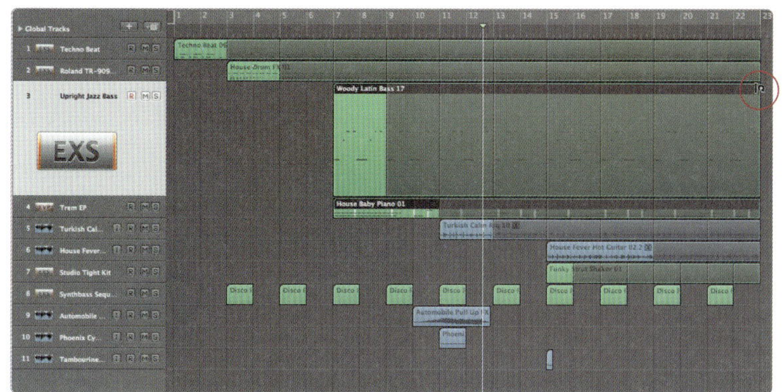

09 'Automobile Pull Up FX 02' 트랙을 선택하고, Control + Option 키를 누른 채로 확대하고 싶은 영역을 드래그해서 해당 리전이 잘 보이도록 만들어봅니다.

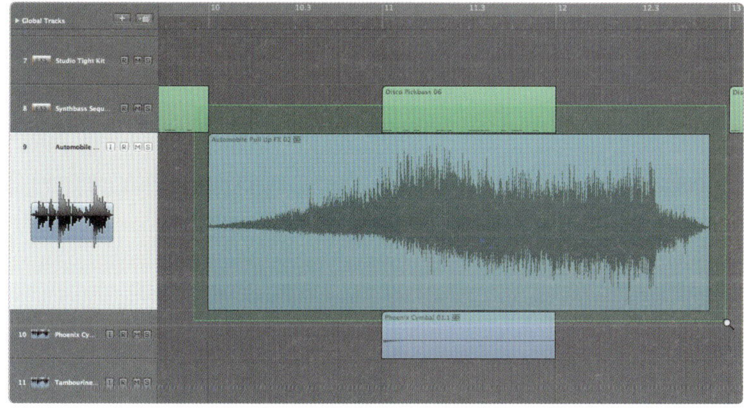

10 리전의 우측 하단 부분을 클릭하면 그림과 같이 포인터의 모양( )이 바뀌게 됩니다.

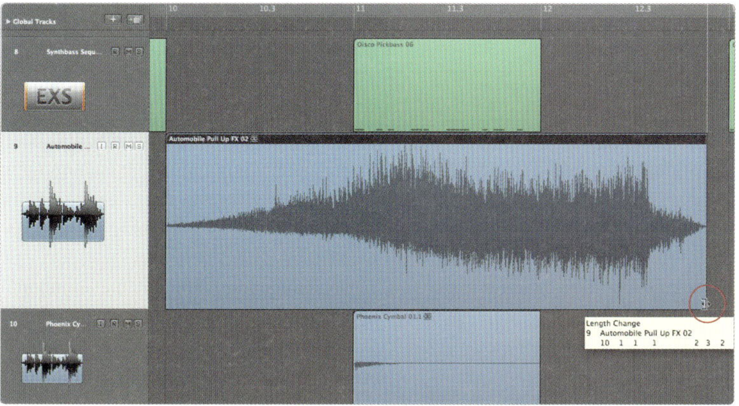

11 포인터 모양이 바뀐 것을 확인하고 우측 하단을 드래그해서 리전의 길이를 조절, 11번 마디 시작 부분까지 줄여봅니다.

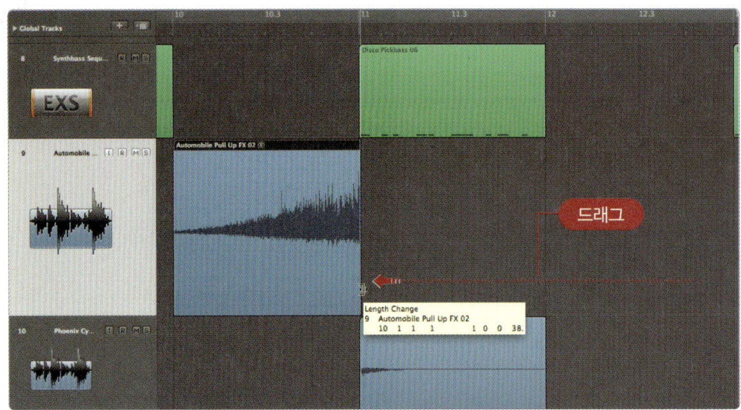

12 Z 키를 실행하여 사용하던 화면 보기로 넘어갑니다.

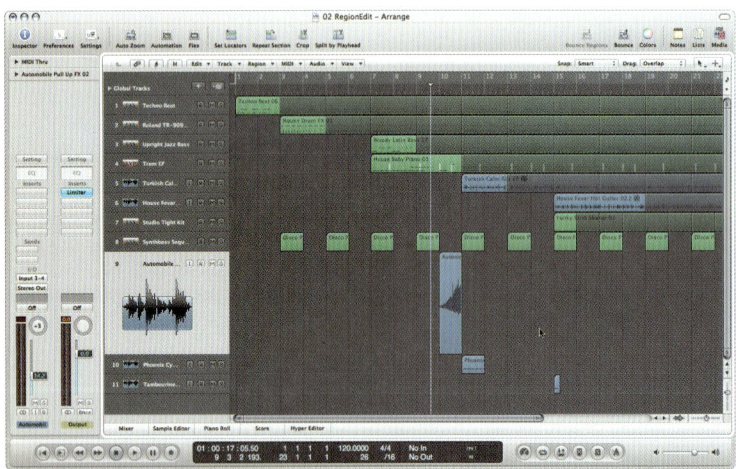

13 위의 방법과 같이 Option 키를 누른 채로 드래그해서 리전을 복사합니다.

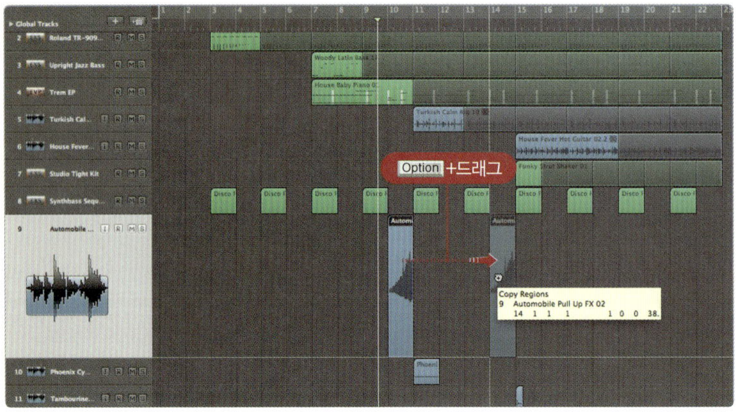

14 네 마디 단위로 복사해서 그림처럼 리전을 배치해봅니다.

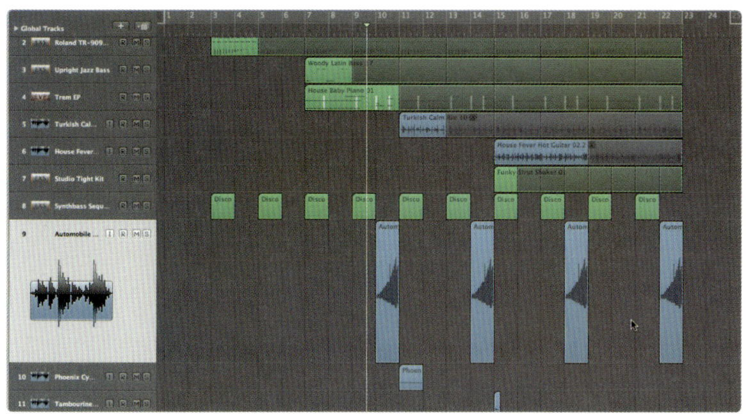

15 아래의 'Phoenix Cymbal 01' 트랙을 선택하고, 그림처럼 리전을 복사해서 배치해봅니다.

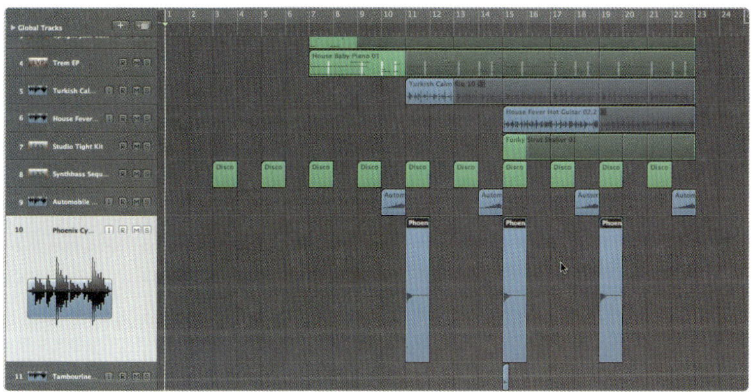

16 트랙 중 가장 밑에 있는 탬버린(Tambourine) 트랙을 선택하고, 프로젝트를 좌우로 확대(단축키 Control + Option + >, <)해서 리전을 확대해봅니다.

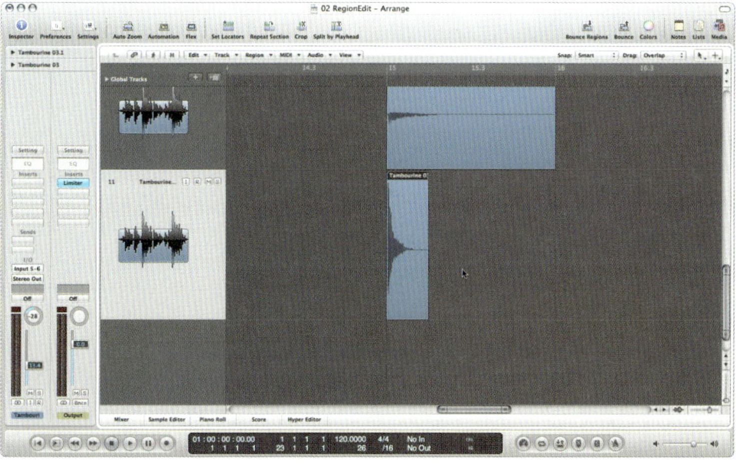

17 리전을 드래그해서 15번 마디 4번째 박에 가져다 놓습니다.

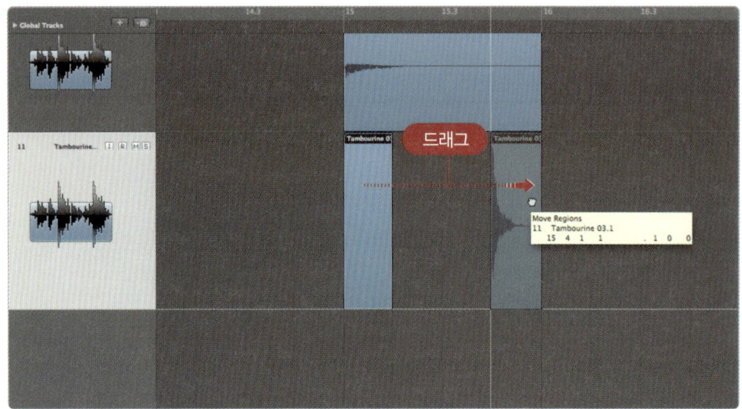

18 마찬가지로 16번, 17번 마디의 4번째 박자에 복사해봅니다.

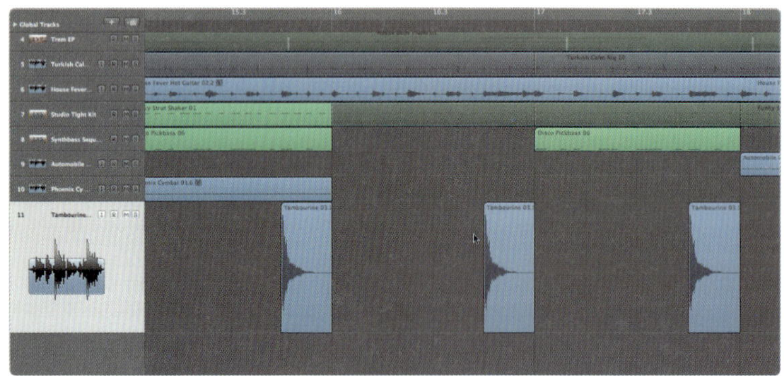

19 그림처럼 22번 마디 4번째 박까지 계속해서 복사해봅니다.

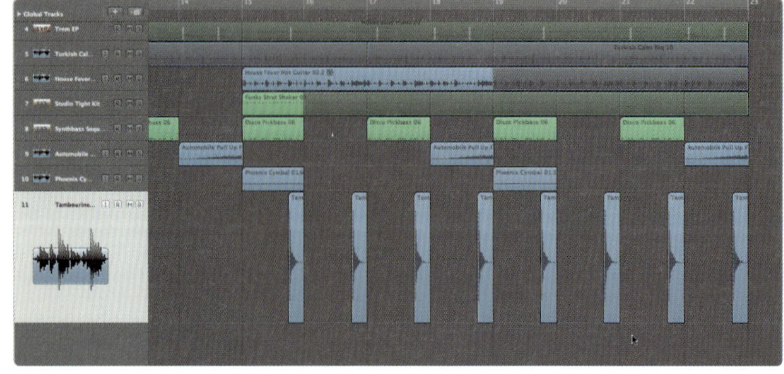

20 Ⓘ 키로 인스펙터창을 닫고 어레인지 편집창의 빈 공간을 클릭해서, 아무런 리전도 선택되지 않게 만든 다음 Ⓩ 키를 실행하면 리전이 배열되어 있는 상태를 좀 더 넓은 화면으로 볼 수 있습니다.

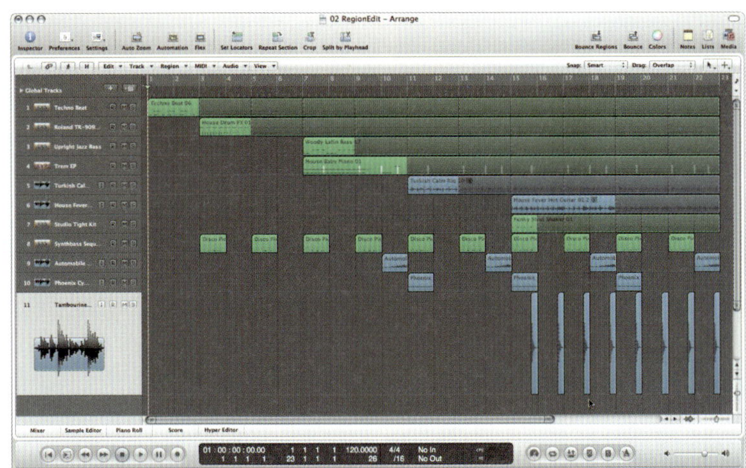

21 Return 키를 눌러 프로젝트 제일 앞부분으로 플레이헤드를 옮기고, Space Bar 키를 눌러 재생을 시작해봅니다. 로직에 들어있는 루프로만으로 만들어진 단순하고 흥미로운 음악이 완성되었습니다. 본인이 원하는 소스를 더 넣고 빼가면서 작업을 계속해보기 바랍니다. 샘플CD 프로젝트 폴더를 하드디스크에 옮긴 후 열어서 작업했다면 Command + S 로 작업한 프로젝트를 저장할 수 있습니다.

그림처럼 루프를 모두 편집한 상태는 같은 폴더에 '02 RegionEdit _final' 이름으로 저장해 놓았습니다.

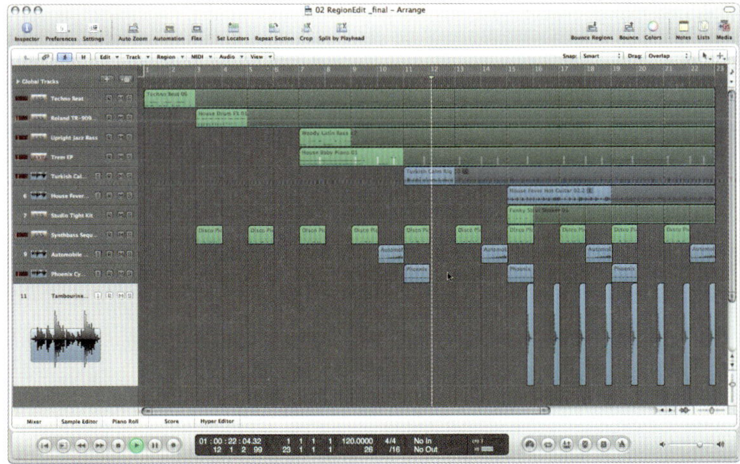

미디 레코딩과 편집

Chapter 1. 미디 레코딩 (Recording MIDI)
Chapter 2. 피아노롤 (Piano Roll)
Chapter 3. 인스펙터창의 활용 (Inspector)
Chapter 4. 미디 레코딩 옵션 (Recording Options)
Chapter 5. 그 밖의 미디 입력과 편집

프로젝트를 만들고 악기를 로딩하거나 루프를 불러오는 기본적인 방법을 익혀보았습니다.
여기서는 트랙에 직접 미디를 레코딩하고 편집하는 방법에 대해 배워보겠습니다.

CHAPTER 01 미디 레코딩 (Recording MIDI)

1. 미디(MIDI)란

'미디(MIDI – Musical Instrument Digital Interface)'란 전자음악을 위한 규격으로서, 1983년에 만들어졌습니다. 현재 우리가 사용하고 있는 로직과 같이 컴퓨터를 이용해 가상 악기를 실행시키거나, 외부 미디 악기를 제어하는 등 전자음악을 만들 때 필수불가결한 개념이라 할 수 있습니다.

미디 신호는 음표의 세기(Velocity), 길이(Length), 피치밴드(Pitchband), 모듈레이션(Modulation), 익스프레션(Expression) 등 다양한 컨트롤 값을 가지고 있을 뿐, 직접적인 오디오 신호를 가지고 있는 것은 아닙니다. 예를 들어 로직에서 피아노 소프트웨어 악기를 로딩해 키보드로 피아노 소리를 들으면서 레코딩을 했을 때, 컴퓨터에 피아노 소리가 직접 녹음되는 것이 아니라 연주한 키보드의 음들과 그 음들의 세기, 페달을 밟고 띠었던 타이밍 등의 정보만 기록이 되는 것입니다. 이렇게 녹음된 리전을 재생하면 리전에 기록되어 있는 미디 신호들이 로딩되어 있는 소프트웨어 악기를 이용해 피아노 소리를 다시 내어주는 것입니다. 사람 없이 연주되는 자동 피아노를 연상하면 조금 이해가 빠를 수도 있겠습니다. 자동 피아노를 연주시키기 위해 필요한 정보들이 미디 신호에 담겨 있다고 생각하면 됩니다.

2. 처녀 레코딩

로직을 실행하고 처음으로 레코딩을 해보겠습니다. 설레는 마음으로 새로운 프로젝트를 만들어봅니다.

01 로직을 실행한 후, 상단 메뉴바에서 **File 〉 New...** 를 선택하거나 단축키 `Command` + `N` 를 눌러 새로운 프로젝트를 만듭니다. 프로젝트 템플릿 선택창에서 'Empty Project'를 선택합니다.

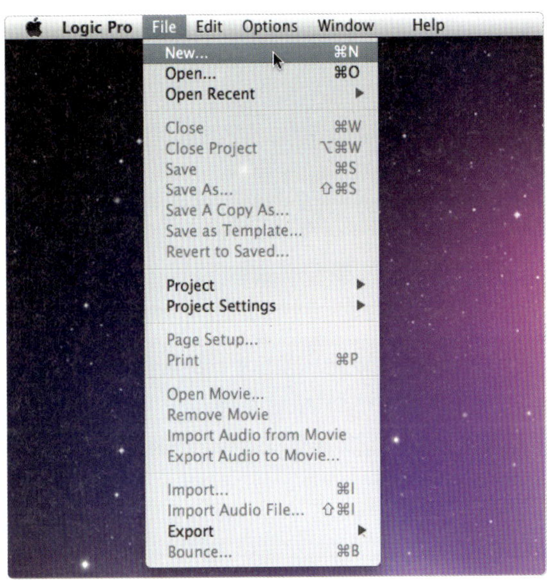
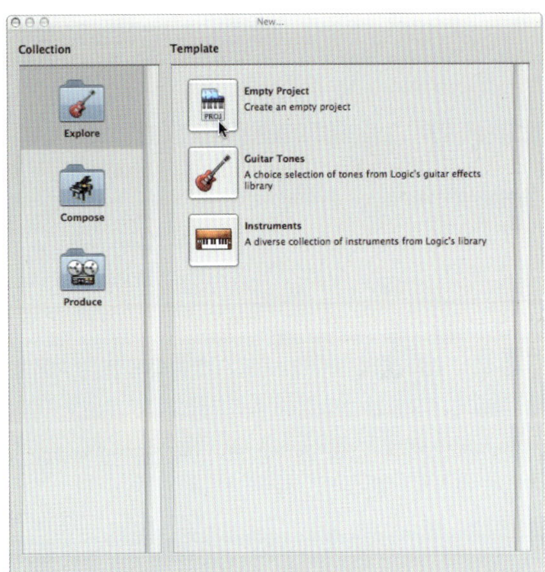

다른 프로젝트를 실행하고 있었던 경우에는 사용하던 프로젝트를 닫을 것인가를 묻는 팝업창이 나타납니다. [Close] 버튼을 클릭해서 사용하던 프로젝트를 닫습니다.

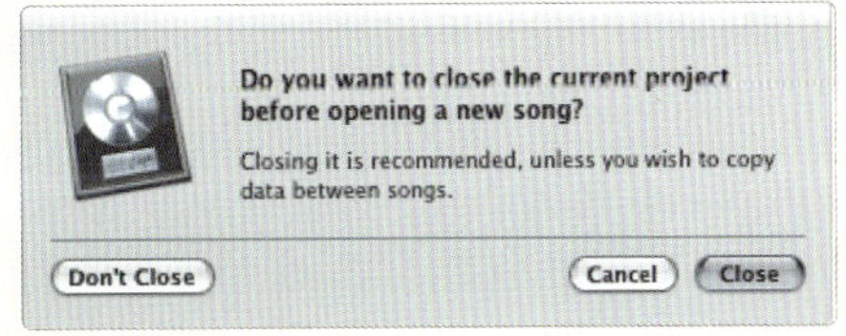

사용하던 프로젝트를 저장할 것인가를 묻는 팝업창이 나타납니다. 저장하고자 하는 경우에는 'Save', 저장을 원하지 않는 경우에는 'Don't Save'를 실행합니다.

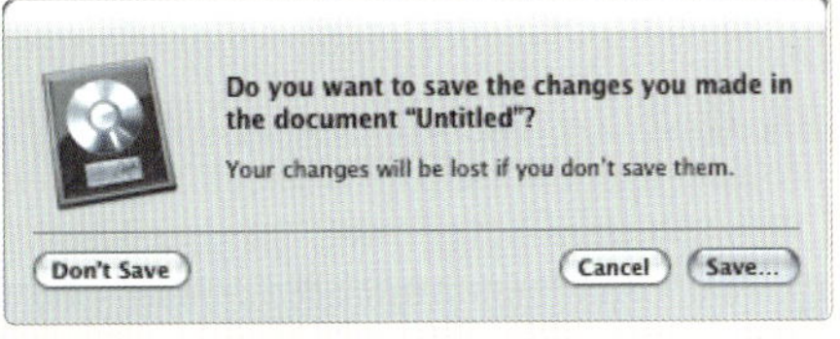

02 'Software Instrument'를 선택하고, [Create] 버튼을 클릭합니다.

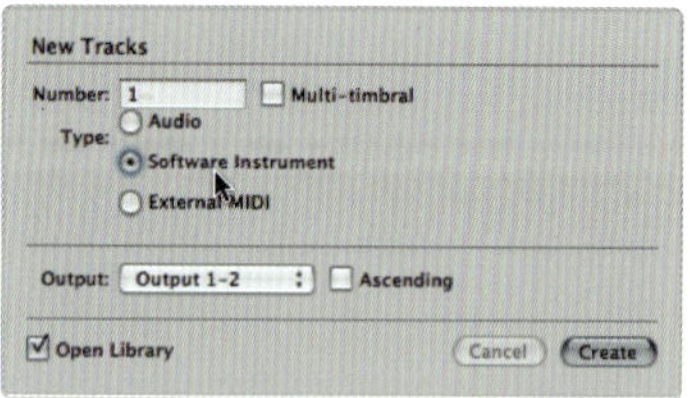

03 라이브러리창에서 **02 Acoustic Pianos 〉 Steinway Piano Hall**을 선택합니다.

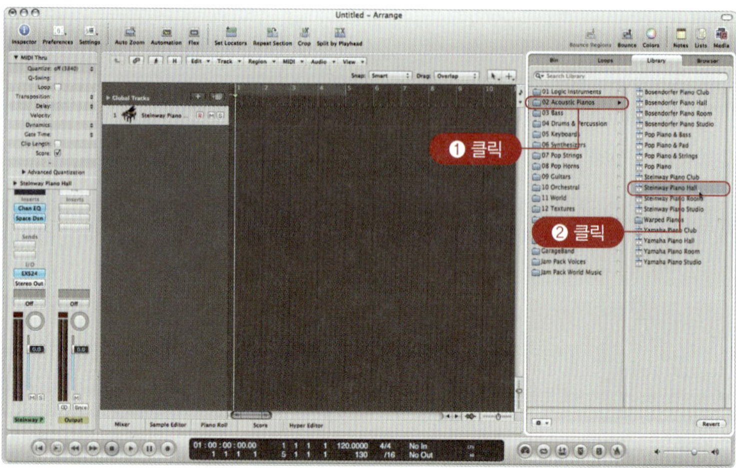

04 외장 미디 입력 도구(키보드)가 연결되어 있는 사용자는 자신의 키보드를 눌러서 소리를 내봅니다. 본인의 미디 입력 도구가 제대로 신호를 보내고 있는가는 트랙 아이콘 좌측의 게이지가 들어오는 것을 통해 알 수 있습니다.

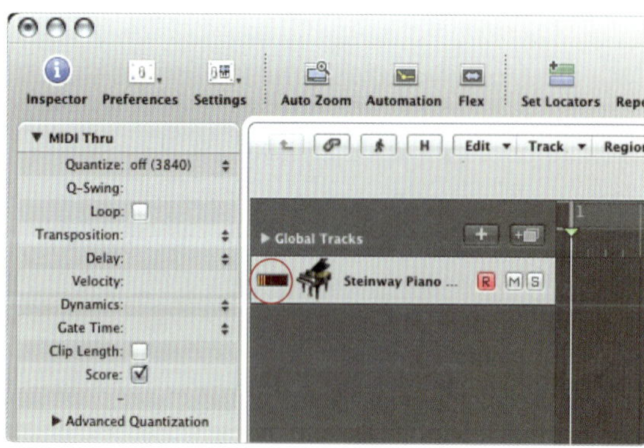

05 소프트웨어 악기에서 소리가 제대로 출력되고 있는가는 좌측의 인스펙터창의 게이지를 통해 알 수 있습니다. 인스펙터창에서는 게이지가 올라오는데 하드웨어에서 소리가 나지 않는다면 시스템 볼륨을 체크해보는 것이 좋습니다.

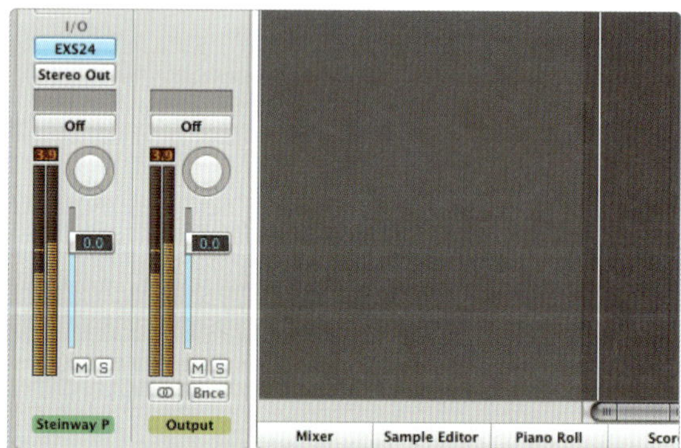

06 플레이헤드가 프로젝트 제일 앞부분에 있는 것을 확인하고(아닐 때는 Return 키 실행), 트랜스포트바의 ●(레코딩 버튼) 혹은 단축키 R 로 레코딩을 실행해봅니다. 트랜스포트바의 재생 버튼과 레코딩 버튼이 활성화되고, 룰러가 붉은색으로 변하면서 레코딩이 시작됩니다.

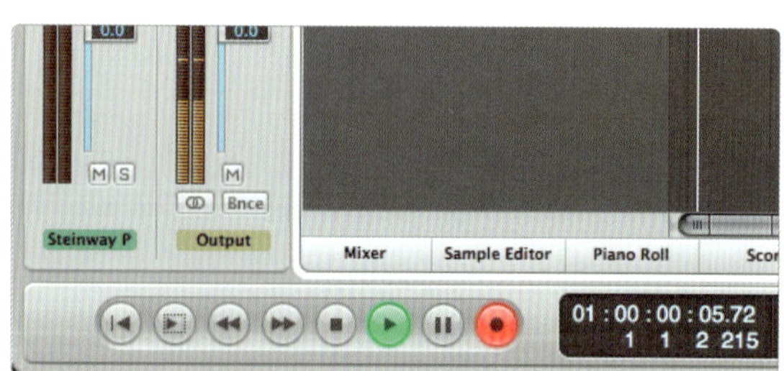

07 룰러가 붉은 색으로 변한 후, 메트로놈 소리가 네 번 들리고 나서야 플레이헤드가 보이기 시작하는 것을 알 수 있습니다. 이렇게 한 마디 이전으로 플레이헤드가 자동으로 움직이며, 예비박을 주고 나서야 레코딩이 시작됩니다.

* 예비박은 레코딩 버튼(◉)을 **우클릭** 〉 Recording Settings..한 후 General의 When Beginning에서 변경할 수 있습니다.

* 'Count-in' 의 값을 'None' 으로 선택하면 예비박 없이 플레이헤드부터 바로 레코딩이 시작됩니다. 기본 설정되어 있는 1Bar는 예비박이 한 마디, 2Bar는 두 마디와 같은 방식으로 조절됩니다.

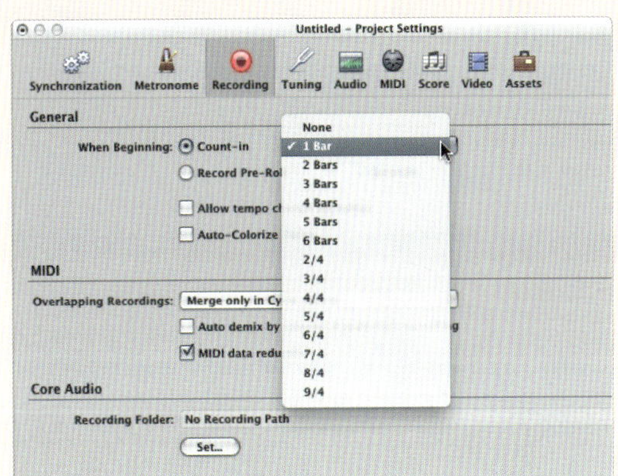

* 'Count-in' 대신 'Record Pre-Roll'을 선택하면 초 (Seconds) 단위로 예비박을 설정할 수 있습니다.

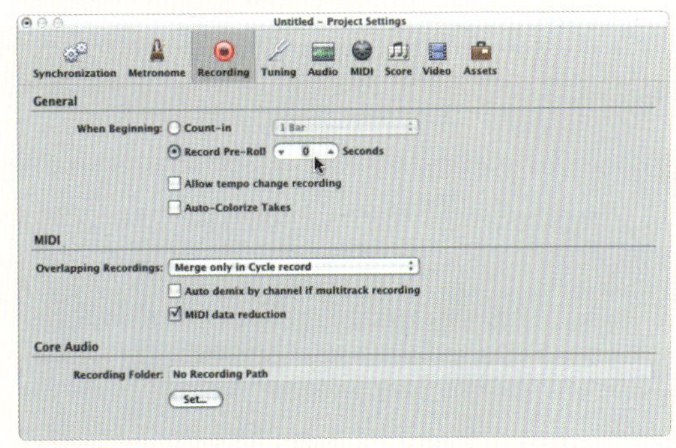

08 Space Bar 키를 눌러 레코딩을 중지합니다. 키보드를 연주하지 않았기 때문에 어레인지 편집창에 아무런 변화가 없는 것을 확인할 수 있습니다.

09 다시 플레이헤드를 프로젝트의 앞부분에 가져다 놓고 (단축키 Return) 레코딩 버튼(●) 혹은 단축키 R 키를 눌러 레코딩을 시작해봅니다. 이번에는 레코딩 실행 후에 키보드를 연주해보겠습니다.

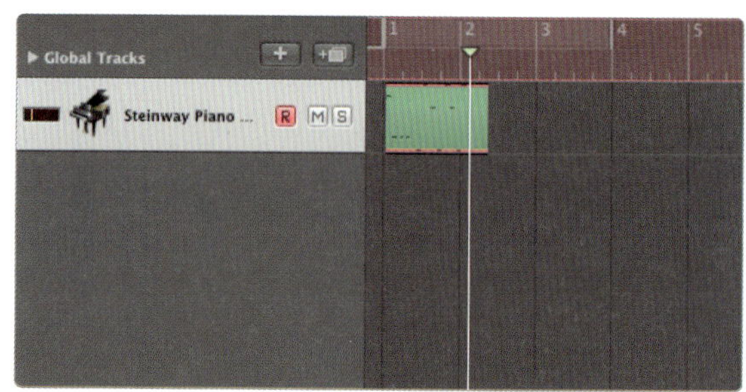

10 Space Bar 키를 눌러 레코딩을 중지합니다. 초록색 미디 리전이 생성되는 것을 확인할 수 있습니다.

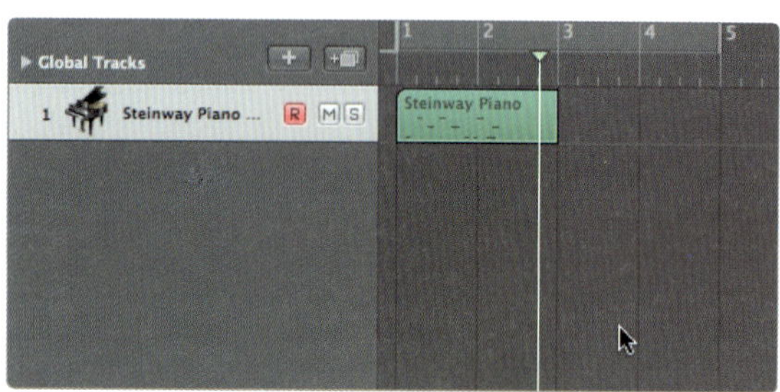

11 Control + Z 키로 오토트랙줌 기능을 활성화시켜 트랙을 확대해봅니다. 초록색 리전 안에 점자처럼 찍혀 있는 것이 방금 연주한 음표들입니다. 앞으로 이를 '미디 노트 (Midi Note)'라 부르겠습니다.

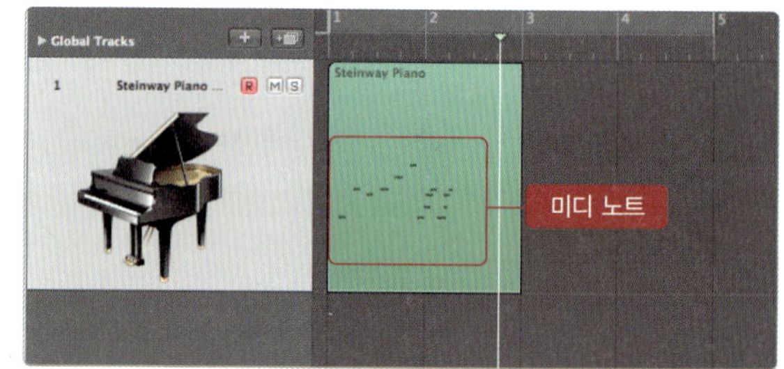

12 Command + Z 키로 레코딩을 취소해보겠습니다. 방금 레코딩한 미디 리전이 없어지는 것을 확인할 수 있습니다. 이런 방법으로 몇 단계씩 실행과정을 뒤로 돌릴 수 있습니다.

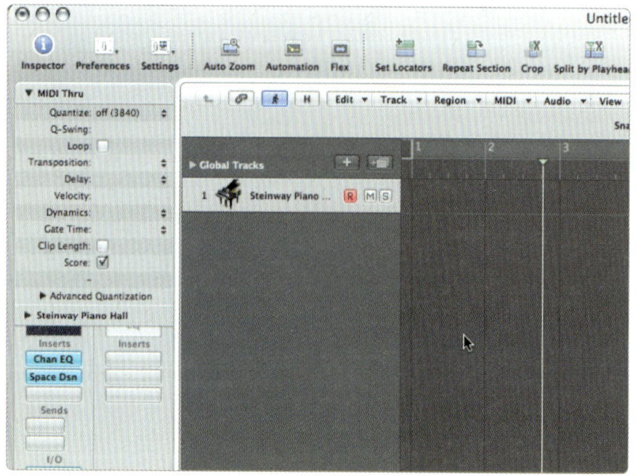

13 Edit 메뉴를 보면 Undo Recording(Command + Z), Redo Recording(Shift + Command + Z)이 있습니다. Shift + Command + Z 키로 실행 취소했던 레코딩을 다시 실행시켜보겠습니다.

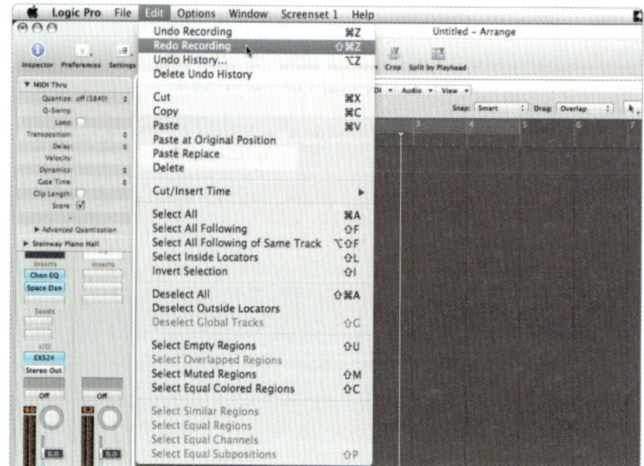

14 레코딩했던 리전이 다시 생겨나는 것을 확인할 수 있습니다. 이와 같은 방법으로 실행했던 내역을 취소하고, 다시 실행할 수 있으니 실수를 두려워하지 말고 과감하게 이런 저런 기능들을 도전해보도록 하겠습니다.

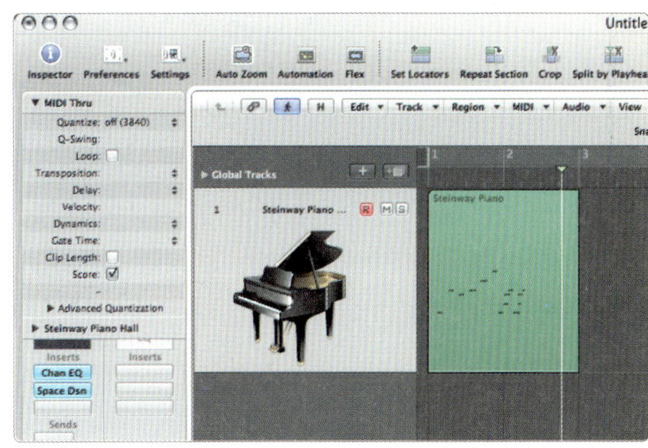

리전을 지우고 싶을 때는 리전을 선택하고 Delete 키를 누르면 됩니다.

15 이번에는 플레이헤드를 10번 마디에 가져다 놓고 레코딩을 해보겠습니다. 단축키 ⟨ , ⟩ 를 이용하면 간단하게 움직일 수 있습니다.

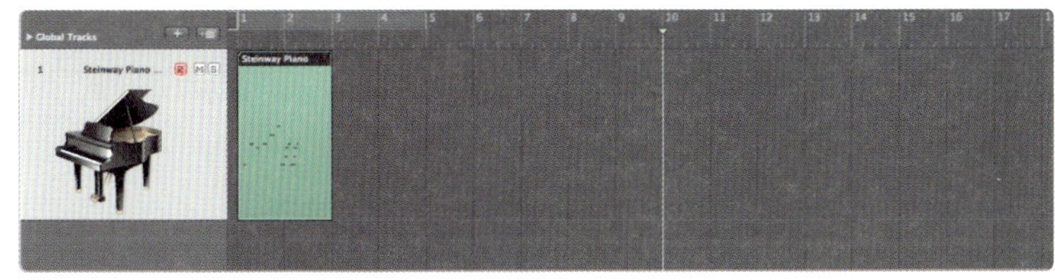

16 R 키로 레코딩을 시작하고 키보드를 연주한 다음, Space Bar 키로 레코딩을 중지합니다. 10번 마디에 플레이헤드를 놓고 레코딩을 시작했지만, 예비박이 1마디로 설정되어 있기 때문에 9번 마디부터 레코딩이 시작됩니다. 예비박이 진행되는 9번 마디에서 10번 마디까지도 미디 입력이 있을 경우에는 모두 레코딩됩니다. 이러한 방법으로 리전이 두 개 생성되는 것을 확인할 수 있습니다.

* 별도의 키보드가 없는 사용자는 Caps Lock 키를 이용하여 컴퓨터 키보드를 건반으로 활용해봅니다. Caps Lock 건반에 대해서는 [Part 04] – [Chapter 03 소프트웨어 악기 불러오기]에서 다루었습니다.

* Caps Lock 건반이 실행되어 있는 상태에서는 단축키 R 이 실행되지 않습니다, R 키로 레코딩을 먼저 실행하고 Caps Lock 키를 실행해야 합니다.

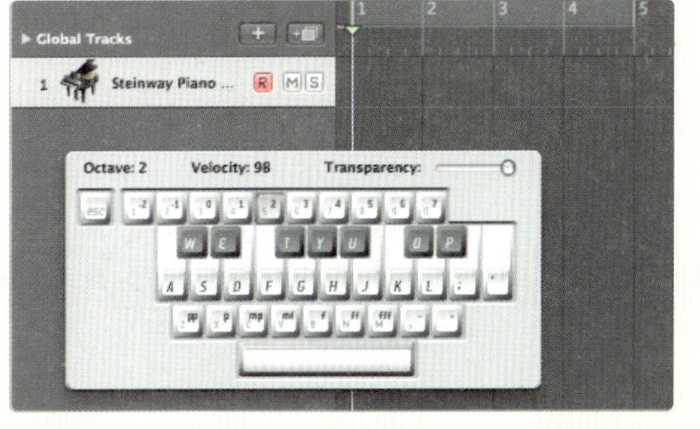

3. 메트로놈 설정

01 레코딩을 시작하면 트랜스포트바의 우측 메트로놈 버튼(🔔) 이 푸른색(🔔)으로 변하면서 자동으로 실행됩니다. 메트로놈 설정을 바꾸어보겠습니다. 메트로놈 버튼(🔔)을 우클릭합니다.

02 'Click While Recording' 기능이 체크되어 있습니다. 이 기능이 체크되어 있기 때문에 레코딩을 실행하면 자동으로 메트로놈 소리가 나오는 것입니다.(체크를 해제하면 레코딩할 때 메트로놈 소리가 나지 않습니다.) 'Click While Playing' 기능을 체크하면 프로젝트를 재생할 때에도 메트로놈 소리가 나오게 됩니다. 여기서는 'Metronome Settings..'를 선택합니다.

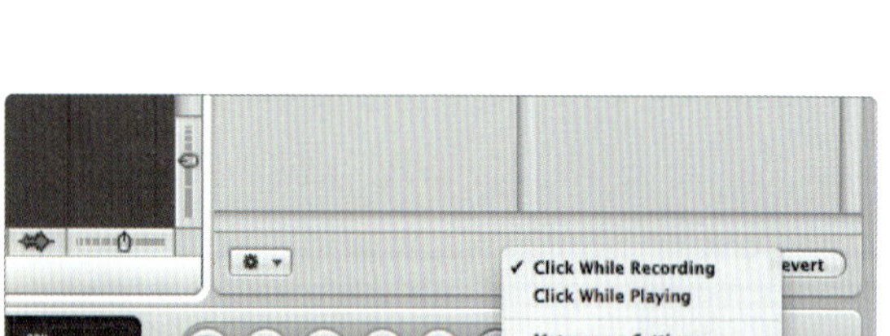

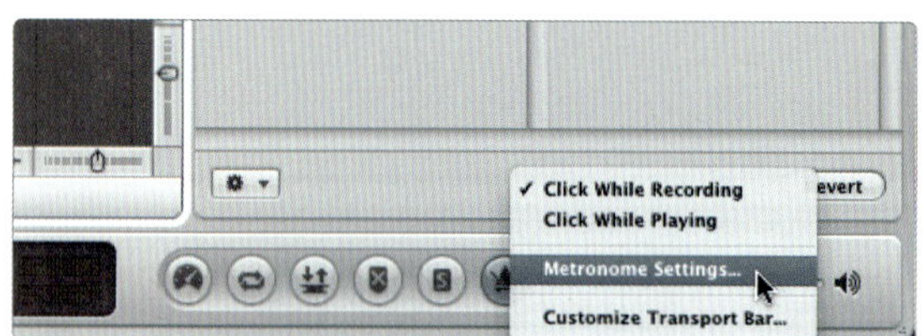

✱ 프로젝트를 재생하는 와중에 단축키 K를 눌러 메트로놈을 켜고 끌 수 있습니다. 재생 중에 메트로놈을 켜면 'Click While Playing' 옵션이 활성화되서 재생할 때마다 메트로놈 소리가 출력됩니다.

✱ 마찬가지로 레코딩을 실행하는 와중에도 단축키 K를 눌러 메트로놈을 켜고 끌 수 있습니다. 이때는 'Click While Recording' 옵션이 활성화되기 때문에 레코딩할 때의 메트로놈 재생 여부를 결정할 수 있습니다.

03 설정창이 나타나면 메크로놈의 세부 사항을 설정한 후, 좌측 상단의 닫기 버튼(●)을 클릭해서 창을 닫습니다.

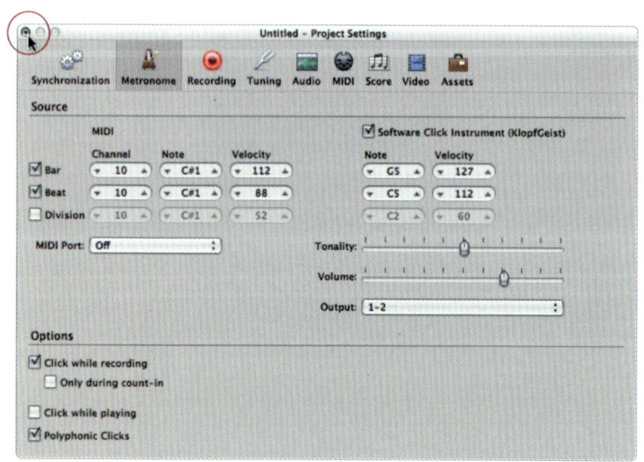

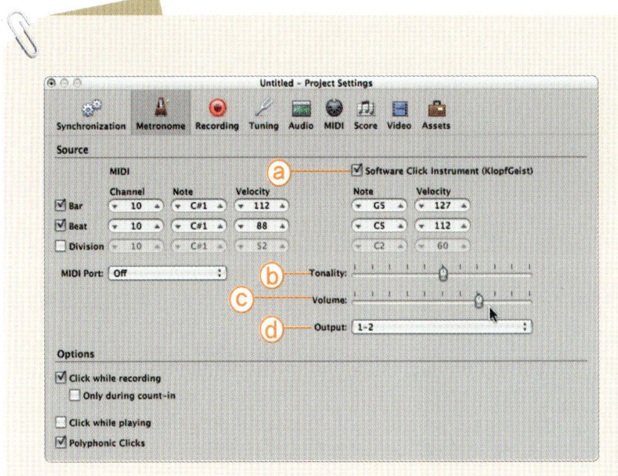

ⓐ 로직에서는 메트로놈 소리도 'KlopfGeist' 라는 소프트웨어 악기를 이용해서 나오고 출력됩니다. 이를 유용하게 활용할 수 있습니다.

ⓑ 메트로놈 소리의 음높이를 조절합니다.

ⓒ 메트로놈 소리의 볼륨을 조절할 수 있습니다. 자주 쓰이는 기능이니 눈여겨 봐두길 바랍니다.

ⓓ 메트로놈 소리가 나오는 아웃풋 채널입니다. 공연이나 레코딩할 때 로직 소스와 메트로놈 사운드를 멀티로 내보낼 때 유용합니다.

04 단축키 X 를 눌러 믹서창을 활성화시킵니다.

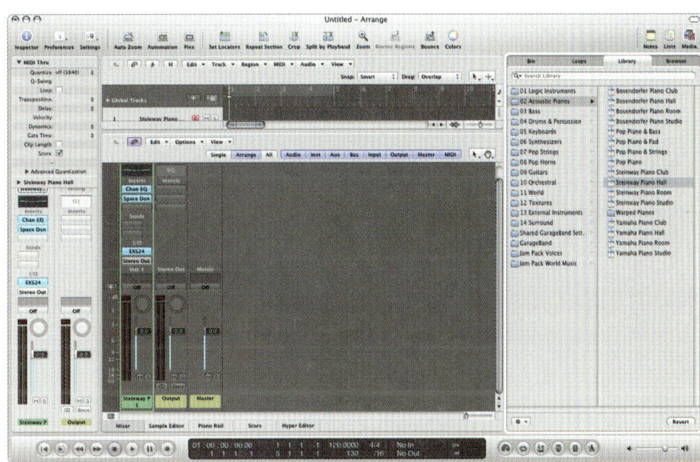

05 All 버튼을 클릭하면 보이지 않던 Click 채널 스트립이 나타납니다. 이 채널 스트립에서 메트로놈의 볼륨을 조절할 수 있습니다.

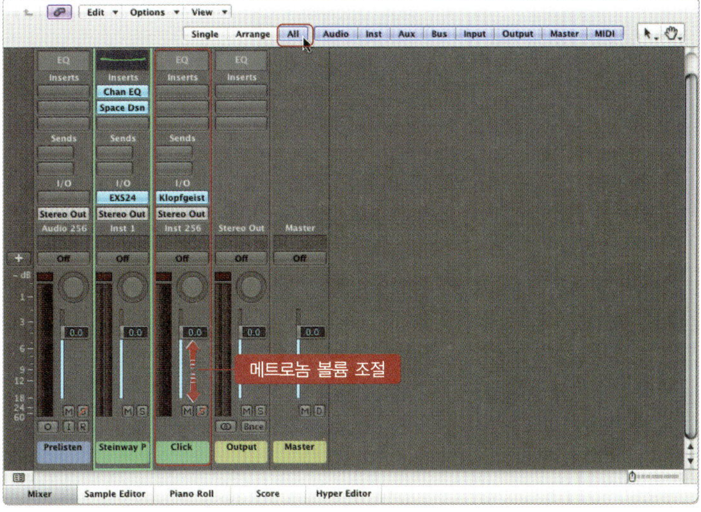

06 `Klopfgeist` 버튼을 더블클릭하면 메트로놈으로 사용되고 있는 소프트웨어 악기창이 나타납니다.

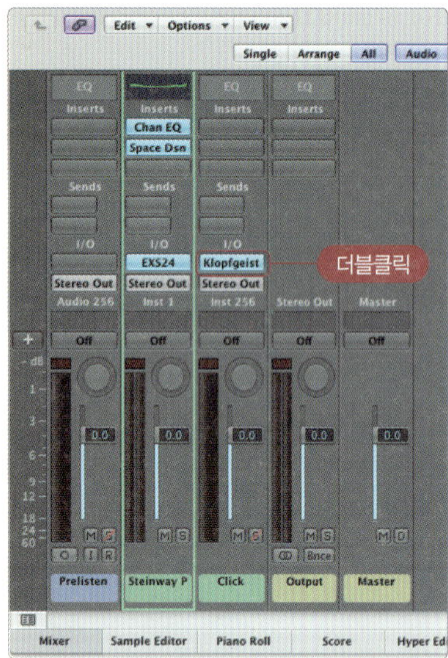

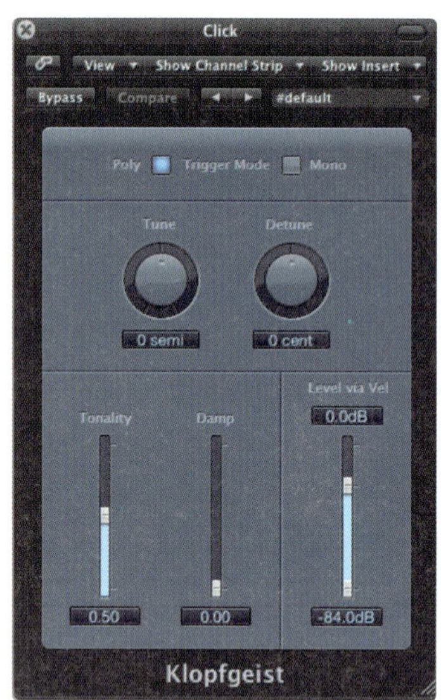

07 '#default' 라고 쓰여 있는 메뉴를 클릭해서 메트로놈 소리를 다른 프리셋(Preset)으로 교체할 수 있습니다.

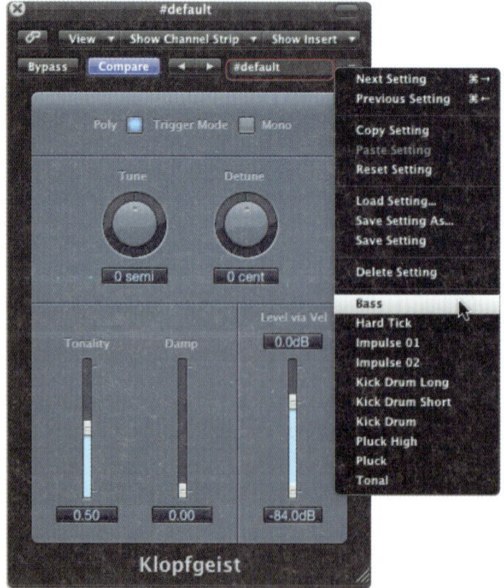

CHAPTER 02 피아노롤 (Piano Roll)

1. 피아노롤 살펴보기

예제 파일 : 03 PianoRoll - 03 PianoRoll

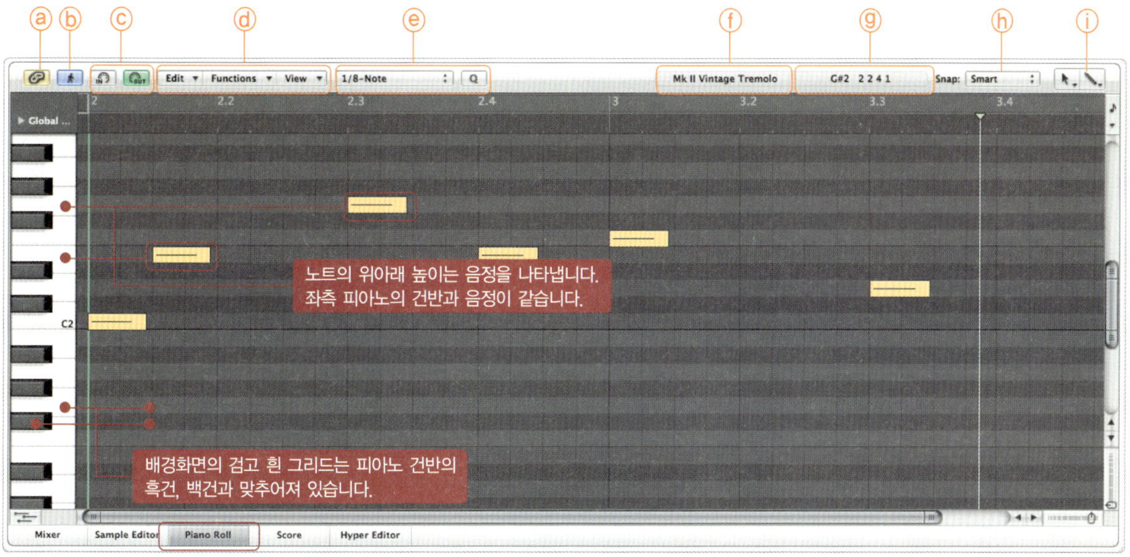

ⓐ Link Window : 어레인지 편집창의 미디 리전과 피아노롤을 연동시켜주는 기능을 합니다.

ⓑ Catch Playhead : 플레이헤드에 맞추어 피아노롤이 좌우로 움직이도록 설정해줍니다.

ⓒ Midi In/Out : 실시간 미디 인풋과 아웃풋 기능을 실정합니다.

ⓓ 피아노롤에서 사용할 수 있는 다양한 기능들이 들어 있습니다.

ⓔ Quantize : 노트의 퀀타이즈 기능을 실행합니다.

ⓕ 미디 리전의 이름을 나타냅니다.

ⓖ 선택한 미디 노트의 음 높이와 위치를 나타냅니다.

ⓗ Snap : 스냅 기능의 옵션을 설정합니다.

ⓘ Tool Box : 기본 툴과 커맨드 툴을 설정합니다.

2. 노트의 이동과 복사

01 단축키 Command + O 를 눌러 '03 PianoRoll' 프로젝트를 열어봅니다.

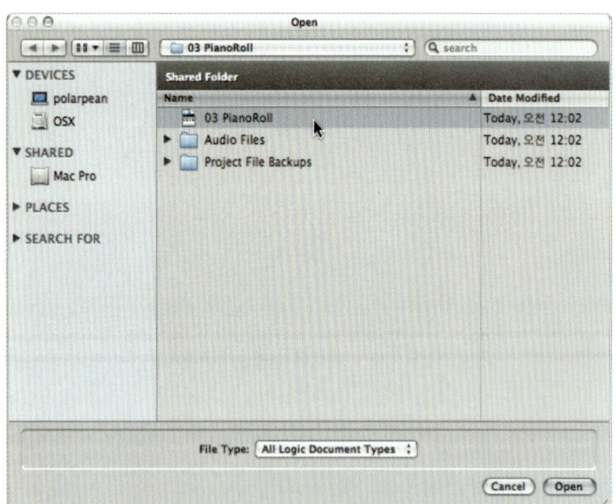

02 초록색 미디 리전을 더블클릭해서 아래에 피아노롤 편집창이 활성화되는 것을 확인합니다. 단축키 P 를 누르거나 아래의 [Piano Roll] 탭을 클릭하여 활성화시킬 수도 있습니다.

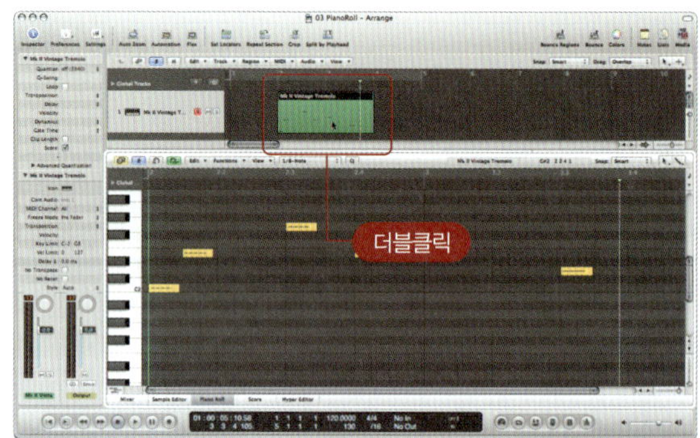

03 노트를 선택해보면 해당 노트의 소리가 출력되는 것을 확인할 수 있습니다.

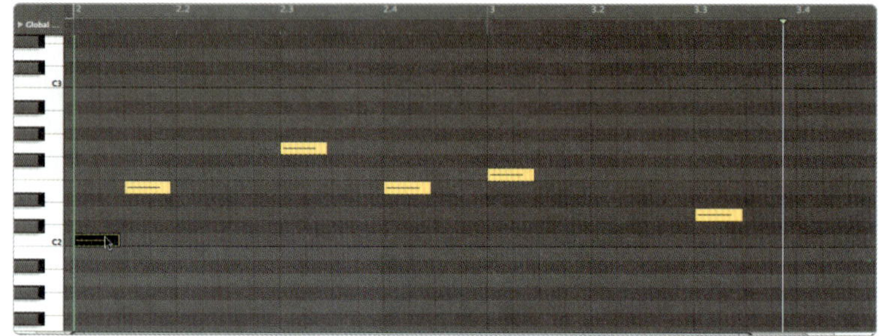

04 두 개의 노트를 드래그해서 선택하면 선택되는 순서대로 소리가 납니다.

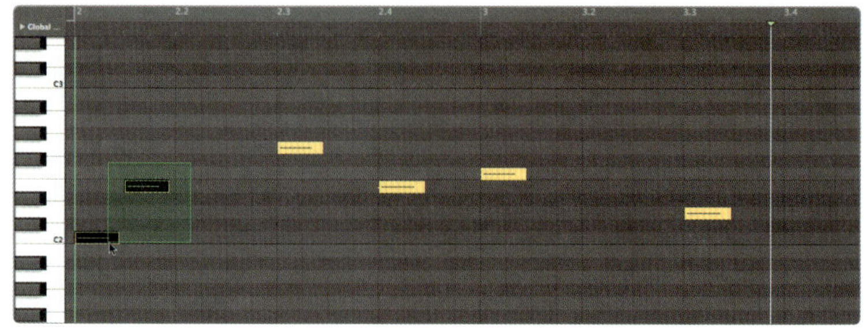

노트를 선택했을 때 소리가 출력되는 것은 (Midi Out) 버튼이 초록색으로 활성화되어 있기 때문입니다.

05 첫 번째 노트를 선택한 다음 ➡키를 누르면 오른쪽에 있는 노트들이 순서대로 선택되면서 소리가 납니다. ⬅키를 이용하면 반대로 돌아올 수 있습니다.

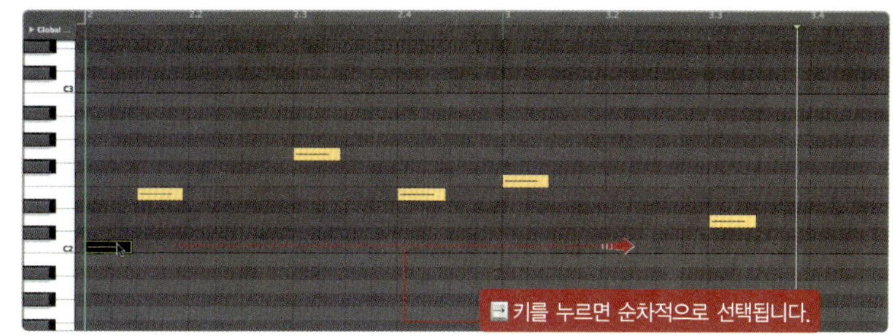

06 두 번째 노트를 이동시켜보겠습니다. 드래그해서 그림처럼 가져다 놓습니다.

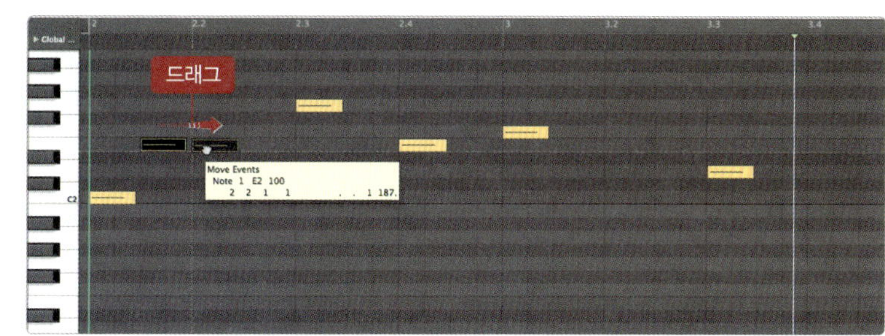

07 앞서 배웠던 리전을 옮기거나 복사하는 법과 매우 유사합니다. 이번에는 첫 번째 노트를 복사해보겠습니다. Option 키를 누른 채로 드래그해서 그림처럼 옮겨 놓습니다.

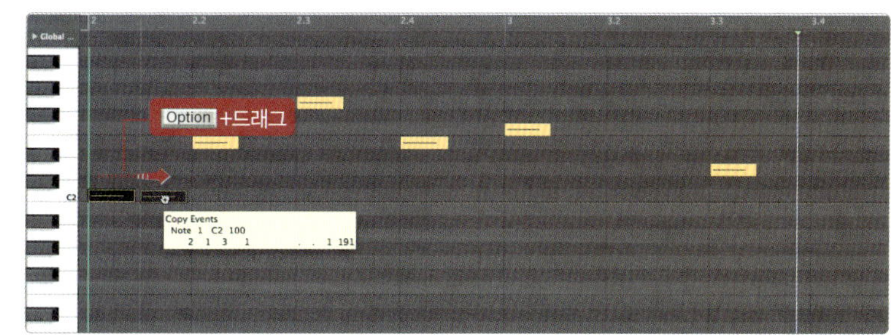

08 두 번째와 세 번째 노트를 드래그해서 선택합니다.

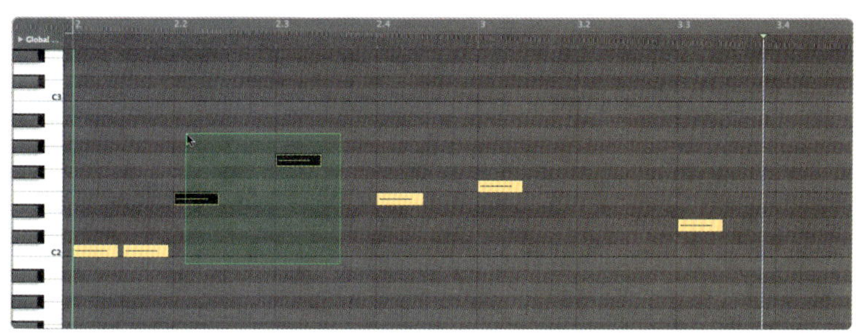

09 두 개의 노트를 한꺼번에 복사해보겠습니다. Option 키를 누른 채로 드래그해서 그림처럼 옮겨 놓아봅니다.

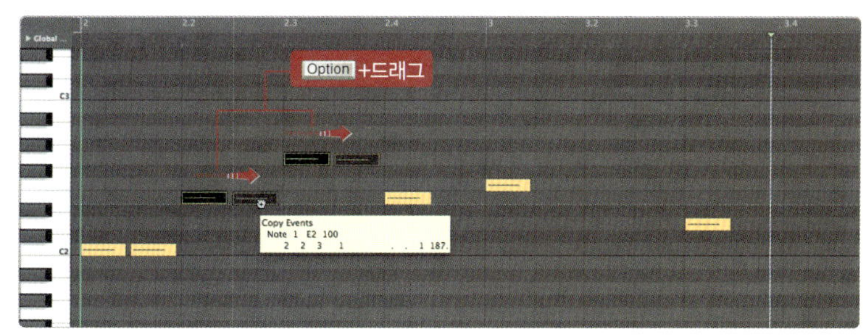

3. 노트의 음정과 길이

01 네 번째 노트의 오른쪽 끝부분에 마우스를 가져다 놓고 포인터 모양이 ⊐▸와 같이 바뀌는 것을 확인합니다.

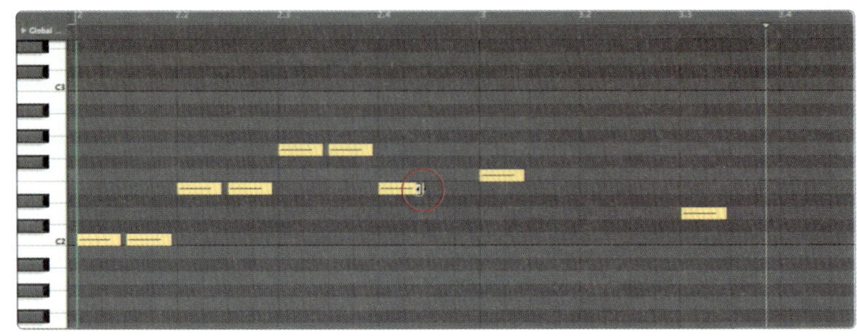

02 포인터가 ⊐▸ 모양으로 바뀌었을 때 오른쪽으로 드래그해서 노트의 길이를 늘려봅니다.

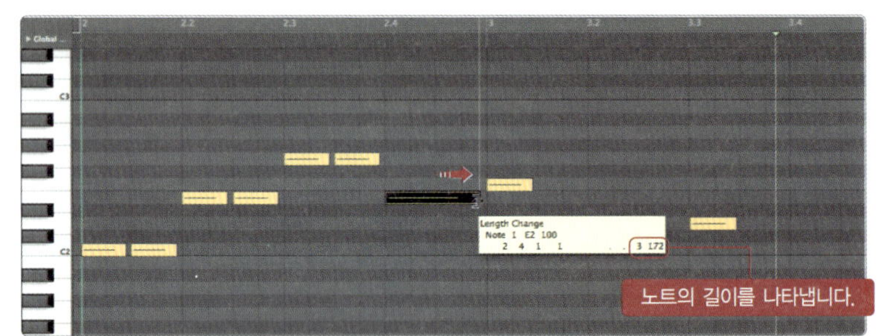

03 Esc 키로 툴 메뉴를 활성화시킨 다음 숫자키 4를 눌러 핑거 툴을 선택해보겠습니다.

04 핑거 툴로 노트를 클릭하는 순간, 포인터가 ⊐▸ 모양으로 바뀌면서 노트의 길이를 바꿀 수 있게 됩니다. 드래그해서 노트를 줄이고 늘려봅니다.

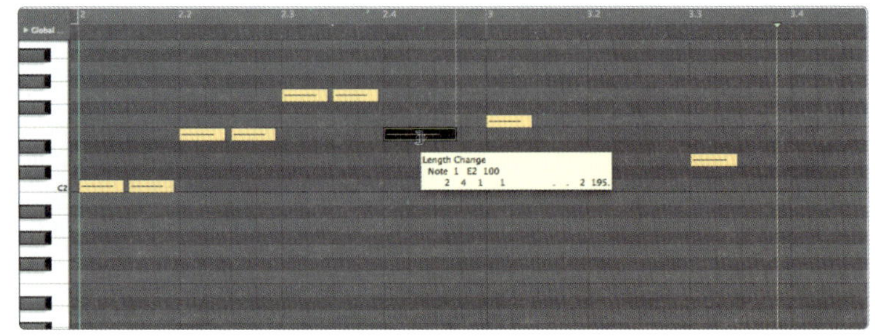

05 Esc 키를 두 번 눌러, 포인터 툴로 돌아옵니다. 다섯 번째 노트를 복사하되, 음높이를 '미', '레', '도' 순으로 맞추어보겠습니다. 움직일 때 나타나는 수평선으로 좌측의 피아노 건반 모양과 대조해가면서 봐도 되고, 피아노롤 배경그림의 검은색 그리드는 피아노의 검은 건반임을 주시하면 어느 정도 감으로 움직일 수도 있습니다. 먼저 '파'의 위치에 있는 노트를 Option 키를 누른 채로 한 칸 밑의 '미' 위치로 가져갑니다.

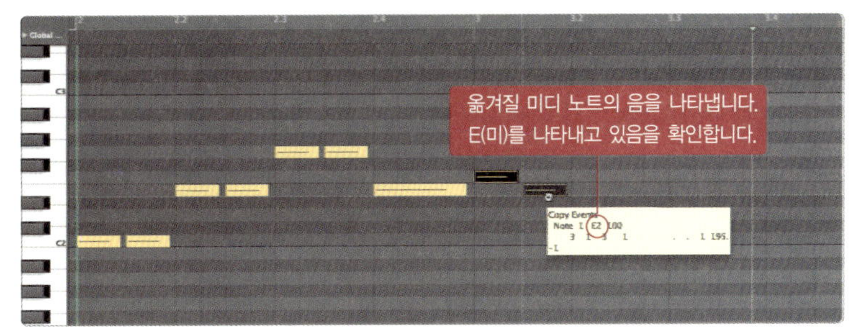

리전이나 노트를 이동시킬 때 Shift 키를 누른 상태로 움직이면 한 방향(위아래 방향이나 좌우 방향)으로만 움직이게 됩니다. 복잡한 이동이나 복사를 할 때 유용하게 쓰일 수 있습니다.

06 복사된 두 개의 노트를 선택합니다.

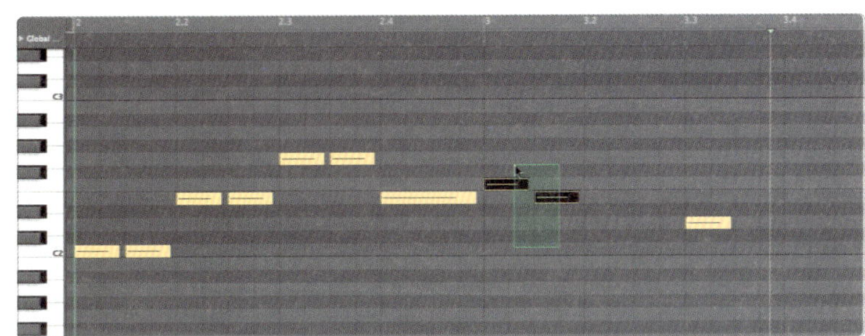

07 Option 키를 누른 채로 드래그해서 그림과 같은 음높이로 복사시킵니다.

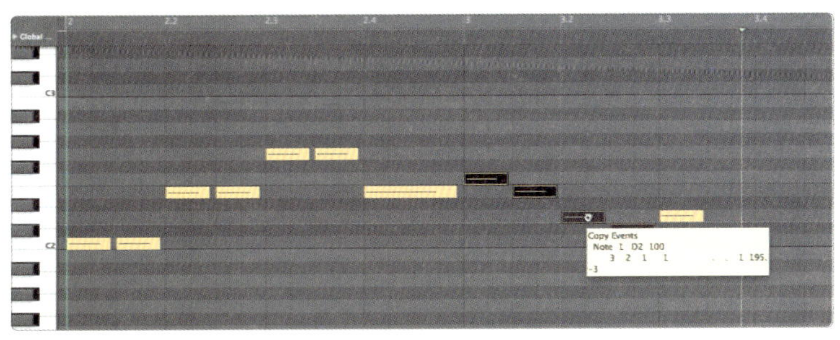

08 네 개의 음을 손쉽게 복사해서 '파(F)', '미(E)', '레(D)'까지는 맞지만 마지막 노트가 '도#(C#)' 위치에 있습니다. 마지막 노트를 선택합니다.

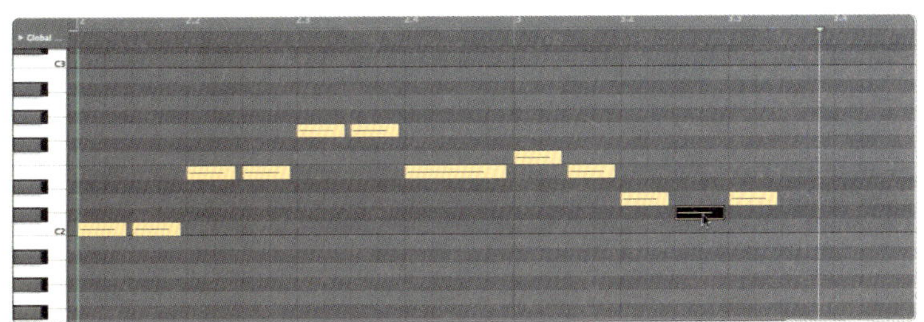

09 단축키 `Option` + `↓` 키와 `Option` + `↑` 키로 음정을 위아래로 조절해봅니다. 유용한 단축키이니만큼 숙지하기 바랍니다. 목적지인 C2 '도'의 위치에 맞춰봅니다.

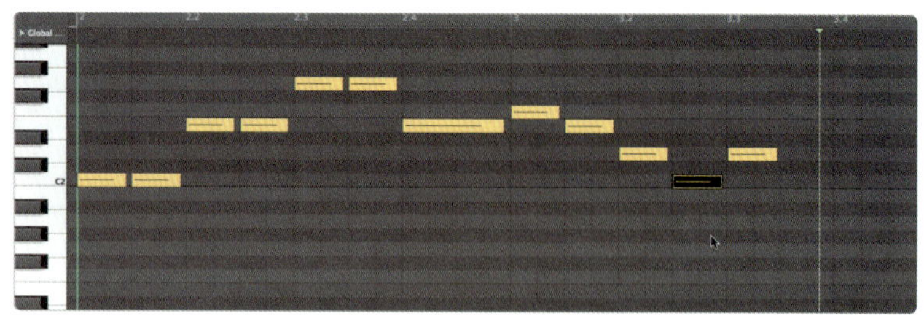

10 마지막 노트의 길이를 그림처럼 늘려봅니다.

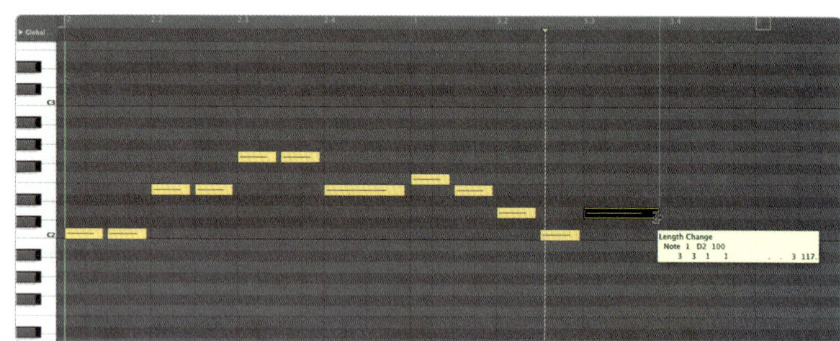

11 `Esc` 키를 누르고 'Pencil Tool'을 선택합니다.

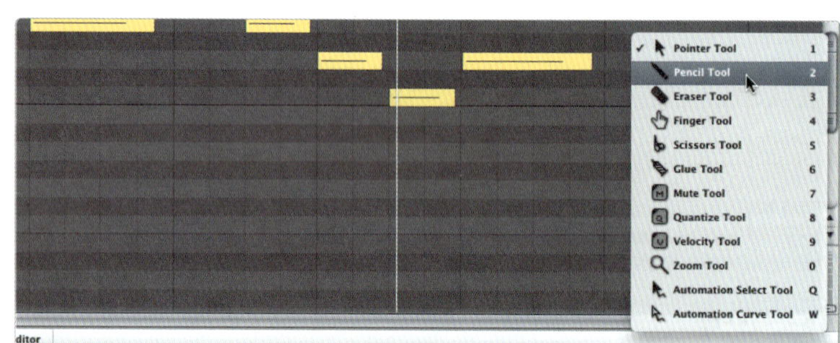

12 그림과 같은 위치에 '솔'을 그려보겠습니다. 펜슬 툴이 선택된 상태에서 클릭한 채로 좌우로 드래그하면 음표가 생성되면서 길이를 조절할 수 있습니다.

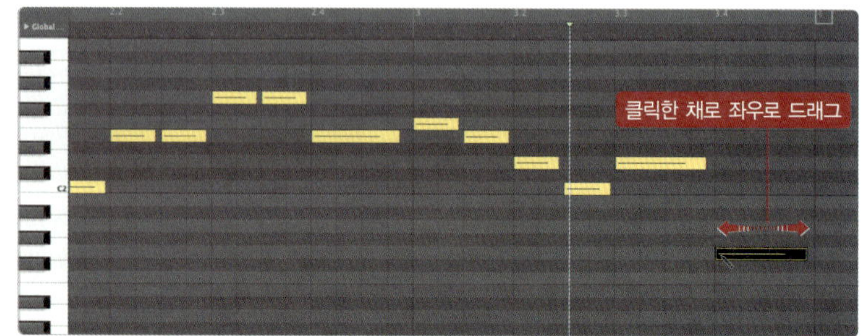

13 Esc 키를 두 번 눌러 포인터 툴로 돌아옵니다. 피아노롤에 있는 룰러와 플레이헤드도 어레인지 편집 창과 동일하게 작동합니다. 2번 마디 시작 부분에 룰러를 가져다 놓고 재생시켜봅니다. 플레이헤드를 움직이는 단축키 <, >를 사용하는 것도 좋습니다.

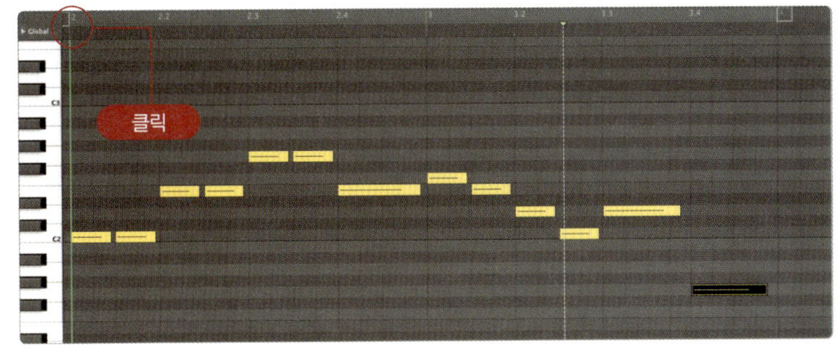

어레인지 편집창과 마찬가지로 (Catch Playhead) 버튼이 켜져 있을 때는 플레이헤드에 맞추어 화면이 따라가게 됩니다.

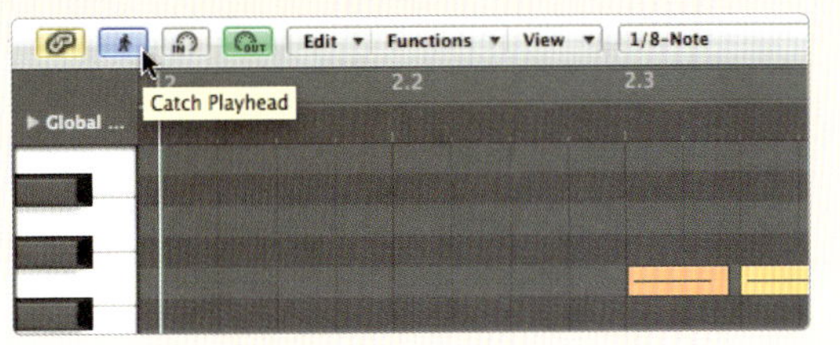

4. 노트의 세기(Velocity)

노트의 세기를 조절하는 방법은 여러 가지가 있지만, 여기서는 툴의 한 종류인 'Velocity Tool'을 이용해보겠습니다.

01 피아노롤의 툴 박스에서 우측 툴을 클릭한 후 'Velocity Tool'을 선택합니다.

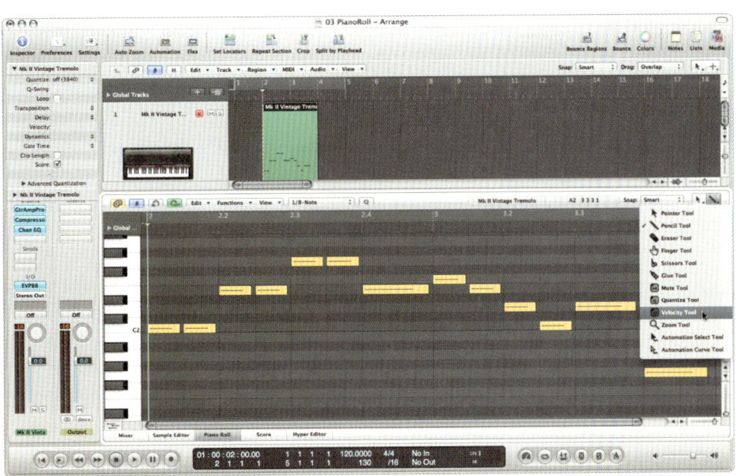

02 툴 박스 사용법에 대해서는 [Part 03] – [Chapter 03 툴 활용하기]에서 다루었습니다. 우측의 커맨드 툴에서 선택했기 때문에, Command 키를 누른 채로 클릭해야 'Velocity Tool'을 활용할 수 있습니다. 가장 앞에 있는 노트를 Command 키를 누른 채로 드래그해서 위아래로 움직여봅니다. 변화된 크기의 소리가 계속해서 출력되므로 어느 정도 소리를 키우고 줄일 것인지를 판단하기 쉽습니다.

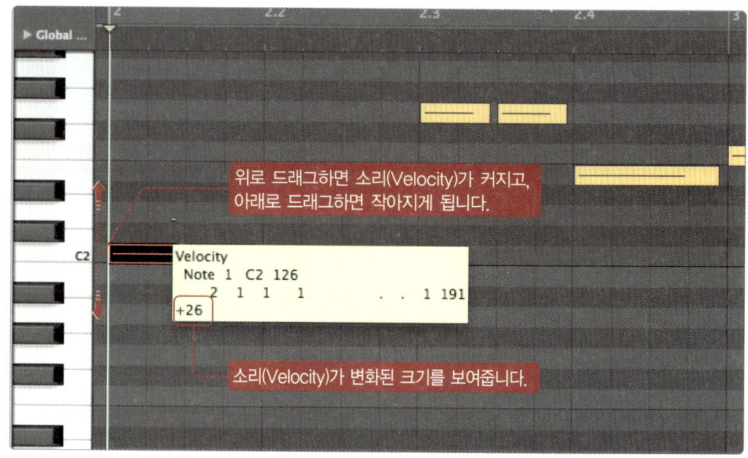

벨로시티(Velocity)와 볼륨(Volumn)

일상적으로 볼륨이라는 말을 많이 사용하지만, 미디 시퀀싱을 하다보면 '벨로시티'라는 용어가 자주 등장하게 됩니다. 둘 다 소리의 크기를 나타내지만 엄연히 다른 의미를 가지고 있습니다.

'볼륨(Volumn)'은 음원이 이미 정해진 채로 음량만이 줄어들고 커지는 것을 나타냅니다. 예를 들면 피아니스트가 연주를 하고 있을 때, 그것을 가까이서 듣느냐 멀리서 듣느냐의 차이라고 말 할 수 있을 것입니다. 그에 반해 '벨로시티(Velocity)'는 음원 자체를 크고 작게 연주하는 것을 뜻합니다. 예를 들면 관객은 같은 자리에 앉아 있는 상태에서 피아니스트가 음을 여리게 혹은 크게 연주하는 것과 같습니다. 이러한 개념이다 보니 음악적 표현이 아주 다를 수밖에 없습니다. 로직에서는 볼륨 값과 벨로시티 값을 모두 조절할 수 있습니다.

03 Shift 키를 누른 상태에서 그림처럼 드래그해서 두 개의 미디 노트를 선택해봅니다.

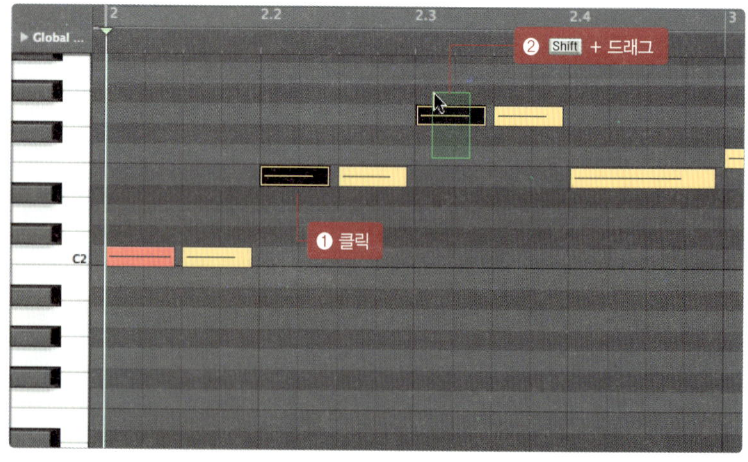

04 두 개의 노트가 선택되어 있는 상태에서 Command 키를 누른 채 위로 드래그해서 벨로시티 값을 조금 올려봅니다. 노트의 색상이 점점 붉어지는 것을 확인할 수 있습니다.

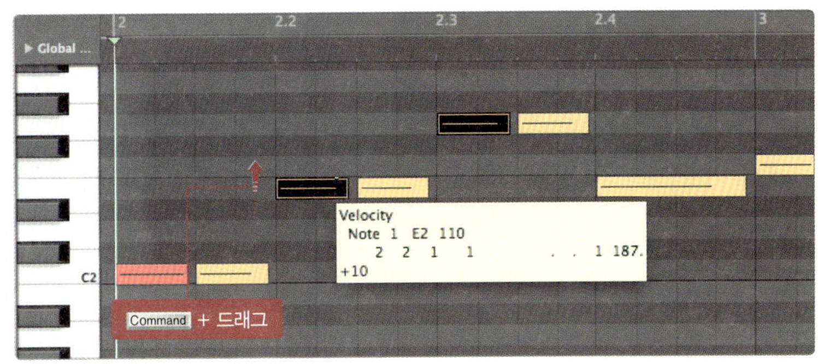

무지개 색상환을 기준으로 붉은 색에 가까운 쪽이 벨로시티 값이 크고, 보라색에 가까운 쪽이 벨로시티 값이 작은 것입니다.

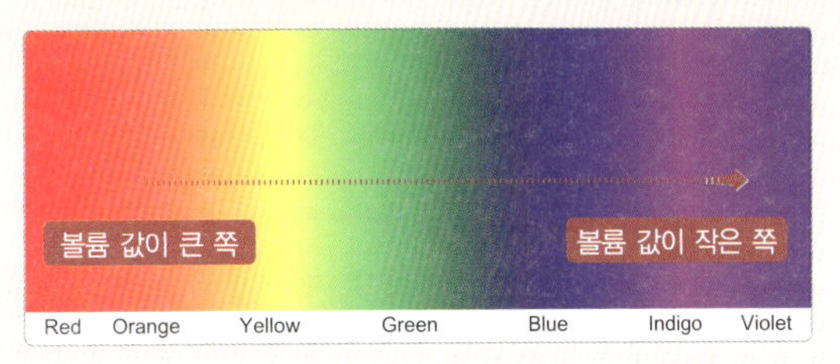

5. 퀀타이즈(Quantize)

퀀타이즈(Quantize)란

- 퀀타이즈는 미디 노트를 정해진 그리드(Grid)에 맞추는 기능입니다. 소프트웨어 악기로 레코딩을 실행했을 때 생성된 미디 노트들을 정확한 박자에 옮겨 놓기 위해 사용합니다

- 피아노롤의 한 마디는 총 16개의 그리드가 표시되어 있습니다. 이는 한 마디를 1/16 음표로 나누어 사용자들이 박자를 보기 쉽게 나타낸 것인데, 퀀타이즈 기능을 이용하면 이러한 그리드의 단위에 맞춰 미디 노트들을 자동으로 움직이게 할 수 있습니다.

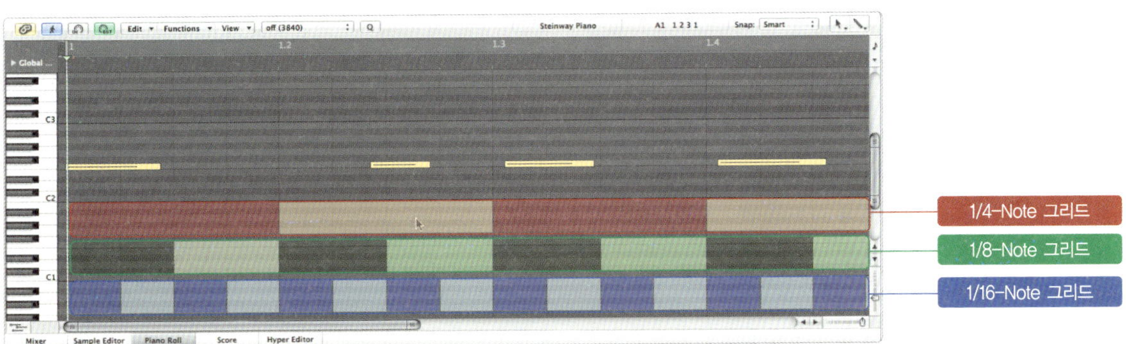

1/4 Note로 퀀타이즈하면 정확하게 그리드에 맞춰져 있지 않던 미디 노트들이 1/4-Note 그리드에 자석처럼 달라붙습니다.

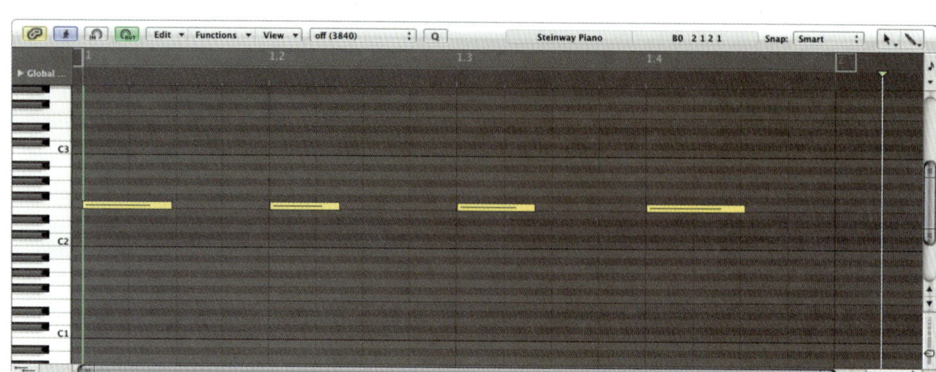

1/8 Note로 퀀타이즈하면 1/4 Note와 비슷하지만, 두 번째 노트만 다르게 움직입니다.

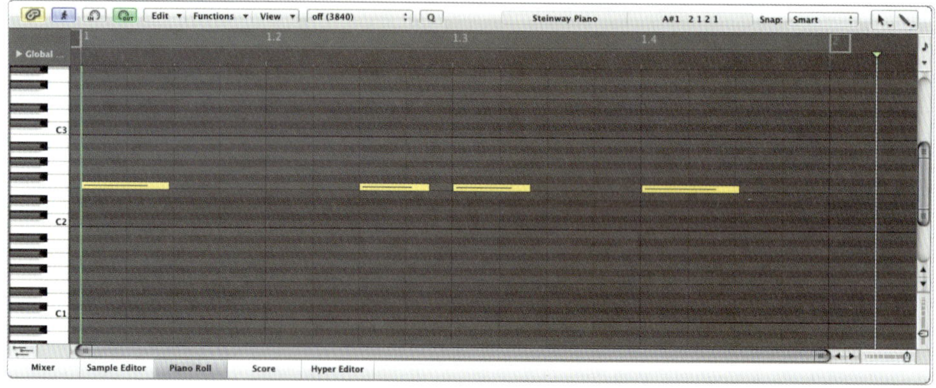

그 이유를 살펴보겠습니다.

두 번째 미디 노트의 경우 '1/4-Note(한 마디를 4개로 나눈 그리드)'에 맞추어 퀀타이즈를 하면 가장 가까운 붉은색으로 표시된 그리드(1/4)로 움직이지만, '1/8-Note'에 맞추어 퀀타이즈를 하면 가장 가까운 녹색으로 표시된 그리드(1/8)로 이동하게 됩니다.

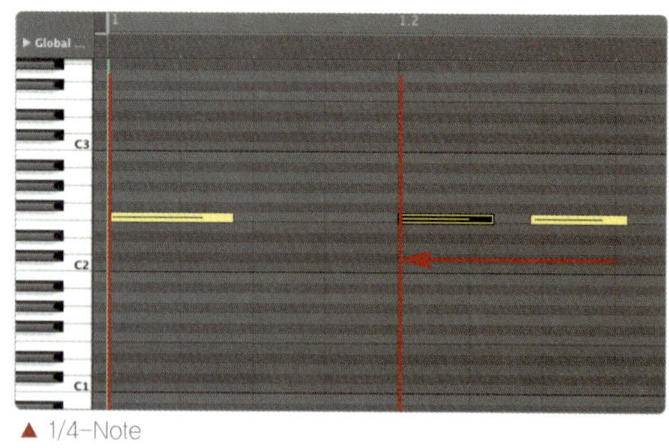

▲ 1/4-Note

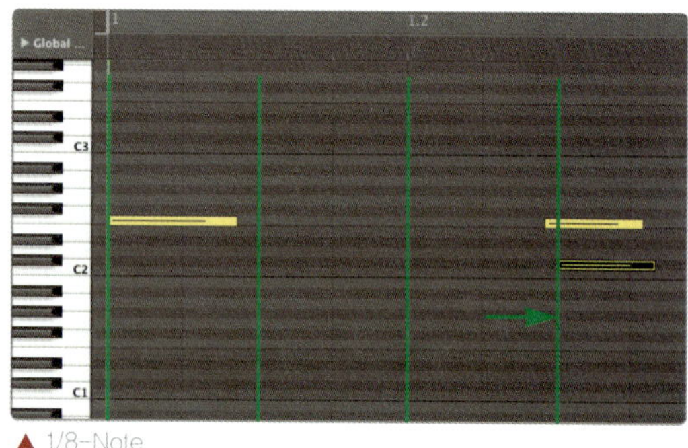

▲ 1/8-Note

● 퀀타이즈 옵션 중에 'off (3840)'이라 쓰여 있는 메뉴는 퀀타이즈를 하지 않는 상태를 뜻합니다. 여기서 '3840'은 한 마디를 가장 잘게 나눌 수 있는 해상도의 숫자입니다. 퀀타이즈가 되어 있지 않은 상태라도 엄연히 '1/3840' 단위로는 구분되어 있다는 뜻이 됩니다.

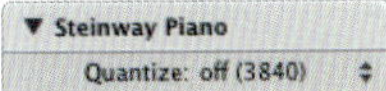

피아노롤에서 퀀타이즈하기

예제 파일 : 01 Wayhome – 01 Wayhome

01 사용 중인 프로젝트가 있다면 닫고, Command + O 키를 눌러 '01 Wayhome' 파일을 열어봅니다. 2번 'Steinway Piano' 트랙의 리전을 퀀타이즈해보겠습니다.

02 리전을 더블클릭해서 피아노롤이 나타나도록 합니다.

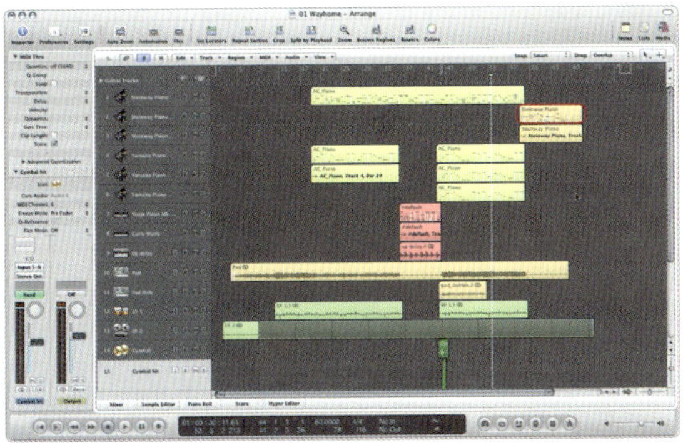

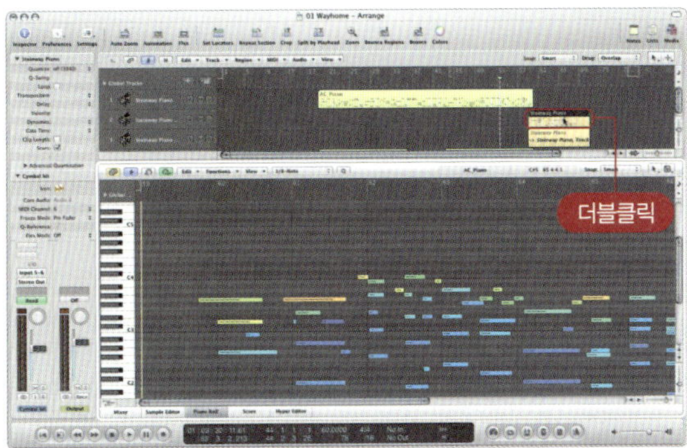

03 앞부분을 확대해보면 노트들이 퀀타이즈되지 않아 그리드에 붙어 있지 않은 것을 확인할 수 있습니다.

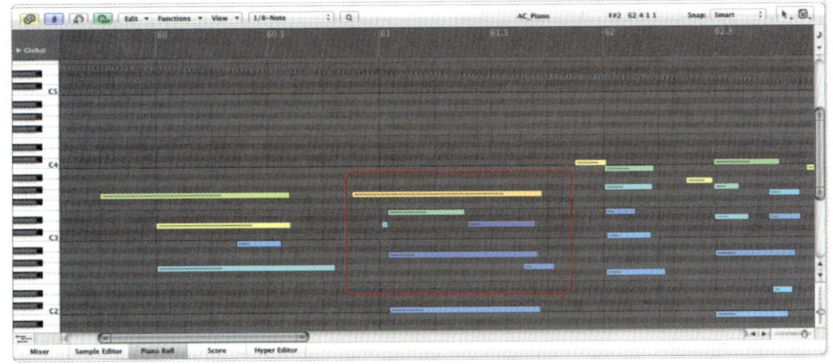

04 적당한 노트를 선택합니다.

05 퀀타이즈 메뉴(1/8-Note)를 클릭하여 '1/4-Note'를 선택해봅니다.

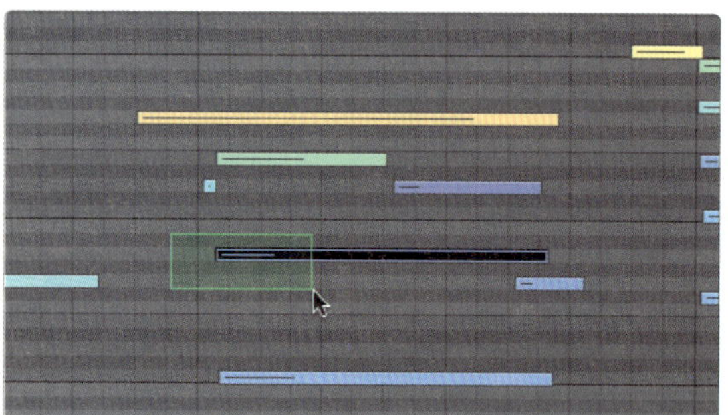

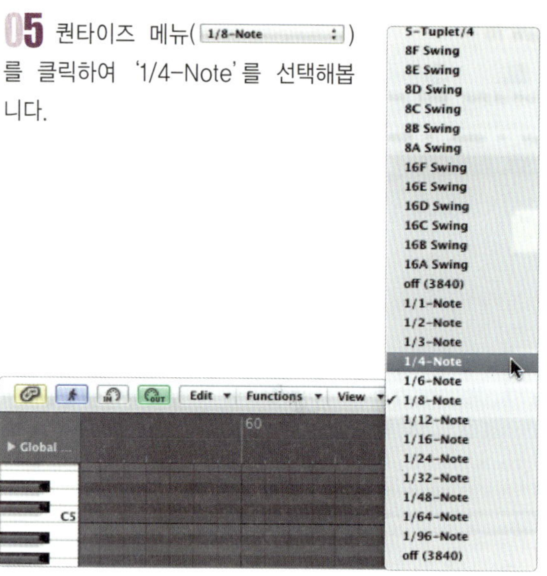

06 선택한 미디 노트가 1/4 단위의 그리드에 맞추어 이동하는 것을 확인할 수 있습니다. 노트를 선택한 상태에서 퀀타이즈 단위를 변경하면 자동으로 퀀타이즈가 실행됩니다.

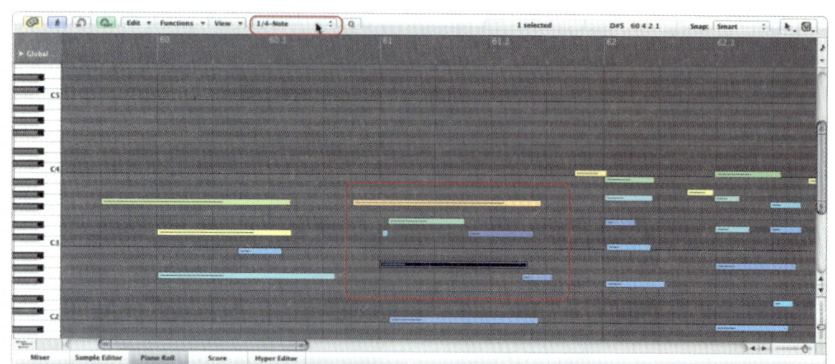

07 이번에는 다른 노트들을 드래그해서 선택하고 퀀타이즈 버튼(Q) 혹은 단축키 Q 를 실행해봅니다. 선택한 노트들이 1/4 단위 그리드에 퀀타이즈되는 것을 확인할 수 있습니다. 피아노롤에서의 퀀타이즈는 노트를 선택하고 퀀타이즈 옵션을 변경하거나, 퀀타이즈 기능을 실행하는 것으로 작동시킬 수 있습니다.

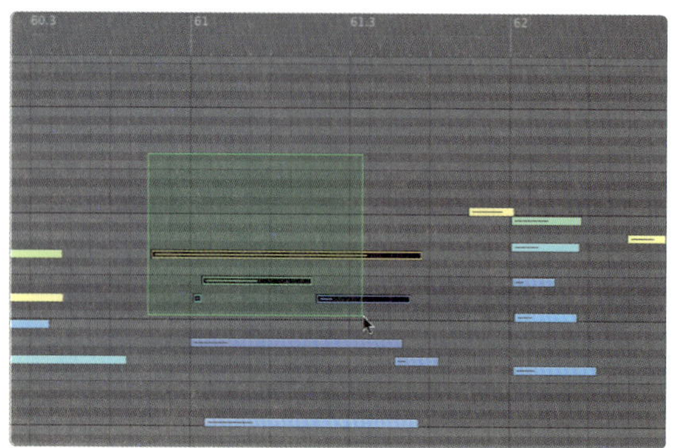

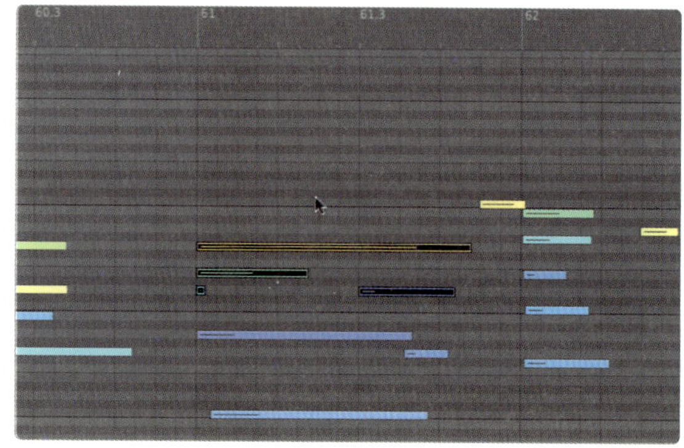

▲ Q 키를 누른 후

08 노트들이 선택된 상태에서 다시 퀀타이즈 옵션을 '1/16-Note'로 변경해보겠습니다. 선택한 노트들이 1/16 그리드에 맞추어 변경되는 것을 확인할 수 있습니다.

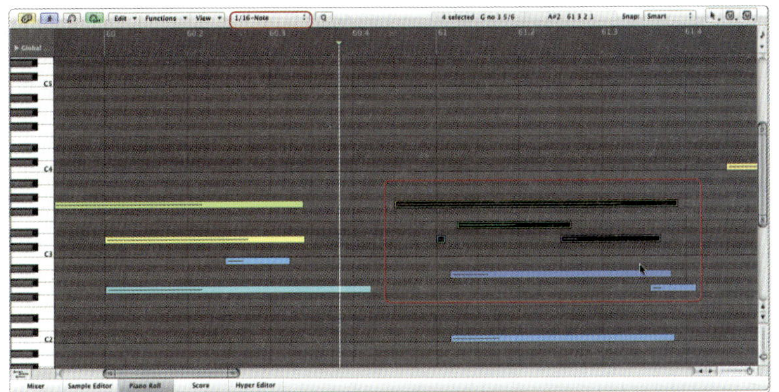
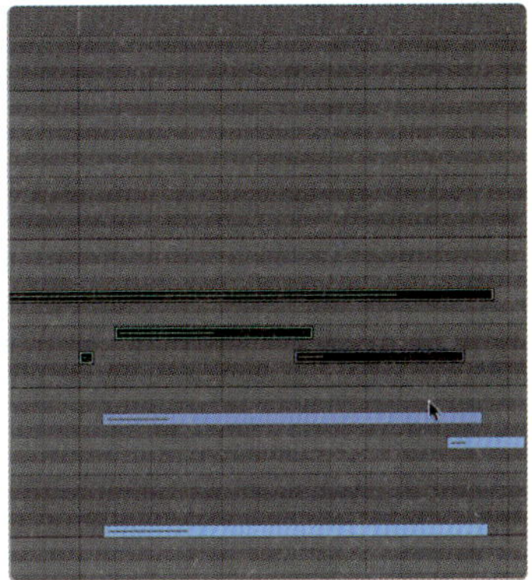

09 이번에는 셋잇단 음표의 표현을 위해 퀀타이즈 옵션을 '1/12-Note'로 변경해보겠습니다. 이 상태에서 가운데 노트를 확대해보면 퀀타이즈 했음에도 불구하고 배경의 그리드(Grid)와 딱 맞아 떨어지지 않는 것을 알 수 있습니다. 이는 피아노롤의 그리드 단위는 현재 1/16로 설정되어 있어 셋잇단 음표와 박자가 일치하지 않기 때문입니다.

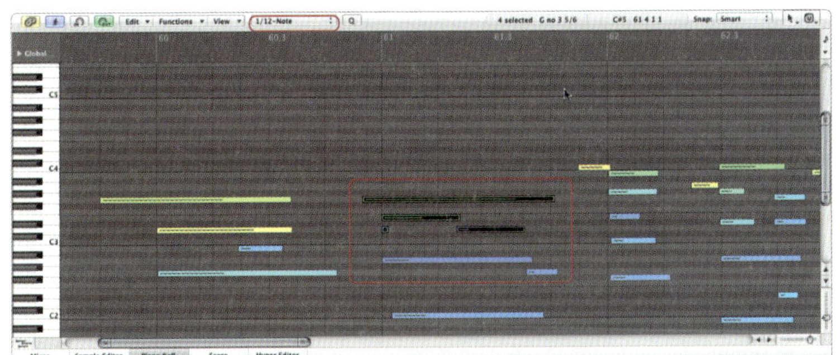
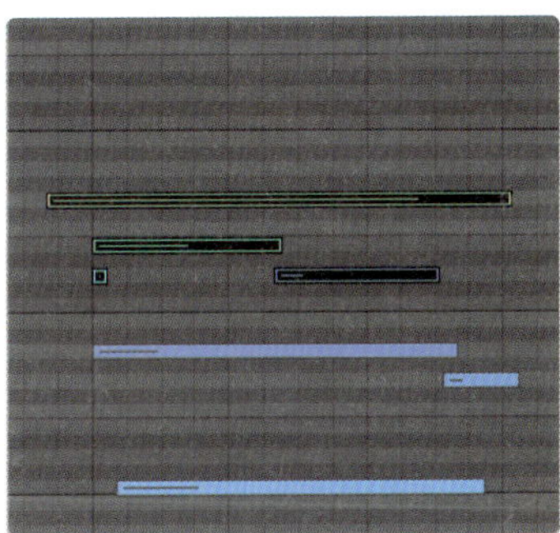

10 셋잇단 음표를 그리드에 맞추어 확인하고 싶을 때는 트랜스포트바의 디비전(Division)을 위아래로 드래그해서 그리드를 '/12'로 바꾸어주면 됩니다.

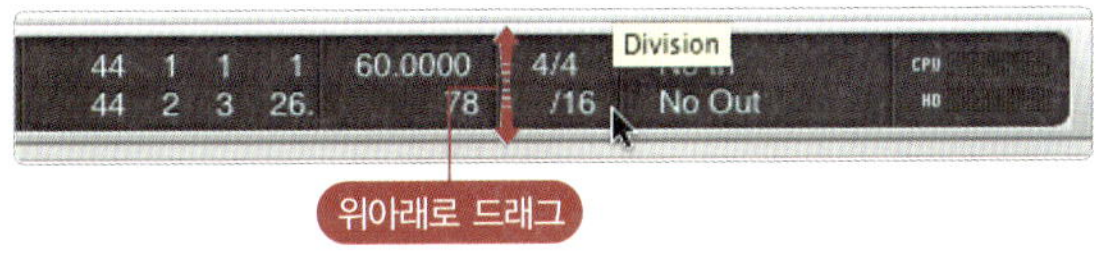

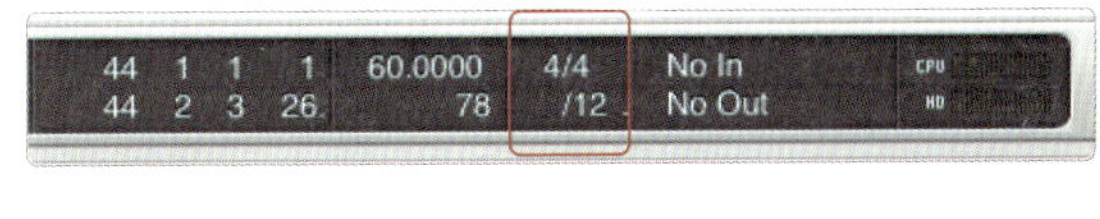

11 방금 퀀타이즈한 노트들이 그리드에 정확히 맞추어져 있는 것을 확인할 수 있습니다.

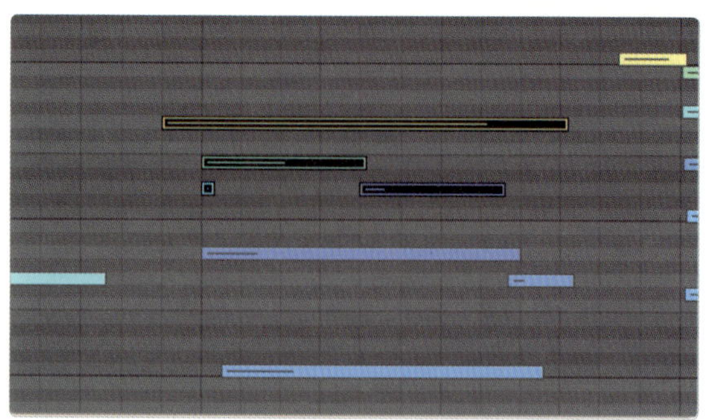

12 트랜스포트바의 디비전을 드래그해서 1/16으로 맞추어 피아노롤의 그리드를 다시 '1/16'으로 설정해 놓고, 퀀타이즈를 풀어보겠습니다. 노트를 선택한 채로 Function 〉 Undo Quantization을 실행합니다.

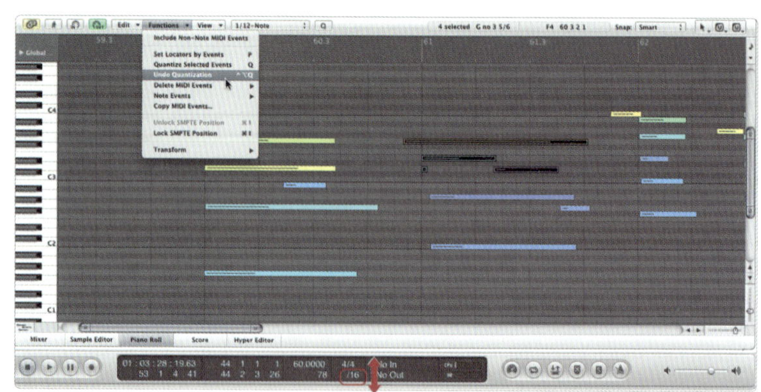

13 노트가 원상태로 돌아가는 것을 확인할 수 있습니다.

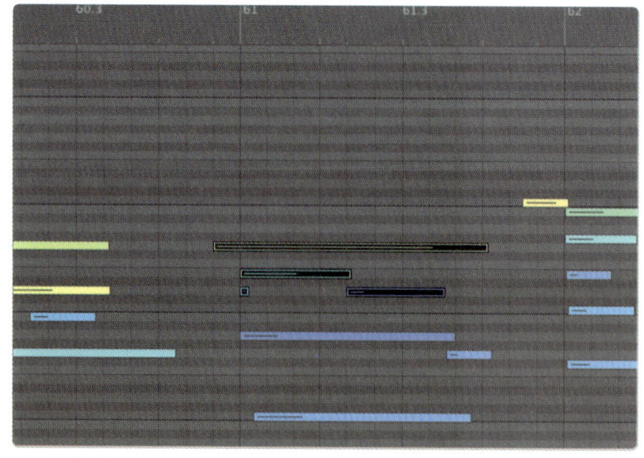

▲ 수정 전

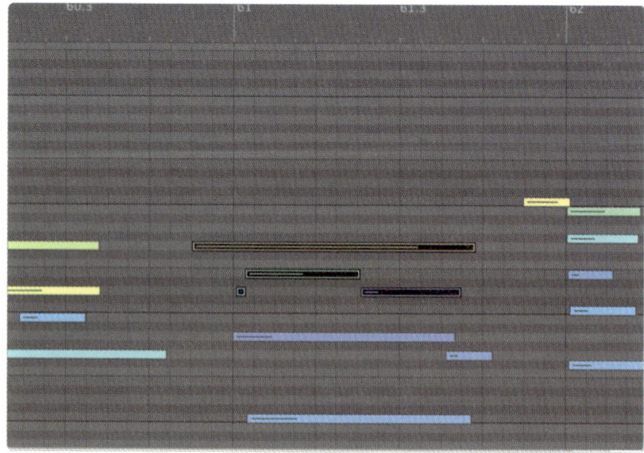

▲ 수정 후

14 `Command` + `A` 키로 피아노롤의 모든 노트를 선택할 수 있습니다. 모든 노트가 선택되어 있는 상태에서 퀀타이즈 기능을 실행하면 간편하게 노트를 정리할 수 있습니다.

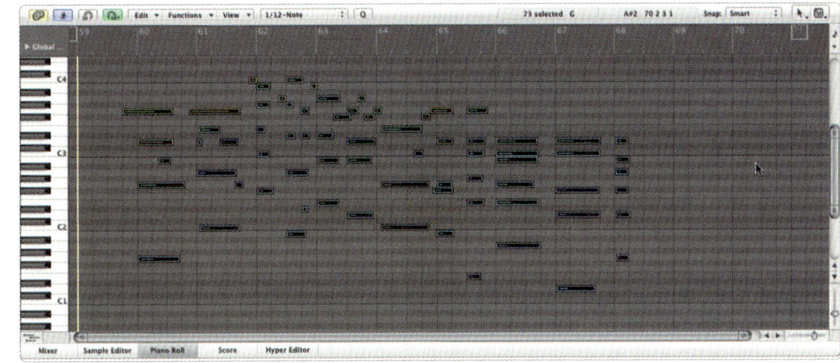

15 1/8 단위로 퀀타이즈를 실행해 보겠습니다.

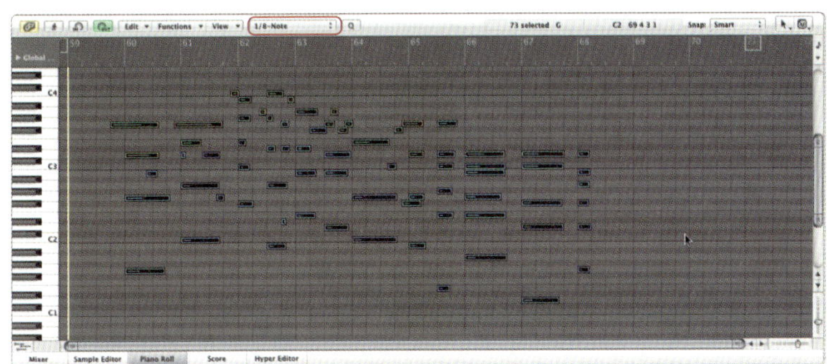

16 이 상태에서 가운데의 몇 개의 노트만 선택해 퀀타이즈를 풀어보겠습니다. 이런 식으로 퀀타이즈를 했다고 해서 노트가 가지고 있는 원래 위치를 잃어버리는 것이 아니기 때문에 마음 놓고 활용할 수 있습니다.

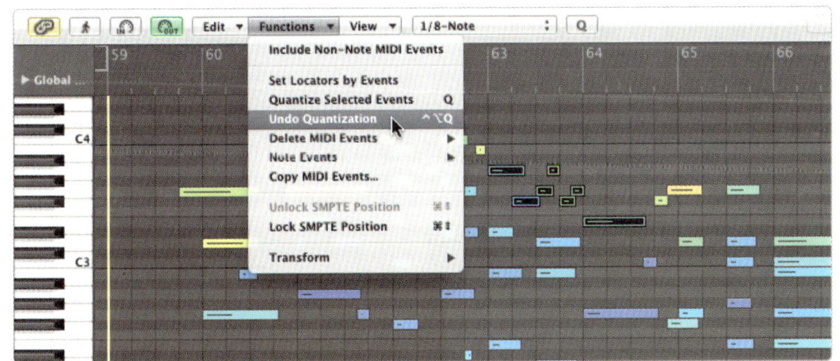

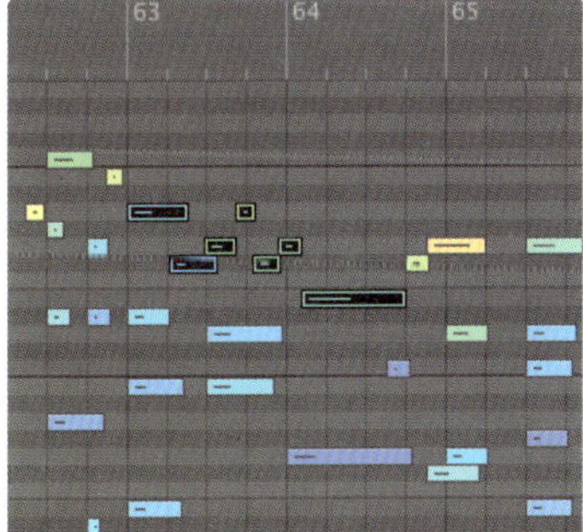

퀀타이즈 툴 활용하기

퀀타이즈 툴을 활용해서 퀀타이즈하는 방법에 대해 알아보겠습니다.

01 피아노롤의 커맨드 툴을 'Quantize Tool'로 변경합니다.

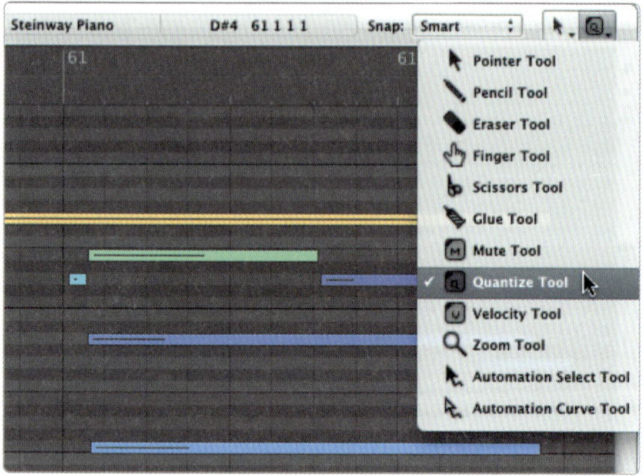

02 Command 키를 누른 채로 노트 위에 마우스를 올려놓으면 그림처럼 퀀타이즈 툴의 포인터( )가 표시됩니다. 그 상태로 클릭하면 해당 노트를 퀀타이즈할 수 있습니다.

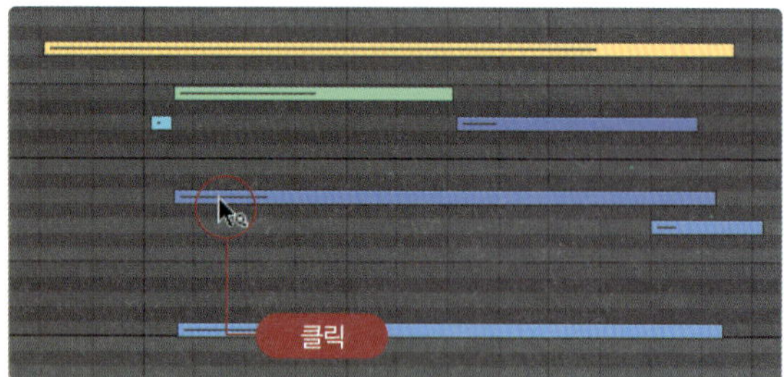

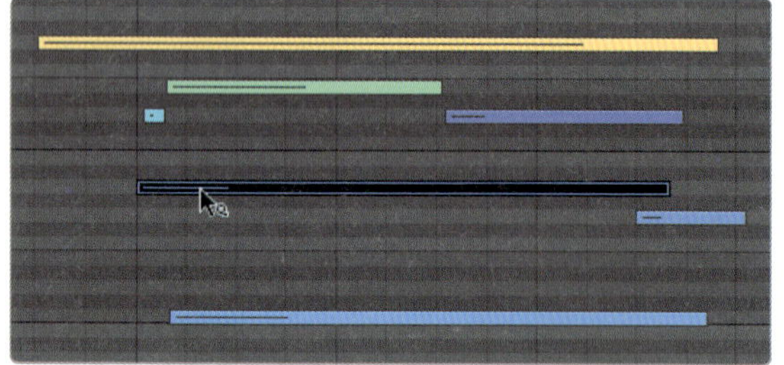

03 퀀타이즈 툴로 노트를 클릭한 채 잠시 기다리면 퀀타이즈 메뉴가 팝업됩니다. 여기서 퀀타이즈 옵션을 지정해줄 수도 있습니다.

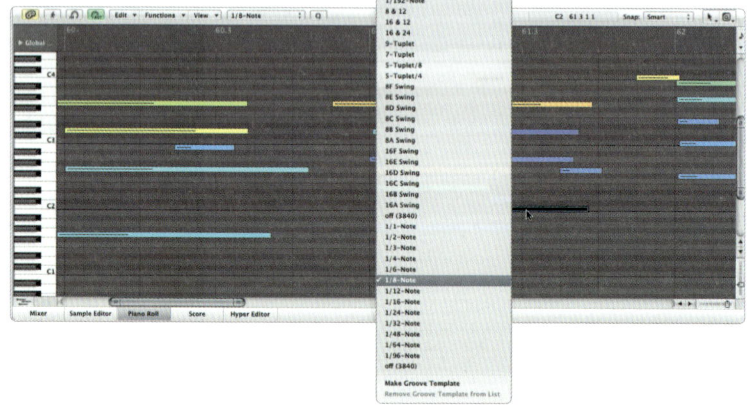

5. 스냅(Snap)

스냅 기능은 노트를 이동하거나 늘이고 줄일 때 그리드에 맞추어 작동하게 하는 기능입니다.

Smart

- 기본으로 설정되어 있는 스냅 옵션은 'Smart'입니다.

- Smart 모드에서는 확대, 축소 정도에 따라 스냅 기능이 적용되는 그리드의 단위가 다릅니다. 화면을 축소해서 볼 때는 큰 단위 영역으로 스냅이 적용되고, 화면을 확대해서 볼 때는 작은 단위로 스냅 기능이 적용됩니다.

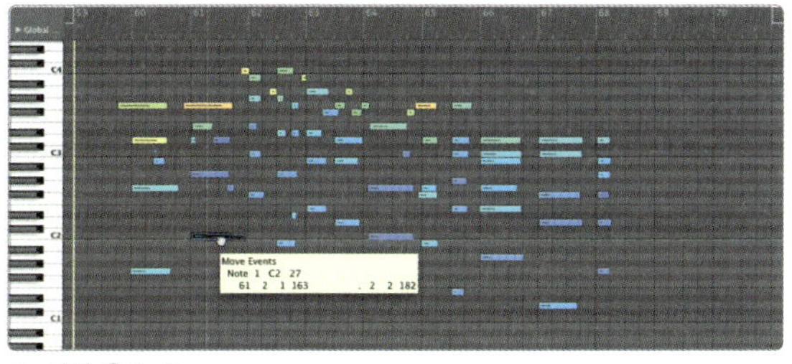

▲ 화면 축소 시

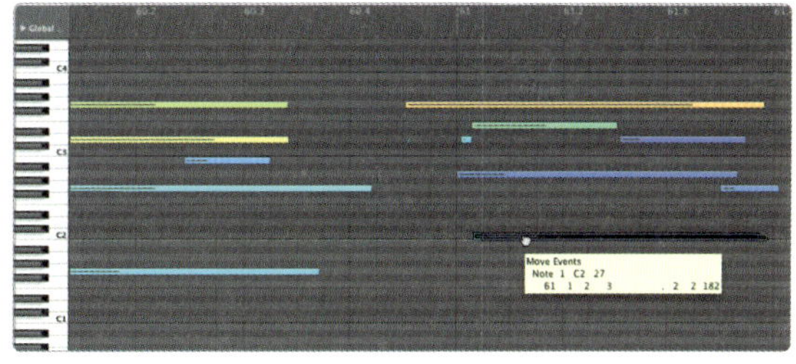

▲ 화면 확대 시

Bar

Snap 메뉴를 클릭힌 후 'Bar' (Bar는 1마디 단위를 뜻합니다.)를 선택하면 노트가 원래의 위치에서 1마디 단위로 움직이는 것을 확인할 수 있습니다.

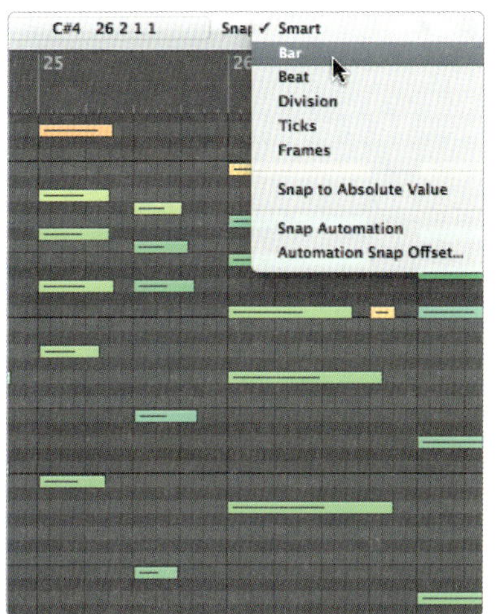

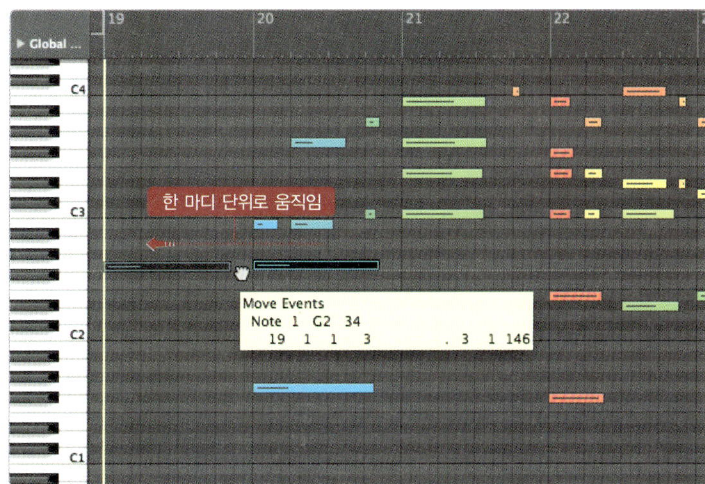

Beat

'Beat'(Beat는 1박자 단위를 뜻합니다.)를 선택하면 가장 가까운 Beat(박)에 붙게 됩니다.

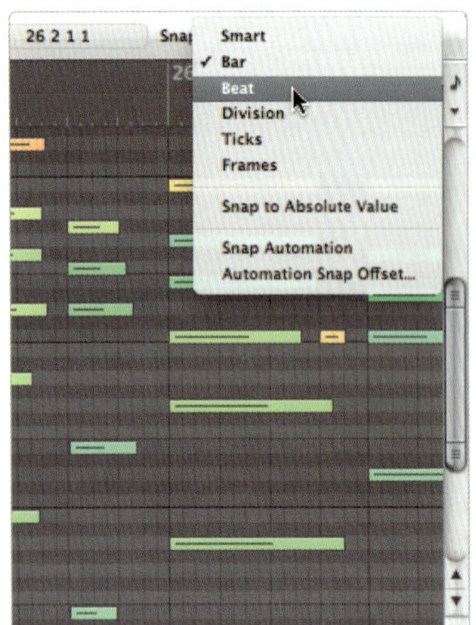
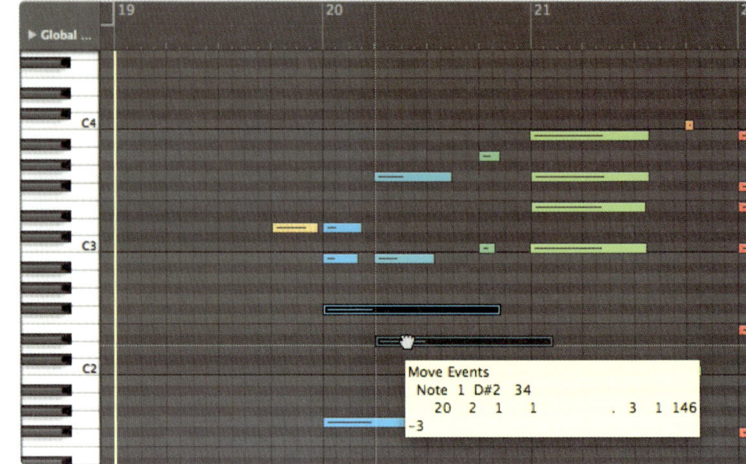

스냅 기능 작동원리

스냅 기능은 마디 단위, 박자 단위로 노트를 정확하게 옮겨주는 기능입니다. 그러므로 퀀타이즈되어 있지 않은 노트를 스냅 기능으로 옮길 때는 조금 밀려 있는 상태 그대로 뒤로 가거나 앞으로 가게 됩니다. 그리드에 딱 맞추어 이동시키고 싶을 때는 퀀타이즈를 먼저 실행하고 움직이면 됩니다.

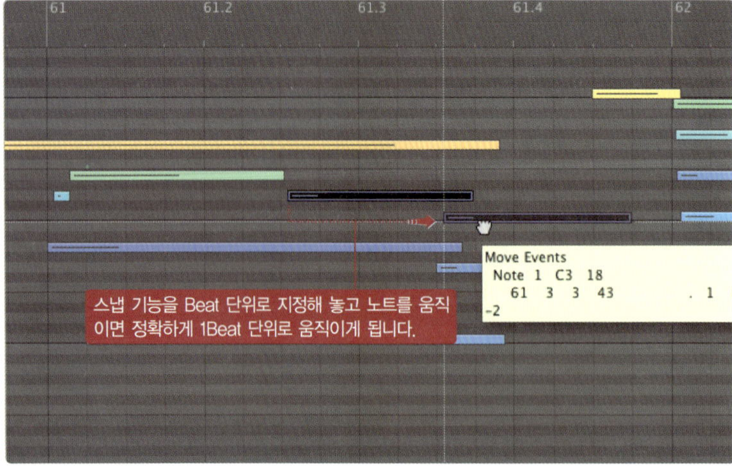

스냅 기능 고급 컨트롤

스냅 기능 옵션이 어떠한 것으로 선택되어 있든지 간에, 노트를 이동하거나 길이를 조절할 때 Control 키를 누르고 움직이면 트랜스포트의 Division 값에 따라 스냅이 적용됩니다.

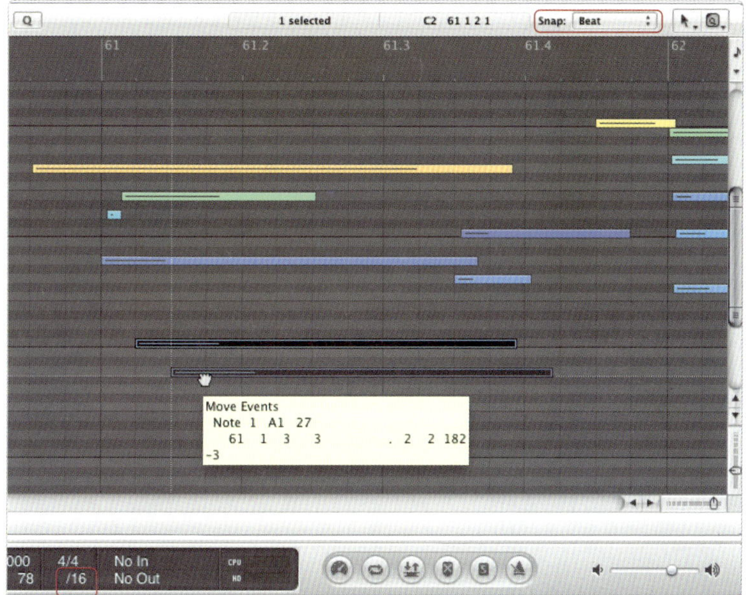

Control + Shift 키를 누른 상태로 드래그하면 스냅에 관계없이 미세하게 조절됩니다.

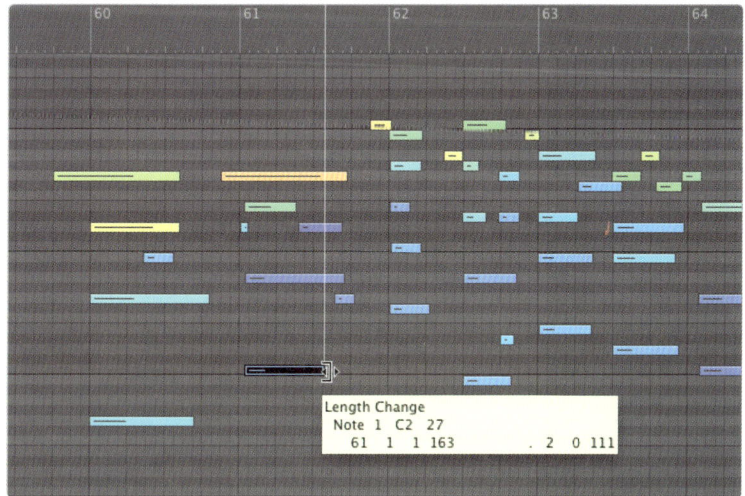

6. 하이퍼드류(Hyper Drew)

○ 하이퍼드류창은 피아노롤에서 다양한 컨트롤 값을 조절할 수 있는 편집창으로 피아노롤 좌측 하단의
을 클릭하면 활성화시킬 수 있습니다. 여기서는 프로젝트 가장 위쪽의 'AC_Piano' 리전을 이용해서
설명해보도록 하겠습니다.

○ 하이퍼드류창의 컨트롤 값들은 좌측의 화살표(■)를 클릭해보면 볼 수 있습니다. 볼륨, 익스프레션, 서스
테인 등등 미디 노트의 다양한 컨트롤러 값들이 나타납니다. 원하는 항목을 선택하면 해당 창을 볼 수 있
습니다.

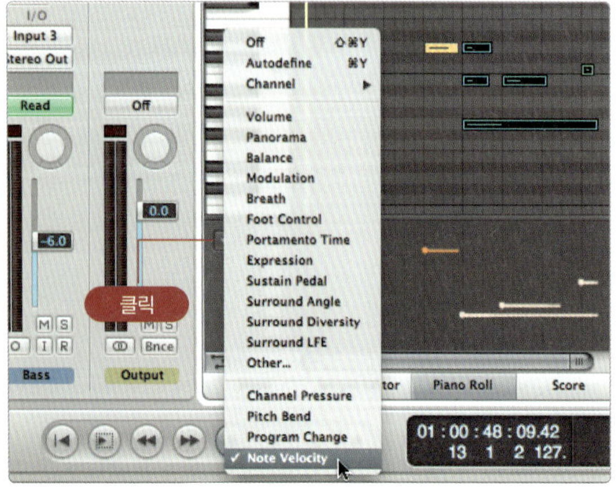

● 현재 리전이 가지고 있는 컨트롤러 항목들을 바로 찾아보려면 Autodefine의 단축키 `Command`+`Y` 를 사용하면 됩니다. 예를 들어 지금 편집하고 있는 'AC_piano' 리전은 'Note Velocity', 'Sustain Pedal', 'Channel Pressure' 이렇게 세 가지 컨트롤 값을 가지고 있으므로, `Command`+`Y` 키를 실행할 때마다 세 가지 컨트롤 값의 편집창이 순서대로 바뀌면서 나타납니다.

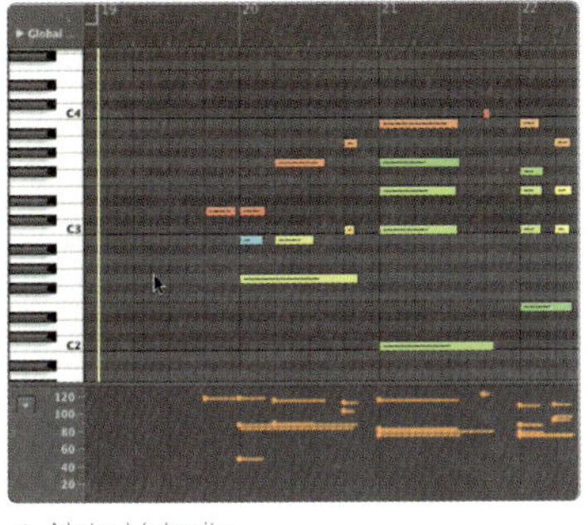

▲ Note Velocity

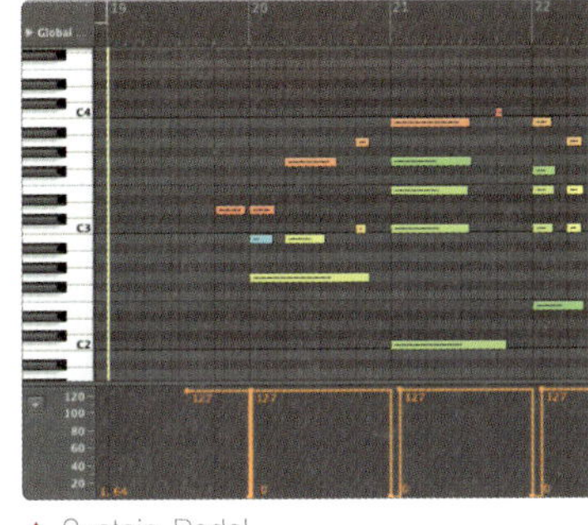

▲ Sustain Pedal

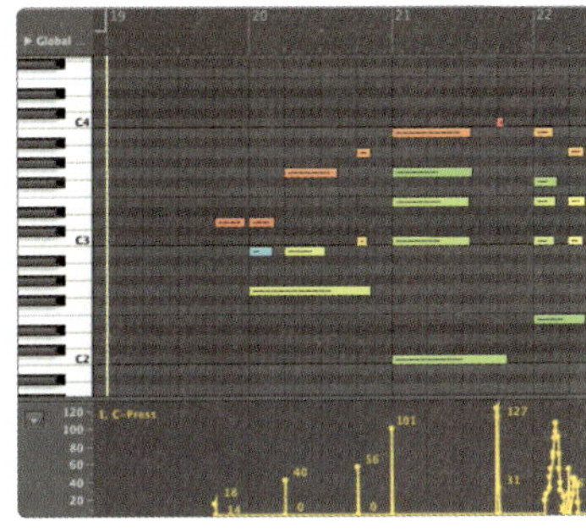

▲ Channel Pressure

Note Velocity

● 벨로시티를 조절하는 하이퍼드류창입니다.

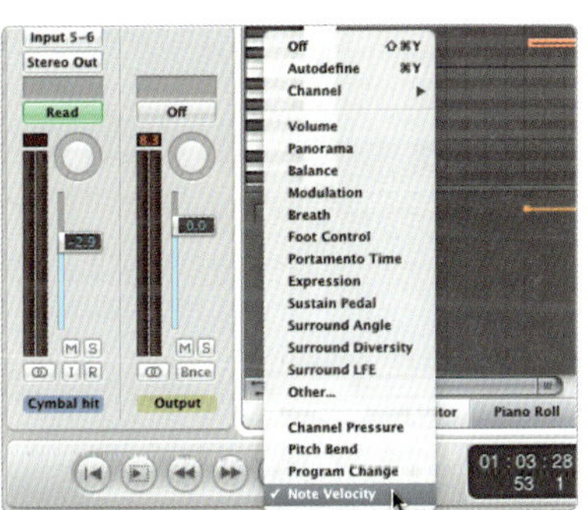
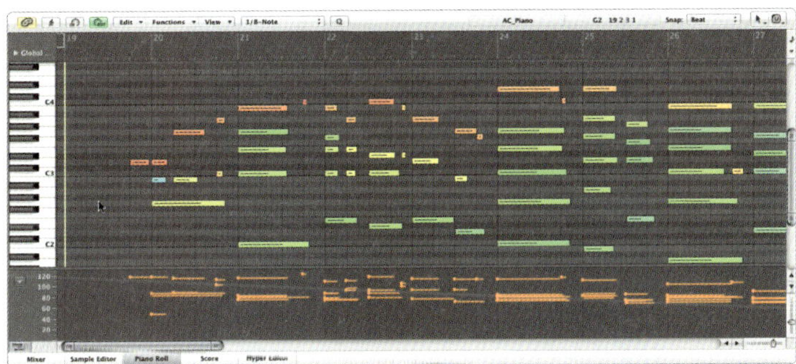

● 맨 앞의 붉은 색 막대 머리 부분을 드래그해서 위아래로 움직이면, 해당 노트의 벨로시티 값이 바뀌게 됩니다.

하이퍼드류창의 빈 공간을 클릭한 채로 잠깐 기다리다가 떼고 마우스를 움직여보면 초록색 선이 그어지게 됩니다. 방향에 따라 원하는 지점을 클릭하면 초록색 선의 모양대로 벨로시티 값들이 정렬하게 됩니다. 미디 노트의 벨로시티로 효과를 내고자 할 때 유용합니다.

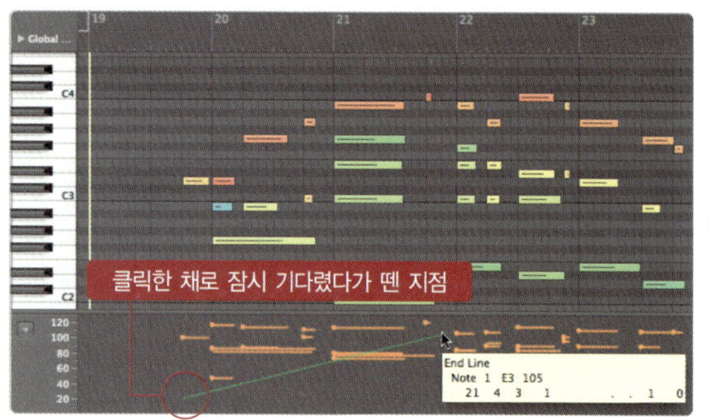

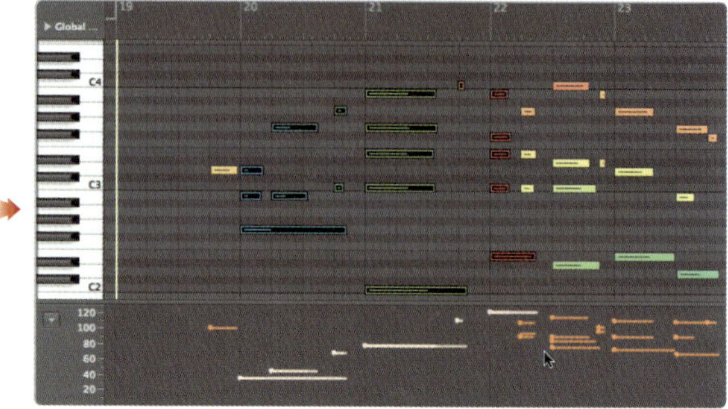

Expression

스트링 음원을 사용하거나 세밀한 연주기법 효과를 낼 때 자주 사용하는 익스프레션(Expres - sion) 컨트롤 값입니다.

현재 예시로 사용하고 있는 리전에는 익스프레션 값이 없어 창에 아무런 정보가 표시되지 않습니다. 그림처럼 빈 영역을 클릭하면 점이 나타나면서 익스프레션 값이 생성됩니다. 지금 설명하는 컨트롤 값 생성과 수정 방법은 후에 나오는 오토메이션(Automation) 기능과 동일하므로 미리 숙지해두면 편리합니다.

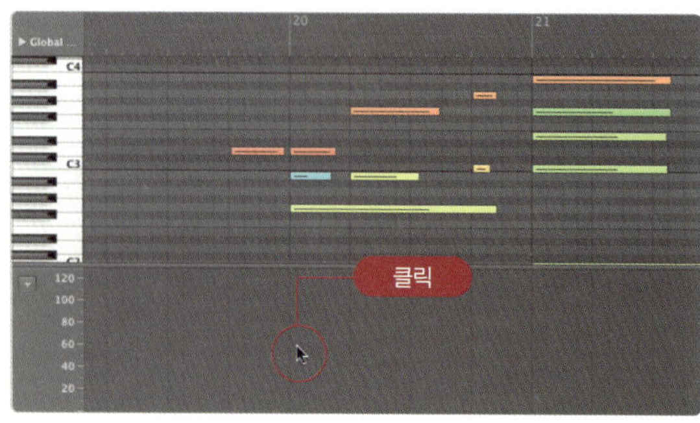

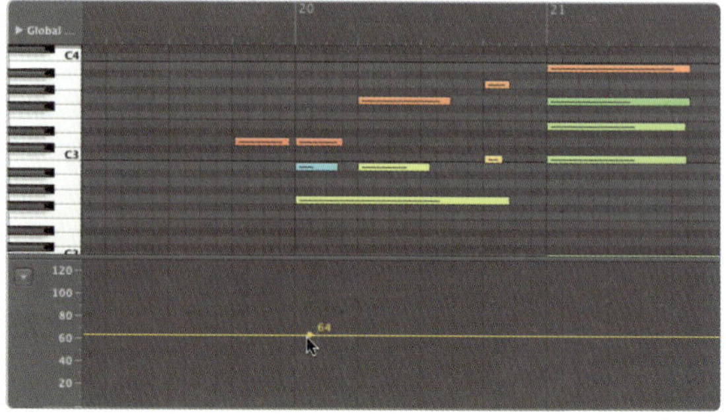

○ 생성된 점을 상하 좌우로 드래그해서 값을 변경
시킬 수 있습니다.

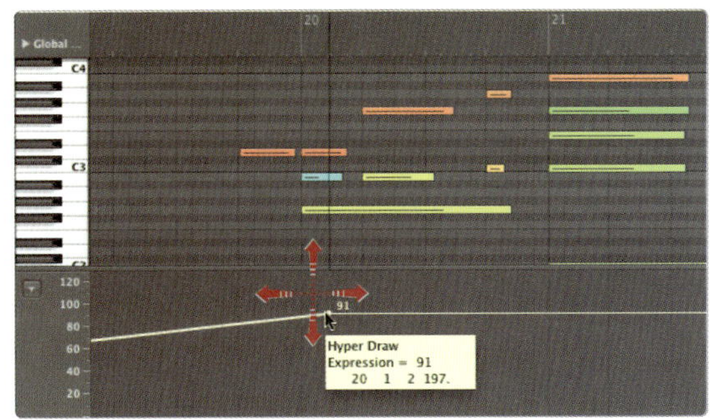

○ 빈 공간을 클릭해서 다른 점을 생성시킬 수 있습
니다.

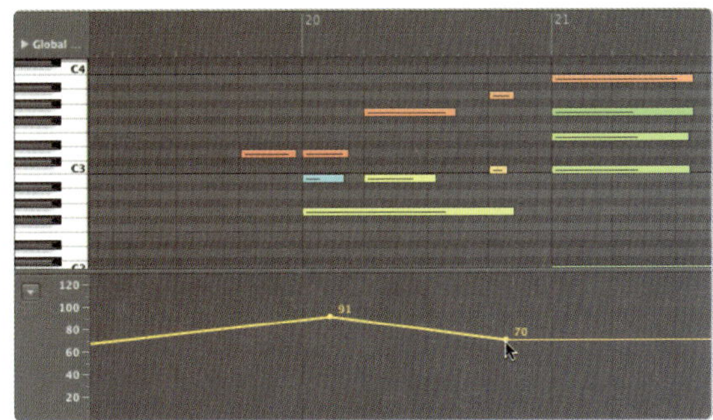

○ 생성한 점을 다시 클릭하면 삭제됩니다.

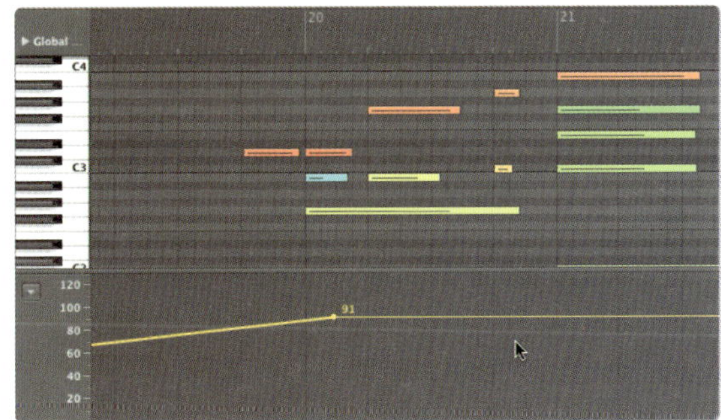

Sustain Pedal

○ 건반을 연주할 때 밟고 떼는 서스테인 페달의 값을 조절하는 창입니다.

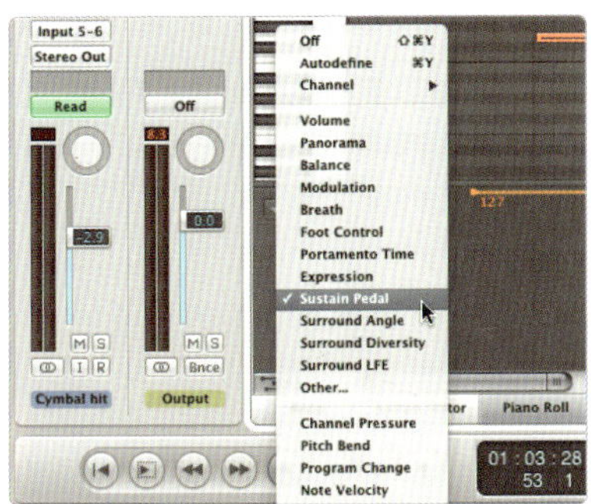
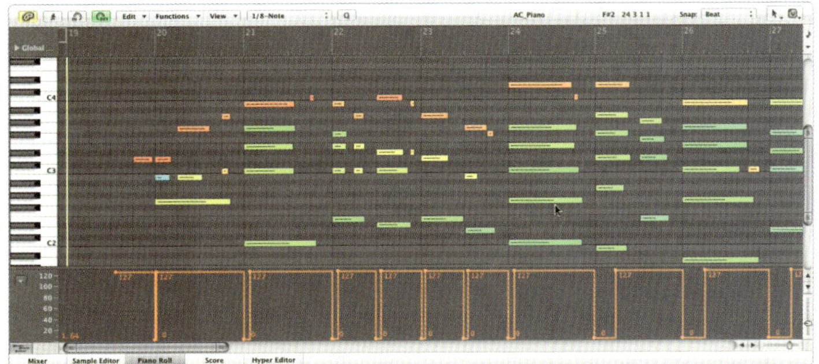

● '127' 이라는 값은 서스테인 페달을 밟은 상태이고, '0' 은 뗀 상태입니다. '127' 이라 쓰여 있는 꼭짓점을 드래그해서 좌우로 움직이면 페달을 밟는 시점을 바꿀 수 있고, '0' 이라 쓰여 있는 지점을 좌우로 움직이면 페달을 떼는 시점을 바꿀 수 있습니다.

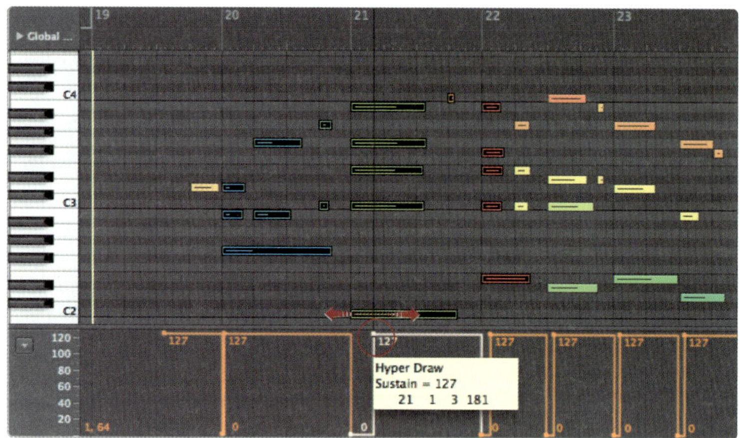

그 밖의 컨트롤러

하이퍼드류창에서는 그 밖에도 여러 가지 컨트롤러 값들을 조절할 수 있습니다. 많이 쓰이는 항목들을 간단히 설명해보겠습니다.

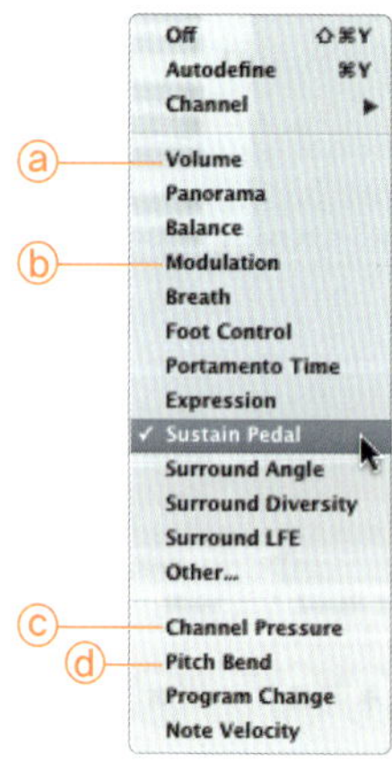

ⓐ Volume : 노트 벨로시티가 아닌 트랙의 볼륨을 조절합니다.

ⓑ Modulation : 키보드의 모듈레이션 휠 값을 조절합니다.

ⓒ Channel Pressure : 키보드의 건반을 연주한 후의 압력(에프터터치)을 조절합니다.

ⓓ Pitch Bend : 키보드의 피치 휠 값을 조절합니다.

CHAPTER 03 인스펙터창의 활용 (Inspector)

1. 인스펙터창에서 퀀타이즈하기

피아노롤에서 퀀타이즈하는 방법 외에, 인스펙터창을 이용하면 더욱 간단하게 리전의 노트들을 퀀타이즈할 수 있습니다.

리전 퀀타이즈

01 사용 중인 프로젝트가 있다면 닫고, '01 Wayhome'을 열어봅니다. 1번 'Steinway Piano' 트랙의 'AC_Piano' 리전을 선택한 후 인스펙터창의 리전 파라미터 영역 'Quantize' 메뉴를 보면, 'off(3840)'으로 설정되어 있는 것을 알 수 있습니다. 피아노롤에서 퀀타이즈를 실행한 경우에도 리전 파라미터에서는 퀀타이즈하지 않은 것으로 나타납니다.

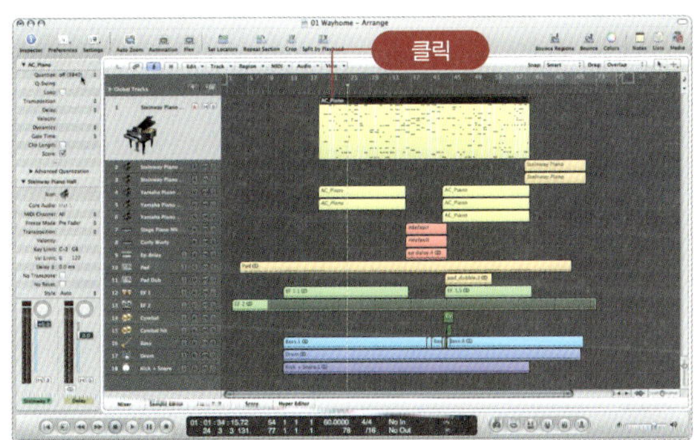

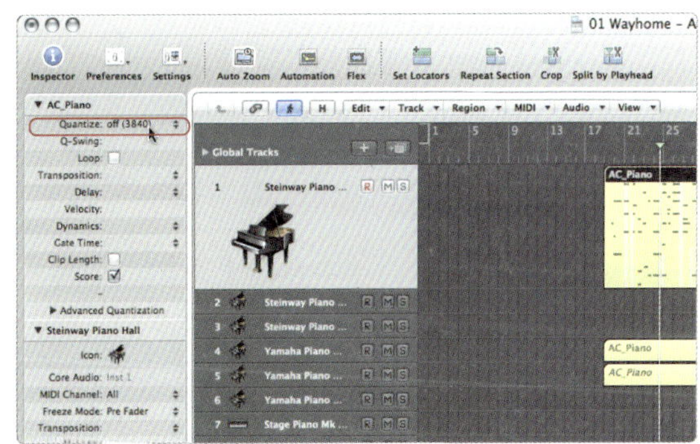

02 리전 파라미터 영역의 퀀타이즈 메뉴에서 '1/8 Note' 항목을 선택하면, 해당 리전의 모든 노트들이 1/8 단위로 퀀타이즈됩니다. 이러한 방법으로 여러 가지 설정 값에 따라 퀀타이즈가 가능합니다.

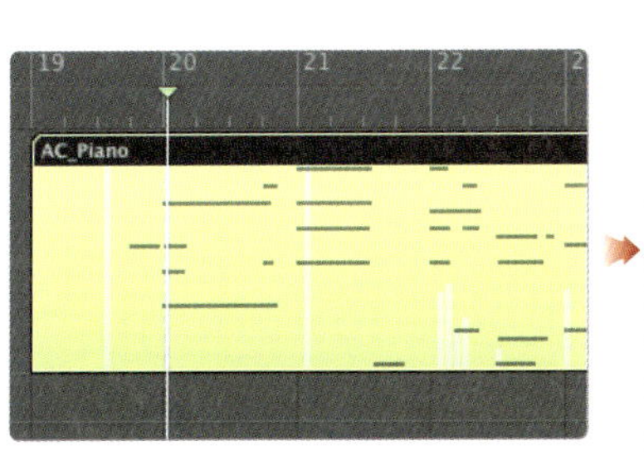

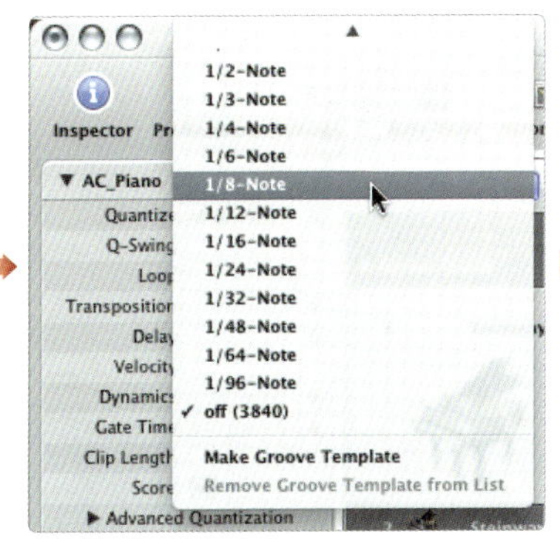

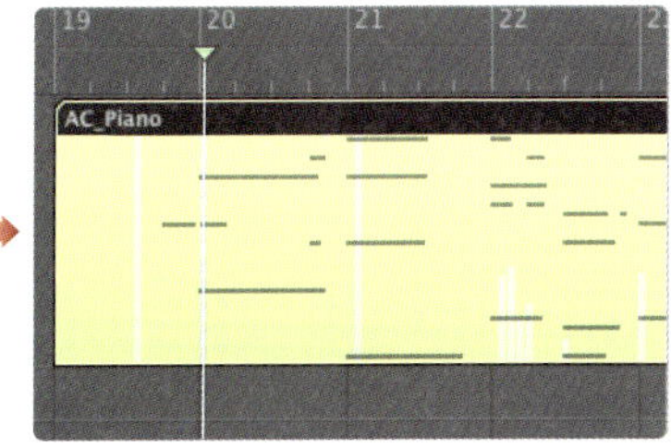

단축키를 이용한 리전 퀀타이즈

01 다른 트랙의 리전들을 클릭해봅니다. 현재 퀀타이즈를 실행한 리전 외에 다른 리전들은 퀀타이즈가 안되어 있는 것을 확인할 수 있습니다.

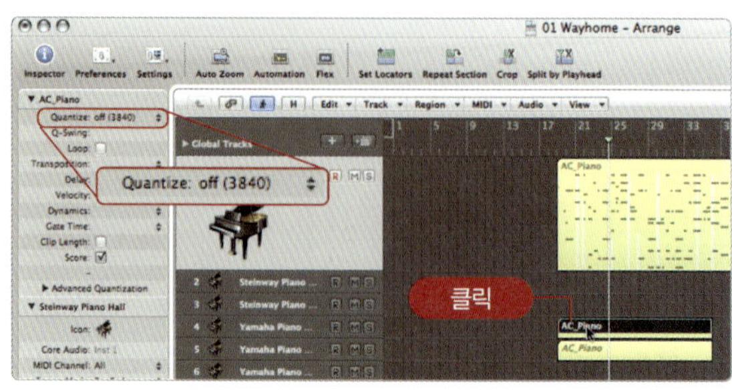

02 이 때 단축키 Q를 누르면 선택된 리전이 '1/8-Note'로 퀀타이즈되는 것을 알 수 있습니다. 이는 방금 '1/8-Note' 단위로 리전을 퀀타이즈한 기억이 있기 때문에 이렇게 되는 것입니다. 만약 이전에 퀀타이즈 옵션을 '1/16-Note'로 했다면 단축키 Q에 의해 퀀타이즈 되는 단위가 1/16-Note로 바뀌게 됩니다. 여러 개의 리전을 선택했을 때도 마찬가지 방법으로 리전 퀀타이즈를 손쉽게 실행할 수 있습니다.

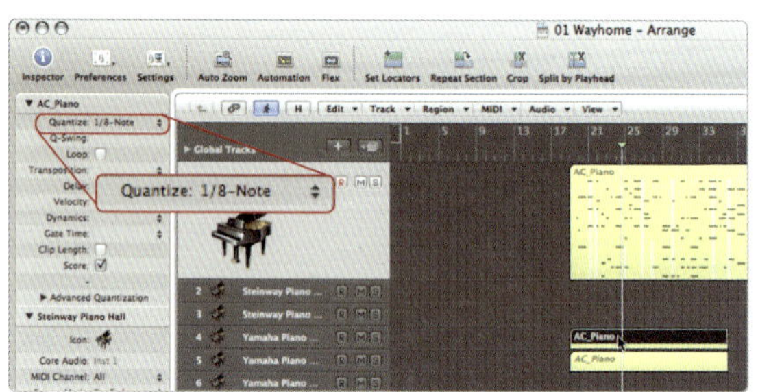

스윙 퀀타이즈

예제 파일 : 10 Swing Quantize – 10 Swing Quantize

비트(Beat)를 만들 때 유용하게 활용하는 기능으로, 8분 음표 단위나 16분 음표 단위의 정확한 퀀타이즈를 좀 더 그루브(Groove)감 있게 만들어주는 장치입니다.

1 리전 파라미터 Quintize 값으로 스윙 퀀타이즈하기

01 그림과 같이 8분 음표 단위의 미디 노트가 퀀타이즈되어 있지 않은 상태에서 리전 파라미터 Quantize 값을 '1/8-Note'로 설정하면 계속 해왔던 것처럼 그리드에 정확하게 퀀타이즈됩니다.

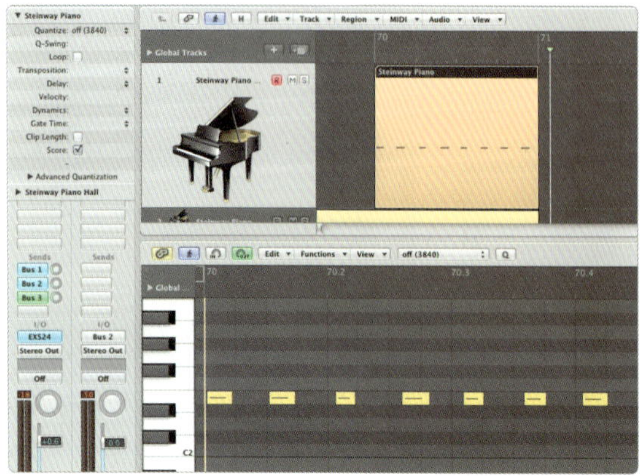
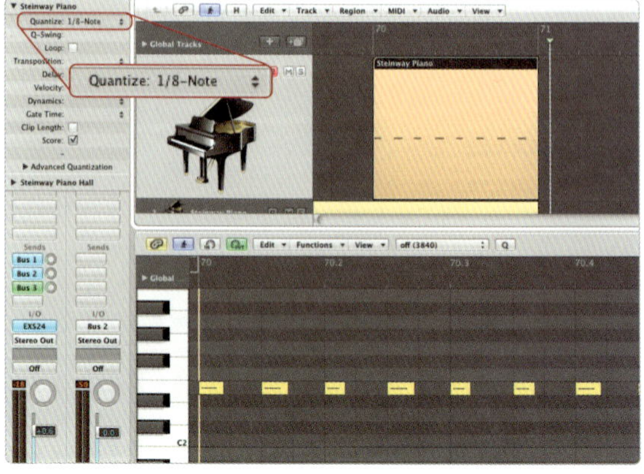

02 Quantize 값을 '8C Swing'으로 설정하면 두 번째 노트들이 그리드에서 약간 오른쪽으로 밀려난 것을 확인할 수 있습니다. 이러한 방법으로 드럼의 레이백(Lay Back) 효과를 일정하게 표현하는 그루브를 만들 수 있습니다. 8A부터 8F까지 표시되어 있는 다양한 스윙 그루브는 A가 가장 조금 밀리는 효과, F가 가장 많이 밀리는 효과를 나타냅니다.

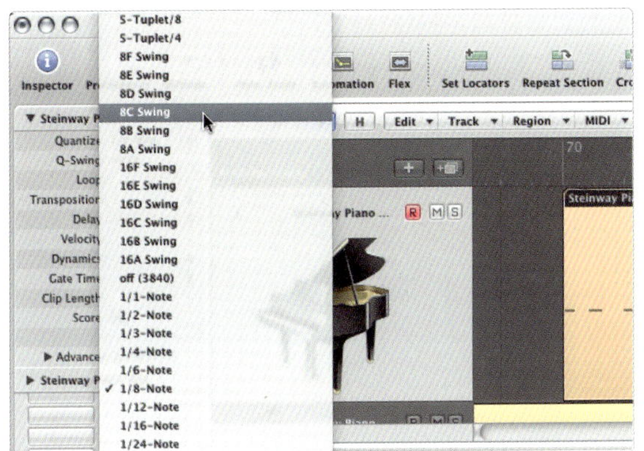

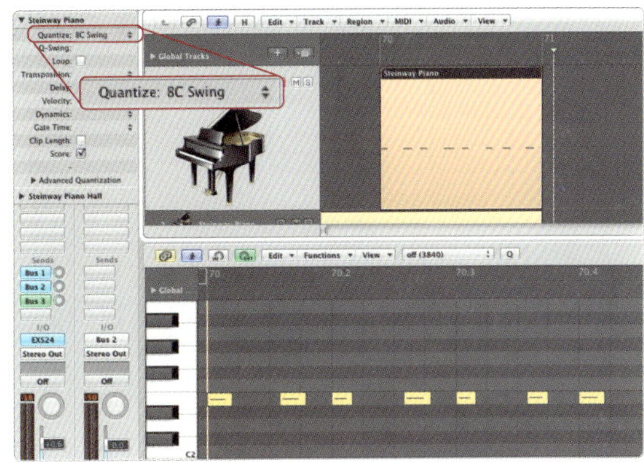

03 '8F Swing'을 선택해보면 방금 전 보다 두 번째 노트가 더 뒤로 밀리는 것을 확인할 수 있습니다.

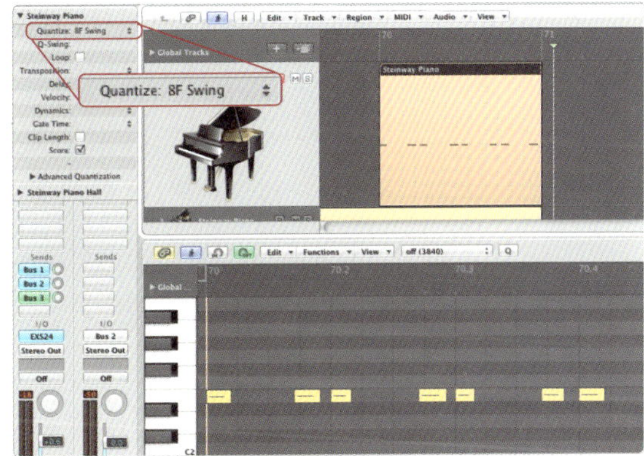

2 리전 파라미터 Q-Swing 값으로 스윙 퀀타이즈하기

이러한 스윙값은 Quantize 아래 항목 Q-Swing에서 변경할 수도 있습니다.

01 Quantize 값을 '1/8-Note'로 맞추어 놓고, Q-Swing 값을 위로 드래그해서 '60%' 정도에 맞추어 보면 위의 경우와 마찬가지로 두 번째 8분 음표가 뒤로 밀리는 것을 알 수 있습니다. 50%를 기준으로 퍼센트 값이 커질수록 더 뒤로 밀리게 됩니다.

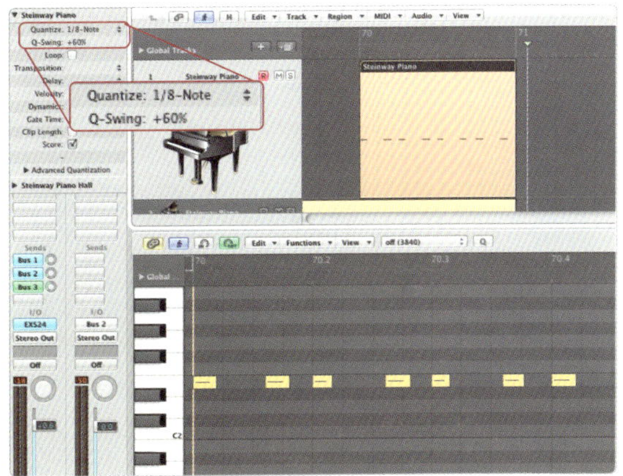

02 Q-Swing 값을 50%보다 작게 설정하면 반대로 앞쪽으로 당겨지게 됩니다.

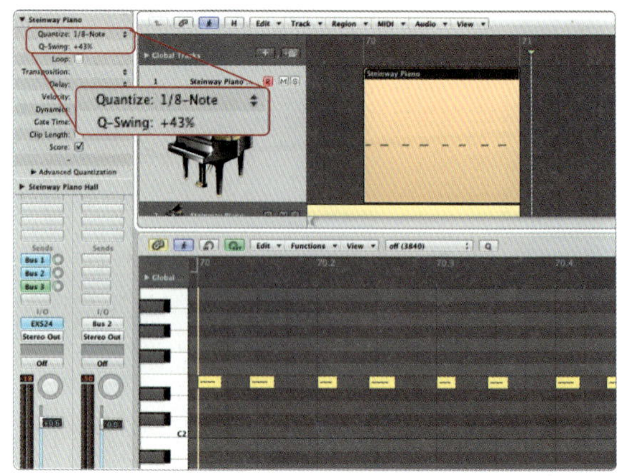

2. 트랜스포지션(Transposition)

예제 파일 : 01 Wayhome – 01 Wayhome

인스펙터창의 트랜스포지션(Tranposition)은 미디 노트의 음높이를 전체적으로 올리고 낮추는 기능을 뜻합니다. 피아노롤에서 음표의 높이를 수정하는 것과 같은 원리이지만, 인스펙터창에서 트랜스포지션(Transposition) 수치를 변경하면 실제 미디 노트에는 아무런 영향을 주지 않으면서 출력되는 소리만 바뀐다는 특징이 있습니다. 리전 파라미터와, 트랙 파라미터에서 모두 가능합니다.

리전 파라미터의 트랜스포지션

01 4번 'Yamaha Piano' 트랙의 두 개의 리전 중 왼쪽 것만 선택한 다음 인스펙터창의 Transposition 우측의 화살표(♦)를 클릭하고, '+12'를 선택해봅니다. 리전의 음들이 한 옥타브 높게 재생됩니다. '+12'는 반음계에서 열두 개의 음 위로, 즉 한 옥타브 올라갔다는 것을 뜻합니다. 이러한 경우에 리전이 가지고 있던 미디 노트에는 아무런 영향을 주지 않고 출력되어 나오는 소리만 높게 재생됩니다.

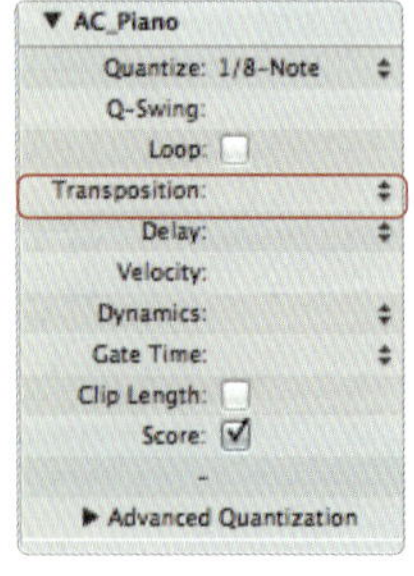

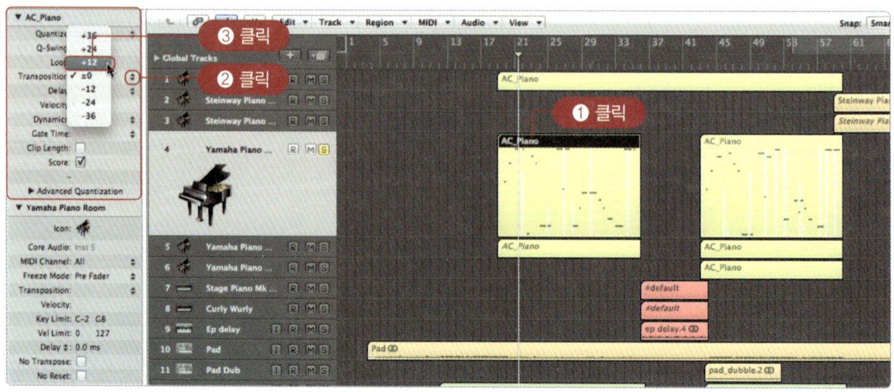

02 숫자가 쓰여 있는 자리를 드래그해서 위아래로 움직여 봅니다. 방금과 달리 숫자가 1단위로 올라가고 내려갑니다. 이러한 방법으로 실행하면 반음계 단위로 음이 올라가고 내려가게 됩니다. 예를 들어 '+2'로 설정하면 반음계로 두 음 위, 즉 온음 단위로 한 음 올라간 노트가 재생됩니다. 이러한 방법으로 리전의 노트를 수정하지 않은 채로 음을 전체적으로 높이고 낮출 수 있습니다.

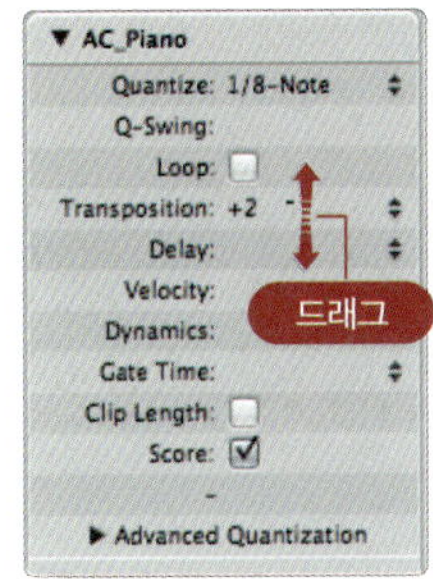

03 리전의 Transposition 수치를 '0'으로 돌려놓습니다.

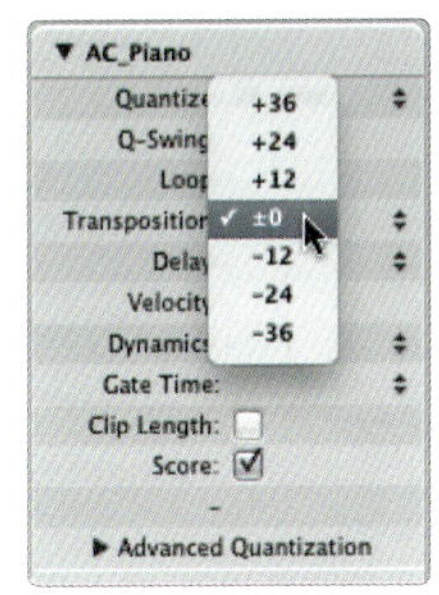

트랙 파라미터의 트랜스포지션

01 트랙 파라미터를 살펴보겠습니다. 리전 파라미터와 마찬가지로 Transposition 메뉴가 있습니다.

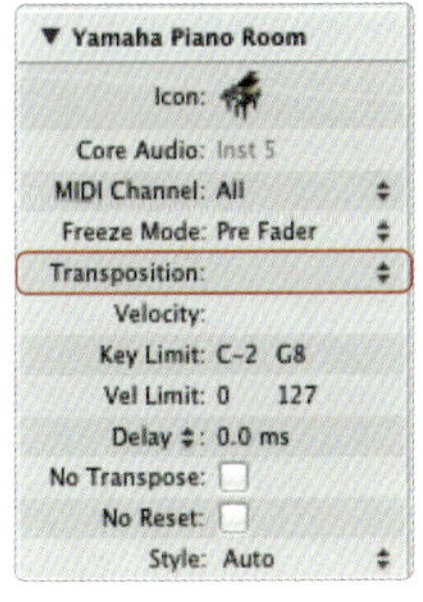

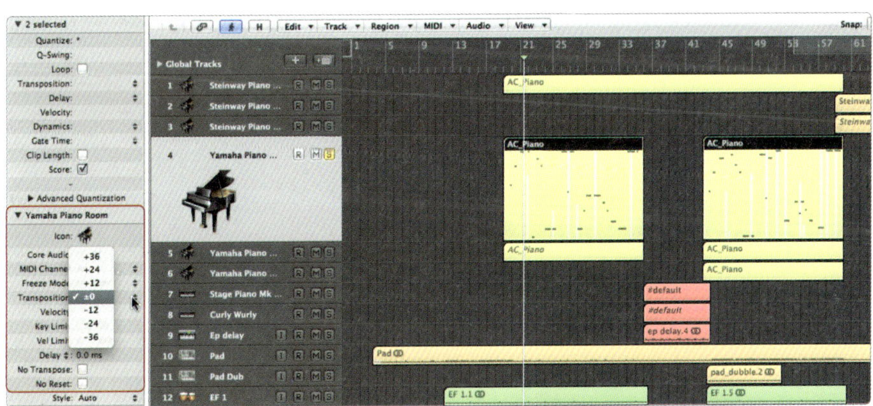

02 트랙 파라미터의 Transposition 수치를 '+12'로 변경하면, 트랙에 배열되어 있는 모든 리전들이 한 옥타브 높게 출력됩니다. 이 경우에도 리전이 가지고 있는 미디 노트에는 아무런 변화가 없이 재생할 때만 영향을 받아 옥타브가 변화된 소리가 출력됩니다. 리전 파라미터에서 Transposition 수치를 변화시켰을 때와 다른 점은 미디 신호를 입력을 할 때도 한 옥타브 높은 소리가 출력된다는 것입니다. 그러므로 키(key)를 바꾼 상태에서 연주하고 레코딩하고 싶다면 트랙 파라미터창에서 트랜스포지션을 설정해 놓고 레코딩하면 됩니다.

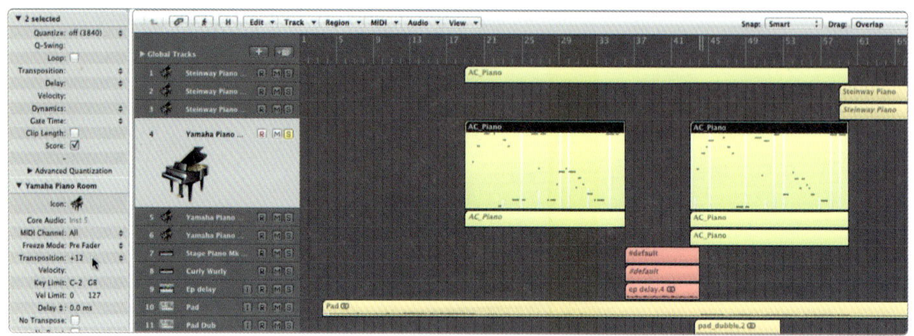

3. Q-Strength

인스펙터창에서는 퀀타이즈에 대한 다양한 고급 기능들을 제공합니다. 일반적으로 사용하기에는 조금 어렵거나 빈도가 낮은 기능들이라 Advanced Quantization 기능 중 대표적인 것만 언급하고 넘어가겠습니다. 'Q-Strength' 기능은 퀀타이즈를 얼마나 강력하게 할 것인가를 결정하는 메뉴입니다. 일반적으로 퀀타이즈를 '1/8-Note'로 하면 모든 노트들이 1/8 그리드에 맞추어 정확하게 움직이게 되지만, Q-Strength를 '80%'로 설정해 놓으면 말 그대로 80%만 움직이는 것입니다. 그리드와 노트와의 거리가 '100'이었다면, 일반적인 퀀타이즈에서는 100이 다 움직여 그리드에 딱 붙게 되지만, Q-Strength를 '80%'에 맞추어 놓으면 80만큼만 움직여서 그리드에서 20 떨어진 상태에 위치하게 됩니다.

01 그림과 같이 플레이헤드(바)에서 떨어져 있는 미디 노트가 있을 때 인스펙터에서 퀀타이즈 옵션을 '1/4-Note'로 맞추면 가장 가까운 왼쪽의 바(Bar)에 딱 붙게 됩니다.

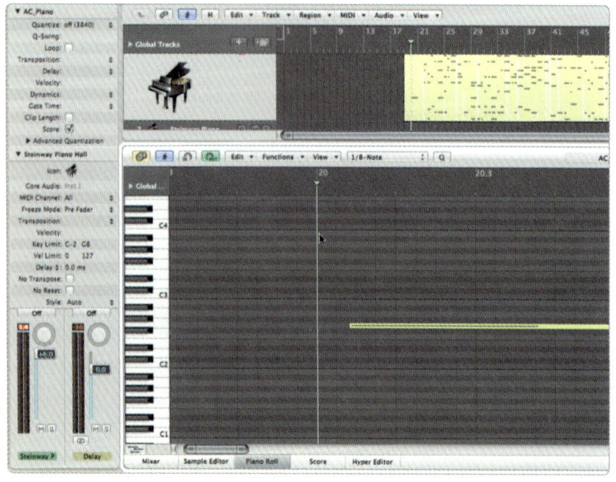 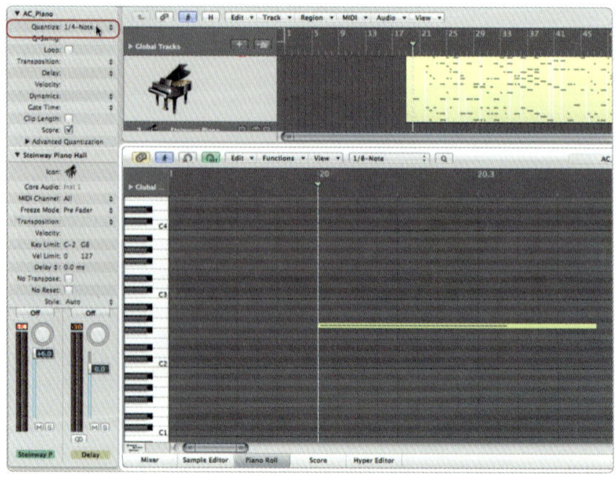

02 인스펙터창의 Advanced Quantization 창을 열고
(▶ 버튼 클릭) Q-Strength를 '80%'로 조절하면 그리드
에 80%만 가까이 가는 것을 확인할 수 있습니다. 이러한
기능을 이용해서 피아노 연주나 현악기 소리를 퀀타이즈할
때 너무 기계적이지 않게 자연스러운 맛을 낼 수 있고, 그
외에도 다양하게 창의적으로 활용할 수 있습니다.

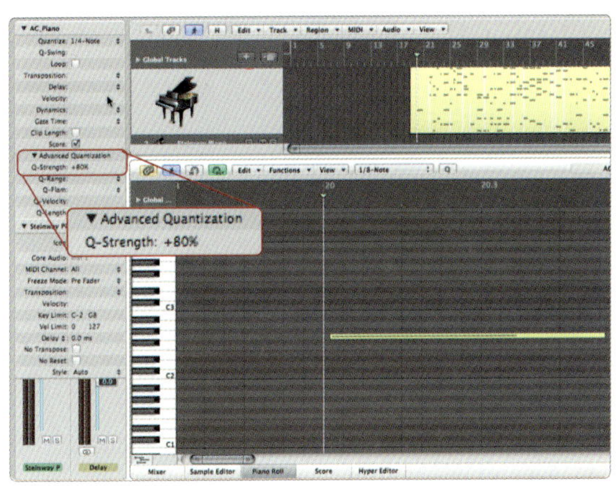

4. 리전 파라미터의 여러 가지 기능

리전 파라미터에는 트랜스포지션 외에도 여러 가지 기능들을 갖추고 있습니다. 트랜스포지션의 위치를 기준
으로 하나씩 내려가면서 설명해보겠습니다.

Delay

리전이 재생되는 타이밍을 미세하게 밀고 당길 때 사용합니다. −쪽으로 설정하면 당겨지고, +쪽으로 설정하
면 밀게 됩니다.

Velocity

리전의 벨로시티 값을 전체적으로 올리거나 낮출 때 사용합니다.

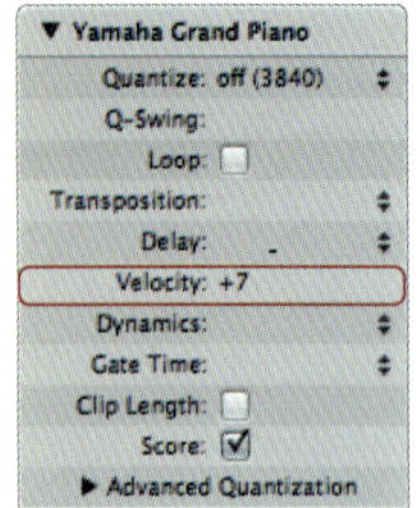

Dynamics

벨로시티가 가장 큰 값의 음표와 가장 작은 값의 음표의 차이를 조절하는 기능입니다. 일종의 컴프레서 역할을 한다고 볼 수 있습니다. 'Fixed'를 선택하면 모든 음표의 벨로시티 값이 같아지게 됩니다. 값이 위로 올라갈수록 다이내믹(벨로시티가 큰 음표와 작은 음표와의 차이)은 작아지고 전체적인 볼륨은 커지게 됩니다.

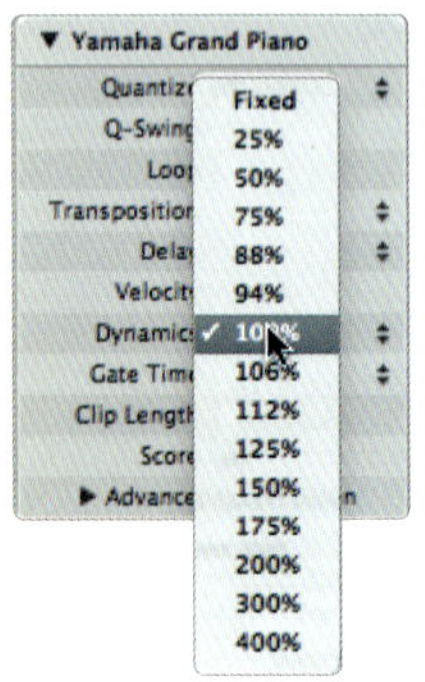

Gate Time

미디 노트의 길이를 스타카토에서부터 레가토까지 조절하는 기능입니다. 퍼센트를 높여 레가토에 이르면 음표 사이의 간격이 없이 촘촘히 붙어서 연주하게 되고, Fixed 방향으로 내려가게 되면 점점 음표를 짧게 연주하게 됩니다.

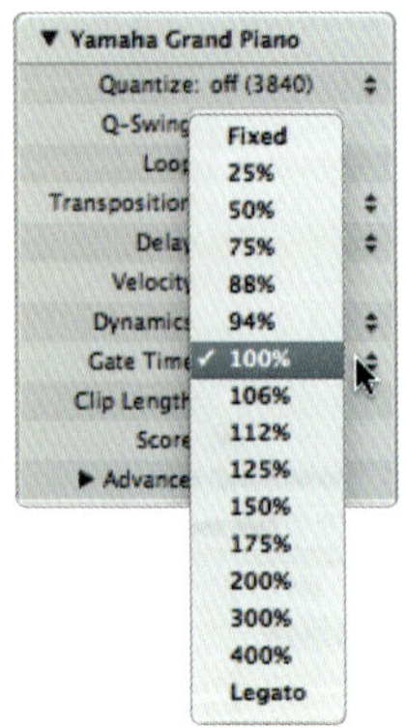

Clip Length, Score

체크되어 있지 않을 때는 미디 리전의 끝부분에서 음표가 끝나도 소리는 계속되지만, 체크하면 미디 리전이 끝날 때 음표의 소리도 끊기게 됩니다. 'Score' 기능은 Score Editor(오선지 편집창)에서 리전을 에디팅할 수 있게 해주는 옵션입니다.

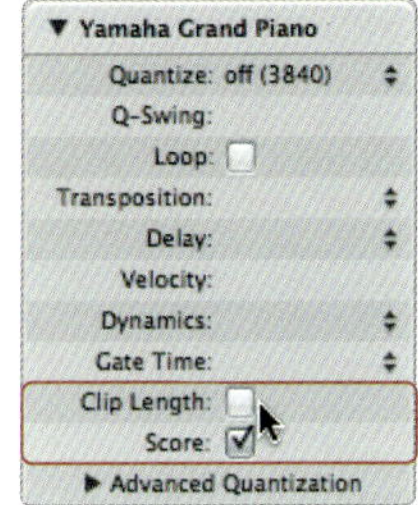

리전 파라미터와 트랙 파라미터에서 여러 가지 설정 값들을 변경하다가 초기 상태로 되돌리고 싶을 경우에는 항상 Option 키를 누른 채로 클릭하면 됩니다.

미디 레코딩 옵션
(Recording Options)

로직에서 미디 레코딩을 하는 방법은 다양합니다. 이번 챕터에는 여러 가지 옵션 설정과 기능을 활용하여 미디 레코딩하는 법을 공부해보도록 하겠습니다.

1. 미디 레코딩의 기본 옵션으로 레코딩하기

01 사용 중인 프로젝트가 있다면 닫고, `Command` + `N` 키를 눌러 새로운 'Empty Project'를 만듭니다. 'Software Instrument' 트랙을 선택합니다.

02 라이브러리창에서 **02 Acoustic Pianos 〉 Yahama Piano Hall**을 로딩합니다.

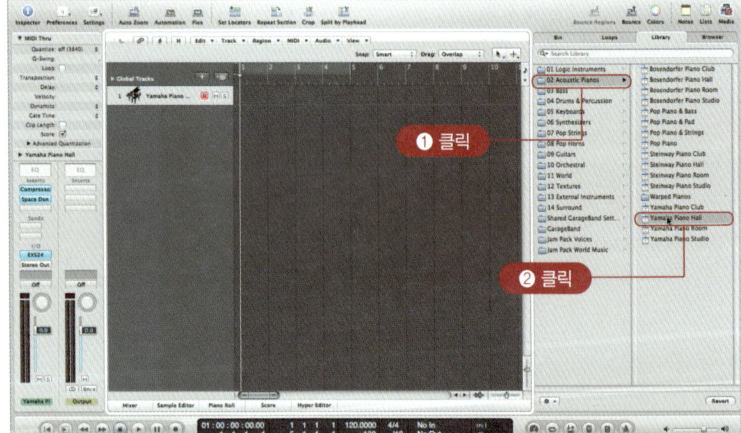

03 `Command` + `Z` 키를 눌러 오토트랙줌을 활성화(🔲)시킨 다음 단축키 `R` 키를 실행하고, 아무런 노트나 레코딩을 해봅니다.

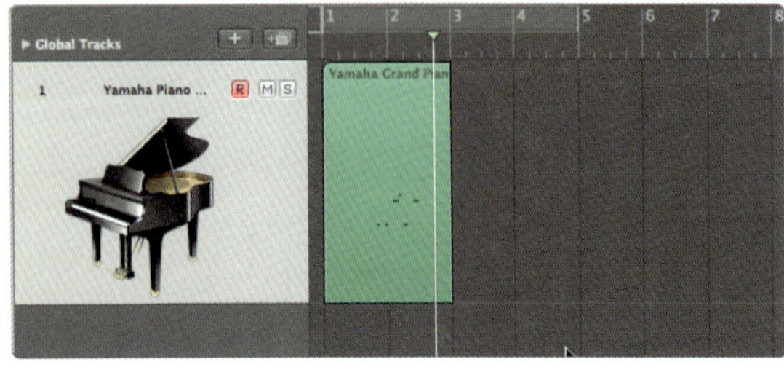

04 `Return` 키를 눌러 처음으로 돌아간 후, 다시 레코딩해 봅니다. 이전의 리전이 없어지고 새로운 리전이 생겨난 것처럼 보입니다.

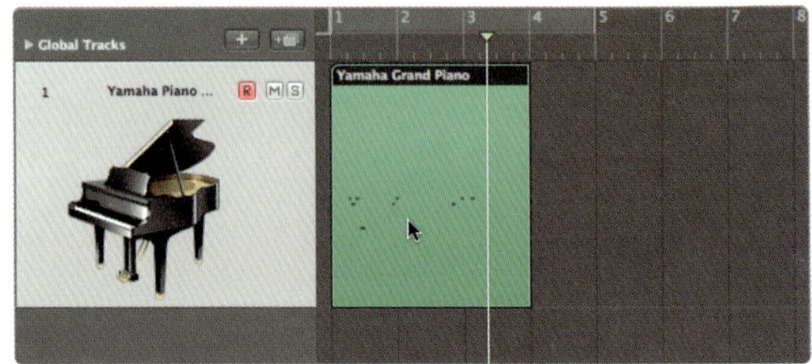

05 리전을 오른쪽으로 이동시켜봅니다. 예전에 레코딩했던 리전이 그대로 남아 있는 것을 확인할 수 있습니다. 이와 같이 미디 레코딩의 기본 옵션은 새로 레코딩을 할 때마다 리전이 생성되는 것입니다.

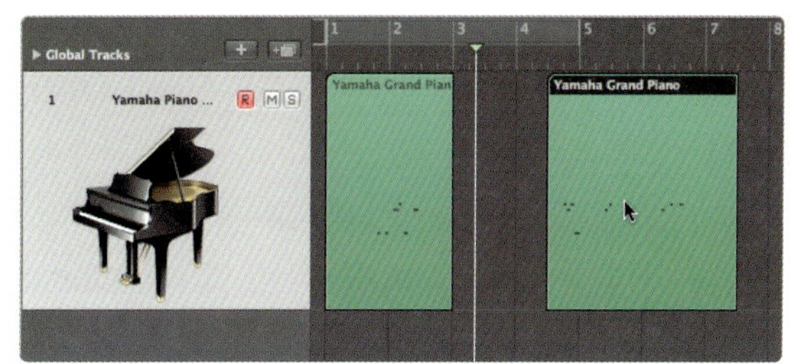

2. 리전을 합쳐가며(Merge) 레코딩하기

레코딩한 리전을 합쳐가며 사용하고 싶은 경우에, 옵션을 지정해서 실행할 수 있습니다.

01 트랜스포트바의 레코딩 버튼(●)을 우클릭한 후, 'Recording Settings...'를 선택합니다.

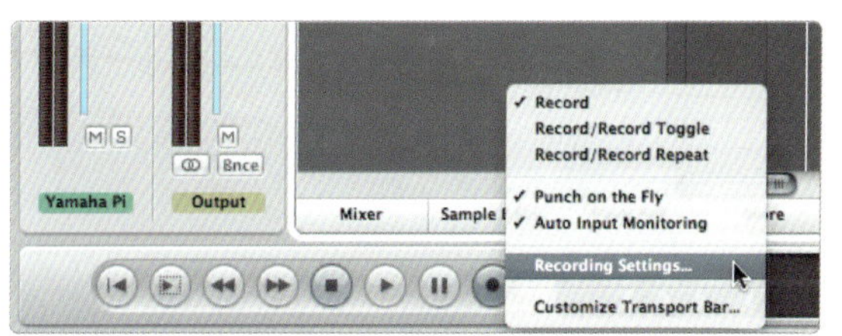

02 MIDI의 'Overlapping Recordings'를 선택해보면 기본값으로 'Merge only in Cycle record'(싸이클 모드에서 레코딩할 때만 리전을 합치기)가 선택되어 있습니다. 'Merge with selected regions'(선택된 리전과 합치기)를 선택합니다.

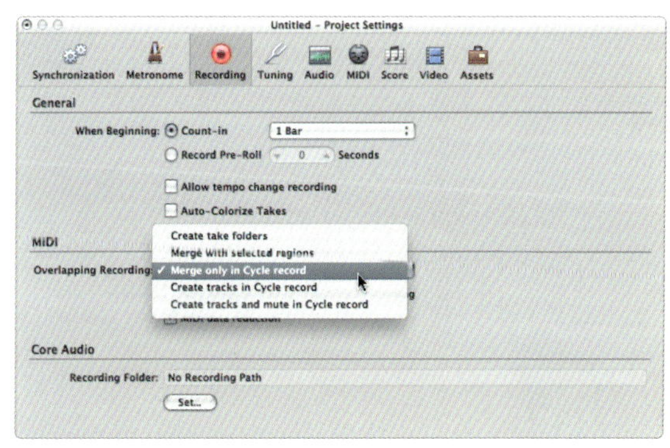

03 먼저 레코딩되어 생성된 리전을 선택하여, 윗부분이 검게 되는 것을 확인합니다.

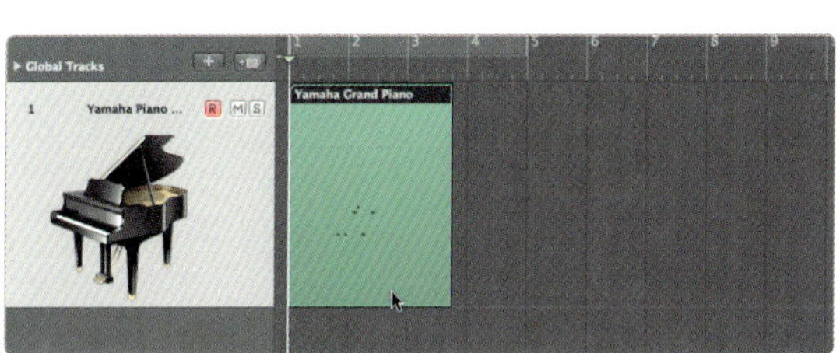

04 프로젝트 시작 부분부터 레코딩을 시작해보겠습니다. 리전이 별도로 생성되지 않고 이전 리전과 합쳐지며 레코딩되는 것을 확인할 수 있습니다.

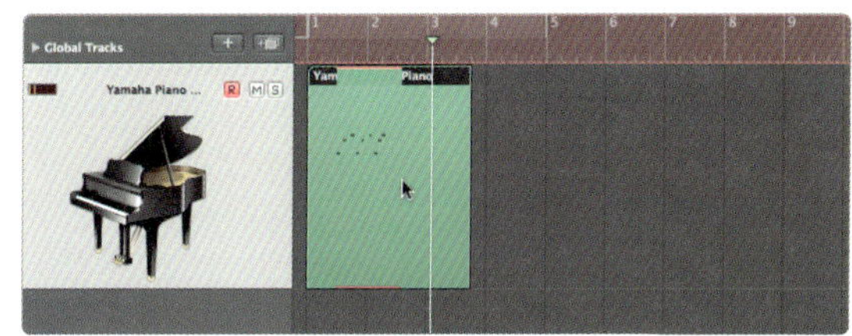

3. 싸이클 모드에서 레코딩하기

01 트랜스포트바의 레코딩 버튼(⏺)을 우클릭한 후, 'Recording Settings...'를 선택하여, 'Overlapping Recordings' 세팅을 'Merge only in Cycle record'로 돌려놓습니다.

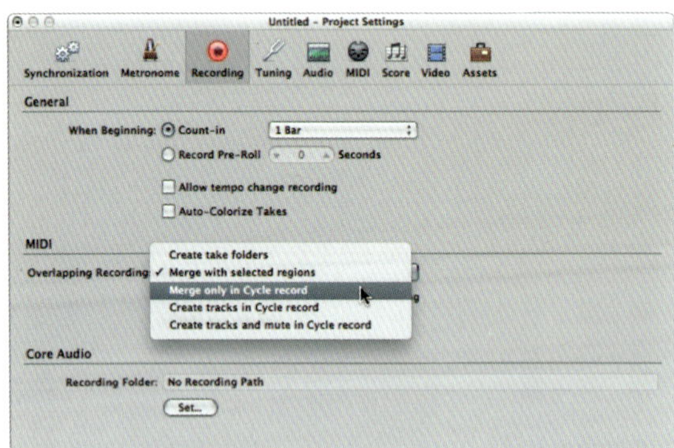

02 기존의 레코딩했던 리전을 선택한 후 Delete 키를 눌러 지우고, C 키를 눌러 싸이클 모드를 활성화(🔁)시킨 다음 그림과 같이 적당한 길이로 좌우 로케이터를 위치시킵니다.

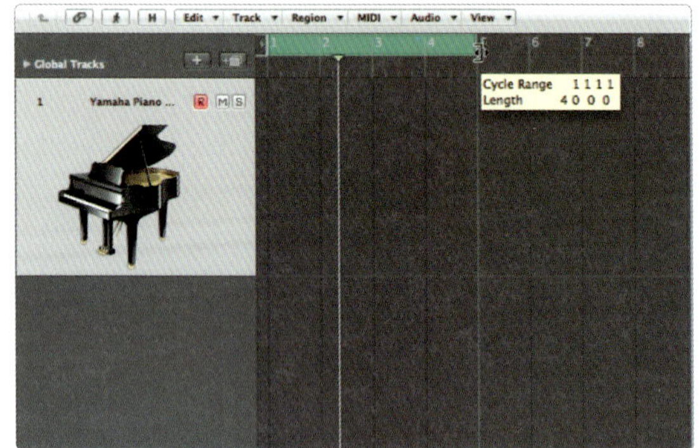

03 이러한 상태에서는 플레이헤드의 위치에 관계없이 싸이클 모드의 좌측 로케이터 시작 부분부터 레코딩이 시작됩니다. 물론 기본 설정이 예비박으로 한 마디 전부터 시작하도록 설정되어 있기 때문에, 좌측 로케이터 한 마디 전부터 메트로놈 소리와 함께 플레이헤드는 움직이게 됩니다.

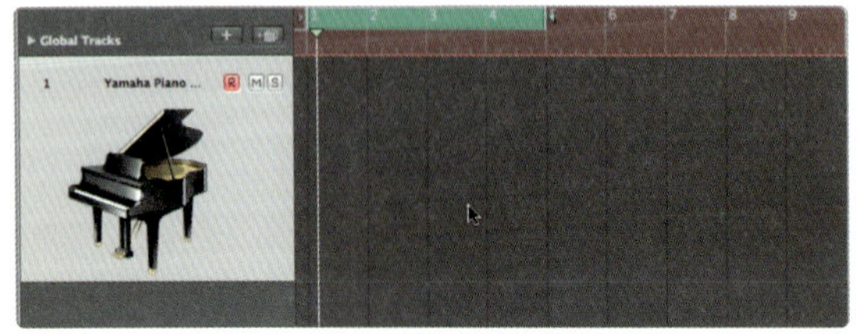

04 레코딩을 시작하고 로케이터를 몇 바퀴 돌 때까지 계속해서 노트를 입력해봅니다. 전에 입력된 미디 노트가 재생되면서 현재의 레코딩과 함께 계속 쌓여가는 것을 확인할 수 있습니다. 이러한 녹음 방식은 드럼 노트를 입력해서 루프를 만들 때 매우 유용합니다. 한 번은 킥(kick)만 연주하고 그 다음 턴에서 스네어(snare)만 연주하는 방식으로 복잡한 연주를 나누어서 녹음할 수 있기 때문입니다.

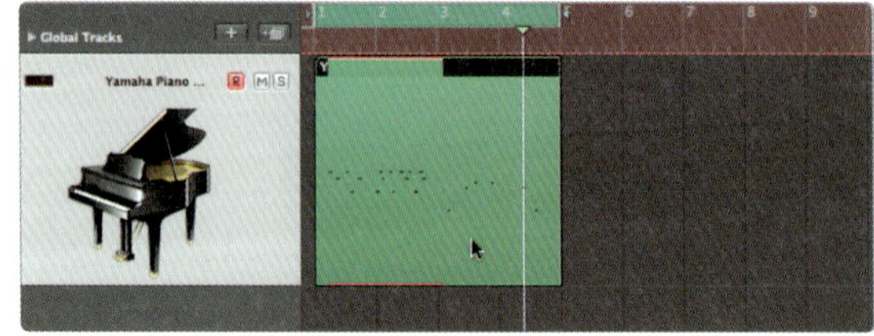

4. Midi Thru 기능

MIDI Thru은 아무 리전도 선택되지 않았을 때 인스펙터창에서 볼 수 있습니다.

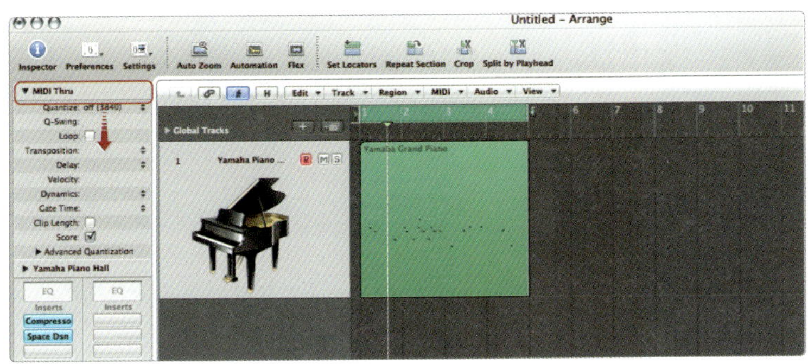

MIDI Thru에서 Transposition을 움직여 놓으면 모든 미디 인풋이 영향을 받게 됩니다. 이러한 기능은 공연하거나 여러 채널을 레코딩할 때 유용하게 쓰일 수 있습니다. 예를 들어 피아노, 올갠, 스트링 등을 모두 키를 바꿔서 연주, 레코딩하고 싶을 때는 MIDI Thru에서 Transposition을 설정해 놓으면 채널별로 별도의 파라미터 설정 없이 키가 바뀌어 실행됩니다.

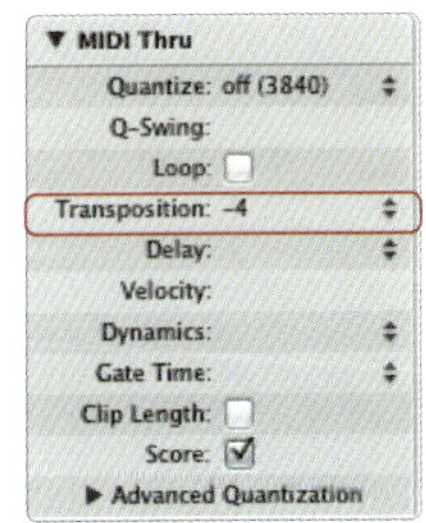

MIDI Thru 파라미터 박스에서 설정한 값들은 미디 레코딩 시 기본값으로 적용됩니다. 예를 늘어 MIDI Thru의 Quantize 값을 '1/8-Note'로 해놓은 상태에서 미디 레코딩을 실행하면, 레코딩이 완료됐을 때 리전 파라미터의 퀀타이즈 값이 자동으로 '1/8-Note'로 설정되며 퀀타이즈가 실행됩니다. 오토 퀀타이즈 역할로서 활용할 수 있는 것입니다.

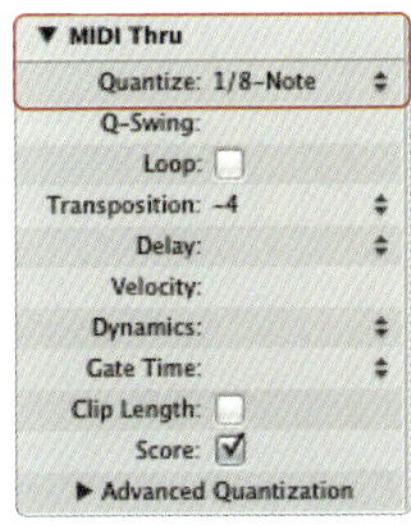

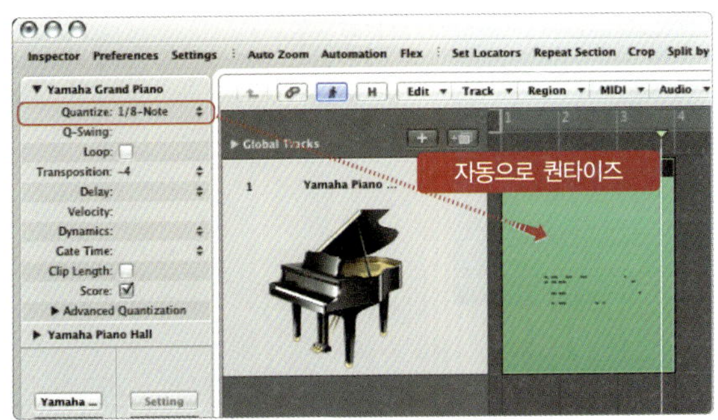

● 마찬가지로 'Loop' 기능을 켜 놓으면 모든 레코딩 완료 시 루프가 자동 생성됩니다.

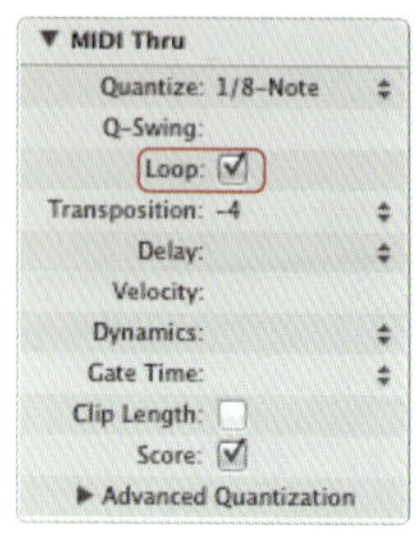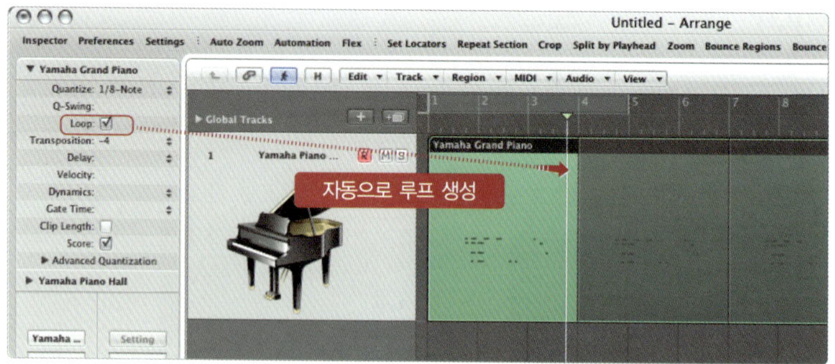

● 그 밖에 Midi Thru에서 지정할 수 있는 항목들은 모두 위와 같이 미디 레코딩의 기본값으로 작동하게 됩니다. 창의적으로 활용하면 작업능률을 올리는 데 유용한 기능들을 만들어낼 수 있습니다.

5. 스텝 인풋 레코딩

스텝 인풋(Step Input) 레코딩 방법은 미디 노트를 입력하는 손쉬운 방법 중에 하나입니다. 익혀두면 유용하게 사용할 수 있습니다.

01 Command + A 키를 눌러 어레인지 편집창의 모든 리전을 선택하고 Delete 키를 실행하여 사용하던 리전을 모두 지우고 펜슬 툴로 새로운 리전을 하나 만듭니다.

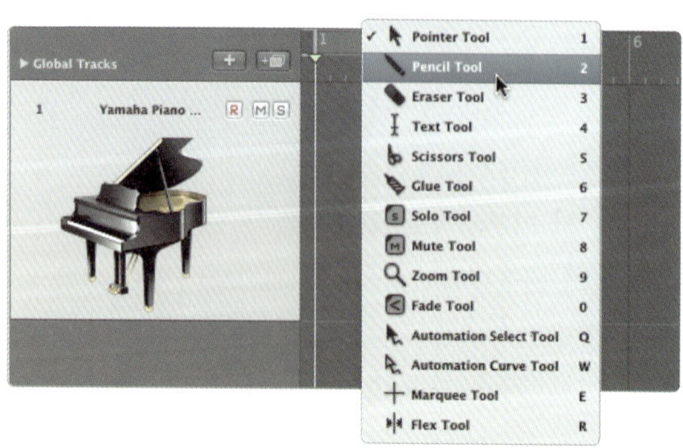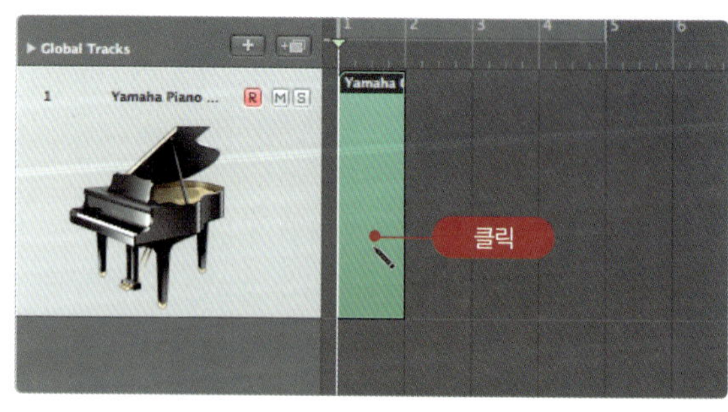

02 리전 우측 아랫부분을 드래그해서 적당히 리전을 늘려봅니다.(펜슬 툴 상태에서도 실행할 수 있습니다.)

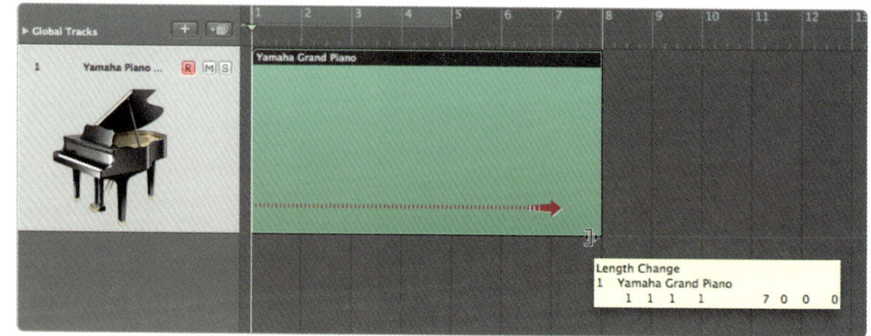

03 리전을 더블클릭해서 피아노롤을 활성화시키고(펜슬 툴 상태에서도 실행할 수 있습니다.), 미디 인풋 버튼( ) 을 클릭해 빨갛게 활성화시킵니다.

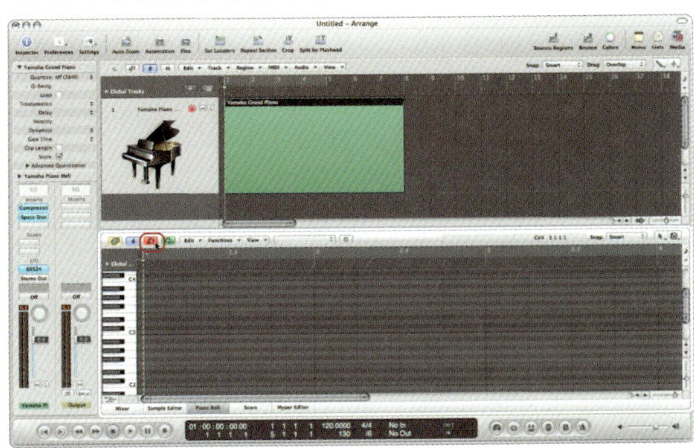

04 트랜스포트바의 Division을 드래그해서 '/4'로 맞추어봅니다.

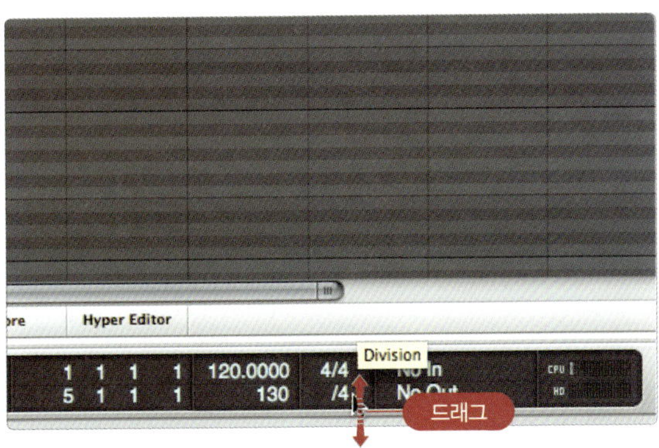

05 미디 입력이 가능한 키보드를 이용해서 음을 여러 개 눌러봅니다. 없는 경우에는 Caps Lock 키보드를 활성화해서 여러 음을 입력해보겠습니다. 플레이헤드의 위치가 앞으로 나아가며 1/4 길이의 노트가 입력되는 것을 확인할 수 있습니다. Division의 값을 바꾸면 해당 길이의 노트가 계속해서 생성되고, 건반에 연결된 서스테인 페달을 밟으면 쉼표가 입력됩니다.

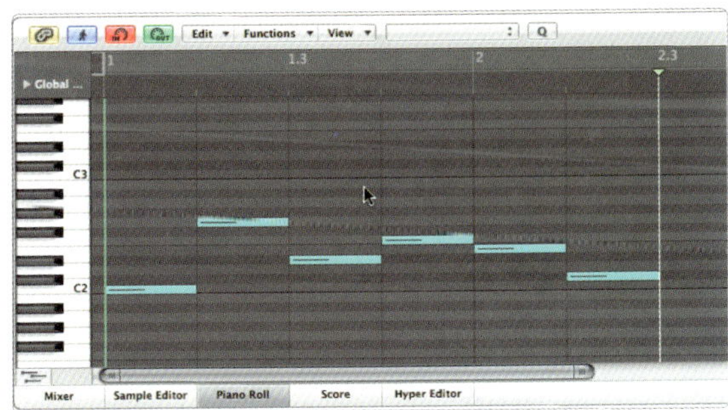

06 상단 메뉴바에서 **Options > Step Input Keyboard** 를 활성화시켜봅니다.

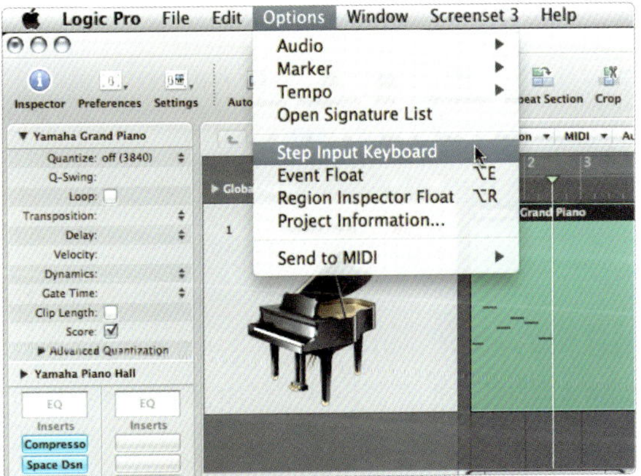

07 스텝 인풋 키보드는 노트의 길이, 세기 등을 조절할 수 있습니다. 건반의 음을 클릭하면 플레이헤드의 위치에 해당 노트가 입력됩니다.

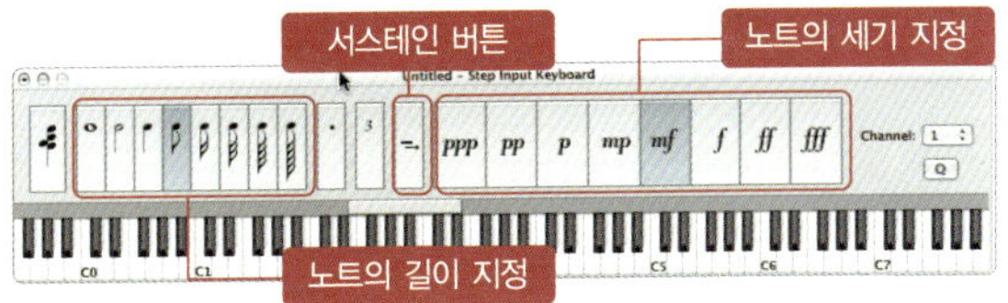

서스테인(Sustain) 버튼은 노트의 길이를 늘리거나, 쉼표를 입력할 때 유용하게 쓰일 수 있습니다. 입력 도구에서 한 음을 누른 채로 서스테인 버튼을 누르면 노트의 길이가 늘어나게 됩니다. 아무런 입력이 없을 때 서스테인 버튼을 누르면 쉼표를 입력한 것처럼 아무런 노트 입력 없이 플레이헤드가 앞으로 나아가게 됩니다.

6. Capture as Recording

로직에서는 레코딩을 실행하지 않은 상태에서도 플레이된 노트들을 기억하고 있습니다. 예를 들어 리듬 파트를 틀고 간단하게 건반연주를 해보았는데 너무 맘에 들었으나 레코딩을 하지 않았을 경우, 캡처 레코딩 기능을 실행하면 연주했던 노트들이 리전으로 만들어집니다.

캡처 레코딩 기능은 단축키로 실행할 수 있는데, 단축키를 설정하는 방법은 [Part 10] − [Chapter 01 단축키 활용]에서 자세히 다루고 있습니다.

01 단축키 Option + K 키로 단축키 설정창을 활성화시킨 후 'capture'로 검색해보면 'Capture as Recording' 이라는 기능을 찾을 수 있습니다.

02 Learn by Key Label 버튼을 활성화시키고, 사용하고자 하는 단축키를 등록합니다.

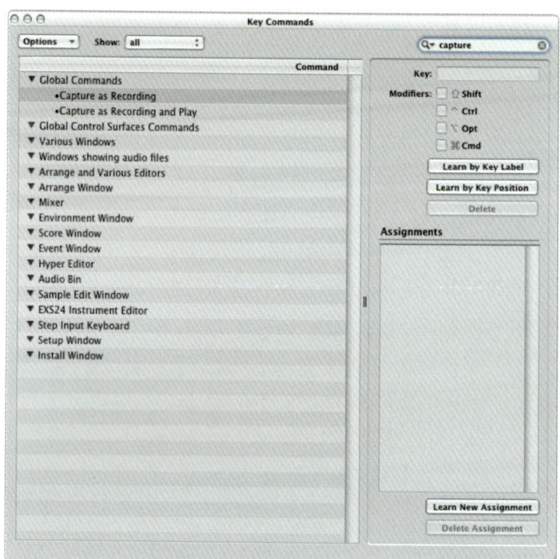

03 프로젝트를 플레이한 상태에서 건반을 연주하고 정지시키면 늘 그렇듯이 아무런 변화가 일어나지 않지만, 등록한 단축키를 실행하면 방금 연주한 노트들이 마법처럼 리전으로 나타나게 됩니다.

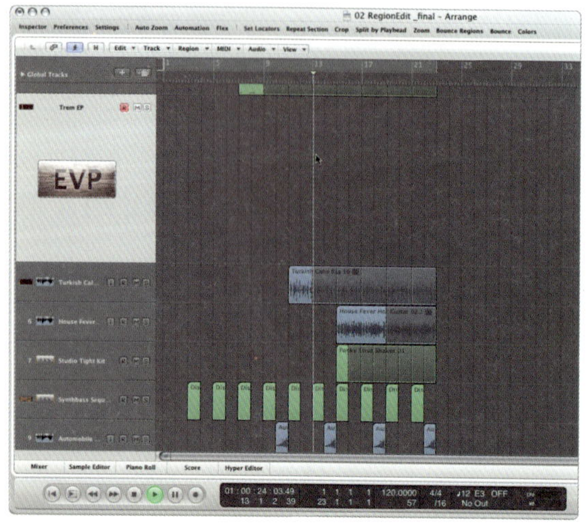

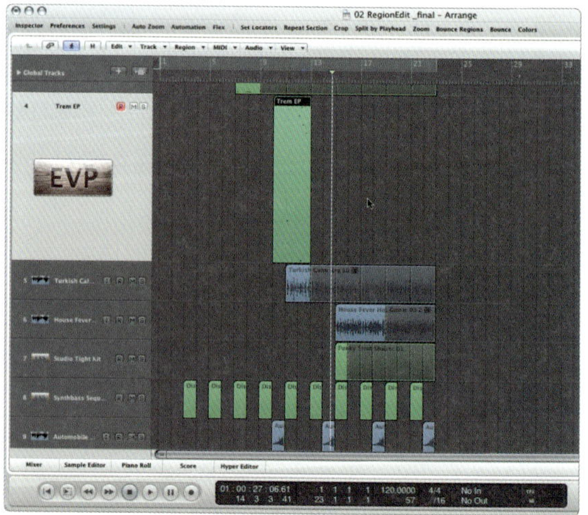

7. Record Repeat

레코딩을 하다보면 레코딩을 마무리하고 맘에 들지 않아 레코딩을 취소하고 다시 레코딩하는 과정을 무수히 반복하게 됩니다. 이럴 때 편리하게 사용할 수 있는 기능이 'Record Repeat' 입니다.

01 트랜스포트바에서 레코드 버튼(●)을 우클릭해보면 기본 설정이 'Record'로 되어 있는 것을 확인할 수 있습니다.

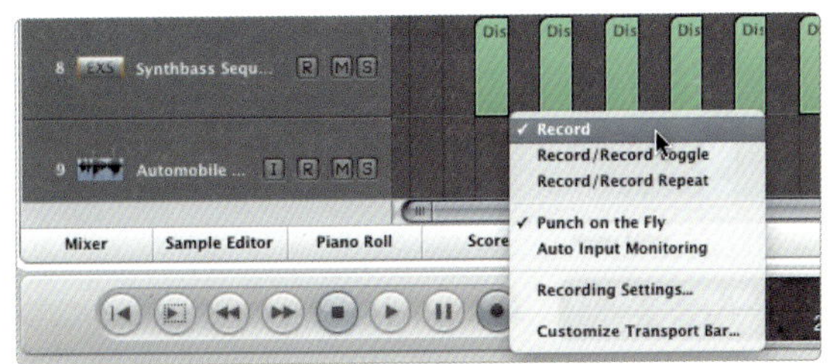

02 이 설정을 'Record /Record Repeat'로 바꾸어 놓고, 단축키 R로 레코딩을 시작하고 나서 다시 R키를 누르면 원래 레코딩을 시작했던 지점부터 다시 레코딩이 시작됩니다.

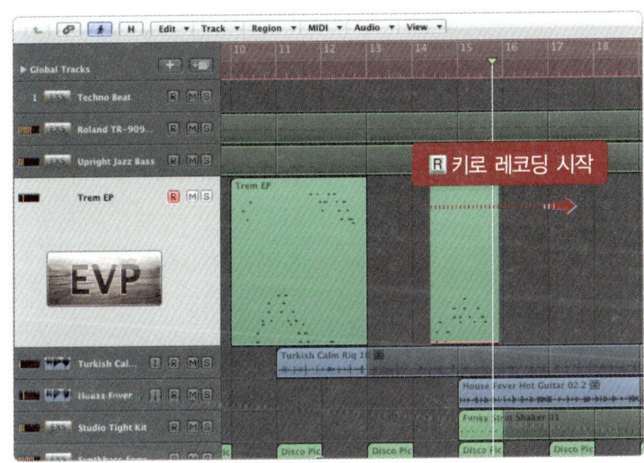

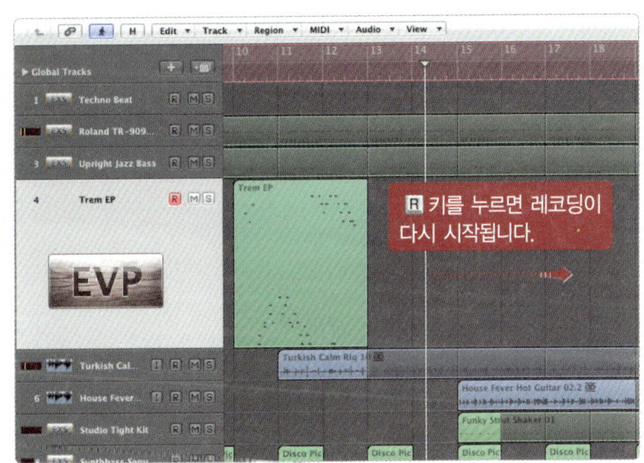

'Record Repeat' 기능을 단축키로 지정해 놓고 사용할 수도 있습니다.

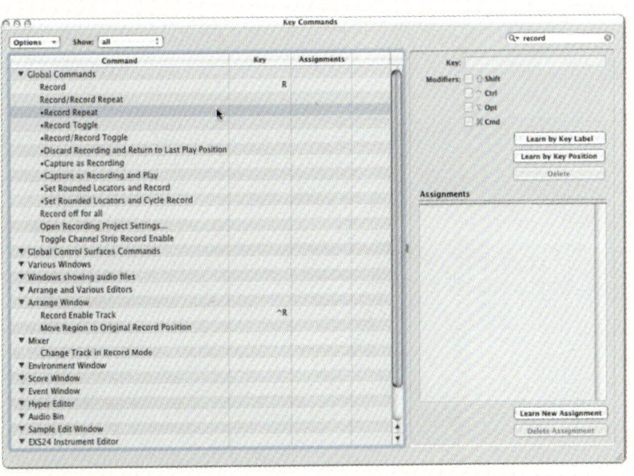

CHAPTER 05 그 밖의 미디 입력과 편집

1. 여러 가지 툴 활용하기

펜슬 툴(Pencil Tool)

01 사용 중인 프로젝트가 있다면 닫고, Command + N 키를 눌러 새로운 프로젝트를 생성합니다. Esc 키로 툴 메뉴를 활성화시켜 [2]번 펜슬 툴(Pencil Tool)을 선택합니다.

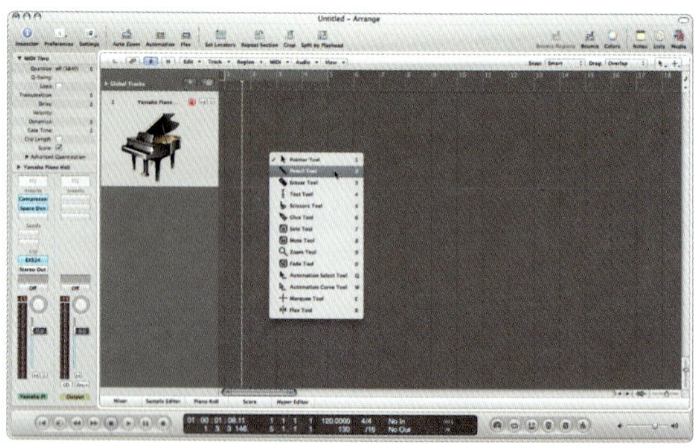

02 2번 마디 중간쯤을 클릭해보면, 한 마디 길이의 리전이 생성되는 것을 확인할 수 있습니다.

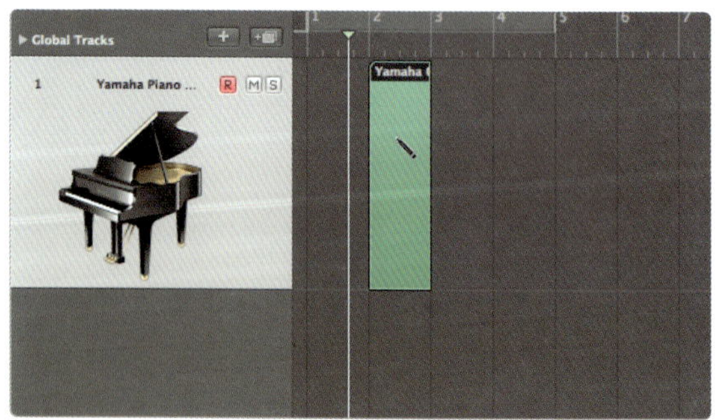

03 더블클릭해서 피아노롤을 활성화시킵니다.

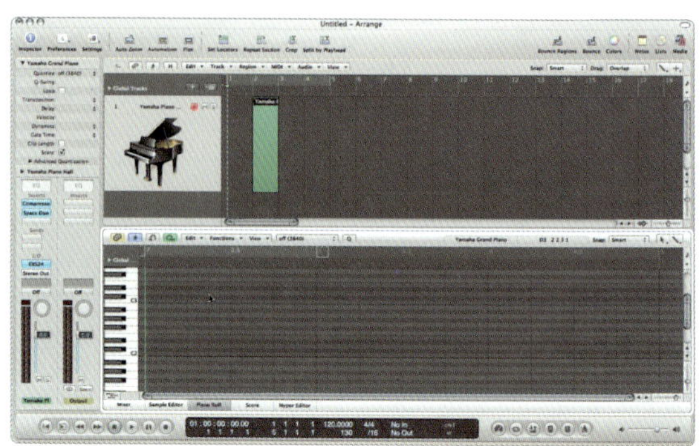

04 피아노롤에서도 툴을 펜슬 툴로 바꾸고, 2번 마디 첫 번째 박의 'C3' 위치를 클릭해봅니다. 노트가 하나 생겨납니다.

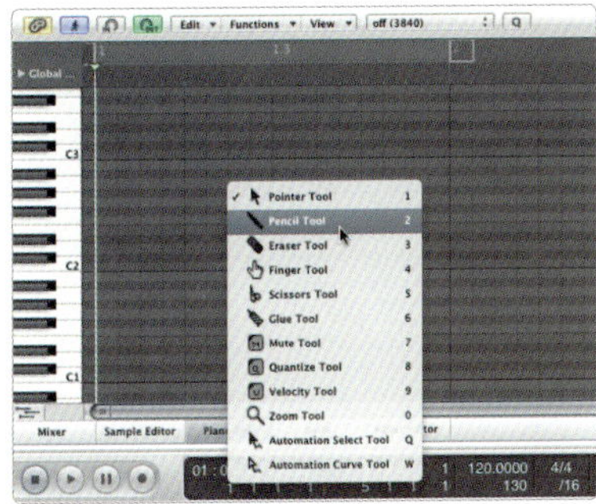
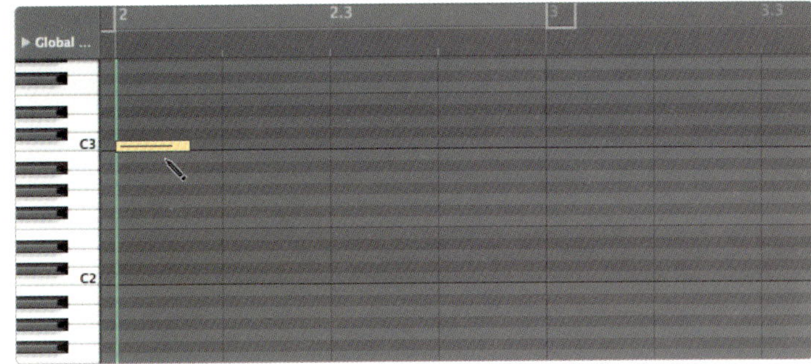

05 다음 박에 클릭한 채로 드래그해서 길이를 조절해봅니다.

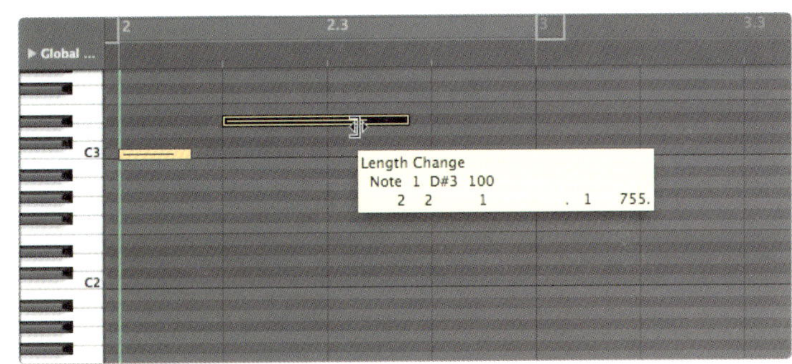

06 벨로시티 툴로 벨로시티를 줄여봅니다.

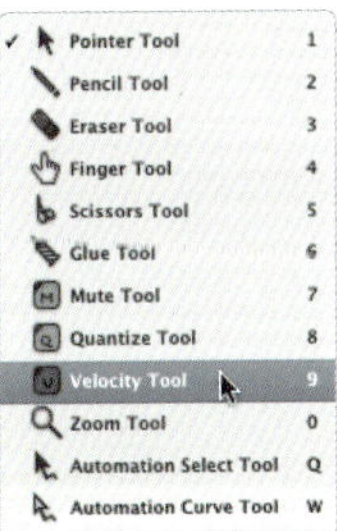
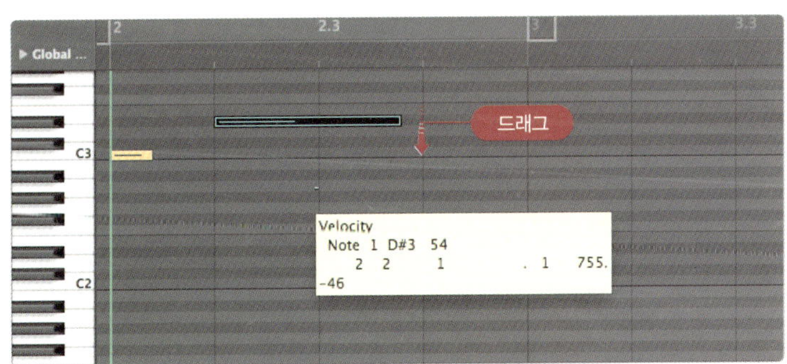

07 펜슬 툴로 다음 박의 적당한 지점을 클릭해서 노트를 만들어봅니다. 방금 변경한 노트의 길이와 벨로시티가 그대로 적용되는 것을 알 수 있습니다. 이와 같이 펜슬 툴은 마지막으로 컨트롤 값을 설정한 노트를 기준으로 노트를 만들게 되어 있습니다.

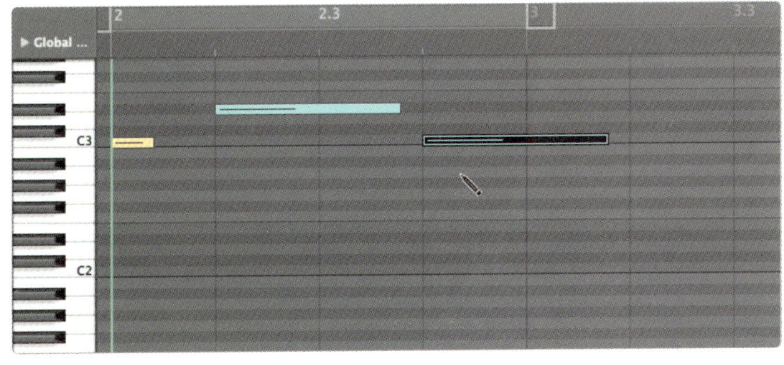

08 노트를 삭제하고자 할 때는 노트를 선택한 후 `Delete` 키를 누르면 간단하게 삭제할 수 있습니다.

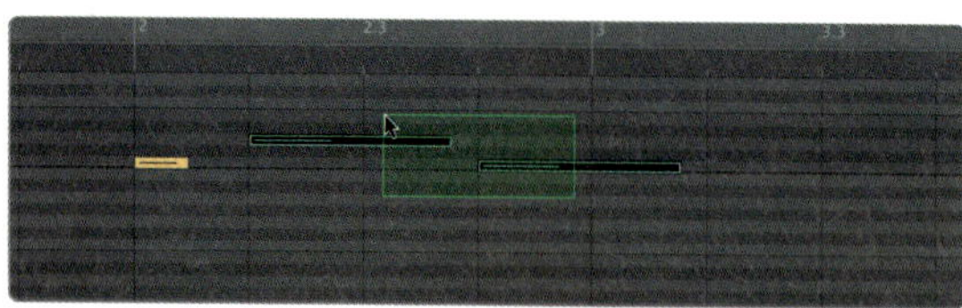

▲ `Delete` 키를 누른 후

글루 툴(Glue Tool)

글루 툴을 이용하면 어레인지 편집창 위의 여러 개의 리전을 합칠 수 있고, 피아노롤에서는 노트를 합칠 수 있습니다.

01 `Esc` 키로 툴 메뉴를 활성화시켜 [6]번 글루 툴을 선택합니다.

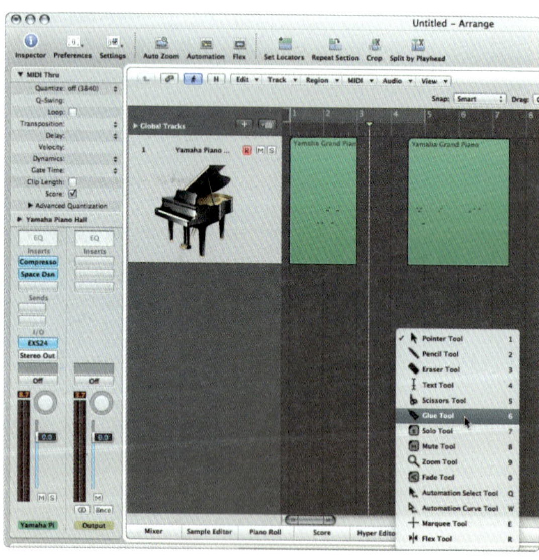

02 드래그해서 두 개의 리전을 선택한 다음, 리전 위에 마우스를 올려놓으면 그림처럼 포인터가 글루 툴 모양(✎)으로 바뀌게 됩니다.

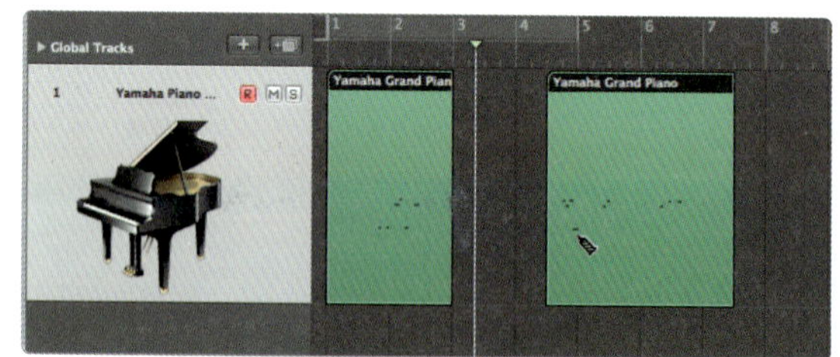

03 이러한 상태에서 클릭하면 리전 두 개가 합쳐지게 됩니다. 오디오 리전에서도 마찬가지로 활용할 수 있습니다.

리전을 합치는 것은 어레인지 편집창의 메뉴를 이용해서도 실행할 수 있습니다.

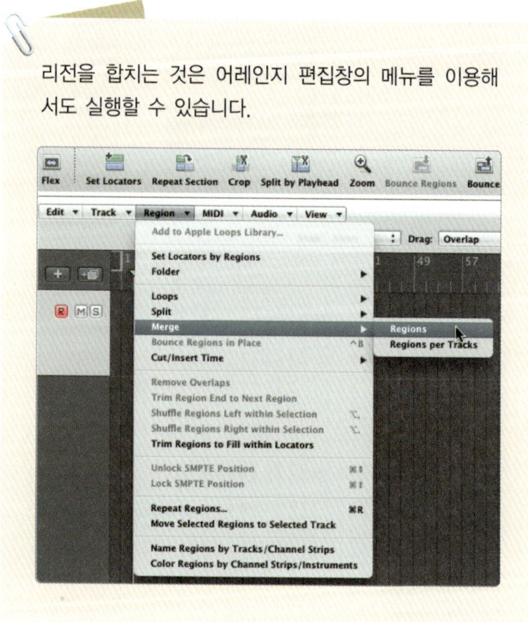

시저스 툴(Scissors Tool)

가위 모양으로 생긴 이 툴은 리전이나 노트를 자를 때 사용합니다.

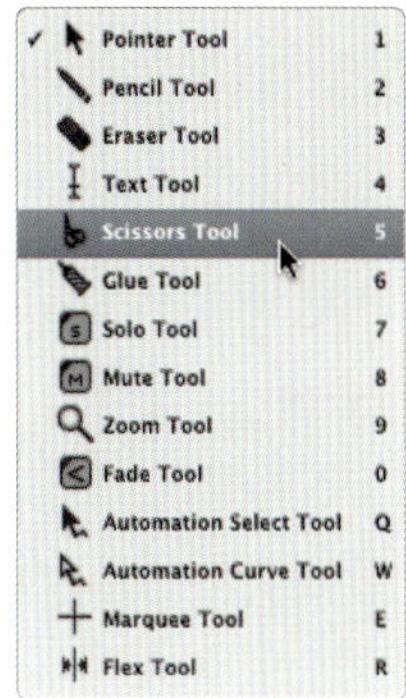

- 시저스 툴을 선택한 상태로 리전 위를 드래그해보면 솔로 툴이 활성화되면서 해당 리전의 소리가 재생됩니다. 자르고 싶은 부분에서 마우스 버튼을 놓으면 리전이 잘리게 됩니다.

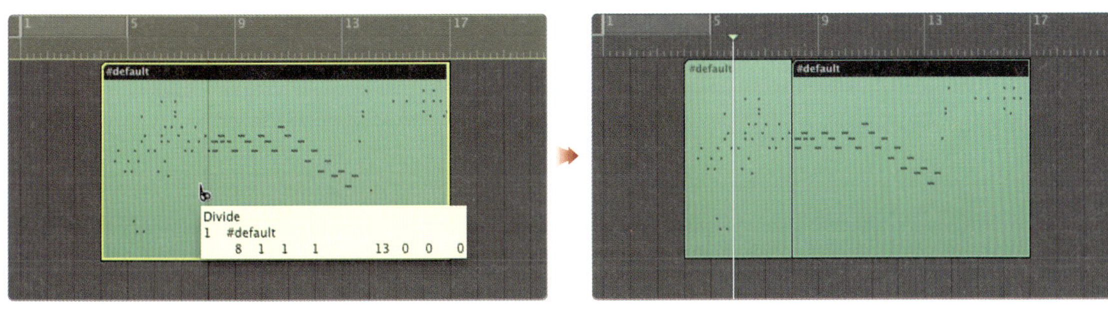

- Option 키를 누른 채로 리전을 자르면 일정한 간격으로 리전이 분할됩니다.

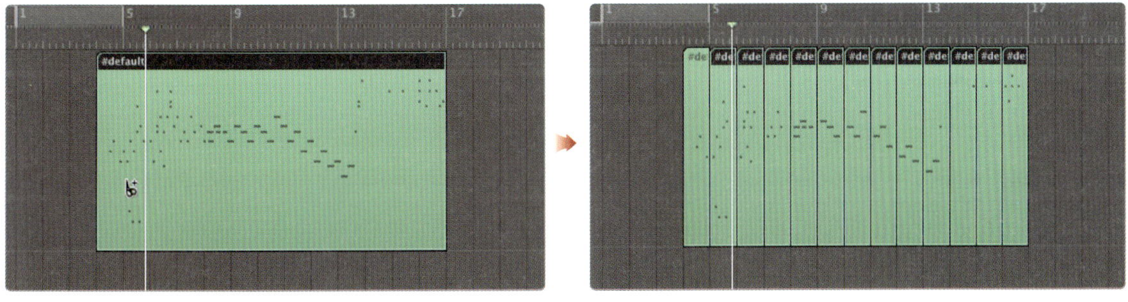

- 피아노롤에서 노트를 자를 수도 있습니다.

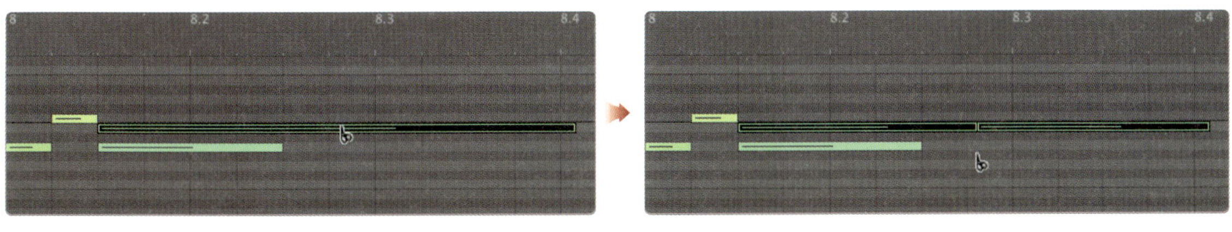

뮤트 툴(Mute Tool)

뮤트 툴은 리전이나 노트가 일시적으로 소리가 나지 않도록 만들어주는 툴입니다.

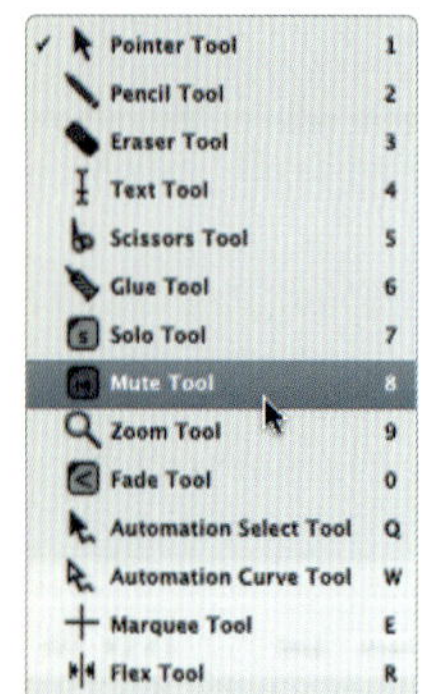

● 뮤트 툴을 선택하고 리전을 클릭하면 리전이 그림처럼 회색으로 변하면서 소리가 나지 않게 됩니다. 이러한 뮤트 기능은 뮤트 툴을 이용하지 않아도 리전이나 노트가 선택된 상태에서 단축키 M으로 실행할 수 있습니다.

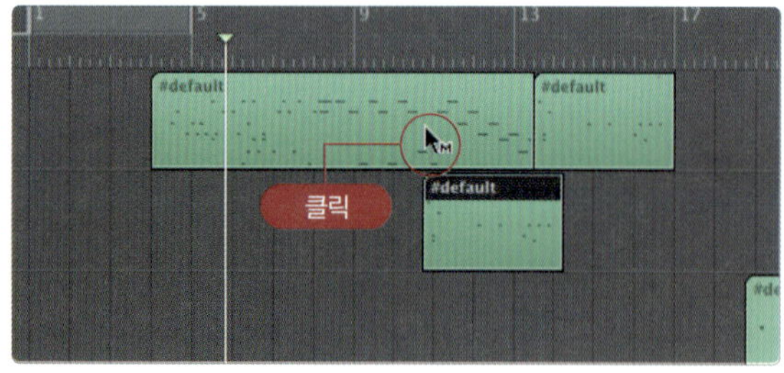

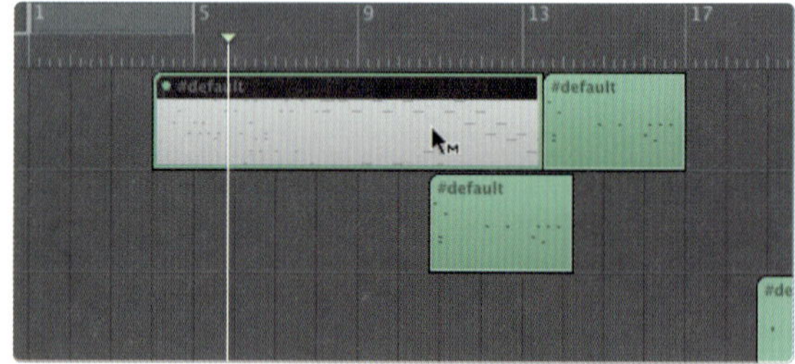

● 피아노롤의 노트를 뮤트시킬 수도 있습니다.

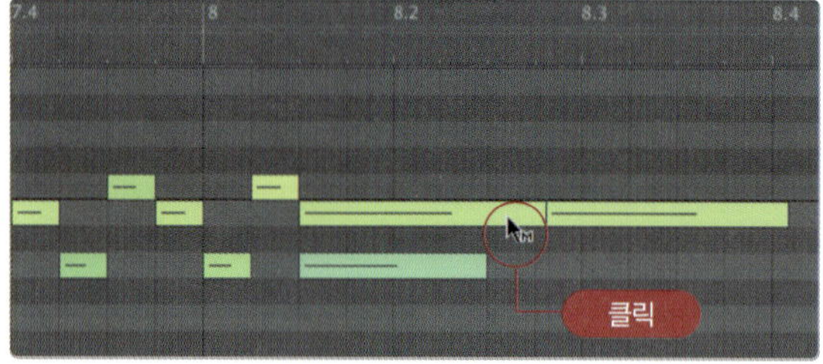

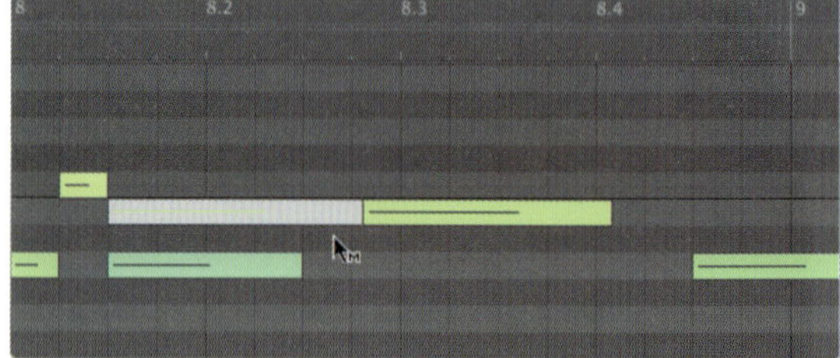

2. 스코어 에디터(Score Editor)

로직의 스코어 에디터는 악보를 제작하는 전문적인 프로그램 못지않게 다양한 기능들을 가지고 있습니다. 여기서는 간단하게 스코어 에디터에서 스텝 인풋 레코딩을 하는 법과 페이지뷰를 프린팅하는 법을 배워보겠습니다.

스텝 인풋 레코딩

01 펜슬 툴로 8마디 정도의 비어 있는 리전을 만듭니다.

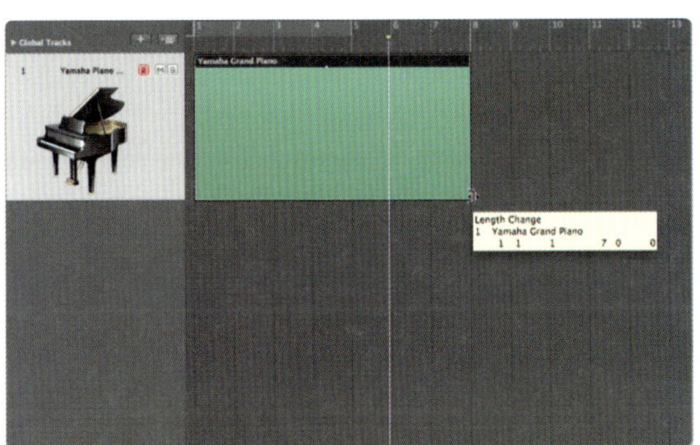

02 단축키 N 키로 스코어 에디터를 열어봅니다. 하단의 [Score] 탭을 클릭해서 실행할 수도 있습니다.

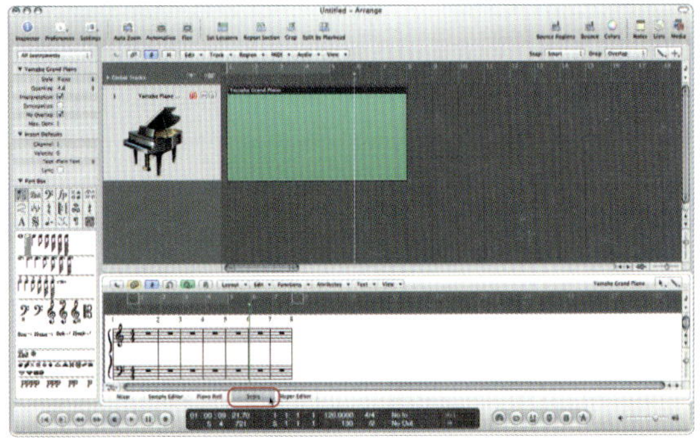

03 상단 메뉴바의 **Window › Score**를 선택하거나 단축키 Command + 3 을 누르면 스코어 에디터를 어레인지 편집창의 밑부분에 구성하지 않고, 별도의 창으로 볼 수 있습니다.

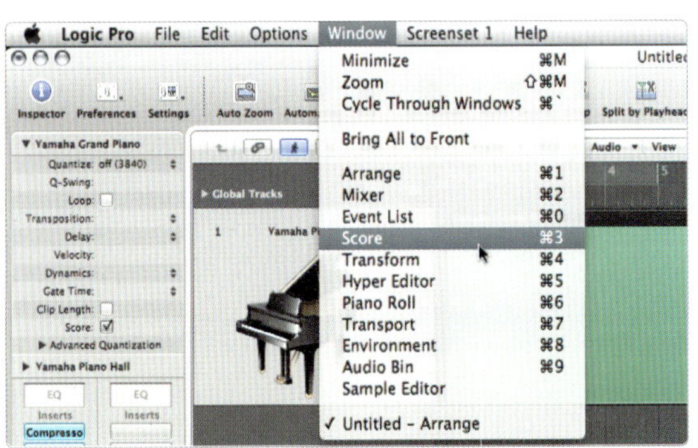

04 별도의 창으로 스코어 에디터를 열었습니다.

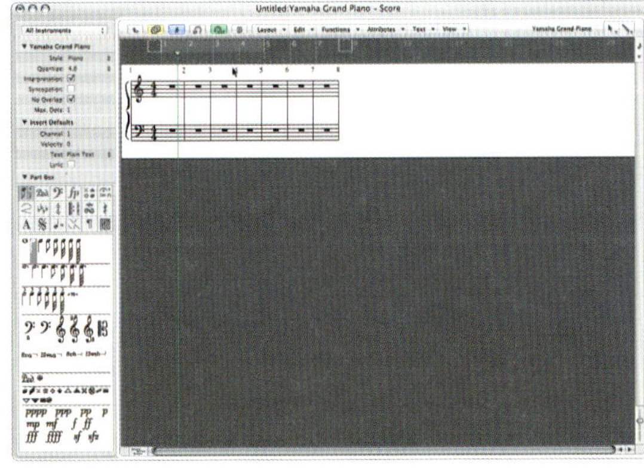

피아노롤과 같은 다른 편집창들도 Window 메뉴를 활용하면 별도의 창으로 표시할 수 있습니다.

05 스텝 인풋을 위해 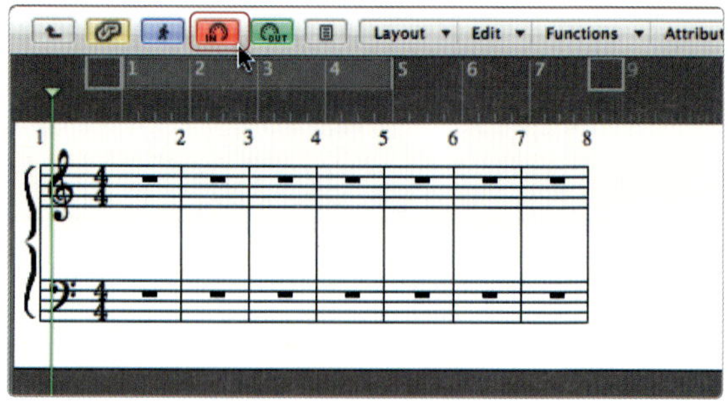 (MIDI In) 버튼을 활성화시킵니다.

06 좌측 박스의 음표를 선택하고, 건반을 입력하면 스텝 인풋과 동일하게 노트를 그릴 수 있습니다.

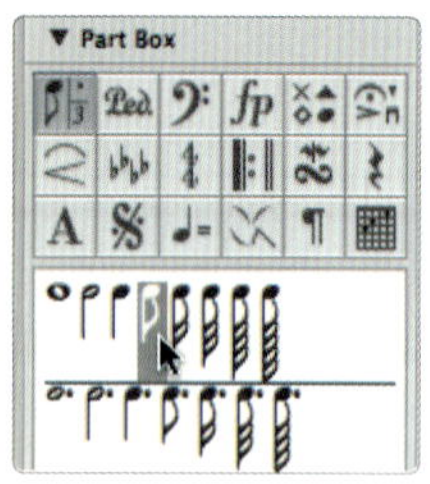

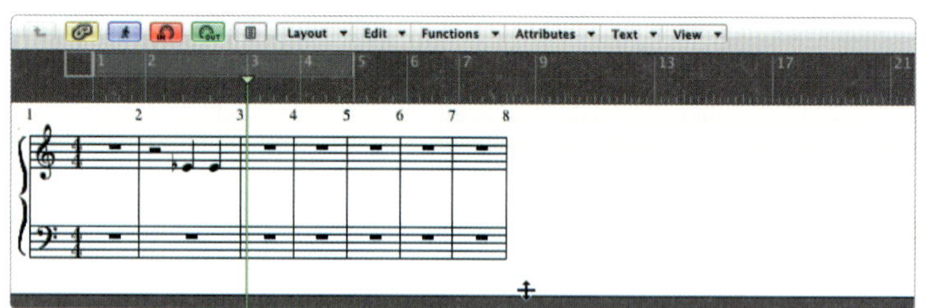

음표를 드래그해서 가져다 놓는 것으로도 미디 노트를 입력할 수 있습니다.

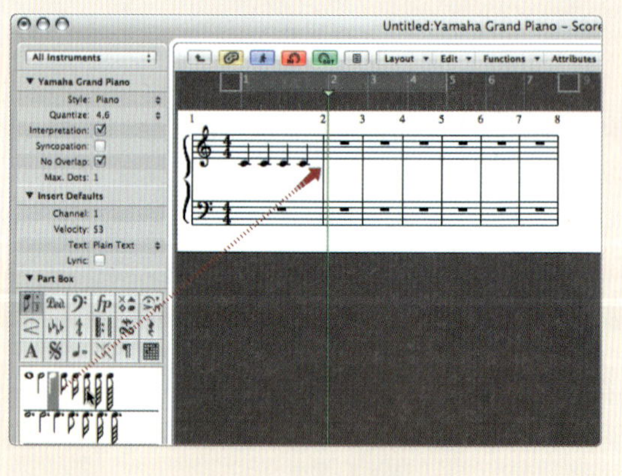

페이지뷰와 프린팅

01 사용 중인 프로젝트가 있다면 닫고, `Command` + `O` 키를 눌러 '01 Wayhome' 파일을 열어봅니다. 맨 위에 있는 'AC_Piano' 리전을 선택한 다음 `N` 키를 눌러 스코어 에디터를 열어봅니다.

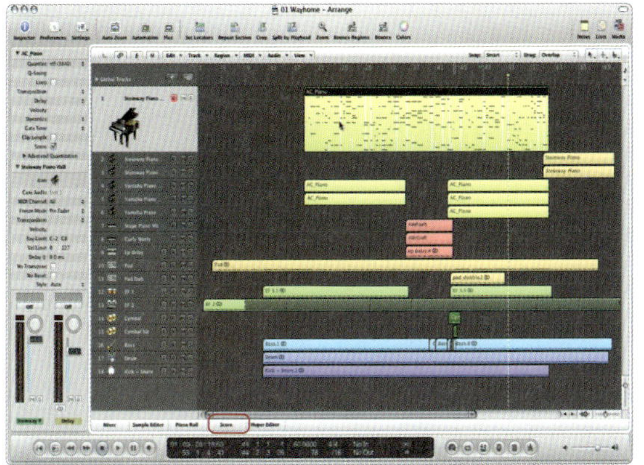
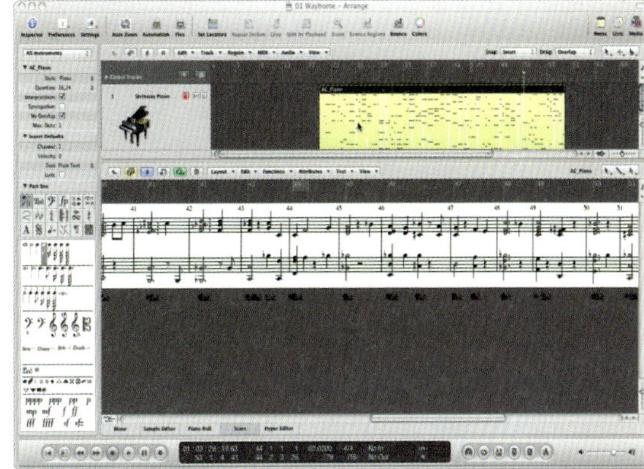

02 상단 메뉴바에서 **Window > Score**를 실행하면 스코어 에디터를 새 창으로 띄울 수가 있습니다.

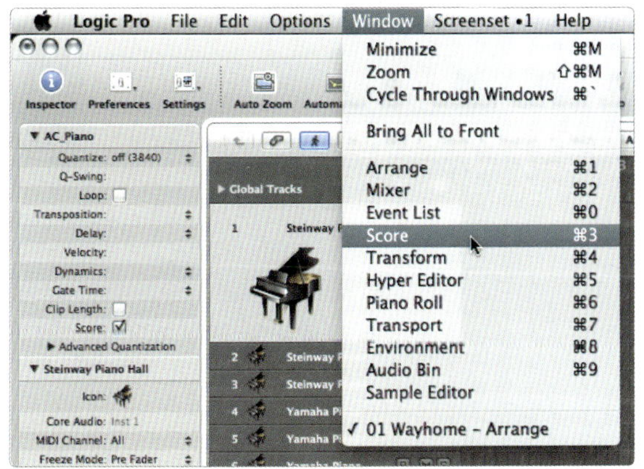

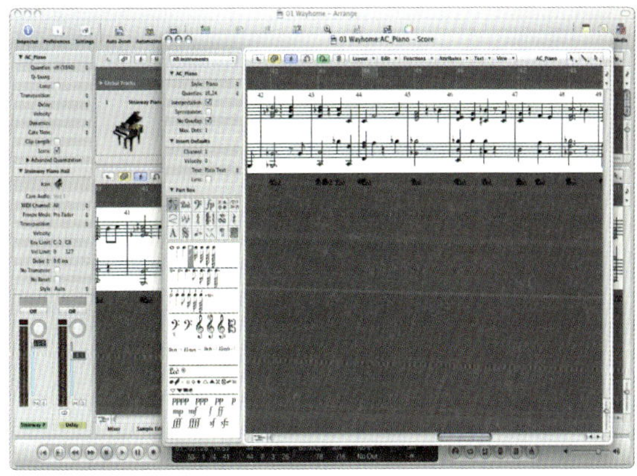

03 정확히 퀀타이즈되어 있지 않은 노트들일지라도 스코어 에디터에서는 악보에 맞추어 어느 정도 깨끗하게 나타내주는 것을 확인할 수 있습니다.

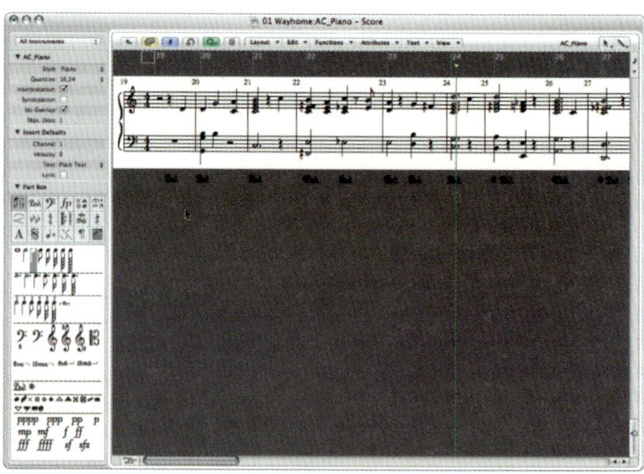

04 페이지뷰 버튼( )을 클릭하거나, 단축키 Control + P 를 눌러 페이지뷰 형태로 바꿀 수 있습니다.

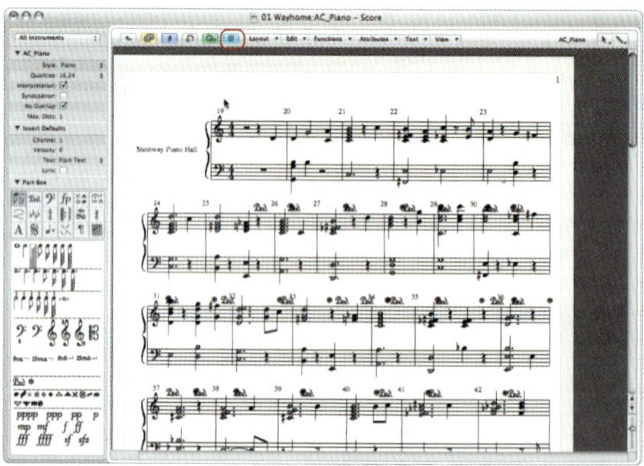

05 상단 메뉴바의 **File 〉 Print** (단축키 Command + P)를 이용하면 악보 형태로 프린트할 수 있습니다.

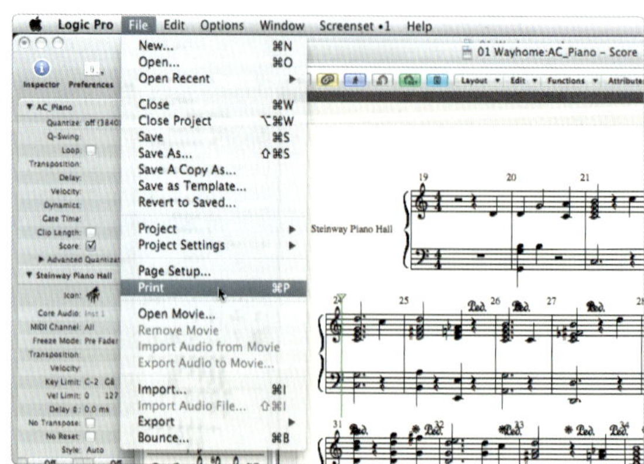

3. 이벤트 리스트(Event List)

이벤트 리스트는 그 이름처럼, 프로젝트가 가지고 있는 모든 이벤트를 순차적으로 보여주는 편집창입니다. 이벤트 리스트에서도 유용한 고급 편집 기능들을 다양하게 사용할 수 있지만, 여기서는 간단하게 훑어보도록 하겠습니다.

◦ 이벤트 리스트는 단축키 E 키로 열 수 있습니다.

◦ 리전이 가지고 있는 모든 이벤트들이 시간축의 순서대로 표시됩니다. 여기서 언급하는 '이벤트'란 미디 노트들뿐만 아니라 Expression, Sustain Pedal, Channel Pressure, Pitch Band 등 미디 리전이 가질 수 있는 모든 컨트롤 값을 포함합니다. 피아노롤에서는 미디 노트의 길이와 세기 위주로 간단하게 데이터를 표현해준다면, 이벤트 리스트에서는 조금 더 자세한 정보를 순차적으로 보여줍니다.

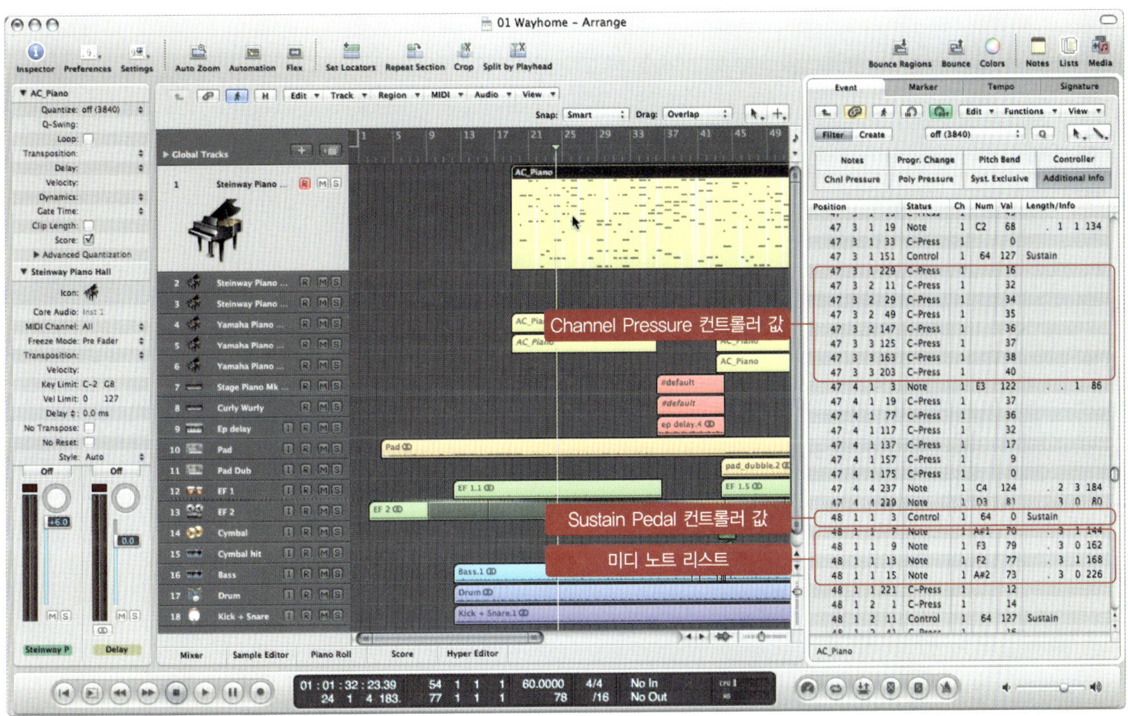

상단의 필터를 이용하면 원하는 데이터를 걸러서 볼 수 있습니다. 검정색으로 활성화된 필터는 리스트창에서 보여지지 않게 됩니다. Notes를 제외한 모든 항목을 클릭해 활성화시키면 미디 노트들만 볼 수 있습니다.

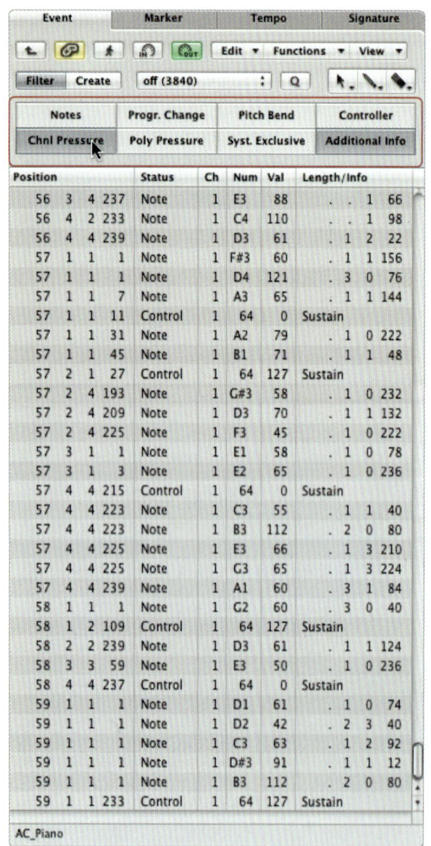

Position	Status	Ch	Num	Val	Length/Info
56 3 4 237	Note	1	E3	88	. . 1 66
56 4 2 233	Note	1	C4	110	. . 1 98
56 4 4 239	Note	1	D3	61	. 1 2 22
57 1 1 1	Note	1	F#3	60	. 1 1 156
57 1 1 1	Note	1	D4	121	. 3 0 76
57 1 1 7	Note	1	A3	65	. 1 1 144
57 1 1 11	Control	1	64	0	Sustain
57 1 1 31	Note	1	A2	79	. 1 0 222
57 1 1 45	Note	1	B1	71	. 1 1 48
57 2 1 27	Control	1	64	127	Sustain
57 2 4 193	Note	1	G#3	58	. 1 0 232
57 2 4 209	Note	1	D3	70	. 1 1 132
57 2 4 225	Note	1	F3	45	. 1 0 222
57 3 1 1	Note	1	E1	58	. 1 0 78
57 3 1 3	Note	1	E2	65	. 1 0 236
57 4 4 215	Control	1	64	0	Sustain
57 4 4 223	Note	1	C3	55	. 1 1 40
57 4 4 223	Note	1	B3	112	. 2 0 80
57 4 4 225	Note	1	E3	66	. 1 3 210
57 4 4 225	Note	1	G3	65	. 1 3 224
57 4 4 239	Note	1	A1	60	. 3 1 84
58 1 1 1	Note	1	G2	60	. 3 0 40
58 1 2 109	Control	1	64	127	Sustain
58 2 2 239	Note	1	D3	61	. 1 1 124
58 3 3 59	Note	1	E3	50	. 1 0 236
58 4 4 237	Control	1	64	0	Sustain
59 1 1 1	Note	1	D1	61	. 1 0 74
59 1 1 1	Note	1	D2	42	. 2 3 40
59 1 1 1	Note	1	C3	63	. 1 2 92
59 1 1 1	Note	1	D#3	91	. 1 1 12
59 1 1 1	Note	1	B3	112	. 2 0 80
59 1 1 233	Control	1	64	127	Sustain

AC_Piano

Position	Status	Ch	Num	Val	Length/Info
56 1 1 23	Note	1	C2	70	. 3 2 4
56 2 4 199	Note	1	G3	61	. 1 0 80
56 2 4 201	Note	1	E3	58	. 1 0 10
56 2 4 217	Note	1	D3	59	. . 3 2
56 3 4 233	Note	1	C3	72	. . 1 128
56 3 4 233	Note	1	D4	110	. . 1 98
56 3 4 237	Note	1	E3	88	. . 1 66
56 4 2 233	Note	1	C4	110	. . 1 98
56 4 4 239	Note	1	D3	61	. 1 2 22
57 1 1 1	Note	1	F#3	60	. 1 1 156
57 1 1 1	Note	1	D4	121	. 3 0 76
57 1 1 7	Note	1	A3	65	. 1 1 144
57 1 1 31	Note	1	A2	79	. 1 0 222
57 1 1 45	Note	1	B1	71	. 1 1 48
57 2 4 193	Note	1	G#3	58	. 1 0 232
57 2 4 209	Note	1	D3	70	. 1 1 132
57 2 4 225	Note	1	F3	45	. 1 0 222
57 3 1 1	Note	1	E1	58	. 1 0 78
57 3 1 3	Note	1	E2	65	. 1 0 236
57 4 4 223	Note	1	C3	55	. 1 1 40
57 4 4 223	Note	1	B3	112	. 2 0 80
57 4 4 225	Note	1	E3	66	. 1 3 210
57 4 4 225	Note	1	G3	65	. 1 3 224
57 4 4 239	Note	1	A1	60	. 3 1 84
58 1 1 1	Note	1	G2	60	. 3 0 40
58 2 2 239	Note	1	D3	61	. 1 1 124
58 3 3 59	Note	1	E3	50	. 1 0 236
59 1 1 1	Note	1	D1	61	. 1 0 74
59 1 1 1	Note	1	D2	42	. 2 3 40
59 1 1 1	Note	1	C3	63	. 1 2 92
59 1 1 1	Note	1	D#3	91	. 1 1 12
59 1 1 1	Note	1	B3	112	. 2 0 80

AC_Piano

리스트의 이벤트를 클릭하면 해당 노트의 음색을 들어볼 수 있습니다.

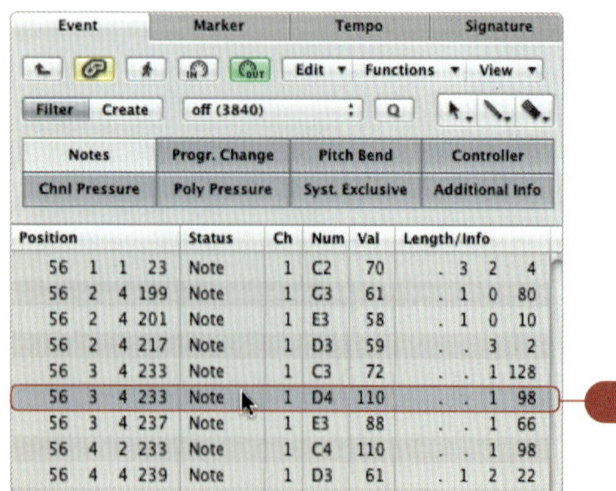

Position	Status	Ch	Num	Val	Length/Info
56 1 1 23	Note	1	C2	70	. 3 2 4
56 2 4 199	Note	1	G3	61	. 1 0 80
56 2 4 201	Note	1	E3	58	. 1 0 10
56 2 4 217	Note	1	D3	59	. . 3 2
56 3 4 233	Note	1	C3	72	. . 1 128
56 3 4 233	Note	1	D4	110	. . 1 98
56 3 4 237	Note	1	E3	88	. . 1 66
56 4 2 233	Note	1	C4	110	. . 1 98
56 4 4 239	Note	1	D3	61	. 1 2 22

- Length 부분을 위아래로 드래그하면 노트의 길이가 줄거나 늘어납니다. 옆 칸의 Val(벨로시티) 컨트롤 값도 마찬가지로 작동합니다. `Command` + `A` 키로 전체 이벤트를 선택해서 실행할 수도 있습니다.

- 전체 이벤트가 선택된 상태에서 `Option` + `Shift` 키를 누른 채로 길이(Length)나 벨로시티(Val) 값을 드래그하면 전체 이벤트의 값이 동일한 값으로 바뀌게 됩니다. 유용한 기능이므로 알아두면 좋습니다.

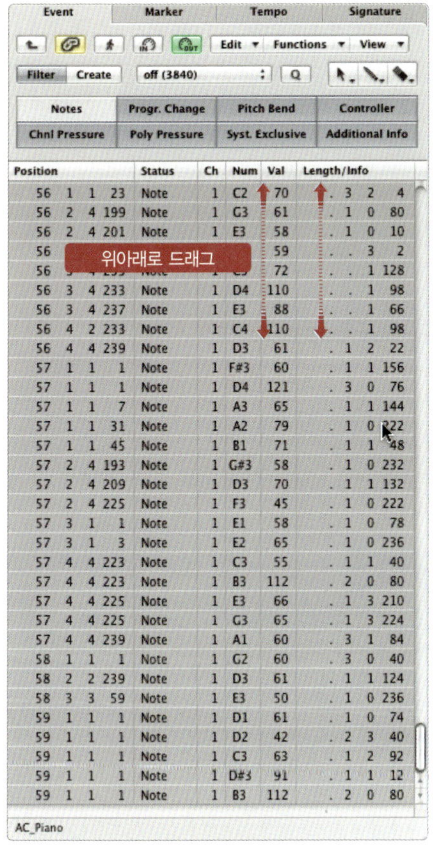

Position	Status	Ch	Num	Val	Length/Info
56 1 1 23	Note	1	C2	70	. 3 2 4
56 2 4 199	Note	1	G3	61	. 1 0 80
56 2 4 201	Note	1	E3	58	. 1 0 10
56				59	. . 3 2
56	Note			72	. . 1 128
56 3 4 233	Note	1	D4	110	. . 1 98
56 3 4 237	Note	1	E3	88	. . 1 66
56 4 2 233	Note	1	C4	110	. . 1 98
56 4 4 239	Note	1	D3	61	. 1 2 22
57 1 1 1	Note	1	F#3	60	. 1 1 156
57 1 1 1	Note	1	D4	121	. 3 0 76
57 1 1 7	Note	1	A3	65	. 1 1 144
57 1 1 31	Note	1	A2	79	. 1 0 222
57 1 1 45	Note	1	B1	71	. 1 1 48
57 2 4 193	Note	1	G#3	58	. 1 0 232
57 2 4 209	Note	1	D3	70	. 1 1 132
57 2 4 225	Note	1	F3	45	. 1 0 222
57 3 1 1	Note	1	E1	58	. 1 0 78
57 3 1 3	Note	1	E2	65	. 1 0 236
57 4 4 223	Note	1	C3	55	. 1 1 40
57 4 4 223	Note	1	B3	112	. 2 0 80
57 4 4 225	Note	1	E3	66	. 1 3 210
57 4 4 225	Note	1	G3	65	. 1 3 224
57 4 4 239	Note	1	A1	60	. 3 1 84
58 1 1 1	Note	1	G2	60	. 3 0 40
58 2 2 239	Note	1	D3	61	. 1 1 124
58 3 3 59	Note	1	E3	50	. 1 0 236
59 1 1 1	Note	1	D1	61	. 1 0 74
59 1 1 1	Note	1	D2	42	. 2 3 40
59 1 1 1	Note	1	C3	63	. 1 2 92
59 1 1 1	Note	1	D#3	91	. 1 1 12
59 1 1 1	Note	1	B3	112	. 2 0 80

AC_Piano

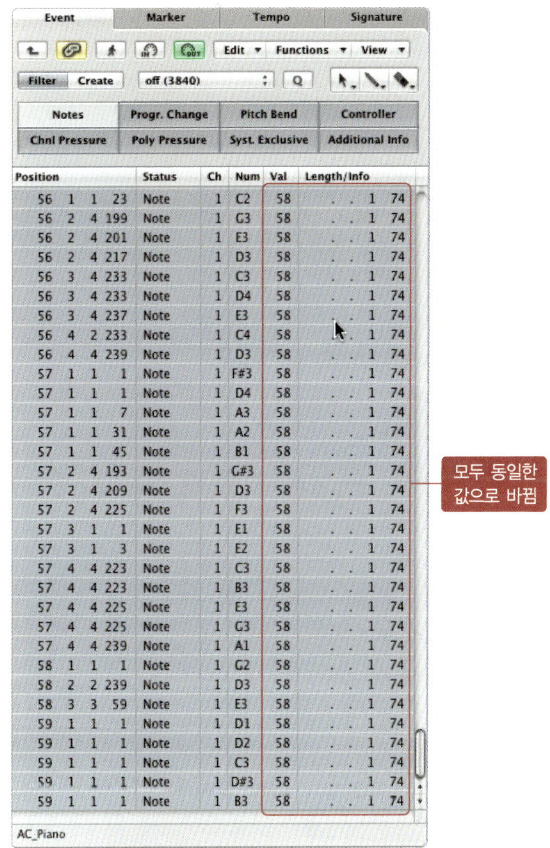

Position	Status	Ch	Num	Val	Length/Info
56 1 1 23	Note	1	C2	58	. . 1 74
56 2 4 199	Note	1	G3	58	. . 1 74
56 2 4 201	Note	1	E3	58	. . 1 74
56 2 4 217	Note	1	D3	58	. . 1 74
56 3 4 233	Note	1	C3	58	. . 1 74
56 3 4 233	Note	1	D4	58	. . 1 74
56 3 4 237	Note	1	E3	58	. . 1 74
56 4 2 233	Note	1	C4	58	. . 1 74
56 4 4 239	Note	1	D3	58	. . 1 74
57 1 1 1	Note	1	F#3	58	. . 1 74
57 1 1 1	Note	1	D4	58	. . 1 74
57 1 1 7	Note	1	A3	58	. . 1 74
57 1 1 31	Note	1	A2	58	. . 1 74
57 1 1 45	Note	1	B1	58	. . 1 74
57 2 4 193	Note	1	G#3	58	. . 1 74
57 2 4 209	Note	1	D3	58	. . 1 74
57 2 4 225	Note	1	F3	58	. . 1 74
57 3 1 1	Note	1	E1	58	. . 1 74
57 3 1 3	Note	1	E2	58	. . 1 74
57 4 4 223	Note	1	C3	58	. . 1 74
57 4 4 223	Note	1	B3	58	. . 1 74
57 4 4 225	Note	1	E3	58	. . 1 74
57 4 4 225	Note	1	G3	58	. . 1 74
57 4 4 239	Note	1	A1	58	. . 1 74
58 1 1 1	Note	1	G2	58	. . 1 74
58 2 2 239	Note	1	D3	58	. . 1 74
58 3 3 59	Note	1	E3	58	. . 1 74
59 1 1 1	Note	1	D1	58	. . 1 74
59 1 1 1	Note	1	D2	58	. . 1 74
59 1 1 1	Note	1	C3	58	. . 1 74
59 1 1 1	Note	1	D#3	58	. . 1 74
59 1 1 1	Note	1	B3	58	. . 1 74

AC_Piano

- 상위 레벨 버튼(🔼)을 누르면, 프로젝트의 모든 리전들이 표시됩니다.

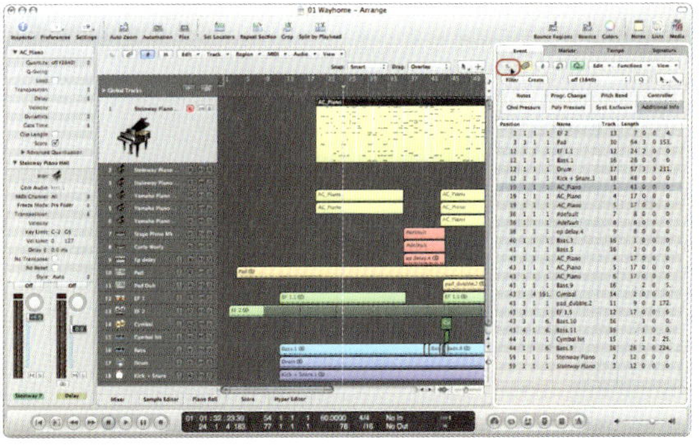

4. 링크 모드(Link Mode)

'링크 모드'는 '캐치 모드(Catch Mode)'와 비슷한 개념입니다. 캐치 모드에서는 플레이헤드에 맞춰 화면이 따라갔다면, 링크 모드에서는 리전에 맞춰 콘텐츠가 따라가게 됩니다.

● 피아노롤과 이벤트 리스트 모두 노란색 링크 윈도우 버튼( )을 가지고 있습니다.

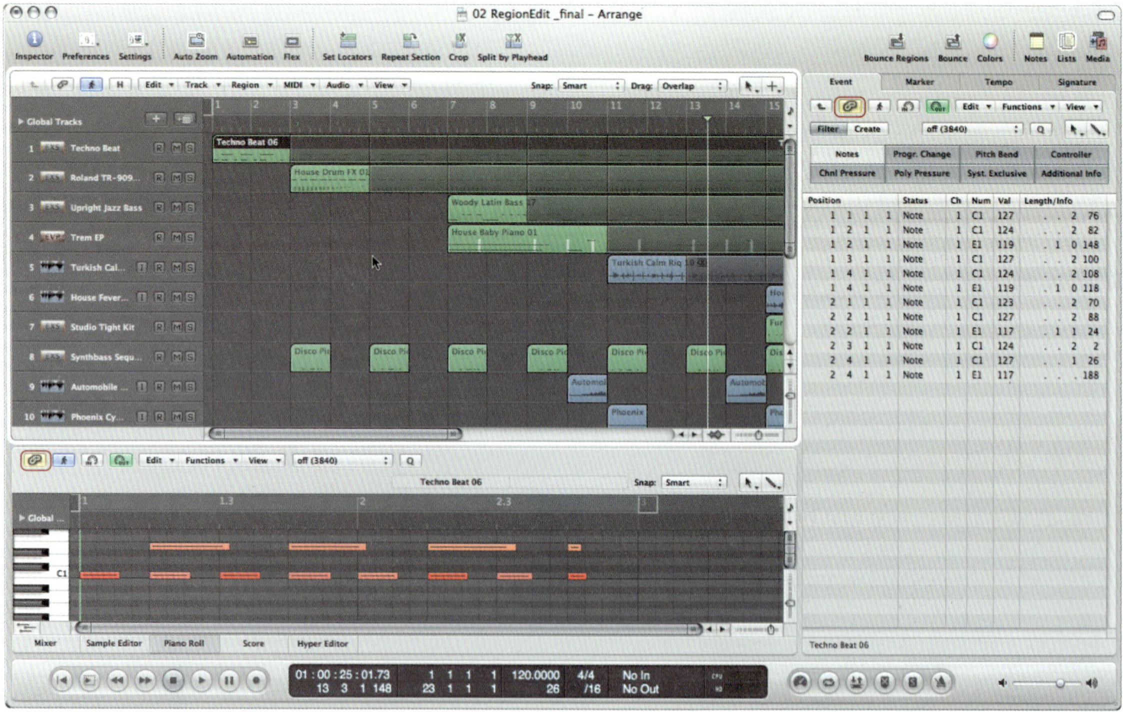

● 링크 윈도우 버튼( )이 노란색으로 활성화되어 있는 상태에서 리전을 바꿔가며 선택해보면 피아노롤과 이벤트 리스트 두 창의 내용이 모두 바뀌는 것을 확인할 수 있습니다.

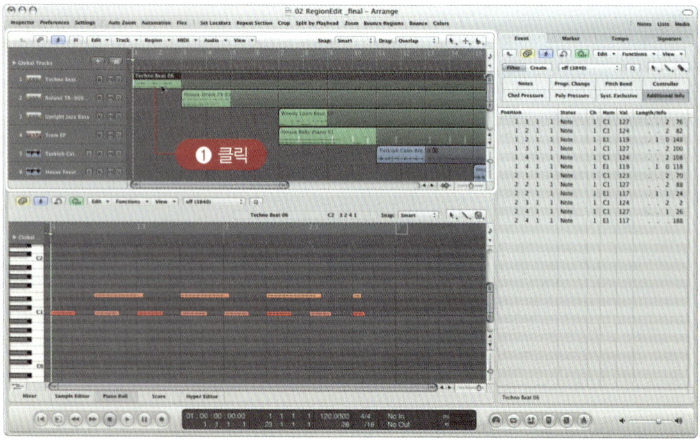

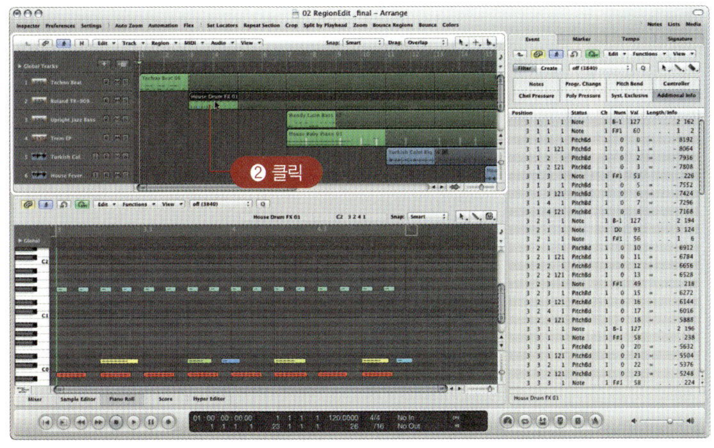

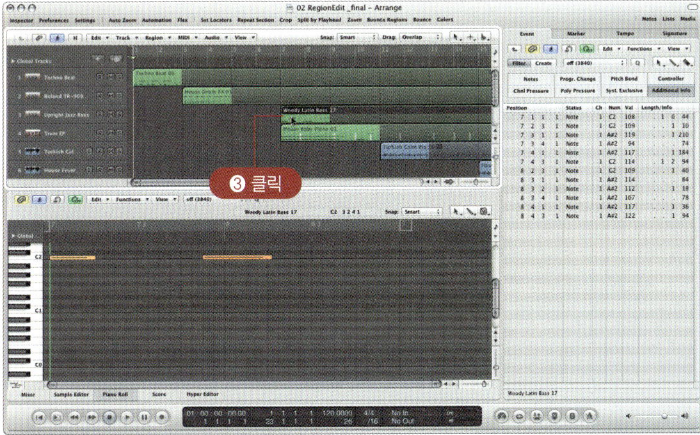

● 피아노롤의 링크 윈도우 버튼( )을 끄고 다른 리전을 선택해보면 피아노롤의 내용은 바뀌지 않고, 링크 윈도우 버튼이 활성화되어 있는 이벤트 리스트의 컨텐츠만 바뀌게 됩니다.

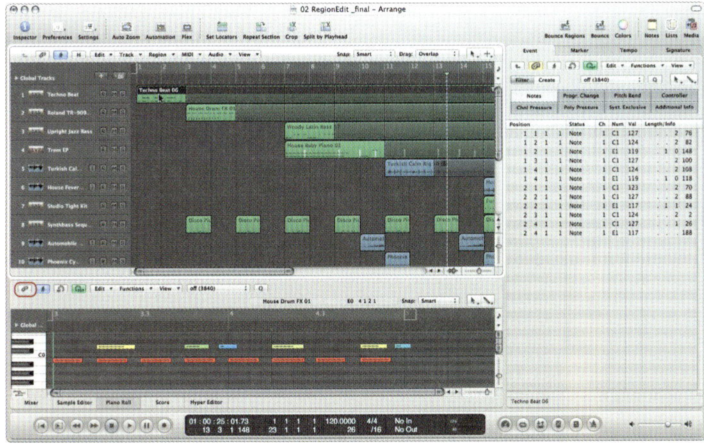

5. Alias

'Alias' 라는 단어는 '가명', '별명' 이라는 뜻을 가지고 있습니다. 루프 기능을 이용해서 리전을 반복시킬 때는, 제일 앞에 있는 오리지널 리전을 수정하면 루프되어지는 복제들이 모두 바뀌기 때문에 별도의 작업이 필요 없습니다. 하지만, 동일한 리전을 복사해서 같은 트랙의 다른 위치에 놓거나, 다른 트랙에 복사했을 때, 노트 하나를 고치고 싶으면 모든 리전을 찾아가면서 고쳐야 하는 번거로움이 있습니다. Alias는 이러한 경우에 복제된 모든 리전들을 오리지널 리전을 통해 수정할 수 있도록 해주는 기능입니다. 이 기능은 같은 미디 노트를 여러 음색에서 활용할 경우에 유용합니다. 예를 들어 바이올린 트랙 4개가 모두 같은 음을 연주해야 하는 경우, 하나의 리전을 만들어 다른 트랙에 Alias로 복제하고, 수정사항이 생겼을 때는 오리지널 리전만 수정하는 방법으로 간단하게 여러 트랙을 관리할 수 있습니다.

- Alias는 `Shift` + `Option` 키를 누른 채로 리전을 이동시켜서 생성할 수 있습니다. Alias는 오리지널 리전을 그대로 반복시켜주는 것이기 때문에, 리전에 미디 노트가 보이지 않는 것을 관찰할 수 있습니다.

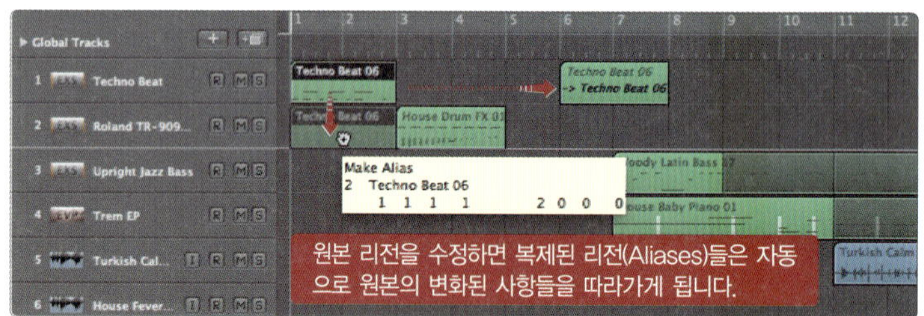

- 편집을 하기 위해 'Alias' 리전을 더블클릭해보면 Alias에는 데이터가 들어있지 않아 편집을 할 수 없다는 문구와 함께 두 가지 버튼이 나옵니다.

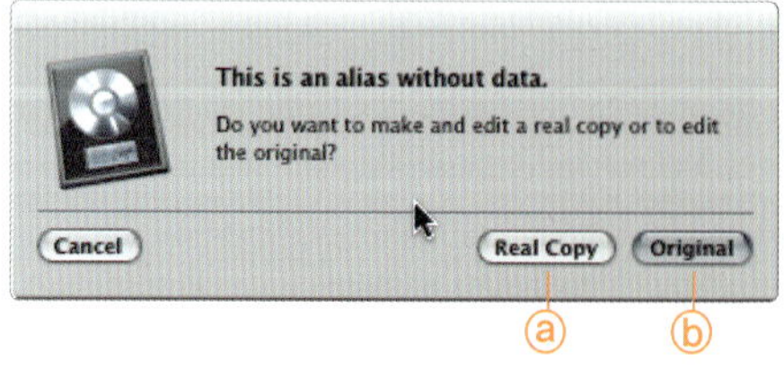

- ⓐ [Real Copy] 버튼을 선택하면 Alias 상태를 벗어나 원본의 복사본을 만들면서 편집 상태로 들어가게 됩니다.

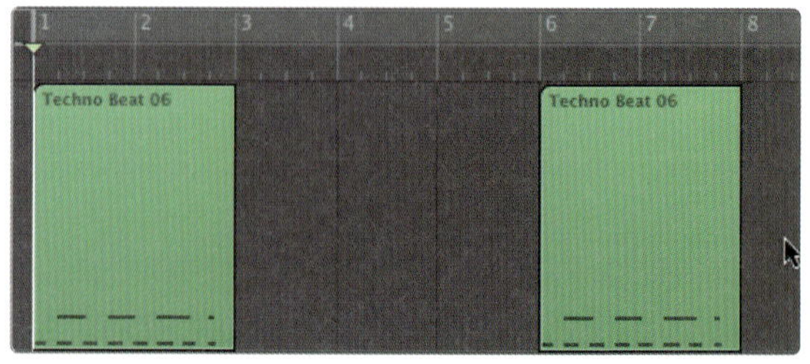

ⓑ [Original] 버튼을 선택하면 Alias의 오리지널 리전을 편집하게 됩니다.

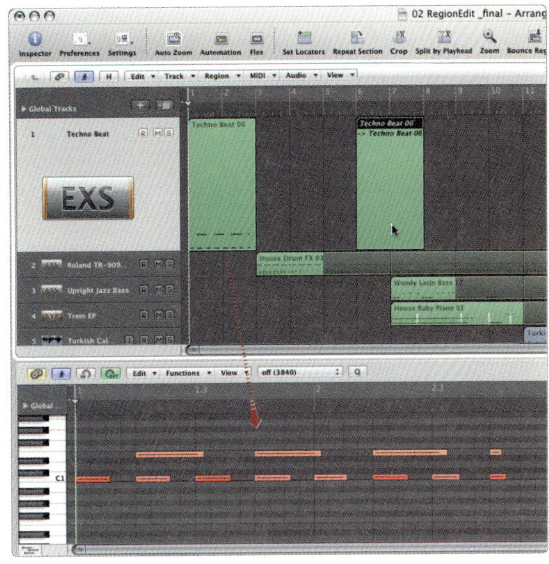

6. Bounce in place

예제 파일 : 02 RegionEdit – 02 RegionEdit

Bounce in place 기능은 미디 리전을 오디오 리전으로 바운스(Bounce)해주는 아주 유용한 기능입니다. 전체 트랙을 하나의 Wav, Mp3와 같은 오디오 파일 형태로 통합하는 것을 '바운스' 라 하는데, Bounce in place 기능은 리전이나 트랙 단위의 미디 신호를 오디오 신호로 간단하게 바꿀 수 있게 해줍니다.

01 사용 중인 프로젝트가 있다면 닫고, Command + O 키를 눌러 '02 RegionEdit' 를 열어봅니다.

02 가장 위에 있는 'Techno Beat 06' 리전을 선택한 다음 우클릭 or Control + 클릭 〉 Bounce and Merge 〉 Bounce in Place를 선택합니다. 단축키는 Control + B 입니다.

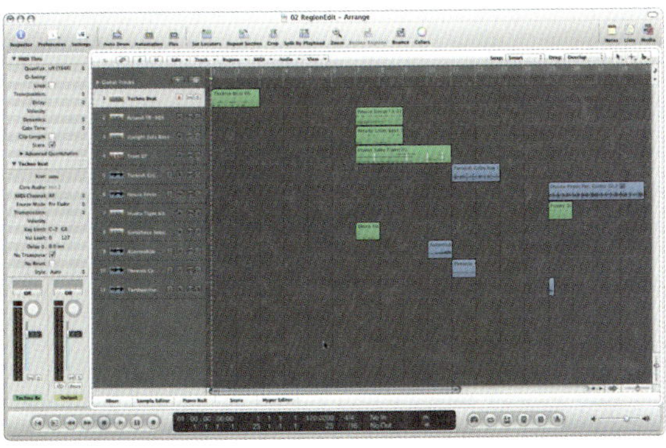

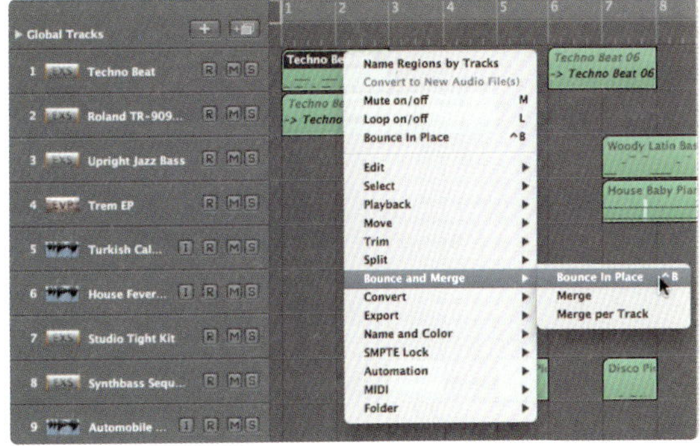

03 여러 가지 옵션사항을 선택해서 바운스할 수 있습니다.

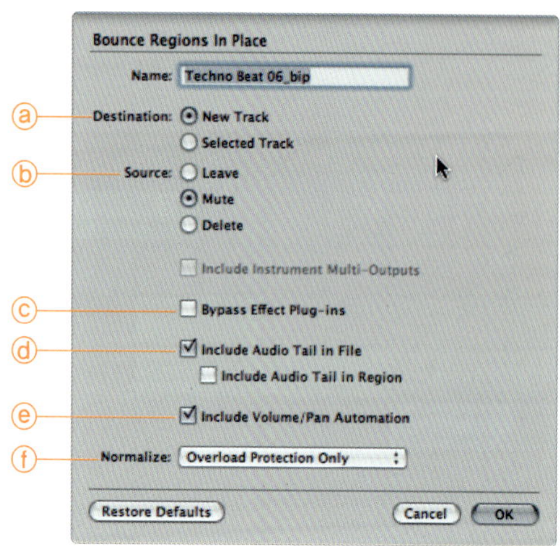

ⓐ Destination : 새로운 트랙에 오디오 파일을 생성시키거나 선택되어 있는 오디오 트랙에 생성하는 옵션
ⓑ Source
   • Leave : 원본 미디 리전에 아무런 변화가 없음
   • Mute : 원본 미디 리전을 뮤트시킴
   • Delete : 원본 미디 리전을 삭제함
ⓒ 해당 트랙에 플러그인이 걸려 있는 경우 Bypass 할 것인가를 결정함
ⓓ 리전이 끝나도 플러그인 때문에 소리가 이어질 수 있는데, 이러한 소리를 포함하고(Include) 바운스할 것인가를 결정함
ⓔ 볼륨과 / 팬의 오토메이션 값을 적용할 것인가를 결정함
ⓕ Normalize
   • OFF : 노말라이즈 기능을 끔
   • Overload Protection Only : 한계를 넘는 오디오 신호가 발생했을 때만 노말라이즈함
   • ON : 노말라이즈 기능을 켬

04 선택한 미디 리전이 오디오 리전으로 바운스되는 것을 확인할 수 있습니다. 미디 리전을 오디오 파일로 바꾸어서 편집해야 할 때 유용하게 쓰일 수 있는 기능입니다.

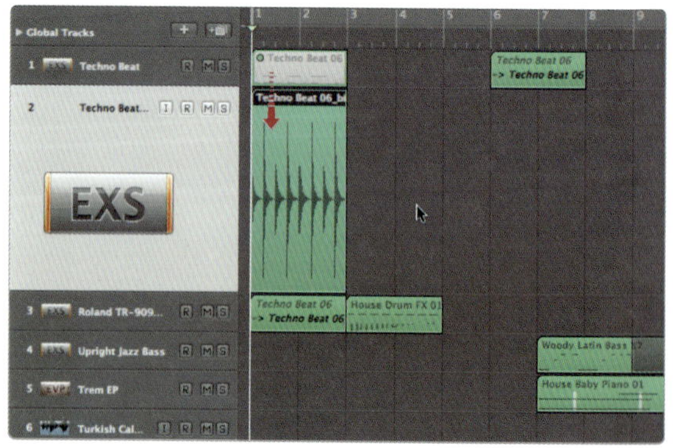

7. 리전 다듬기

리전을 관리하는 몇 가지 팁을 소개하겠습니다.

리전 색상 바꾸기

- 툴바 우측의 (Colors) 아이콘을 클릭하거나 단축키 Alt + C 를 누르면, 컬러 팔레트가 실행됩니다. 이 때 리전을 선택한 다음 팔레트의 색상을 고르면 리전의 색상이 바뀌게 됩니다.

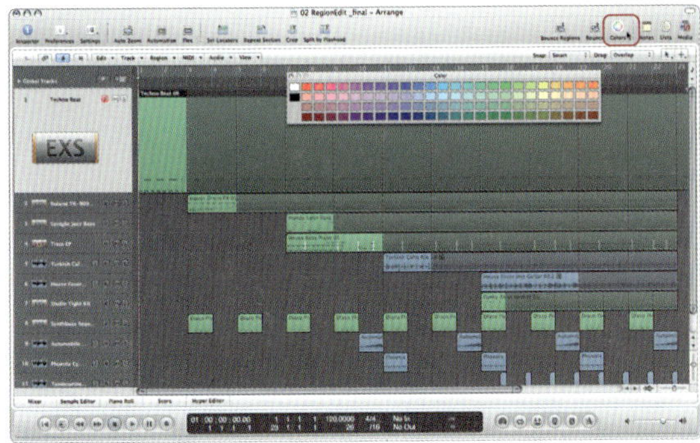

- 여러 리전을 동시에 실행하는 것도 가능합니다.

리전 이름 바꾸기

- 이름을 바꾸고자 하는 리전을 선택한 다음 **우클릭** 〉 Name and Color 〉 Name Regions by Tracks를 실행하면 리전의 이름이 트랙과 같게 변경됩니다.

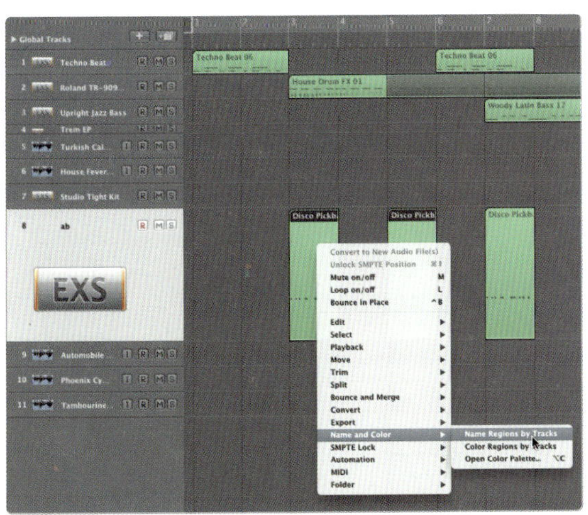
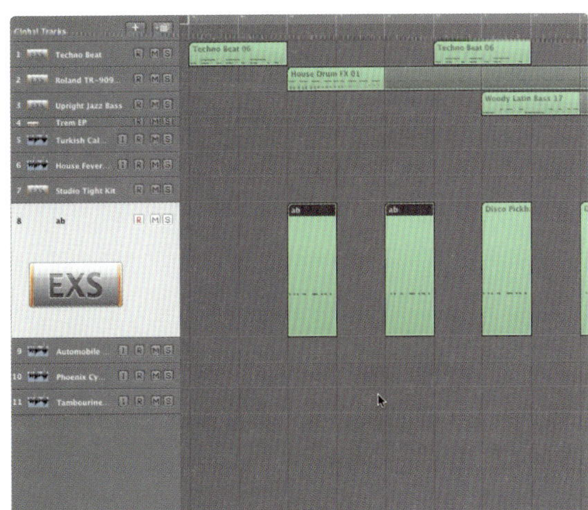

● 텍스트 툴을 선택한 후 리전을 클릭하면 리전의 이름을 입력할 수 있습니다.

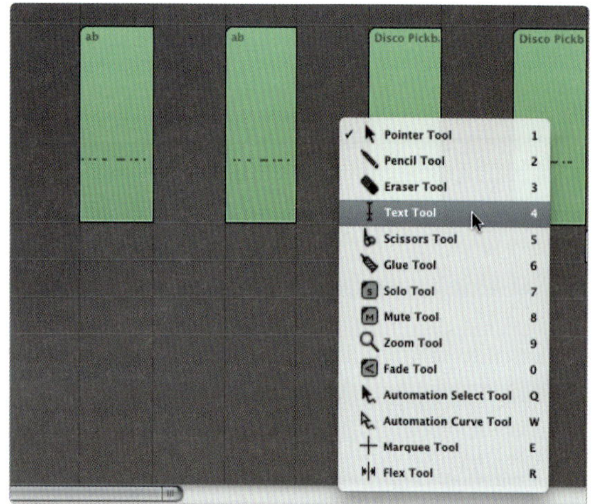
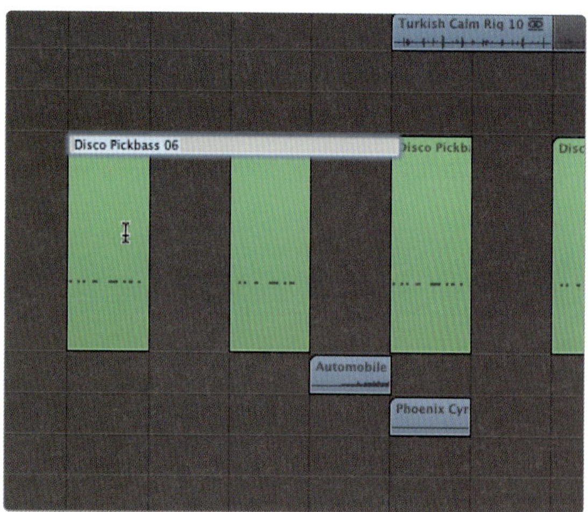

불필요한 리전 길이 정리하기

가지고 있는 미디 노트보다 불필요하게 리전이 긴 경우 단축키 Shift + Command + B 를 실행하면, 노트의 길이에 맞게 적당히 리전이 줄어들게 됩니다.

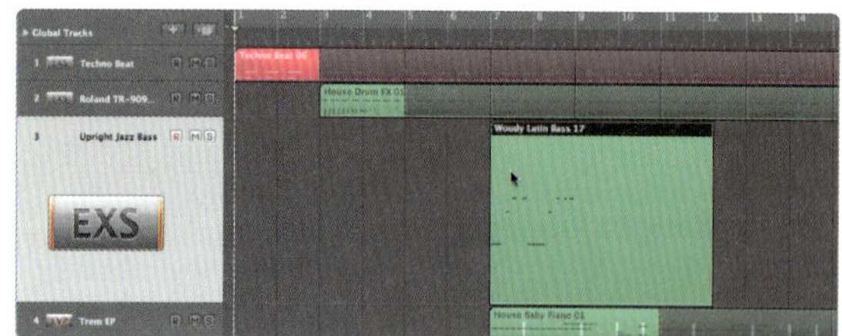
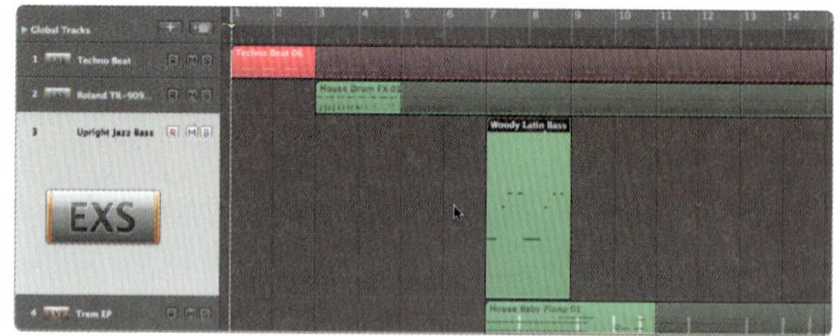

Memo

오디오 레코딩과 편집

Chapter 1. 오디오 레코딩 (Recording Audio)
Chapter 2. 오디오 편집 (Editing Audio)

이미 만들어져 있는 오디오 샘플을 편집 배열해서 사용하거나 마이크를 이용해서 보컬 녹음을 함에 있어서도 로직은 다양한 기능을 제공합니다. 이번 장에서는 로직을 이용한 오디오 레코딩, 편집에 대해 배워보겠습니다.

CHAPTER 01 오디오 레코딩 (Recording Audio)

본인의 오디오 인터페이스가 컴퓨터에 연결되어 있고, 마이크나 기타를 가지고 있다면 오디오 인풋이 제대로 작동하는지 체크해봅니다. 맥북이나 아이맥의 기본 오디오 인터페이스 사용자는 피드백 현상이 있을 수 있으니 가급적 이어폰이나 헤드폰을 착용하고 레코딩을 시작하기 바랍니다.

1. 오디오 설정

01 새로운 빈 프로젝트 열어 모노 오디오 트랙을 만듭니다.

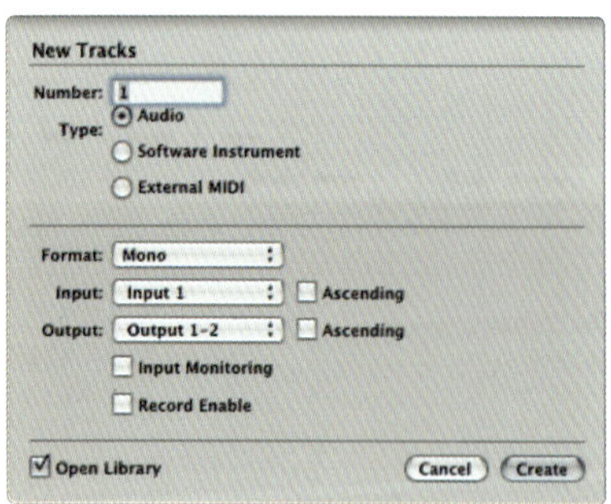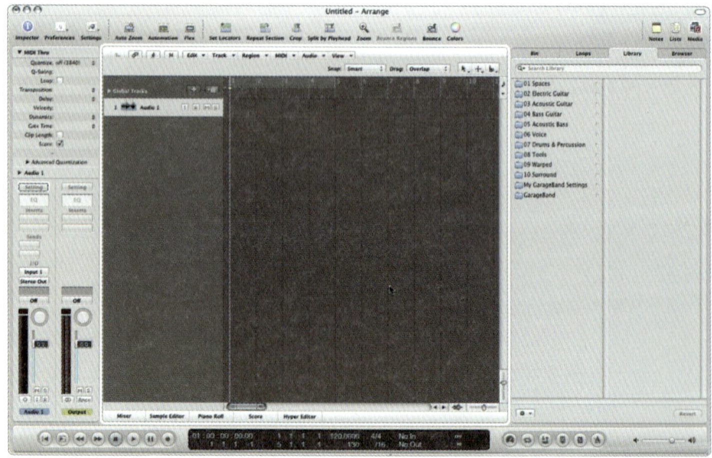

02 툴바의 Settings( ) 〉 Audio를 선택합니다.

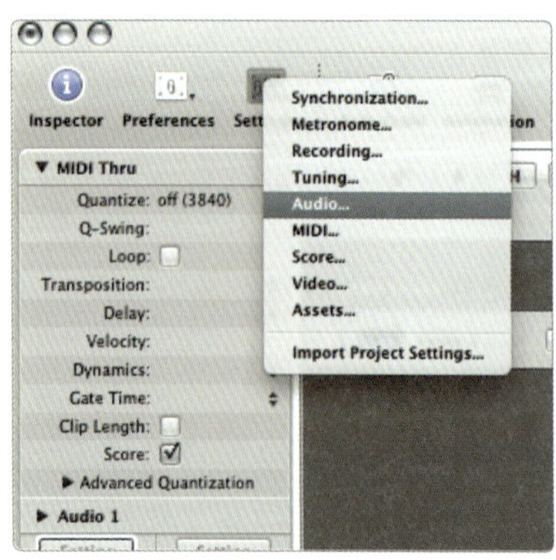

모노(Mono)와 스테레오(Stereo)는 인풋/아웃풋 채널의 개수에 따라 구별되게 됩니다. 모노는 1개의 채널을 뜻하고, 스테레오는 2개의 채널을 뜻합니다. 우리가 흔하게 사용하는 스피커나 이어폰은 두 개의 출력 단자를 가지고 있고 사람의 귀도 두 개로 이루어져 있기 때문에 대부분의 음악은 스테레오의 기준으로 만들어지게 됩니다. 하지만, 마이크를 이용해서 레코딩을 하거나 기타를 연결할 때는 주로 한 개의 마이크나 라인을 이용하게 되므로 '모노(Mono)'인 것입니다. 키보드와 같은 경우에는 소스가 스테레오로 출력이 되고 오디오 카드에서도 두 개의 채널(스테레오)로 인풋을 받게 되기 때문에 레코딩할 때 스테레오 오디오 채널을 만들어야 합니다. 마이크를 두 개를 쓰는 경우에는 스테레오 채널을 만들어서 한 번에 받는 게 아니라, 모노 채널을 두 개 만들어서 레코딩을 진행하게 됩니다.

03 'Sample Rate'를 클릭하고 '44.1kHz'에 맞추어봅니다. 우리가 CD를 통해 듣게 되는 음원의 샘플 레이트가 44.1kHz입니다. 1초에 44,100개의 샘플이 포함되어 있다는 뜻으로, 높은 수치일수록 기록하고 있는 샘플이 많아져 파일의 용량이 커지게 됩니다. 일반적으로 앨범 녹음이나 영화음악과 같이 전문적인 퀄리티를 필요로 할 때는 48kHz로 레코딩을 진행합니다.

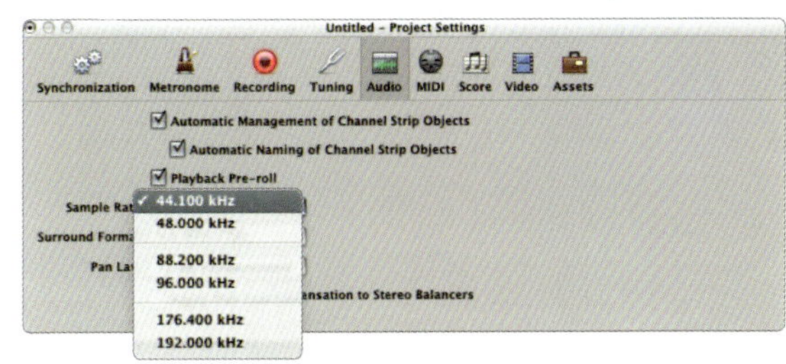

04 툴바의 Preferences( ) 〉 Audio로 들어가봅니다.

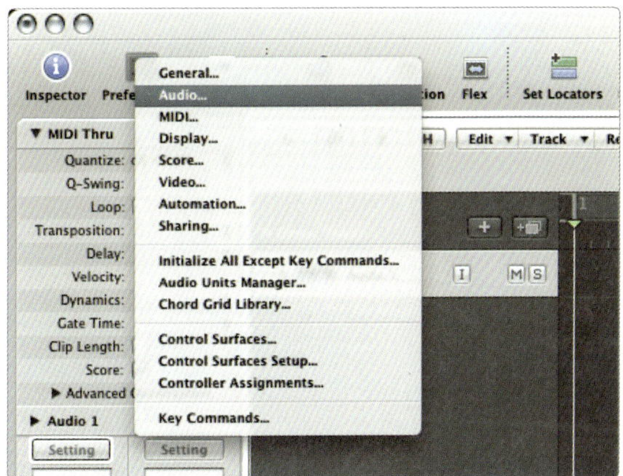

05 Preferences 창이 나타나면 Devices 〉 Core Audio에 본인의 오디오 인터페이스가 설정되어 있는지 확인합니다. 오디오 인터페이스가 따로 없는 경우에는 'Built-in Output, Input'으로 설정되어 있으면 됩니다. 앞서 설명했지만 I/O Buffer Size는 작은 숫자를 선택할수록 레이턴시(latency - 소프트웨어의 소리가 하드웨어로 출력될 때까지의 시간을 뜻합니다.)는 작아지지만 컴퓨터에 높은 부하가 주어지게 되고, 큰 숫자를 선택할수록 레이턴시는 커지지만 시스템은 안정적으로 돌아가게 됩니다. '24-Bit Recording'이 체크되어 있지 않은 경우에는 16-bit로 레코딩됩니다. 24-bit로 레코딩 했을 때의 파일 크기는 16-bit에 비해 1.5배 정도 크지만 그만큼 음질이 우수하므로 사용을 권장합니다.

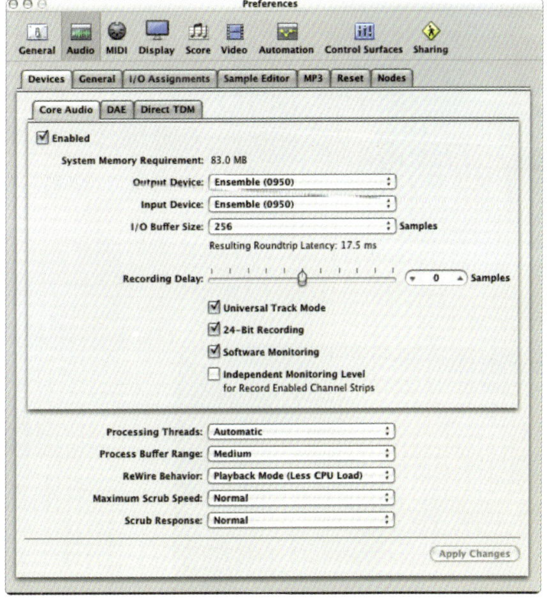

06 'General' 탭을 보면 Recording File Type(레코딩 시 기록되는 오디오의 파일 타입)을 선택할 수 있게 되어 있습니다. 기본 설정은 맥의 오디오 파일 형식인 'AIFF' 입니다. 필요한 경우에 이곳에서 'WAVE' 형태로 바꿀 수 있습니다.

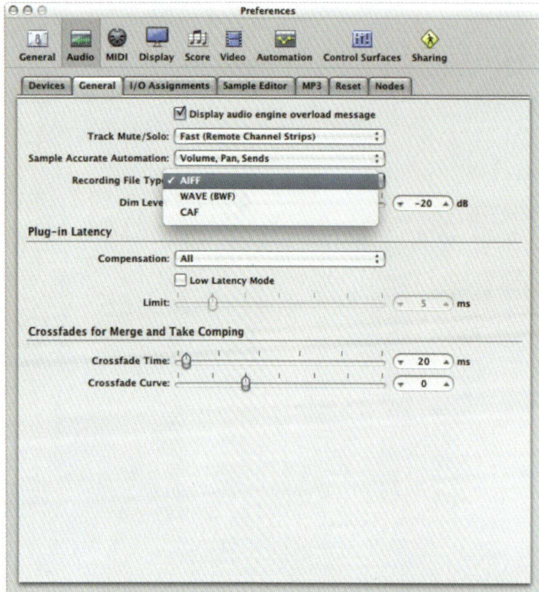

07 프로젝트를 적당한 폴더에 'AudioRecording'이라는 이름으로 저장하겠습니다. 프로젝트가 Asset과 함께 저장되어 있어야, 레코딩 시 생성되는 오디오 파일들이 저장될 폴더가 지정됩니다. 프로젝트를 Asset과 함께 저장하는 법에 대해서는 [Part 04] - [Chapter 01 프로젝트 설정]에서 다루었습니다.

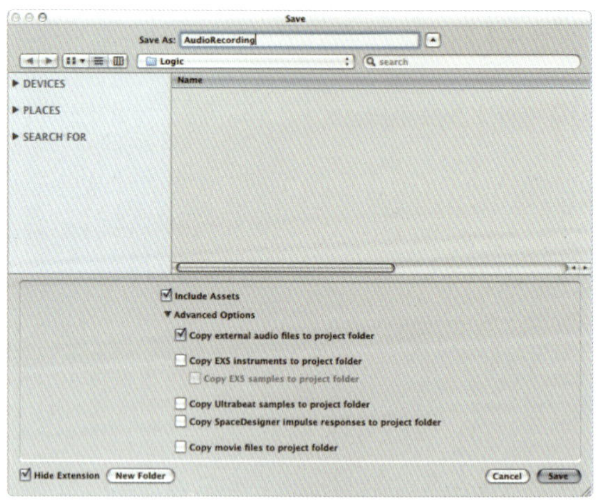

2. 오디오 레코딩

01 앞의 따라하기 화면에 이어서 진행해봅니다. Control + Z 키로 트랙을 확대하고, 트랙 이름을 'test'로 입력합니다.

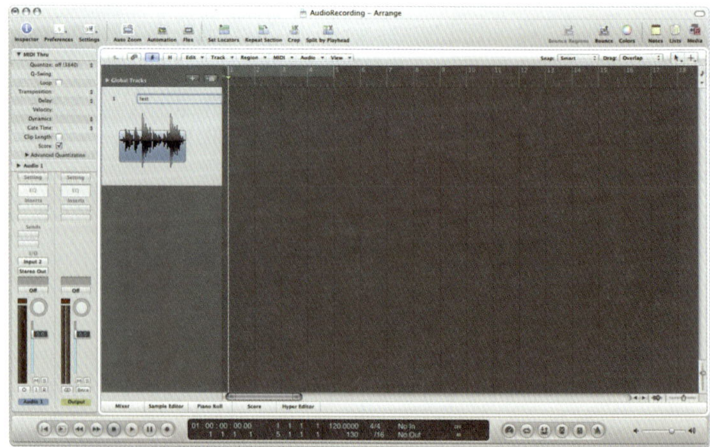

02 스피커와 마이크(기타)가 가까운 거리에 있는 사용자는 이어폰이나 헤드폰을 착용한 상태에서 Ⅰ 버튼을 클릭하여 자신의 마이크(기타)의 소리를 들어봅니다. 그림처럼 인스펙터창의 볼륨 게이지가 올라온다면 성공적으로 오디오가 들어오고 있는 상태인 것입니다.

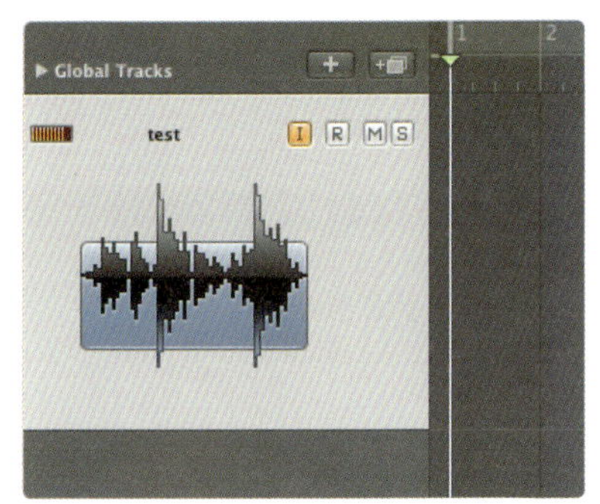

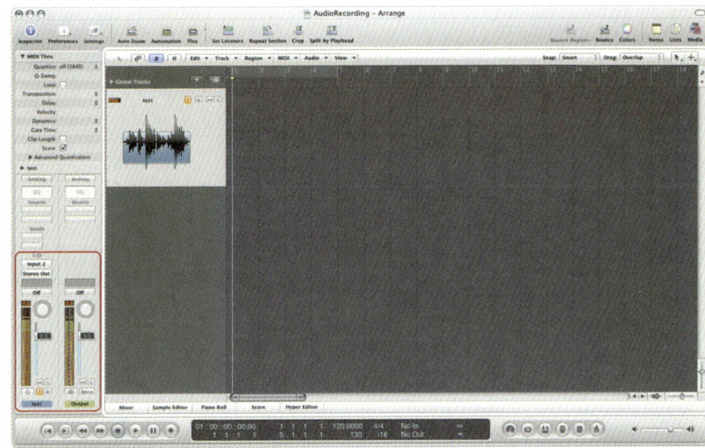

03 인스펙터창의 인풋 레벨을 보면서 오디오 카드의 게인(Gain)을 조절해봅니다. 들어오는 오디오 소스가 너무 클 경우에는 볼륨 게이지가 끝까지 올라가게 되므로 주의해서 적당한 양의 게인을 만들어봅니다.

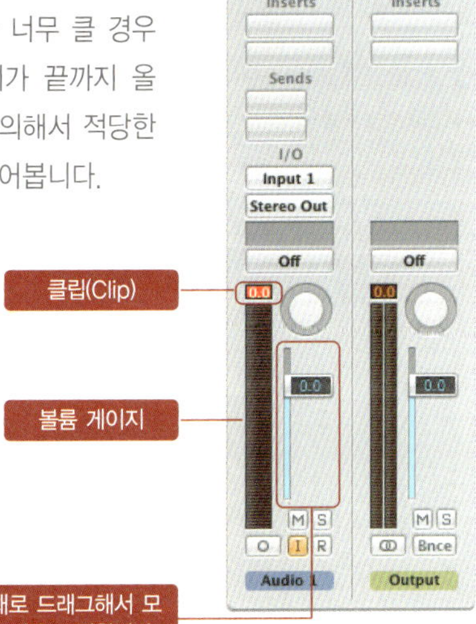

레코딩 중에 들어오는 레코딩 소스가 너무 클 경우 경고의 표시로서, 그림처럼 Clip이 빨갛게 표시됩니다. 레코딩이 끝나고 난 뒤에도 계속 빨간색으로 남아있게 되므로, 이럴 때는 Clip 표시 영역을 클릭하면 표시창이 원상 복귀됩니다.

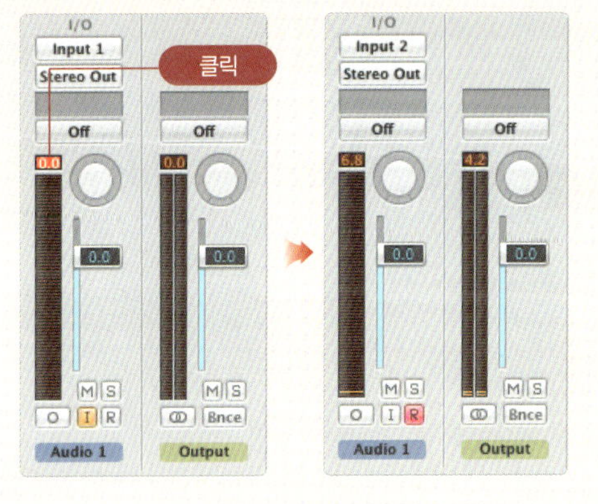

04 R 키를 눌러 레코딩을 시작하고, Space Bar 키를 눌러 멈춥니다. 레코딩이 기록되고 있는 하드디스크의 경로와 가능한 레코딩 시간, 경과된 시간이 보입니다. 레코딩이 시작되면 자동으로 메트로놈 소리가 같이 출력되는데, 이에 대해서는 [Part 05] − [Chapter 01 미디 레코딩]에서 다루었습니다.

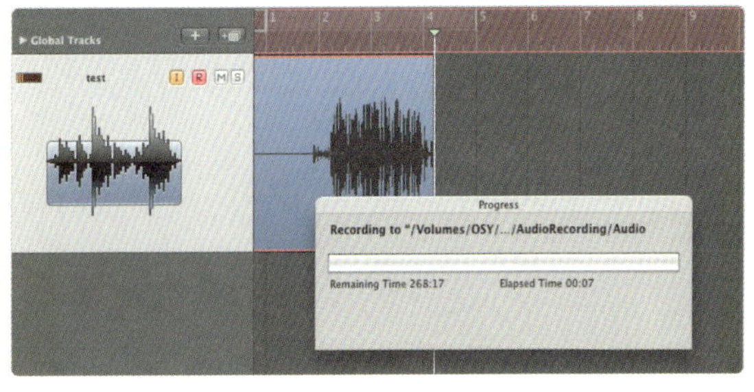

05 레코딩이 완료되고 오디오 리전이 생성됩니다. 녹음이 완료된 리전에는 트랙명과 함께, 테이크(take)를 나타내는 숫자가 기록됩니다. 옆의 원형 기호는 '모노(mono)'를 뜻합니다. 만약, 원형 기호가 두 개 그려져 있으면 스테레오(stereo)를 뜻합니다.

06 Command + Z 키를 눌러 레코딩을 취소해봅니다. 방금 생성된 리전이 사라집니다.

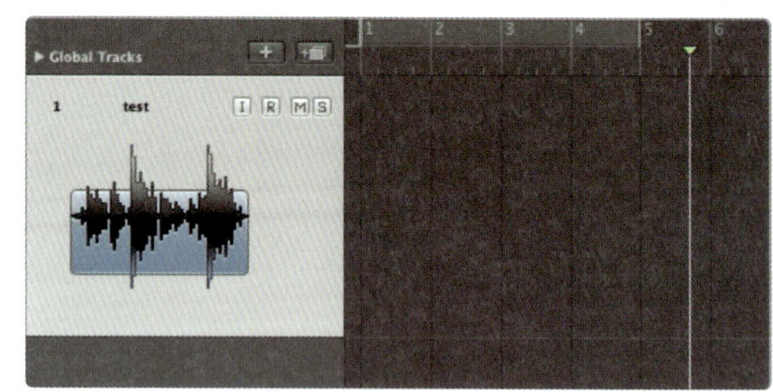

07 플레이헤드를 프로젝트 시작으로 옮기고 다시 레코딩을 실행해봅니다. 테이크 넘버가 '02'로 표시되는 것을 확인할 수 있습니다.

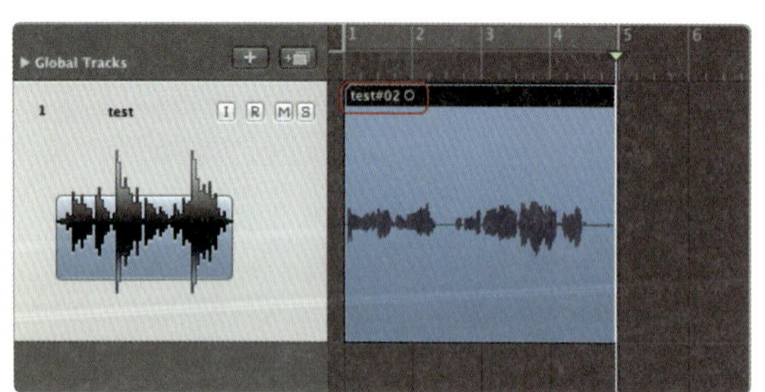

08 이번에는 레코딩된 리전을 선택하고 Delete 키로 지워보겠습니다. 그림과 같이 디스크에서 이 오디오 파일을 지울 것인가를 묻는 창이 팝업됩니다. [OK] 버튼을 클릭해서 리전을 삭제합니다.

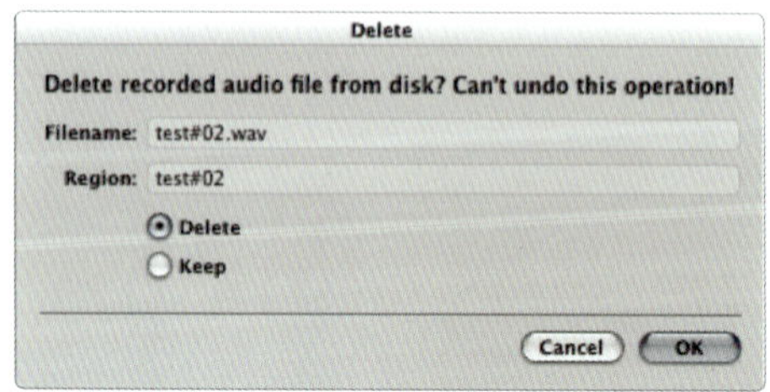

09 플레이헤드를 프로젝트 시작에 가져다 놓고 다시 레코딩을 실행합니다. 테이크 넘버가 '03'으로 기록되는 것을 확인할 수 있습니다.

10 단축키 B 를 눌러 오디오 빈(Audio Bin)을 열어보겠습니다. 첫 번째 테이크(test#01)와 세 번째 테이크(test#03)가 기록되어 있는 것을 알 수 있습니다. 이렇듯 Delete 키를 눌러 삭제하지 않으면 로직은 레코딩한 오디오 파일을 지우지 않습니다.

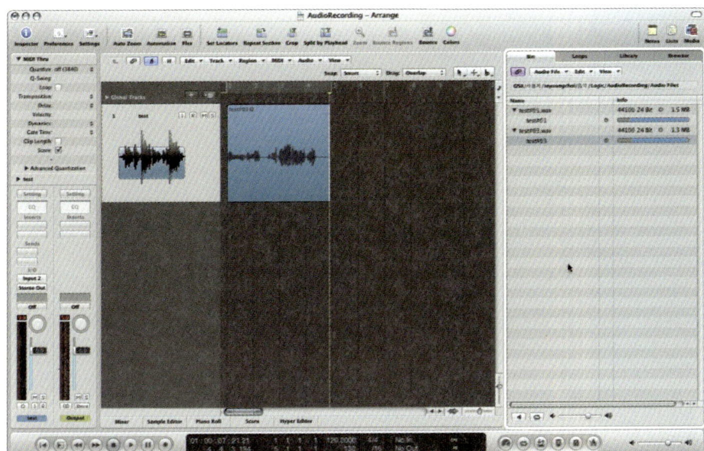
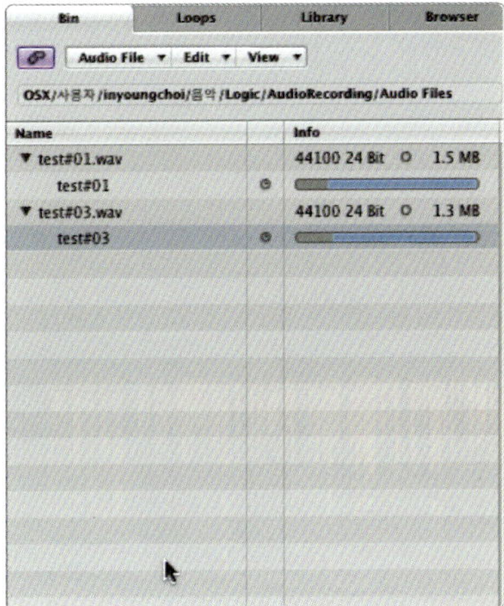

11 본인이 프로젝트를 저장한 폴더를 열어보면 'Audio Files'라는 폴더가 생성되어 있는 것을 확인할 수 있습니다. 레코딩된 오디오 파일은 자동으로 이 폴더에 저장되게 됩니다.

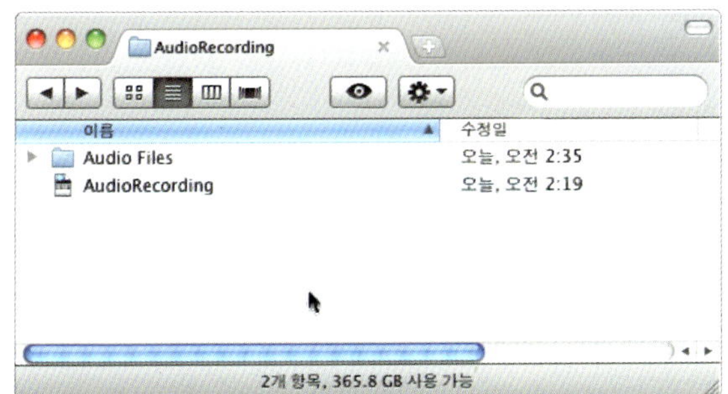
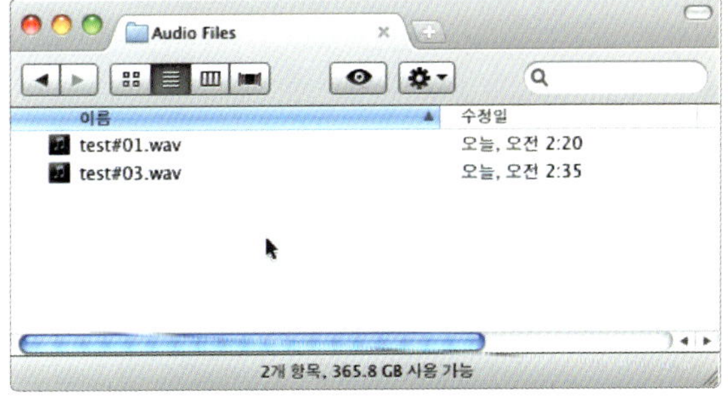

3. 멀티테이크 레코딩

레코딩을 실행하고 맘에 들지 않아 다시 녹음할 때마다 Command + Z 로 실행취소를 하거나 Delete 키로 리전을 삭제하고 다시 레코딩 할 수도 있지만, 멀티테이크 레코딩을 이용하면 사용하지 않는 테이크들을 효율적으로 활용할 수 있습니다.

멀티테이크 레코딩 실행하기

레코딩이 되어 있는 리전 위에 레코딩을 또 하게 되면 로직은 자동으로 멀티테이크를 생성시킵니다.

01 앞의 따라하기 화면에 이어서 진행해봅니다. 프로젝트의 시작 부분에 플레이헤드를 놓고 레코딩을 실행합니다. (기존에 레코딩한 오디오 리전이 남아 있다면 이 과정은 생략합니다.)

02 레코딩된 리전을 그대로 둔 상태에서 다시 프로젝트 시작 부분에 플레이헤드를 놓고 레코딩을 다시 실행합니다. 오디오 리전이 위, 아래로 확장되며 그림처럼 나타나게 됩니다.

03 이 상태에서 다시 한 번 플레이헤드를 프로젝트의 시작 부분에 놓고 레코딩을 실행합니다. 오디오 리전이 하나 더 늘어나는 것을 확인할 수 있습니다.

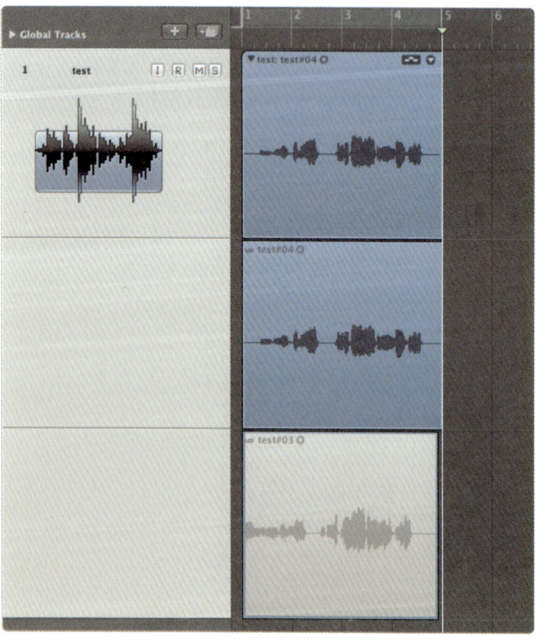

04 가장 위에 있는 오디오 리전을 선택하고 Delete 키를 눌러 삭제해보겠습니다. 멀티테이크가 한 번에 삭제되는 것을 확인할 수 있습니다.

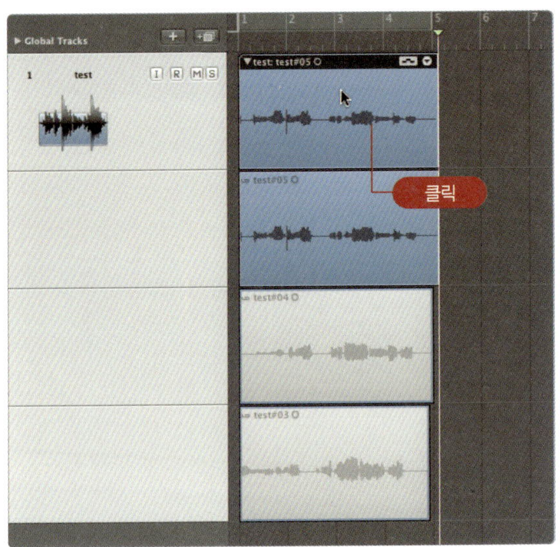

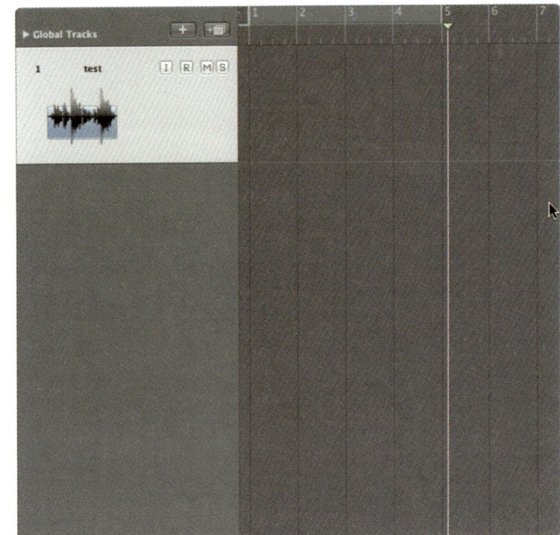

05 이번에는 단축키 C 를 눌러 싸이클 모드를 활성화시켜보겠습니다. 트랜스포트바의 싸이클 모드( ) 버튼이 활성화되고 룰러에 초록색 바가 생기는 것을 확인할 수 있습니다.

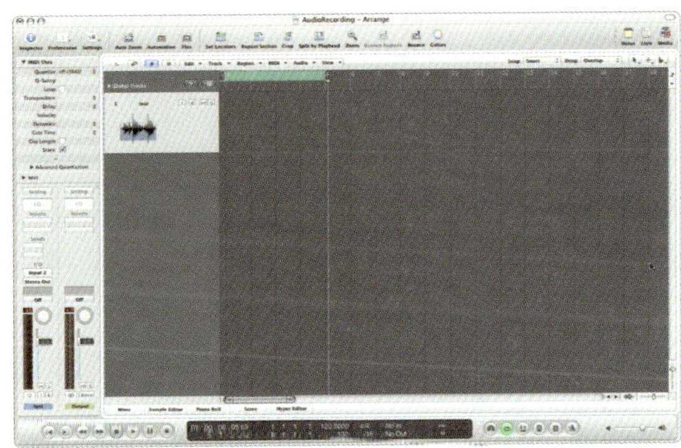

06 이렇게 싸이클 모드가 활성화된 상태에서 레코딩을 실행해보겠습니다. 레코딩이 싸이클 모드의 구간 내에서 반복되면서 진행되는 것을 알 수 있습니다. 두, 세번 정도 레코딩을 반복하고 멈추도록 합니다.

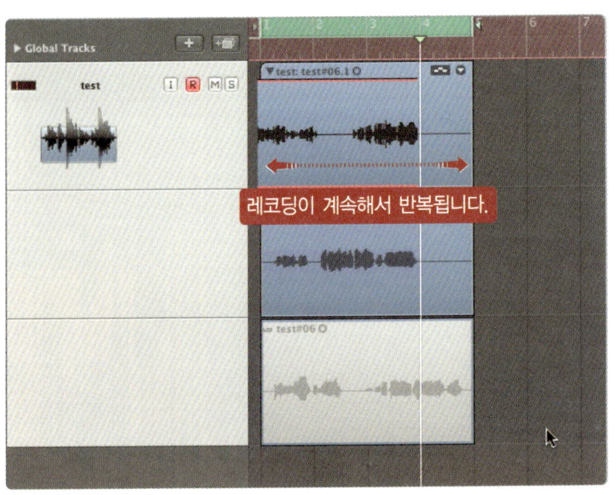

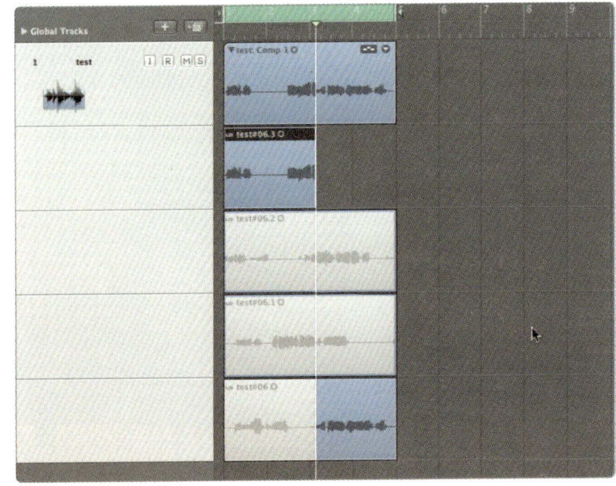

멀티테이크 편집하기

01 사용하던 프로젝트를 닫고 예제 파일 '07 MutliTake'를 불러오겠습니다. 멀티테이크는 기존의 리전과 새로 레코딩한 리전이 순서대로 배열됩니다. 위에 있는 리전이 최근에 레코딩한 리전입니다. 회색 부분으로 표시되는 리전이 사용하지 않는 부분이고 파란색으로 보이는 리전이 사용하는 리전입니다.

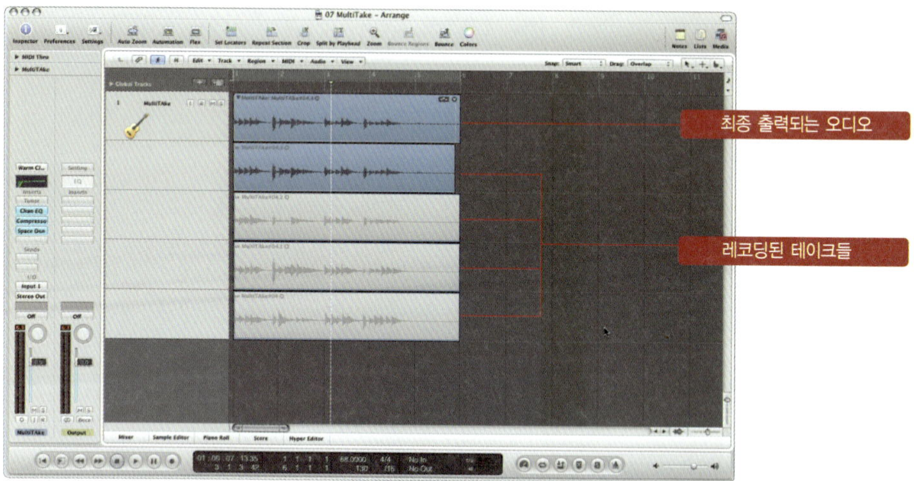

02 아래의 4개의 테이크들을 번갈아 가며 클릭해보면 최종 출력되는 리전의 모습이 선택된 테이크에 따라 바뀌는 것을 확인할 수 있습니다.

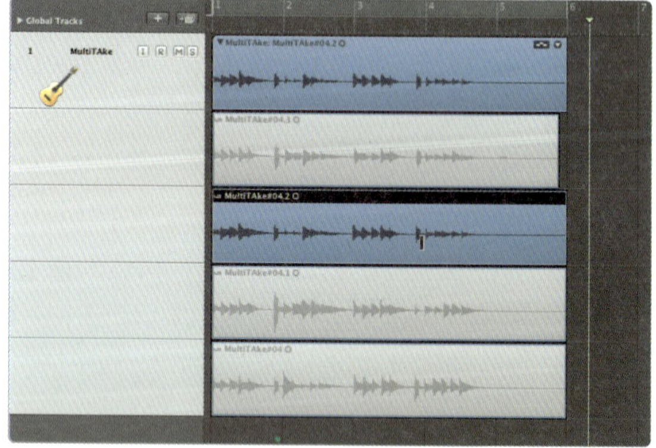

03 세 번째 테이크의 회색 부분을 드래그해서 움직여봅니다. 위의 리전에 회색 부분이 생성되고 드래그한 리전이 파랗게 변하는 것을 확인할 수 있습니다. 이렇게 파란색으로 활성화된 영역만 최종 출력되는 오디오로 쓰이게 됩니다.

04 이번에는 네 번째 테이크의 회색 영역을 드래그해보겠습니다. 첫 번째 테이크에 회색 영역이 생성되면서 최종 출력 테이크에 4번째 테이크가 반영되는 것을 알 수 있습니다.

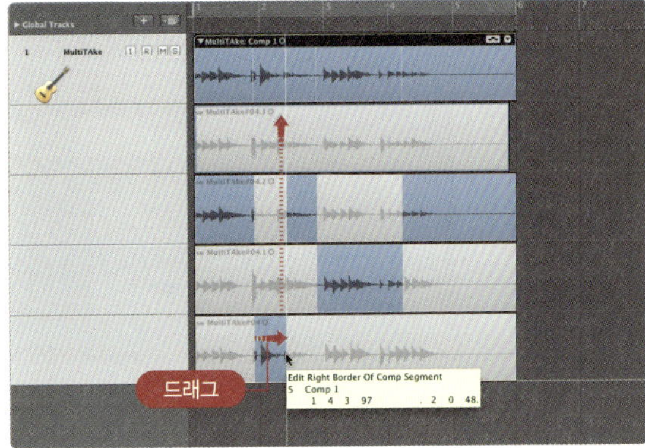

05 이러한 상태에서 다른 테이크를 클릭하면 선택된 영역만큼이 다른 테이크와 교체됩니다.

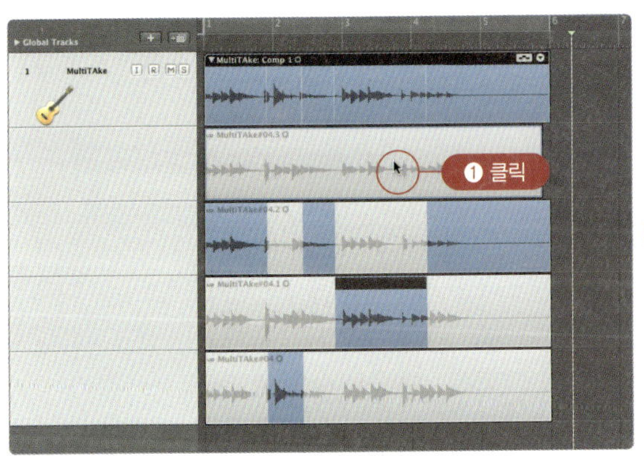

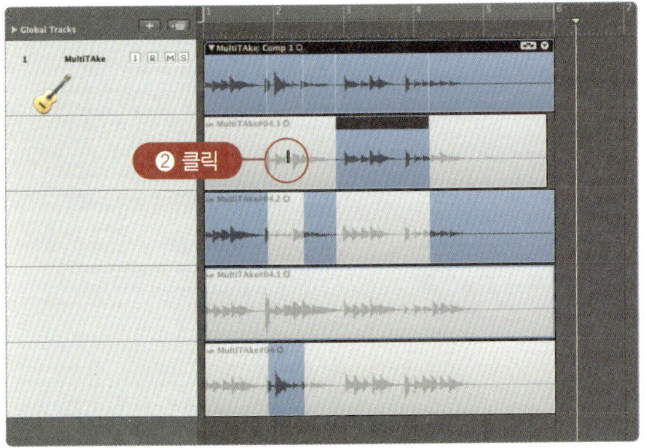

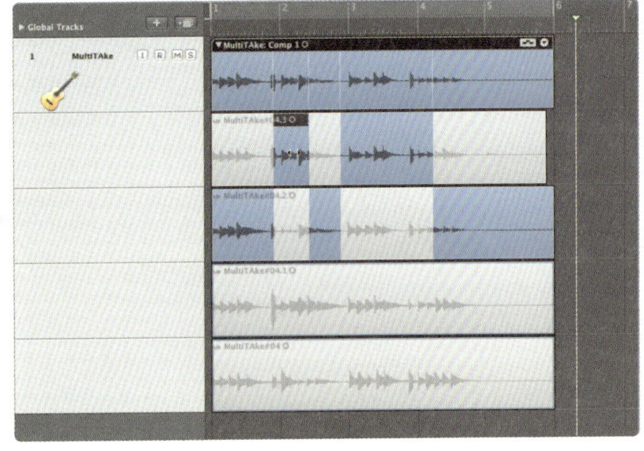

06 Shift 키를 누른 채로 드래그하면 뮤트 영역이나 활성화된 영역의 길이를 조절할 수 있습니다.

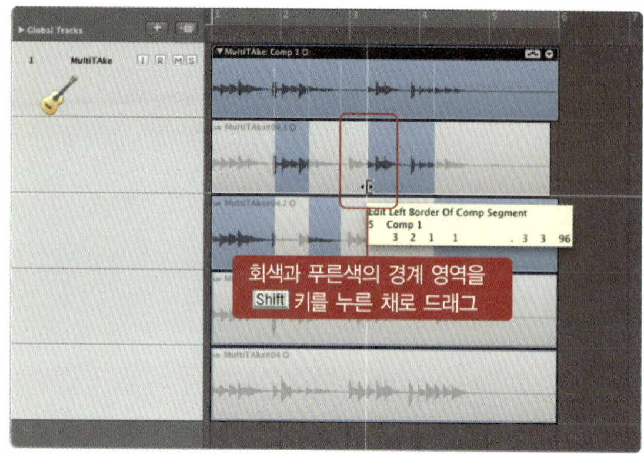
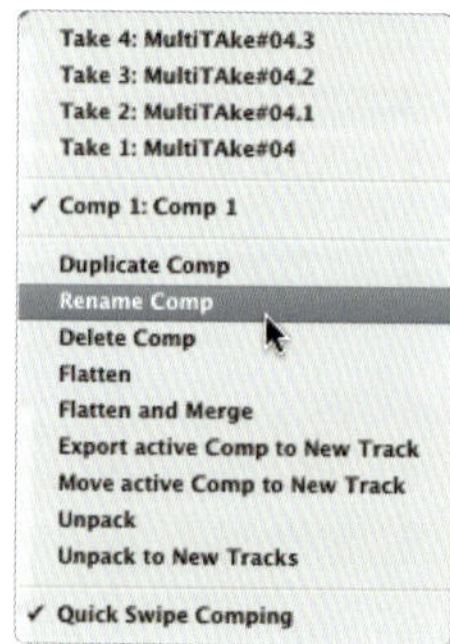

07 우측의 화살표 버튼(⊙)을 클릭하면, 멀티테이크에 관련된 메뉴를 볼 수 있습니다. 'Comp 1'이라 쓰여 있는 것은 현재 묶여 있는 멀티테이크의 이름을 뜻합니다.

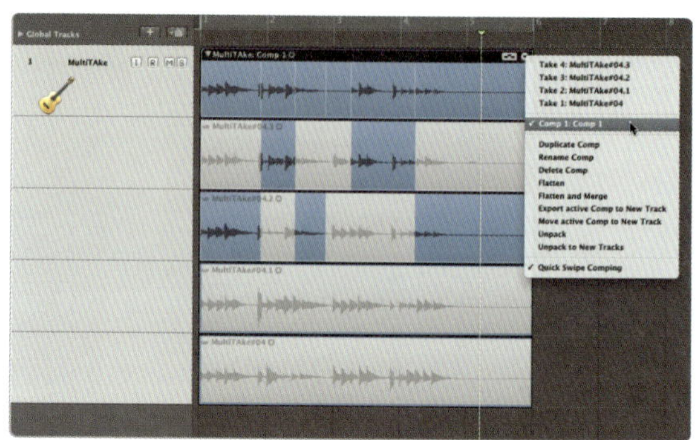
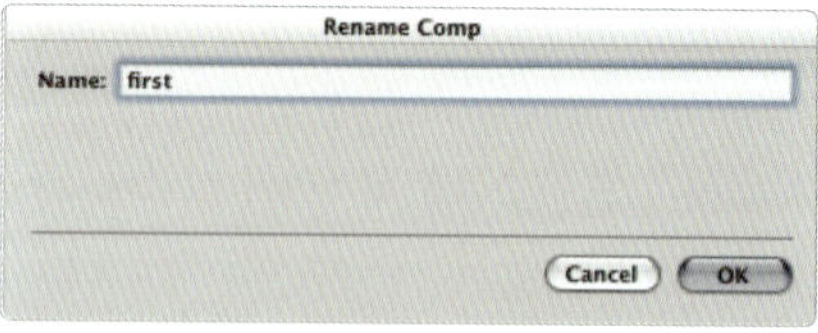

08 'Rename Comp'를 선택하고, 이 Comp의 이름을 'first'라고 입력해보겠습니다.

09 멀티테이크의 이름이 'first'로 나타나는 것을 확인할 수 있습니다.

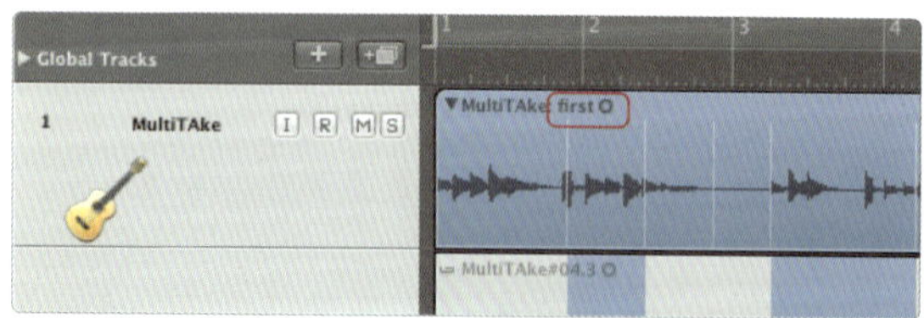

10 이번에는 'Duplicate Comp'를 실행해서 Comp를 복제해보겠습니다. 'Comp 2'가 생겨나는 것을 확인할 수 있습니다.

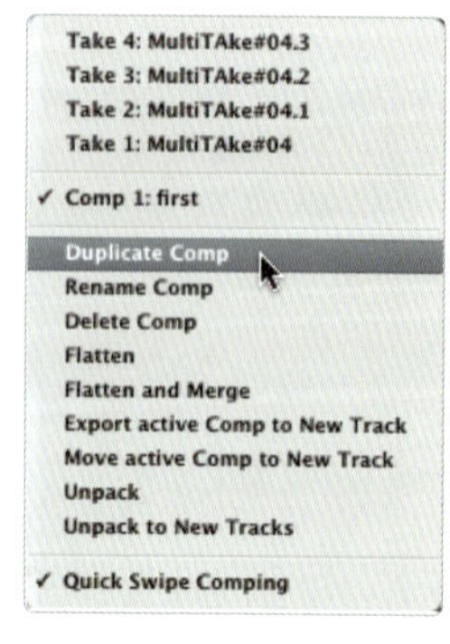
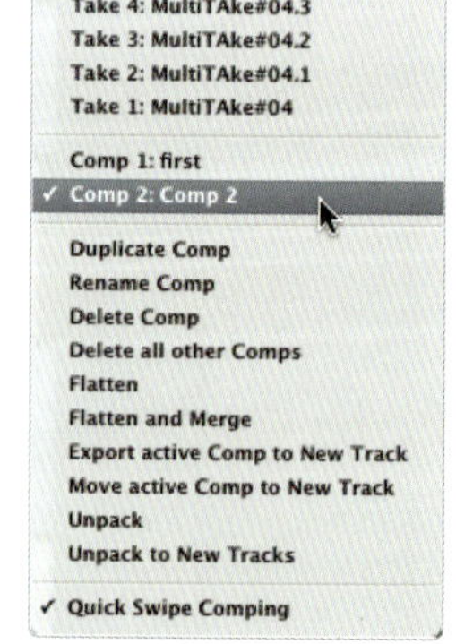

11 'Rename Comp'를 실행해서 이름을 'second'로 바꾸겠습니다.

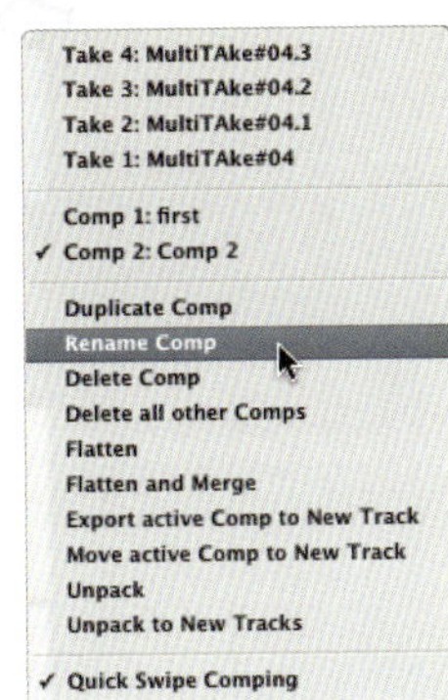

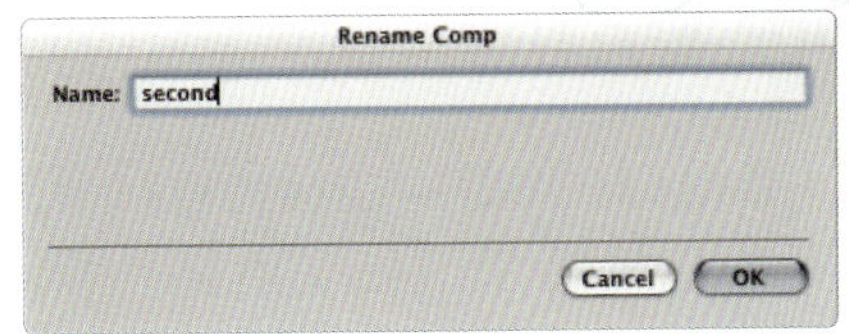

12 이렇게 해서 두 개의 Comp가 생성되었습니다.

13 Second에서 테이크를 적당히 드래그해서 편집을 바꾸어보겠습니다.

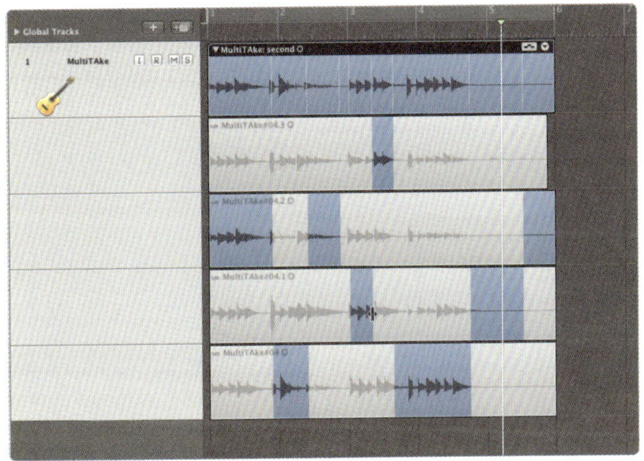

14 'Comp1 : first'를 선택해서 불러보겠습니다.

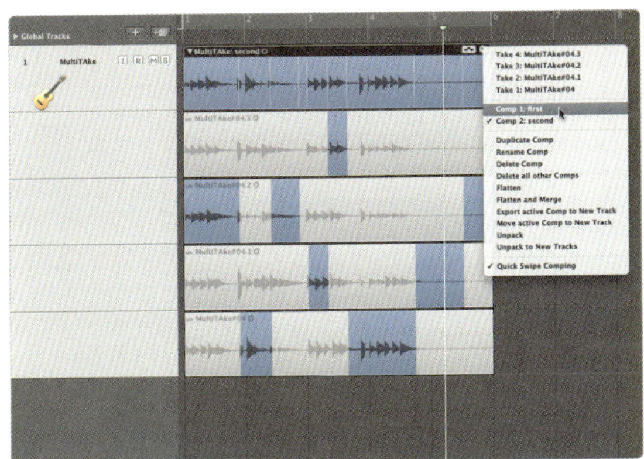

15 이전에 편집한 상태의 멀티테이크가 나타나는 것을 확인할 수 있습니다. 이러한 방법으로 여러 개의 편집본 (Comp)을 만들어서 들어볼 수 있습니다.

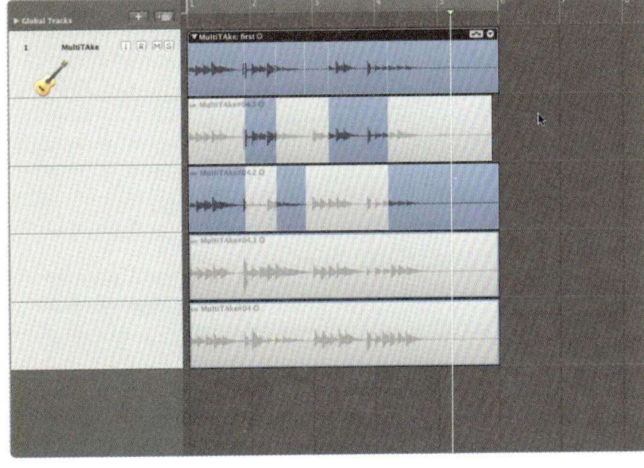

멀티테이크 합치기

● **Flatten** : 선택된 테이크들이 Crossfade(맞닿은 리전의 양쪽으로 페이드인 페이드아웃이 생성되는 것) 되면서 멀티테이크가 아닌 하나의 트랙으로 형성됩니다.

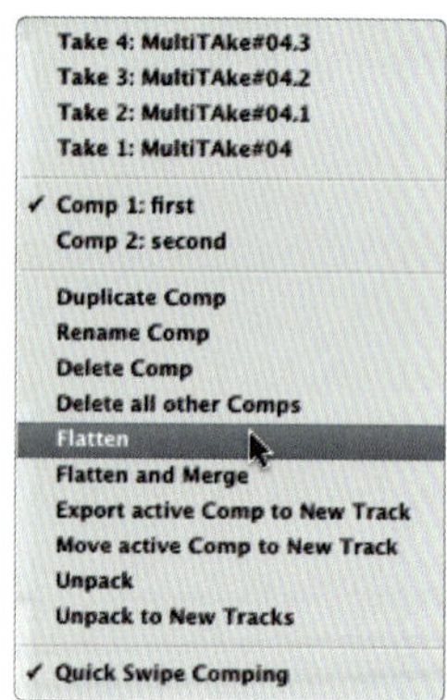
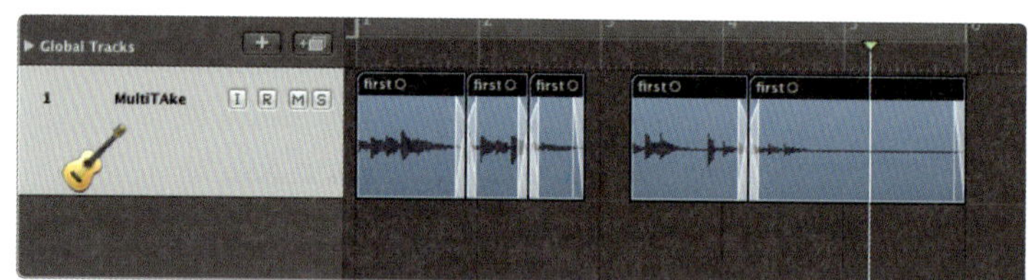

● **Flatten and Merge** : 선택된 테이크들을 Flatten한 후에 합치기(Merge)를 실행해서 하나의 리전으로 만들어줍니다.

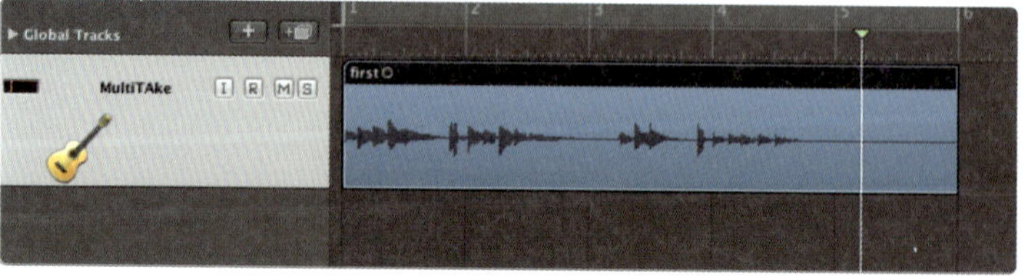

● Export active Comp to New Track : 현재 선택되어 있는 Comp가 Flatten되면서 새로운 트랙으로 출력(Export)됩니다.

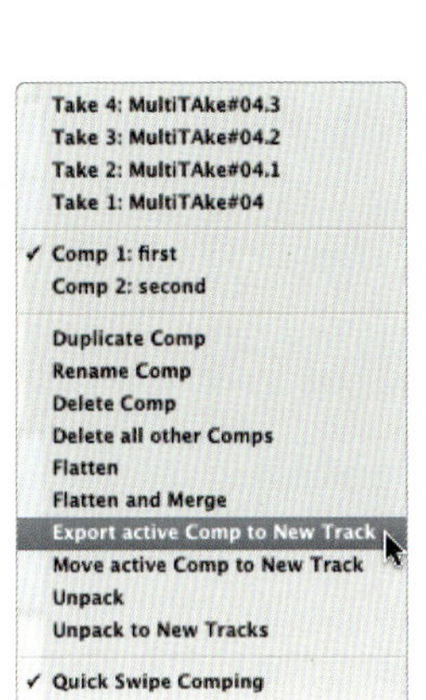

● Unpack to New Tracks : 새로운 트랙이 만들어지면서 Comp 안에 들어있는 테이크들이 밖으로 나가게 됩니다.

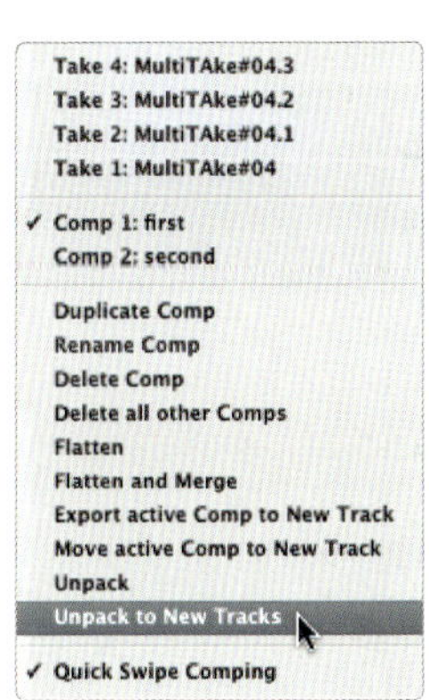

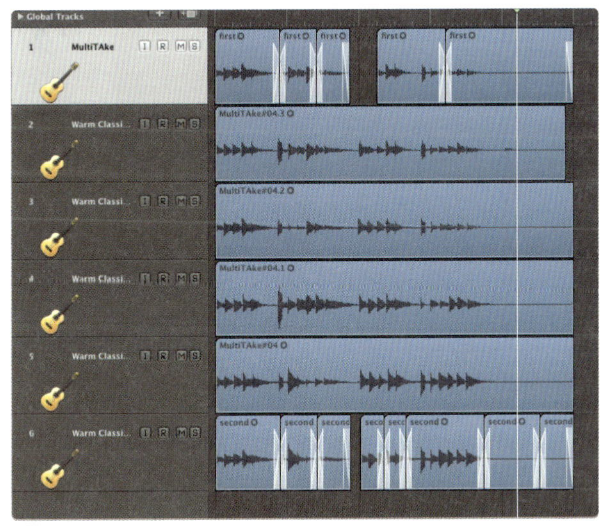

4. 멀티트랙 레코딩

01 프로젝트를 새로 만들고, 3개의 오디오 트랙을 만들어
보겠습니다. 트랙 만들기 창에서 Number란에 '3'을 입력
하고 Input 옆의 'Ascending'을 체크합니다.

Input 옆의 Ascending 기능을 체크하면 인풋 채널이
Input 1, Input 2, Input 3처럼 순차적으로 트랙에
적용되고, Output 옆의 Ascending 기능을 체크하면
아웃풋 채널이 순차적으로 적용됩니다.

02 인스펙터창에서 I/O(Input&Output) 창을 보면 인풋 채널과 아웃풋 채널이 표시되어 있습니다. 트랙별로 인풋 채널이
순차적으로 적용된 것을 확인해봅니다.

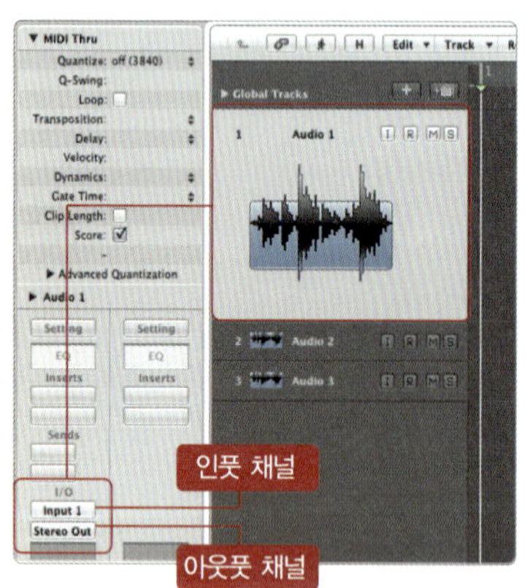
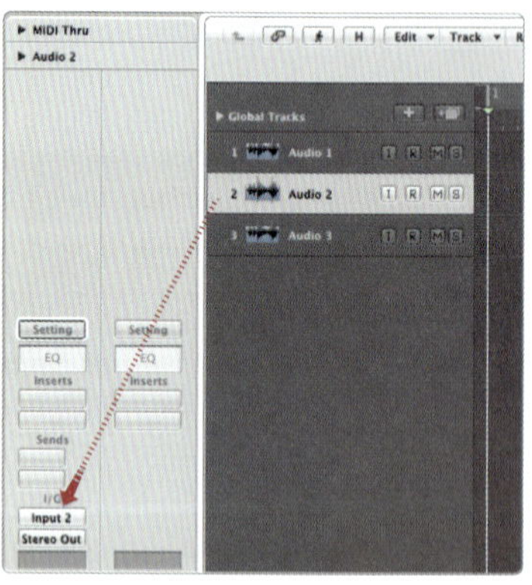
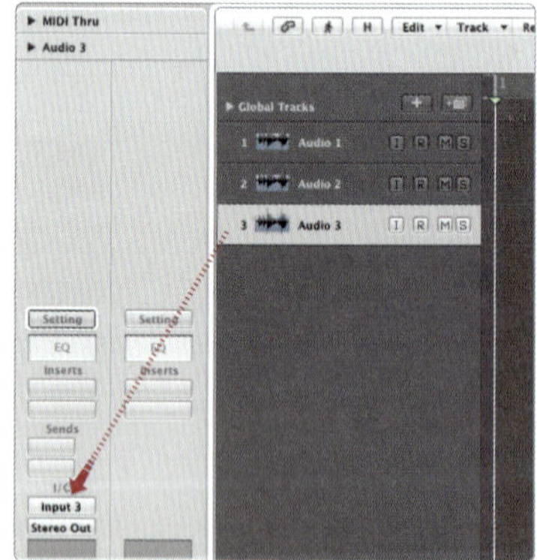

03 X 키를 눌러 믹서창을 열어보면
인풋 채널을 한 눈에 볼 수 있습니다.

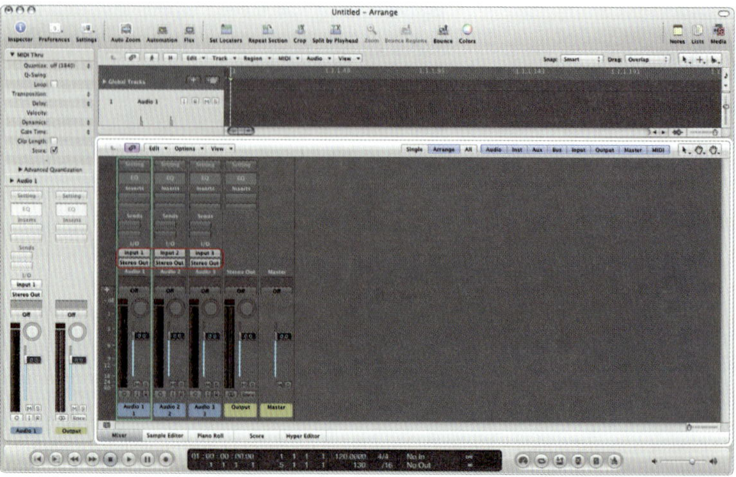

인풋 채널과 아웃풋 채널을 변경하는 방법

해당 버튼을 클릭한 채로 잠시 기다려 메뉴창이 뜨도록 하면 됩니다.

04 다시 X 키를 눌러 믹서창을 닫고 트랙에서 R (Recording Enable) 버튼을 모두 클릭합니다. (만약 본인의 오디오 인터페이스에 인풋이 2채널뿐이라면 3개의 트랙은 동시에 녹음할 수 없습니다.)

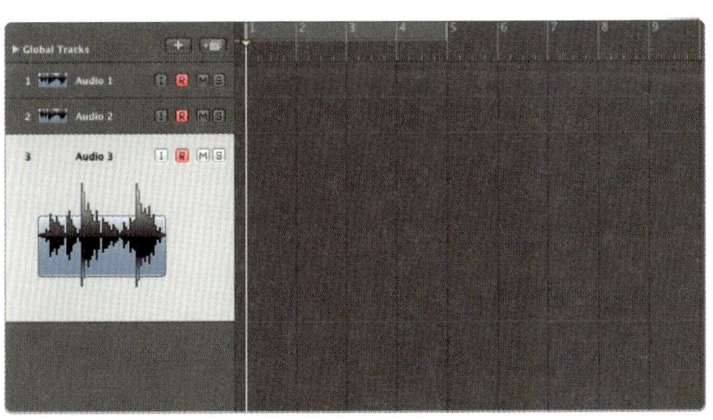

05 R 키를 눌러 레코딩을 시작하면, 세 개의 트랙에 모두 오디오 신호가 들어오는 것을 확인할 수 있습니다.

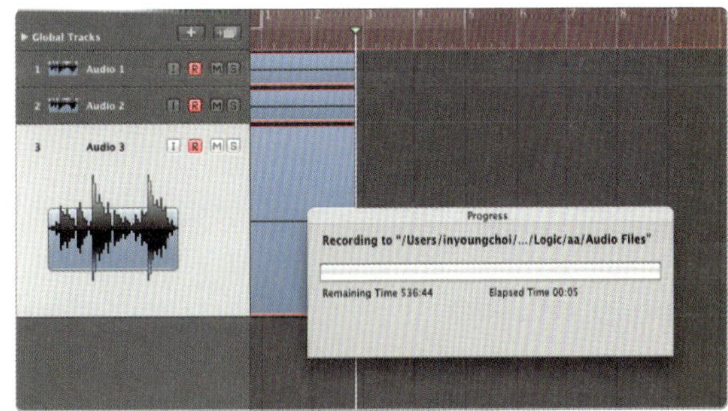

5. Punching on the Fly

펀치(Punch) 기능은 레코딩된 오디오의 특정 부분을 덮어씌우며 녹음하는 기능입니다. 레코딩을 수정할 때 요긴하게 쓰입니다. Punching on the Fly는 재생 중에 레코딩으로 바로 전환해주는 기능으로, 본인의 레코딩을 듣다가 수정하고 싶은 곳에서 바로 레코딩을 시작할 수 있다는 장점이 있습니다.

Punch on the Fly 기능을 활성화시키는 방법

● 일반적으로 오디오를 레코딩할 때 트랙의 R(Recording Enable) 버튼을 일부러 클릭해 활성화하지 않아도, 레코딩을 시작하면 자동으로 R 버튼이 활성화되면서 실행되지만, 'Punch on the Fly' 기능은 R 버튼이 활성화되어 있는 상태에서만 가능합니다.

● R 버튼을 클릭해서 활성화시키거나 Control + R 키로 활성화시키고, 트랜스포트바의 레코딩 버튼(●)을 우클릭 〉 Punch on the Fly 기능을 체크합니다.

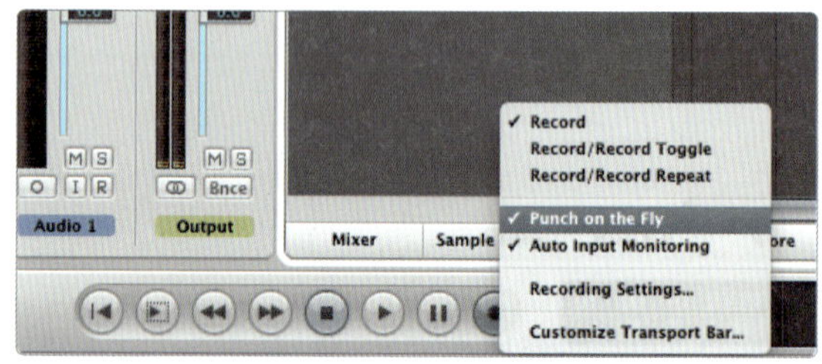

Punch on the Fly 기능을 실행하는 방법

● Space Bar 키로 프로젝트의 시작 부분부터 재생을 하다가, R 키를 누르면 레코딩이 시작됩니다. 이렇게 재생 모드에서 레코딩 모드로 갑작스럽게 바뀌게 되면서 오디오가 레코딩되는 것이 Punch on the Fly 기능입니다.

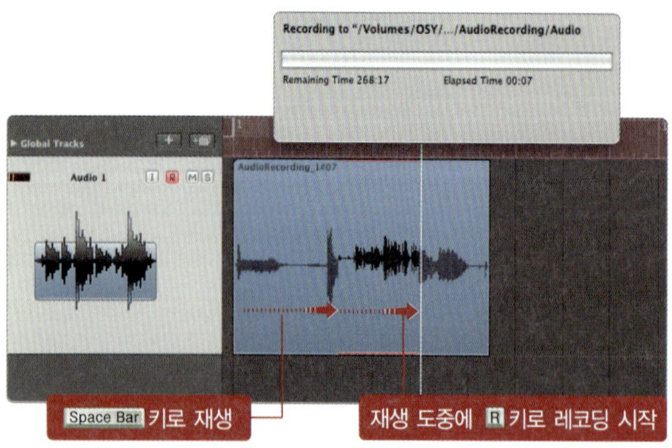

● 레코딩이 끝나면 멀티테이크 레코딩 상태로 정렬됩니다.

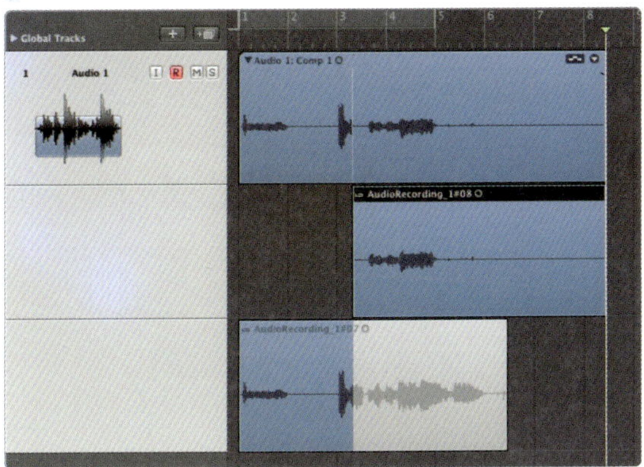

Replace(교체) 기능과 함께 사용하기

● 트랜스포트바의 Replace 버튼(⊗)을 활성화한 후, 프로젝트의 시작 부분부터 Space Bar 키를 눌러 재생하다가 중간에 R키를 눌러 레코딩을 실행합니다.

● 레코딩한 길이만큼 원래의 리전과 교체(Replace)됩니다. 이 기능은 미디 레코딩에도 동일하게 적용 됩니다.

6. Autopunch

이번에는 Autopunch 기능에 대해 알아보겠습니다. Punch on the Fly 기능은 프로젝트 재생 중에 임의적으로 레코딩을 시작할 수 있는 기능이었다면, Autopuch는 미리 구간을 정해 놓고 자동으로 그 구간이 레코딩되도록 하는 기능입니다.

Autopunch 기능을 활성화하는 방법

트랜스포트바의 Autopunch 버튼(⚌)을 활성화하면 룰러의 윗부분에 붉은색 로케이터가 생깁니다.

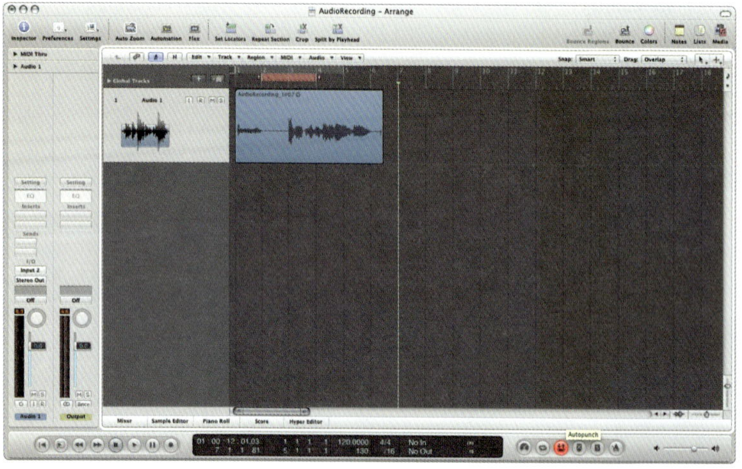

Autopunch 기능을 실행하는 방법

- 레코딩하고자 하는 구간에 붉은색 로케이터의 위치를 위치시킵니다. (로케이터 위치 지정법은 싸이클 모드의 지정법과 같습니다.)

- 리전의 시작 부분부터 레코딩을 시작해보면 원래 존재하던 리전의 소리가 출력되다가 로케이터로 지정된 구간부터 레코딩이 시작되고, 구간이 끝나면 자동으로 레코딩이 종료됩니다.

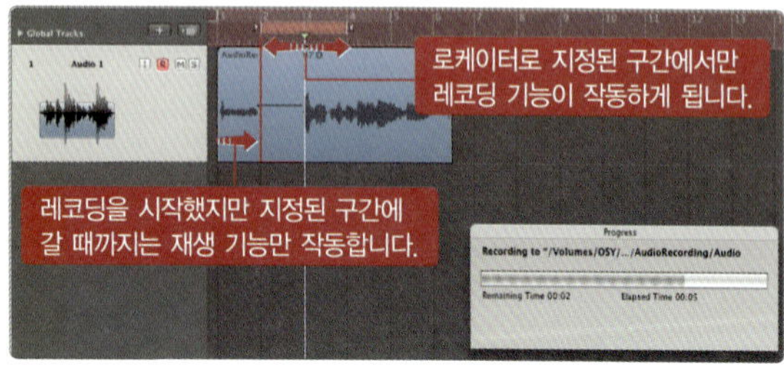

레코딩이 완료된 상태는 멀티테이크 레코딩과 같습니다.

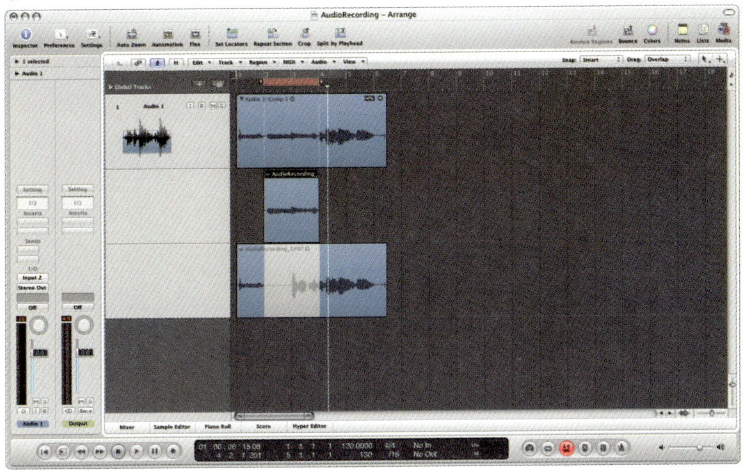

Replace(교체) 기능과 함께 사용하기

트랜스포트바의 Replace 버튼(　)과 Autopunch 버튼(　)을 동시에 활성화하고 레코딩을 실행할 수 있습니다. 지정된 영역에서 레코딩되는 리전이 이전의 것을 Replace(교체)하게 됩니다.

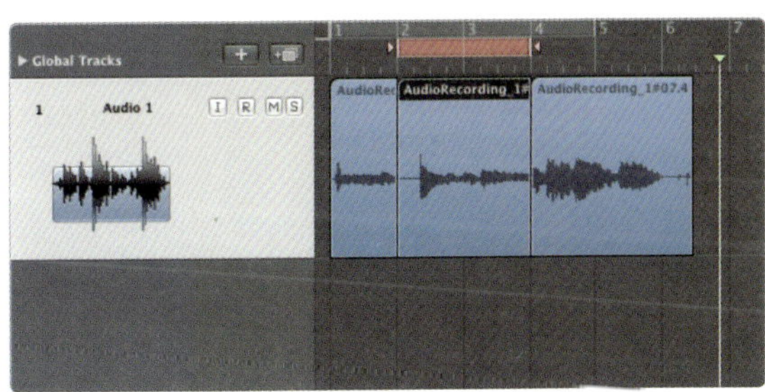

7. 모니터링(Monitoring)

Software Monitoring

- Preference(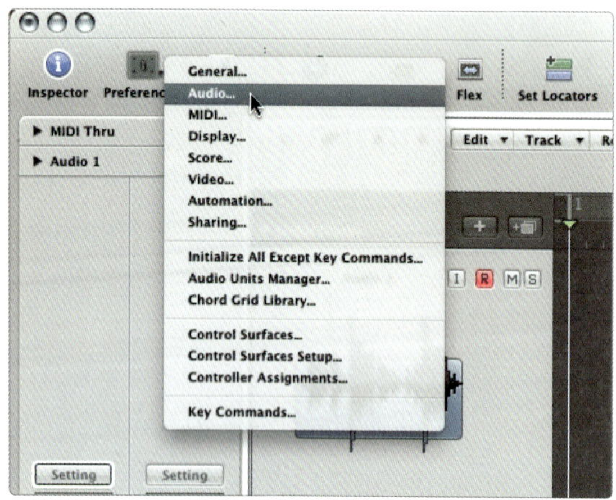) 〉 Audio를 보면 'Software Monitoring' 기능은 활성화되어 있는 것이 기본 설정 상태입니다.

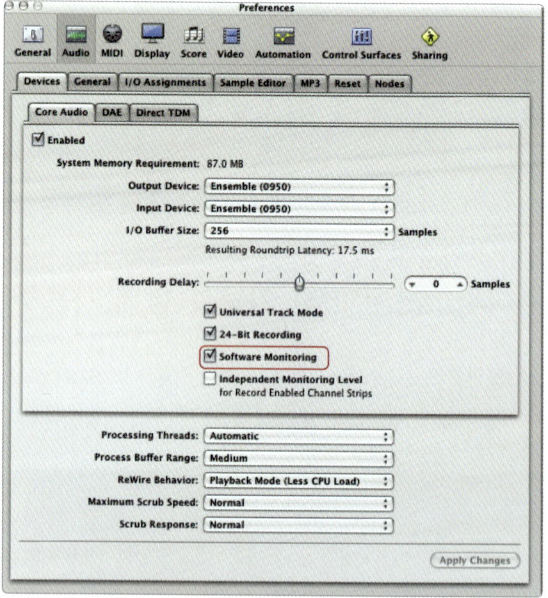

- Software Monitoring은 소프트웨어, 즉 로직(Logic) 프로그램을 거친 소리를 들을 것인가를 결정하는 옵션입니다. 로직 프로그램을 통과한 소스를 모니터링한다는 개념은 로직에 설치한 리버브와 같은 플러그인들을 거친 소리를 들을 수 있다는 뜻입니다. 또한 모니터링 볼륨도 로직에서 조절할 수 있으며, 부가적인 기능들도 함께 이용할 수 있습니다.

- 하지만, 레이턴시(Latency)가 없는 레코딩을 위해 로직 프로그램을 거친 소리를 모니터링하지 않고 하드웨어에서 다이렉트로 모니터링을 하고자 할 때는 체크박스를 해제하면 됩니다.

Independent Monitoring Level

- 'Independent Monitoring Level' 기능은 비활성화되어 있는 것이 기본 상태입니다.

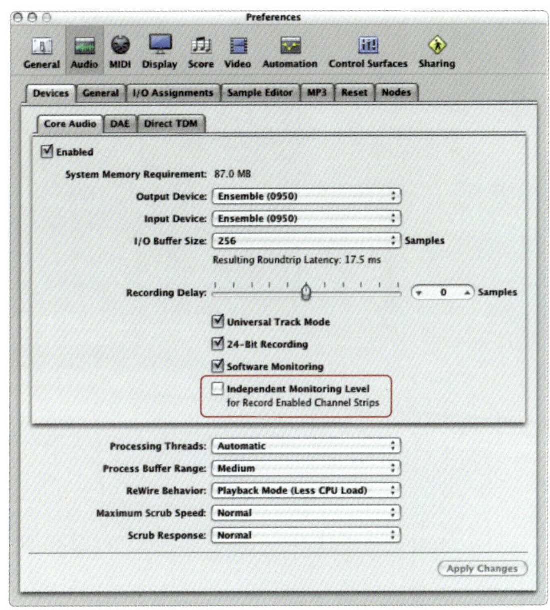

- 이 기능을 활성화시키면 재생될 때의 트랙 볼륨과 레코딩될 때의 볼륨을 별도로 조절할 수 있습니다.

ⓐ 프로젝트가 정지되어 있거나 재생 중인 상태에서 볼륨 페이더를 움직이면 재생 시의 볼륨을 결정하게 됩니다.

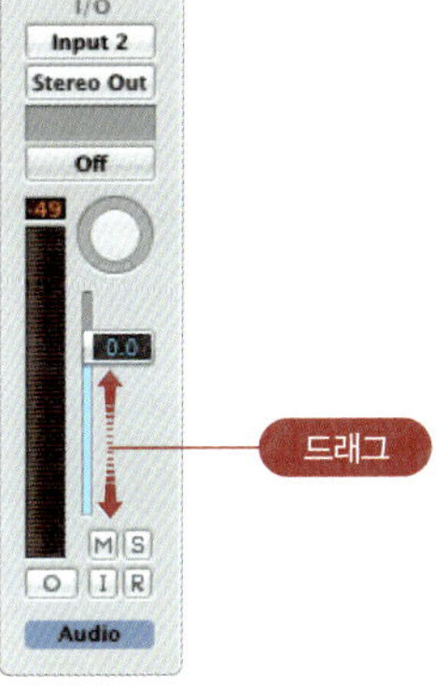

ⓑ 레코딩을 시작한 후에 볼륨 페이더를 움직이면 레코딩 시의 볼륨을 결정할 수 있습니다.

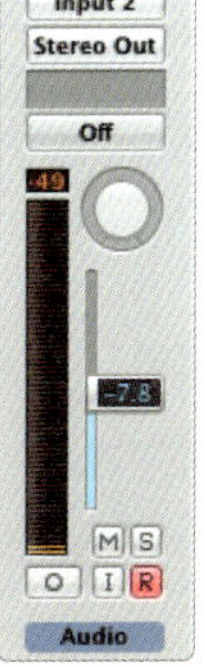
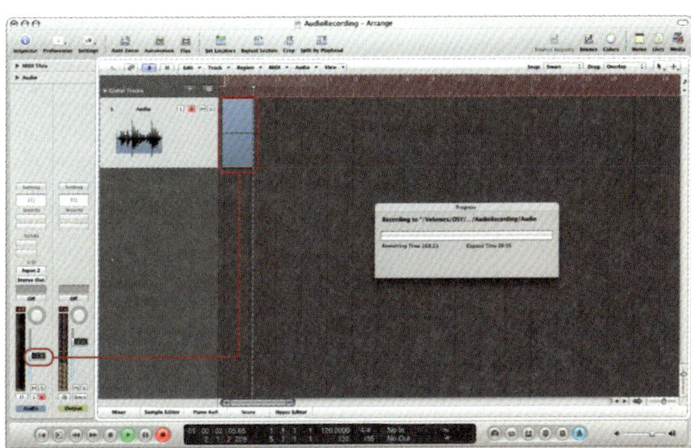

ⓒ 레코딩을 멈추면 페이더가 재생 볼륨으로 다시 돌아오게 되고, 레코딩을 다시 실행하면 레코딩 시 설정했던 페이더의 볼륨이 적용됩니다. 모니터링 레벨을 별도로 설정하는 것은 레코딩 시에 자신의 소리를 크게 듣거나, 작게 듣고 싶을 때 유용하게 쓰일 수 있습니다.

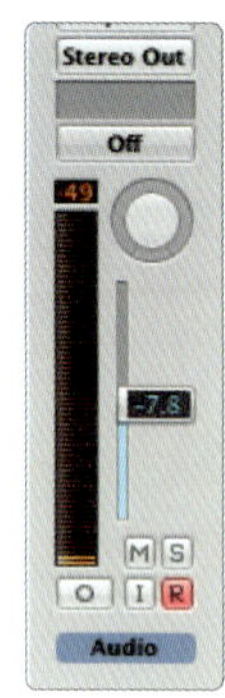
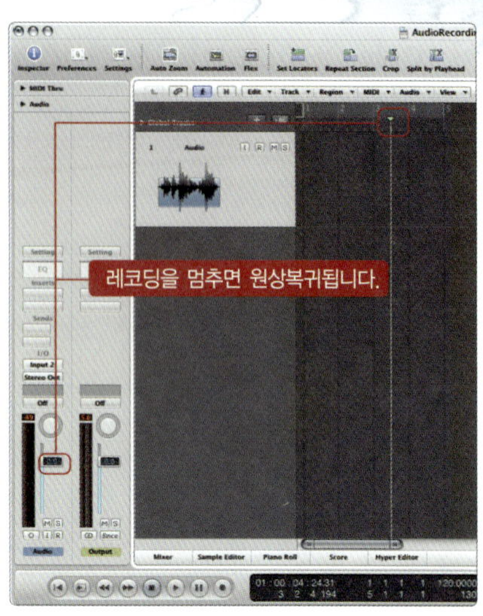

8. 채널 스트립

미디 레코딩에서는 소프트웨어 악기를 불러올 때 채널 스트립을 사용했었습니다. 이번에는 오디오 인풋 채널에 채널 스트립을 사용해보도록 하겠습니다. 오디오 채널에 채널 스트립을 불러오면 간단하게 기타톤이나 보컬톤을 만들어볼 수 있고, 여러 가지 편리한 플러그인들도 사용해볼 수 있습니다.

채널 스트립 불러오기

인스펙터창의 [Setting] 버튼을 클릭한 채로 잠시 기다리면 채널 스트립을 불러올 수 있습니다. 채널 스트립 버튼이 보이지 않을 경우에는 위의 리전 파리미터와 트랙 파라미터의 ▶ 버튼을 클릭해서 파라미터들을 접어서 보면 됩니다.

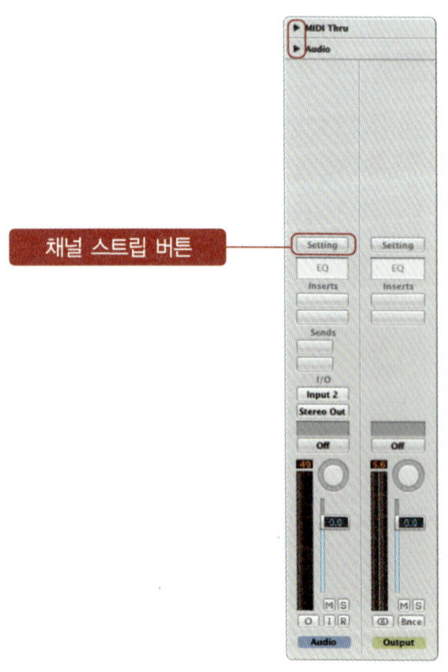

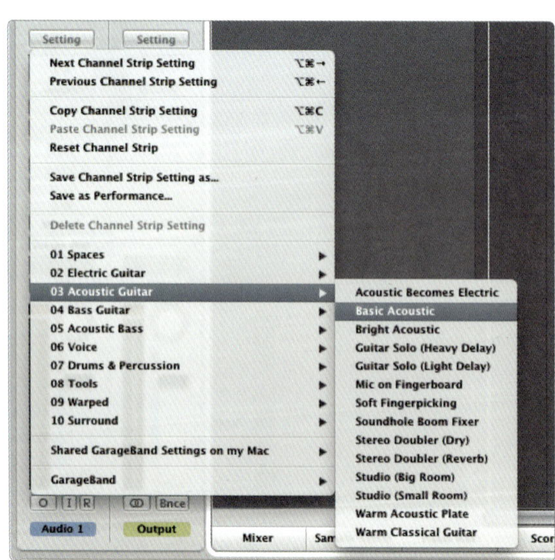

채널 스트립의 종류

오디오 트랙의 채널 스트립 메뉴를 살펴보면 기타, 베이스, 보컬과 같이 오디오로 레코딩되는 소스들에 대한 플러그인 세팅 값들을 불러올 수 있게 되어 있습니다.

- '01 Spaces'에서는 공간계열 플러그인 세팅을 불러올 수 있습니다. 원하는 공간의 크기에 따라 채널 스트립을 불러오면 해당 오디오 트랙에 리버브와 같은 플러그인들이 자동으로 세팅됩니다.

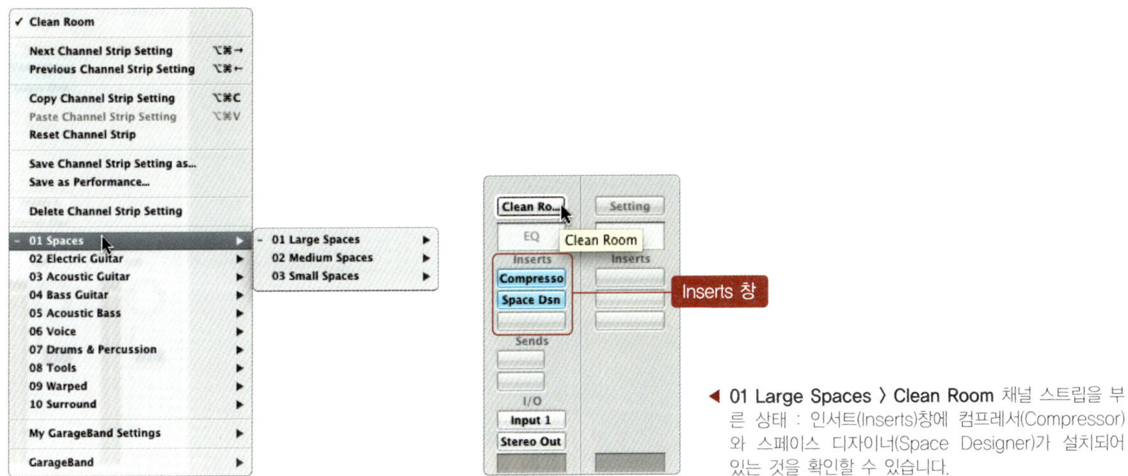

◀ 01 Large Spaces 〉 Clean Room 채널 스트립을 부른 상태 : 인서트(Inserts)창에 컴프레서(Compressor)와 스페이스 디자이너(Space Designer)가 설치되어 있는 것을 확인할 수 있습니다.

- '02 Electric Guitar', '03 Acoustic Guitar'는 일렉기타, 어쿠스틱기타를 레코딩했을 때 편리하게 톤(tone)을 잡을 수 있는 채널 스트립들이 들어 있습니다. 원하는 채널 스트립을 불러오면 해당 오디오 트랙에 페달보드와 리버브 같은 플러그인들이 자동으로 세팅됩니다.

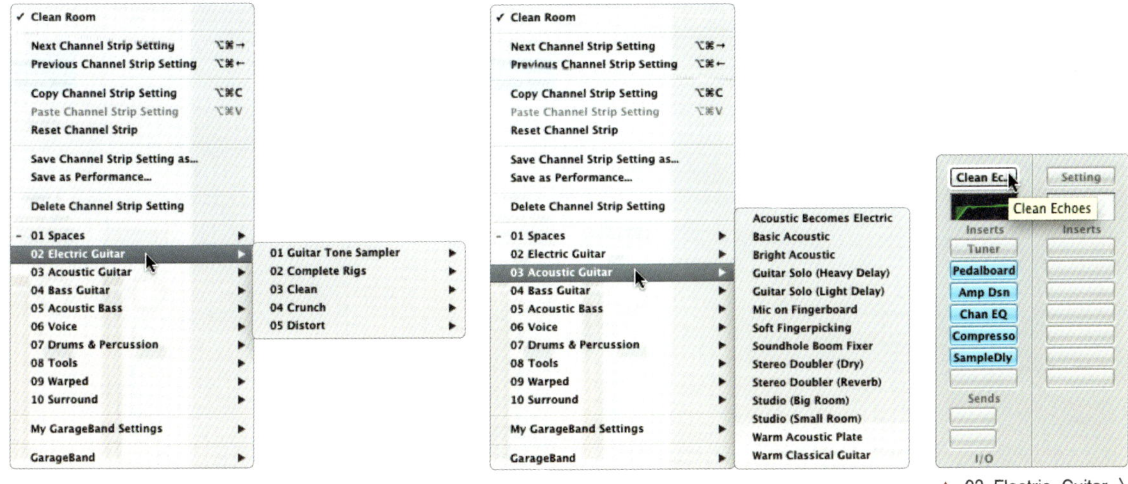

▲ 02 Electric Guitar 〉 01 Guitar Tone Sampler 〉 Clean Echoes 채널 스트립을 부른 상태 : Inserts 창에 다양한 플러그인들이 설치되는 것을 확인할 수 있습니다.

- 다른 악기들도 용도에 맞게 채널 스트립이 세팅되어 있어 편리하게 사용할 수 있습니다.

채널 스트립 변경하기

채널 스트립은 비슷한 악기에 대한 세팅을 다양하게 보유하고 있기 때문에 빠르게 바꾸어가며 톤을 비교해 보는 과정을 자주 실행하게 됩니다.

● 우측의 라이브러리창에서 소프트웨어 악기를 불러오듯이 채널 스트립을 변경할 수 있습니다.

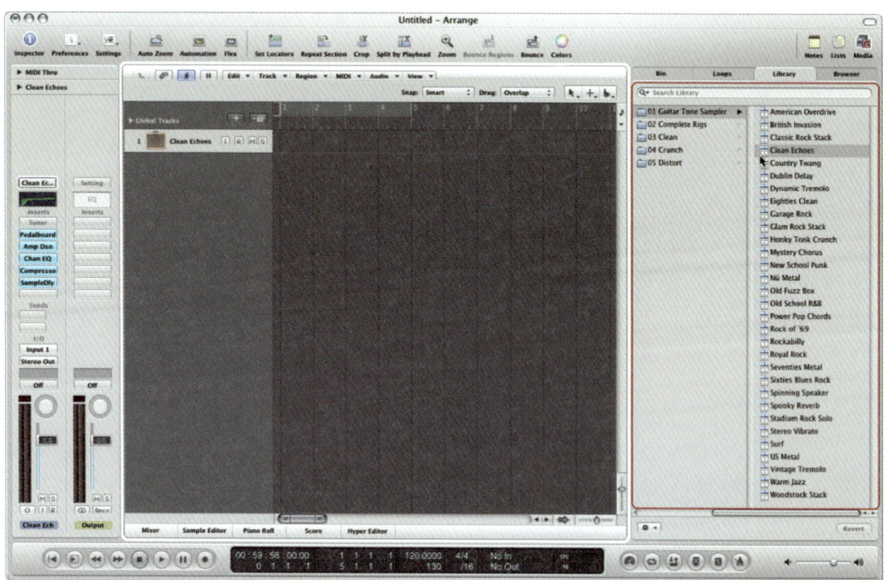

● 채널 스트립 메뉴를 보면 다음 채널 스트립을 선택하거나, 이전 채널 스트립을 선택하는 메뉴가 있고 단축키가 지정되어 있어 편리하게 활용할 수 있습니다.

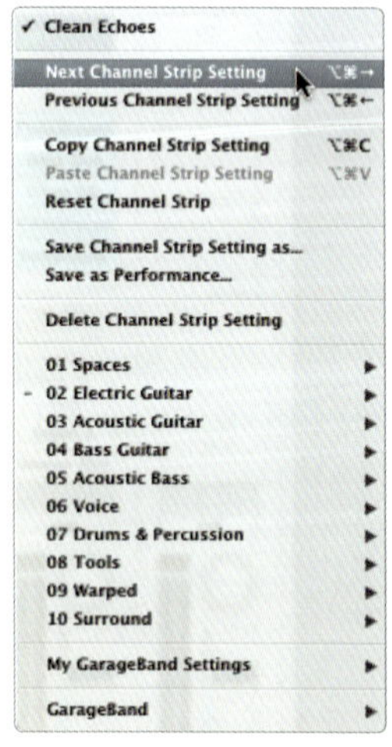

9. 플러그인

Inserts 창에 설치해서 사용할 수 있는 EQ, Compressor, Reverb와 같은 이펙터들을 '플러그인' 이라 부릅니다.

채널 스트립을 부르면 자동으로 플러그인들이 Inserts 창에 설치되는 것을 확인할 수 있습니다. 활성화된 플러그인은 푸른색으로, 비활성화된 플러그인은 회색빛으로 나타나게 되며, EQ 중에 가장 기본이 되는 채널 EQ는 Inserts 창 위에 간략하게 표시됩니다.

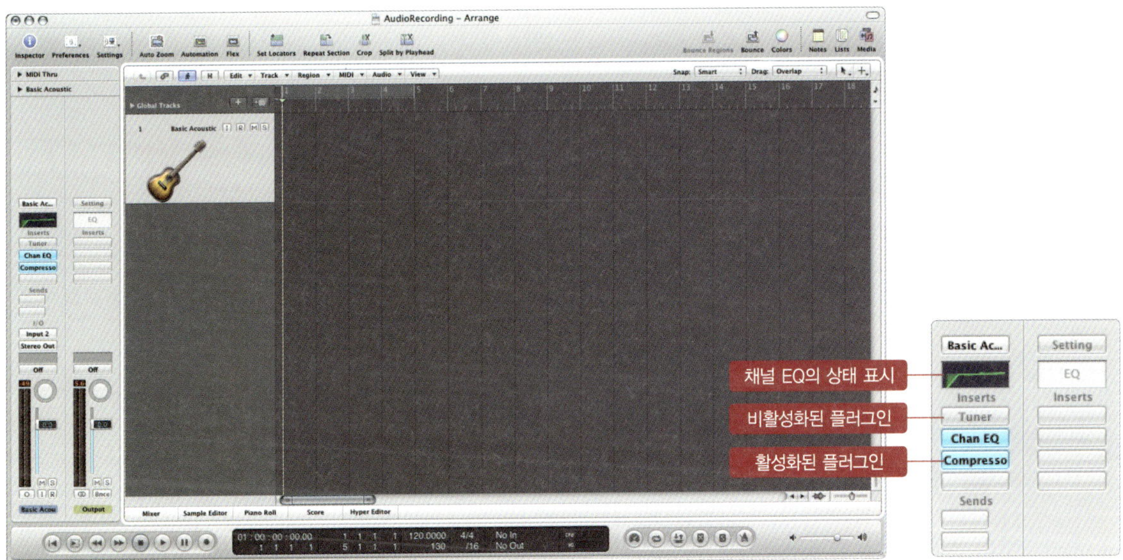

플러그인을 설치하는 방법

Inserts 창의 빈 칸을 클릭하면 메뉴가 나타나게 됩니다.

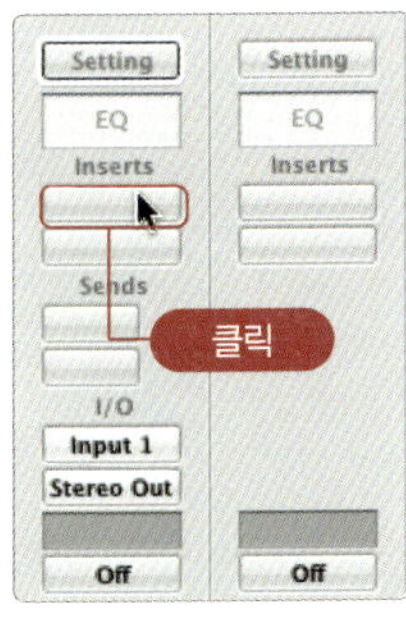

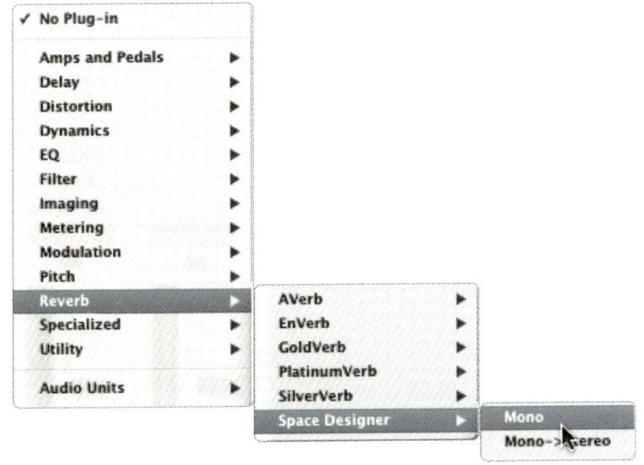

● 채널 EQ는 〔 EQ 〕 버튼을 더블클릭하면 자동으로 생성됩니다.

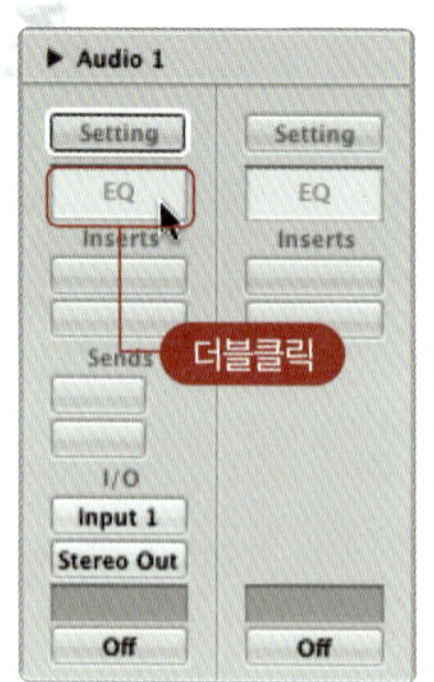

● Inserts 창에 다른 플러그인이 설치되어 있는 경우 해당 버튼을 잠시 클릭했다 떼면 플러그인 메뉴가 나타납니다. 여기서 'No Plug-in'을 선택하면 플러그인 설치를 해제할 수도 있습니다.

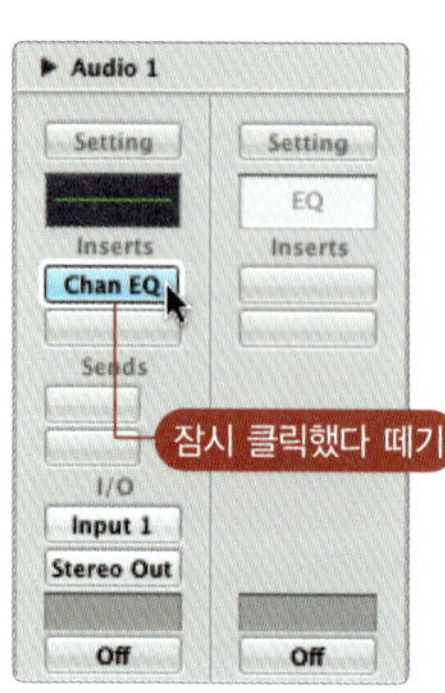
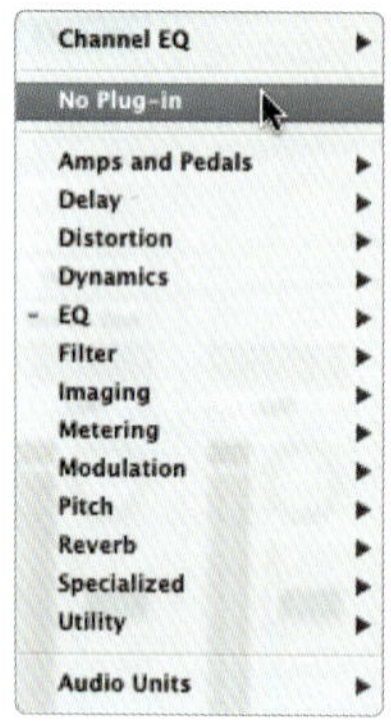

● 플러그인의 ⊗ 버튼을 클릭하면 플러그인이 화면에서는 사라지지만, 설치가 취소되거나 기능이 멈추는 것은 아닙니다. 다시 화면에 보이게 하려면, Inserts 창에서 더블클릭하면 됩니다.

플러그인 상태 및 위치 변경

플러그인의 활성화, 비활성화 상태를 바꾸려면 Option 키를 누른 채로 클릭하면 됩니다.

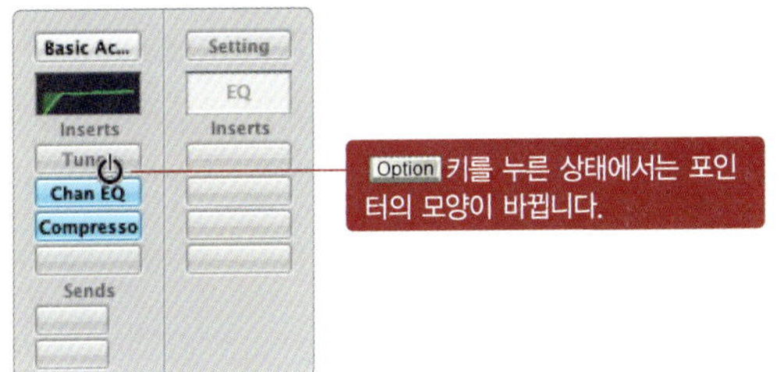

Command 키를 누른 채로 드래그하면 플러그인의 위치를 바꿀 수 있습니다. Command 키를 누르면 포인터가 핸드 툴(✋)로 바뀌게 됩니다. 해당 채널에 플러그인이 적용되는 순서는 위에서 아래 방향이므로 어떤 플러그인이 먼저 작동해야 하는지를 지정할 때 유용하게 쓰입니다.

Command + Option 키를 누른 채로 드래그하면 플러그인을 복사할 수 있습니다. 믹서창에서 다른 채널에 플러그인을 복사할 때 유용하게 쓰일 수 있습니다.

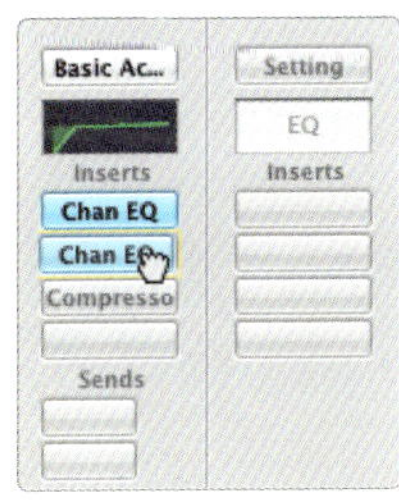

10. 로우 레이턴시 모드(Low Latency Mode)

여러 개의 플러그인을 작동시킨 상태에서 레코딩을 하거나, 다수의 소프트웨어 트랙과 플러그인이 걸려 있는 오디오 트랙을 들으면서 레코딩할 때는 필연적으로 '레이턴시(latency)'가 발생하게 됩니다. 쉽게 말해 자신이 내는 목소리가 바로 들리지 않고, 조금 늦게 들리는 현상이 일어나는 것입니다. Preference의 I/O Buffer 설정에서 수치를 작게 하면 레이턴시는 어느 정도 줄어들지만 근본적으로 해결되지는 않습니다. 로직의 레이턴시는 해결하기 까다로운 문제 중의 하나로, 하드웨어를 이용한 다이렉트 모니터링을 하는 방법 등으로 해결할 수 있습니다. 여기서는 로직에서 레이턴시를 줄인 채로 레코딩을 할 수 있는 로우 레이턴시 모드(Low Latency Mode)에 대해 설명하겠습니다.

01 트랜스포트바의 로우 레이턴시 모드 버튼(◉)을 클릭합니다.

02 로우 레이턴시 모드가 활성화되면서 활성화된 플러그인 중에서 레이턴시를 유발하는 것들이 자동으로 바이패스(Bypass – 비활성화)됩니다. 바이패스된 플러그인은 주황색으로 표시됩니다.

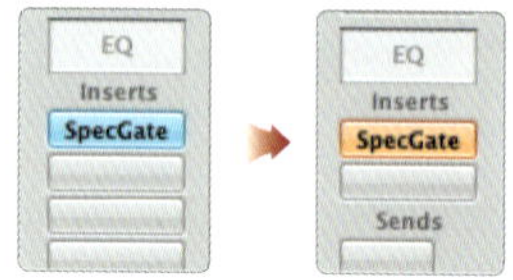

11. 리버브(Reverb) 사용하기

'리버브'란, 목욕탕처럼 울리는 소리를 만들어주는 장치입니다. 노래방에서 전 국민이 사용하는 국민 이펙터라고도 할 수 있겠습니다. 보컬 녹음을 할 때 필수적으로 사용하므로 간단하게 사용법을 알아보겠습니다.

01 로직에서는 훌륭한 퀄리티의 리버브를 기본으로 제공하고 있습니다. 새로운 오디오 트랙을 만들고 Inserts 창에 **Reverb 〉 Space Designer**를 설치해보겠습니다.

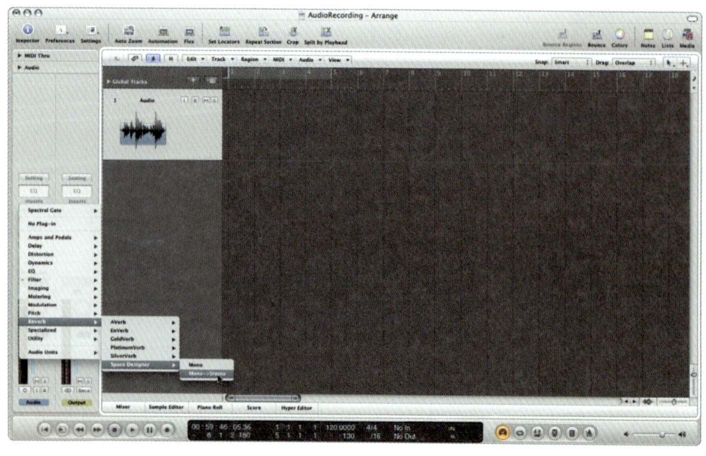

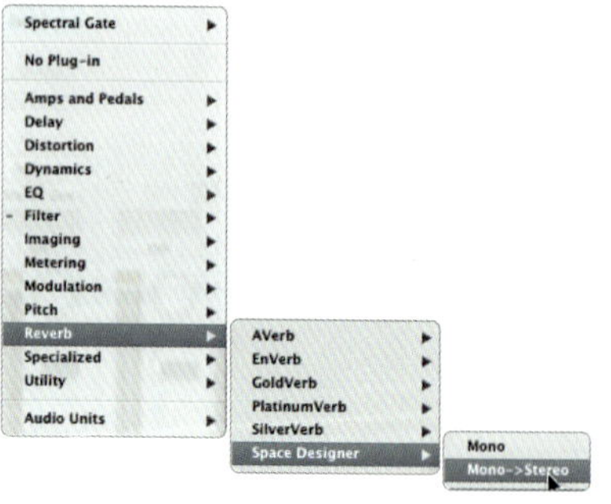

02 트랙에 인풋 모니터링 버튼(Ⅰ)을 활성화하고, 본인의 마이크(기타)소리를 들어보면 엄청난 사이즈의 목욕탕을 느낄 수 있습니다.

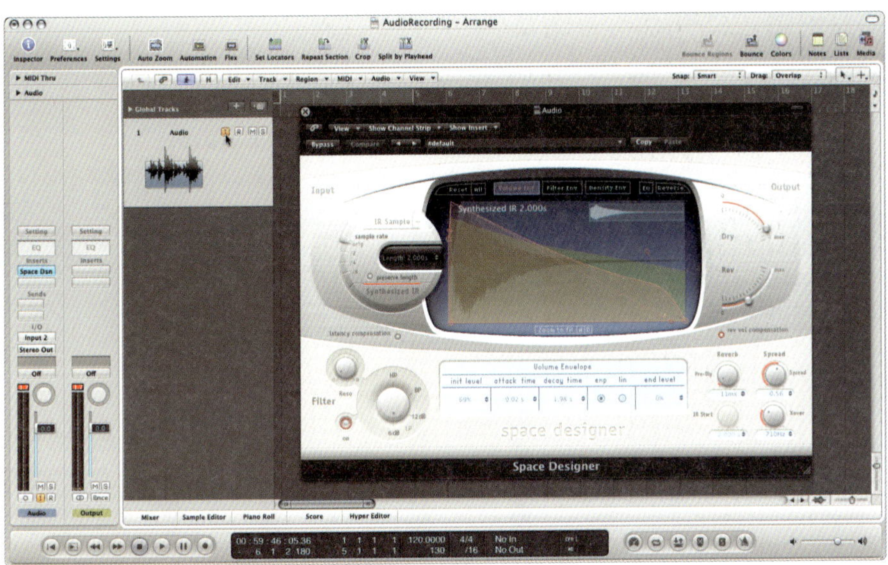

03 로직에 기본으로 장착되어 있는 리버브 '스페이스 디자이너(Space Designer)'의 프리셋(preset – 이미 만들어져 있는 세팅)을 지정해보겠습니다. '#default'라 쓰여 있는 메뉴를 클릭하고 그림처럼 **03 Small Spaces 〉 03 Plate Reverbs 〉 1.1s Vocal Plate**를 선택해봅니다.

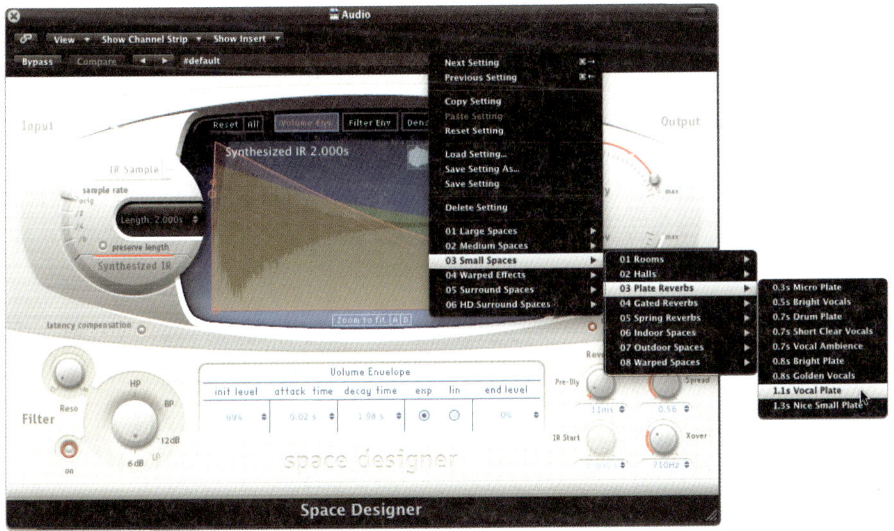

04 우측의 Dry는 현재 입력되고 있는 오리지널 소스를 뜻하고, Rev는 리버브 효과가 적용된 소리를 뜻합니다. 본인이 듣기 적절한 정도를 찾아 게이지를 움직여봅니다.

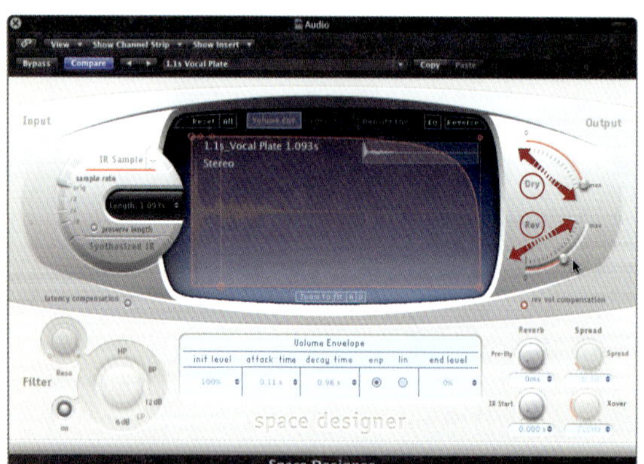

05 이번에는 Aux 채널을 이용해서 리버브를 걸어보겠습니다. 현재 Inserts 창에 설정되어 있는 스페이스 디자이너 플러그인을 제거합니다.

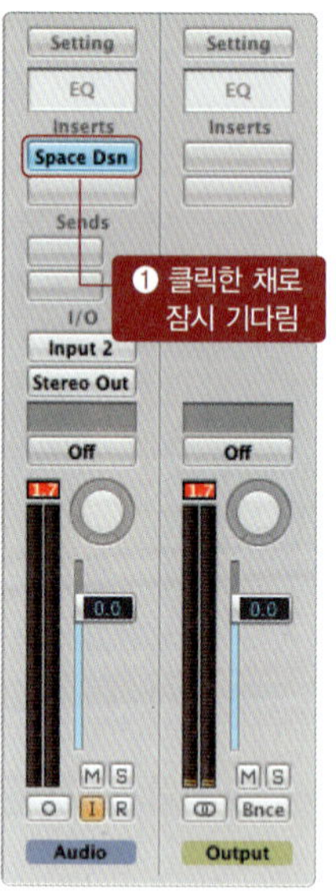

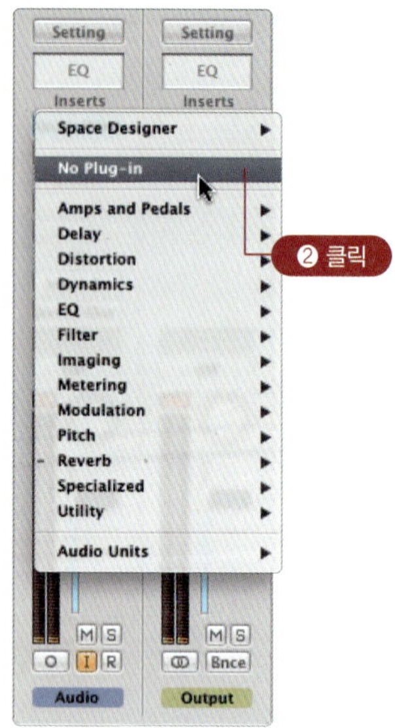

06 Sends 창을 클릭해서 'Bus1'을 선택합니다.

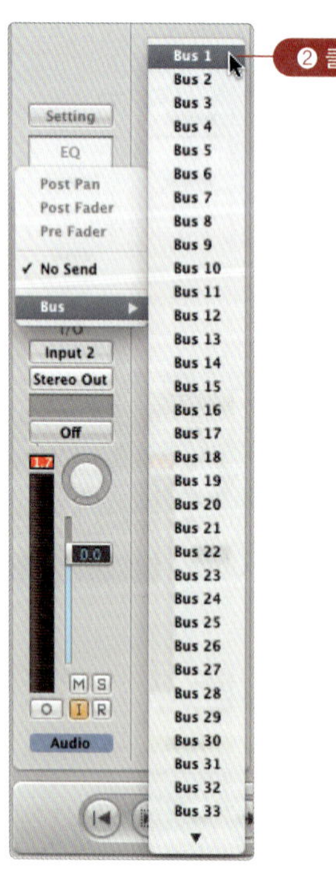

07 인스펙터창의 오른쪽 채널 스트립이 'Output' 채널에서 'Aux 1' 채널로 변한 것을 확인할 수 있습니다. 이렇듯 우측 채널 스트립은 현재 선택한 플러그인의 데이터가 흘러가는 목적지를 나타내줍니다. 여기서 생성된 'Aux 1' 채널은 인풋 채널이 'Bus 1'인 채널입니다. 다시 말해 현재 만들어진 오디오 트랙에서 샌드(Sends)로 'Bus 1'에 보내지는 데이터가 곧 인풋 데이터가 되는 것입니다. Aux 채널에 대해서는 [Part 09] - [Chapter 02 믹싱]에서 자세히 다루고 있습니다.

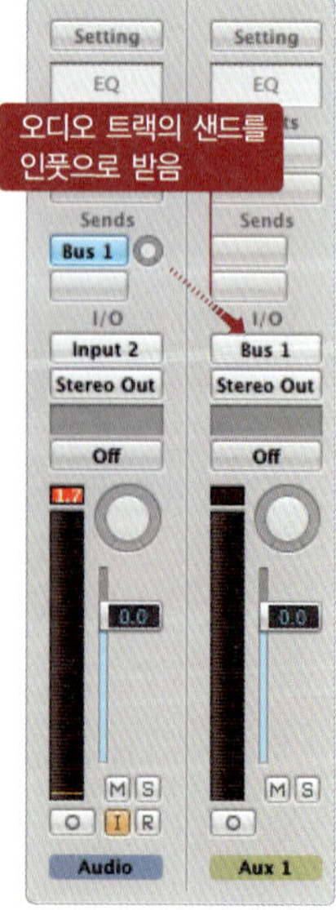

08 'Aux 1' 채널의 Inserts 창에 스페이스 디자이너를 설치합니다. 일반 오디오 채널에 설치할 때와는 다르게 Dry 값이 없는 것을 확인할 수 있습니다. Aux의 개념은 채널 스트립의 출력 외에 덧대어지는 소리라서 Dry 사운드를 가지게 되면, 소리가 중복되어 나가게 되기 때문입니다.

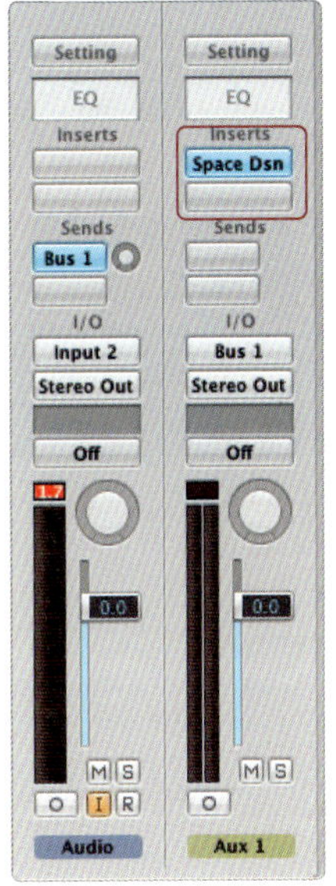

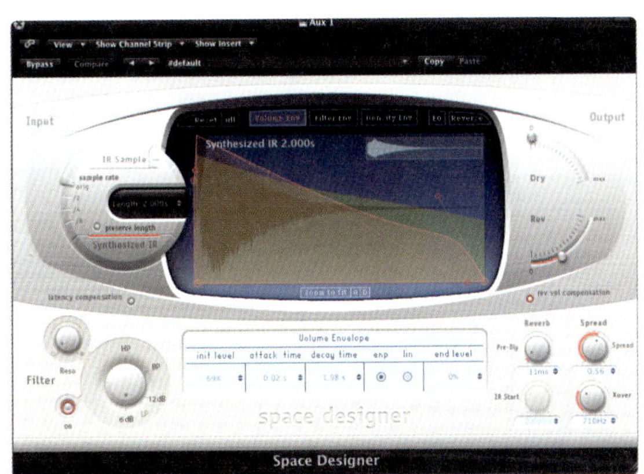

09 마찬가지로 스페이스 디자이너의 프리셋을 원하는 종류로 선택하고, 오디오 트랙의 Sends 창에서 'Bus 1' 버튼 우측의 동그라미 아이콘을 드래그해서 위로 올려봅니다. 샌드 값이 올라가면서 동그라미 아이콘(◯)이 좌측부터 시계 방향으로 차오르는 것을 알 수 있습니다. 이 값이 올라가면 리버브로 보내지는 오디오의 양이 늘게 되어 리버브 효과가 더욱 커지게 됩니다.

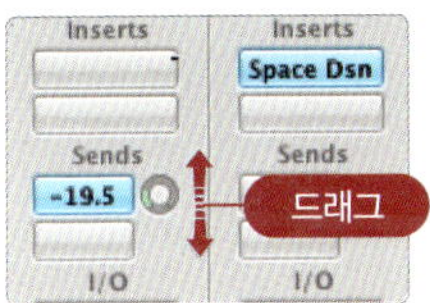

샌드 값을 결정하는 동그라미 아이콘(◯)을 Option 키를 누른 채로 클릭하면 값이 '0'으로 되돌아갑니다.

10 'Aux 1' 채널의 이름을 더블클릭해 'Reverb'라고 바꾸어보겠습니다.

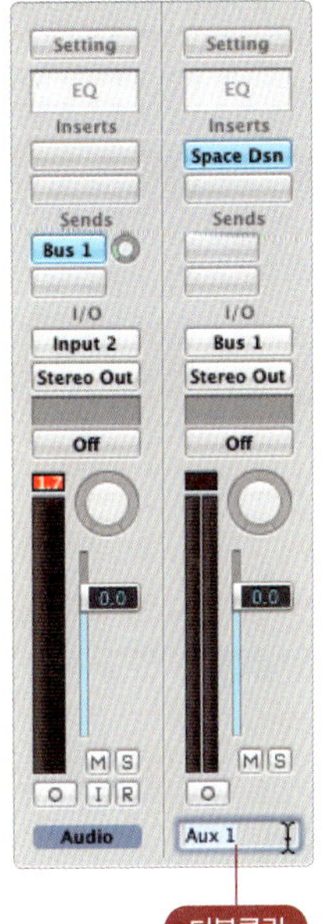

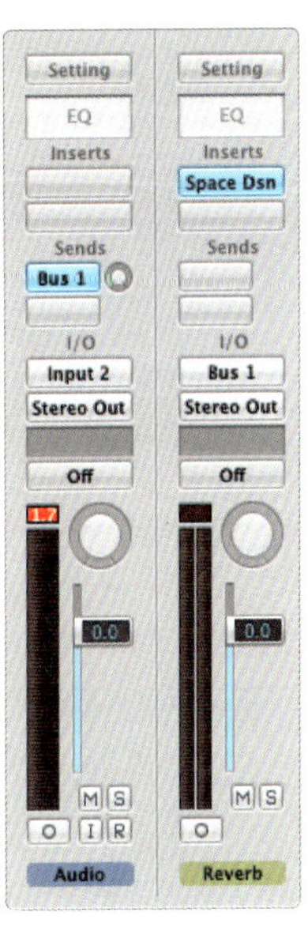

11 믹서를 열어보면 만들어진 Aux 채널을 확인해 볼 수 있습니다.

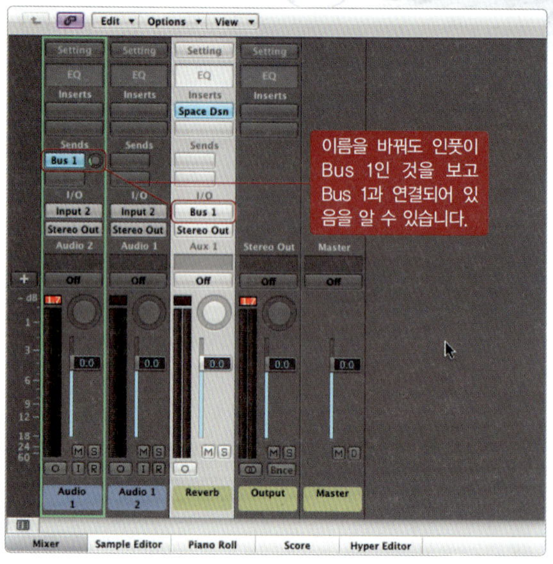

12 Aux 채널을 이용해서 리버브를 걸었을 때의 장점은, 여러 채널에 리버브가 필요할 때 간단하게 활용할 수 있다는 점입니다. 오디오 트랙을 하나 더 만들어보겠습니다.

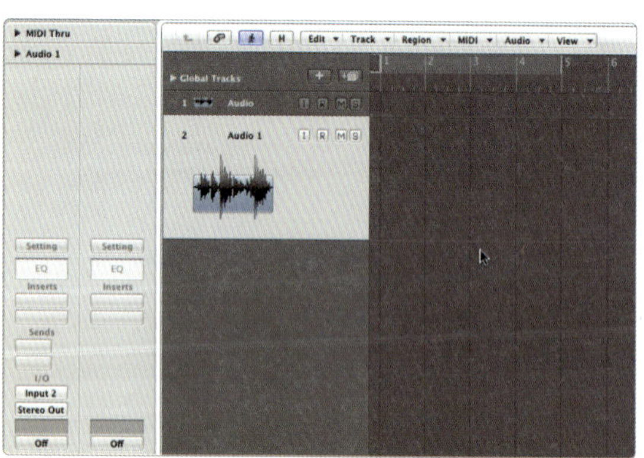

13 Sends 창을 열어보면 'Bus 1 (Reverb)' 처럼, 설정한 트랙 이름이 같이 나오게 됩니다.

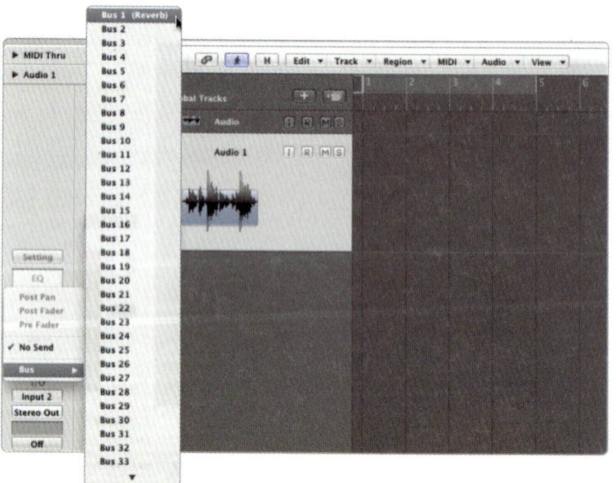

14 동그라미 아이콘(◉)을 드래그해서 샌드 값을 올려봅니다. 이러한 방법으로 리버브가 설치된 한 개의 Aux 채널을 활용해서 여러 트랙에 리버브 효과를 넣을 수 있습니다.

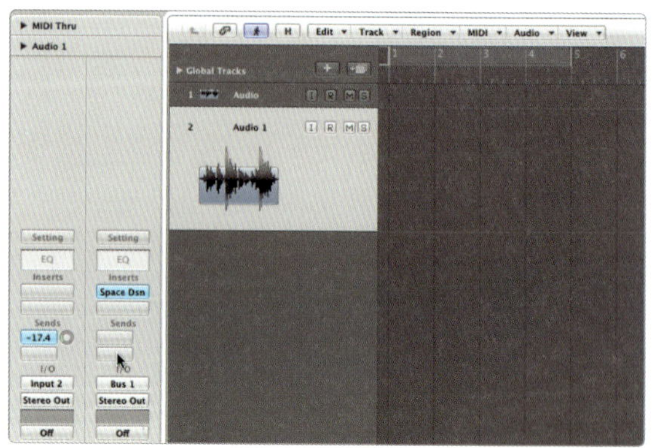

12. 인풋/아웃풋 채널 이름 설정

01 상단 메뉴바나 믹서창에서 'I/O Labels..'를 실행하면, 본인의 하드웨어에 연결되어 있는 장비의 이름으로 인풋/아웃풋 채널의 이름을 설정할 수 있는 창이 나타납니다.

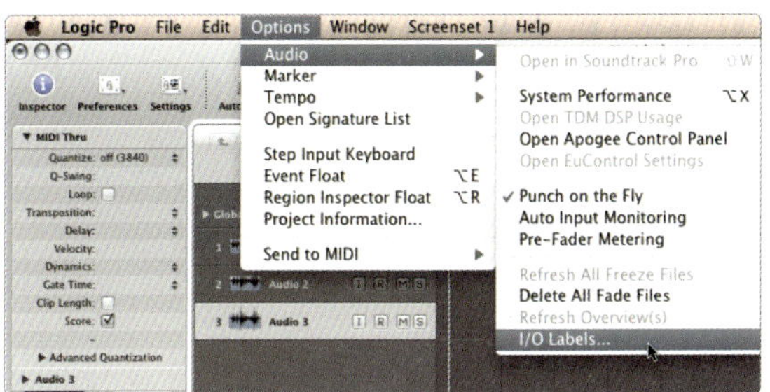

▲ 메뉴바의 Options 〉 Audio 〉 I/O Labels...

▲ 믹서의 Options 〉 I/O Labels...

02 인풋, 아웃풋, 버스 채널의 이름을 설정하는 창에서 Input 채널의 이름을 길고(Long), 짧은(Short) 버전으로 입력할 수 있습니다.

03 사용자가 이름을 입력하면 User란이 체크됩니다.

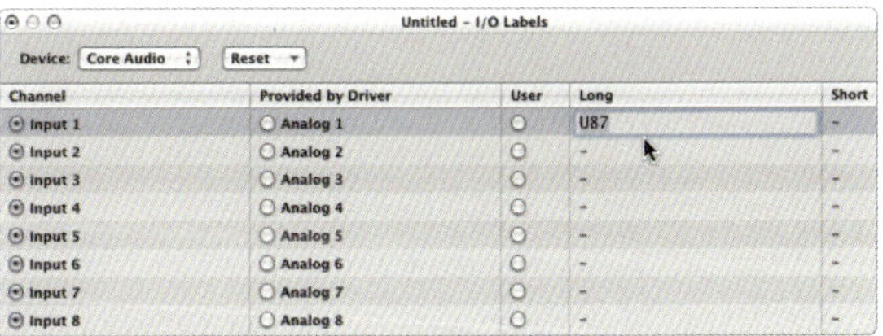

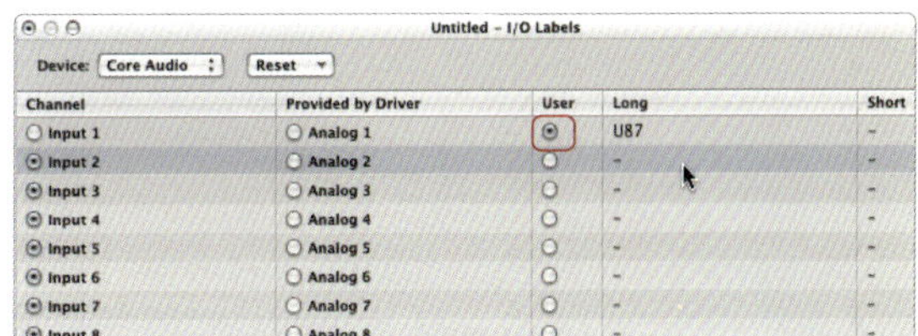

04 이름을 입력해 놓으면 채널을 설정할 때 해당 이름이 표시됩니다.

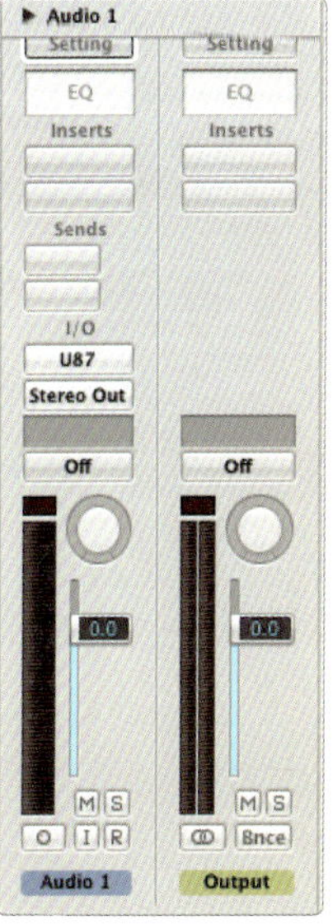

13. 아웃풋 미러링

헤드폰 앰프를 사용하거나 스피커를 2조 사용하는 등 아웃풋이 여러 개인 오디오 인터페이스를 사용하는 유저들에게 유용한 미러링(Mirroring) 기능을 소개하겠습니다.

01 Preferences( ) 〉 Audio 〉 I/O Assignments 〉 Output을 열어봅니다. 'Output 1-2 (Stereo Output)' 이 기본 아웃풋으로 설정되어 있는 것을 확인할 수 있습니다.

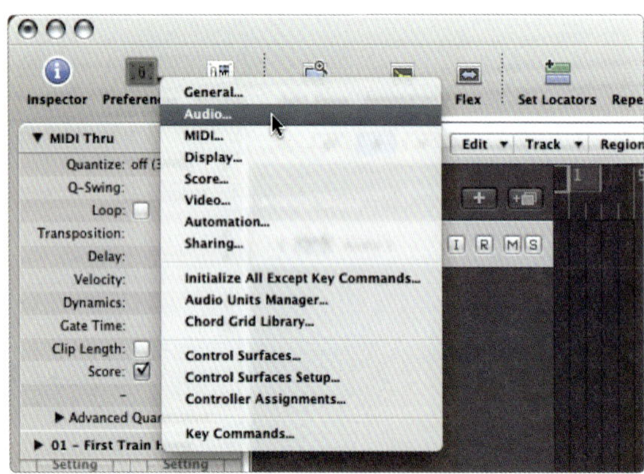

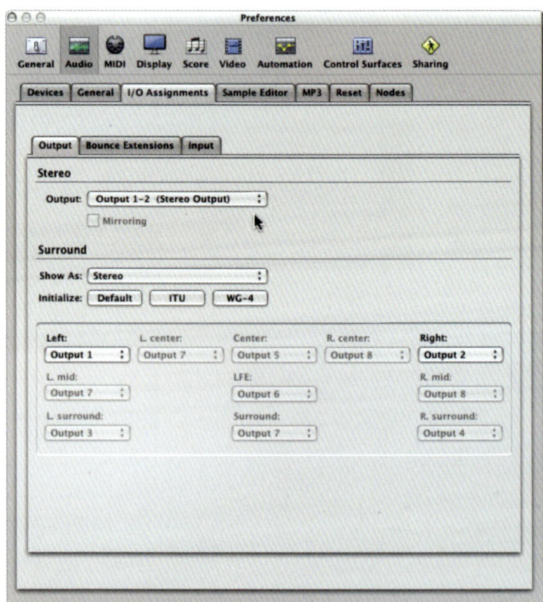

02 여기서 기본 아웃풋(Output 1-2)을 복제(미러링)하고자 하는 아웃풋(Output 3-4)으로 선택한 다음 'Mirroring' 기능을 체크하면 메인 아웃풋이 복제되어 출력됩니다.

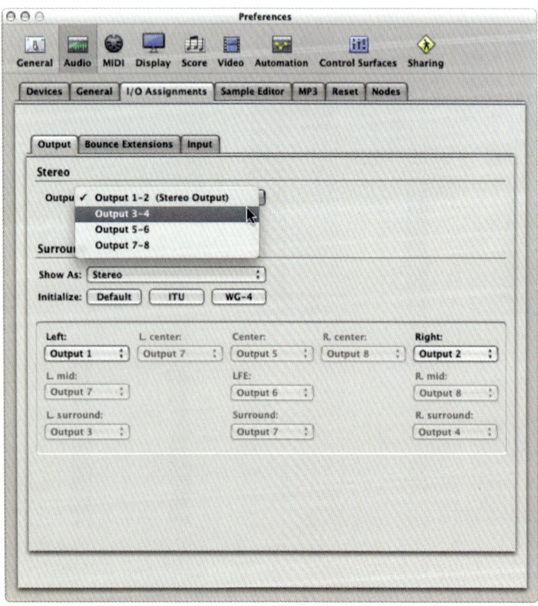

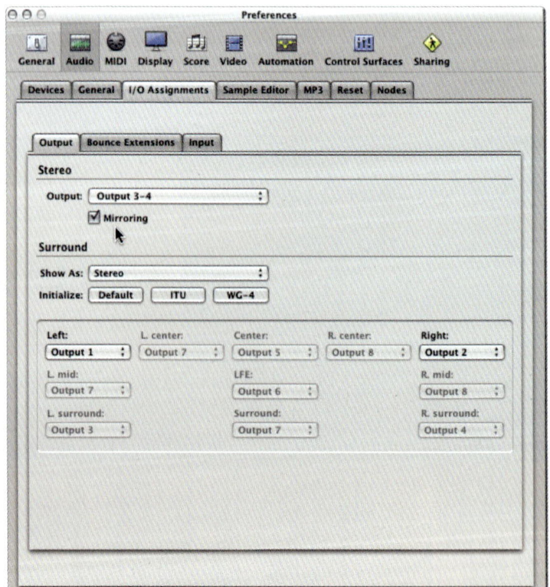

CHAPTER 02

오디오 편집 (Editing Audio)

오디오에 관련된 소소한 기능과 편집법들은 별도로 설명하기보다는, 로직의 굵직한 기능을 설명하는 와중에 시연함으로써 배울 수 있게 곳곳에 넣어 두었으니 잘보고 따라해보기 바랍니다.

 1. 페이드(Fade)

페이드인과 페이드아웃은 소리를 점점 작게 하거나 점점 크게 하는 기능으로, 오디오 편집에서 많이 사용하는 기능입니다.

페이드 툴을 활용한 방법

01 '01 Wayhome' 프로젝트를 열겠습니다. 16번 베이스 트랙의 솔로 버튼(S)을 활성화합니다.

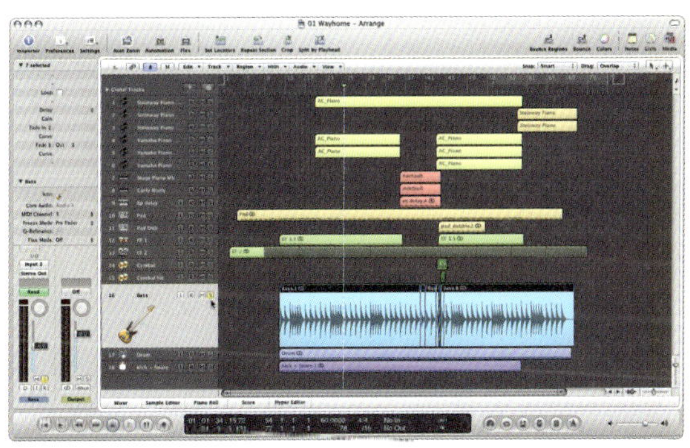

02 Esc 키를 누르고 페이드 툴(Fade Tool)을 선택합니다.

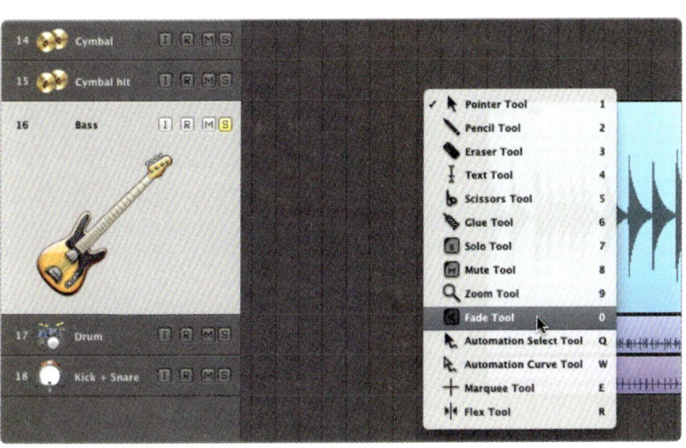

03 베이스 리전의 앞부분을 드래그해서 선택합니다.

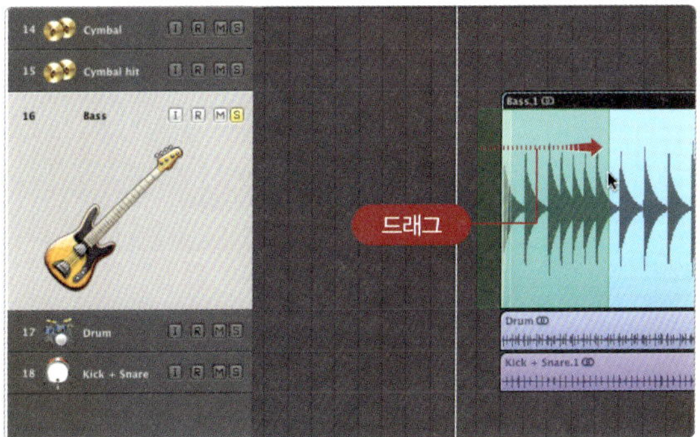

04 리전의 앞부분에 흰색으로 사선이 생겼습니다. 이것이 페이드인 처리되어 있는 오디오 리전의 모습입니다. 흰색 사선의 모양대로 볼륨 곡선이 움직이게 됩니다. 재생해서 소리를 확인해봅니다.

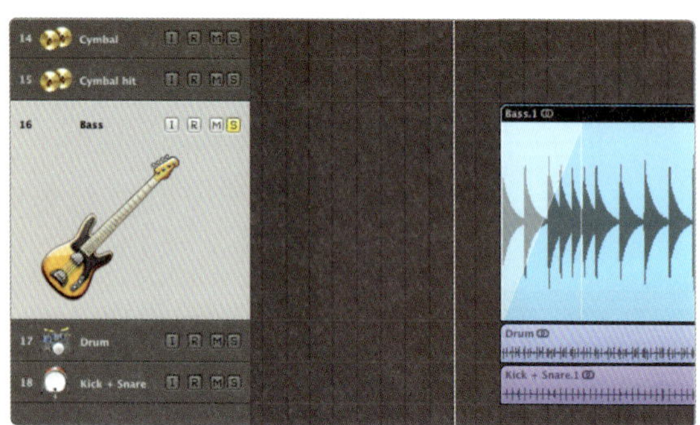

05 우측의 흰색 경계선을 드래그해서 좌우로 움직여보겠습니다. 페이드인이 끝나는 지점을 정할 수 있습니다.

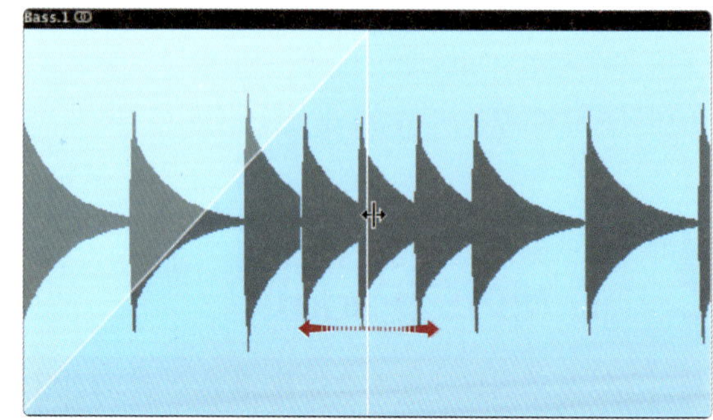

06 사선 부분을 위아래로 드래그하면 상승 커브의 모양이 바뀌게 됩니다.

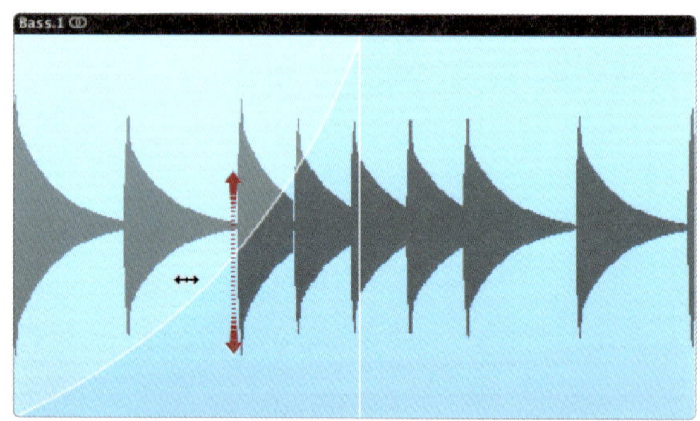

07 리전의 마지막 부분을 드래그해서 페이드 아웃을 만들어보겠습니다. 페이드인과 동일한 방법으로 편집할 수 있습니다.

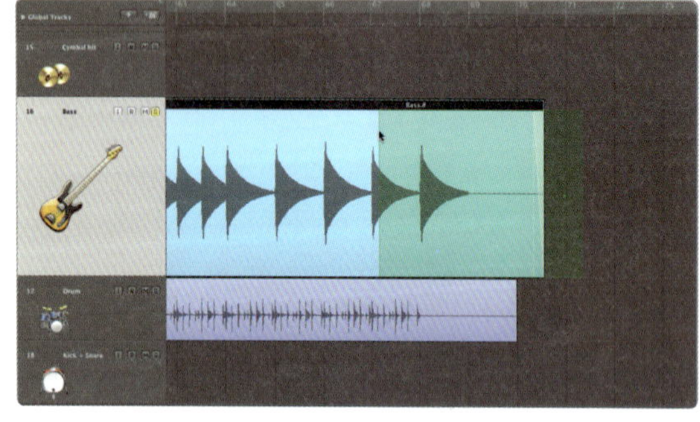

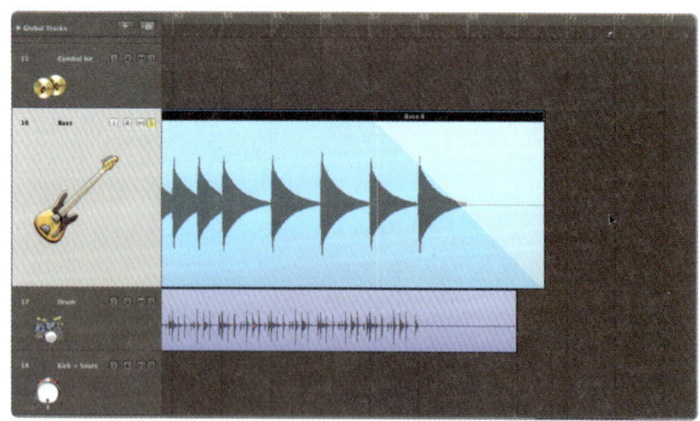

08 리전이 겹치는 부분을 그림처럼 드래그해보겠습니다. 두 개의 리전이 맞닿아 있는 부분에서는 자동으로 크로스 페이드 (Cross Fade)가 생성됩니다. 영역을 편집하는 법은 같습니다.

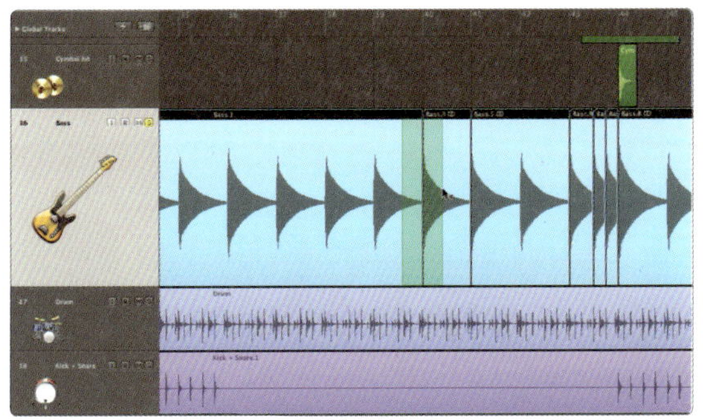 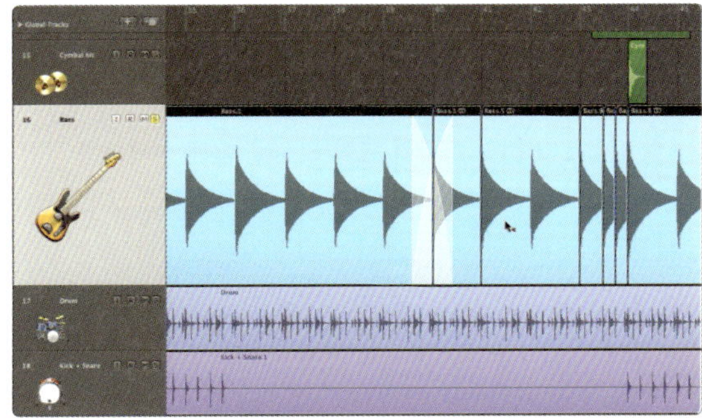

09 리전 마지막 부분의 페이드아웃으로 처리된 지점에서 **우클릭 〉 Slow Down**을 선택해보겠습니다.

10 색상이 그림처럼 약간 붉게 바뀝니다. Fade는 볼륨을 줄이고 키우는 역할을 하지만, Slow Down, Speed Up(페이드인에서 사용) 기능은 마치 테이프를 느리고 빠르게 감는 것과 같은 효과를 줍니다.

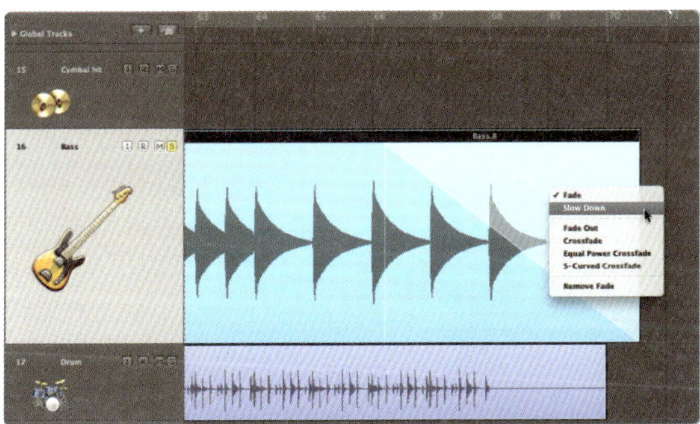 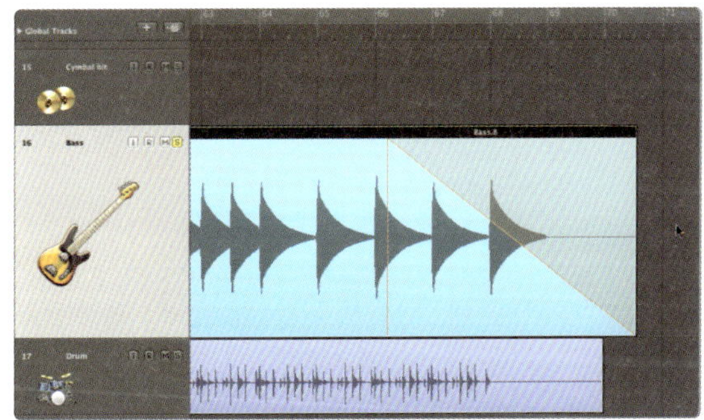

11 페이드를 지우고 싶을 때는 **우클릭 〉 Remove Fade**를 실행하면 됩니다.

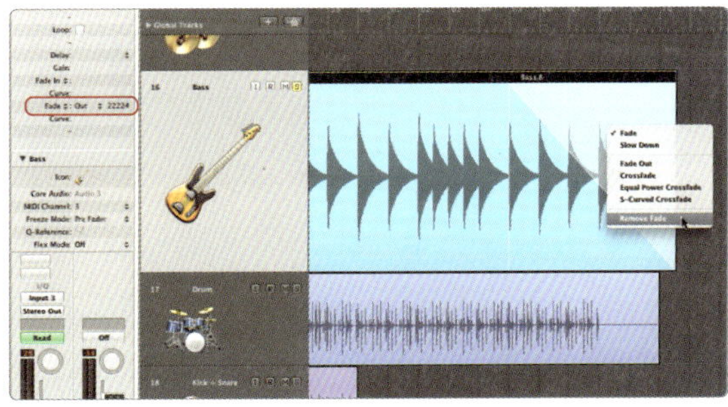

인스펙터창을 활용한 방법

페이드는 인스펙터창에서도 조절할 수 있습니다. 이를 이용하면 여러 개의 리전을 동시에 페이드 처리하는 것이 가능합니다. (페이드 툴은 리전을 하나씩 밖에 처리할 수가 없습니다.)

01 베이스 리전과 아래의 드럼 리전을 함께 선택해봅니다.

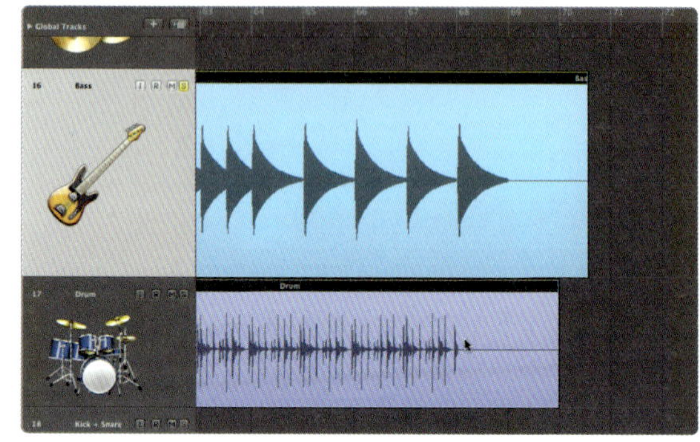

02 인스펙터창의 Fade Out 옆의 공란을 드래그해서 위로 올리면 숫자가 올라가는 것을 확인할 수 있습니다.

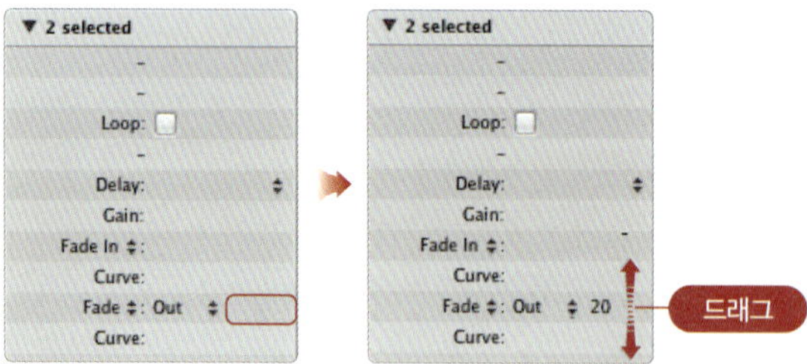

03 더블클릭하면 숫자를 직접 입력할 수 있습니다. '3000'을 입력해봅니다.

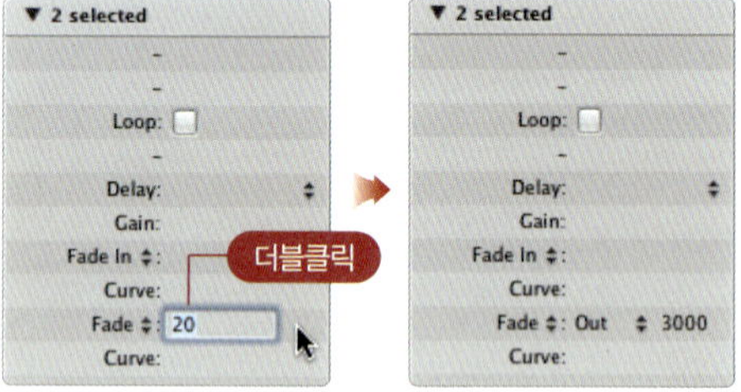

04 수치가 커질수록 페이드아웃되는 영역이 길어지게 됩니다.

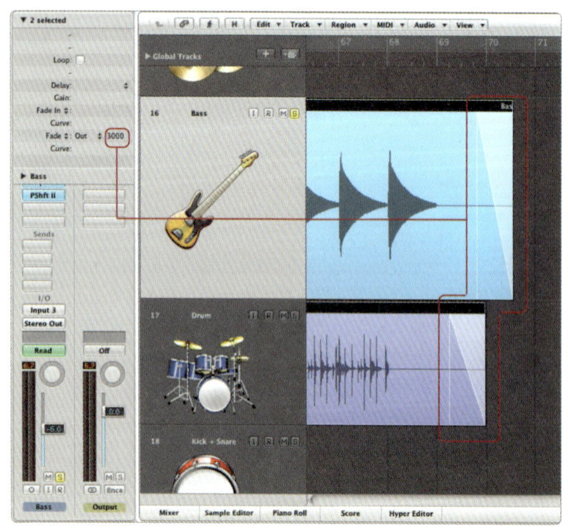

05 마찬가지로 커브 값도 입력할 수 있습니다.

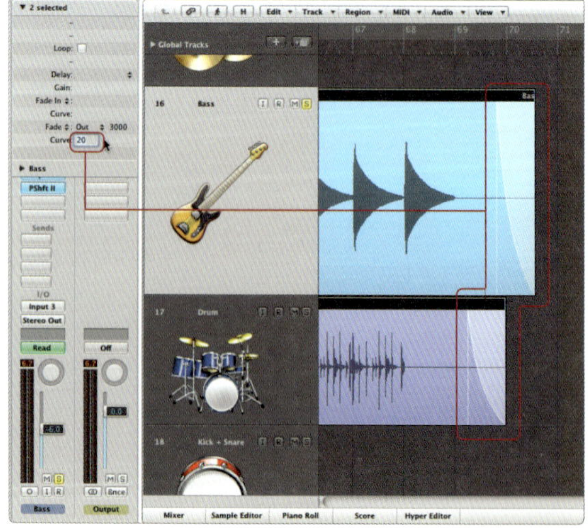

2. 비트 디텍션(Beat Detection)

예제 파일 : 04 Importing Audio – ImportingAudio_01.wav

비트 디텍팅은 오디오 리전에서 템포를 읽어내는 기능입니다. 이번 예제에서는 스튜디오에서 사람이 연주한 드럼의 박자를 가져오는 법에 대해서 배우도록 하겠습니다.

01 새로운 프로젝트와 오디오 트랙을 하나 만듭니다. **File 〉 Import Audio File**을 실행합니다. 이쯤 되면 단축 키 보는 법은 모두 숙지하고 있으리라 믿습니다.

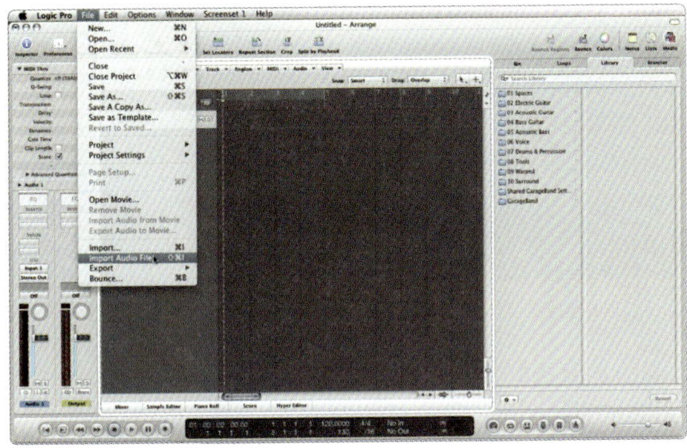

02 샘플CD의 '04 Importing Audio' 폴더에 'ImportingAudio_01.wav' 파일을 선택합니다.

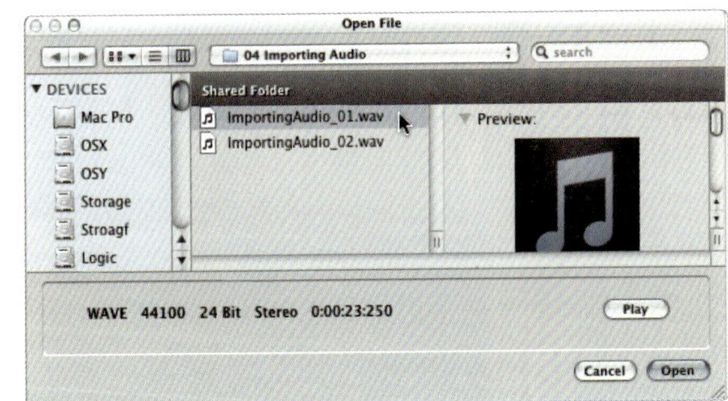

03 재생해서 오디오 파일이 제대로 소리가 나는지 들어봅니다. 오디오 파일은 영화 음악으로 작업했던 드럼과 피아노 소스입니다. 스튜디오에서 녹음한 드럼이기 때문에 미디로 작업한 것과 달리 박자가 정확하지는 않습니다.

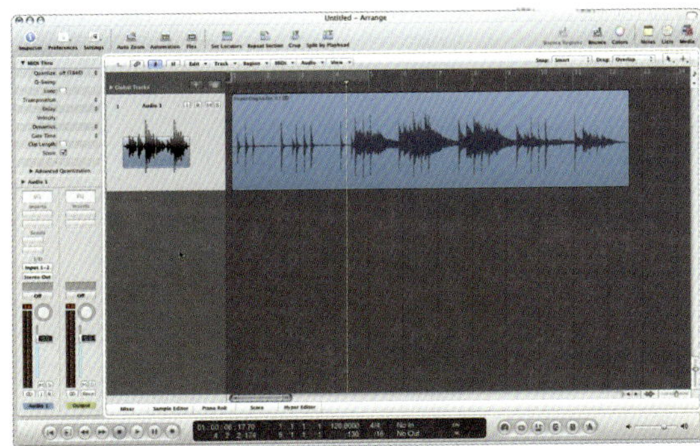

BPM Counter를 이용한 방법

01 Inserts 창에서 **Metering** 〉**BPM Counter**를 실행합니다.

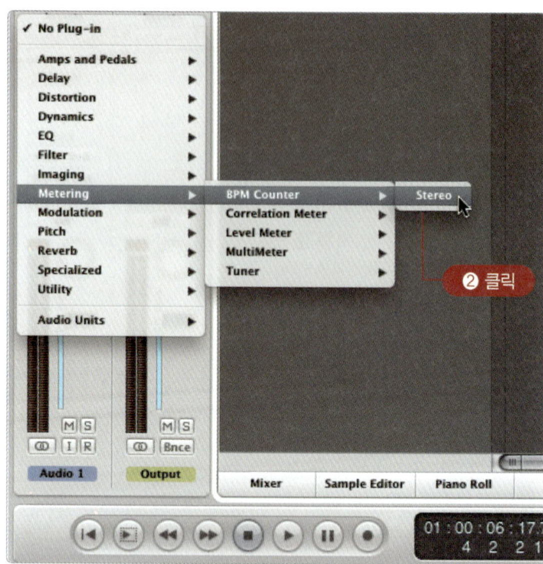

02 플러그인창이 떠 있는 상태로 프로젝트 시작 부분부터 재생해봅니다. 중간쯤 재생되었을 때 BPM이 '140.8'이라는 답을 내려줍니다. 이 결론을 가지고 트랜스포트바에서 템포를 '140.8'로 바꾸고 작업해도 크게 무리는 없습니다만, 좀 더 정확한 템포 값이 필요할 때는 Beat Detection 방법을 이용하는 것이 좋습니다.

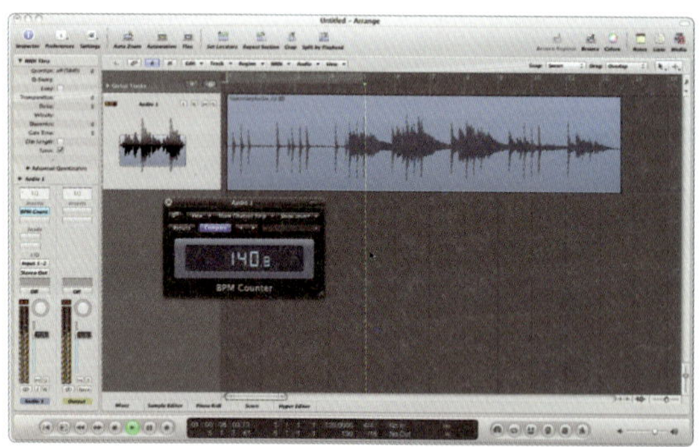

03 Inserts 창에서 'BPM Counter'를 제거합니다.

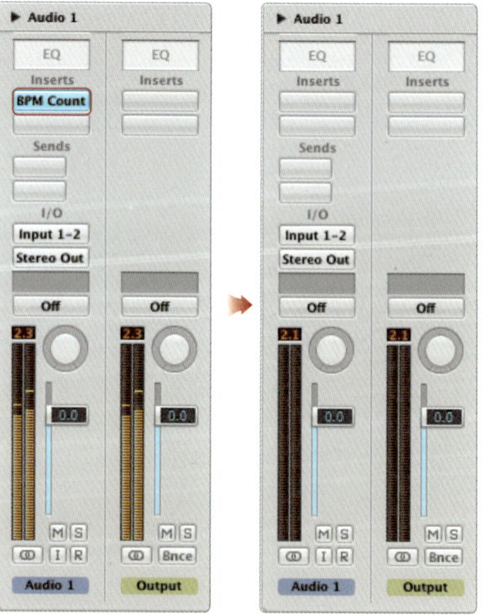

Beat Detection을 이용한 방법

01 리전을 선택한 상태에서 상단 메뉴바의 **Options 〉 Tempo 〉 Adjust Tempo using Beat Detection**을 실행합니다.

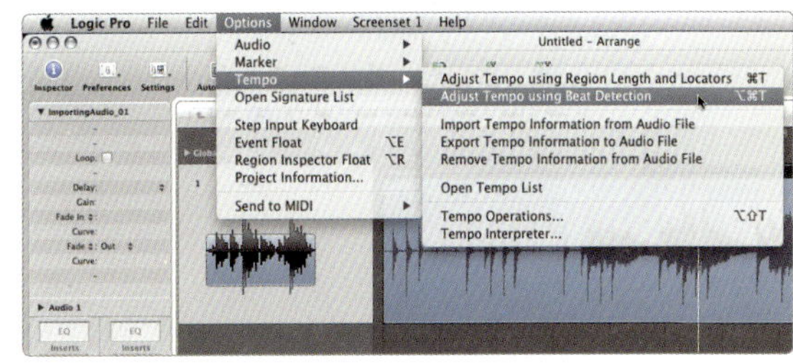

02 이번에는 '139.9852'라는 다소 난해한 답을 내놓습니다. 'Globally' 항목에 체크가 되어 있는 상태로 [OK] 버튼을 클릭합니다. 전체 프로젝트의 템포가 '139.9852'로 바뀌게 됩니다.

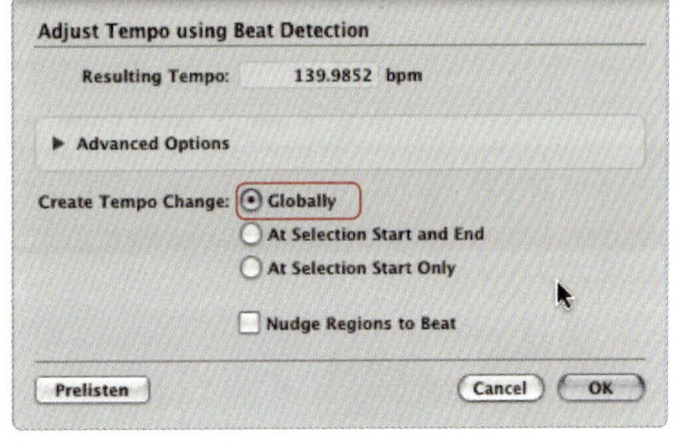

03 메트로놈(🔔)을 켜고 재생을 시작합니다. 메트로놈을 켜고 끄는 단축키는 **K** 입니다. 드럼비트가 메트로놈 박자에 맞지 않는 것을 확인할 수 있습니다.

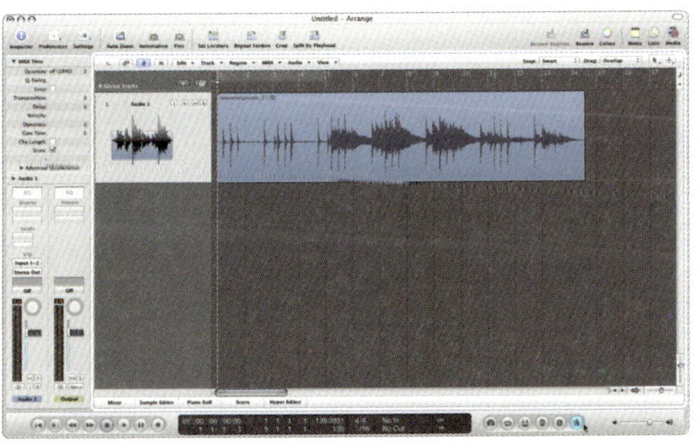

04 오디오 리전의 앞부분, 드럼의 첫 박이 마디의 시작과 맞지 않기 때문입니다. **Control** + **Alt** 키를 누른 채로(혹은 줌 툴을 선택) 리전의 앞부분을 작게 드래그해서 확대해봅니다.

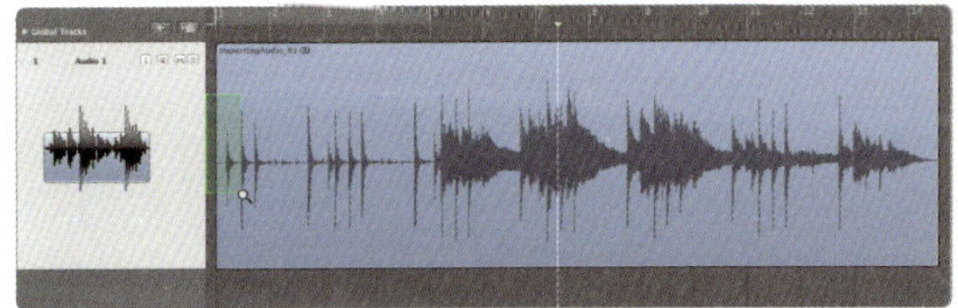

05 리전의 좌측 하단을 드래그해서, 오디오 신호에 가깝게 오른쪽으로 리전을 당겨봅니다.

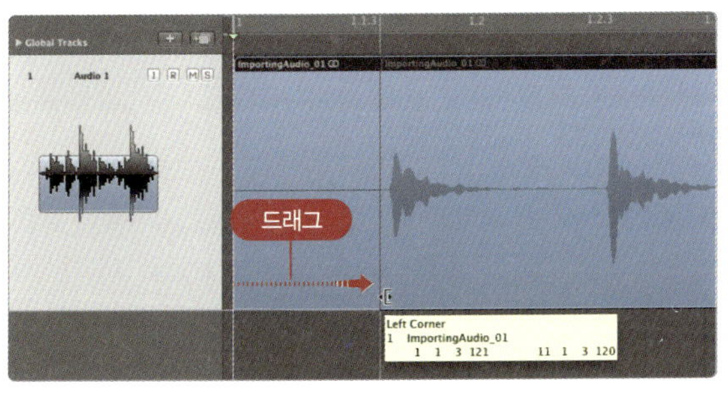

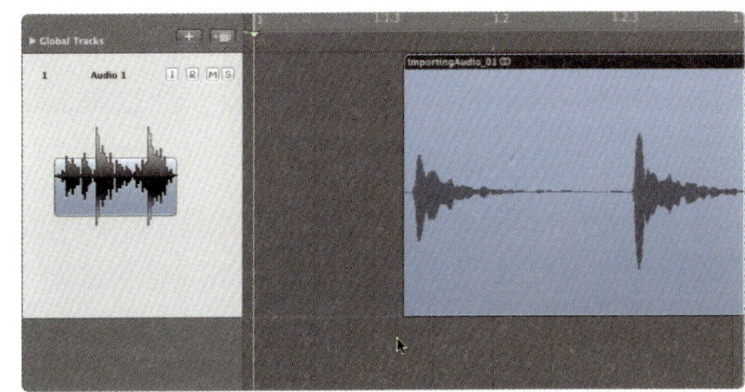

06 Control + Alt 키를 누른 채로 드래그를 몇 번 더 하면(혹은 좌우확대 단축키 사용) 점점 확대되서 오른쪽 그림처럼 파형이 뚜렷히 보이게 됩니다.

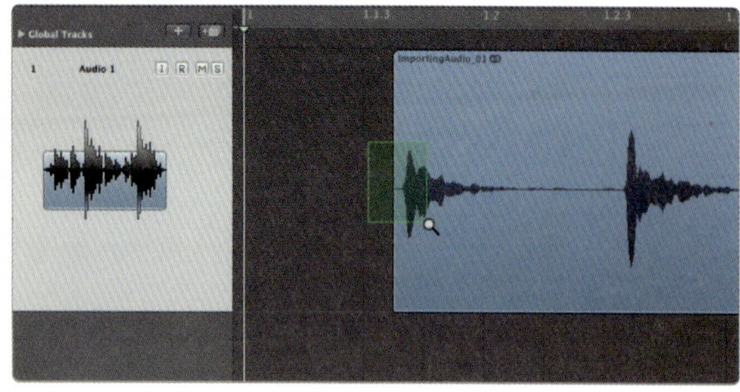 

07 이번에는 마키 툴을 선택하여 리전의 시작 부분부터 오디오 신호가 생기는 지점까지 선택해보겠습니다.(마키 툴을 커맨드 툴 메뉴로 설정해 놓고, Command 키를 누른 채로 활용하면 편리합니다.)

08 Delete 키를 눌러 삭제합니다. 어레인지 편집창 배경 부분을 클릭해서 리전에 대한 선택을 해제하고, Z 키로 리전이 모두 보이도록 만들어봅니다.

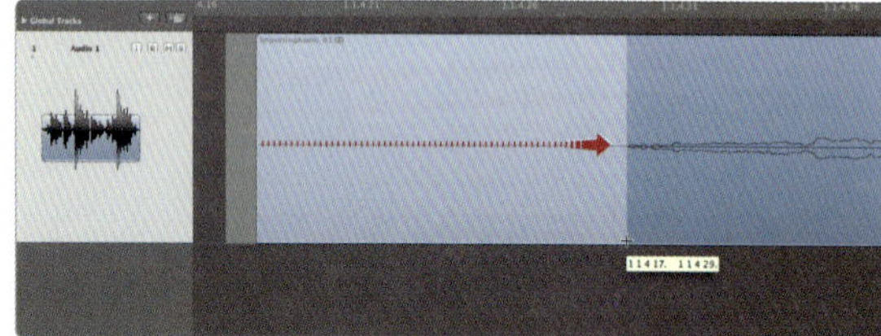 

09 리전의 시작 부분을 2번 마디 첫 박에 가져다 놓습니다. 리전을 움직이면서 자세히 보면 2번 마디 시작 부분에 정확하게 맞지 않는 것을 알 수 있습니다. Snap 모드가 활성화되어 있을 때 본래의 위치를 잃지 않은 채로 마디나 박자 단위로 움직이기 때문입니다. Snap 모드를 Smart에서 Bar 혹은 Beat로 바꾸어도 같은 현상이 일어납니다.

10 이런 경우에는 확대해서 움직이면 정확하게 붙일 수가 있습니다. Snap 모드가 Smart일 때 확대 정도에 따라 움직이는 기준이 다르기 때문입니다. Bar 혹은 Beat 모드에서는 확대 여부에 관계없이 원래의 위치를 고수한 채로 단위별로 움직이게 됩니다. 만약 아직도 정확하게 2번 마디 첫 번째 그리드에 붙지 않는다면, 확대가 덜 된 것입니다. 움직이고 확대하고를 반복하면 정확하게 붙일 수 있습니다.

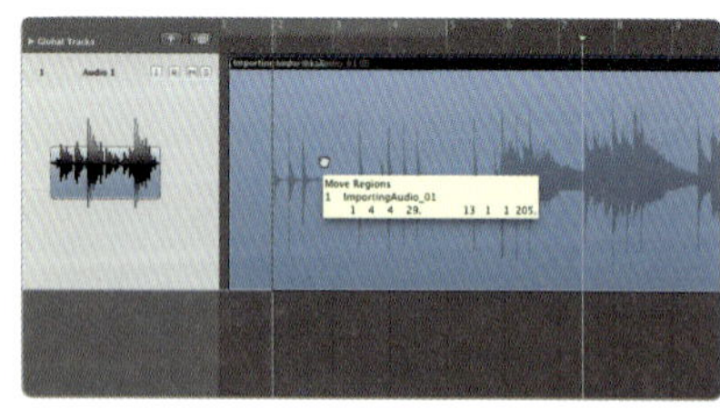  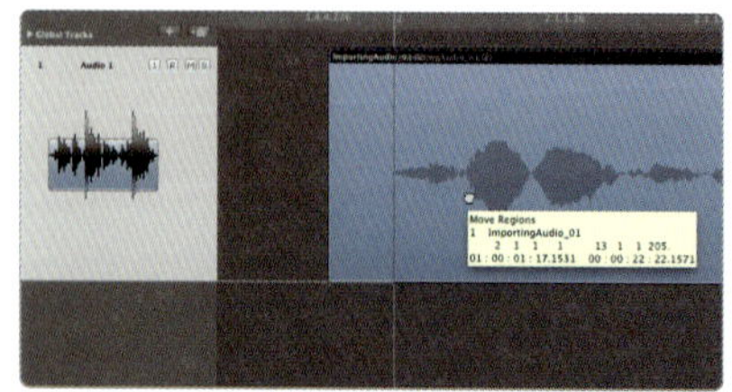 

11 정확하게 위치시켜 놓고 재생해보면 드럼 비트와 메트로놈이 정확히 맞지는 않지만 곡의 길이와 메트로놈이 맞아 들어간다는 것을 느낄 수 있습니다. 위치를 맞춰 놓은 프로젝트를 '05 BeatDetection' 폴더에 '05 BeatDetection' 이라는 이름으로 만들어 놓았습니다.

3. 비트 매핑(Beat Mapping)

예제 파일 : 05 BeatDetection − 05 BeatDetection

01 커맨드 툴 메뉴에 마키 툴을 선택해 놓고, Command 키를 누른 채로 리전의 마지막 부분부터 6번 마디까지 마키 툴로 선택합니다. 그리고 나서 Command 키를 놓으면 자연스럽게 포인터 툴로 돌아오게 되는데, 이때 마키 툴로 선택된 영역을 클릭하면 리전이 잘라집니다. 리전을 잘라내는 간단한 방법 중 하나입니다. 이러한 방법은 미디 리전에서도 동일하게 적용됩니다.

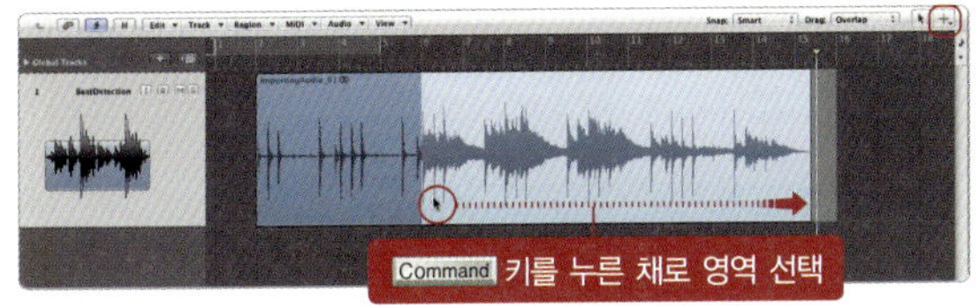

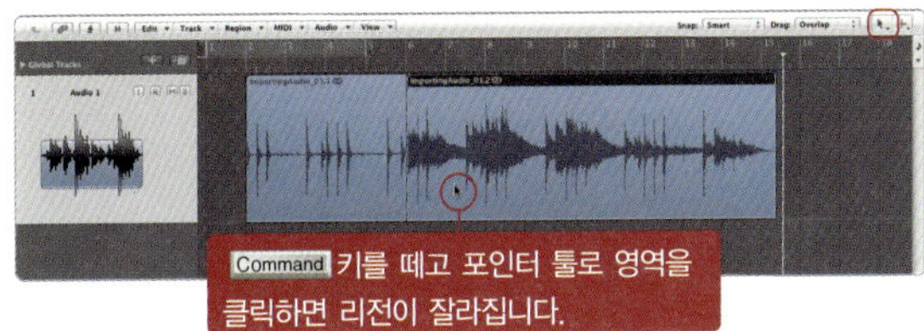

02 잘라낸 영역을 Delete 키를 눌러 삭제합니다.

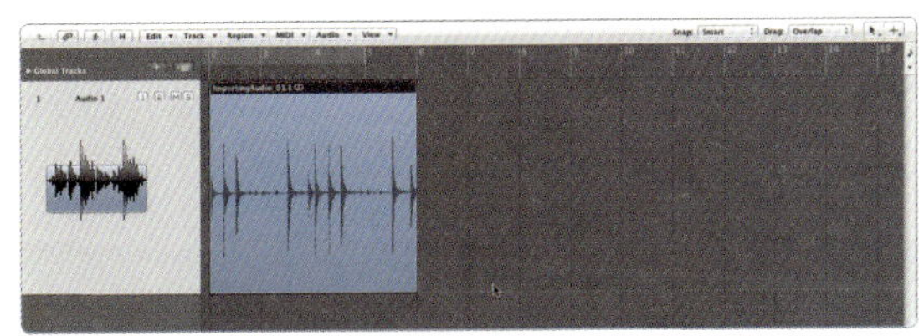

리전의 일부분을 삭제한 것이기 때문에, 실제로 오디오 파일이 없어진 것은 아니고 리전의 일부분만을 어레인지 편집창에서 보고 있는 상태가 됩니다. 다시 리전을 오른쪽으로 확장시키면 잘리낸 리전이 다시 나타납니다.

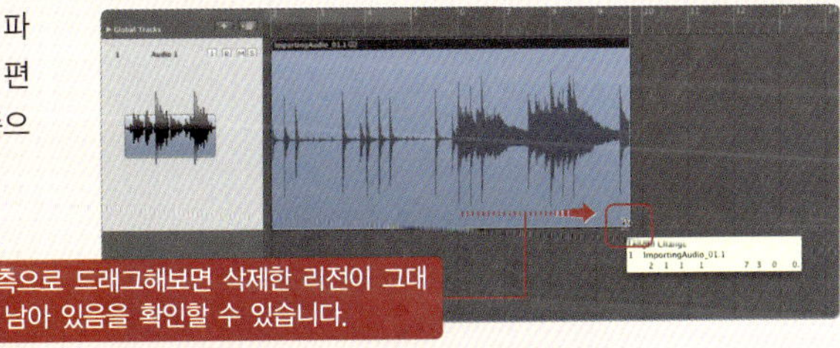

03 이렇게 4마디의 드럼 비트 소스만 남겨둔 상태를 '05 BeatDetection' 폴더에 '05 Beat_4Bars'라는 이름으로 저장해 놓았습니다. 메트로놈은 한 마디를 정확하게 4등분해서 소리를 들려주지만, 사람이 연주한 드럼은 그렇지 않습니다. 이를 상세하게 맞춰주는 기능이 'Beat Mapping'입니다. Global Tracks 좌측의 삼각형 아이콘(▷)을 클릭하여 글로벌 트랙의 여러 가지 트랙들을 열어봅니다.

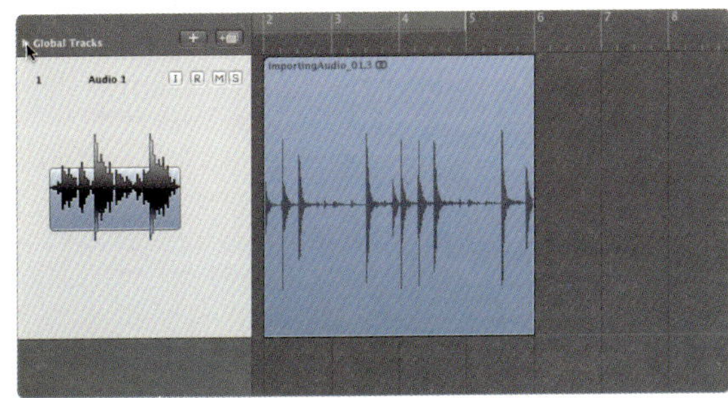

04 우클릭 〉 Beat Mapping을 선택합니다.

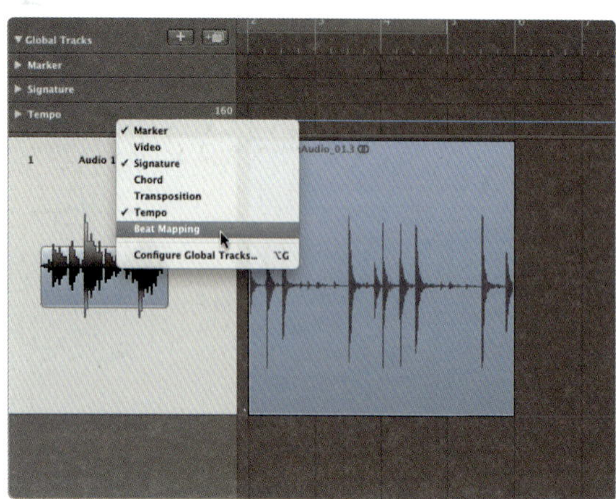

05 'Beat Mapping' 트랙을 드래그해서 'Marker' 위로 옮겨봅니다.

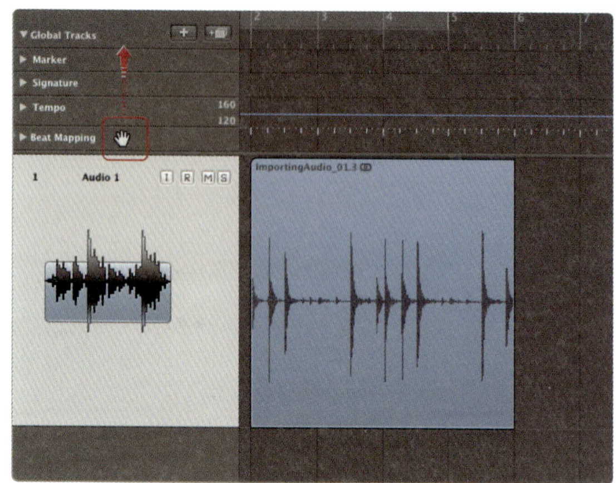

06 'Beat Mapping' 트랙 아랫부분의 경계선을 드래그해서 아래로 내리면 영역이 확대됩니다. 마우스 포인터가 그림처럼 ⬍ 모양으로 바뀌었을 때 드래그하면 됩니다.

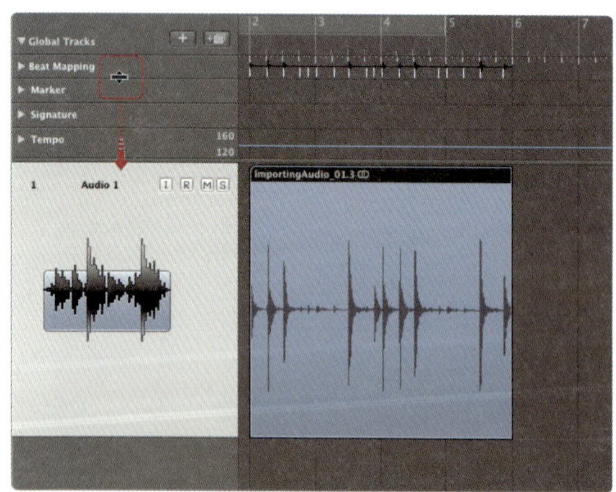

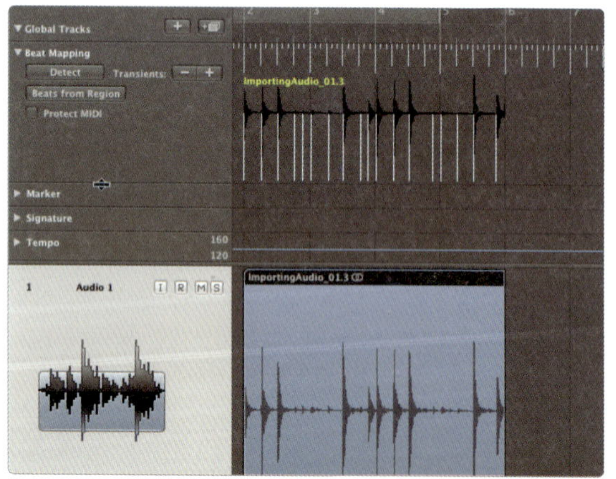

07 오디오 리전이 선택된 상태에서 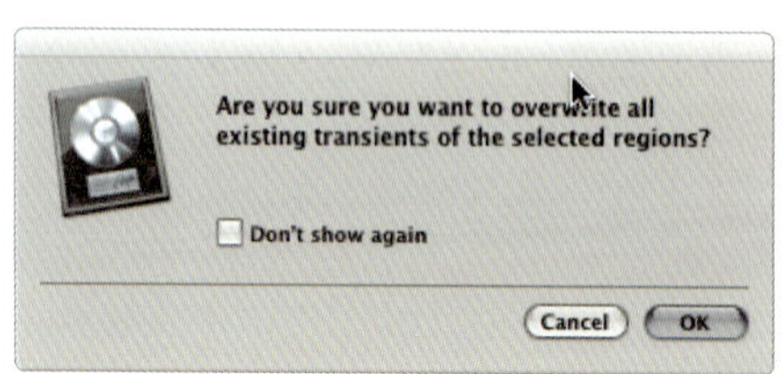 버튼을 클릭하고, [OK] 버튼을 선택하면 오디오 파일의 트랜션트(Transient)를 다시 분석합니다.

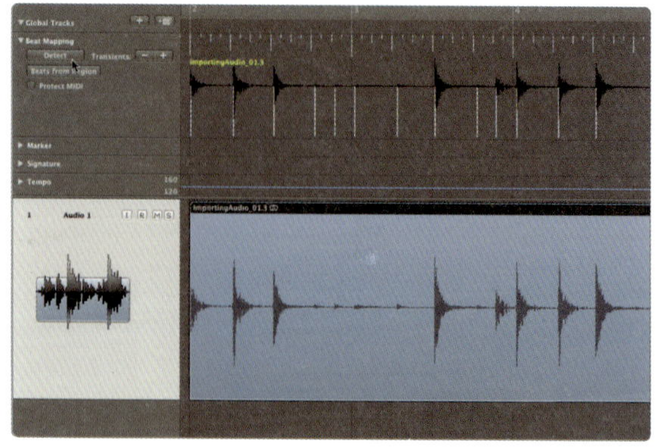

트랜션트(Transient)란

오디오 파형을 분석하면서 자주 쓰이는 용어인데, 소리가 발생해서 오디오 파형이 변화하는 시점이라 이해하면 조금 쉬울 수도 있겠습니다. 예를 들어 드럼만 하나 연주해도 소리가 발생하는 지점은 매우 다양합니다. 단순히 악기를 쳤을 때 나는 소리 외에도 많은 소리들이 오디오 파형에 담겨 있기 때문에 트랜션트를 예민하게 분석하면 수가 매우 늘어나게 되고, 너무 단순하게 분석하면 중요한 소리들을 놓치게 될 수 있습니다.

08 확대해서 보면 프로젝트가 가지고 있는 박자의 그리드와 드럼 오디오 소스의 트랜션트가 다른 것을 알 수 있습니다. 이러한 문제때문에 메트로놈 박과 드럼이 정확하게 일치하지 않았던 것입니다.

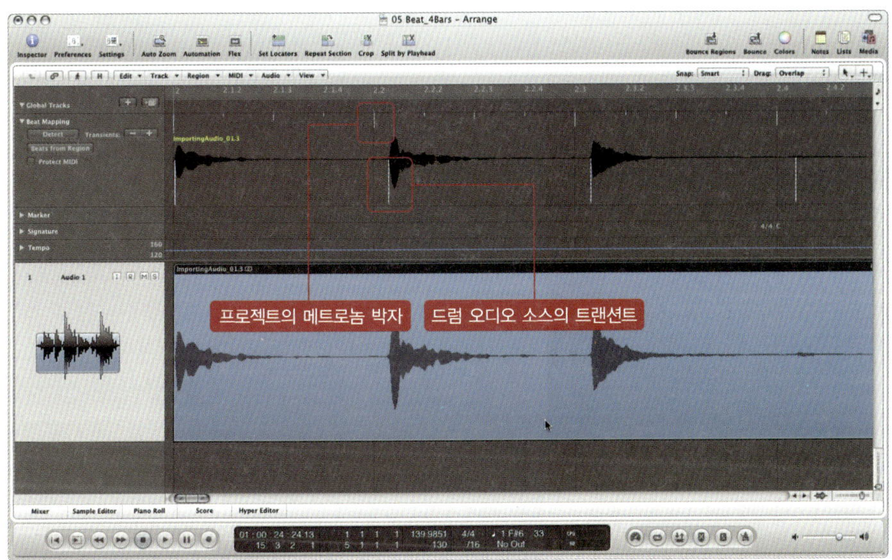

09 첫 박부터, 프로젝트의 박자 그리드를 트랜션트의 그리드에 드래그해서 맞추어봅니다. 두 번째 박부터 맞추면 첫 박이 밀려나게 됩니다.

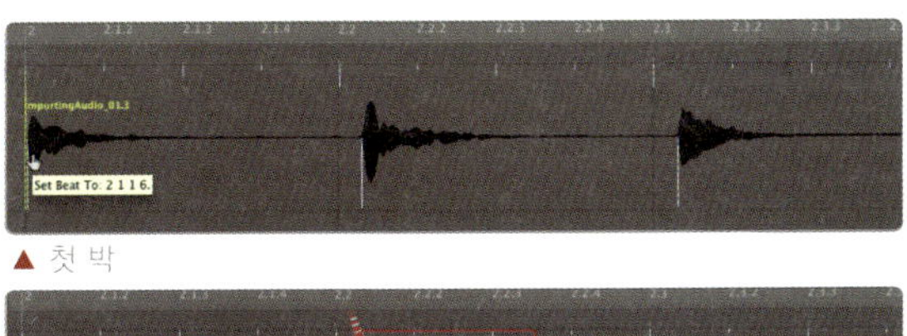

▲ 첫 박

▲ 두 번째 박

▲ 세 번째 박

10 이러한 방법으로 모든 그리드를 맞추어봅니다. 처음이라 어려울 수 있어 완성된 프로젝트를 '05 BeatMapping' 으로 저장해 놓았습니다. 이렇게 비트 매핑을 완료하면 오디오 소스에는 전혀 변화가 없이, 프로젝트의 템포가 오디오 소스의 비트를 따라가는 형국으로 바뀌게 되는 것입니다. 이런 상태에서 레코딩을 진행하면 메트로놈의 박자가 드럼과 동일하게 움직이게 되고, 퀀타이즈 역시 드럼 비트와 동일하게 진행됩니다. 오리지널 소스의 질감을 살려둔 채로 다른 소프트웨어 음원이나, 오디오 소스를 퀀타이즈할 수 있다는 것은 커다란 장점입니다.

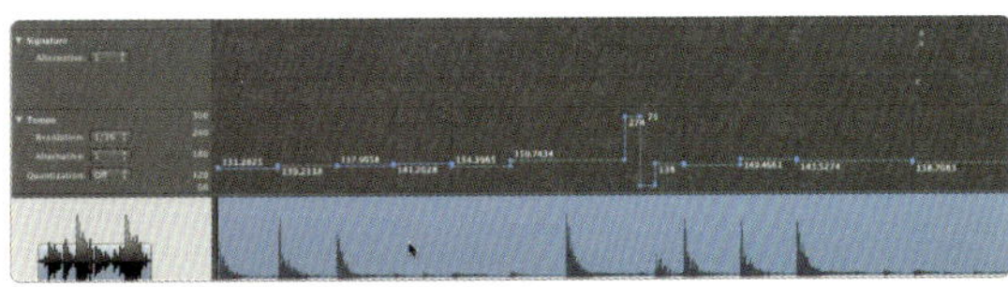

▲ 프로젝트의 템포가 변하면서 오디오 소스의 그루브를 맞추게 됩니다.

4. 타임 스트래칭(Time Stretching)

음정(pitch)의 변화 없이 오디오 소스의 길이를 늘리고 줄이는 방법은 여러 가지가 있지만, 이번에는 어레인지 편집창 위에서 간단하게 실행하는 법을 배워보겠습니다.

01 '02 RegionEdit _final' 프로젝트를 열고, 템포를 '110'으로 변경합니다.

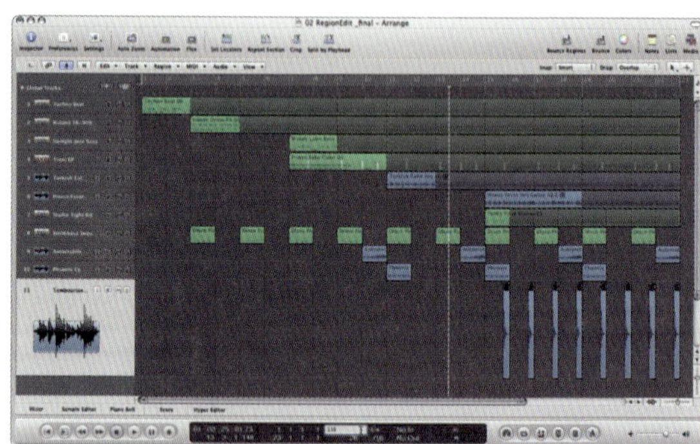

02 애플 루프로 이루어져 있는 프로젝트이기 때문에 템포의 변화에 즉각적으로 모두 대응합니다. 이는 루프의 Follow Tempo 기능이 활성화되어 있기 때문입니다. 6번 'House Fever Hot Guitar' 트랙을 선택하고 인스펙터창의 리전 파라미터에서 'Loop' 와 'Follow Tempo'의 체크를 해제해봅니다. 리전의 루프도 사라지고, 템포도 그리드에 정확히 맞지 않는 것을 확인할 수 있습니다.

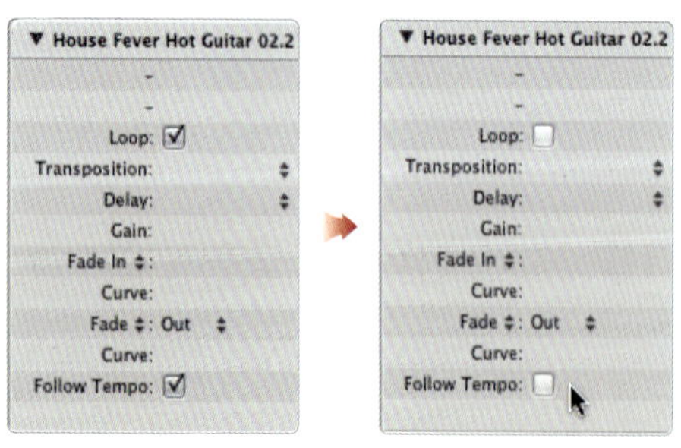

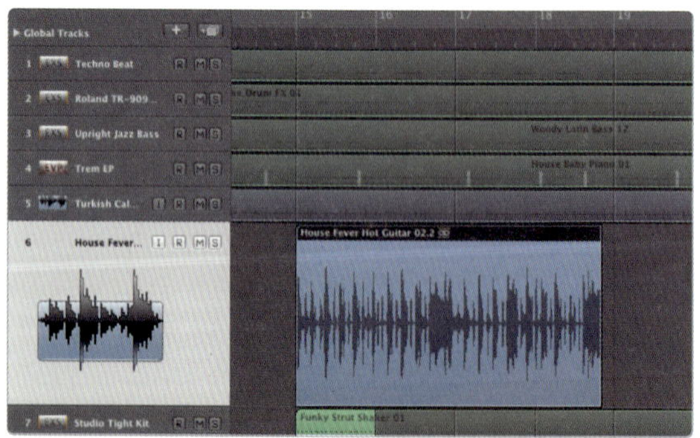

03 리전을 늘려보려고 해도, 오디오 소스가 더 이상 남아 있지 않기 때문에 더 이상 보여줄 리전이 없습니다.

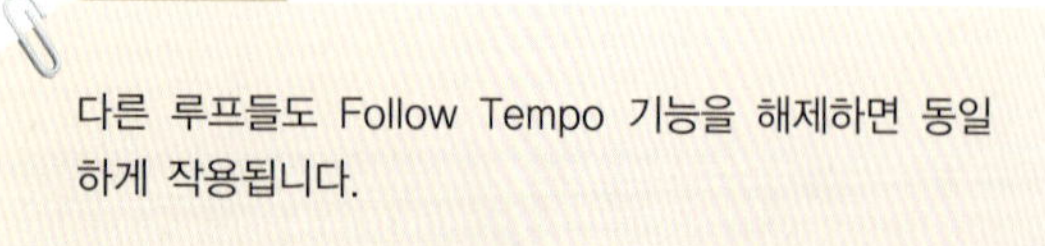

다른 루프들도 Follow Tempo 기능을 해제하면 동일하게 작용됩니다.

04 Option 키를 누른 채로 드래그해서 그리드에 맞추어 봅니다. 이렇게 소스의 길이를 그리드에 맞추면 리듬이 프로젝트와 맞아 떨어지게 됩니다.

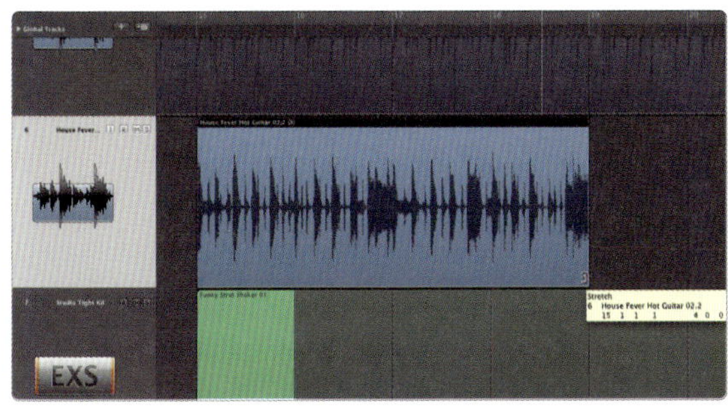

05 오디오 파일의 성질을 바꾸어야 한다는 메시지 창이 보입니다. [Convert and Process] 버튼을 클릭합니다.

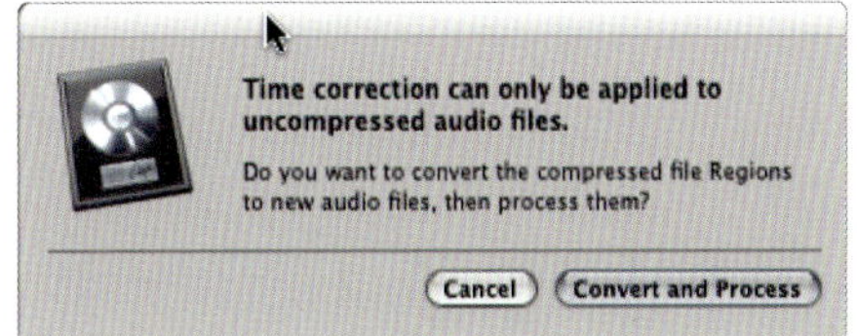

06 플레이헤드를 리전 앞에 놓고 Space Bar 키로 재생해서 확인해보면, 템포는 느려졌지만 음정은 떨어지지 않은 것을 확인할 수 있습니다. 이와 같은 타임 스트레칭은 미디 리전에 대해서도 동일하게 이용할 수 있습니다.

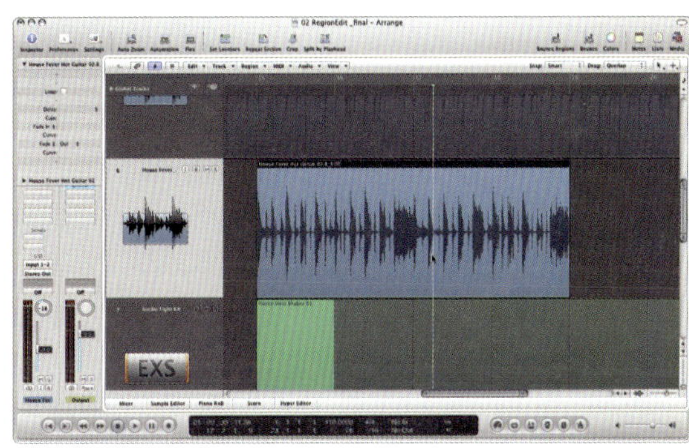

5. 플렉스(Flex)

예제 파일 : 05 BeatDetection – 05 Beat_4Bars

플렉스 툴은 로직의 아주 뛰어난 기능 중에 하나입니다. 오디오를 마치 미디 리전처럼 편집할 수 있으므로, 오디오 편집에 대한 접근성을 높여 줍니다. 비트 매핑에서 드럼 비트에 맞추어 프로젝트의 템포를 변화시켰다면, 플렉스 툴에서는 프로젝트의 템포에 맞춰 오디오의 비트를 바꾸어보겠습니다.

01 '05 Beat_4Bars' 프로젝트를 열고, 툴바에서 (Flex) 아이콘을 눌러 플렉스 툴을 활성화합니다. 트랙 이름 밑에 [Off]라는 버튼이 생기는 것을 확인할 수 있습니다.

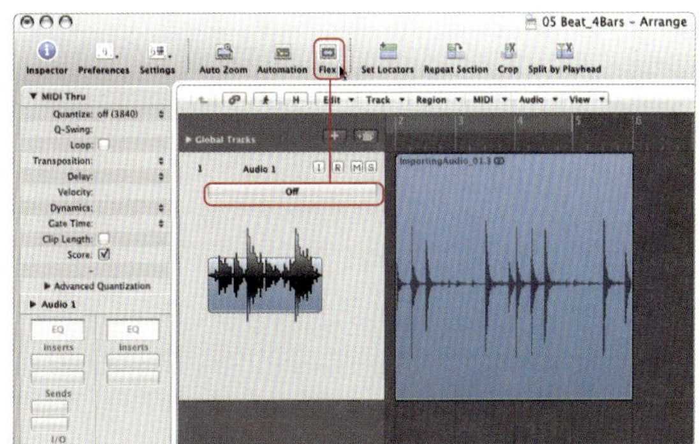

02 [Off] 버튼을 클릭해보면 몇 가지 메뉴가 나타납니다. 'Slicing' 을 선택합니다.

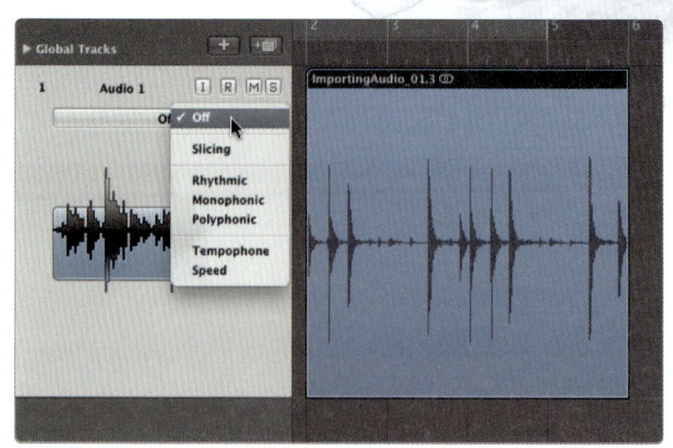

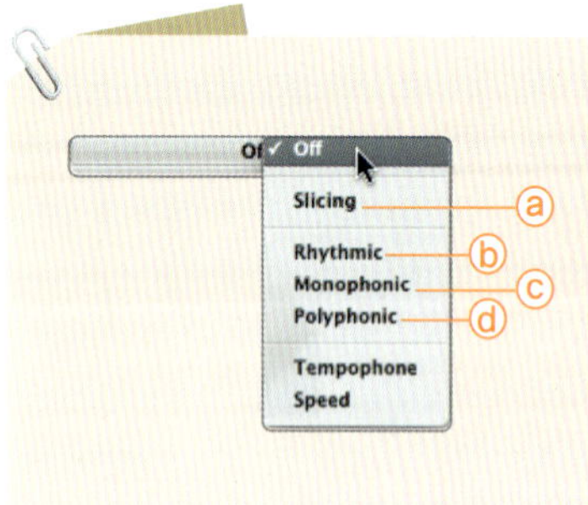

ⓐ Slicing : 음정에 대한 처리가 없어, 드럼이나 퍼커션과 같은 타악기류에 적합합니다.

ⓑ Rhythmic : 음정에 대한 처리를 같이 하고 있어, 키보드나 리듬 기타와 같은 악기에 적합합니다.

ⓒ Monophonic : 단선율 악기에 특화되어 있어, 단음 멜로디 악기나 보컬에 적합합니다.

ⓓ Polyphonic : 복잡한 화성이나 여러 악기가 복합된 트랙에 대한 처리를 할 수 있지만, 구성이 복잡할수록 깔끔한 사운드가 나오기 어렵기 때문에 사용을 권장하진 않습니다.

03 리전이 회색으로 변하면서 얇은 선들이 생겨납니다. 이 선들은 리전의 트랜션트를 분석해서 생겨난 것들로, 플렉스 모드에 따라 바뀔 수 있습니다.

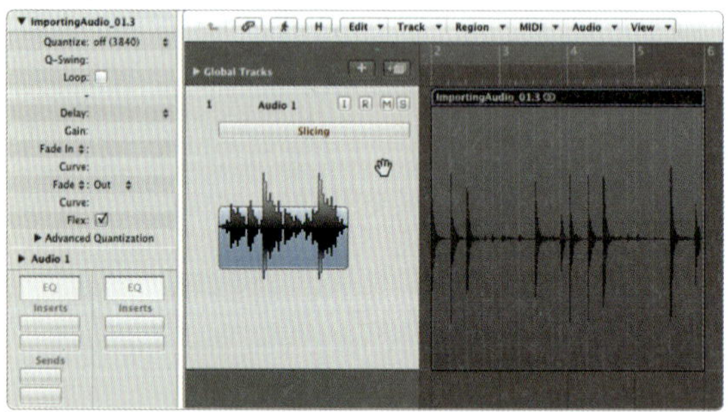

04 리전 파라미터에서 퀀타이즈 옵션을 '1/8-Note'로 맞추고 재생해봅니다. 거의 완벽하게 퀀타이즈된 것을 알 수 있습니다.

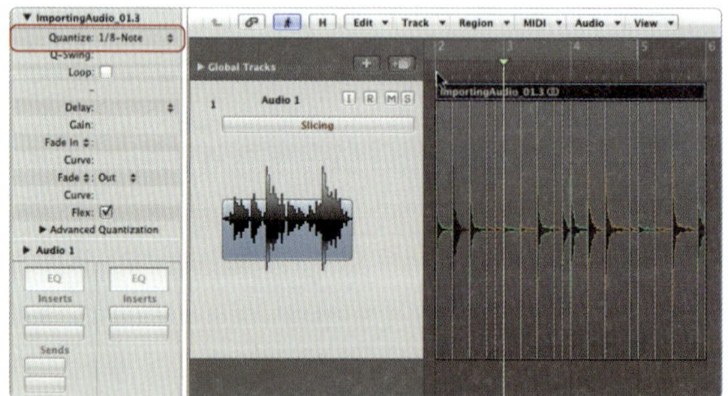

05 리전을 확대하고 트랜션트에 마우스를 가져다 대보면 포인터의 모양이 ✛ 으로 바뀝니다.

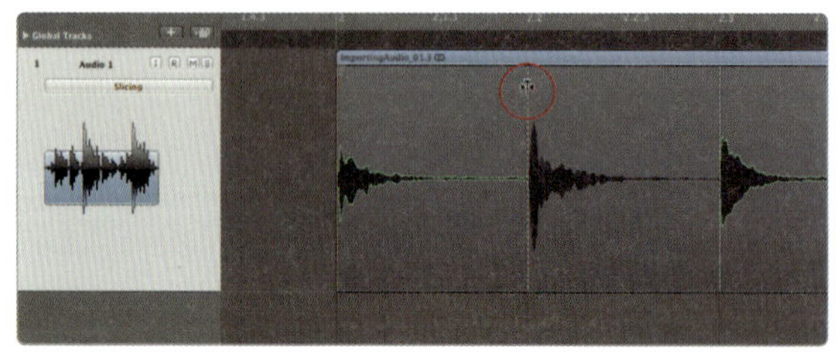

06 왼쪽으로 드래그해보면 트랜션트가 왼쪽으로 이동하면서 위치가 바뀌게 됩니다. 좌측의 초록색으로 변한 부분은 오디오가 압축된 상태를 뜻하고, 주황색은 늘어났다는 것을 뜻합니다. 타임 스트레칭과 마찬가지로 음정의 변화 없이 처리되기 때문에 과하게 움직이면 음질의 손상이 올 수 있습니다. 이러한 방법으로 자동으로 설정된 트랜션트를 수정할 수 있습니다.

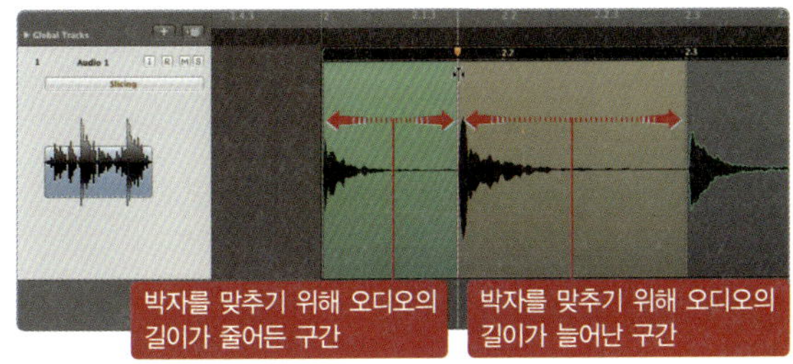

07 Command + Z 키를 눌러 트랜션트 이동을 취소하고, 툴바의 (Flex) 아이콘을 눌러 플렉스 툴을 비활성화시키겠습니다. 이렇게 보면 아무런 변화 없는 리전처럼 보이지만 플렉스 툴이 적용되어 있는 상태인 것입니다. 리전 파라미터의 'Flex'에 체크되어 있는 것을 확인할 수 있습니다.

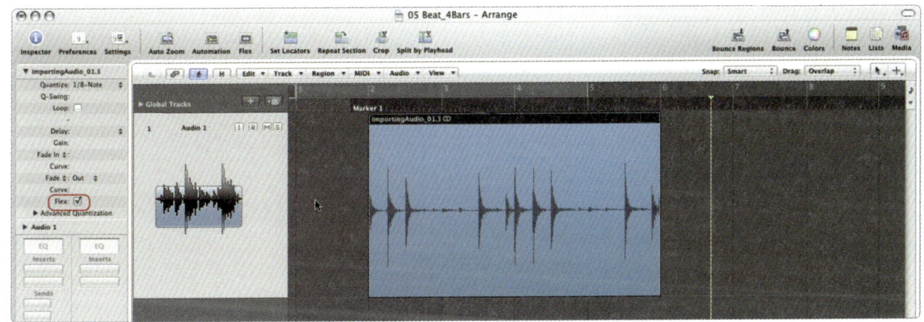

08 플렉스 툴이 적용된 오디오 리전은 일반 오디오 리전처럼 루프, 이동, 복사 등이 가능합니다. L 키로 루프를 만드는 것은 자주 해봤으니 이번에는 Command + R 키로 반복을 시켜보겠습니다. 반복시킬 리전의 개수를 입력하고 'Copies'와 'Aliases or Clones' 중에 하나를 선택하면 됩니다. Copies는 말 그대로 복사본으로 Option 키를 누르고 복사한 것과 같은 기능입니다. 'Aliases or Clones'는 미디 편집에서 배운 Alias 기능으로, 원본은 그대로 있는 상태에서 원본을 그대로 흉내내는 가짜들을 여러 개 만들어 놓는 것과 같습니다. 미디 리전에서는 'Alias'라고 표현했지만, 오디오 리전에서는 'Clones'이라 부릅니다. 그림처럼 클론을 5개 만들어보겠습니다.

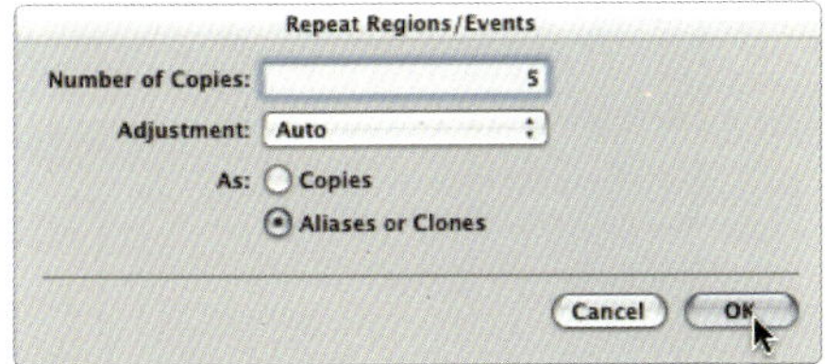

09 (Flex) 아이콘을 활성화시켜보면, 모든 리전에 플렉스가 적용되어 있는 것을 확인할 수 있습니다.

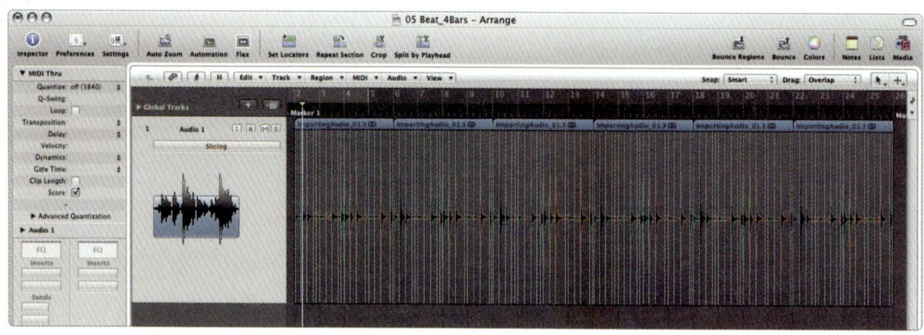

10 다시 툴바의 (Flex) 아이콘을 비활성화시킵니다. 트랜션트가 보이지 않는 상태에서 Esc 키로 플렉스 툴 (Flex Tool)을 선택해봅니다.

11 플렉스 툴로 드래그하면 트랜션트가 보이지 않는 상태에서도, 웨이브폼을 그리드에 맞추어 옮길 수 있습니다.

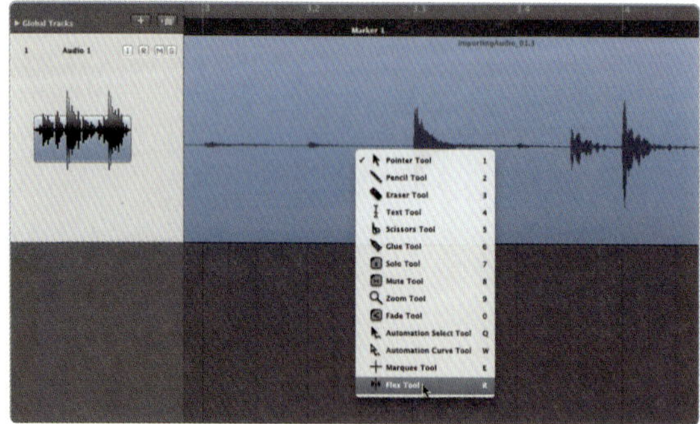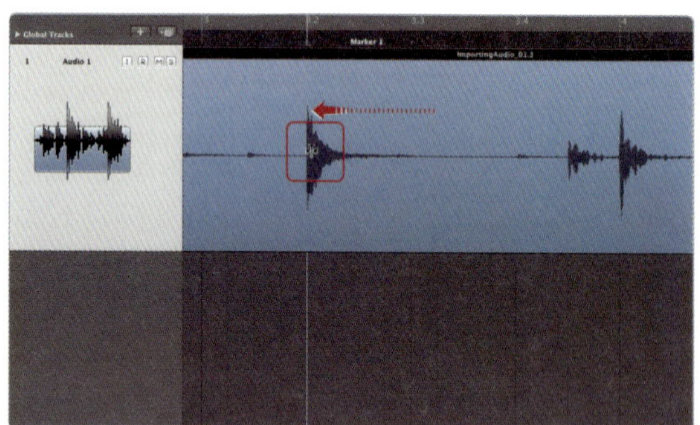

6. 스윙퀀타이즈

예제 파일 : 05 BeatDetection – 05 Beat_4Bars

01 툴바의 (Flex) 아이콘을 활성화시킨 다음 플렉스 모드에서 'Slicing'을 선택합니다.

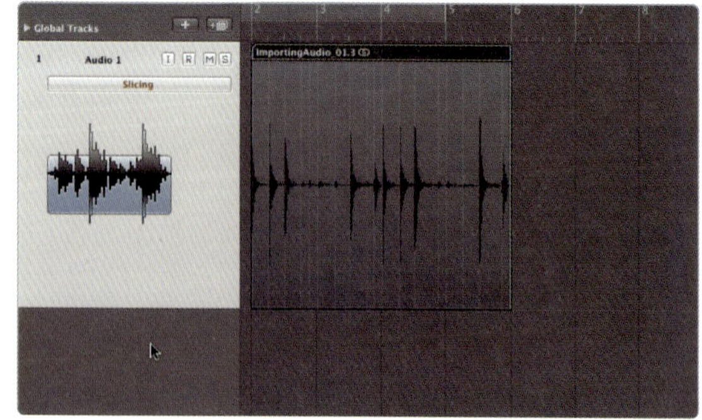

02 리전을 선택한 상태에서, 리전 파라미터의 퀀타이즈 메뉴 중 '8C Swing'을 선택합니다.

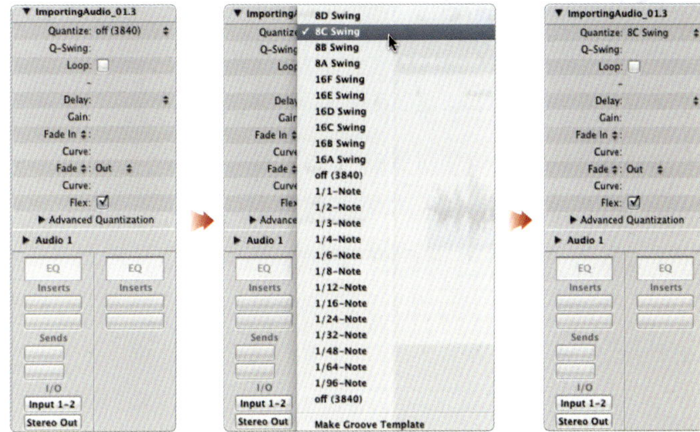

03 리전을 재생시켜 들어보면 왠지 모르게 스윙감이 아주 살짝 느껴집니다. 확대해보면 마지막 박의 트랜션트가 뒤로 약간 밀려 있는 것을 확인할 수 있습니다. 이러한 기능이 스윙퀀타이즈입니다. 8분 음표 단위(1/8)에서는 8A Swing 부터 8F Swing까지 8분 음표를 기준으로 스윙감을 주는 메뉴들이 있는데, 'A'가 가장 스윙감이 약한 것이고 'F'가 가장 강한 것입니다. 다시 말해 스윙감이 크다는 것은 음표를 뒤로 미루는 폭이 넓다는 뜻입니다. 퀀타이즈에 대한 자세한 내용은 [Part 05] – [Chapter 03 인스펙터창의 활용]에서 다루었습니다.

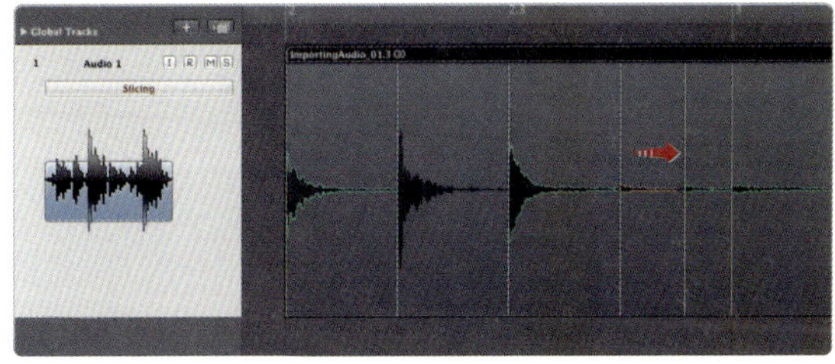

04 다시 퀀타이즈를 '1/8-Note'로 돌려놓고, 밑의 'Q-Swing'란을 드래그해서 위로 올리면 % 값이 변하면서 스윙 값이 커지게 됩니다. 그림과 같이 스윙 값이 클수록 박자는 뒤로 밀리게 됩니다.

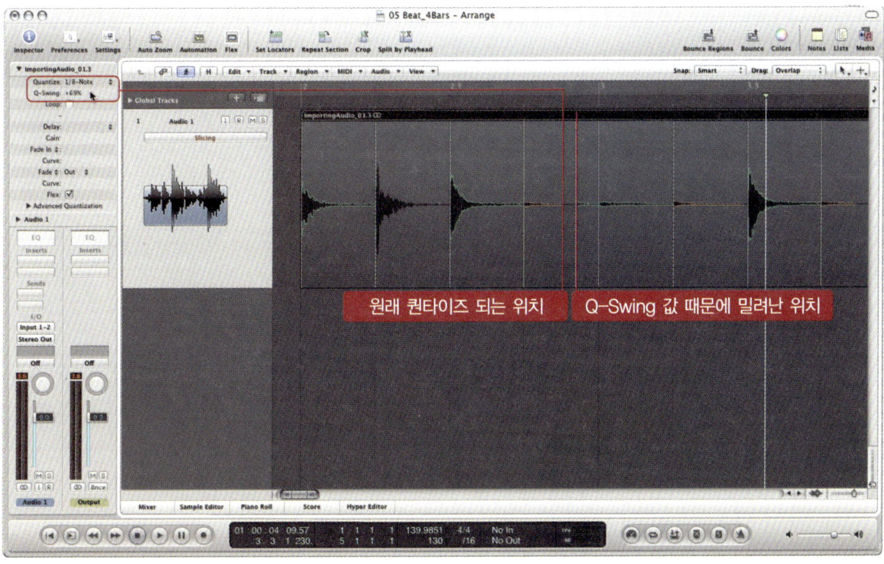

7. 샘플 에디터(Sample Editor)

예제 파일 : 06 SampleEditor – 06 SampleEditor

미디 리전의 기본 에디터가 피아노롤인 것처럼, 오디오 리전의 기본 에디터는 샘플 에디터입니다. 여태껏 어레인지 편집창 위에서 편집했던 것들은 오디오 파일 자체에는 영향을 미치지 않은 채로 효과를 내주는 것들이었습니다. 예를 들어 페이드인 처리를 한다고 해서 오디오 파일이 페이드된 파형으로 바뀌는 것은 아닌 것과 같습니다. 하지만, 샘플 에디터에서 수정하는 것들은 오디오 파일에 직접적으로 영향을 미치기 때문에 주의해서 사용해야 합니다. 샘플 에디터에는 많은 기능들이 있지만 여기서는 중요한 기능 몇 가지만 시연해보겠습니다.

01 '06 SampleEditor' 프로젝트를 열고, 1번 트랙의 심벌을 리버스(Reverse)해보겠습니다. 분홍색 심벌 오디오 리전을 더블클릭하면 샘플 에디터가 활성화됩니다.

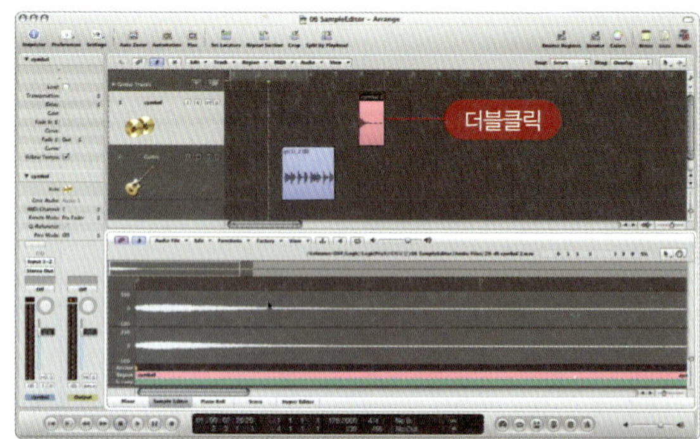

02 Functions 〉 Reverse를 선택합니다.

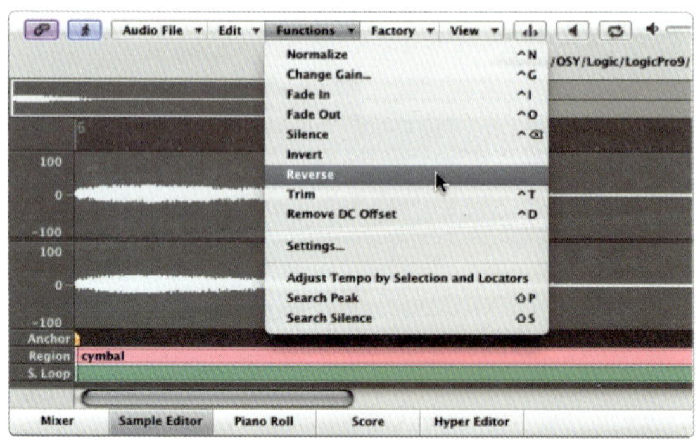

03 심벌 리전이 리버스(Reverse)된 것을 확인할 수 있습니다.

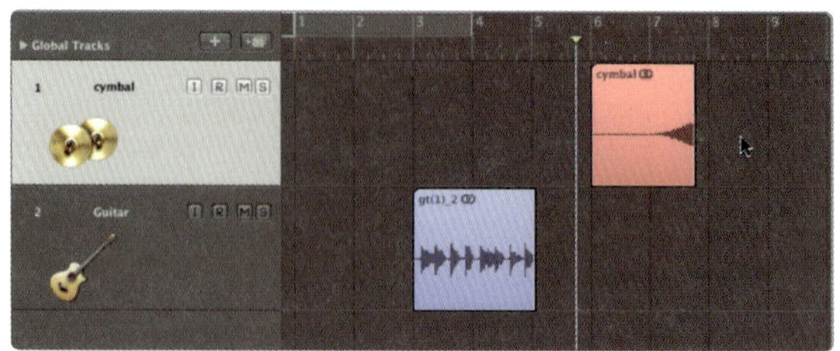

04 이번에는 기타 리전을 더블클릭해보겠습니다. 샘플 에디터에서 실행하는 프로세스들은 되돌릴 수 없기 때문에 만약을 위해서 **Audio File 〉 Create Backup**을 실행해 놓으면 언제라도 'Revert to Backup'으로 되돌릴 수 있습니다.

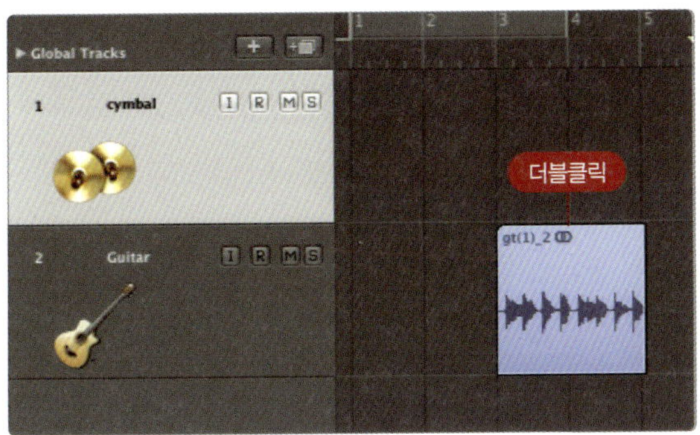

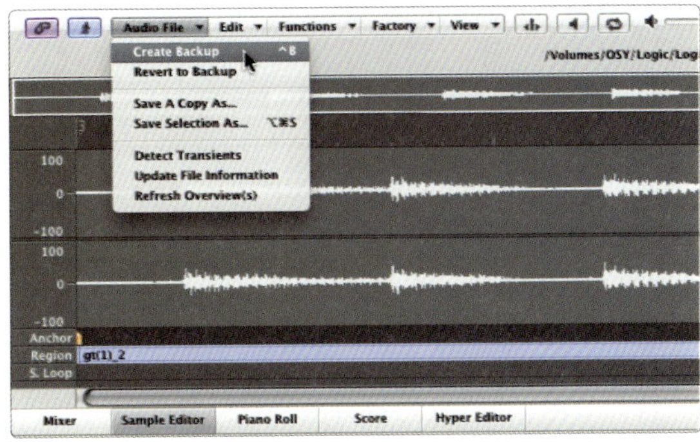

05 Factory 〉 Time and Pitch Machine을 실행합니다.

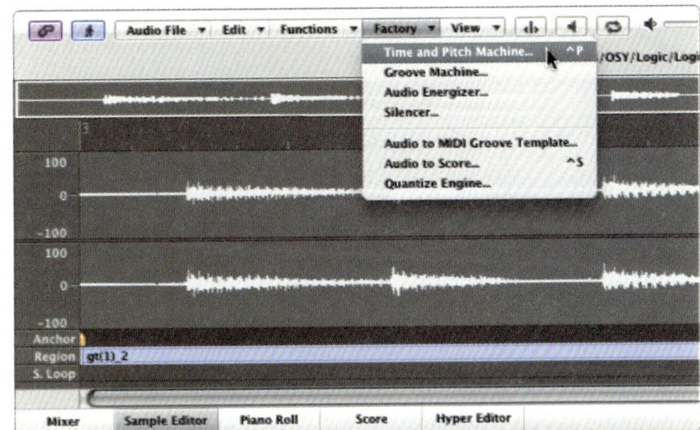

06 Time and Pitch Machine 창이 나타나면 트랜스포지션(Transposition)을 실행해보겠습니다. 미디 리전에서는 인스펙터창에 수치를 입력하는 것만으로도 간단하게 음정을 올리고 내릴 수 있었지만, 오디오 리전일 경우에는 플러그인으로 처리하거나 이렇게 샘플 에디터에서 변경해야 합니다. 프로세싱 방법에 따라 음질의 변화가 심하므로 주의해야 합니다.

Cent 단위로 음정을 변화시킬 수 있어 세밀한 조절이 가능합니다. '100 Cent'는 반음정을 의미합니다. Transposition 란에 '500cent'를 입력하고 [Prelisten(미리듣기)] 버튼을 클릭합니다. 생각보다 깨끗하게 5음이 올라가는 것을 확인할 수 있습니다. [Process and Paste] 버튼을 클릭하면 오디오에 직접적으로 음정 변화를 프로세싱시킬 수 있습니다. 당장 실수를 했다면 **Edit 〉 Undo** 메뉴가 있지만, 오디오 프로세싱은 나중에 되돌릴 수 없으므로 위에서 했던 것처럼 백업 파일을 준비해 놓는 것이 좋습니다.

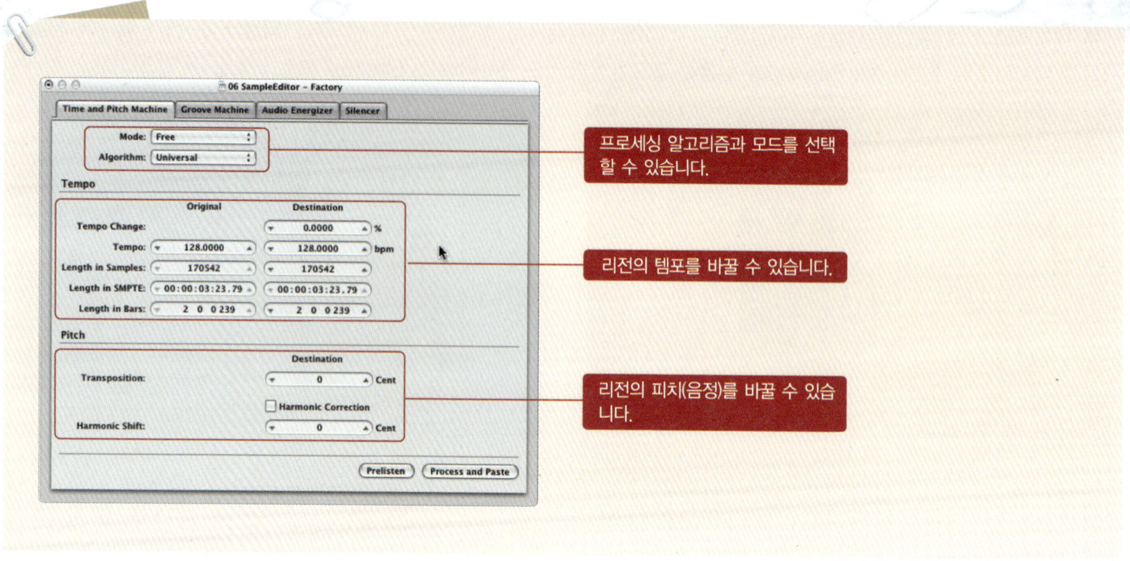

8. 오디오 빈(Audio Bin)

오디오 빈은 프로젝트에 사용되는 오디오들의 리스트를 볼 수 있는 곳입니다.

열람하는 법

● 툴바의 (Media) 아이콘을 통해 볼 수 있고, 단축키 B 키로 열어볼 수도 있습니다.

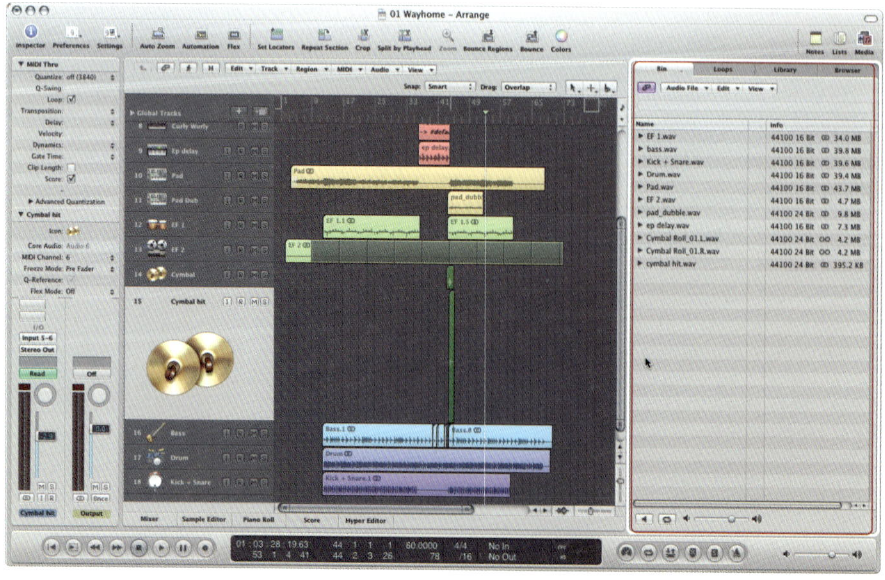

● 탭을 드래그하면 별도의 창으로 꺼낼 수도 있습니다.

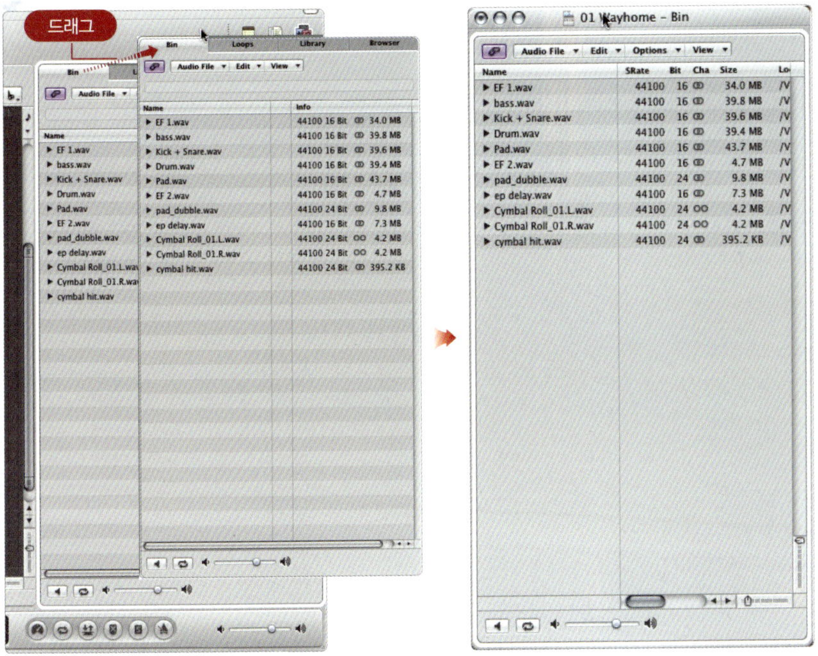

● 기본적으로 트랙명과 샘플 레이트, 스테레오(모노), 파일 크기가 표시되어 있고, 화살표(▶)를 펼쳐보면 해당 트랙에 사용된 오디오 파일의 리전명이 표시되어 있습니다.

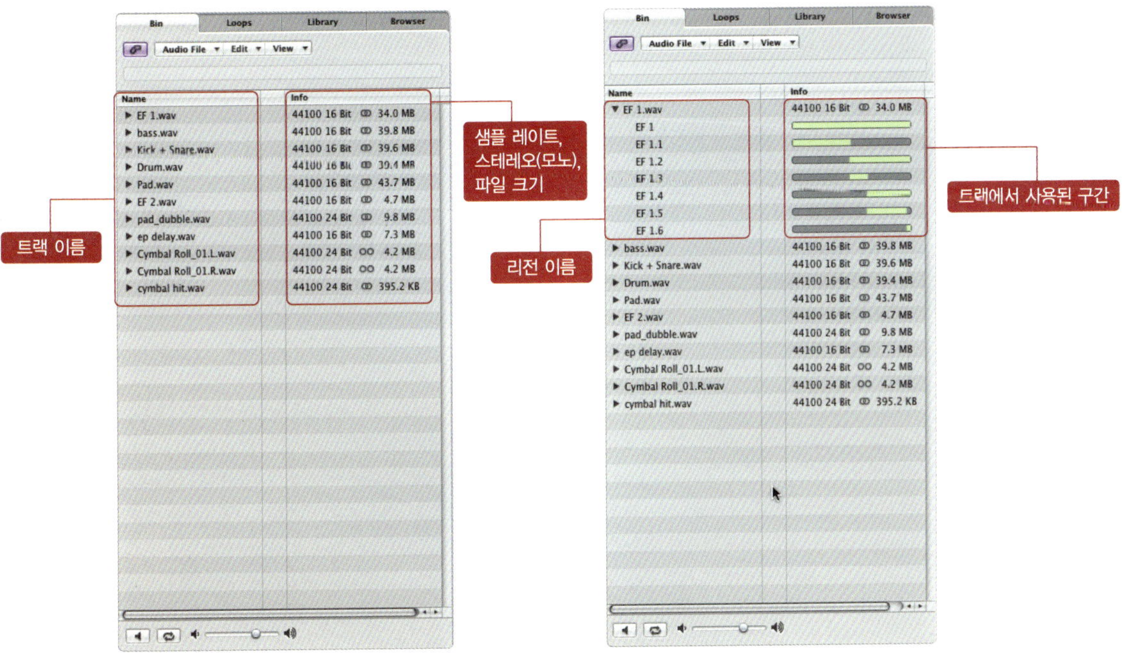

오디오 리전 사용하기

- 원하는 리전을 선택하면 어레인지 편집창 위에 해당 리전이 선택됩니다.

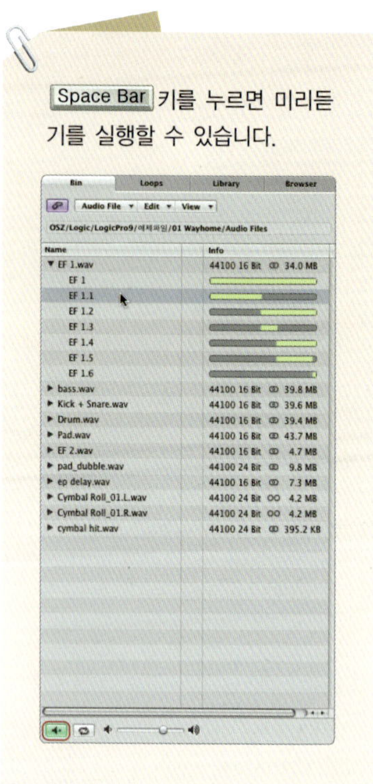

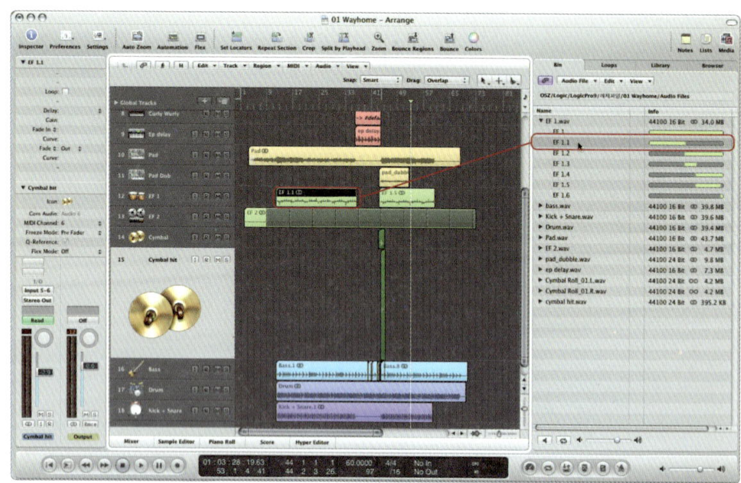

- 어레인지 편집창 위의 리전을 삭제한다고 해서 오디오 빈에서 삭제되는 것은 아닙니다.

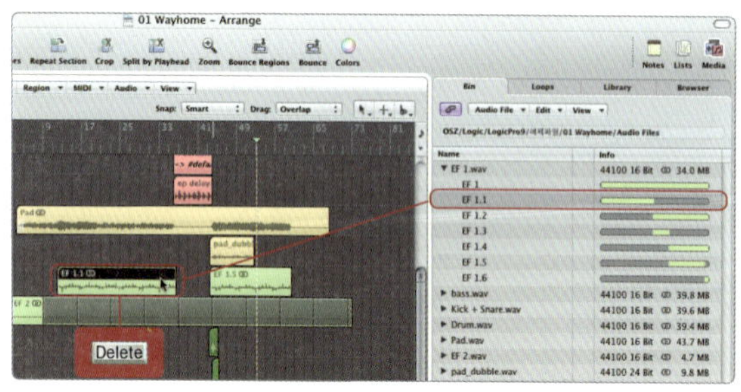
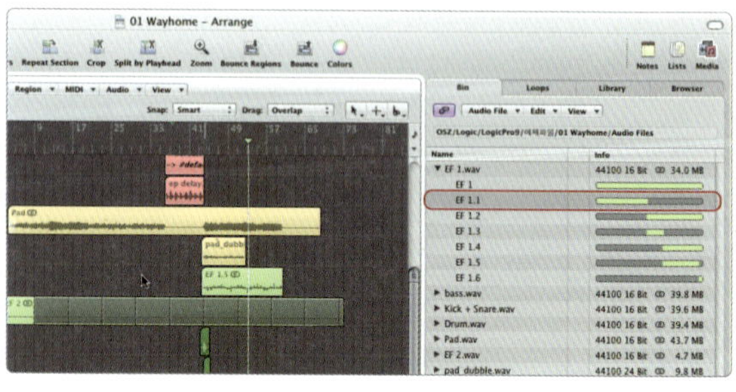

- 리전을 드래그하면 어레인지 편집창에 가져다 놓을 수 있습니다.

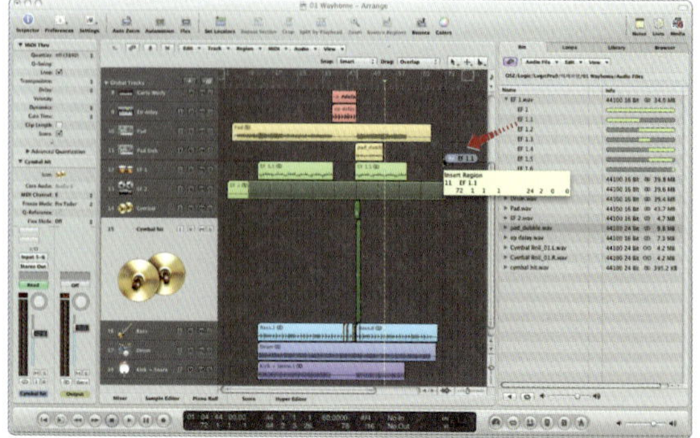

불필요한 오디오 파일 삭제하기

프로젝트를 작업하다보면 사용하지 않는 레코딩 테이크나 샘플 오디오 파일들이 용량을 많이 차지하고 있는 경우가 많습니다. 어레인지 편집창에서 오디오 리전을 삭제한다고 해서 반드시 오디오 파일이 하드디스크에서 지워지는 것은 아니기 때문에, 오디오 빈을 이용해서 불필요한 오디오 파일들을 정리해야 합니다.

○ 사용하지 않는 오디오 파일을 찾아내기 위해 Edit 〉 Select Unused를 실행합니다.

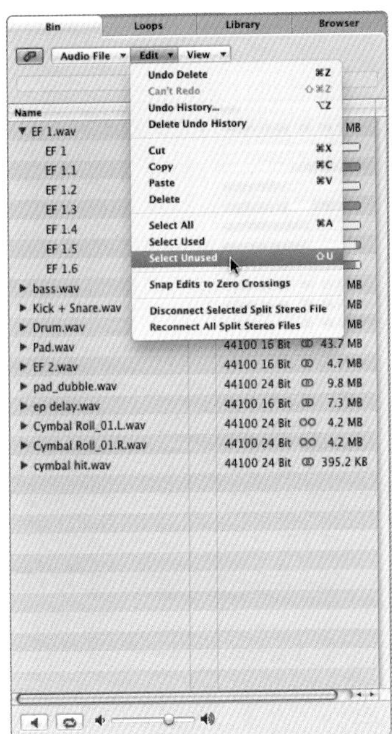
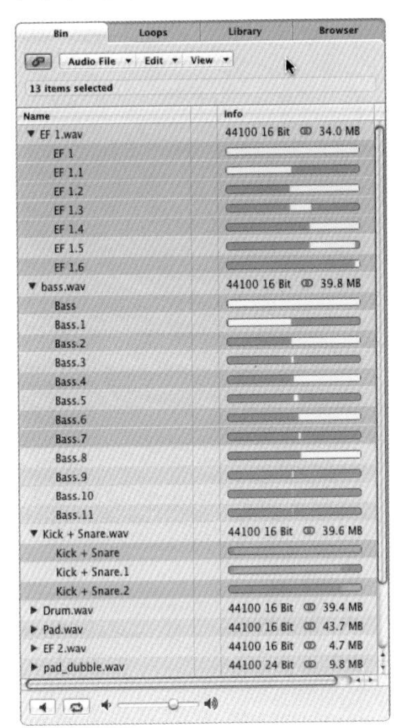

○ Audio File 〉 Delete File(s)를 실행하면 선택된 오디오 파일을 삭제할 수 있습니다. 오디오 파일 중에 사용하지 않는 오디오 리전이 검색되더라도, 어레인지 편집창 위에서 단 한 개의 리전이라도 사용하고 있는 경우에는 오디오 파일이 지워지지 않습니다.

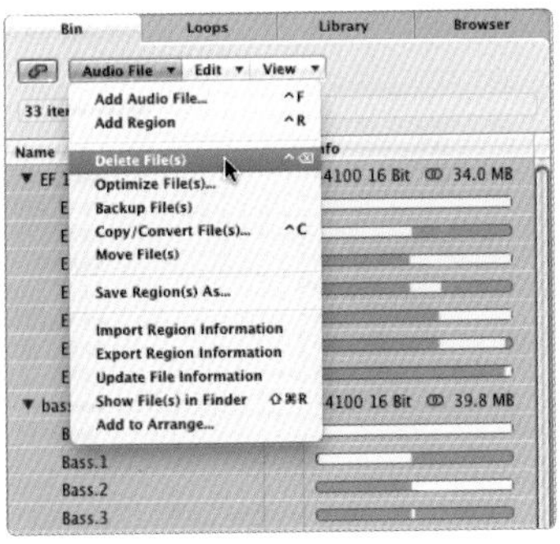

소프트웨어 악기와 기타 앰프

Chapter 1. 외부 소프트웨어 악기 사용
(External Software Instrument)

Chapter 2. 울트라비트 (UltraBeat)

Chapter 3. 앰프 디자이너와 페달보드
(Amp Designer & Pedalboard)

로직에서 기본으로 제공하는 소프트웨어 악기 중에 간단하게 비트(Beat)를 만들 수 있는
울트라비트(UltraBeat)와 기타 리스트에게 유용한 앰프 디자이너와 페달보드, 그리고
외부 소프트웨어 악기를 사용하는 법을 배워보도록 하겠습니다.

외부 소프트웨어 악기 사용
(External Software Instrument)

로직에서는 훌륭한 신디사이저와 샘플러를 기본으로 제공하지만, 한국 유저들은 외부 소프트웨어 악기에 대한 의존도가 더 높은 것이 사실입니다. 윈도우 기반 유저였다면 그러한 경향이 더욱 더 심할 것이라 예상합니다. 로직은 큐베이스나 소나에 비해서 외부 소프트웨어를 사용하는 방법이 간단하진 않지만, 익숙해지면 나름대로 편리하게 사용할 수 있습니다. 무엇보다 외부 소프트웨어조차도 윈도우 기반 보다 안정적으로 작동하고 오류가 적다는 것은 커다란 장점입니다.

이번 챕터에서는 로직에 포함되지 않은 외부 소프트웨어를 사용해야 하므로 샘플을 제공할 수 없기 때문에, 외부 소프트웨어 악기를 사용하고 있는 유저들은 본인의 시스템으로 따라 해보기 바랍니다.

대표적인 소프트웨어 악기 제조사
* Native Instrument (www.native-instruments.com)
* Spectrasonics (www.spectrasonics.net)
* EastWest (www.soundsonline.com)
  …

국내에서 이러한 소프트웨어 악기를 구입할 수 있는 쇼핑몰
* 뮤직메트로 (www.dawmall.co.kr)
* 기어라운지 (www.gearlounge.co.kr)
  …

1. 외부 소프트웨어 악기 불러오기

01 외부 소프트웨어 악기는 소프트웨어 인스트루먼트 트랙을 만든 다음, I/O 창의 Input에서 불러오면 됩니다.

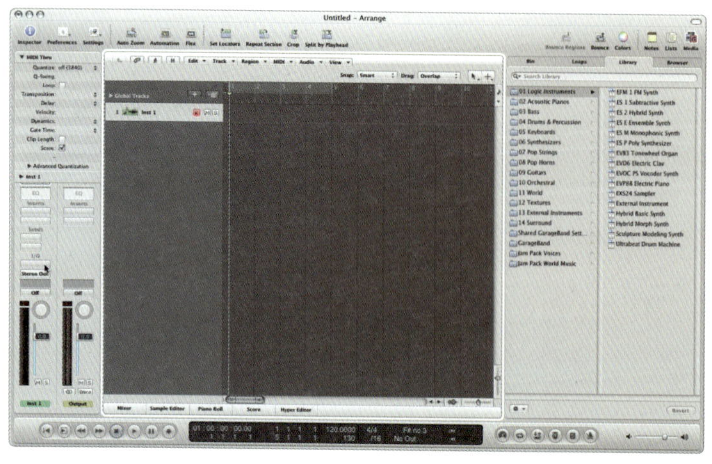

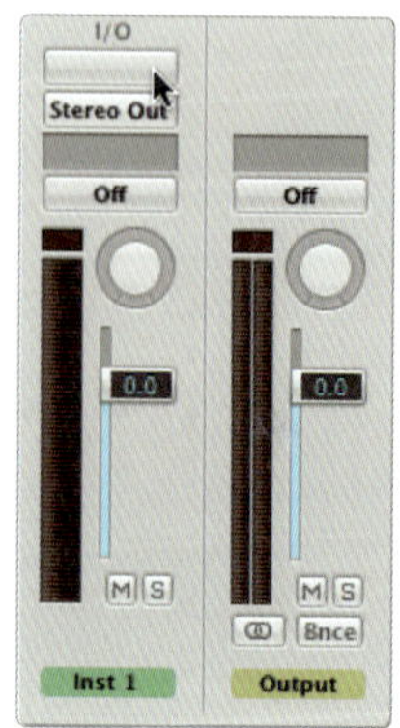

02 로직의 소프트웨어 악기 리스트 밑에 AU Instruments란에 본인이 설치한 외부 소프트웨어 악기들이 제조사 이름으로 정렬됩니다. Spectrasonics사의 신디사이저 'Omnisphere'를 불러오겠습니다.

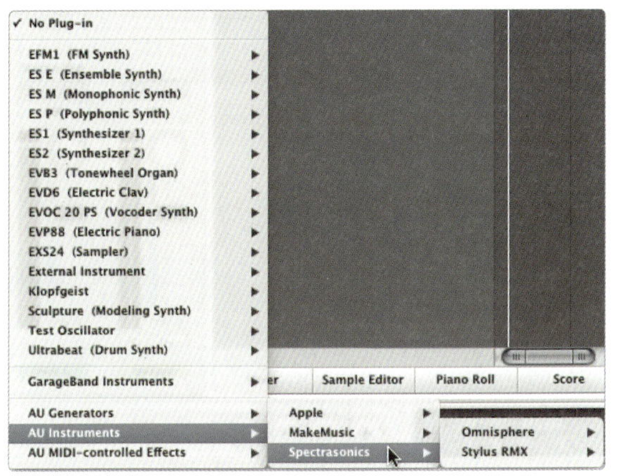

03 'Default' 라고 쓰여 있는 음색이 표시되는 칸을 클릭한 다음, 1번 채널에 음색을 설정하면 로직의 소프트웨어 음원을 로딩한 것과 같이 사용할 수 있습니다.

04 트랙 파라미터 창에서 미디 채널(MIDI Channel)을 'All'에서 '1'로 바꾸어봅니다. 옴니스피어에서 한 가지 음색만을 사용할 때는 상관없지만, 채널별로 여러 가지 음색을 활용하고자 할 때는 미디 채널을 분리해주어야 사용할 수 있습니다.

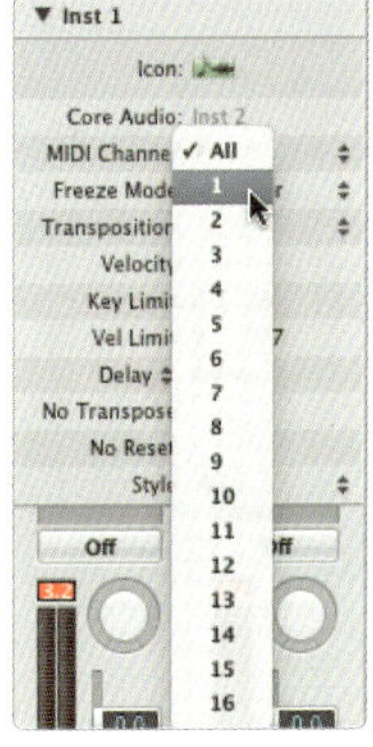

05 트랙 아이콘을 변경하고 이름을 'omni' 라고 입력해보겠습니다.

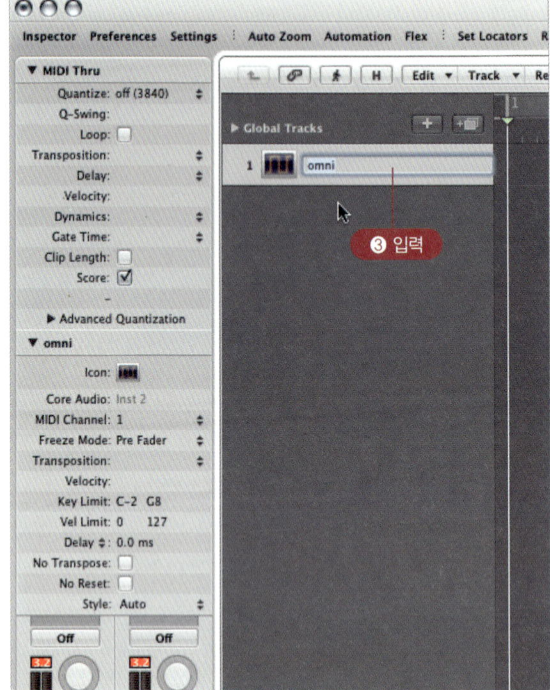

06 'Track' 메뉴에서 'New with Next MIDI Channel'을 실행합니다. 외부 소프트웨어 악기를 자주 사용하는 유저에게는 아주 유용한 기능이므로 단축키로 설정해 놓으면 편리합니다.

07 동일한 아이콘 모양과 트랙 이름에 숫자가 붙고, 미디 채널이 2번으로 설정되어 있는 것을 확인할 수 있습니다. 이렇게 설정된 트랙에서는 옴니스피어의 2번 채널에 로딩한 음원을 사용할 수 있습니다. 이러한 방법으로 옴니스피어의 8개 채널을 모두 활용할 수 있습니다.

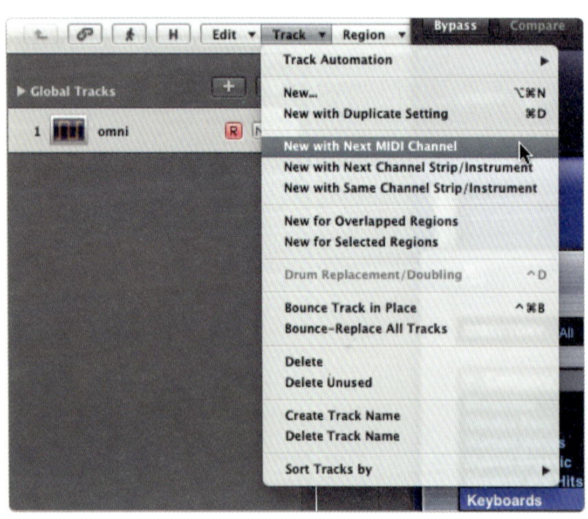
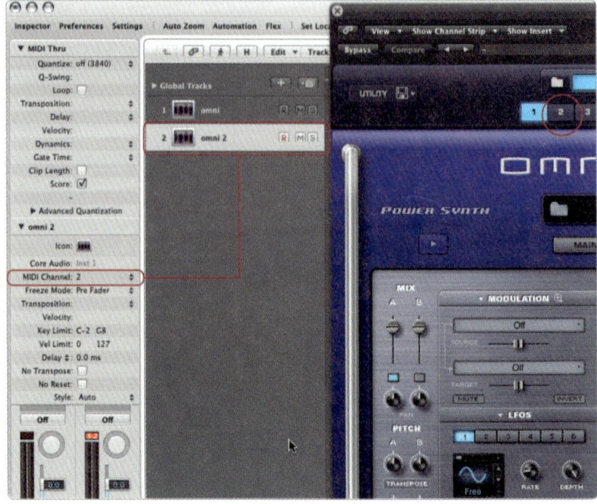

2. 멀티팀벌 트랙 만들기

위와 같이 트랙을 하나만 만든 상태에서 외부 소프트웨어 악기를 불러오고, 채널별로 트랙을 만드는 방법 외에, Multi-timbral 트랙을 만들어서 소프트웨어 악기의 여러 채널을 활용하는 방법에 대해 알아보겠습니다. 소개하고 있는 두 가지 방법 중 편리한 쪽을 사용하면 됩니다.

01 새로운 트랙 만들기 창에서 'Multi-timbral' 옵션을 선택하면, 트랙을 만드는 숫자(Number) 가 '16' 으로 자동 세팅됩니다. '8'로 바꾸어서 만들어보겠습니다. 8개의 채널을 만드는 이유는, 로딩할 옴니스피어의 채널이 8개이기 때문에 굳이 16개나 되는 채널이 필요 없기 때문입니다.

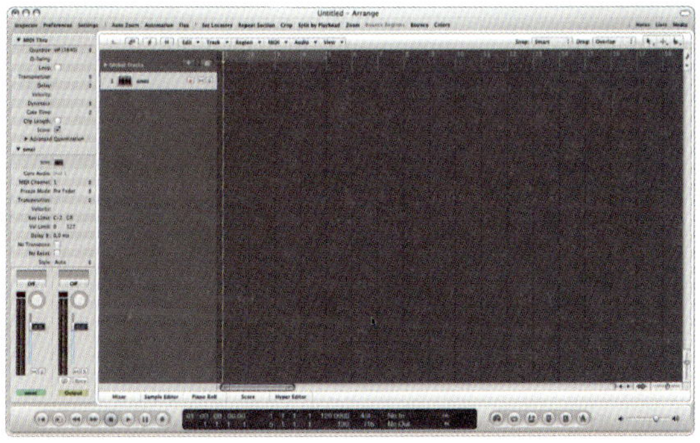

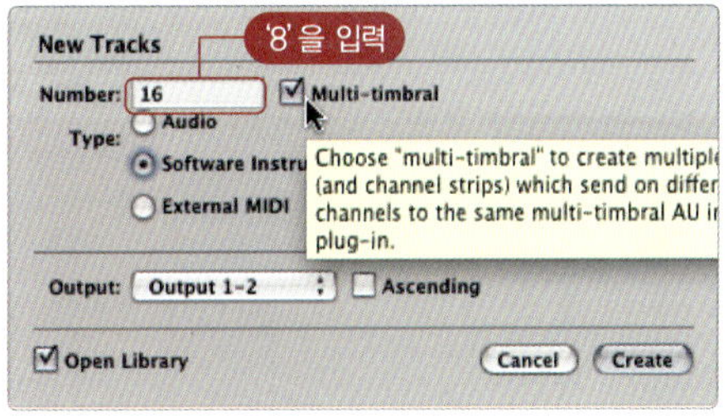

02 8개의 인스트루먼트 트랙이 생성됩니다.

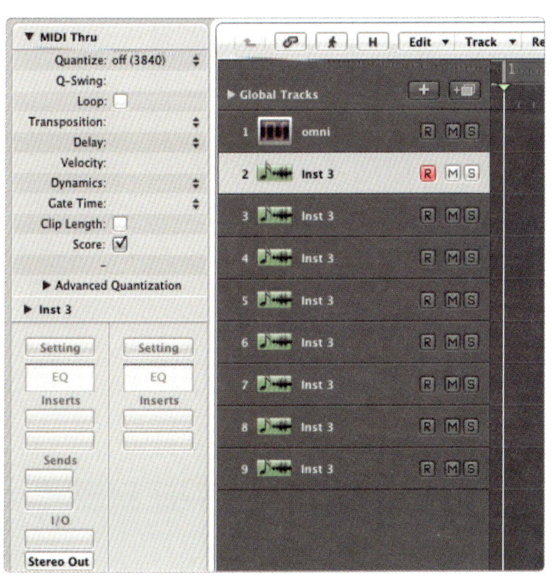

03 트랙 파라미터 창을 확인해보면, 각 트랙별로 미디 채널이 1번부터 8번까지 할당되어 있는 것을 확인할 수 있습니다.

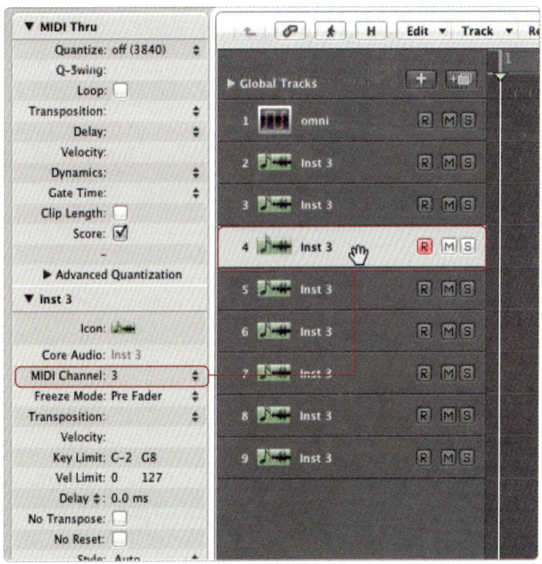

04 8개의 트랙 중 아무 트랙이나 선택해서, Input란에서 옴니스피어를 불러오겠습니다.

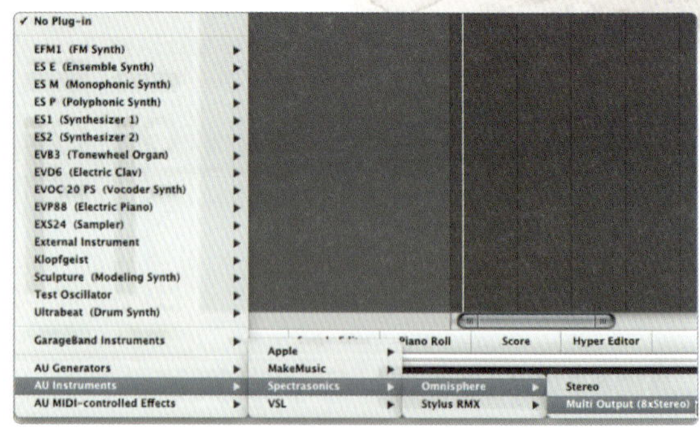

05 8개의 트랙에 옴니스피어의 채널들이 순차적으로 세팅되어 있는 것을 확인할 수 있습니다. 이 방법은 한 번에 8개의 채널을 손쉽게 만들 수 있다는 장점이 있지만, 트랙 아이콘과 이름을 지정하는 것이 약간 번거롭고 여러 개의 악기를 불러왔을 때 트랙이 불필요하게 많아 헷갈릴 수 있는 단점이 있습니다.

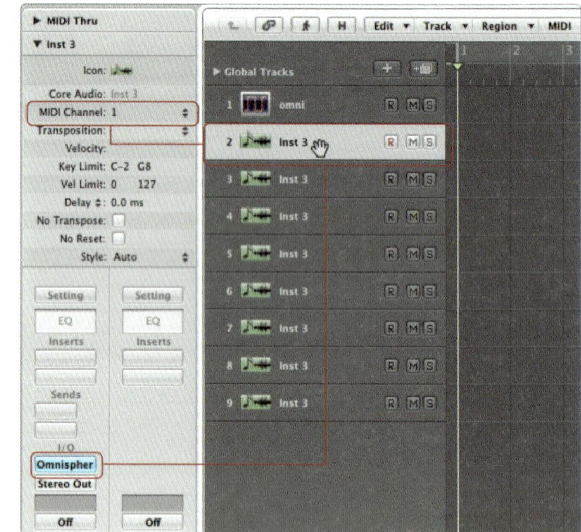

3. Aux 트랙으로 멀티아웃 보내기

외부 소프트웨어 악기를 불러올 때 메뉴를 보면 Stereo Out과 다른 옵션들이 있습니다. 위에서 사용하던 옴니스피어를 예로 멀티 아웃에 대해 설명하겠습니다.

01 악기를 불러올 때 'Stereo'와 'Multi Output(8x Stereo)' 옵션이 있습니다. 'Stereo' 옵션으로 악기를 불러오면, 여러 개의 채널에 다른 음색들을 로딩해서 사용해도 모두 하나의 채널 스트립으로 출력이 되기 때문에 별도로 플러그인을 사용하거나 볼륨, 팬 값 등을 조절하기 어렵습니다.

02 이러한 출력 옵션은 이미 불러온 소프트웨어 악기에서도 바꿀 수 있습니다. Input란에 푸른색 [Omnisphere] 버튼 (Omnispher)을 잠시 클릭하고 있으면 아웃풋 옵션이 나타납니다. 아웃풋 옵션을 'Multi Output(8x Stereo)'으로 설정합니다.

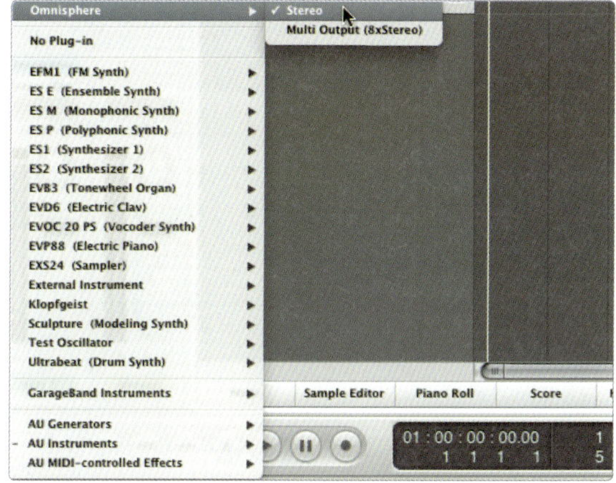

03 옴니스피어의 **Multi > Mixer**를 열어봅니다. 옴니스피어의 믹서 자체에서 채널별로 팬 값과 레벨 값, 그리고 자체적인 플러그인을 활용할 수 있게 되어 있습니다. 하지만, 로직의 채널 스트립과 연동시켜서 사용하고자 할 때는 채널별로 아웃풋 값을 따로 설정해야 합니다.

04 옴니스피어의 채널별 아웃풋 메뉴를 보면 'OUT A'부터 'OUT H'까지 여덟 개의 채널이 있습니다. 1번 채널에 'A', 2번 채널에 'B', 같은 방법으로 4번 채널까지 설정해 보겠습니다.

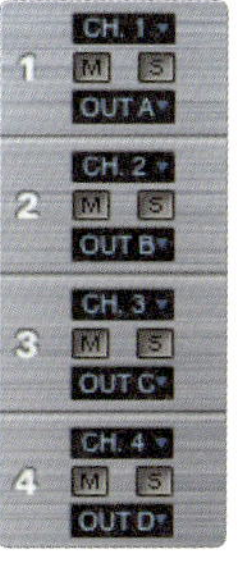

05 로직의 믹서창을 열어보겠습니다. 현재 두 개의 옴니 스피어를 불러온 상태인데 하나는 아웃풋이 'Stereo' 옵션 인 상태이고, 다른 하나는 방금 채널별로 아웃풋을 설정했 던 'Multi Out' 옵션 상태의 옴니스피어입니다. 어레인지 윈도우상에 트랙은 9개나 되는데도 믹서에서의 채널 스트 립은 두 개만 있는 것을 확인할 수 있습니다.

06 'Multi Output' 옵션 옴니스피어가 불러진 채널 스트 립의 ■ 버튼을 눌러 Aux 채널을 세 개 만들어보겠습니다. 파랗지 않은 [Omnisphere] 버튼(Omnispher)과 함께 Aux 채 널이 순차적으로 생성됩니다. 악기를 채널별로 로딩해서 소 리를 내보면 위에서 설정했던 옴니스피어의 믹서 아웃풋 중 OUT A는 원래 만들어져 있던 채널 스트립 Inst 3에서 출 력되고, OUT B는 Aux 1, OUT C는 Aux 2와 같은 순서로 배정됩니다. 이와 같은 방법으로 외부 소프트웨어 악기의 멀 티 아웃을 로직의 믹서에서 컨트롤 할 수 있습니다.

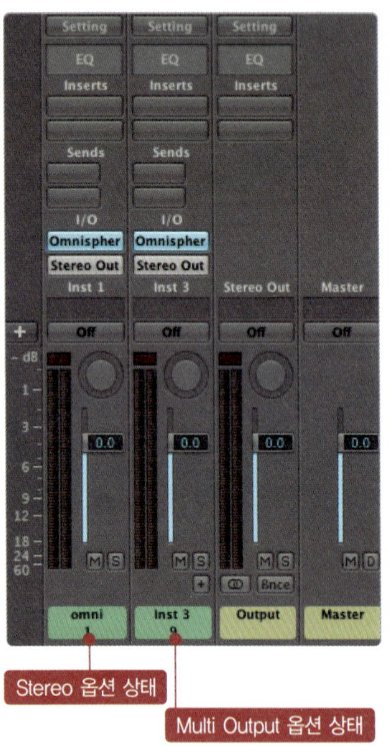

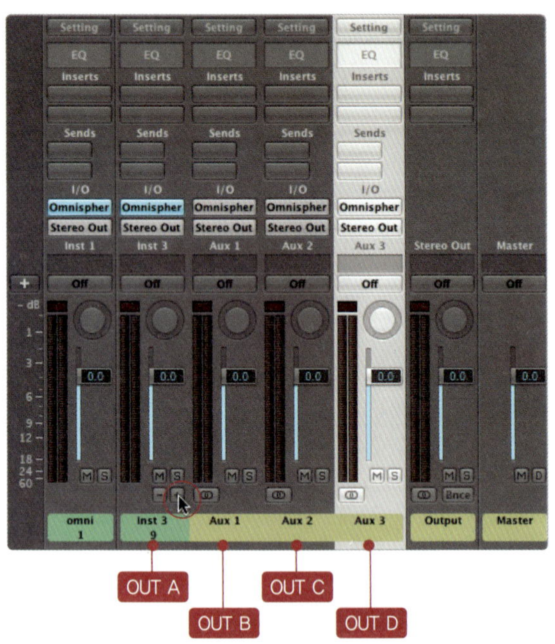

'Multi Output' 옵션 옴니스피어가 불러진 채널 스트립에는 그림처럼 ■ 버튼이 있지만, 'Stereo' 옵션 옴니스피어가 불러진 채널 스트립에는 버튼이 없습니다.

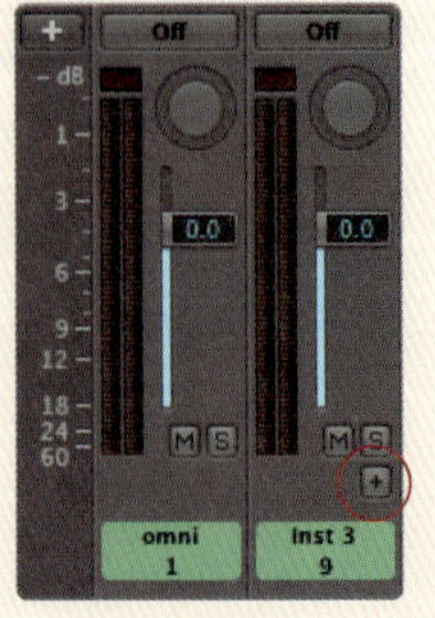

울트라비트 (UltraBeat)

로직에 내장되어 있는 소프트웨어 악기 중 울트라비트에 대해 간단히 배워보겠습니다.

1. 프리셋 불러오기

예제 파일 : 08 Ultrabeat - 08 Ultrabeat

01 인스트루먼트 트랙을 만들고, 외부 소프트웨어 악기를 불러오는 것과 같이 I/O 창에서 'Ultrabeat'를 불러옵니다. 아웃 풋 옵션 또한 외부 소프트웨어 악기를 부르는 것과 같습니다.

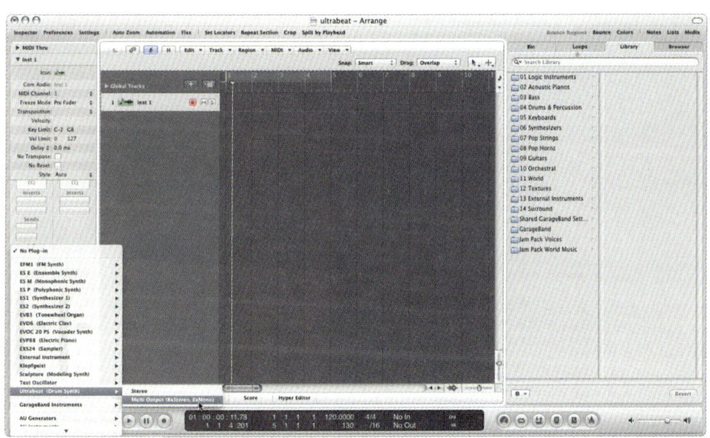
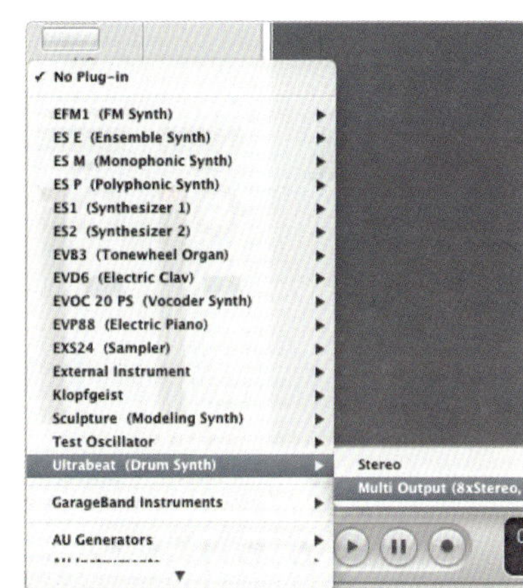

02 하단의 플레이 버튼(▶)을 클릭해서 리듬 패턴이 재생되는 것을 확인해봅니다.

03 아래의 패턴 메뉴를 클릭한 후, 2(C#-1)을 선택하여 재생해봅니다. 방금과 다른 패턴이 연주되는 것을 확인할 수 있습니다.

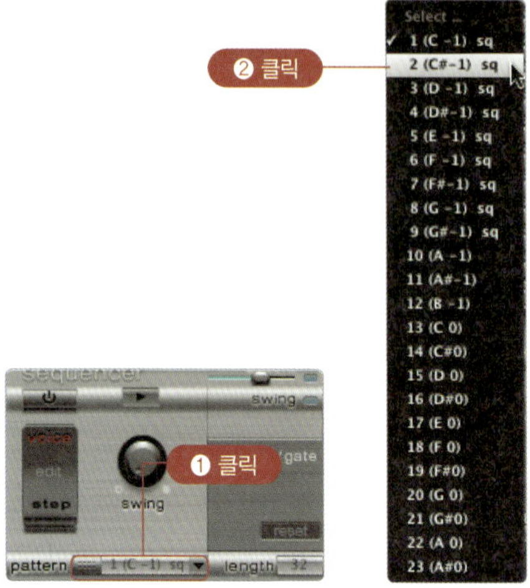

04 '#default'라 쓰여 있는 프리셋 메뉴를 클릭한 후, **01 Drum kits 〉 Electro House Kit**을 선택하고 재생해 봅니다.

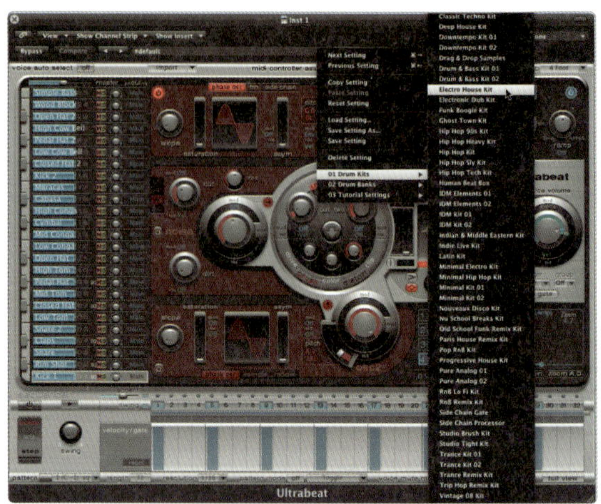

05 패턴을 바꾸고, 재생해봅니다. 우측에 'sq'라고 쓰여 있는 것이 패턴이 이미 만들어져 있는(SeQuenced) 프리셋입니다. 이러한 방법으로 프리셋과 패턴을 이용해서 드럼 사운드를 만들 수 있습니다.

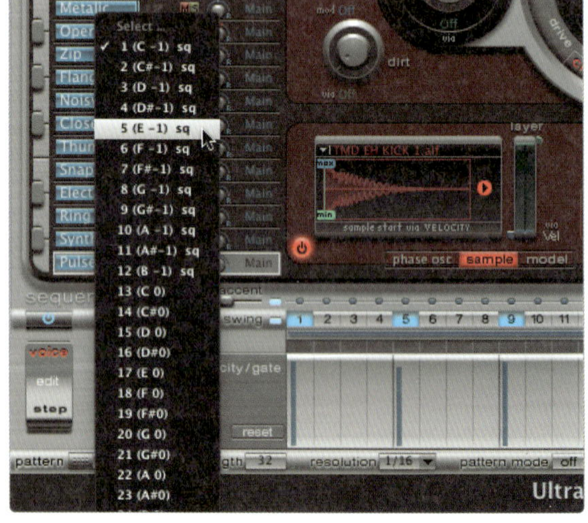

2. 패턴 만들기

예제 파일 : 08 Ultrabeat – 08 StudioTightKit

01 프리셋에서 **01 Drum Kits 〉 Studio Tight Kit**을 선택합니다.

02 좌측의 건반을 클릭하면 소스별로 소리를 들어 볼 수 있습니다.

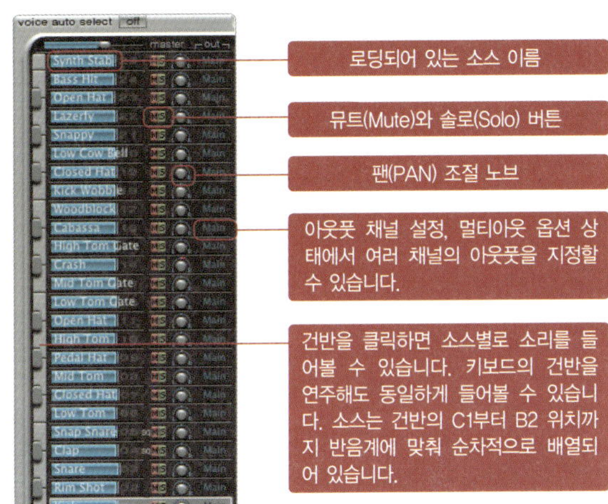

03 키보드로 소스를 들어보면, 연주되는 소스의 좌측에 파란색 불이 들어옵니다.

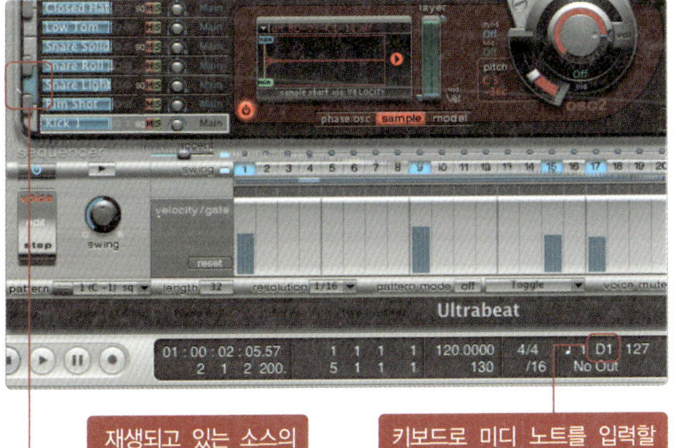

04 패턴 메뉴에서 'sq'라 표시되어 있지 않은(프리셋으로 만들어져 있지 않은) 11번 메뉴를 선택합니다.

05 우측 하단의 [full view] 버튼(full view)을 클릭하고, 그림처럼 소스별로 트랙이 표시되는 창으로 만들어봅니다.

06 빈 칸을 드래그해보면 파란색으로 채워지는 것을 확인할 수 있습니다. 재생해보면 파란색으로 활성화된 부분에서 모두 소리가 나게 됩니다. 파란색으로 활성화된 영역들은 다시 클릭하거나, 드래그하면 없어집니다.

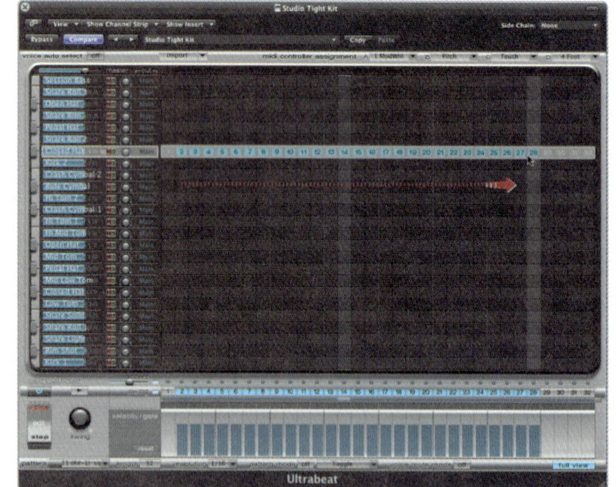

07 활성화된 영역이 있는 곳에 **우클릭 〉 Clear**를 선택하면 해당 소스 트랙의 활성화된 영역들이 모두 지워집니다.

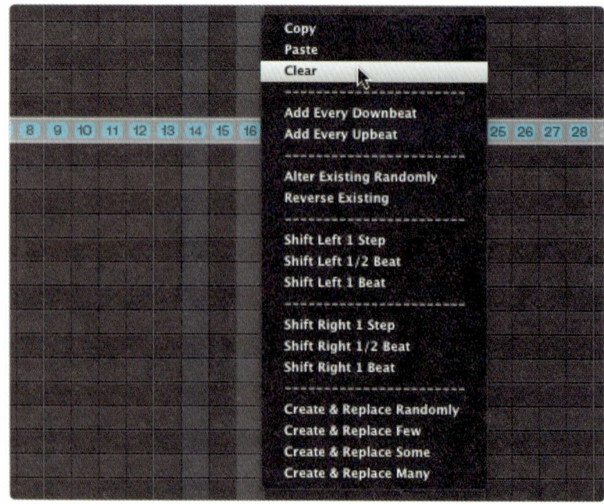

08 'Closed Hat'이라 쓰여 있는 소스 트랙에 **우클릭 〉 Add Every Downbeat**를 실행합니다. 다운 비트마다 파랗게 활성화되는 것을 확인할 수 있습니다.

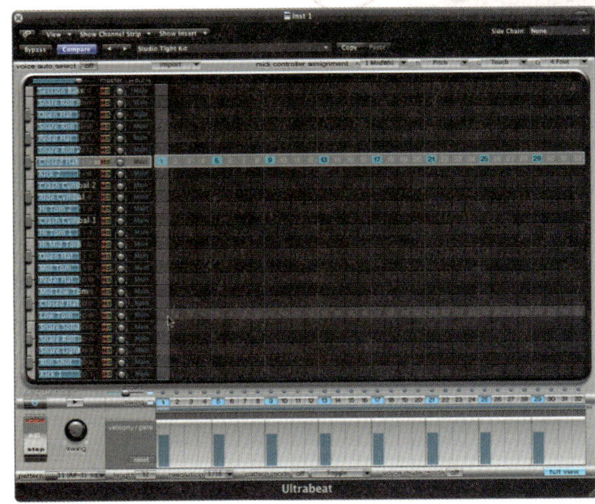

마디를 4분 음표로 나누었을 때 나오는 강박에 위치한 박자들이 모두 DownBeat입니다.

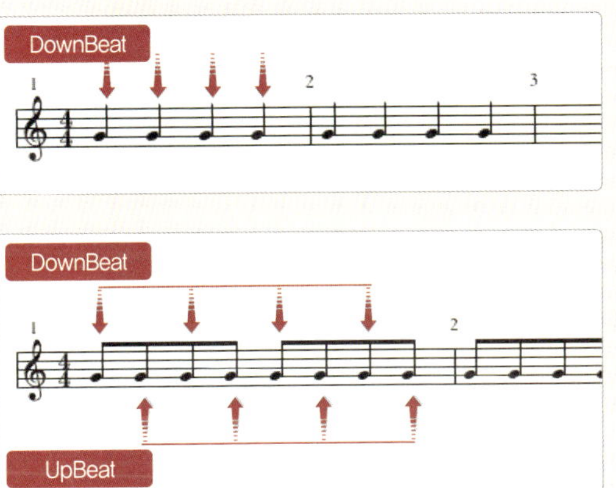

8분 음표로 나누었을 때 분할되는 약박에 위치한 박자들이 UpBeat입니다.

09 같은 트랙에 **우클릭 〉 Add Every Upbeat**도 실행합니다. 재생해보면 클로우즈드 햇이 일정한 박자와 세기로 연주되는 것을 확인할 수 있습니다.

10 아래의 파란색 막대를 위아래로 드래그하면 노트별 벨로시티 값을 조절할 수 있습니다. 좌우로 드래그하면 게이트의 값을 조절할 수 있는데, 이는 게이트가 적용되어 있는 소스에서만 변화가 일어나게 됩니다.

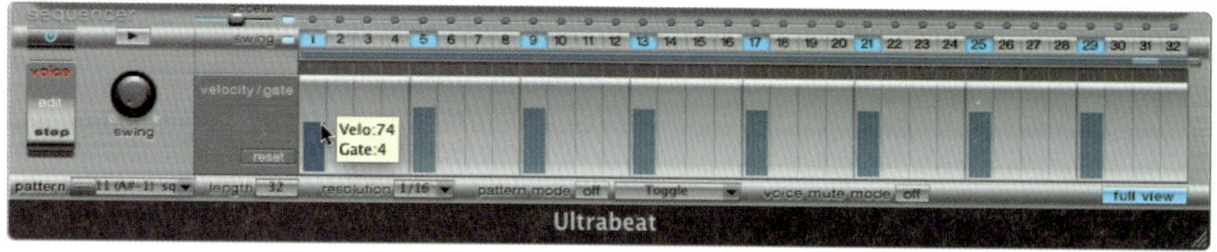

11 벨로시티를 조절할 수 있는 창에서 **우클릭 〉Alter Vel**을 실행합니다. 일정했던 클로우즈드 햇의 벨로시티가 임의적으로 달라져 사람이 연주하는 것과 비슷하게 재생되는 것을 확인할 수 있습니다.

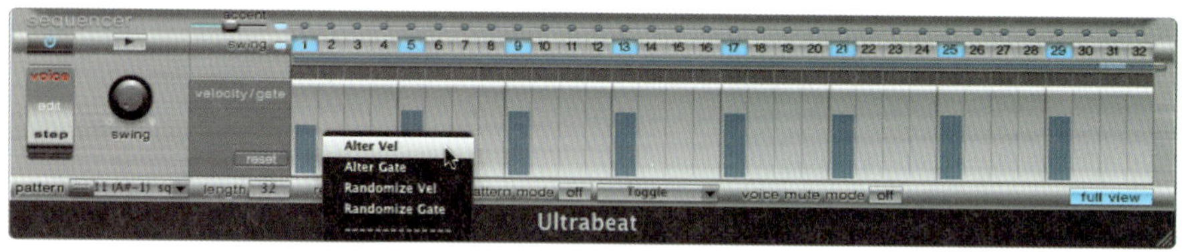

12 이 창에서도 파랗게 활성화된 숫자를 클릭하면 노트가 생기고 없어집니다.

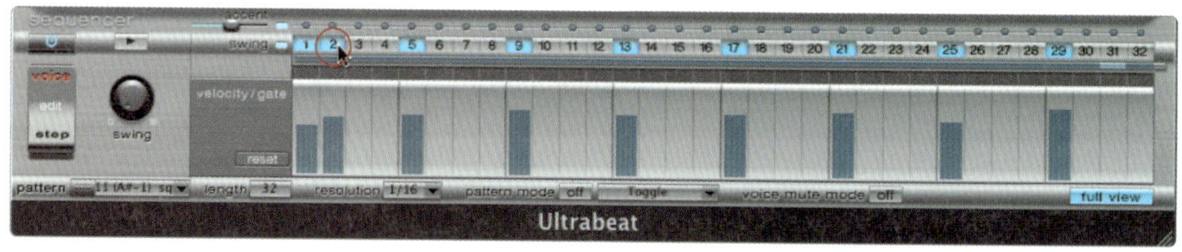

13 accent라고 쓰여 있는 페이더의 우측 작은 버튼을 활성화하면 소스가 좀 더 두드러지는 악센트 효과를 낼 수 있습니다. 악센트 효과의 정도는 페이더를 좌우로 움직여서 조절할 수 있습니다. 첫 박에 악센트를 주려면 1, 9, 17, 25번 박에 악센트를 활성화시킵니다. 악센트는 소스에 따라 주어지는 것이 아니고, 전체 패턴에 적용됩니다.

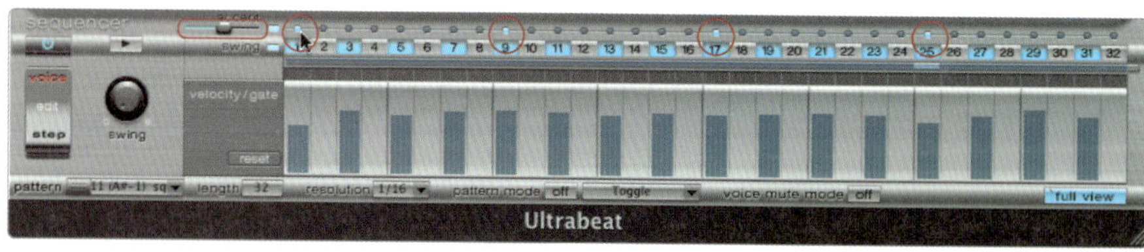

14 소스의 맨 아래에 있는 'Kick 1' 트랙에 노트를 입력 해보겠습니다. **우클릭 〉 Add Every Downbeat**를 실행합 니다.

15 우측 하단의 full view 버튼을 끄고 초기 화면으로 돌 아가봅니다. 재생 버튼을 켜 놓은 상태에서 envelope를 움 직여 킥 사운드가 변화하는 것을 들어봅니다.

16 샘플 편집창의 메뉴를 클릭한 후, 'Load Sample'을 실행해봅니다.

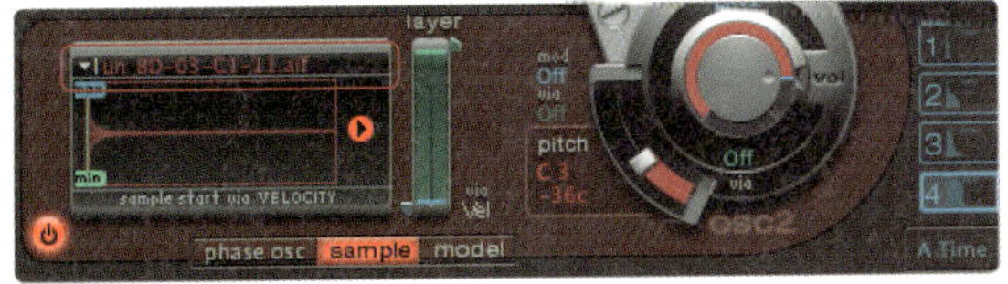
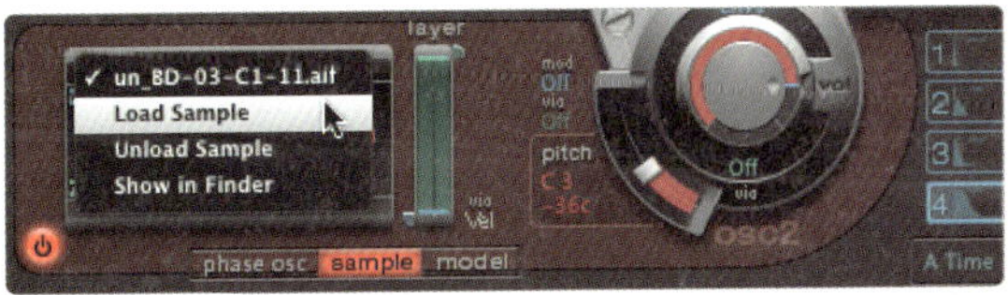

17 'BD(Bass Drum)' 라는 단어가 들어간 많은 샘플들이 보입니다. [Play] 버튼을 누르면 미리듣기를 실행할 수 있 고, [Open] 버튼을 누르면 현재 사용하고 있는 킥드럼의 샘플을 바꿔서 사용할 수 있습니다. 이러한 방법으로 본인 이 가지고 있는 샘플을 불러서 사용할 수도 있습니다.

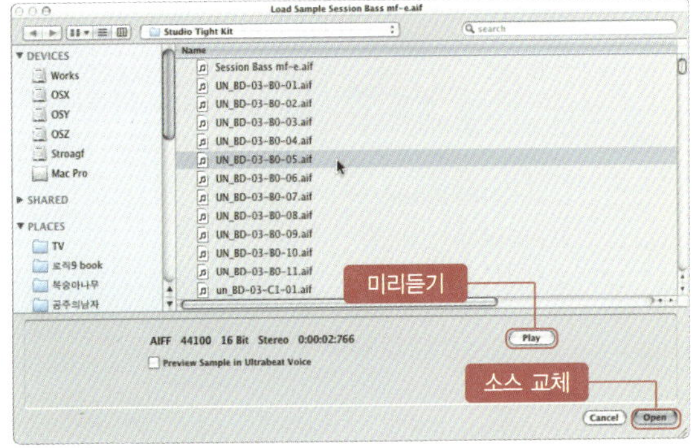

18 그림처럼 'Snare Solid' 소스 트랙의 5, 13, 21, 29번 박을 클릭해서 노트를 넣고, 'Open Hat'의 31번 박에 노트를 넣어봅니다. 재생해보면 간단한 비트가 완성된 것을 들어볼 수 있습니다.

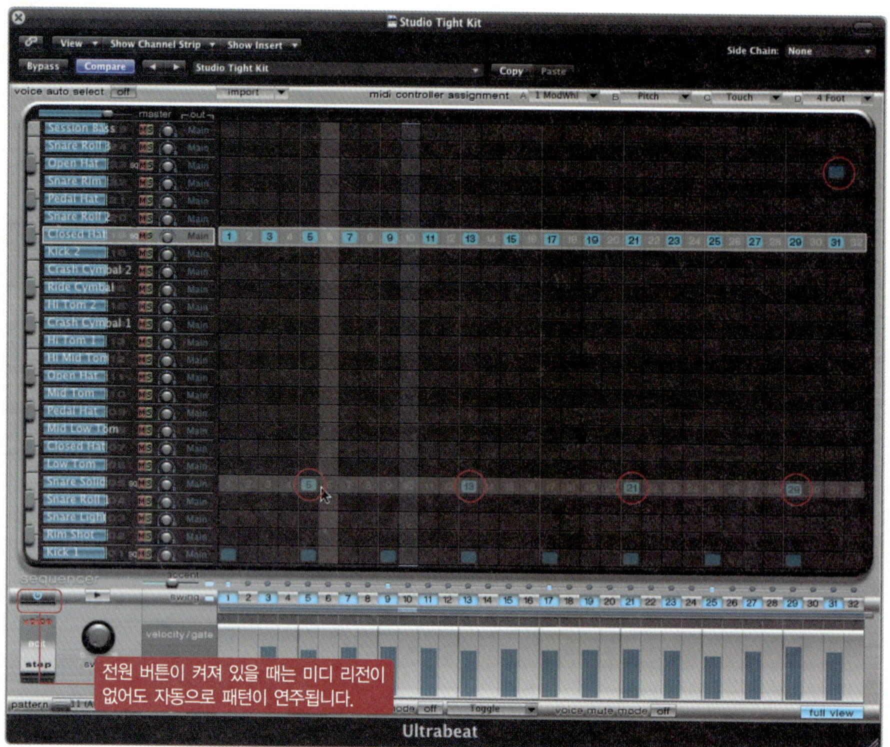

19 기본 설정되어 있는 length(패턴의 마디 수)는 32번 박까지 패턴을 만들 수 있지만 조절할 수 있고, Resolution(소스 가 스냅되는 그리드) 또한 1/16 음표 단위로 기본 설정되어 있지만 원하는 길이로 바꾸어 사용할 수 있습니다.

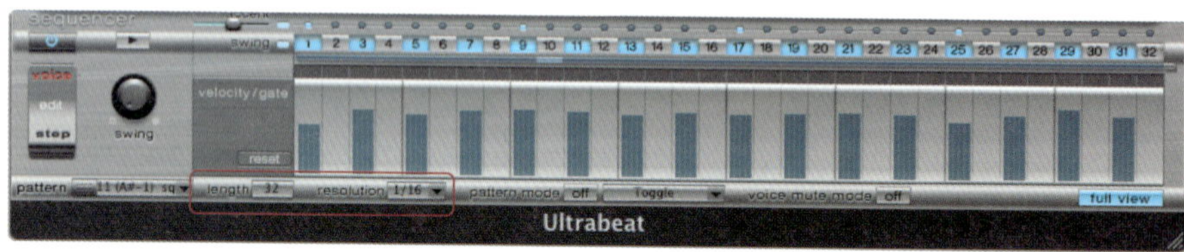

20 length 값이 들어 있는 입력란
을 더블클릭하여 '16'으로 수정해봅
니다. 16번 마디까지만 활성화됩니다.

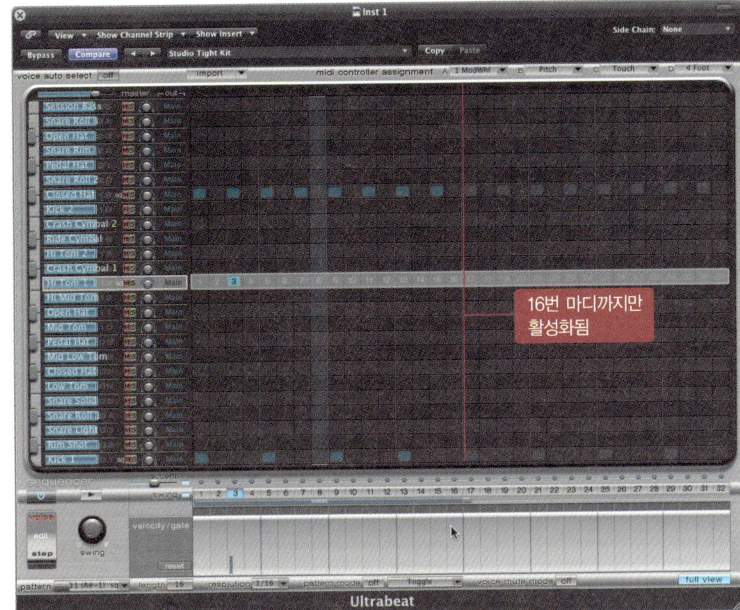

21 Resolution의 입력 값 부분을
클릭하여 '1/8'로 수정해봅니다. 그리
드의 단위가 1/8로 바뀌게 됩니다.

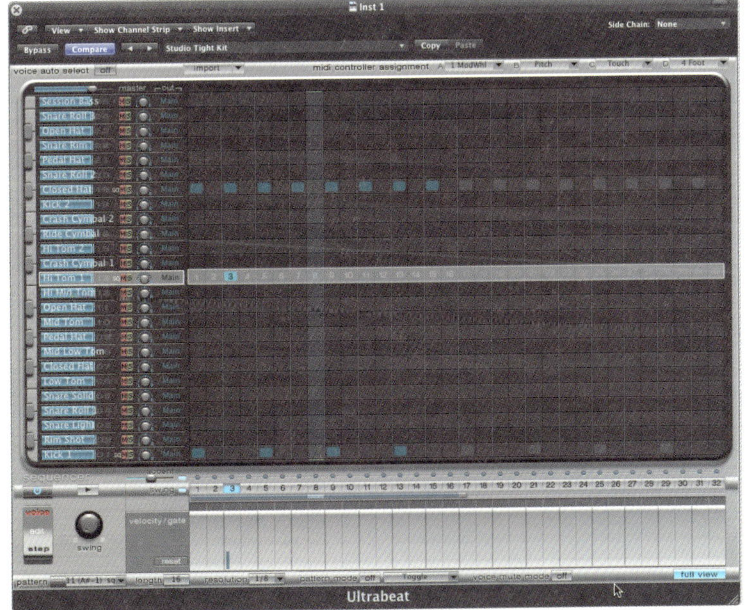

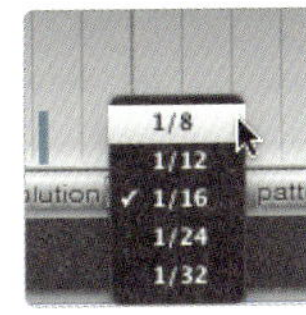

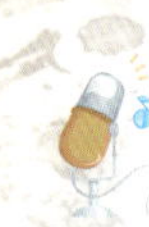

3. 트랙으로 가져오기

01 울트라비트의 전원을 끄고, 패턴을 드래그해서 트랙으로 가져와보겠습니다. 이때 전원을 끄는 까닭은 울트라비트의 전원을 켜 두면 프로젝트를 재생할 때 자동으로 울트라비트의 루프가 반복되므로, 어레인지 편집창으로 가지고 온 리전과 소리가 겹치기 때문입니다.

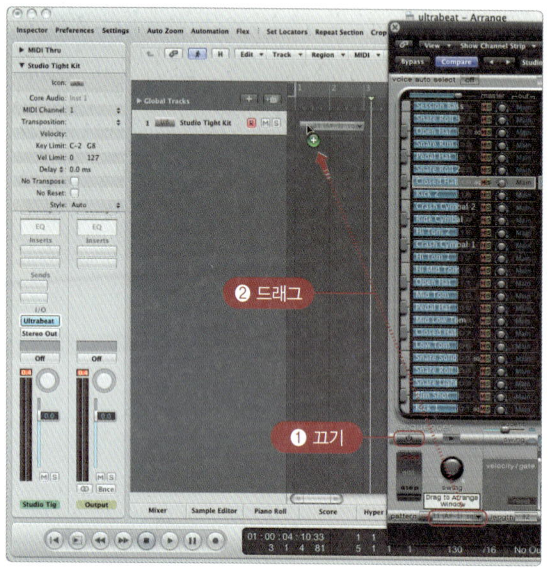

02 피아노롤을 열어보면, 입력했던 패턴들이 동일하게 미디 노트로 변환되어 있는 것을 확인할 수 있습니다. 여기서 피아노롤의 편집 방법을 이용해 패턴을 수정할 수 있습니다. 좌측의 건반을 클릭해보면 해당 소스의 사운드를 들어볼 수 있고, 노트가 있는 경우에는 해당 높이의 모든 노트가 선택됩니다. 그림처럼 스네어 위치의 건반을 클릭해서 스네어 노트들을 모두 선택해봅니다.

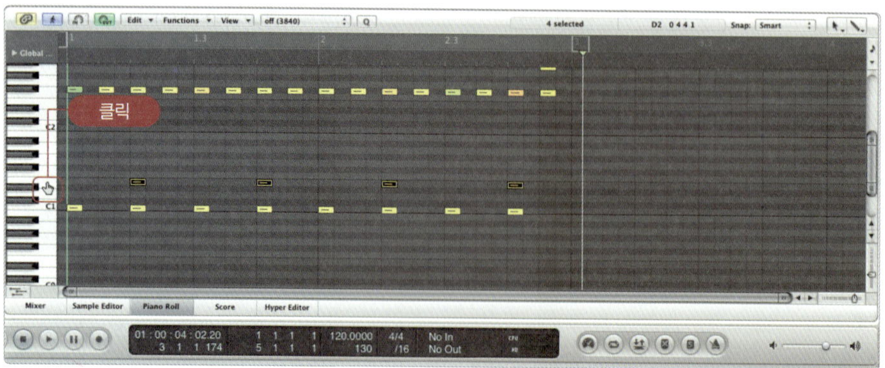

03 모든 노트가 선택되어 있는 상태에서 벨로시티 툴로 벨로시티를 올려보면 선택되어 있는 모든 노트가 동일하게 적용되는 것을 확인할 수 있습니다.

04 Shift + Control 키를 누른 채로 스네어 노트들을 오른쪽으로 움직여보면, 미세하게 이동하는 것을 알 수 있습니다. 스네어 박을 오른쪽으로 살짝 밀면 좀 더 그루브(Groove) 있는 패턴을 만들 수 있습니다.

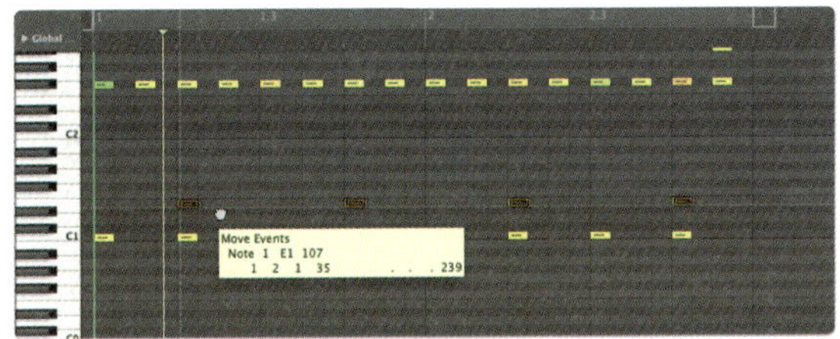

Shift + Control **키를 누르고 이동하기,** Shift **키를 누르고 선택하기**

* Shift + Control 키를 누른 채로 드래그하면 노트나 리전을 미세하게 움직일 수 있습니다.
* Shift 키를 누른 채로 리전이나 노트를 선택하면 다수의 개체를 동시에 선택할 수 있습니다.

05 그림처럼 스네어 박과 중복되는 킥드럼 노트를 선택해 봅니다. Shift 키를 누른 채로 노트를 하나씩 선택하면 여러 개의 노트를 동시에 선택할 수 있습니다. 선택한 노트는 삭제합니다.

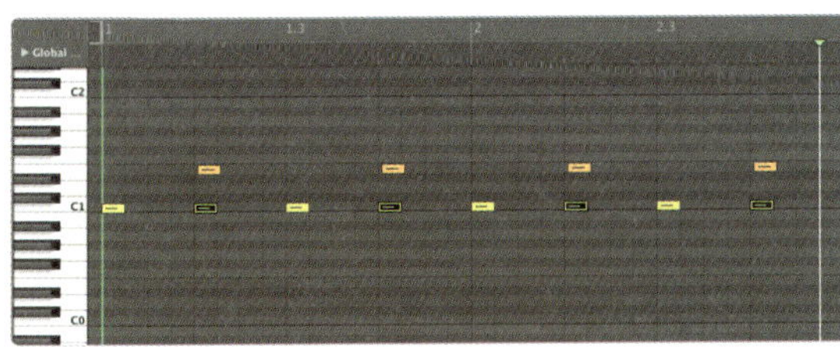

06 깔끔한 드럼 패턴 리전이 만들어졌습니다. L 키를 눌러 그림처럼 리전을 루프시켜서 사용하면 됩니다.

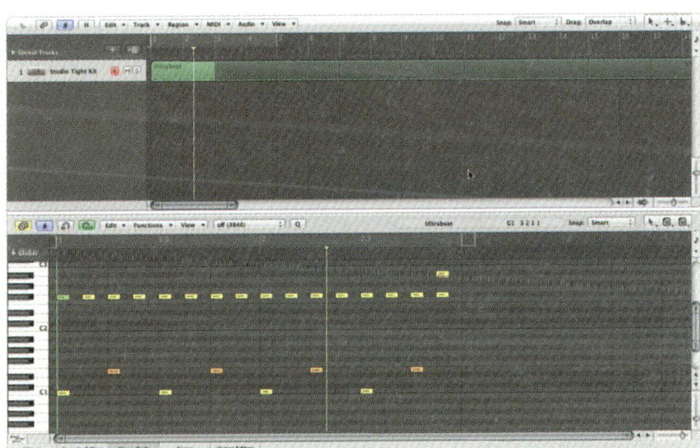

07 루프되어 있는 리전의 중간 부분을 수정하고 싶을 때는 마키 툴을 사용하면 됩니다. 커맨드 툴을 마키 툴로 설정한 다음 Command 키를 누른 채로 중간 부분을 선택해 봅니다.

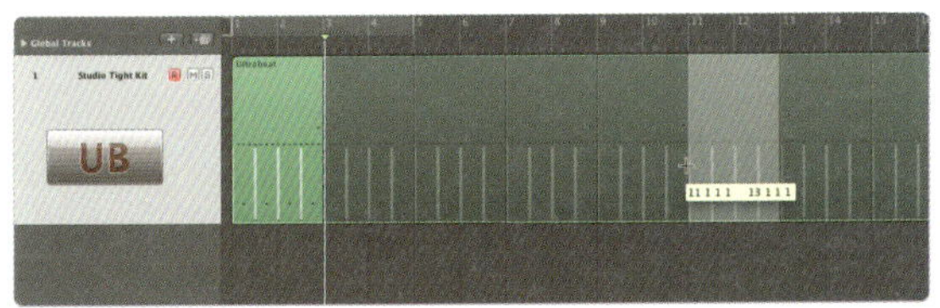

08 Command 키에서 손을 떼고 포인터 툴로 선택된 영역을 클릭하면, 마키 툴로 선택된 영역이 분리되면서 편집 가능한 리전으로 바뀌게 됩니다. 뒤쪽의 리전은 루프가 지속됩니다.

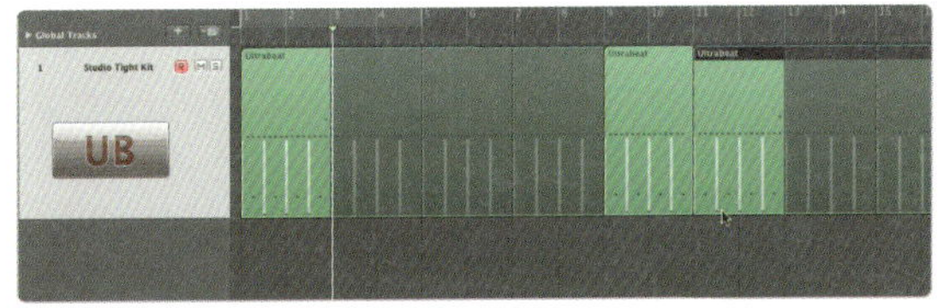

앰프 디자이너와 페달보드
(Amp Designer & Pedalboard)

로직에는 다양한 기타 앰프가 내장되어 있습니다. 여기서는 기타 이펙터로 쓸 수 있는 소프트웨어 플러그인에 대해 알아보겠습니다.

1. 앰프 디자이너

앰프 디자이너 불러오기

앰프 디자이너는 오디오 트랙의 Inserts 창에서 불러올 수 있습니다. 본인의 기타가 연결되어 있는 인풋 단자를 오디오의 인풋 채널에 설정해 놓고 'Amp Designer'를 불러오면 사용할 수 있습니다.

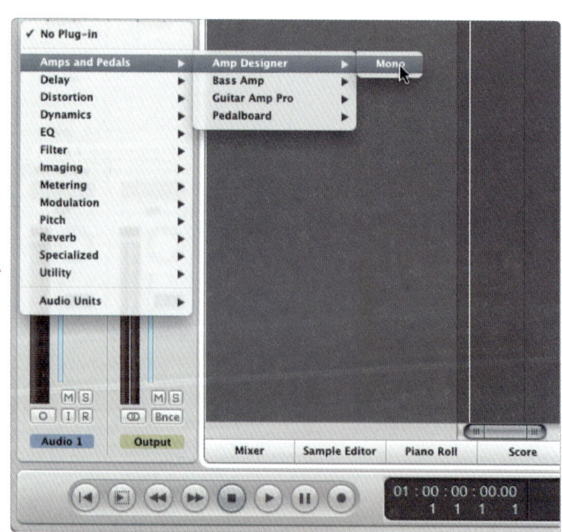

프리셋 사용하기

앰프 디자이너에는 많은 프리셋(preset)이 저장되어 있습니다.

01 앰프 디자이너의 메뉴바를 클릭하면 프리셋을 볼 수 있습니다.

02 프리셋을 불러오면 앰프의 모양과 색상까지 프리셋에 맞추어 변화하게 됩니다.

세부사항 조절하기

● 보통 기타 앰프에서 물리적으로 노브를 돌리는 것과 마찬가지로 소프트웨어의 노브를 드래그해서 톤을 변화시킬 수 있습니다.

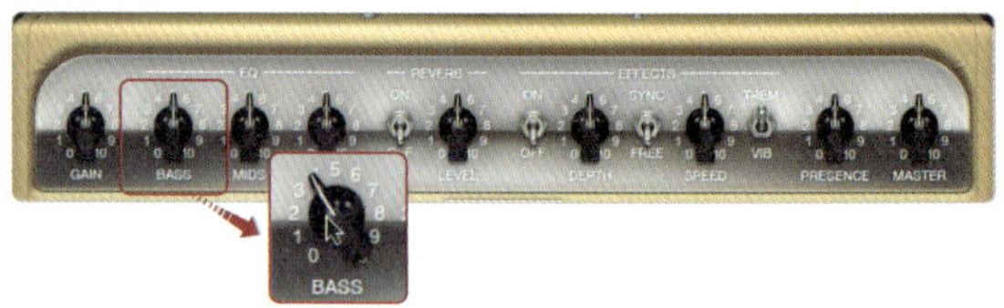

● 모델이나, 앰프, 캐비넷을 선택해서 조합을 여러 가지로 만들 수도 있습니다.

ⓐ 모델(Model)을 클릭하면 앰프와 캐비넷의 조합을 바꿀 수 있습니다.

ⓑ 앰프(Amp)를 클릭하면 사용하고 있는 앰프의 종류를 바꿀 수 있습니다. 앰프는 기타의 작은 전기신호를 크게 증폭시켜 들을 수 있는 소리로 만들어주는 가장 중요한 역할을 합니다.

ⓒ 캐비넷(Cabinet)을 클릭하면 사용하고 있는 캐비넷의 종류를 바꿀 수 있습니다. 캐비넷은 앰프에서 증폭된 소리를 출력해주는 장치로서 쉽게 스피커라고 이해하면 됩니다.

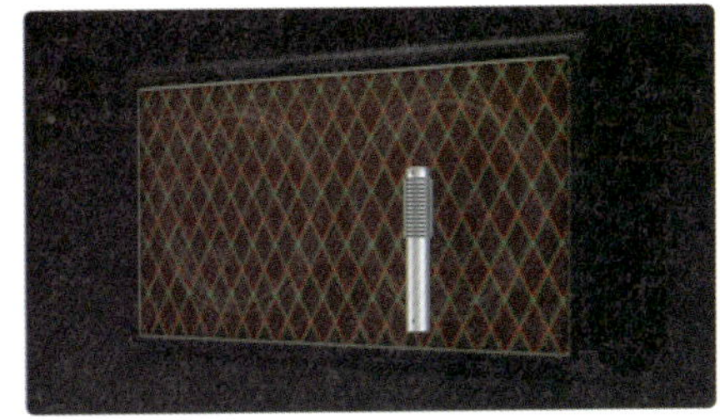

마이크의 종류를 선택하고, 마이크의 위치를 조절할 수도 있습니다.

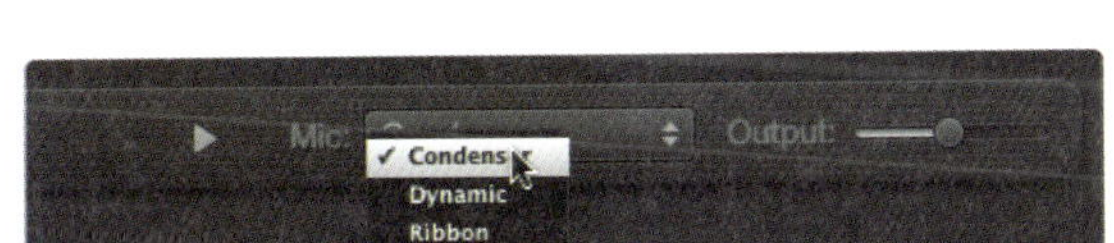

2. 페달보드

페달보드 불러오기

앰프 디자이너와 마찬가지로 자신의 기타가 연결되어 있는 인풋 채널을 확인하고 Inserts 창에서 페달보드를 불러옵니다.

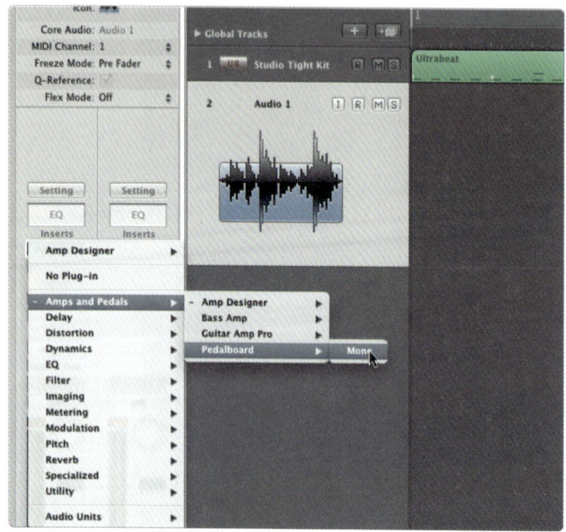

페달보드 사용하는 방법

- 페달보드의 사용은 아주 간단합니다. 우측의 페달 중에 사용하고자 하는 것을 드래그해서 좌측의 빈 공간에 가져다 놓으면 됩니다.

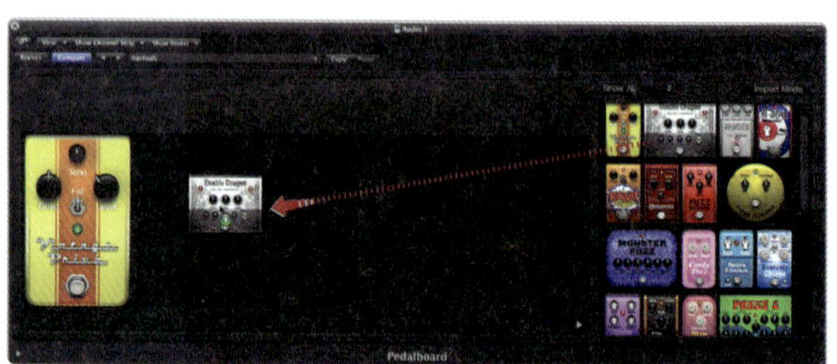

- 페달을 없애고 싶을 때는 좌측의 페달보드 바깥으로 드래그하거나, 우측의 원래 있던 자리로 다시 드래그하면 됩니다.

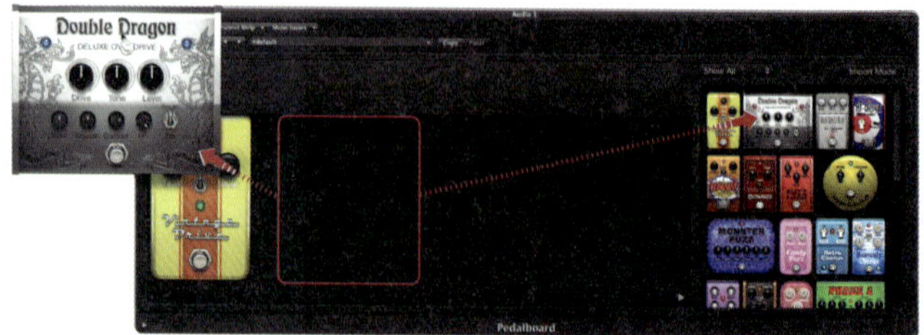

● 페달을 카테고리별로 정렬해서 볼 수 있습니다.

● 여러 개의 페달이 있는 상태에서 위쪽에 마우스를 놓으면 페달별 카테고리 이름이 나타납니다.

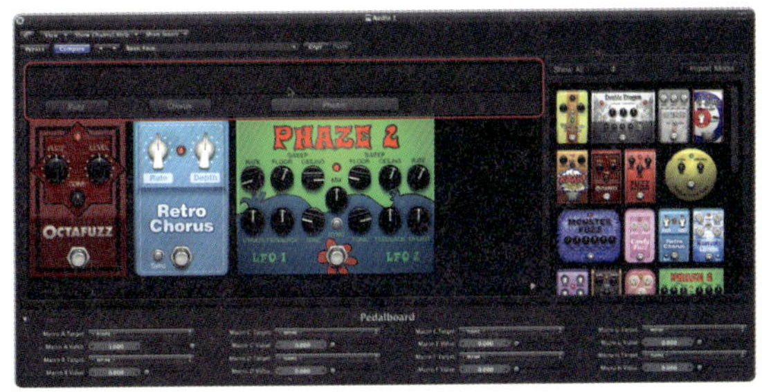

● 카테고리명을 클릭하면 선택한 페달의 라인이 변경됩니다. 위쪽 라인이 B, 아래쪽 라인이 A입니다. 믹서에서 A, B 라인의 이펙터들을 거친 소리의 비율을 조절할 수 있습니다.

● A MIX B 버튼에서 'A'를 선택하면 A 라인의 이펙터들이 적용된 소리만 출력되게 되고, 'B'를 선택하면 마찬가지로 B 라인의 이펙터만 적용됩니다. 그림처럼 'MIX' 상태에서는 A 라인과 B 라인의 소리를 조합해서 사용할 수 있는데, 페이더를 위로 올려 B에 가깝게 할수록 B 라인의 소리가 더 많이 출력되게 되고, 그 반대도 마찬가지입니다.

트랙 활용과 트랜스포트바

Chapter 1. 트랙 활용 (Working with Track)
Chapter 2. 글로벌 트랙 (Global Track)
Chapter 3. 트랜스포트바 (Transport Bar)

[Part 04]에서 이미 트랙에 대한 기초적인 내용을 다루었지만, 여기서는 글로벌 트랙에 대한 내용과 함께 트랙 활용에 대한 내용을 좀 더 심도 있게 다루어보겠습니다. 기본적인 기능만 활용했던 트랜스포트바에 대해서도 좀 더 세부적으로 공부해보겠습니다.

CHAPTER 01 트랙 활용 (Working with Track)

1. 트랙 헤더 설정

● 트랙 헤더(Track Header)는 트랙이 가지고 있는 여러 가지 기능들을 설정하는 창입니다. 트랙을 **우클릭** 〉 **Configure Track Header...**를 실행하면 설정창이 나타납니다.

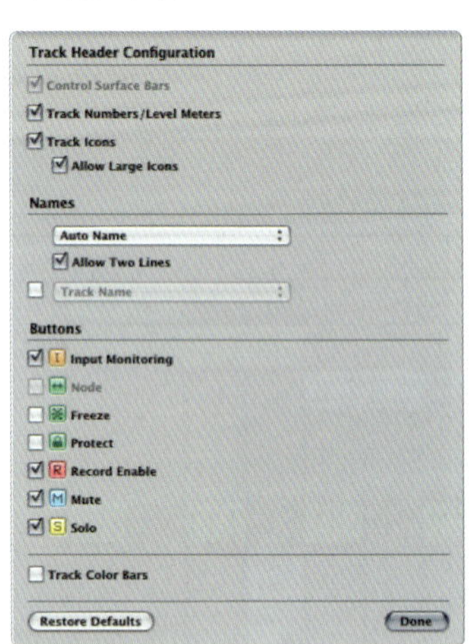

● 옵션을 모두 활성화해서 설명해보겠습니다.

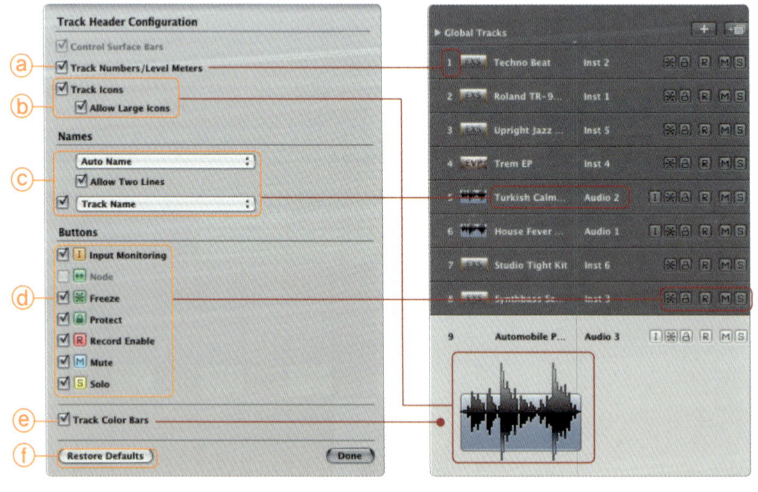

ⓐ 트랙 좌측의 번호와 레벨 미터를 켜고 끕니다.

ⓑ 아이콘의 표시 여부를 설정할 수 있습니다. Allow Large Icon 설정은 아이콘을 확대해서 보이도록 해줍니다.

ⓒ 트랙 이름을 설정하는 법을 변경할 수 있습니다. Allow Two Lines는 트랙 이름이 긴 경우 두 줄로 나타내주고, 아래의 이름 설정을 활성화하면 그림처럼 트랙 이름이 두 칸으로 설정되어 좌, 우로 나타나게 됩니다.

ⓓ 트랙에 어떤 버튼들을 보이게 할 것인지를 결정합니다.

ⓔ 트랙 컬러를 보여줍니다.

ⓕ 설정을 로직의 기본값으로 되돌려줍니다.

2. 프리즈(Freeze) 기능

'프리즈(Freeze)' 기능은 트랙이 많고 로딩한 음원들이 많을 경우, 컴퓨터의 자원을 효율적으로 활용하기 위해 사용하는 기능입니다. 트랙에서 사용하고 있는 플러그인과 음원을 바운스(Bounce)해서 단어의 뜻(Freeze - 얼리다)처럼 트랙을 더 이상 편집할 수 없는 얼어 있는 상태로 만들고, 트랙에서 사용하고 있던 음원과 플러그인에 대한 컴퓨터 리소스를 사용하지 않도록 처리합니다. 대용량 샘플을 여러 개 사용해서 'System Overload' 에러 메시지가 나오거나, 해당 소프트웨어 악기나 플러그인이 없는 시스템에 프로젝트를 보내서 들려주고자 할 때 유용하게 활용할 수 있습니다.

● 트랙 헤더에서 프리즈 버튼(▓)을 활성화해 놓아야 기능을 손쉽게 사용할 수 있습니다. 트랙 헤더 설정창까지 열지 않아도 우클릭 상태의 메뉴창에서 활성화시킬 수 있습니다.

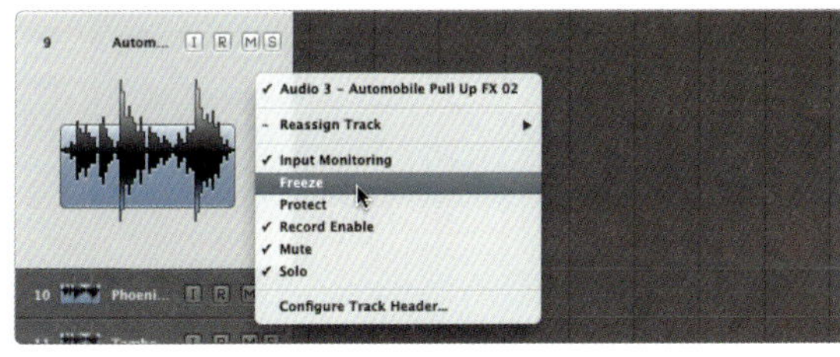
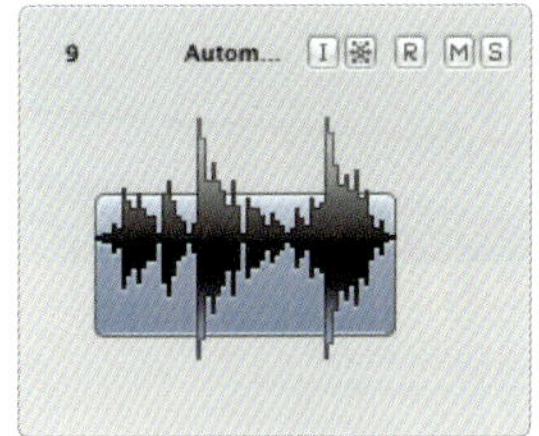

● 트랙 파라미터에서 프리즈 모드에 대한 옵션을 설정할 수 있습니다.

ⓐ Source Only : 플러그인을 제외한 소프트웨어 악기, 오디오 파일을 프리즈시킵니다. 대용량 샘플을 이용한 소프트웨어 악기를 사용하고 있거나, 오디오 파일에 걸린 플렉스 모드가 복잡해서 컴퓨터에 무리를 주는 경우 유용합니다. 이 모드에서는 프리즈 버튼이 연보라빛(▓)으로 활성화됩니다.

ⓑ Pre Fader : 단어 뜻 그대로 페이더 이전(Pre Fader)의 모든 프로세스를 프리즈시킵니다. 페이더에서 조절하는 볼륨과 팬값을 제외한 소프트웨어 악기, 오디오 파일, 채널 스트립의 모든 플러그인들이 고정되며 컴퓨터 리소스를 가장 많이 절약할 수 있습니다. 이 모드에서는 프리즈 버튼이 녹색(▓)으로 활성화됩니다.

● ▓ 버튼을 클릭하면 프리즈 기능이 활성화됩니다.

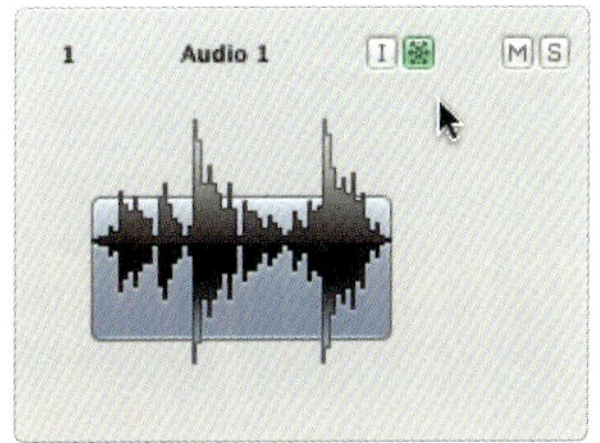

3. 하이드(Hide) 기능

'하이드(Hide)' 기능은 사용하지 않은 트랙을 보이지 않게 함으로써, 어레인지 윈도우를 단순하고 직관적으로 정리할 수 있게 해주는 기능입니다. 하지만, 플레이백에는 영향을 주지 않기 때문에 트랙이 보이지 않는다고 해서 소리가 나지 않는 것은 아닙니다.

○ 어레인지 편집창 위쪽에서 ⒣(Toggle Hide View) 버튼을 클릭하여 활성화시킬 수 있습니다. 활성화된 상태(⒣)에서는 트랙 헤더에 ⒣ 버튼이 생성됩니다.

○ 숨기고 싶은 트랙의 ⒣ 버튼을 클릭하면, 초록색으로 활성화(⒣)됩니다.

○ 다시 어레인지 편집창 위쪽의 ⒣ 버튼을 클릭하면, 붉은색(⒣)으로 바뀌면서 방금 ⒣ 버튼을 활성화시킨 트랙들이 보이지 않게 됩니다. 다시 보고 싶을 때는 ⒣ 버튼을 다시 클릭해서 초록색으로 활성화시키면 됩니다.

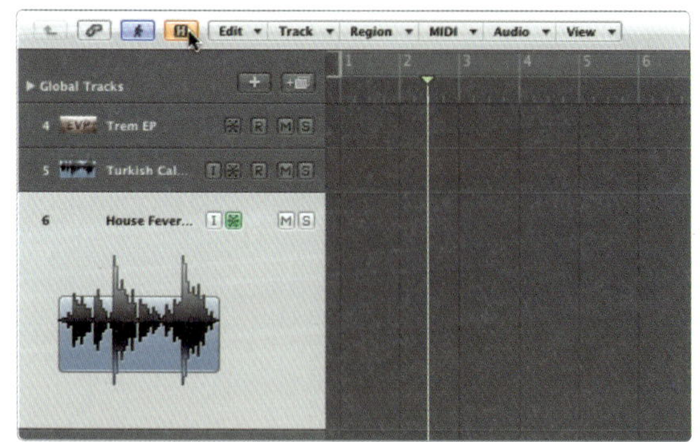

간단하게 트랙을 하이드시키는 방법은 트랙이 선택된 상태에서 단축키 Control + H 를 실행하면 됩니다. 어레인지 편집창에서 하이드 버튼이 활성화되어 있지 않아도 트랙이 간단하게 숨겨집니다. 숨겨진 트랙을 모두 꺼내서 보고 싶을 때는 Shift + Control + H 로 실행할 수 있습니다.

4. 트랙 재설정하기(Reassign Track)

어레인지 편집창에서 트랙을 만들면, 자동으로 채널 스트립이 생성됩니다. 트랙의 리전들은 그대로 놔둔 채 만들어진 채널 스트립을 나중에 변경하거나, 어레인지 윈도우 상에서 보이지 않는 채널 스트립을 밖으로 보이도록 만드는 기능에 대해 배워보겠습니다.

● 소프트웨어 악기 트랙을 **우클릭 〉** Reassing Track 〉 Mixer 〉 Software Instrument로 들어가보면, 이미 만들어져 있는 소프트웨어 악기 트랙의 채널 스트립이 보입니다. 이런 방법으로 미디 리전은 그대로 놔둔 채 다른 채널 스트립의 악기를 사용할 수 있습니다. 오디오 트랙에서도 마찬가지로 작동하지만, 둘 다 그다지 활용도가 높지는 않습니다.

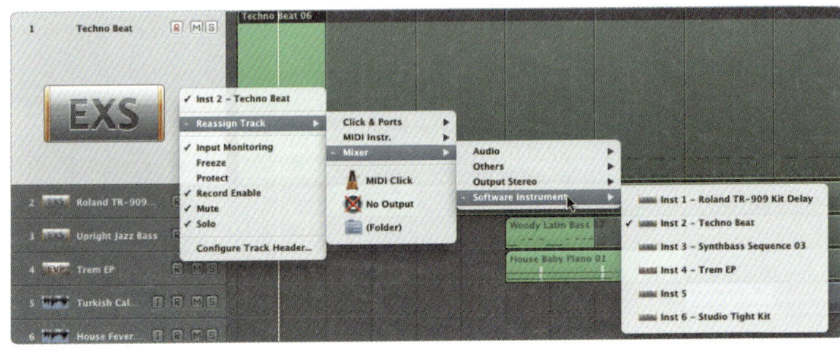

● 트랙을 하나 새로 만든 다음, 그림처럼 Reassign Track 〉 Mixer 〉 Output Stereo 〉 Stereo Output으로 설정하면 트랙 이름과 아이콘이 'Output'이라 변경되며 메인 아웃풋을 나타내는 트랙이 형성됩니다. 메인 아웃풋의 채널 스트립은 믹서창에서만 볼 수 있었지만 이와 같은 방법으로 어레인지 편집창에서도 나타나게 할 수 있습니다.

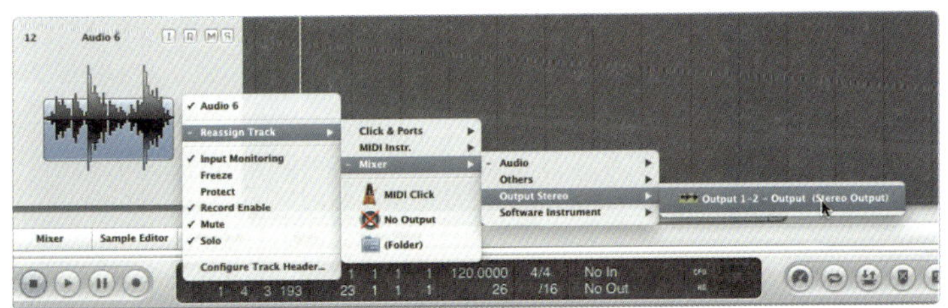

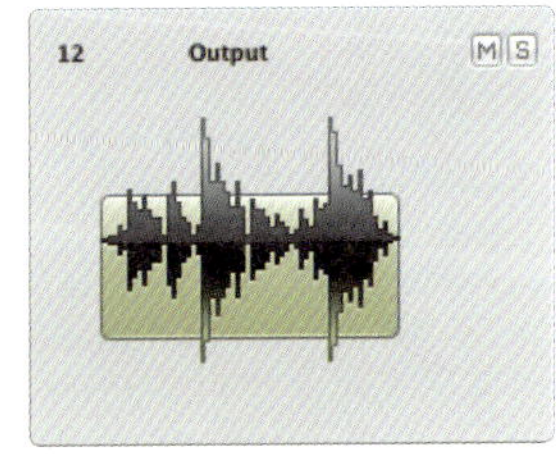

● 마찬가지 방법으로 Aux 채널이 있는 경우에 Aux 채널로 설정할 수도 있습니다. 오토메이션을 활용하거나 어레인지 편집창에서 빠르게 페이더와 플러그인을 컨트롤하고 싶을 때 유용하게 활용할 수 있습니다.

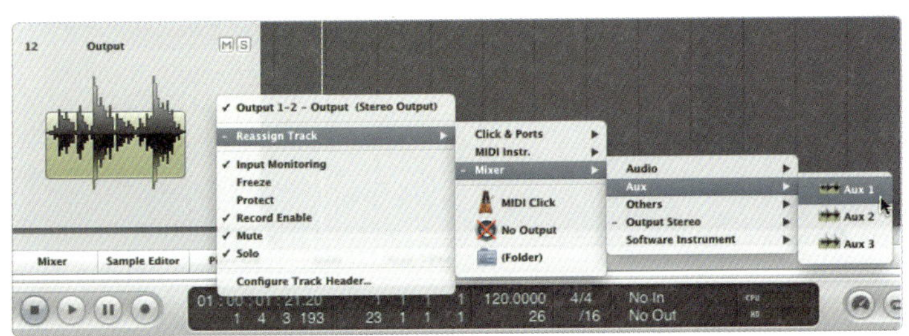

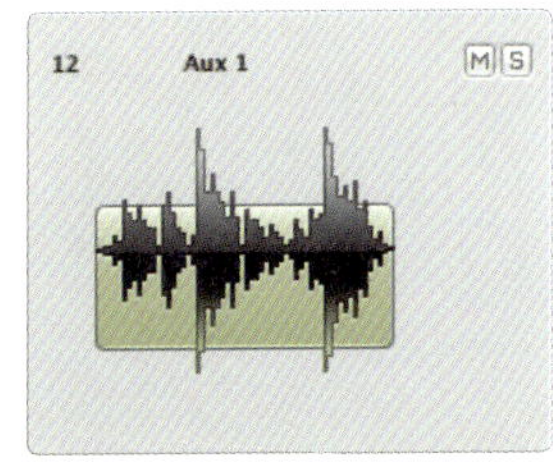

5. 메트로놈 트랙 만들기

예제 파일 : 02 RegionEdit – 02 RegionEdit_Final

로직에서는 외장 미디 악기를 이용해서 메트로놈 클릭 소리를 들을 수도 있지만, 기본 설정으로는 'Klopfgeist' 라는 소프트웨어 악기를 통해 소리가 나가도록 되어 있습니다. 메트로놈 설정은 앞서 배웠듯이 트랜스포트바의 메트로놈 버튼(⬤)을 우클릭해서 설정할 수도 있지만, 더욱 직관적으로 볼륨을 조절하고 뮤트시키기 위해 어레인지 편집창에 트랙으로서 꺼내 놓을 수도 있습니다.

01 종류에 관계없이 트랙을 새로 하나 만든 다음, Command + `8` 혹은 상단의 메뉴바를 이용해서 Environment 창을 엽니다. 본 교재에서는 자세히 다루지 않겠지만 'Environment' 는 로직의 가장 핵심적인 기능 중에 하나이므로 익숙하지 않아도 눈여겨보도록 합니다.

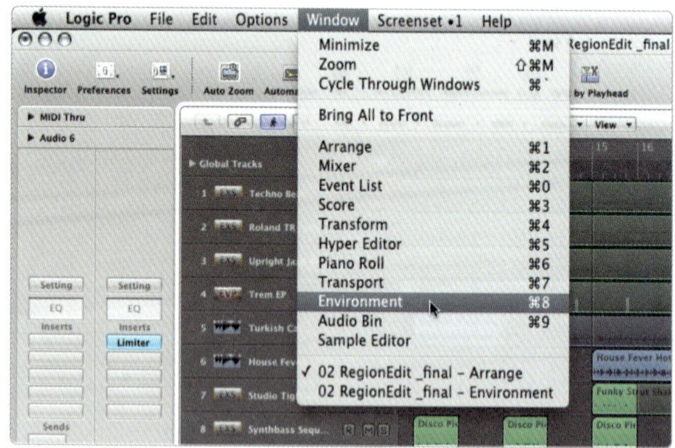

02 프로젝트 상에서 생성되어 있는 모든 채널 스트립들과 클릭 채널, 스테레오 아웃풋 채널, 마스터 채널 등이 보입니다.

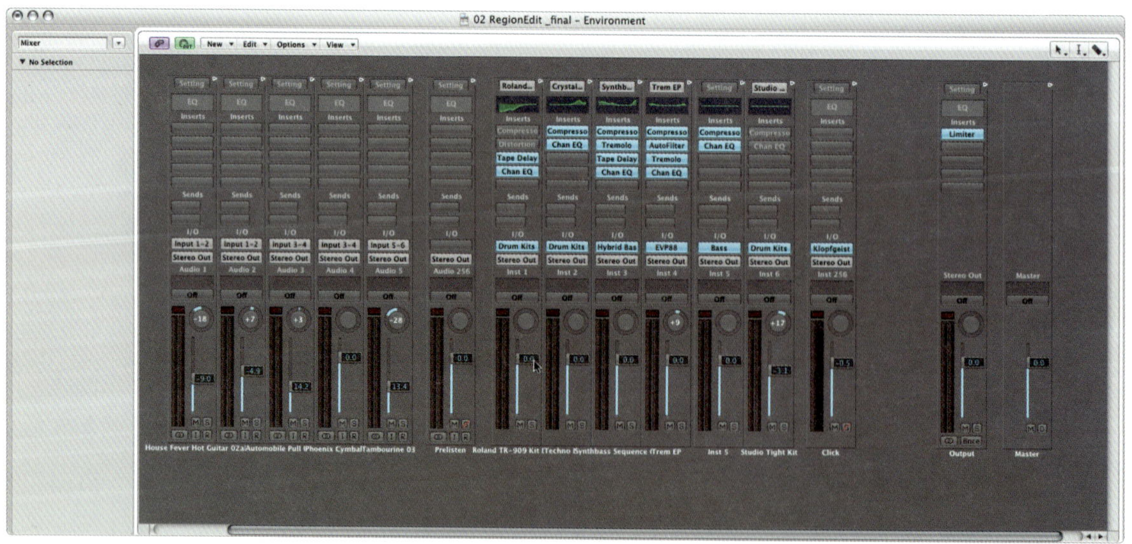

혹시 보이지 않을 경우에는 Environment 창의 좌측 상단
의 화살표 버튼을 클릭한 후 'Mixer'를 선택합니다.

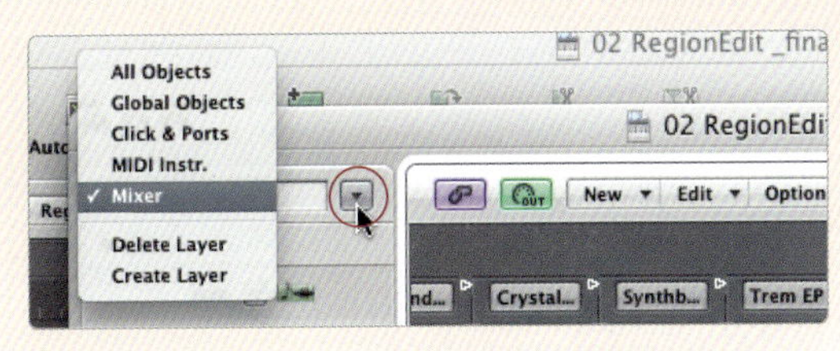

03 클릭 채널 스트립의 'Click'이라 쓰여 있는 이름 부분을 드래그해서 새로 만든 트랙에 가져다 놓습니다. 메트로놈을
틀어 놓으면 페이더에 볼륨이 올라오는 'Click' 트랙으로 바뀌는 것을 확인할 수 있습니다.

04 이 채널의 볼륨 페이더를 조절하면 클릭 소리를 줄이
거나 키울 수 있고, 클릭 사운드에 플러그인을 걸어서 사
용하거나 뮤트시키는 등 다양하게 활용할 수 있습니다.

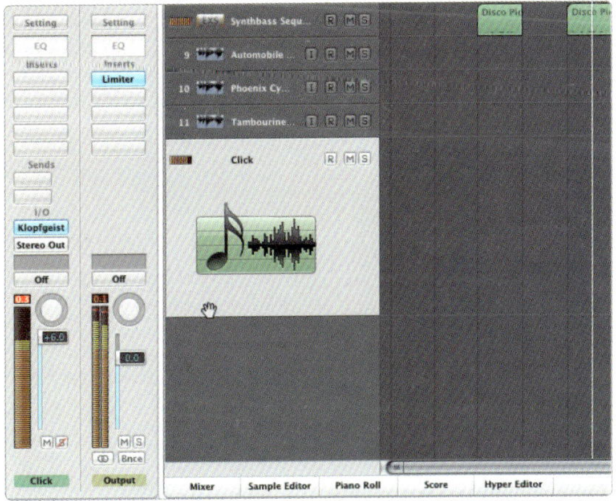

마찬가지 방법으로 위에서 만들었던 아웃풋 트랙 또한 만들 수 있습니다.

CHAPTER 02 글로벌 트랙 (Global Track)

글로벌 트랙에서는 템포, 박자와 같이 프로젝트를 전반적으로 컨트롤하는 값들을 설정할 수 있습니다.

● 어레인지 편집창 상단에 위치하고 있으며, 화살표(▷) 아이콘을 클릭하면 자세히 볼 수 있습니다. 기본적으로는 'Marker', 'Signature', 'Tempo' 트랙만 나타납니다.

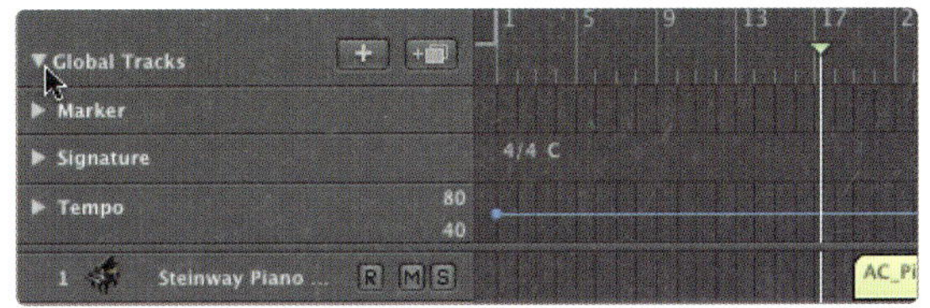

● 우클릭해보면 'Video', 'Chord', 'Transposition', 'Beat Mapping' 등 트랙이 더 있는 것을 확인할 수 있습니다.

1. 마커(Marker) 만들기

예제 파일 : 01 Wayhome – 01 Wayhome

마커는 어레인지 윈도우에 곡 구성을 표시할 수 있는 아주 유용한 도구입니다. 로직에서 마커를 만드는 방법은 아주 다양합니다. 그 중 몇 가지 방법을 소개할테니 본인이 편하게 사용할 수 있는 것으로 익히면 되겠습니다.

01 Global Tracks 옆의 화살표(▷) 아이콘을 클릭하여 Global Tracks을 펴고 마찬가지 방법으로 'Marker' 트랙도 펴서 보이도록 한 다음, 원하는 위치에 플레이헤드를 놓고 [Create] 버튼을 실행합니다. 그림처럼 'Marker 1'이 생성되는 것을 확인할 수 있습니다.

02 플레이헤드를 몇 마디 뒤로 보낸 다음, 이번에는 단축키 Control + K 로 마커를 만들어보겠습니다. 'Marker 2'가 생성되는 것을 확인할 수 있습니다.

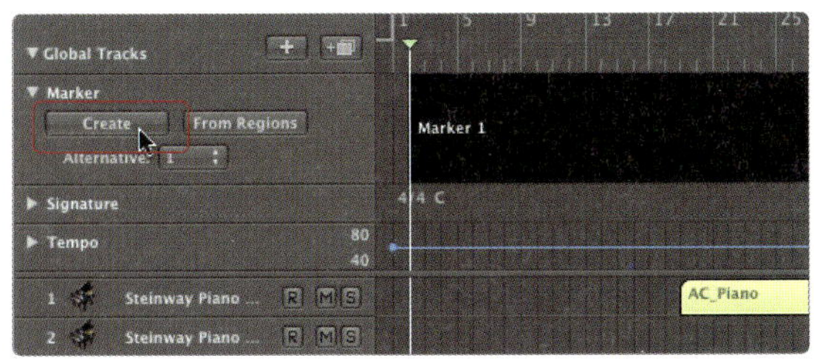

03 이번에는 아래의 리전을 드래그해서 'Marker' 트랙에 가져다 놓겠습니다. 이 동작은 단축키 `Shift` + `K` 와 'Marker' 트랙의 [From Regions] 버튼으로도 실행할 수 있습니다.

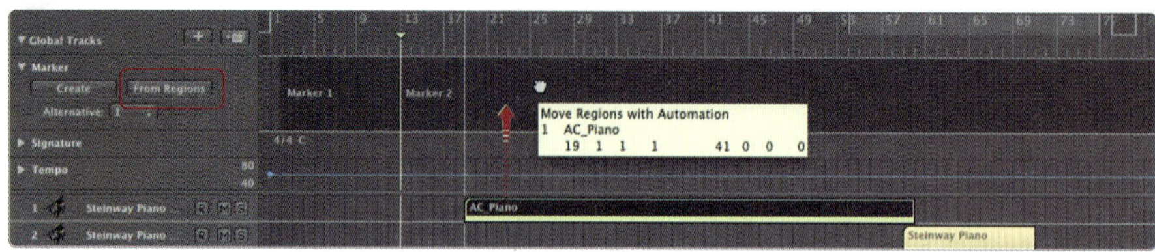

04 해당 리전의 색상과 이름이 그대로 따라오는 것을 확인할 수 있습니다.

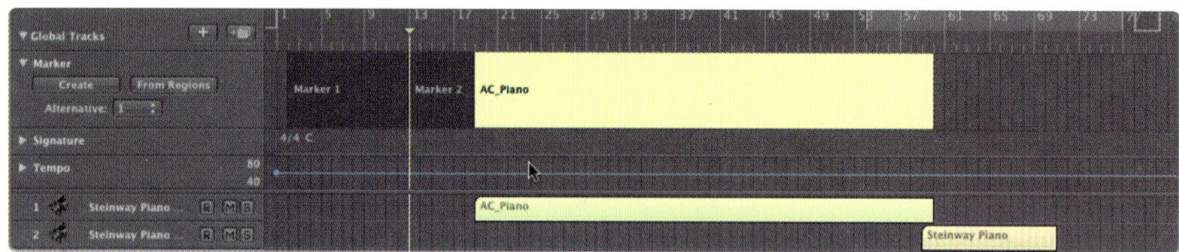

05 생성된 마커를 드래그하면 이동시킬 수 있고, `Option` 키를 누른 채로 드래그하면 복사시킬 수 있습니다.

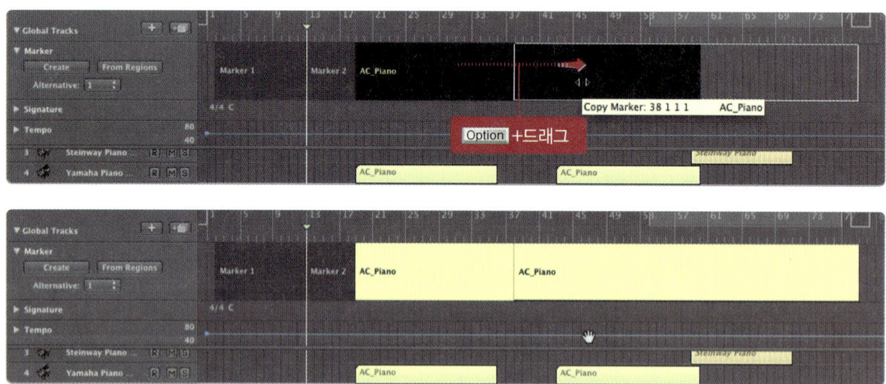

06 Global Tracks 옆의 화살표(▼) 아이콘을 클릭하여 Global Tracks을 접어보겠습니다. 생성된 마커들이 룰러의 밑부분에 투명하게 보이는 것을 확인할 수 있습니다.

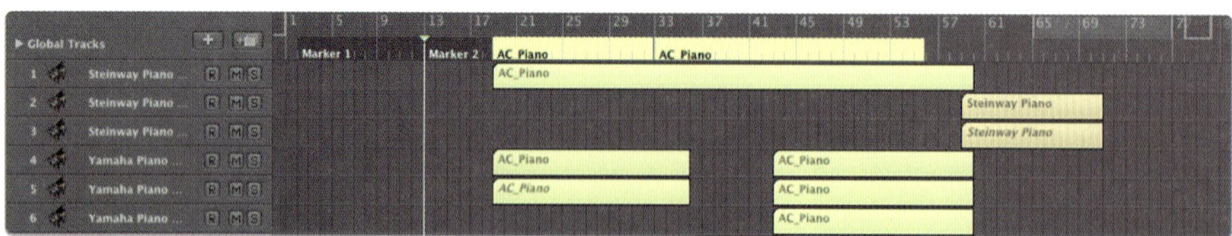

07 마커가 생성되어 있지 않는 영역에 로케이터를 위치시키고 드래그해서 룰러 아래쪽으로 내려보면 마커가 자동으로 생성되는 것을 확인할 수 있습니다.

 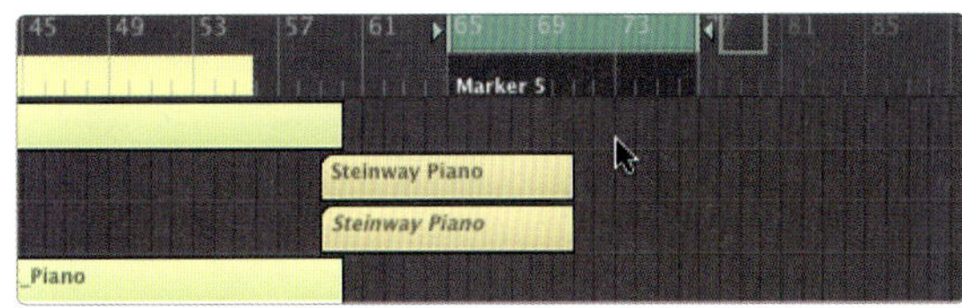

2. 마커 변경, 삭제하기

생성된 마커는 리전과 비슷하게 편집이 가능합니다.

- 그림처럼 끝 부분을 드래그해서 영역을 넓히거나 좁힐 수 있고, 가운데 부분을 드래그해서 이동시킬 수 있습니다.

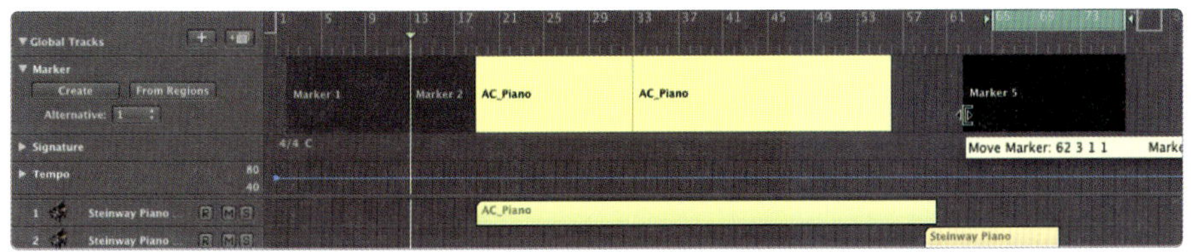

- 마커의 이름을 변경하는 방법 또한 여러 가지가 있습니다. Global Tracks이 펴져 있는 상태에서 마커 영역을 더블클릭하면 이름을 변경할 수 있습니다.

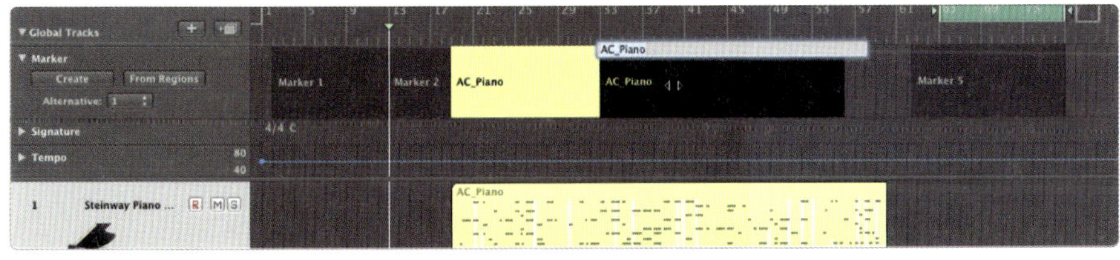

Global Track이 접혀 있는 경우, 단축키 Command + Return 키를 실행하거나 Option 키를 누른 채로 더블클릭하면 이름을 변경할 수 있습니다.

● Global Tracks이 펴져 있는 상태에서 마커 리전을 선택한 후, Alt + C 키를 눌러 컬러 팔레트를 불러와 마커 리전의 색상을 변화시킬 수 있습니다.

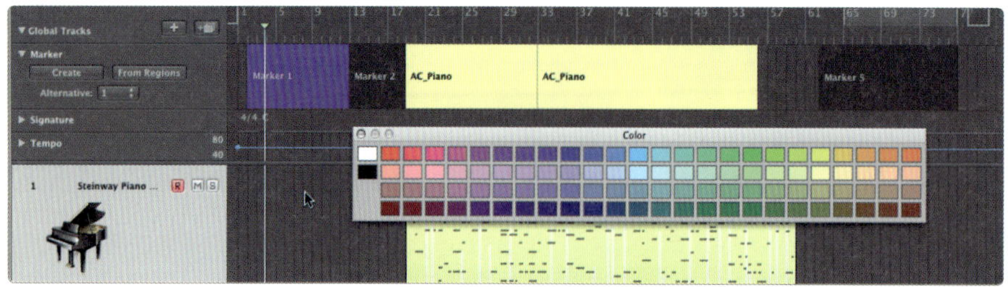

● 단축키 Option + M 로 마커 리스트 창을 열어보면 생성된 마커들의 모든 정보들을 확인할 수 있습니다.

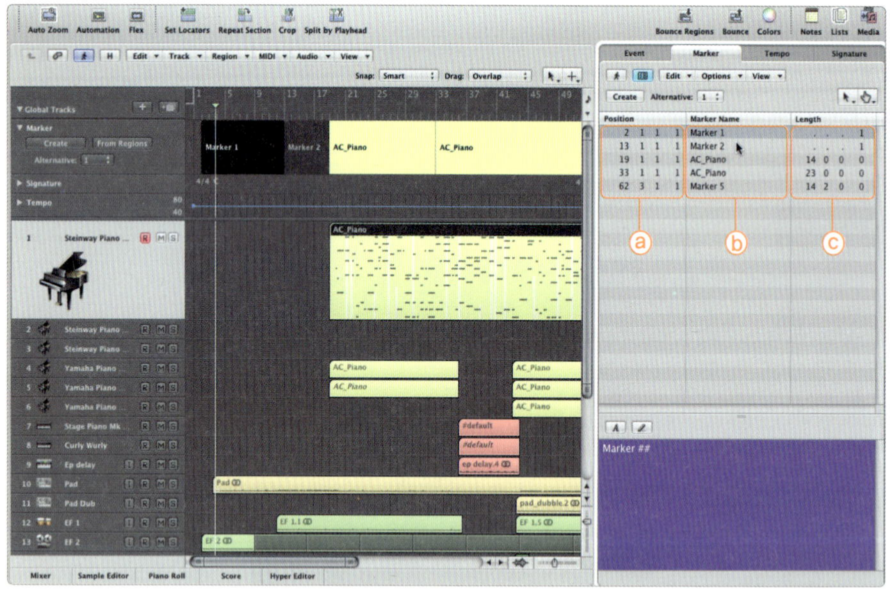

ⓐ 마커의 시작점을 설정할 수 있습니다.
ⓑ 마커의 이름을 변경할 수 있습니다.
ⓒ 마커의 길이를 편집할 수 있습니다.

● 마커를 삭제하는 방법은 단축키 Command + Delete 를 실행하거나 Command 키를 누른 채로 드래그해서 어레인지 윈도우 상에서 버리는 방법이 있습니다.

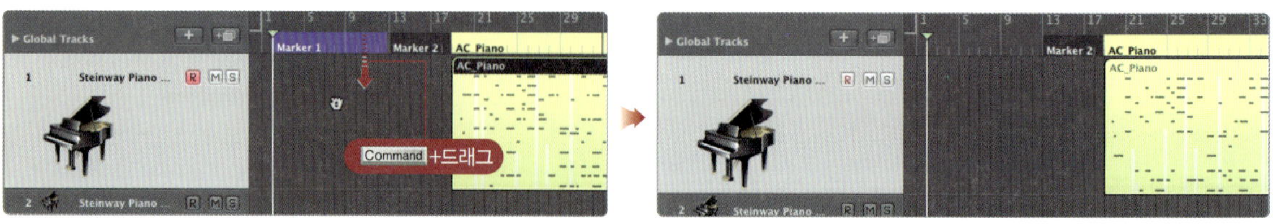

3. 마커 간의 이동과 재생

곡 구성에 맞춰 마커를 정리해보았습니다. Global Tracks을 폈을 때는 화면을 많이 차지하지만, 접었을 때는 구성을 보기 좋게 나타내줍니다.

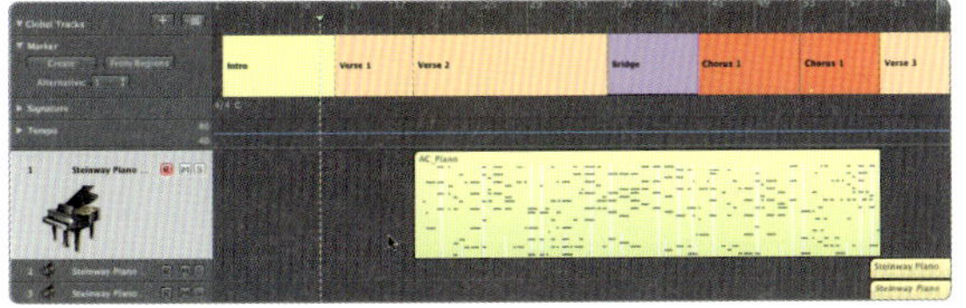

▲ Global Tracks을 폈을 때

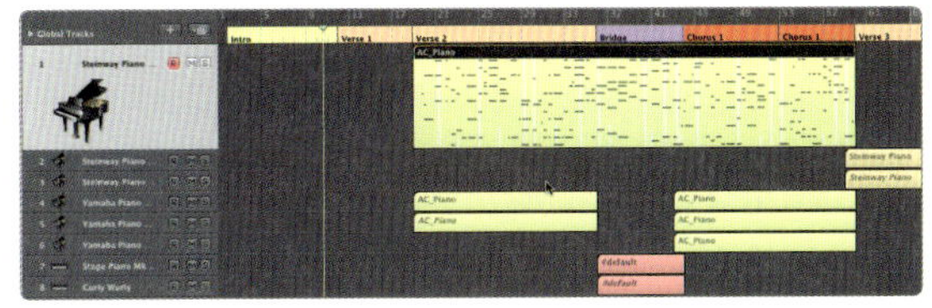

▲ Global Tracks을 접었을 때

Command 키를 누른 채로 마커의 영역을 더블클릭하면 해당 마커의 시작 부분부터 프로젝트가 재생됩니다.

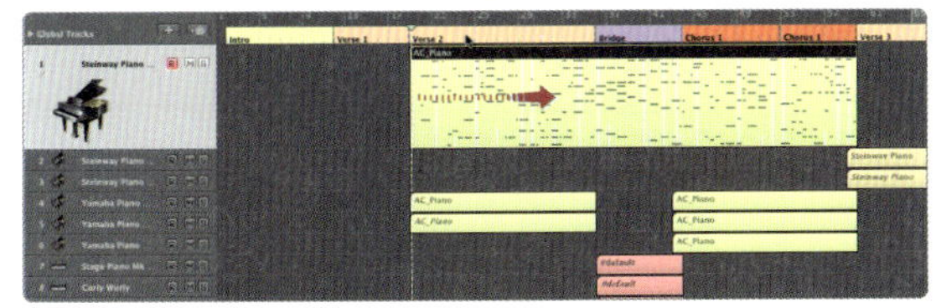

Control + <, Control + > 키로 이전 마커와 다음 마커의 시작 부분으로 플레이헤드를 이동시킬 수 있습니다. 플레이헤드가 이동되면서 해당 마커가 로케이터의 영역으로 자동 선택됩니다.

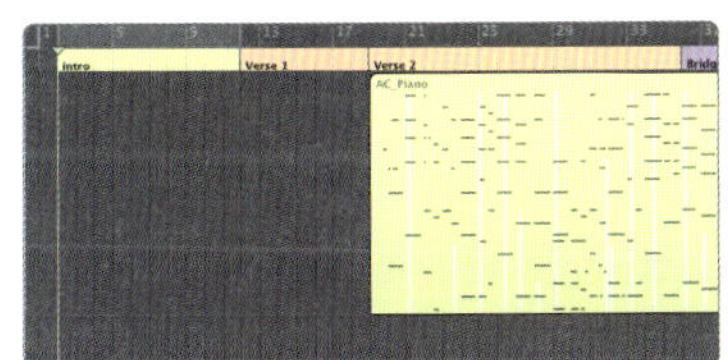
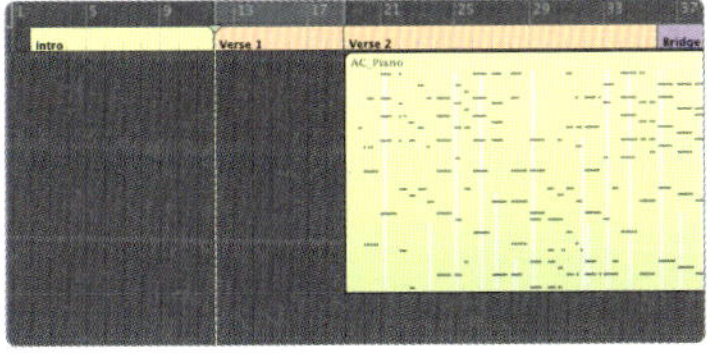
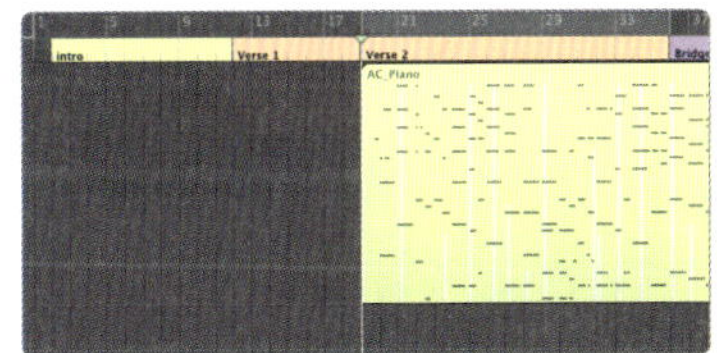

Command 키를 누른 채로 마커를 드래그해서 룰러의 윗부분에 가져다 놓으면 자동으로 로케이터가 설정되면서 싸이클 모드가 활성화됩니다. 반대 방향으로 드래그하면 마커가 지워집니다.

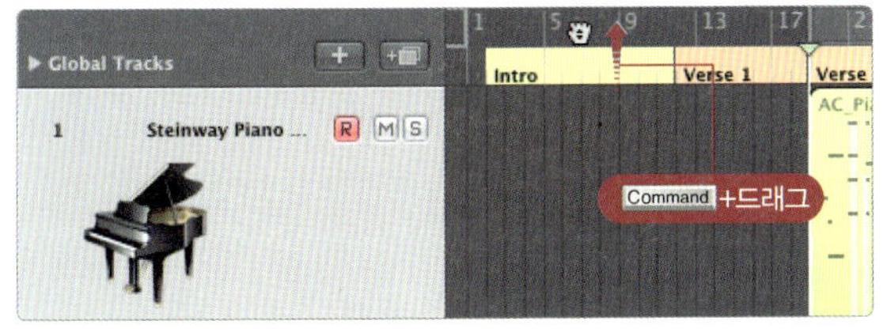

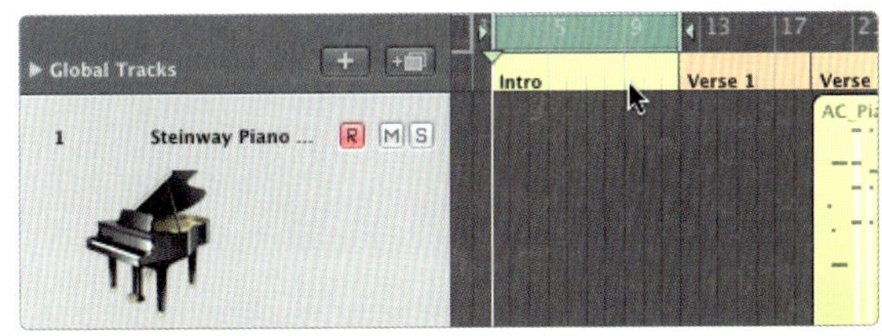

4. 시그너처 트랙(Signature Track)

프로젝트의 박자와 키 설정

시그너처(Signature) 트랙에서는 4/4박자, C Key와 같이 프로젝트의 박자와 키(Key)를 설정할 수 있습니다.

- Global Tracks을 편 상태에서 'Marker' 트랙을 접고 'Signatrue' 트랙을 펼쳐보면, 기본으로 설정되어 있는 '4/4박' 과 'C Key' 가 표시되어 있습니다.

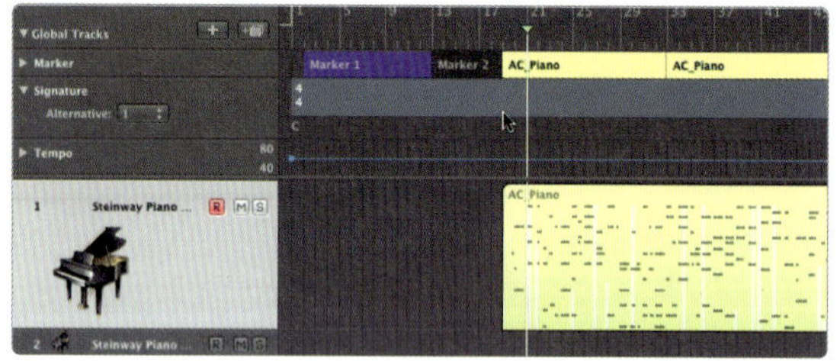

- 숫자를 더블클릭하면 박자를 설정할 수 있는 Time Signature 창이 보입니다. 만약 '6/8' 박을 설정하고 싶다면 위쪽의 Numerator 값을 '6' 으로, Denominator 값을 '8' 로 설정하면 됩니다.

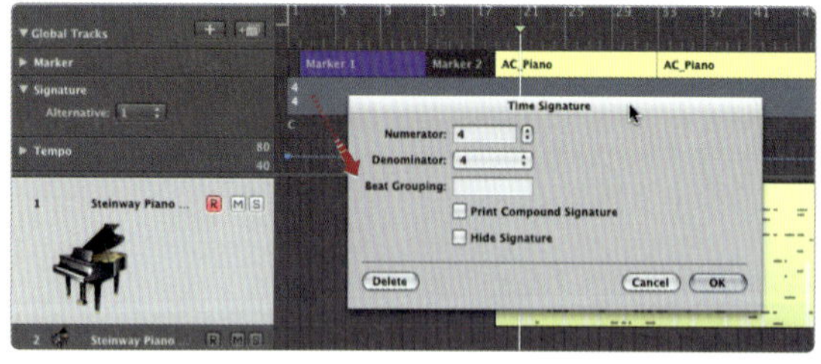

박자는 트랜스포트바에서도 변경할 수 있습니다.

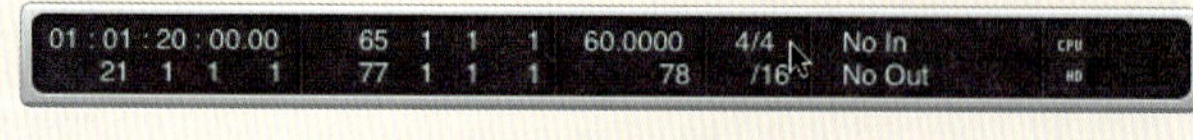

- 마찬가지 방법으로 'C' 라고 쓰여 있는 문자를 더블클릭해서 Key Signature를 변경할 수 있습니다.

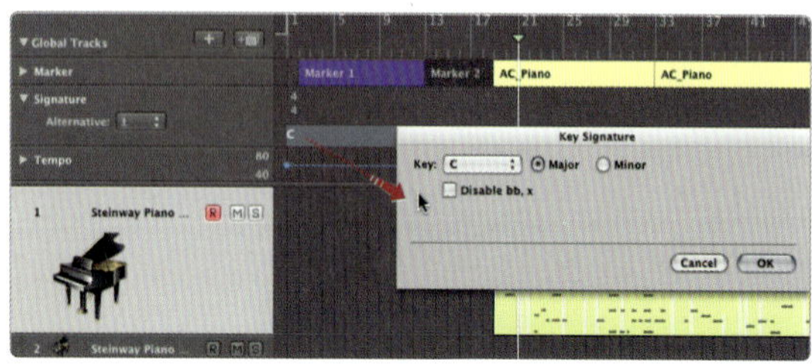

● 리스트(Lists) 창 중에 [Signature] 탭을 열어보면 현재 설정되어 있는 시그너처 값과 키(Key)가 표시되어 있습니다. 이곳에서는 드래그하거나 더블클릭해서 설정 값을 모두 바꿀 수 있습니다.

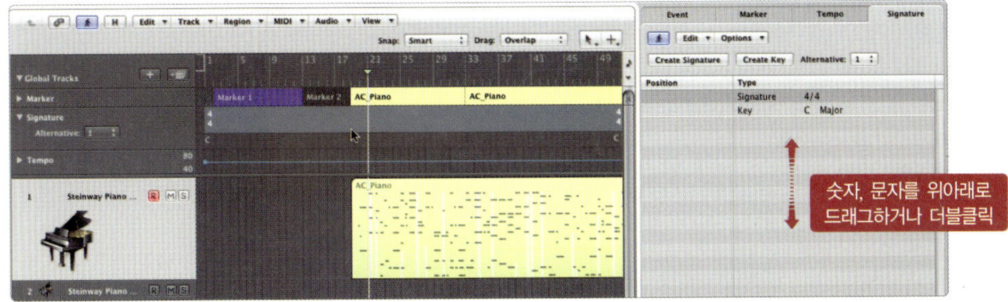

● 플레이헤드를 적당한 위치에 놓고 [Create Signature] 버튼을 클릭하여 박자 설정 값을 하나 더 만들 수 있습니다. 그림을 보면 플레이헤드가 위치해 있던 25번 마디부터 새로 생긴 5/4박에 맞추어 프로젝트의 룰러가 변하는 것을 확인할 수 있습니다. 이러한 방법으로 프로젝트 내에서 변박을 나타내거나, 전조를 표시할 수 있습니다.

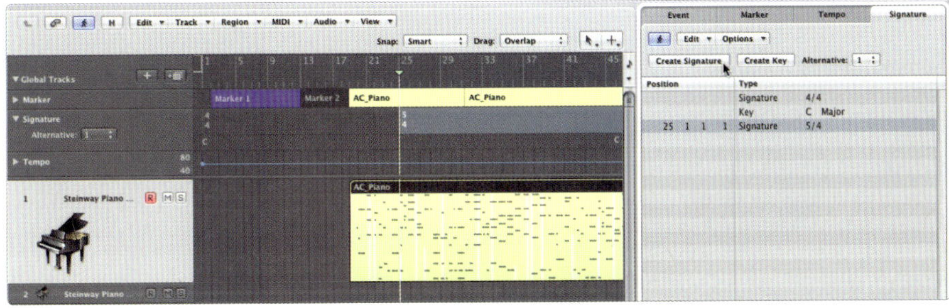

시그너처 트랙 편집

'Signatrue' 트랙의 영역 또한 마찬가지로 드래그하면 이동하고, Option 키 누른 채로 드래그하면 복사할 수 있습니다.

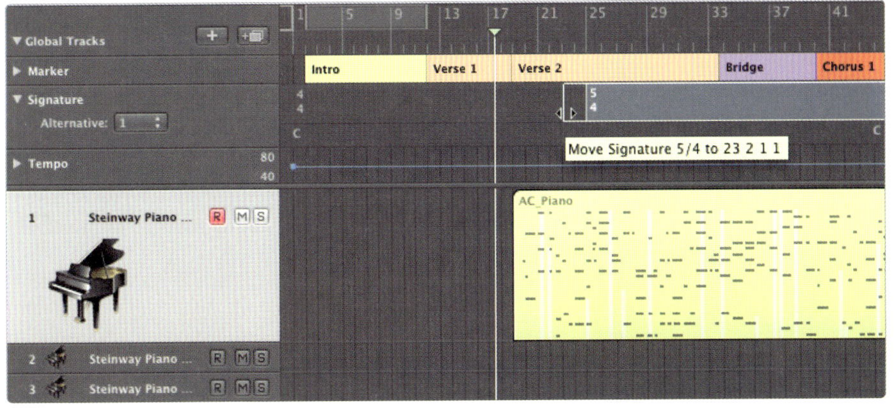

5. 템포 트랙(Tempo Track)

템포(Tempo) 트랙은 활용도가 높은 글로벌 트랙 중에 하나입니다. 펼쳐서 확대해보겠습니다.

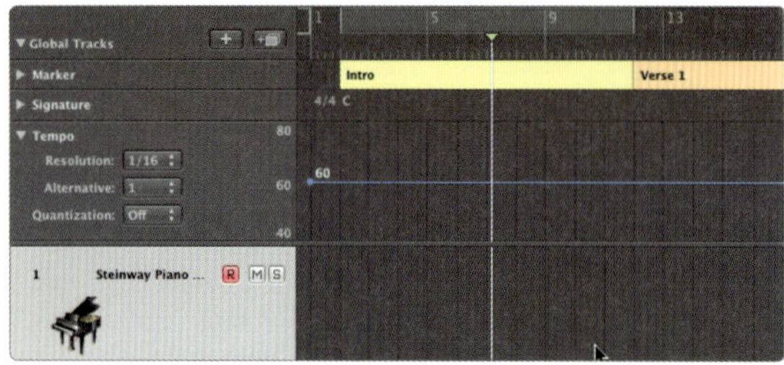

◉ 설정되어 있는 템포(60)를 바꾸려면 꼭짓점 부분을 위아래로 드래그하면 됩니다.

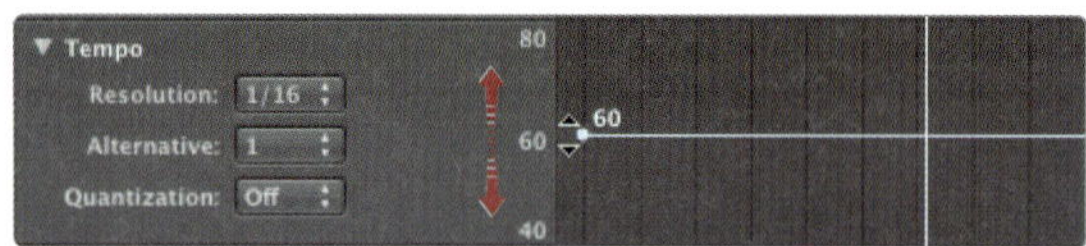

◉ 템포가 바뀌는 지점을 설정하고 싶을 때는, 해당 지점을 더블클릭해서 꼭짓점을 하나 더 만듭니다. 새로 만든 꼭짓점을 상하 좌우로 드래그해서 위치와, 템포를 결정할 수 있습니다.

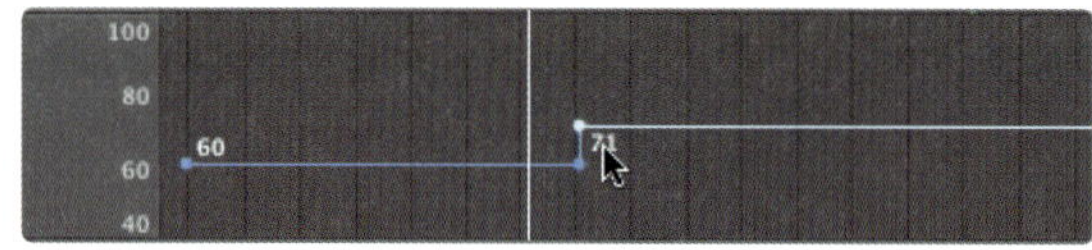

◉ 템포가 서서히 변하는 곡선을 만들고 싶다면 아래의 꼭짓점을 드래그해서 곡선을 만듭니다. 정확한 사선으로 만들어지는 부분에서는 스냅이 적용됩니다.

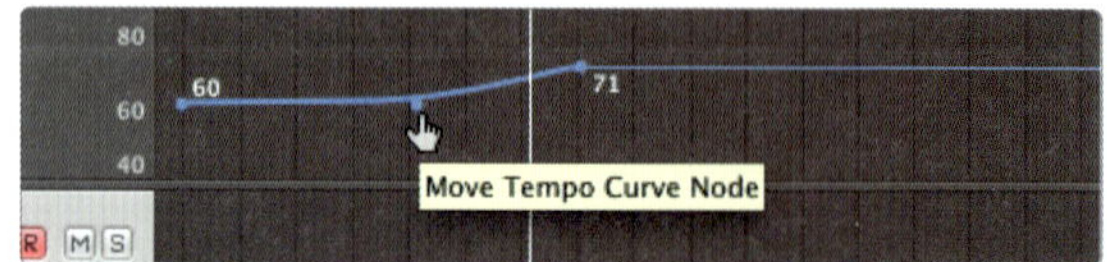

◉ Control + Option + Command 키를 누른 채 원하는 위치를 클릭하면 템포 값을 직접 입력해서 꼭짓점을 만들 수 있습니다.

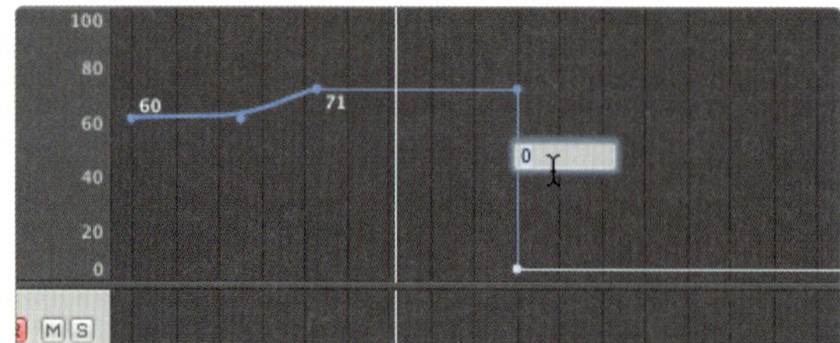

● 단축키 T 로 템포창을 열어보겠습니다. 여기서 위치(Position)와 템포 값을 모두 변경할 수 있습니다. [Create] 버튼으로 꼭짓점을 생성할 수 있고, Delete 키로 삭제시킬 수도 있습니다.

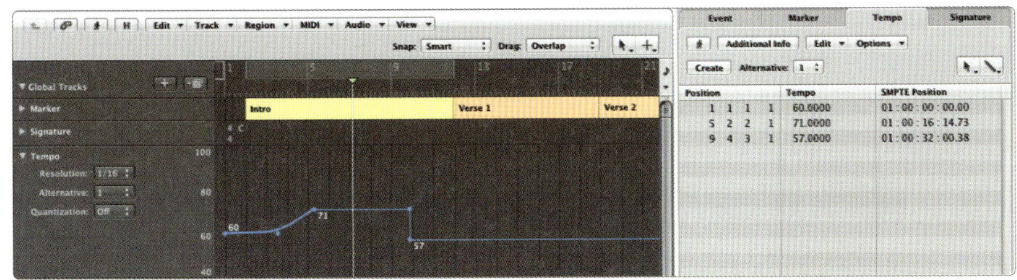

● 삭제하고 싶을 때는 클릭해서 흰색으로 선택되게 한 다음 Delete 키를 누르면 됩니다.

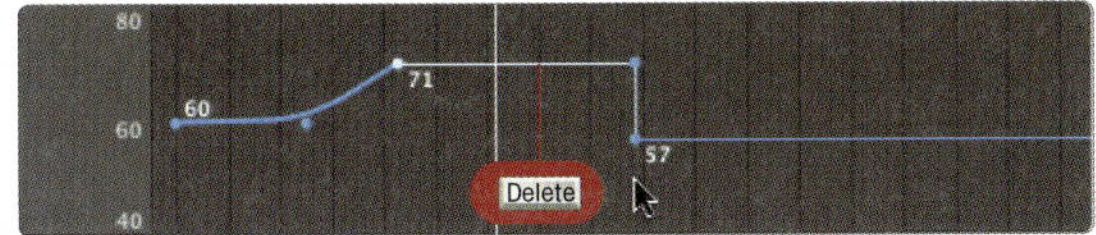

CHAPTER 03 트랜스포트바 (Transport Bar)

유용한 버튼들과 디스플레이로 간단히 활용하던 트랜스포트바를 조금 더 심도 있게 분석해보겠습니다.

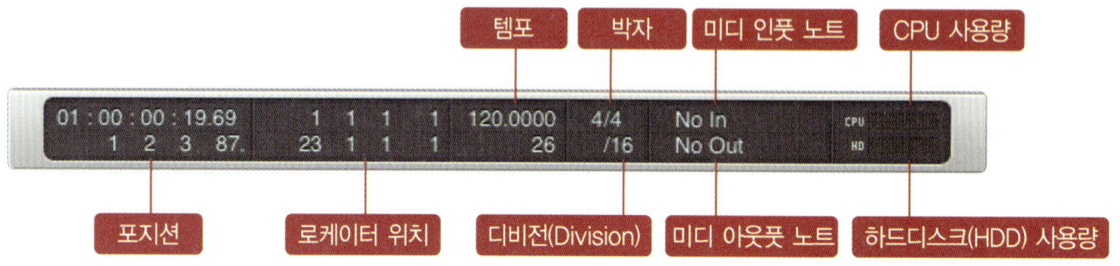

1. 포지션(Position)

트랜스포트바에서는 플레이헤드의 위치(포지션)을 나타내는 두 가지 표시 방법을 사용하고 있습니다.

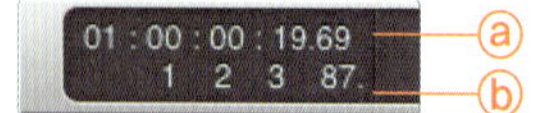

ⓐ SMTPE(Society of Motion Picture and Television Engineers)는 '시간(hour) : 분(minutes) : 초(seconds) : 프레임(frame/subframes)' 단위로 표시되어 있습니다. 영상과 음악을 맞추는 표준 포맷으로 프로젝트의 시간을 보고자 할 때 사용합니다.

ⓑ Bar Position(Musical Division of Time)은 'Bar – Beat – Division – Tick' 순으로 위치를 나타내줍니다.

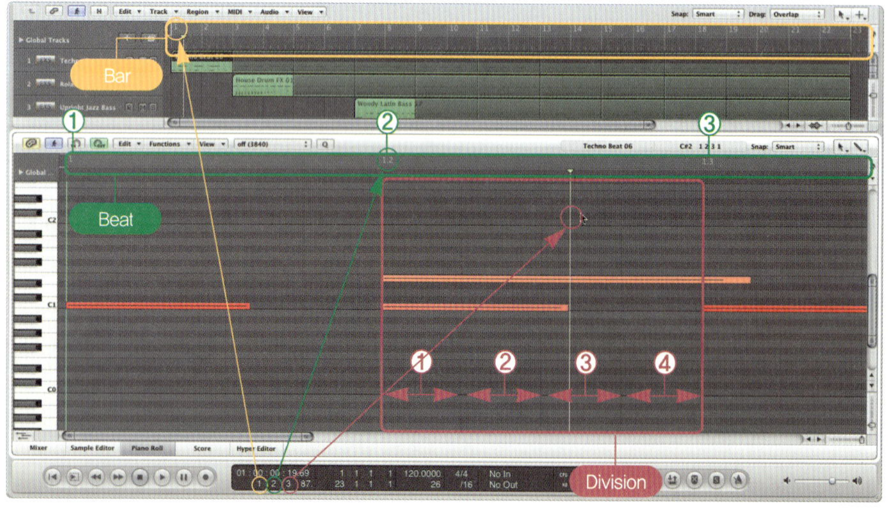

포지션을 더블클릭해서 위치를 직접 입력함으로써, 플레이헤드의 위치를 옮길 수 있습니다.

2. 디비전 & 그리드(Division & Grid)

디비전은 한 마디(Bar)를 몇 등분해서 사용할 것인가를 설정하는 수치로서, 피아노롤의 그리드를 결정합니다.

- 기본값은 '16' 으로서, 한 마디에 16개의 그리드 즉, 한 박이 4등분된 1/16 음표 단위로 그리드가 나타나게 됩니다.

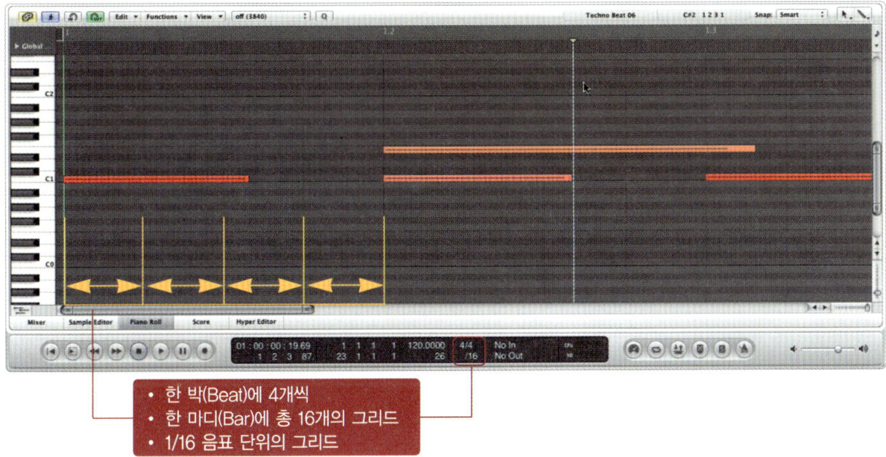

- 디비전 값을 위아래로 드래그해서 값을 '24' 로 바꾸어보겠습니다. 한 마디에 24개의 그리드, 즉 한 박에 6개의 그리드가 나타나게 되어 세잇단 음표를 시각적으로 퀀타이즈할 수 있게 됩니다.

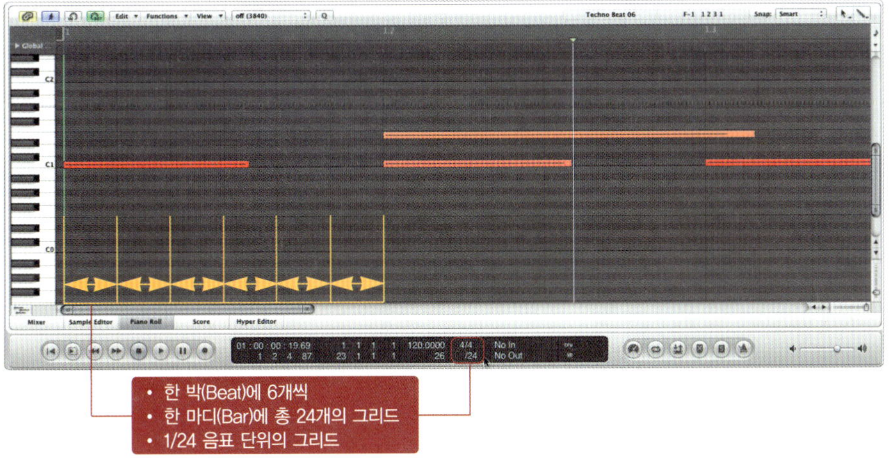

3. 디스플레이 옵션(Display Option)

포지션을 나타내는 표시창은 크게 봐야 할 경우가 자주 있습니다. 트랜스포트바에서는 다양한 디스플레이 옵션을 제공합니다.

- 트랜스포트바에서 우클릭한 후, 'Big Bar Display' 옵션을 선택하면 Bar 포지션을 크게 나타내줍니다. 'Big SMTPE Display' 옵션 또한 마찬가지로 작용합니다.

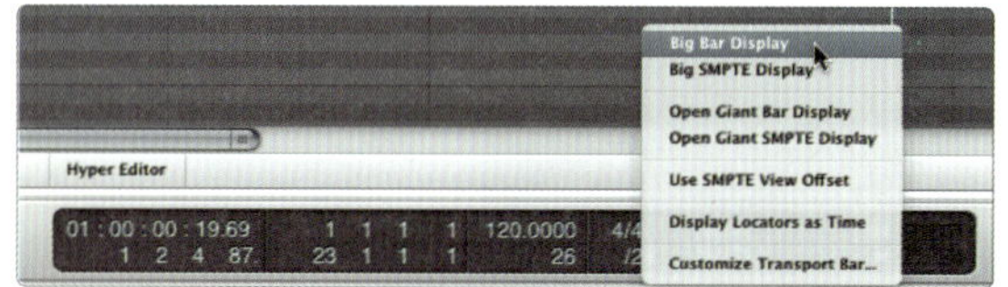

- 'Open Giant SMPTE Display' 옵션을 실행하면 별도의 창으로 SMTPE 포지션 디스플레이가 나타납니다.

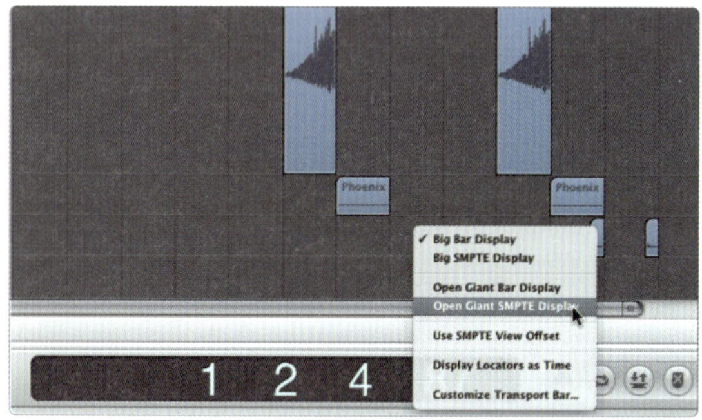
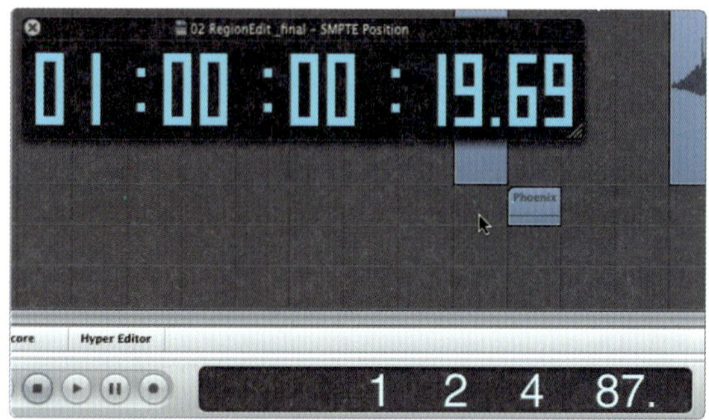

- 드래그해서 크기를 조절할 수 있습니다.

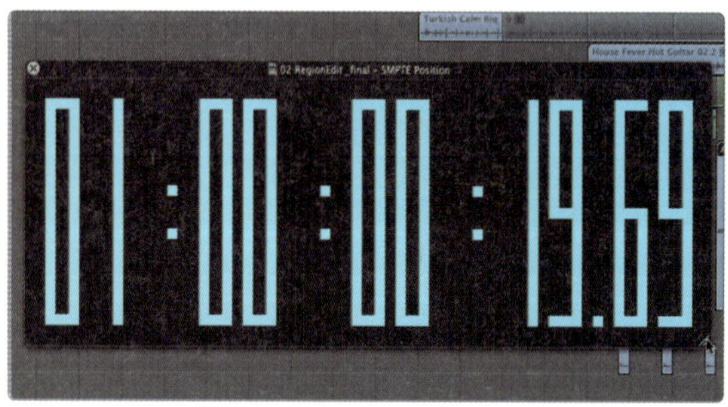

4. 사용자화(Customize)

어레인지 윈도우 위쪽의 툴바처럼, 트랜스포트바의 버튼들도 지정해서 사용할 수 있습니다. 트랜스포트바의 버튼 영역을 우클릭한 후, 'Customize Transport Bar...'를 실행하면 그림처럼 다양한 메뉴들을 볼 수 있습니다. 단축키를 지정하듯 본인이 자주 사용하는 기능들을 꺼내 놓을 수 있어 유용합니다.

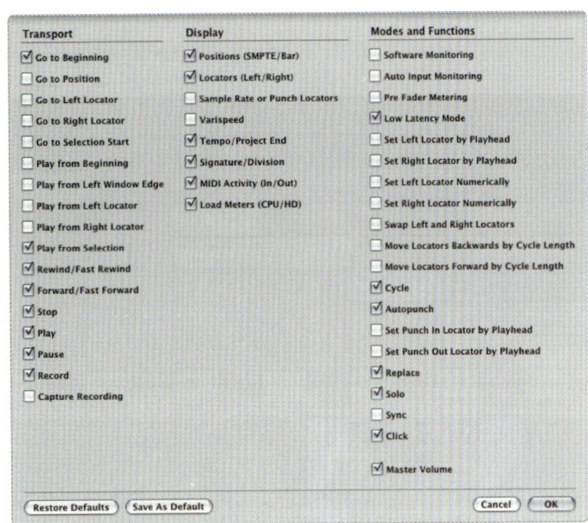

오토메이션과 믹싱

Chapter 1. 오토메이션 (Automation)
Chapter 2. 믹싱 (Mixing)
Chapter 3. 바운스 (Bounce)

여러 개의 트랙에서 출력되는 소리들의 위치를 지정해주고, 이펙터를 걸어 정리하는 작업을 '믹스(Mix)'라고 합니다. 여기서는 믹스를 함에 있어 필수적인 오토메이션과 간단한 플러그인 사용법, 프로젝트를 Wav, Mp3로 뽑아내는(바운스) 방법에 대해서 배워보겠습니다.

오토메이션 (Automation)

'오토메이션(Automation)'은 번역하자면 자동 기능, 즉 설정해 놓으면 만지지 않아도 볼륨이나 팬 값이 자동으로 움직이는 것과 같은 기능을 뜻합니다. 로직에서는 편집과 믹싱에서 쓰이는 다양한 오토메이션 기능들을 제공하고 있습니다. 여기서는 기본적인 트랙 오토메이션의 방법들에 대해 배워보겠습니다.
'01 Wayhome' 프로젝트를 보면 다양한 오토메이션 값이 설정되어 있는 것을 체험해볼 수 있습니다.

1. 트랙 오토메이션 만들기

 예제 파일 : 01 Wayhome – 01 Wayhome

🔹 어레인지 윈도우 상에서 오토메이션 라인을 켜고 끄는 방법은 툴바의 ▦ (Automation) 아이콘을 클릭하거나, 단축키 A 를 실행하면 됩니다. 오토트랙줌(단축키 Control + Z)이 활성화되어 있는 상태에서는 확대되어 있는 하나의 트랙에만 오토메이션 라인이 보이게 되고, 오토트랙줌이 꺼져 있는 상태에서는 모든 트랙의 오토메이션 라인이 보이게 됩니다. 여기에서는 오토메이션을 크고 쉽게 보기 위해 오토트랙줌이 켜져 있는 상태로 진행하겠습니다.

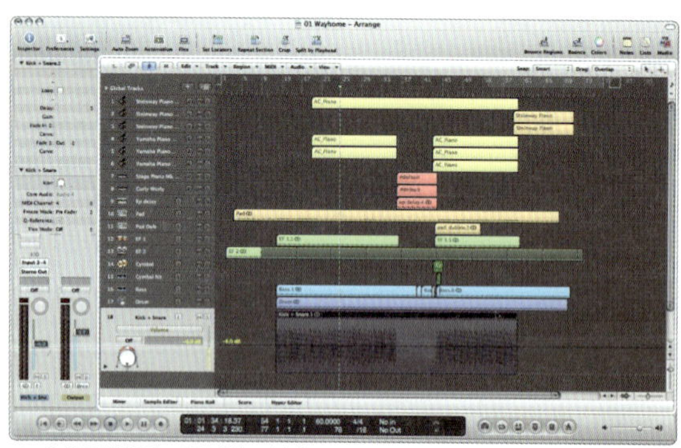

▲ 오토트랙줌이 켜져 있는 상태

▲ 오토트랙줌이 꺼져 있는 상태

🔹 그림에서 보이듯이 오토메이션 값들은 꼭짓점들에 의해 연결되어 있습니다. 꼭짓점이 밝은 빛으로 활성화되어 있는 트랙은 오토메이션의 영향을 받고 있는 것입니다. 오토메이션이 설정되어 있는 트랙은 오토메이션 값을 읽어(Read) 들이면서 재생되며, 볼륨 페이더 위쪽에 초록색으로 'Read' 표시가 생깁니다.

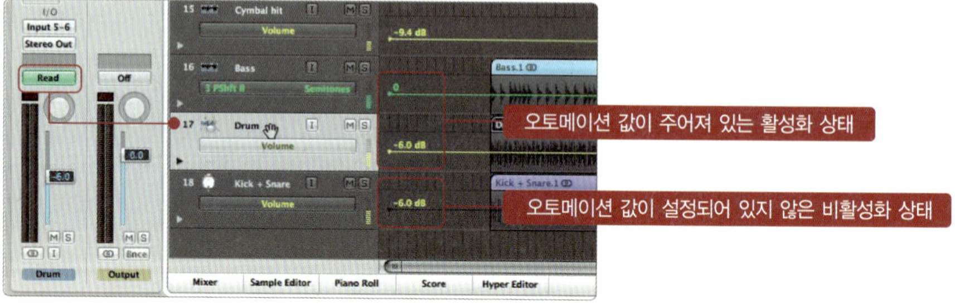

● 오토메이션을 만들기 위해서는 라인을 클릭해서 꼭짓점을 생성시키면 됩니다.

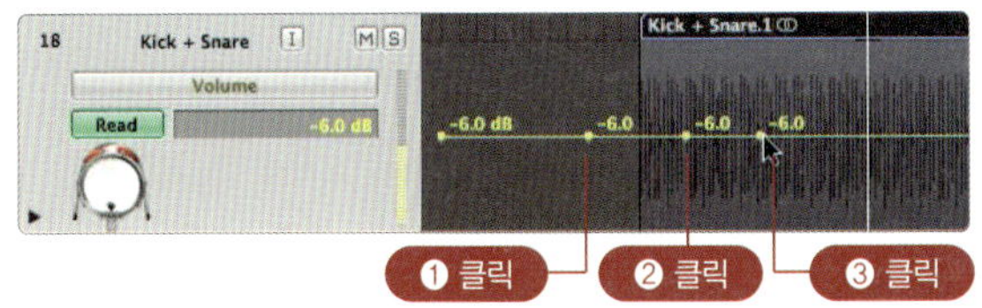

● 꼭짓점을 드래그해서 상하 좌우로 움직이면 위치를 변경시킬 수 있습니다. 꼭짓점으로 볼륨 값을 올리고 내린 다음 프로젝트를 재생시켜보면 해당 트랙의 볼륨 페이더가 자동으로 움직이는 것을 확인할 수 있습니다.

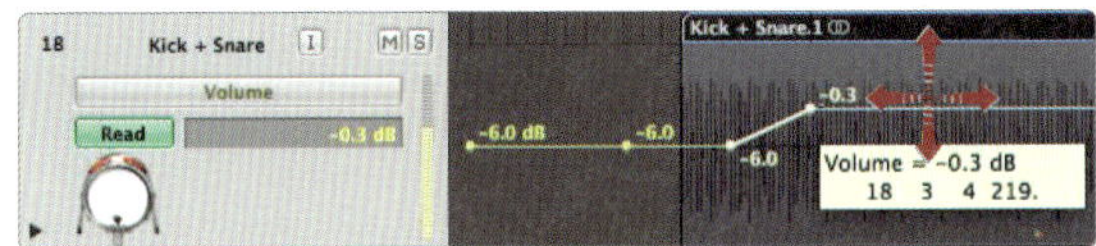

● 꼭짓점과 꼭짓점 사이의 선을 드래그해서 상하좌우로 움직이면 전체적인 값을 움직일 수 있습니다.

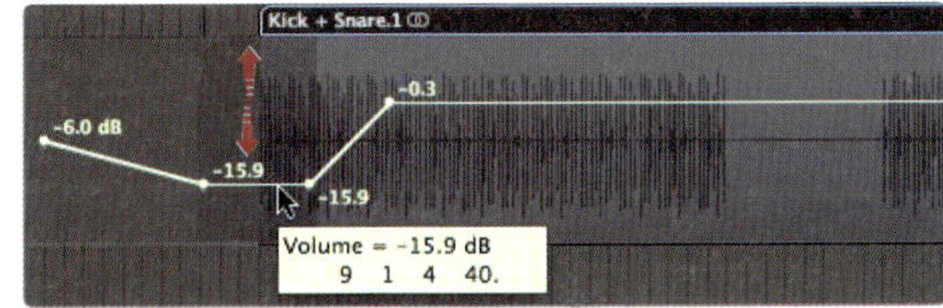

● 마키 툴로 원하는 영역을 선택한 다음 드래그하면 선택한 영역에 대한 전체적인 오토메이션 값을 설정할 수 있습니다.

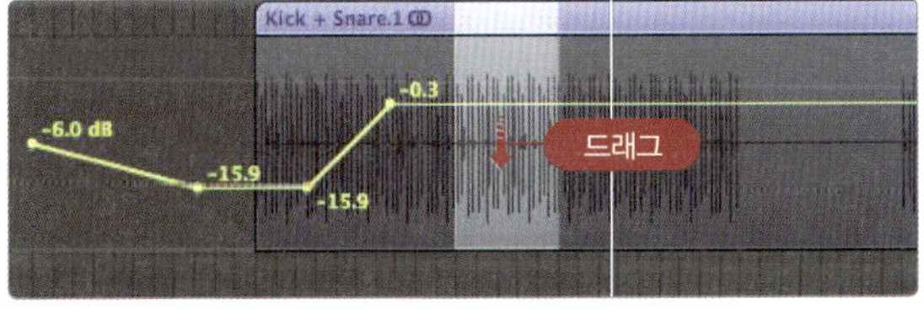 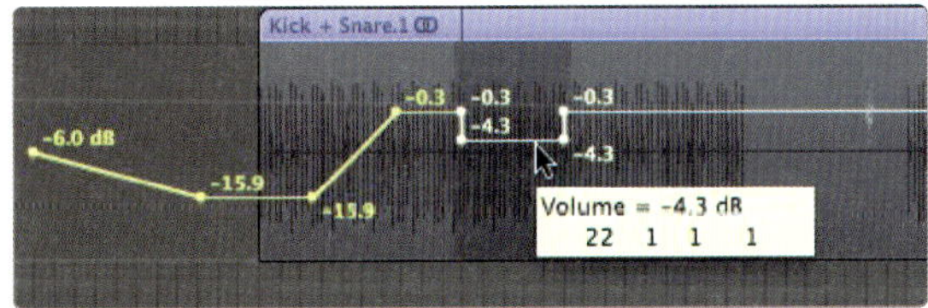

● 생성된 오토메이션의 꼭짓점을 다시 클릭하면 꼭짓점은 삭제됩니다.

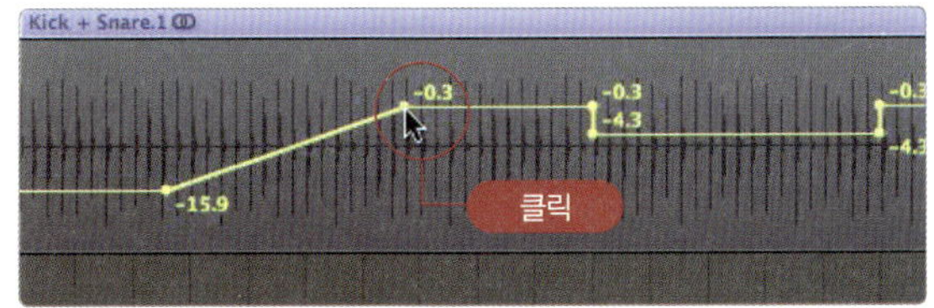 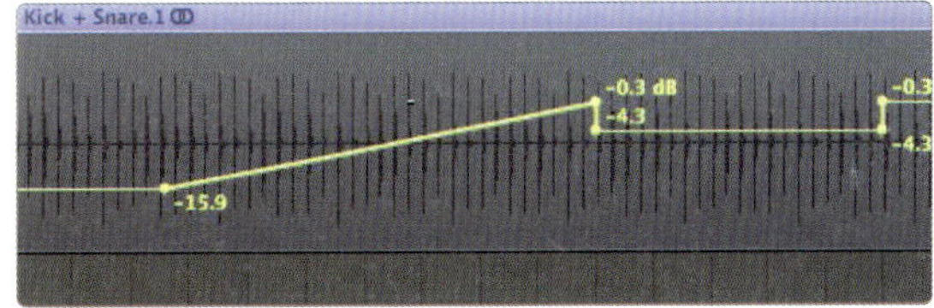

2. 오토메이션 선택, 편집하기

● 포인터 툴인 상태에서 Shift 키를 누른 채로 그림과 같이 드래그하면 오토메이션을 선택할 수 있습니다.
이렇게 선택된 오토메이션은 흰색으로 나타나게 됩니다.

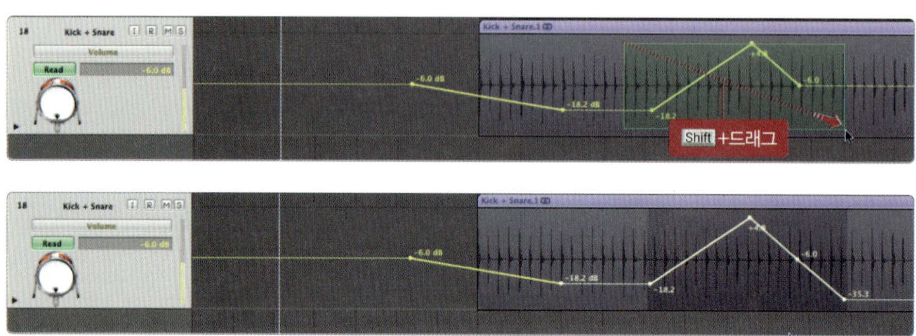

이 동작은 툴 메뉴에서 Automation Select Tool Q 을 선택하고 드래그해서 동일하게 실행할 수 있습니다.

● 선택된 오토메이션은 상하좌우로 드래그해서 원하는 만큼 움직일 수 있고, Delete 키로 삭제할 수 있습니다.

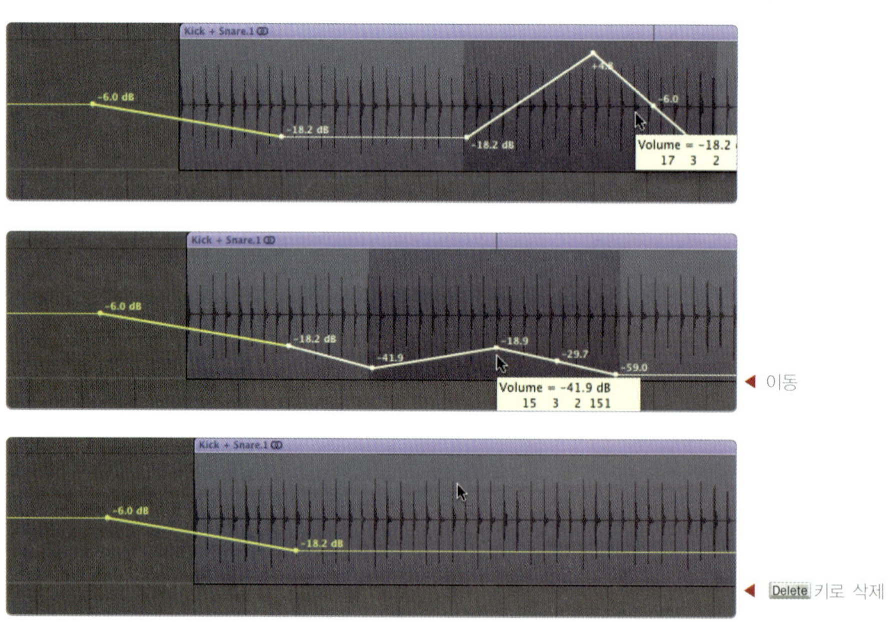

◦ Option 키를 누른 채로 오토메이션을 클릭하면, 클릭 지점부터 프로젝트가 끝나는 지점까지의 오토메이션이 모두 선택됩니다.

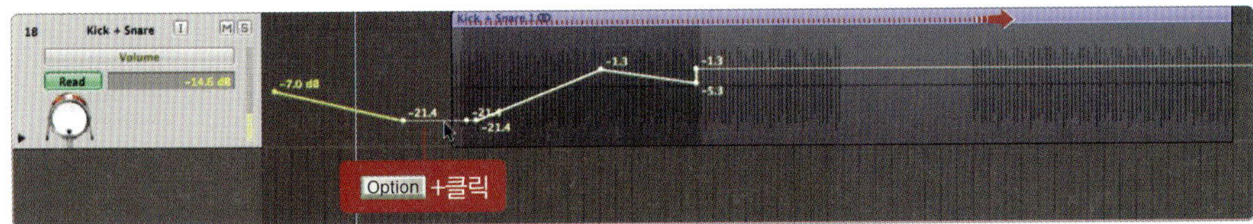

◦ Option 키를 누른 채로 오토메이션을 더블클릭하면, 해당 트랙의 모든 오토메이션을 선택할 수 있습니다.

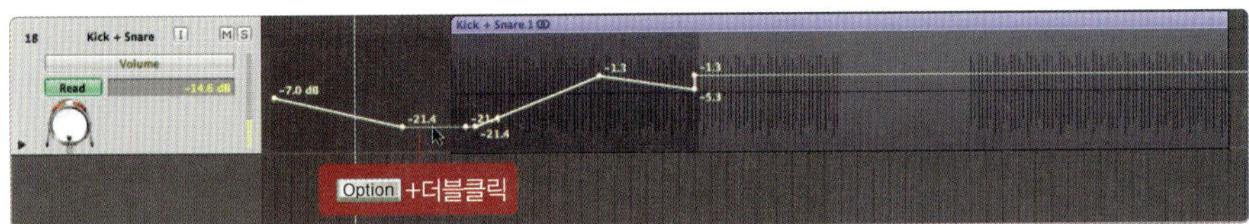

◦ Option 키를 누른 채로 드래그하면 복사할 수 있습니다.

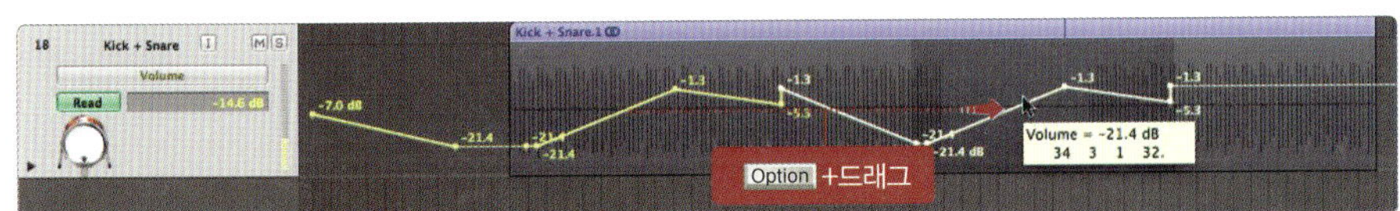

◦ Option + Control 키를 누른 채로 드래그하면 오토메이션의 커브를 조절할 수 있습니다.

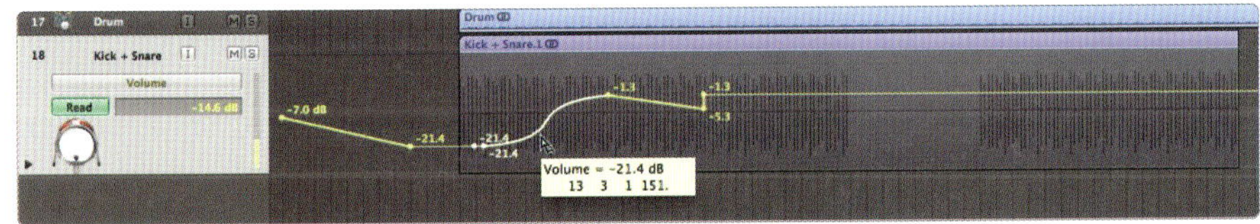

이 동작은 툴 메뉴에서 Automation Curve Tool W 을 선택한 후 드래그해도 동일하게 실행할 수 있습니다.

◦ 현재 눈에 보이는 트랙 내의 모든 오토메이션을 지우는 방법은 어레인지 편집창의 메뉴바에서 Track 〉 Track Automation 〉 Delete Visible Automation on Selected Track을 실행하면 됩니다.(단축키는 우측에 나와 있습니다.) 바로 밑의 'Delete All Automation on Selected Track'은 현재 눈에 보이는 오토메이션 값 외에 트랙에 포함된 모든 오토메이션 값을 지우는 메뉴입니다.

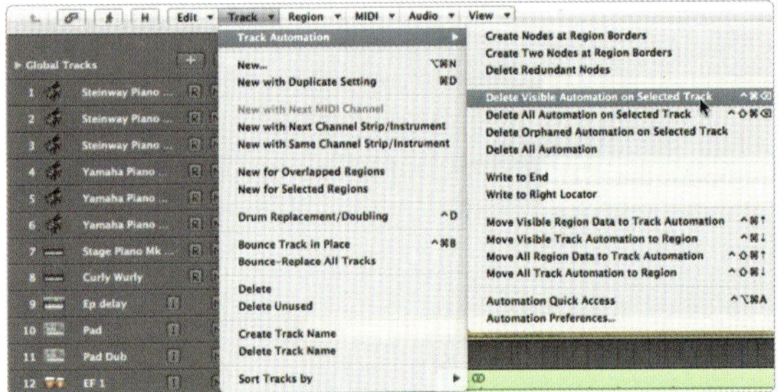

3. 다양한 오토메이션

오토메이션을 실행하면 기본적으로 조절되는 값은 볼륨(Volume)입니다. 로직에서는 볼륨 값 외에도 다양한 항목들을 오토메이션으로 설정할 수 있습니다.

- 트랙 이름 밑의 오토메이션 'Volume' 이라 쓰여 있는 항목을 클릭해보면 여러 가지 메뉴가 보입니다. 그 중에서 'Pan' 값을 선택해보면 설정되어 있는 노란색 볼륨 값 오토메이션 라인이 뒤쪽에 흐리게 나타나고, 팬 값을 조절할 수 있는 초록색 오토메이션 라인이 새로 형성됩니다.

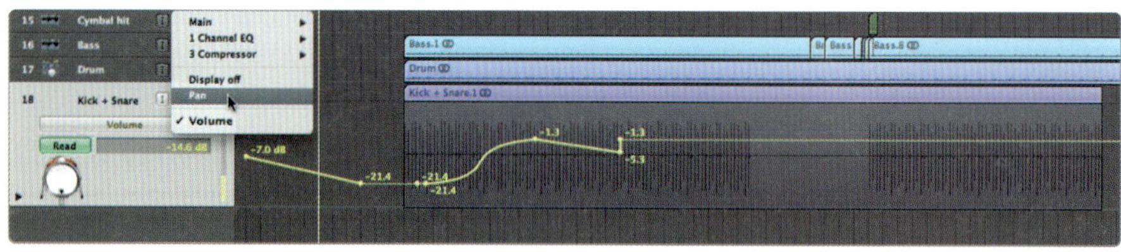

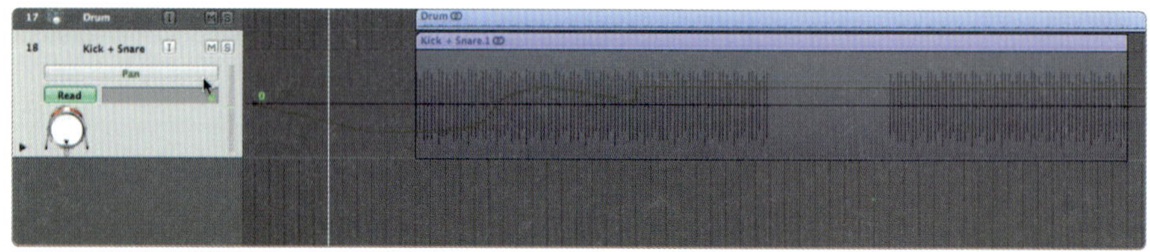

- 팬 값에 오토메이션을 만들어보겠습니다. + 숫자는 우측, − 숫자는 좌측을 뜻합니다.

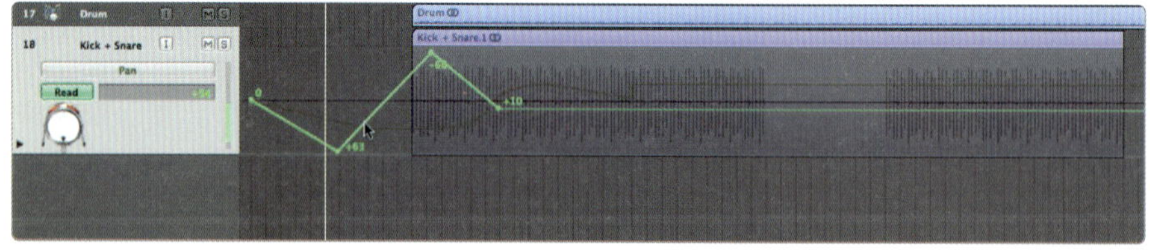

- 트랙 아이콘 좌측의 화살표 아이콘 (▶)을 클릭하면 다른 오토메이션 라인도 같이 볼 수 있습니다.

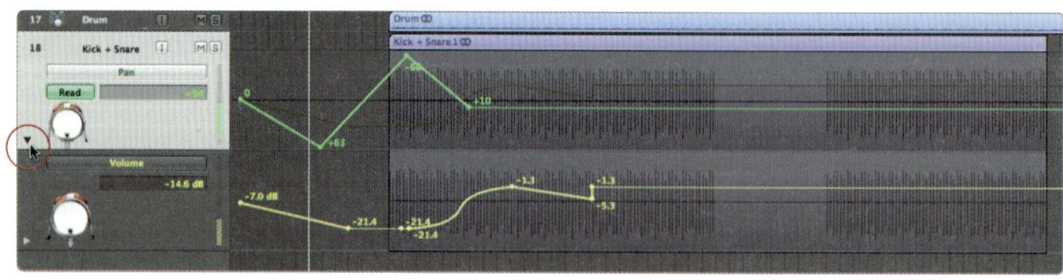

- Shift + Option 키를 누른 채로 화살표 아이콘(▶)을 클릭하면 해당 트랙의 모든 오토메이션 라인을 볼 수 있습니다.

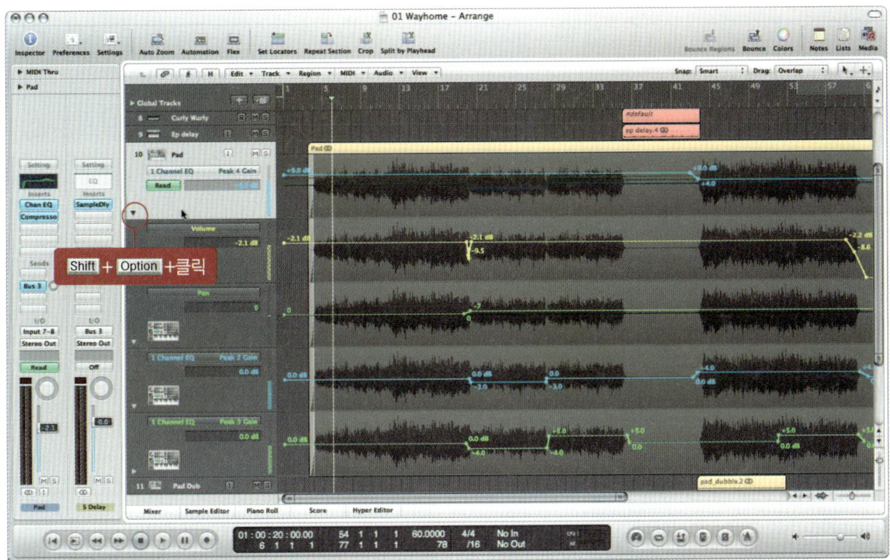

- 이렇게 볼륨이나 팬 값과 같이 굵직한 설정 값들 외에도 플러그인의 세부적인 항목들 또한 오토메이션이 가능합니다.

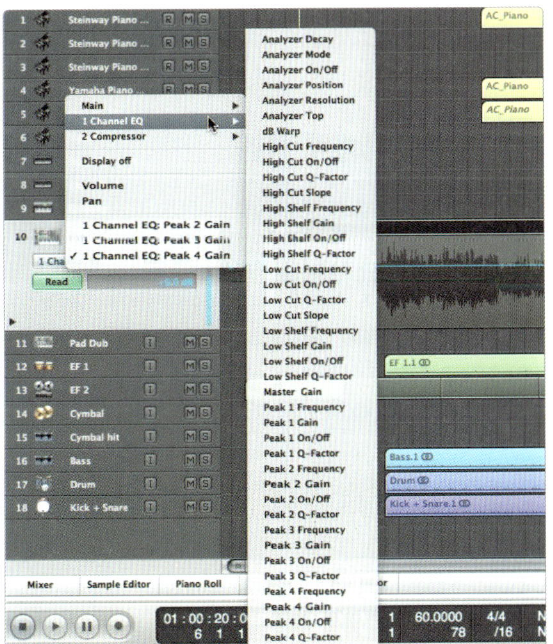

4. 오토메이션 레코딩

예제 파일 : 01 Wayhome – 01 Wayhome

마우스로 사선이나 곡선을 만들어 오토메이션을 만드는 방법 외에도, 플레이 상태에서 노브를 움직여 오토메이션을 기록할 수도 있습니다. 컨트롤러를 가지고 있는 유저들은 더욱 편리하고 세밀하게 기록할 수 있습니다. Wayhome 프로젝트를 열고 'Kick + Snare' 트랙을 오토트랙줌으로 확대해 따라해보겠습니다.

01 오토메이션 모드를 'Read'에서 'Touch'로 바꾸어보겠습니다.

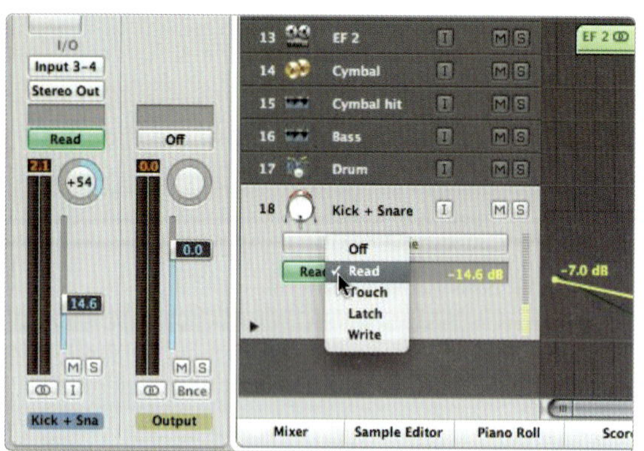
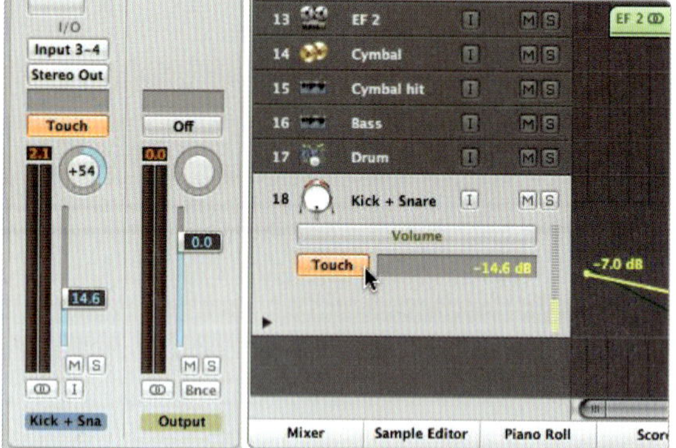

02 Touch 모드에서는 프로젝트가 재생되는 상태에서 움직여지는 설정 값들이 오토메이션 데이터로서 기록됩니다. Space Bar 키로 프로젝트를 재생시키고 트랙의 볼륨 페이더를 움직여보겠습니다. 움직이는 페이더의 값이 오토메이션 데이터로 기록되면서 라인이 변경되는 것을 확인할 수 있습니다.

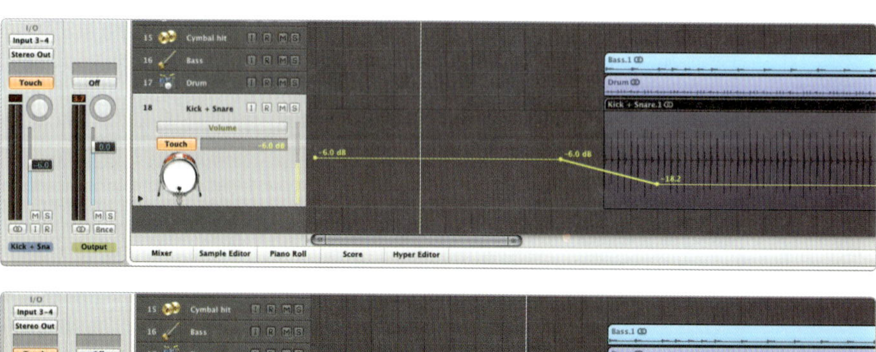

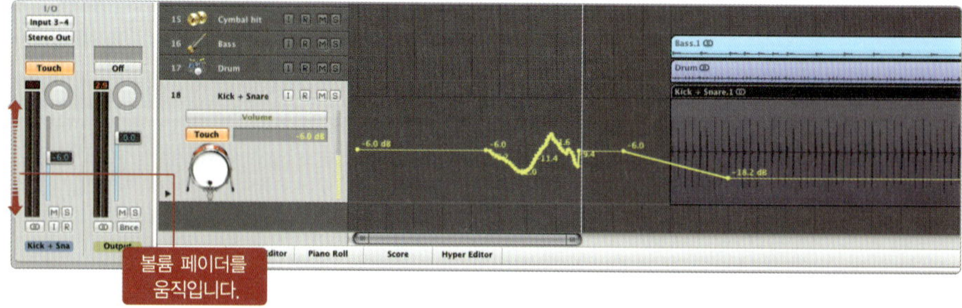

Touch 모드에서는 오토메이션 기록 중에 마우스에서 손을 떼면, 기존의 기록되어 있던 오토메이션 값을 따라가게 됩니다.

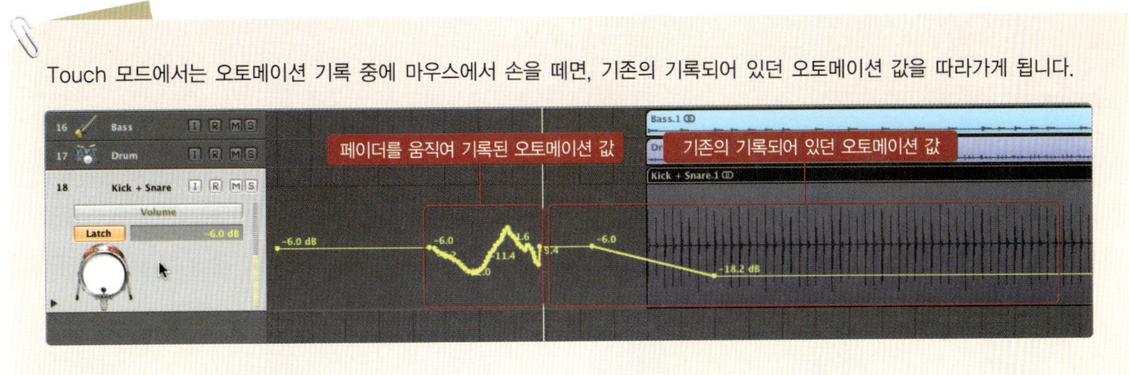

03 모드를 'Latch' 모드로 바꾸어보겠습니다.

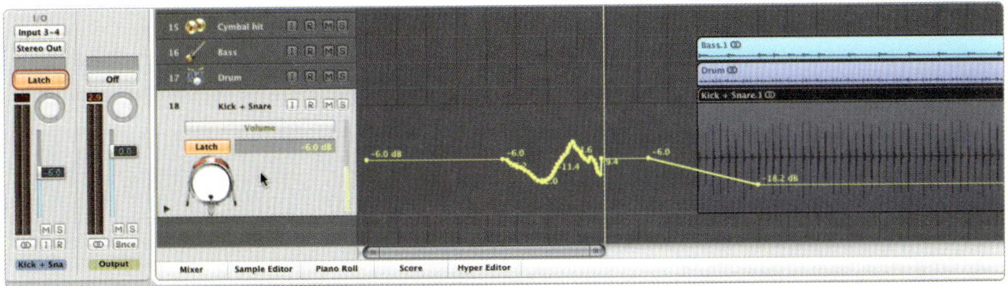

04 Latch 모드에서는 기록 중에 마우스에서 손을 떼면, 마지막 설정 값이 계속해서 기록되게 됩니다.

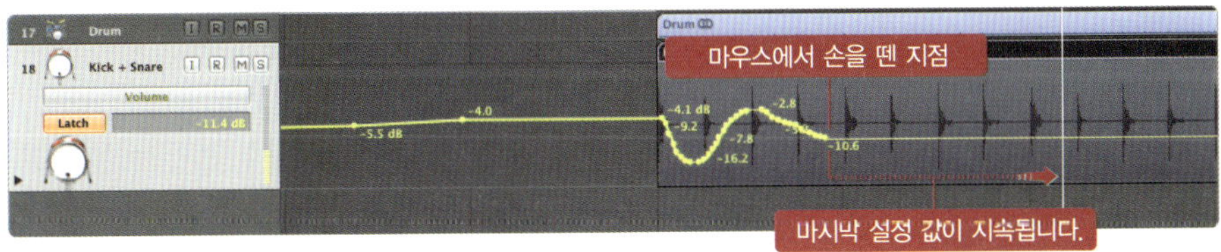

믹싱 (Mixing)

CHAPTER 02

프로젝트 내에서 만들어진 여러 트랙의 음원들을 적당한 자리에 위치시키고, 소리의 성질을 변화시켜 더욱 더 음악적으로 들리게 하는 작업을 '믹싱(Mixing, 섞는다)' 이라 합니다. SSL과 같이 대형 콘솔들이 해내던 채널별로 소리를 만들어주는 기능을 이제는 컴퓨터의 DAW상에서 해낼 수 있게 되었고, 외부 장비들을 이용해서 사용하던 EQ, Compressor, Reverb 등을 모두 컴퓨터 플러그인으로도 해낼 수 있게 되었습니다. 로직에서는 소프트웨어 악기를 기본으로 제공하듯이, 다양한 플러그인들을 기본 제공하고 있습니다. 이번에는 로직의 믹서와 기본 플러그인의 사용법에 대해 알아보겠습니다.

1. 믹서

믹서는 믹싱 작업을 할 때 가장 중요한 편집창입니다. 사용법이 어렵지는 않지만 몇 가지 유용한 기능들을 소개하겠습니다.

단축키 X 를 누르면 어레인지 윈도우 아래쪽에 믹서가 보이게 되고, Command + 2 키를 실행하면 별도로 믹서창을 띄울 수 있습니다.

채널 스트립 골라보기

1 All, Arrange, Single 상태로 보기

믹서창의 메뉴바에 표시된 Single, Arrange, All은 믹서에서 보여지는 채널 스트립을 걸러내는 버튼입니다.

● **All 상태** : 어레인지 편집창에서 보이지 않는 숨겨진 트랙들도 모두 보이게 됩니다.

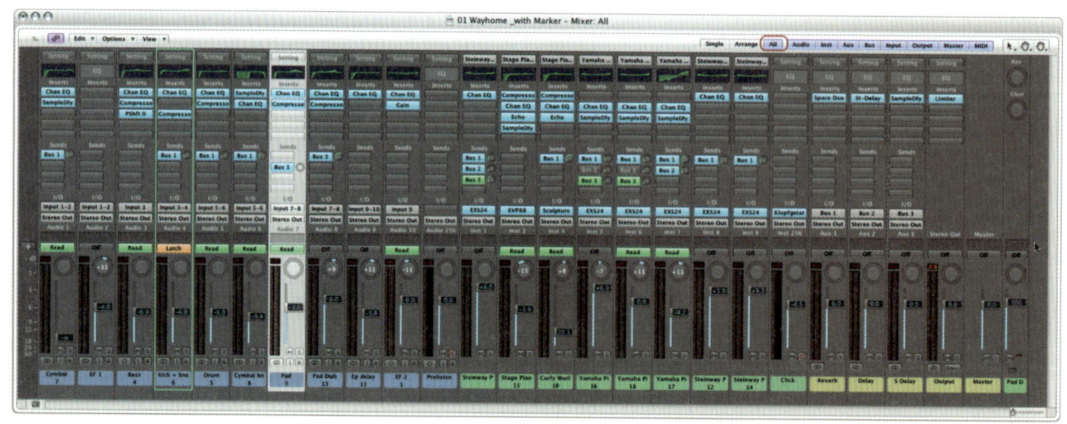

● Arrange 상태 : 어레인지 편집창에서 사용되는 모든 채널 스트립이 믹서에 보여지게 됩니다.

● Single 상태 : 어레인지 편집창 위에서 선택된 트랙과, 해당 트랙에 관련된 트랙들이 보여지게 됩니다.
단축키 Shift + X 키를 이용하면 순서대로 믹서의 배열방법을 바꿔가며 볼 수 있습니다.

2 채널 스트립별로 선택해서 보기

우측의 버튼들을 클릭해보면, 파란색으로 활성화된 종류의 채널 스트립만 믹서에 나타나는 것을 확인할 수 있습니다.

이러한 방법으로 본인이 보고 싶은 채널 스트립을 걸러내며 볼 수 있습니다.

믹서에 노트 기록하기

믹서창의 메뉴바에서 View 〉 Notes를 활성화하면 채널 스트립 밑에 노트를 기록할 수 있는 영역이 생겨납니다. 트랙별로 노트 영역을 더블클릭하면 노트를 입력할 수 있습니다.

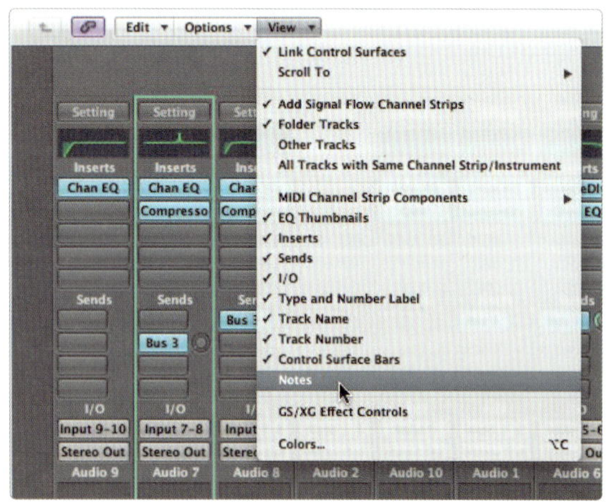
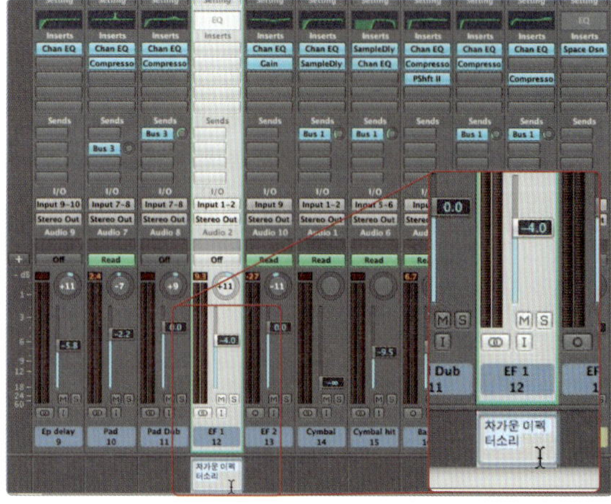

Aux 채널 만들기

믹서창의 메뉴바에서 Options 〉 Create New
Auxiliary Channel Strips..를 실행하면 Aux 채
널을 만들 수 있습니다.

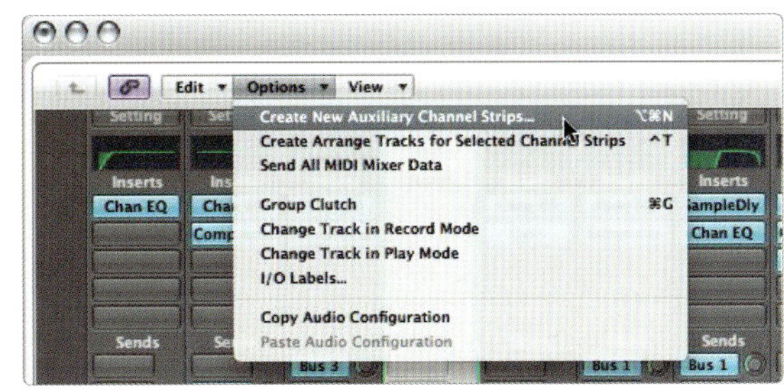

2. 볼륨과 팬

볼륨(Volume)과 팬(Pan)은 믹싱 과정에서 가장 많이 사용하는 채널의 설정 값입니다. 볼륨은 소리의 크기
를 조절하고, 팬은 소리의 좌우를 결정합니다.

볼륨 조절

볼륨은 페이더를 움직여서 조절할 수 있지만, 볼륨(팬)을 오토메이션으로 조절해 놓아 [Read] 버튼이 초
록색으로 활성화되어 있는 트랙은 페이더를 조절해도 오토메이션에 의해 볼륨(팬)이 조절됩니다.

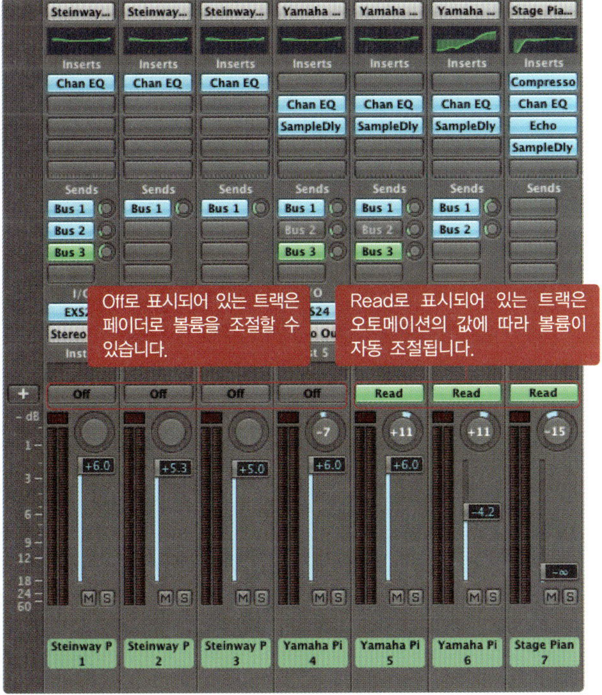

● 아래의 트랙 이름 부분을 드래그해서 선택한 다음 조절하면 여러 트랙의 볼륨(팬)을 동시에 조절할 수 있습니다.

볼륨 페이더 위쪽에 붉은색 글씨로 Clip 수치가 표시될 때는, 해당 채널의 볼륨이 너무 커서 소스의 소리가 감당할 수 있는 양을 넘었다는 뜻입니다. 그림처럼 '0.8'이라는 수치가 붉은색으로 표시되면 0.8db만큼 소리가 넘친다는 뜻이니, 페이더를 내려서 볼륨을 줄이거나 플러그인을 설치해서 해결하면 됩니다. 붉은색 표시등은 클릭하면 없어집니다.

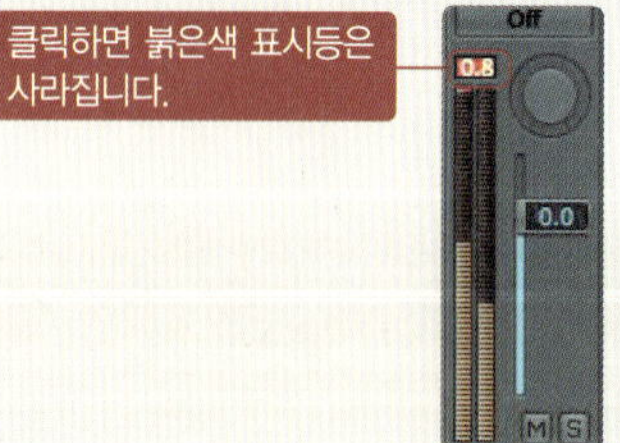

팬 조절

- 팬 또한 볼륨과 마찬가지로 조절할 수 있습니다.
  동그란 원형 부분을 위아래로 드래그하면 팬이
  좌우로 움직이게 됩니다.

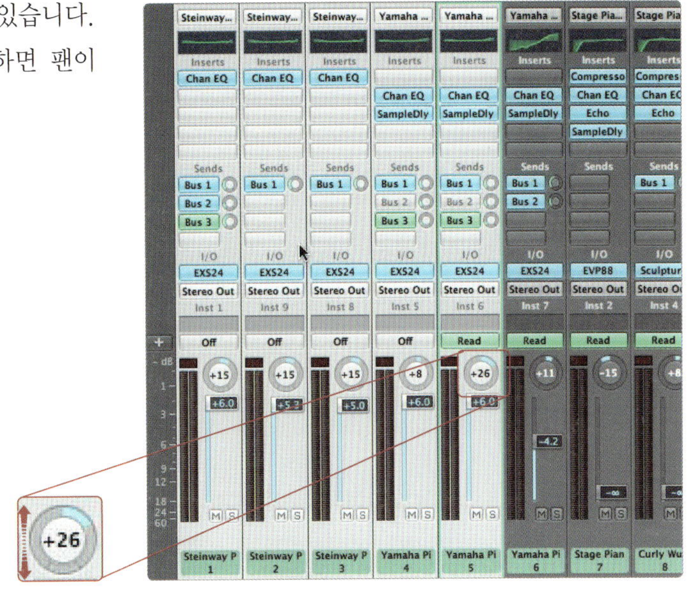

- 볼륨과 팬 모두 더블클릭하면 수치를 직접 입력
  할 수 있습니다.

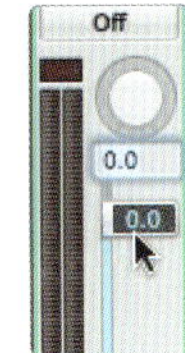 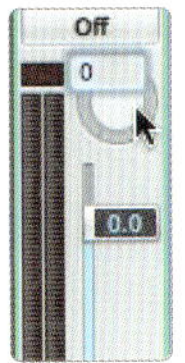

초기화

볼륨과 팬 모두 Option 키를 누른 채로 클릭하면 초기값으로 되돌아가게 됩니다.

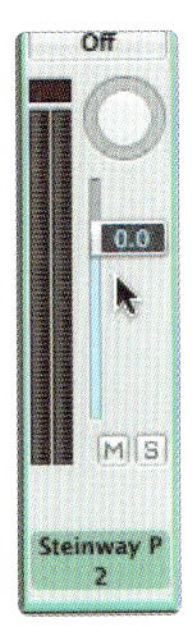

3. 그룹 만들기

믹서에서 같이 조절하면 편리한 채널들을 묶어서 그룹을 만들 수 있습니다.

그룹 생성하기

● 일단 그룹으로 묶고자 하는 채널들을 선택해보겠습니다. 트랙을 드래그하는 방법 외에 Shift 키를 누른 채 클릭해서 여러 개의 채널을 선택하는 방법도 있습니다. 원하는 채널을 선택한 다음 그룹 칸을 클릭한 후, 그룹명을 지정해주면 됩니다. 그룹의 이름들이 순차적으로 나열되어 있습니다. 이 중에 원하는 그룹을 선택하면 노란색으로 그룹 번호가 나타나게 됩니다.

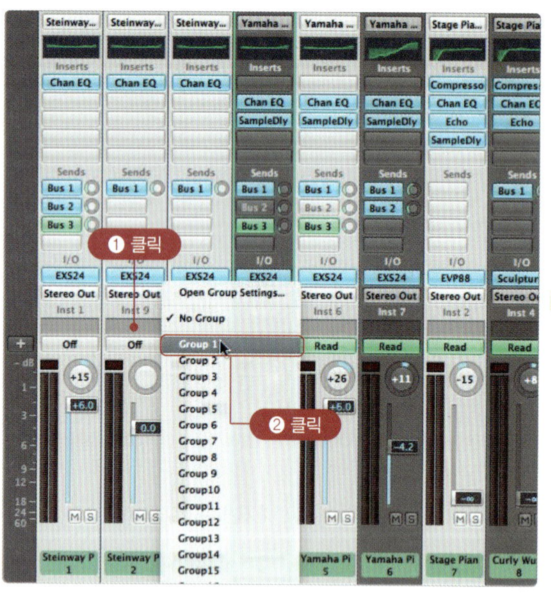

● 그룹을 설정할 수 있는 그룹 설정창은 처음 그룹을 설정할 때 자동으로 나타납니다. 다시 열어보고자 할 때는 그룹 메뉴 중에서 'Open Group Settings'를 클릭하면 됩니다.

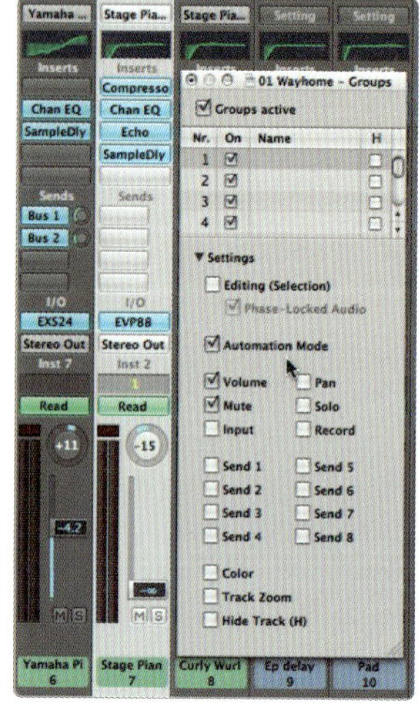

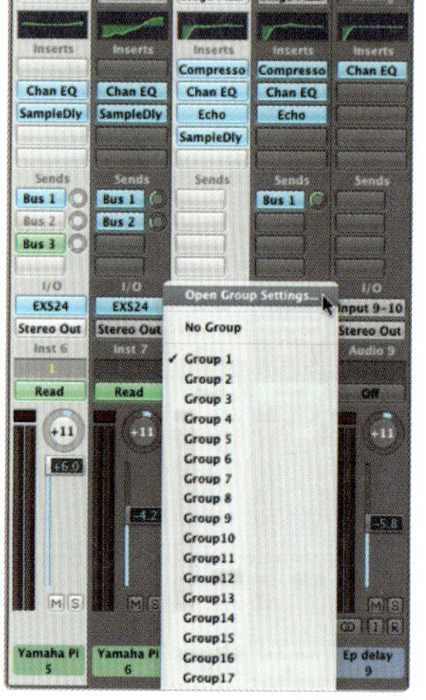

그룹 설정 사용하기

● 그룹 설정창의 Name란에 이름을 입력하면 그룹 칸에 이름이 보이도록 할 수 있습니다.

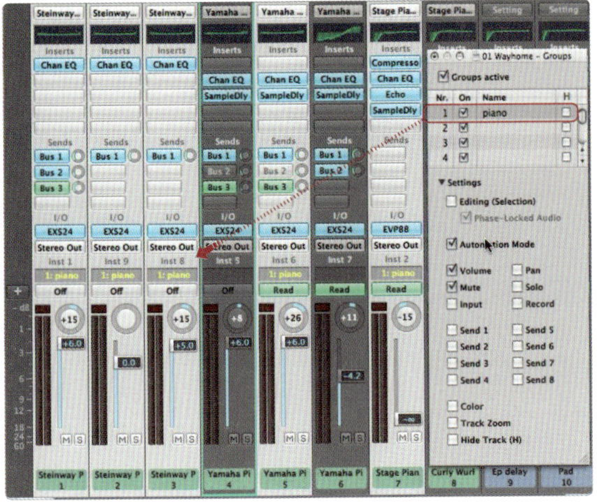

● 그룹 설정에 체크되어 있는 항목은 한 트랙의 값만 움직여도 그룹이 모두 함께 움직이게 되지만, 체크되어 있지 않은 항목은 트랙별로 따로 움직이게 됩니다.

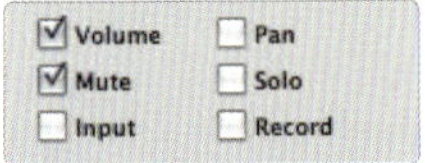

4. Aux(Auxiliary) 채널

Aux 채널이란

Aux(Auxiliary – '보조'라는 뜻) 채널은 보내고(Send) 받기(Return)의 개념으로 이해하면 됩니다. 채널별로 Sends 창에서 각자 Aux 채널로 보낼(Send) 만큼의 음량을 선택하고, Aux 채널의 플러그인을 거친 소스가 돌아와서(Return) 원래의 채널 아웃풋에 더해지는 원리입니다. 앞서 보컬에 리버브(Reverb)를 사용하는 방법을 배울 때 Aux 채널을 사용하는 방법을 배웠었습니다. 보통 Aux 채널에서는 리버브(Reverb)나 딜레이(Delay)와 같이 공간감을 조절하는 플러그인들을 주로 사용합니다.

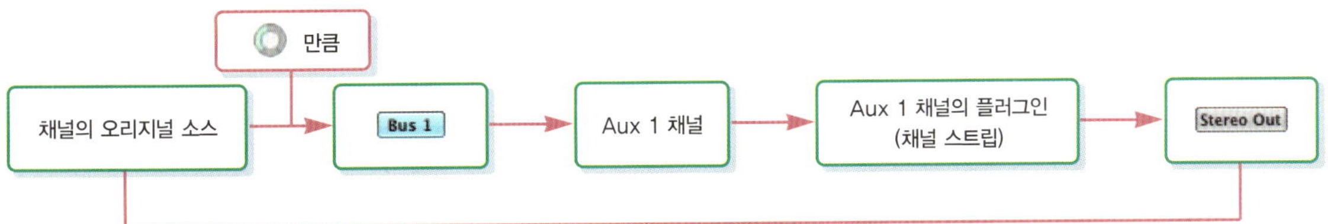

그림에서 채널별로 Bus 1 로 보낸 소스는 ● 만큼 인풋이 Bus 1 로 설정되어 있는 'Aux 1' 채널로 보내지고, 'Aux 1' 채널의 모든 플러그인을 거쳐(현재는 Space Dsn 리버브) 'Aux 1' 채널의 아웃풋인 Stereo Out 로 보내지게 됩니다. ● 를 위/아래로 드래그하면 Aux 채널로 보내는 소리의 양을 조절할 수 있습니다. 이러한 과정을 거쳐 Sends와 관계없이 해당 채널의 소리는 그대로 출력되는 채로, Bus 1 으로 보내진 소리는 'Aux 1' 채널의 플러그인을 모두 거쳐 출력되는 것입니다.

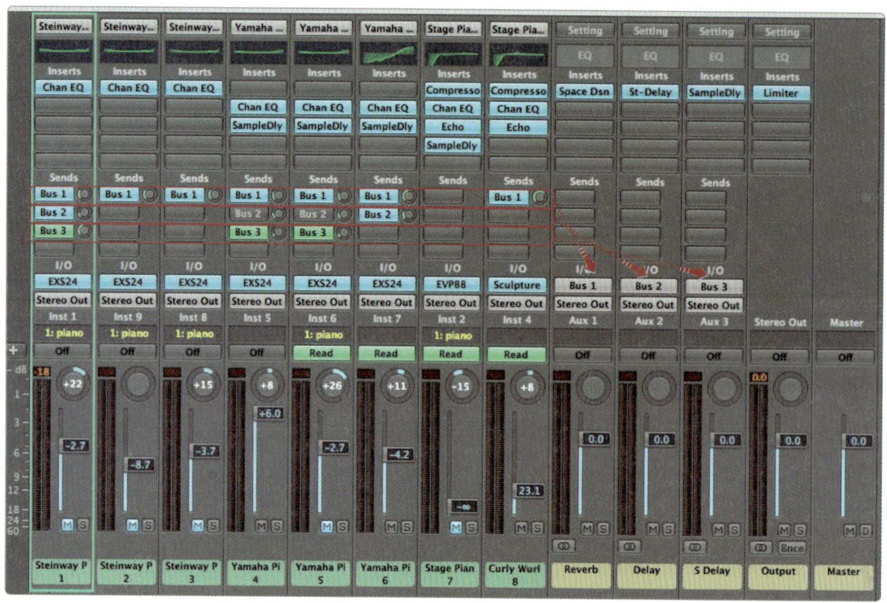

Aux 채널과 연결하는 방법

Send 창의 빈 칸을 클릭한 후, Bus를 고르면 Aux 채널과 자동으로 연결이 이루어집니다. 이미 만들어진 'Bus 1' 부터 'Bus 3' 까지는 Aux 채널에 지정해 놓은 이름이 같이 나오게 됩니다. 아직 만들어지지 않은 'Bus 4' 를 선택하면 자동으로 인풋이 'Bus 4' 로 설정된 'Aux 4' 채널이 생성됩니다.

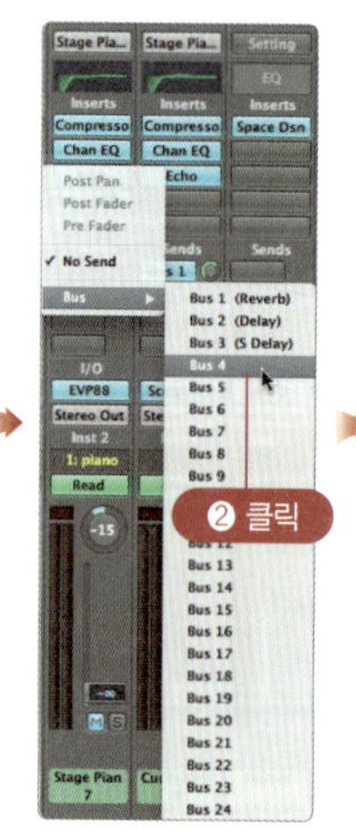

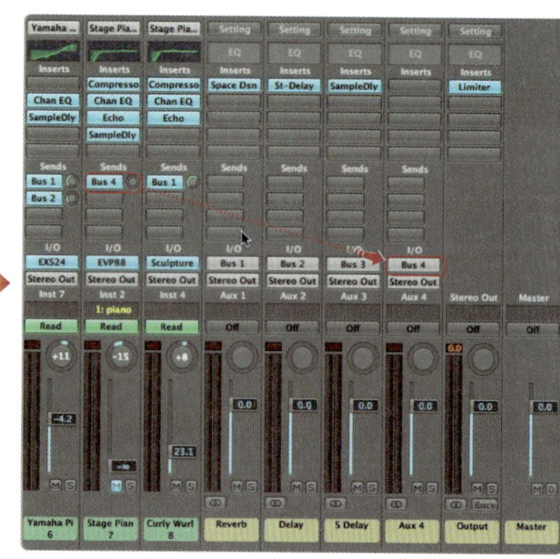

Aux 채널에 플러그인 설치하기

일반적으로 채널 스트립에 플러그인을 설치하는 법과 같습니다.

Inserts 창을 클릭하고 원하는 플러그인을 선택합니다. 이름을 더블클릭하여 바꾸어 놓으면 해당 Aux 채널에 연결할 때 이름이 보이게 됩니다. 여기서는 'Space Designer'를 설치해서 리버브 효과를 만들어보겠습니다.

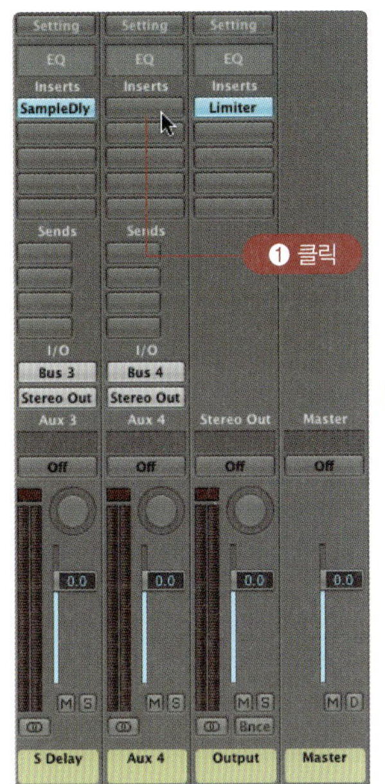
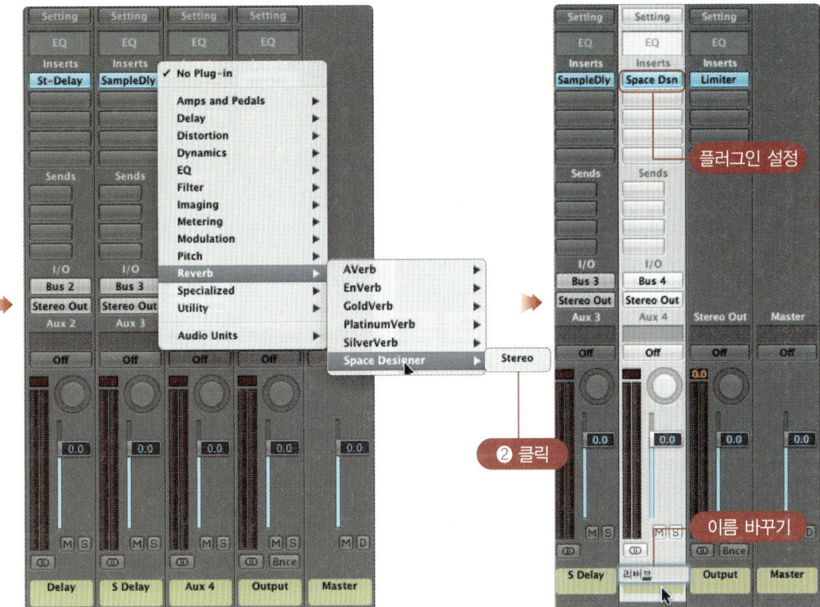

Aux 채널로 보내는 데이터양 조절하기

Sends 창의 ◉를 드래그하면 해당 Aux 채널로 보내지는 데이터의 양을 조절할 수 있습니다.

● ●를 통해 Aux 채널로 보내지는 데이터양을 조절할 때 채널의 볼륨 페이더의 영향을 받습니다. 예를 들어 피아노 소스의 볼륨 채널 스트립의 페이더를 통해 줄이면 Aux 채널로 보내지는 데이터의 양도 비례해서 줄게 됩니다. 하지만, 경우에 따라 Aux 채널로 보내지는 소리의 양이 볼륨 페이더의 영향을 받지 않도록 해야 할 때도 있습니다. 이럴 때는 Sends 창의 Bus 1 버튼을 잠시 클릭하고 있으면 나타나는 메뉴에서 'Pre Fader(페이더 이전에 보낼 것)'를 선택하면 됩니다. 이렇게 Pre Fader로 지정된 Aux 채널은 초록색으로 나타나게 됩니다.

Aux에 리버브를 걸었을 때

Aux 채널에 설치되어 있는 리버브 Space Dsn 은 Dry 소스가 '0'으로 되어 있습니다. Aux 채널에 플러그인을 설치할 때는 Dry 소스(원래 채널 스트립의 소리)는 불필요하기 때문에 Rev 소스(리버브가 적용된 소스)만을 활용할 수 있게 Dry 소스가 '0'인 값이 자동 세팅되는 것입니다.

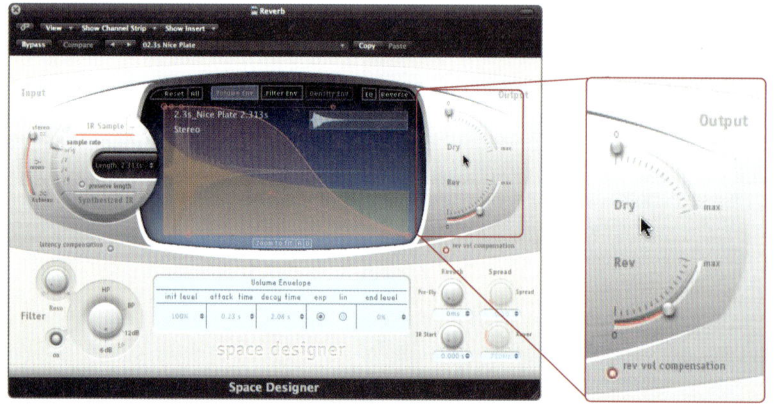

5. Bus

Bus란

Aux 채널을 사용할 때 채널 스트립의 Sends에서 원래 소리의 일정 양을 Bus 채널로 보내고, 그 Bus 채널을 Aux 채널이 받아서 사용하는 흐름을 보았습니다. 이번에는 Sends가 아닌 아웃풋을 Bus로 보내는 방법에 대하여 배워보겠습니다. Bus는 데이터가 머무르는 연결고리라고 연상하면 조금 쉽게 이해할 수 있습니다. 샌드/리턴 개념으로 Bus를 이용할 때는 원래의 소스도 출력되고 샌드/리턴된 Aux 채널의 소스도 출력되지만 아웃풋을 Bus로 설정했을 때는 해당 Bus로 모든 데이터가 출력되고 채널 스트립을 거쳐 아웃풋으로 나가게 됩니다.

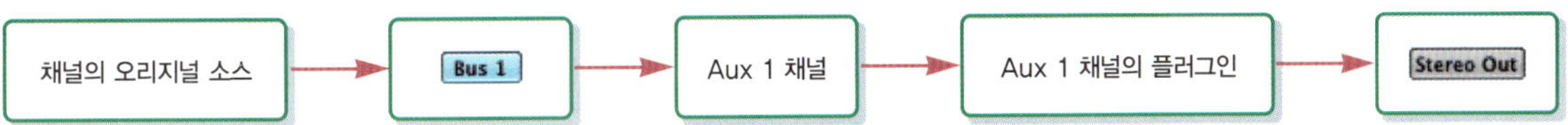

Bus 아웃풋 만들기

아웃풋 버튼(Stereo Out)을 클릭한 채로 잠시 기다리면, 'Output'과 'Bus'로 나뉘어진 메뉴가 보입니다. 본인의 오디오 인터페이스에 여러 개의 아웃풋 출력 단자가 있을 경우 Output에서 다른 채널로 설정해주면 물리적으로 다른 채널로 출력이 나가게 됩니다. 하지만, Bus를 이용하면 로직 프로그램 내에서 가상의 출력 단자를 만들어 소리를 내보내는 형식을 띄게 됩니다. 지정한 Bus가 인풋 채널이 되는 Aux 채널이 생기는 것이 Sends에서 활용할 때와 모양새가 같습니다. Sends에서는 Bus로 보내는 양을 조절할 수 있었지만, 이렇게 아웃풋 채널을 버스로 돌리면, 채널 스트립의 소리가 고스란히 Bus 채널로 나가게 됩니다.

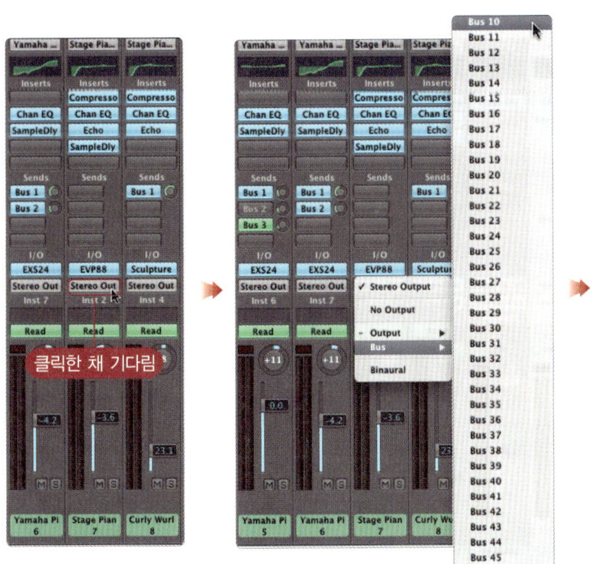

여러 개의 채널을 Bus로 보내기

Bus를 이용함으로써 가장 편리한 점은 여러 트랙을 하나의 Bus로 묶어 볼륨과 플러그인을 관리할 수 있다는 것입니다. 예를 들어 그림처럼 피아노와 관계된 채널들을 모두 선택하고 아웃풋을 버스로 지정하면 피아노와 관련된 트랙의 전체적인 볼륨을 Aux 채널을 통해서 조절할 수 있고 플러그인을 한꺼번에 걸거나 효과를 주는 것도 간단하게 실행할 수 있습니다.

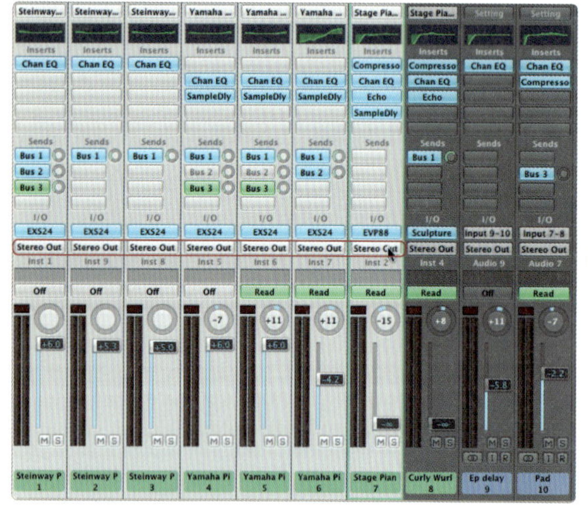

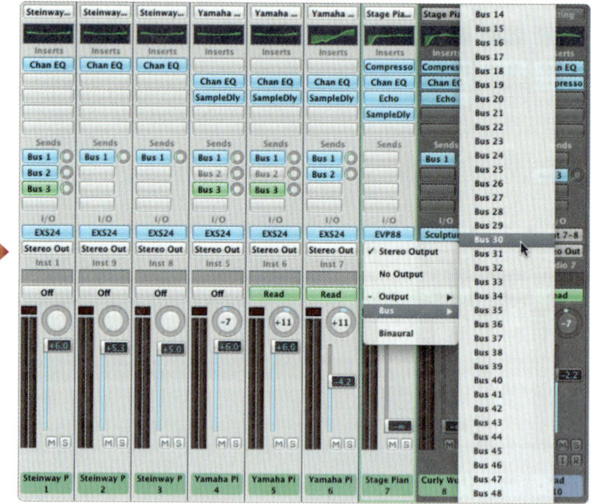

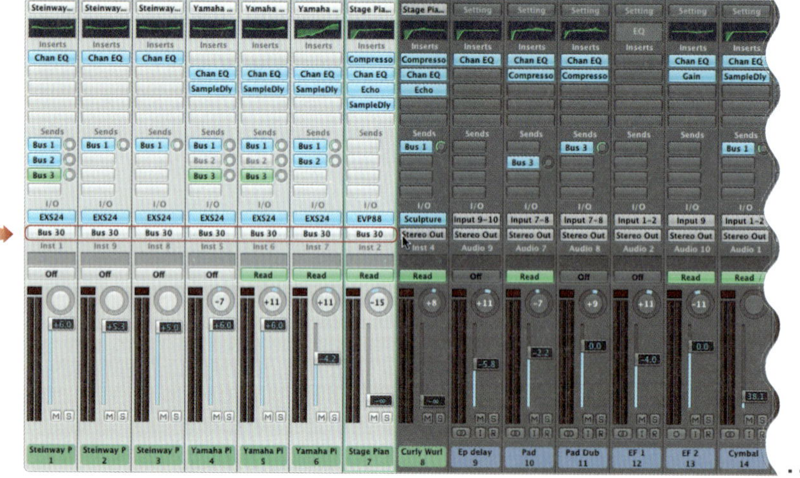

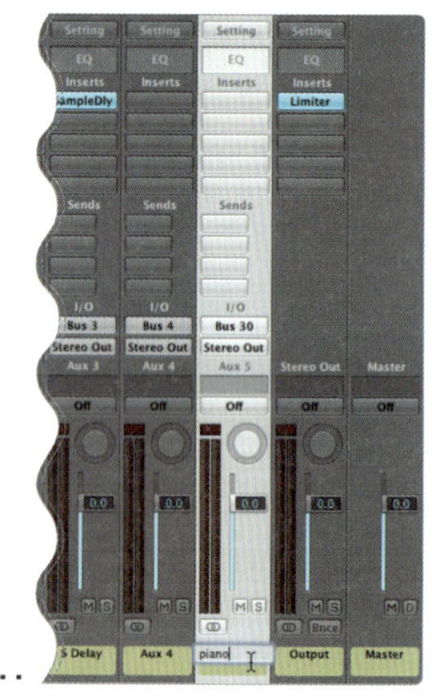

6. Aux와 Bus의 활용

Aux와 Bus의 개념에 대해 배워도 정확하게 이해가 되지 않을 수 있습니다. 여기서는 따라하기를 통해 Aux
채널과 Bus 채널을 실습해보겠습니다.

Aux(샌드/리턴)를 이용해서 플러그인 설치하기

01 예제 파일을 열어보면 3개의 코러스 트랙과 1개의 보컬 트랙으로 이루어져 있습니다.

02 믹서창을 열어 세 개의 코러스 트랙을 드래그해서 선택합니다.

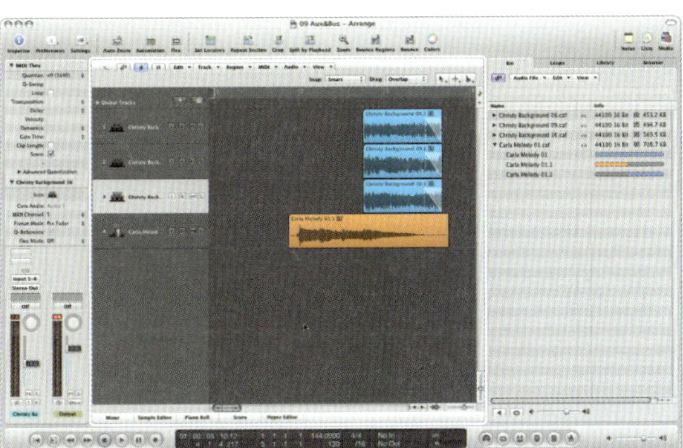

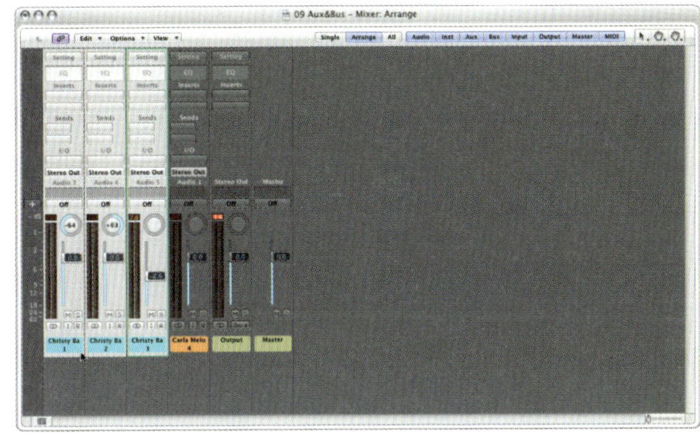

03 Sends 창의 ▭▭ 버튼을 클릭하고 'Bus 1'을 선택합니다.

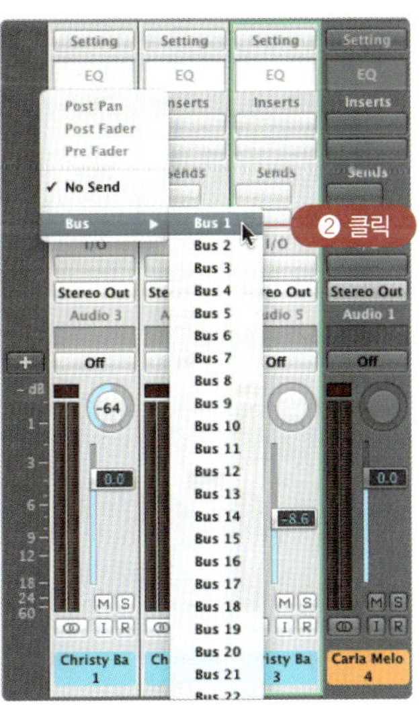

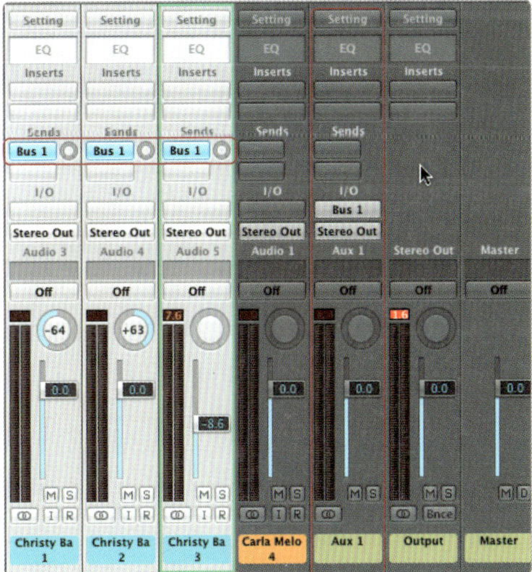

04 'Aux 1' 채널의 Inserts 창에서 ▬▬▬ 버튼을 클릭하여 'Space Designer'를 설치합니다.

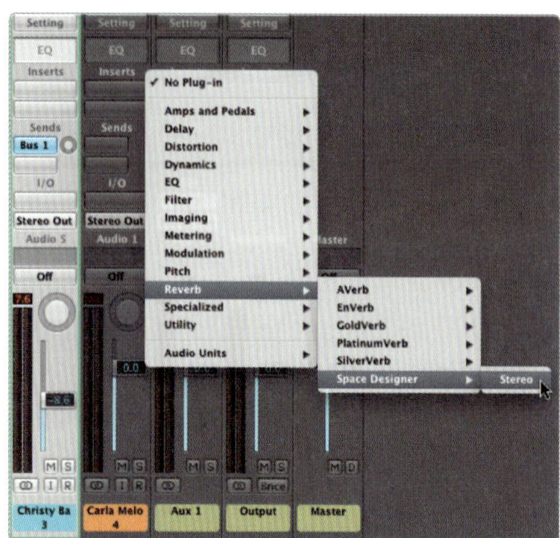

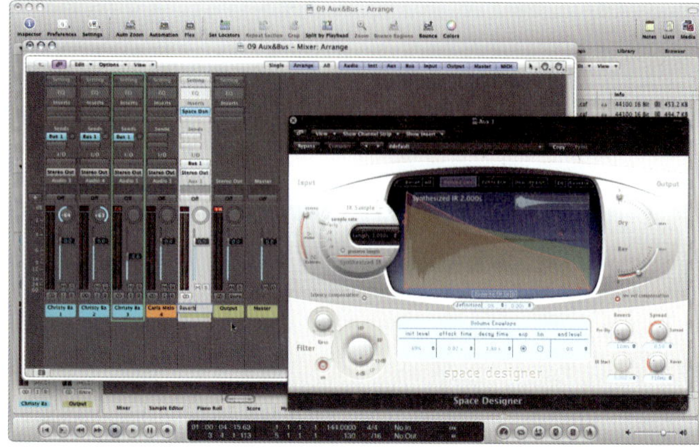

05 채널 스트립의 이름을 'Reverb'로 입력합니다.

06 Space Designer의 프리셋을 01 Large Spaces 〉 03 Plate Reverbs 〉 02.6s Vocal Plate로 설정합니다.

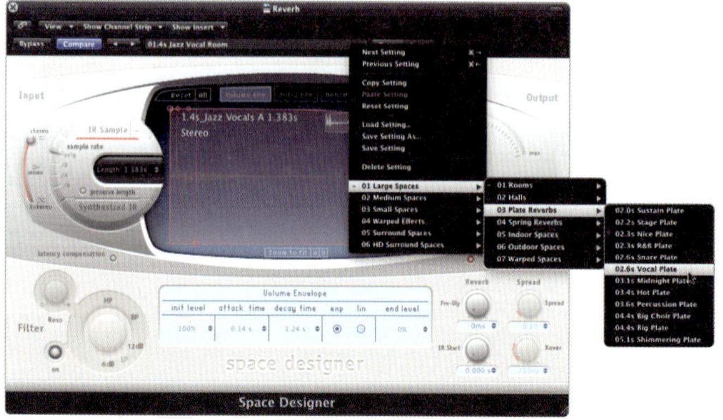

07 그림처럼 세 개의 코러스 트랙을 드래그해서 선택하고 ●를 드래그해서 위로 올립니다.

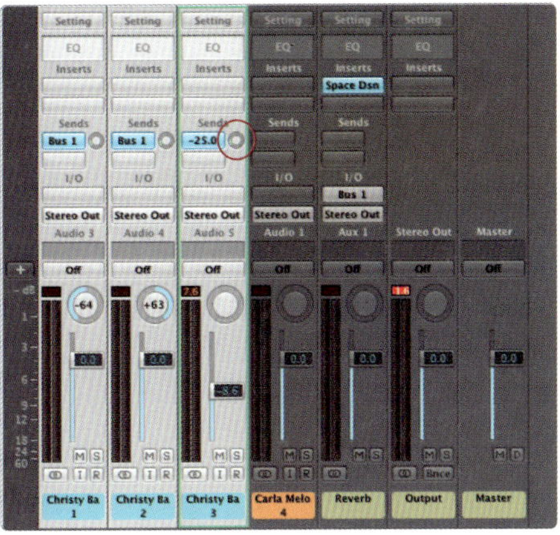

08 프로젝트를 재생해보면 코러스 트랙에 리버브 효과가 들어간 것을 확인할 수 있습니다.

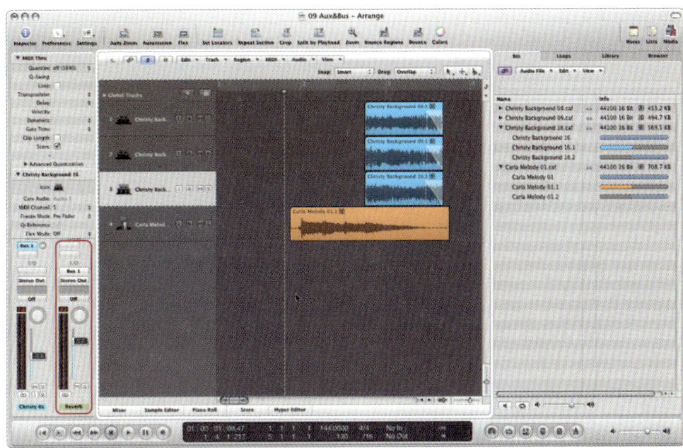

09 코러스 트랙을 선택하고 그룹창을 클릭하여 'Group 1'으로 지정합니다. 그룹 설정창에서 이름을 'chorus'로 입력해 놓으면 편리하게 구별해서 볼 수 있습니다.

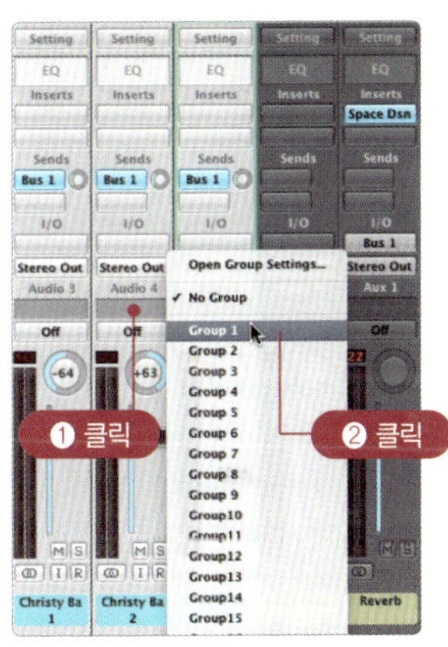

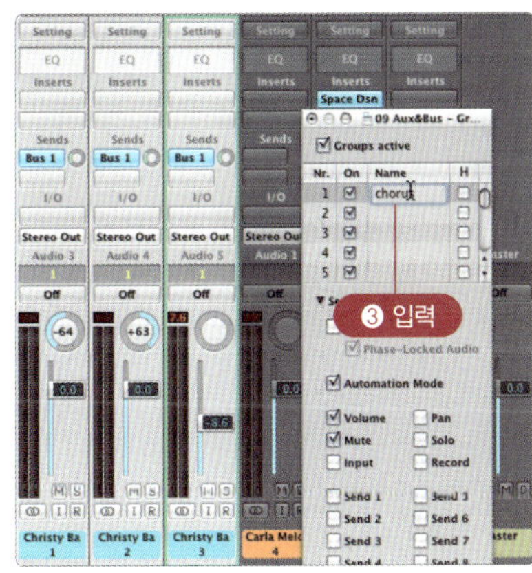

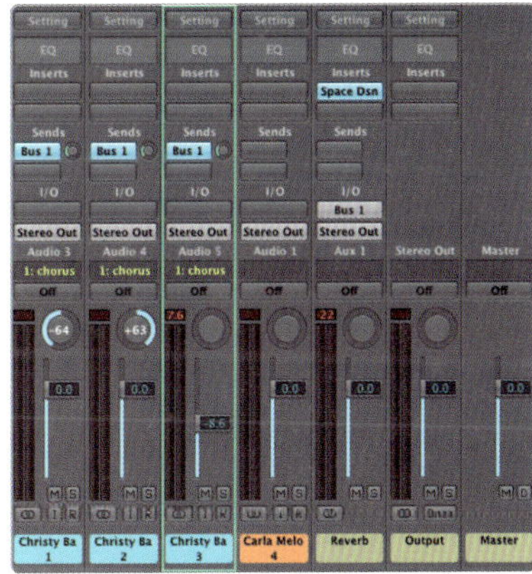

10 이 상태에서 볼륨 페이더를 위아래로 움직이면 코러스 트랙이 다 같이 조절됩니다. Aux로 보내지는 양도 줄기 때문에 리버브의 양도 같이 줄어들게 됩니다.

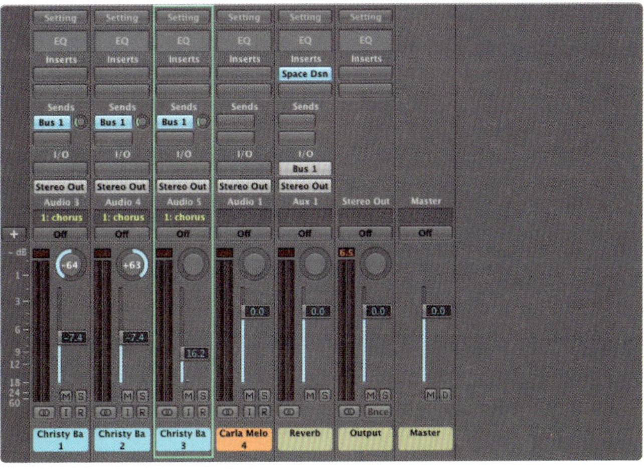

11 코러스 트랙을 드래그해서 선택한 후 `Bus 1` 버튼을 클릭한 채로 잠깐 기다리면 나타나는 메뉴에서 'Pre Fader'를 선택합니다.

12 Pre Fader 상태에서는 Aux 채널로 보내지는 데이터의 양이 트랙 볼륨의 영향을 받지 않기 때문에, 코러스 트랙들의 볼륨을 '0'으로 내리고 프로젝트를 재생해도 코러스의 리버브 소리가 출력되는 것을 확인할 수 있습니다.

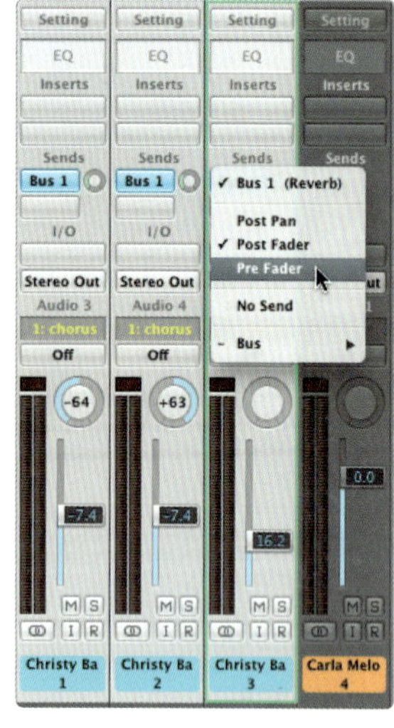

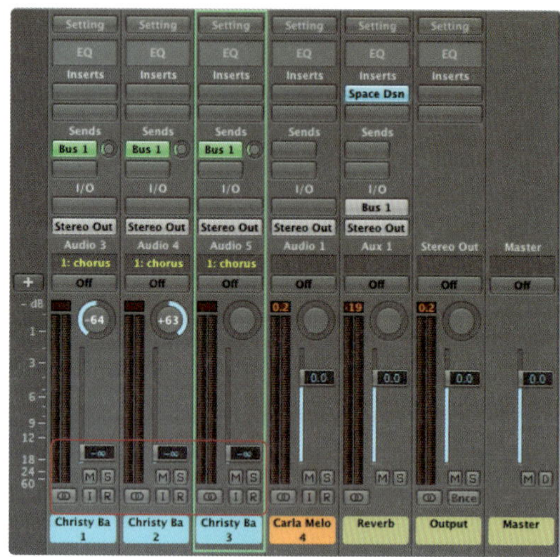

Bus를 이용한 트랙 관리

예제 파일 : 09 Aux&Bus – 09 Bus

01 프로젝트를 열어보겠습니다.

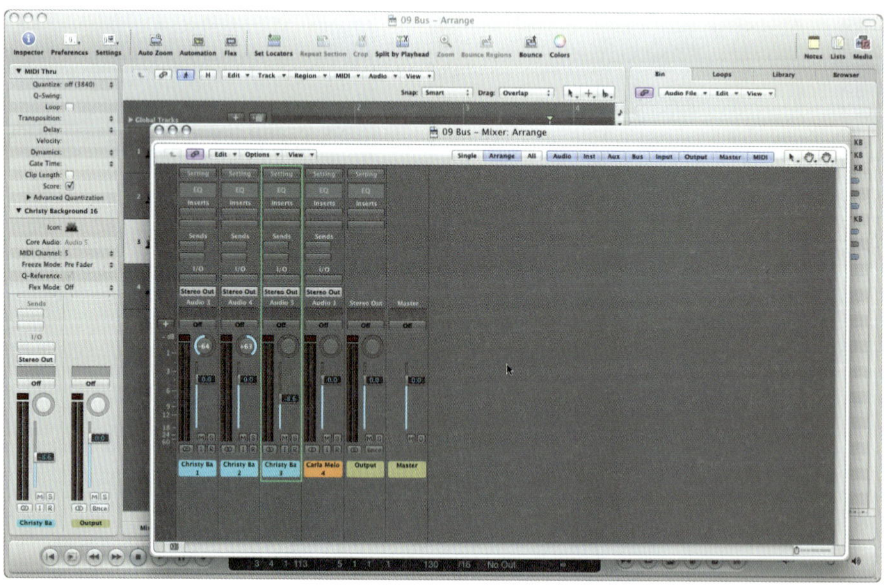

02 믹서창에서 코러스 트랙을 드래그해서 선택한 후, Stereo Out 버튼을 누른 채로 잠시 기다리면 나타나는 메뉴에서 'Bus 1'을 선택합니다. 'Aux 1' 채널이 자동생성됩니다.

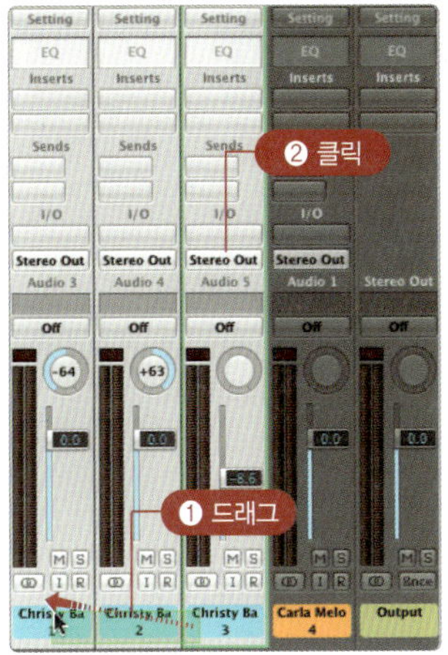
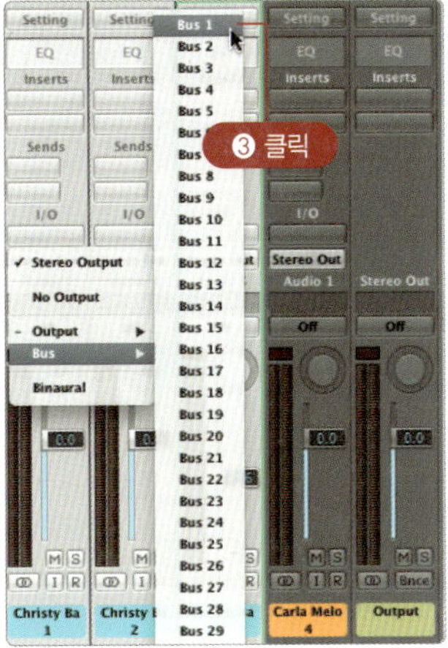
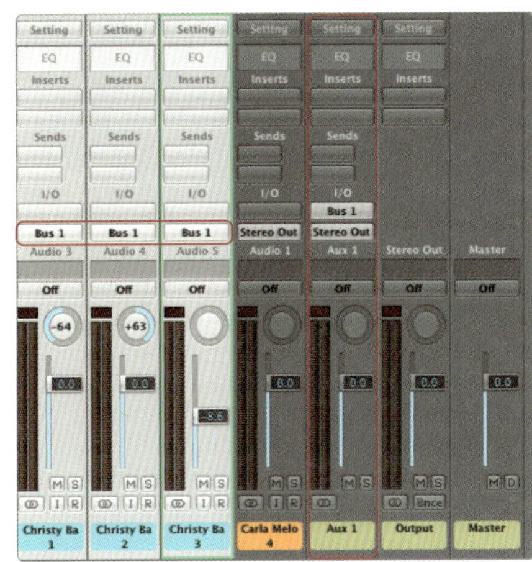

03 'Bus 1'을 인풋으로 받고 있는 'Aux 1' 채널 이름을 더블클릭하고 'chorus'라고 입력해봅니다.

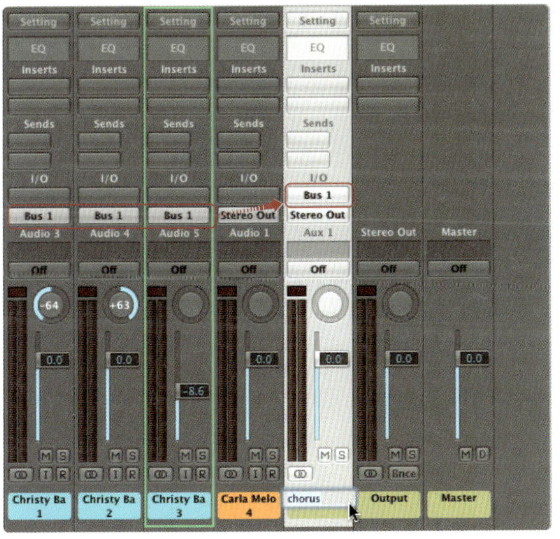

04 'chorus' 채널의 볼륨 페이더를 내리고 재생해보면 세 개의 코러스 트랙 전체가 다 작게 출력되는 것을 확인할 수 있습니다.

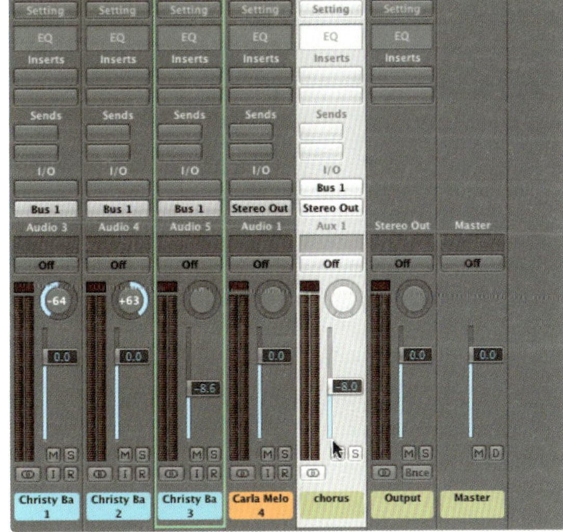

05 'chorus' 트랙의 Inserts 창에 'Space Designer'를 설치하고 프리셋을 **01 Large Spaces** 〉 **03 Plate Reverbs** 〉 **02.6s Vocal Plate**로 설정합니다. 프로젝트를 재생해보면 코러스 트랙에 리버브가 작동하고 있는 것을 확인할 수 있습니다.

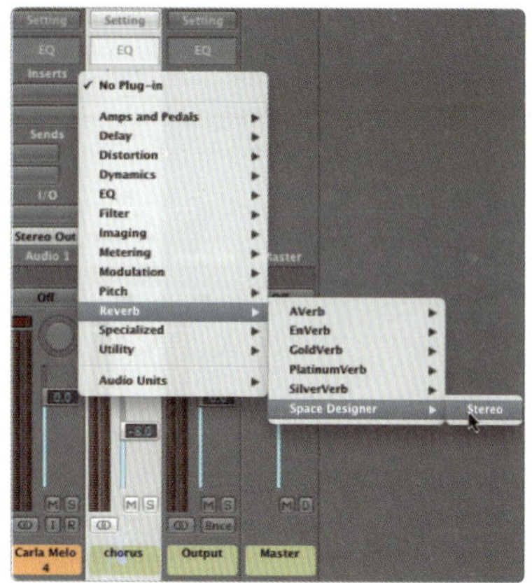
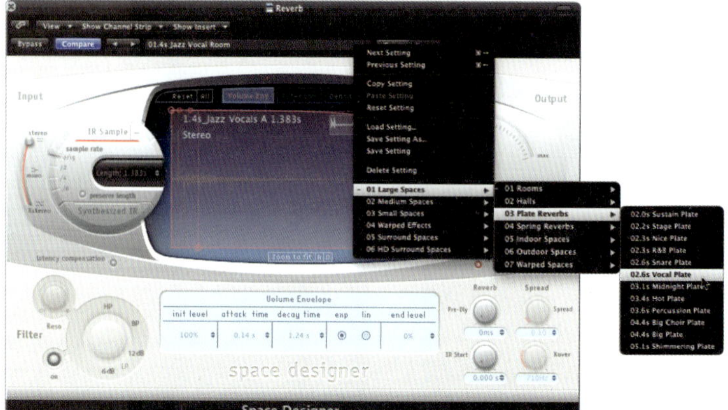

06 'chorus' 트랙의 Sends 창에 'Bus 2'를 걸어보겠습니다. 방금 Aux 트랙을 이용해서 플러그인을 걸었던 예제와 동일하게 작동하는 것을 확인할 수 있습니다.

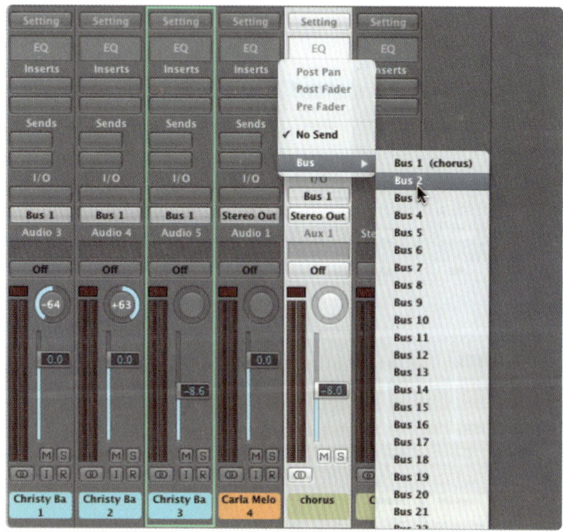

07 Command + Option 키를 누른 채로 'chorus' 트랙의 Space Dsn 버튼을 드래그해서 'Aux 2' 트랙의 Inserts 창에 옮겨봅니다. 플러그인이 복제되는 것을 확인할 수 있습니다.

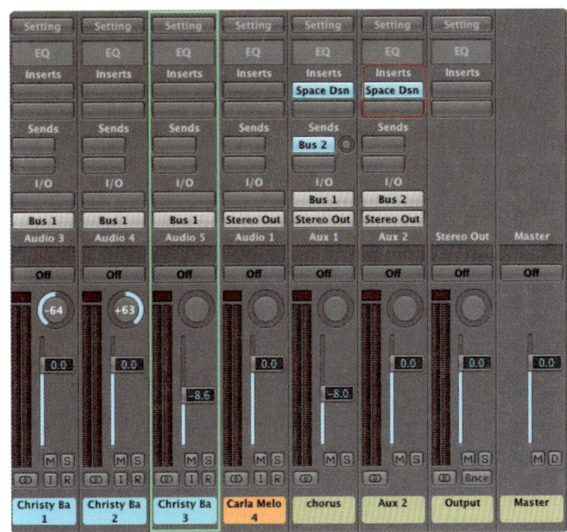

08 'Aux 2' 채널의 이름을 'Reverb'로 변경합니다.

09 Sends 창의 ● 버튼을 위로 드래그해서 Aux 채널로 보내지는 데이터 양을 늘려보겠습니다. 이 상태는 세 개의 코러스 트랙이 버스로 출력된 'chorus' 채널 스트립에서 Inserts 창에서도 리버브(Space Designer)가 적용되고, 'Bus 2'로 보낸 Aux 채널(Reverb)에서도 리버브가 적용되는 상태입니다.

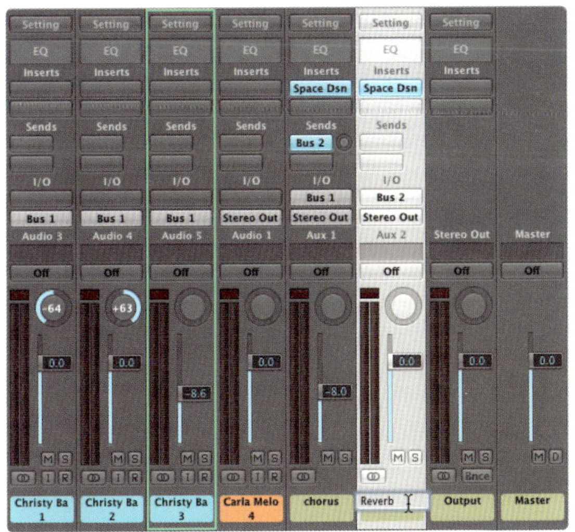

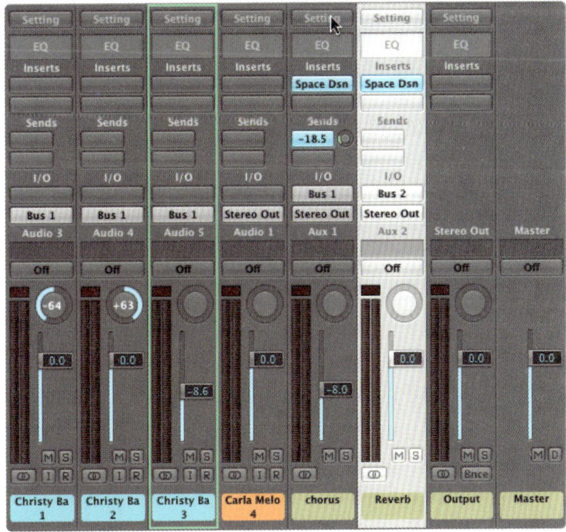

이러한 방식으로 Bus와 Aux의 개념을 이용하면 재미있는 구조를 만들어서 트랙의 이펙터들을 적용시킬 수 있습니다.

7. EQ(Equalizer)

믹싱할 때 필요한 기본적인 플러그인들에 대해 간략히 설명하겠습니다. 프로그램의 모든 요소들이 그렇지만 활용하기에 따라 얼마든지 창의적으로 활용할 수 있으므로, 숙지하고 자주 사용하길 바랍니다.

우리가 들을 수 있는 모든 소리는 가청주파수(Frequency)를 가지고 있습니다. 아주 낮은 소리부터 아주 높은 소리까지의 주파수를 줄이거나 키워서 원하는 소리를 만들어내는 장치가 'EQ' 입니다. 예를 들어 MP3 플레이어에서 출력되는 소리에 효과를 주는 기능들이나 카오디오에서 저음역대를 조절하는 장치들이 EQ입니다.

로직에는 기본으로 제공하는 EQ 플러그인이 여러 가지가 있지만, 그 중에 가장 대표적인 Channel EQ에 대해 배워보겠습니다.

Channel EQ 창 실행하기

믹서의 위쪽에 초록색으로 그려져 있는 것이 모두 Channel EQ입니다. 그림만 봐도 채널별로 어떤 식의 EQ가 설치되어 있는지 간략하게 알 수 있습니다. EQ가 설치되어 있지 않은 채널에는 'EQ' 라 쓰여 있습니다.

01 'EQ'라 쓰여 있는 칸을 더블클릭하면 'Channel EQ'를 설치할 수 있습니다.

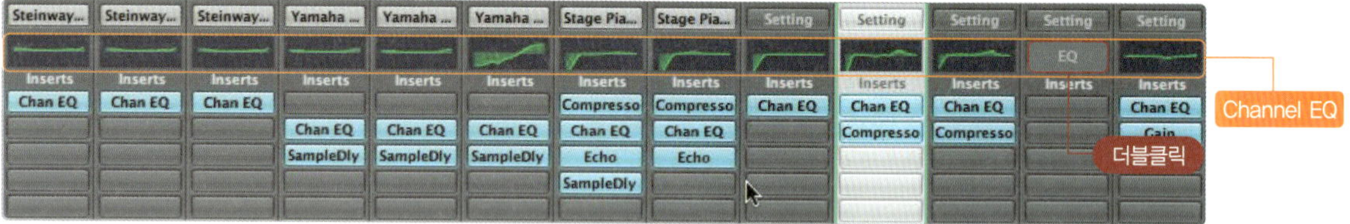

02 EQ(EQ)를 더블클릭해보면 다음과 같은 창이 나타납니다. 이곳에서 세부적으로 Channel EQ를 설정할 수 있습니다.

ⓐ 주파수별로 EQ 값을 켜고 끌 수 있는 버튼입니다.

ⓑ Frequency : 조절하고 있는 주파수의 중심점을 나타냅니다.

ⓒ Gain/Slope : 해당 주파수의 음량을 얼마나 높이고 줄였는지를 나타냅니다.

ⓓ Q : 넓은 범위 혹은 좁은 범위로 조절하고 있음을 나타냅니다.

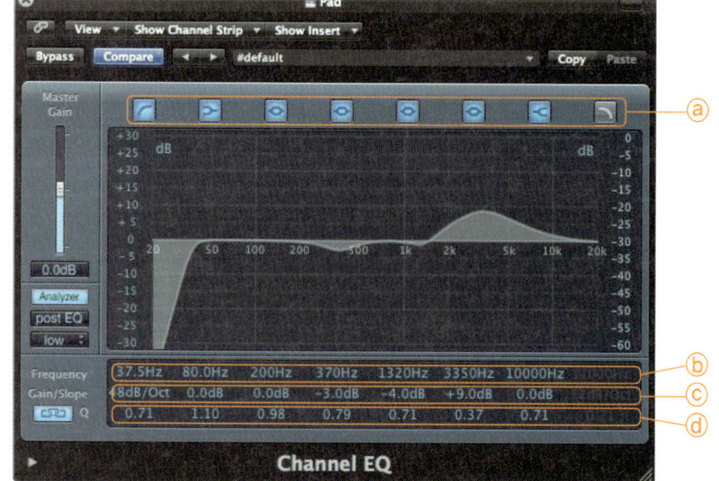

Channel EQ 창 기본 조작법 살펴보기

01 모든 주파수의 버튼을 끄고, 가운데 버튼만을 하나 켜 보겠습니다. 500Hz의 주파수를 중심으로 설정 가능한 버튼입니다.

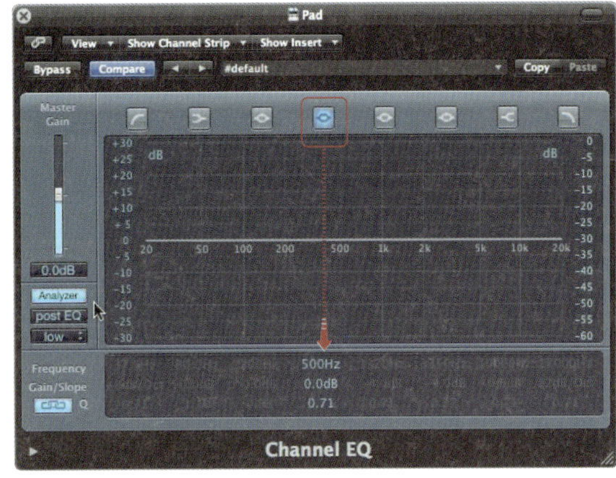

02 Gain/Slope란의 '0.0dB' 숫자를 드래그해서 위로 올려보겠습니다. 500Hz를 중심으로 산처럼 등고선이 올라가는 것을 확인할 수 있습니다. 그림을 보면 +8.0dB가 올라가 있는데, 이는 500Hz 주파수의 소리를 8dB 정도 크게 만들어주는 것입니다.

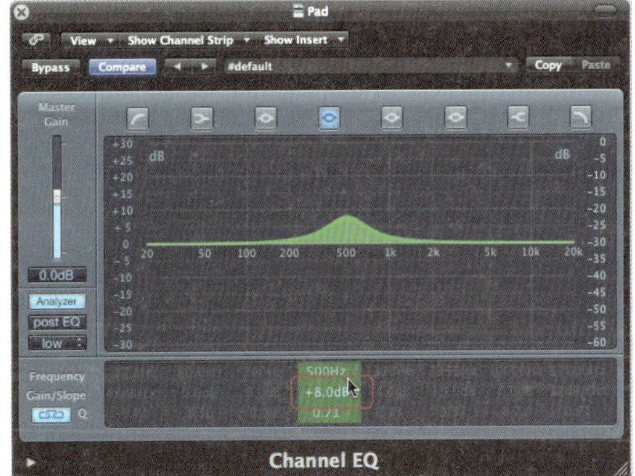

03 Frequency의 '500Hz' 숫자를 드래그해서 위아래로 움직여보면 중심이 되는 Hz가 변하는 것을 확인할 수 있습니다.

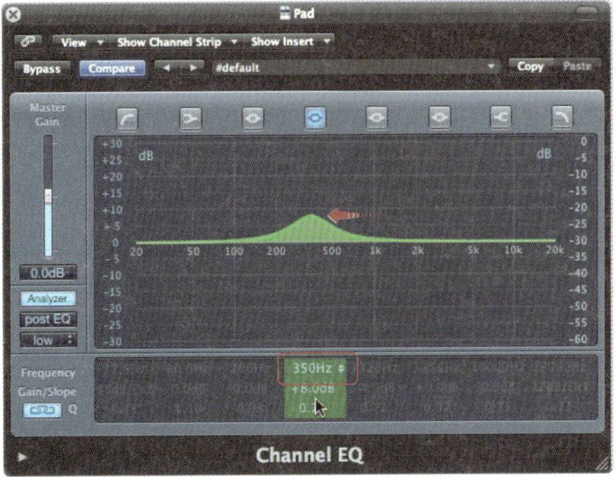

04 Q의 숫자를 드래그해보면 등고선의 모양을 뾰족하거나 완만하게 만들 수 있습니다. 이러한 방법으로 중심이 되는 주파수만을 강조해서 키우거나 줄일 것인지, 주변을 완만하게 조절해서 무난하게 소리를 키우거나 줄일 것인지를 결정할 수 있습니다.

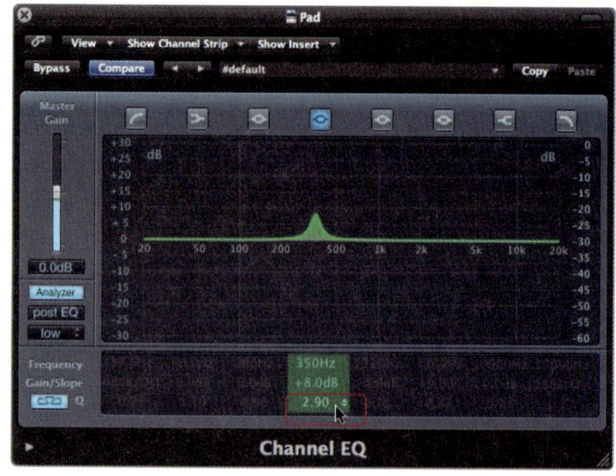

05 Frequency와 Gain은 초록색 등고선 모양을 드래그해서 움직일 수도 있습니다.

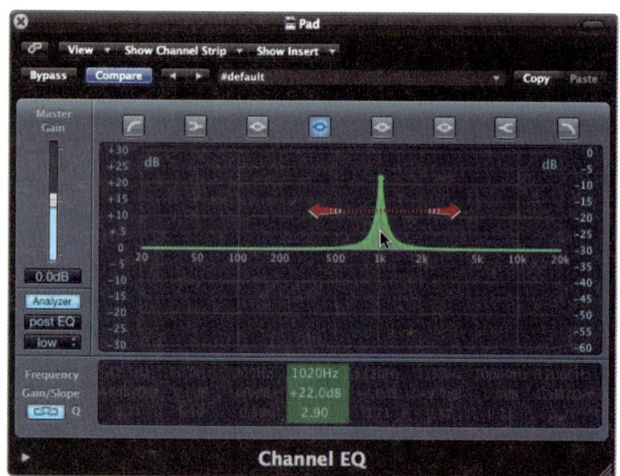

마우스를 가져다 댔을 때 그림처럼 꼭짓점에 원이 하나 더해지면서 마우스 포인터에 'Q' 라는 글씨가 나올 때 드래그하면 Q 값을 조절할 수 있습니다.

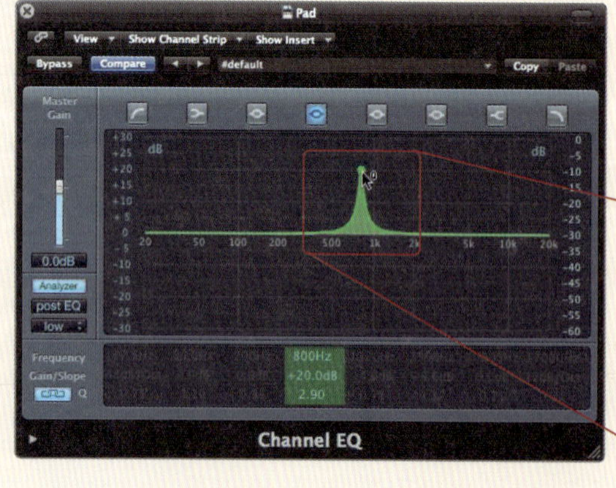

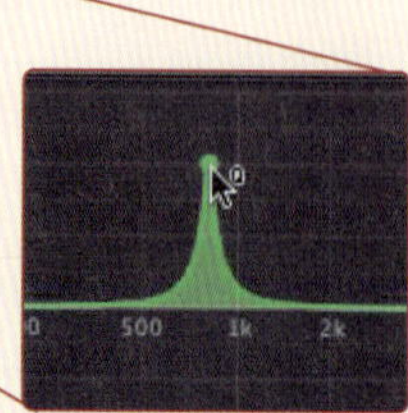

06 이번에는 왼쪽 끝의 버튼을 활성화해보겠습니다. 주파수의 가장 낮은 음역대를 잘라내는 로우컷(low cut) 버튼입니다. 마우스를 가져다 대면 붉은 색으로 활성화됩니다. 각 주파수 버튼별로 색깔이 다르므로 구분하기가 좋습니다. 방금 전과 동일하게 드래그해서 로우컷되는 주파수 영역을 설정할 수 있고 Q를 조절해서 곡선의 각도를 조절할 수 있습니다. 이와 같은 방법으로 주파수별 버튼을 모두 활용할 수 있습니다.

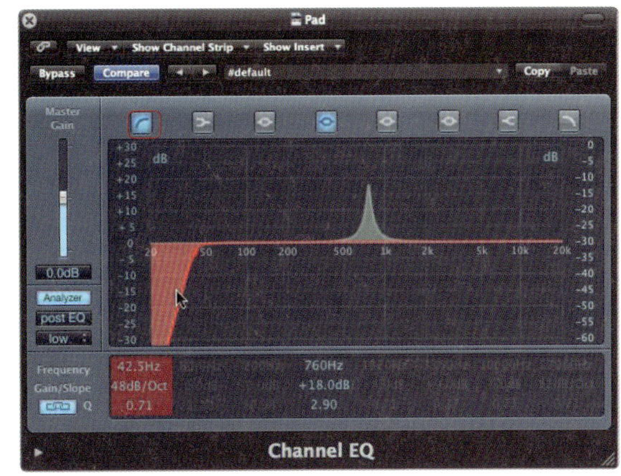

07 Analyzer 버튼이 활성화된 상태에서 프로젝트를 재생시키면, 그림처럼 EQ가 설치되어 있는 트랙의 주파수를 분석할 수 있습니다. 실시간으로 트랙의 주파수를 보면서 EQ를 조절할 수 있으므로 매우 유용한 기능입니다.

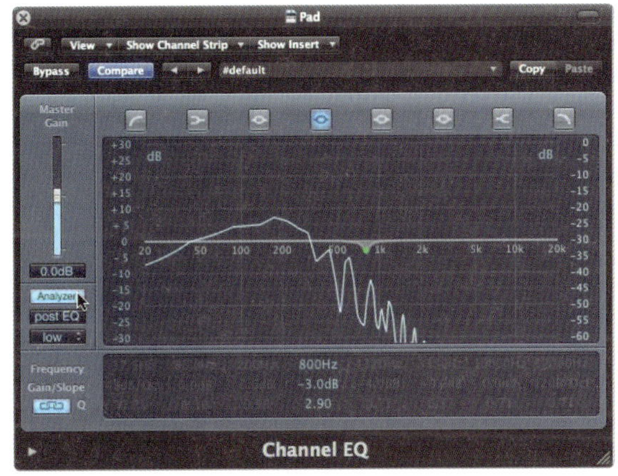

08 EQ를 처음 접하는 경우 어떻게 소리의 주파수를 조절해야 할지 감을 잡기란 매우 어렵기 때문에 프리셋(preset)을 활용하는 것이 좋습니다. 트랙의 음색과 가장 비슷할 것 같은 악기의 프리셋을 불러온 다음에, 세부적인 것을 조금씩 움직이면서 소리를 들어보면 원하는 소리에 대한 접근을 빠르게 할 수 있습니다.

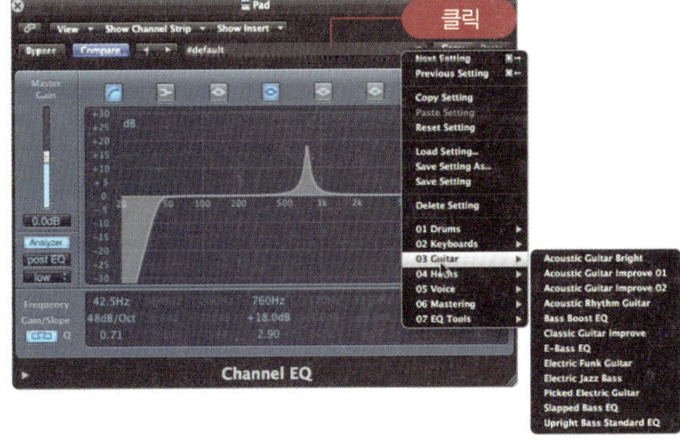

8. 컴프레서(Compressor)

'컴프레서(Compressor)'는 단어 뜻 그대로 소리를 압축하는 장치입니다. 소리의 작고 큼을 나타내는 다이내믹(Dynamic)을 줄여서 평준화된 볼륨을 만들되 좀 더 존재감 있게 만들어줍니다. 성기게 퍼 담은 밥을 꾹꾹 눌러 차지게 만드는 모양새를 연상하면 이해가 쉬울 수도 있겠습니다.

Compressor 창 실행하기

01 믹서를 열고 적당한 트랙의 Inserts 창에 로직에서 제공하는 'Compressor'를 불러보겠습니다.

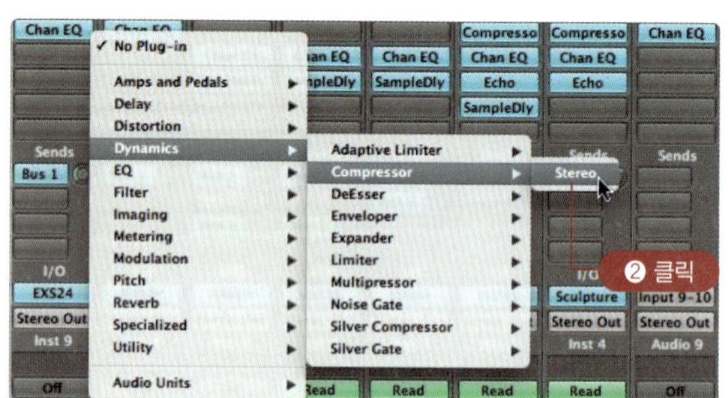

02 Compressor 창이 나타납니다. 이곳에서 세부적인 설정을 할 수 있습니다.

Compressor 창 기본 조작법 살펴보기

가장 중요한 설정 값에 대해 간략히 설명해보겠습니다.

1 Threshold

Threshold는 자극에 대해 활동하기 시작하는 분기점입니다. 그림처럼 −12.5dB로 설정되어 있으면, 컴프레서로 들어오는 소리의 크기가 −12.5dB가 넘는 순간부터 컴프레서(압축) 활동을 시작하게 됩니다.

2 Ratio

컴프레서가 압축 활동을 하는 비율이 Ratio입니다.

- Ratio를 4.1:1로 맞추어보겠습니다. 4:1이 설정이 안 되서 4.1:1로 했지만 4:1이라 생각하고 설명하겠습니다. 예를 들어 −8.5dB의 소리가 컴프레서로 입력이 됐다면 방금 Threshold 값으로 설정한 −12.5dB의 분기점을 4dB만큼 뛰어넘은 큰 소리이므로 컴프레서의 압축 활동은 시작됩니다. 4dB라는 넘치는 소리를 얼마만큼 눌러 담을 것인가를 결정하는 비율이 Ratio입니다. 지금처럼 4:1로 설정을 하면 1/4, 즉 4dB의 25%인 1dB만큼을 튀어나오게 눌러 담습니다. 다시 말해 눌러서 없어진 소리는 75%인 3dB가 됩니다.

▲ 컴프레서가 작동하는 비율은 그래프의 각도로 쉽게 알아볼 수 있습니다.

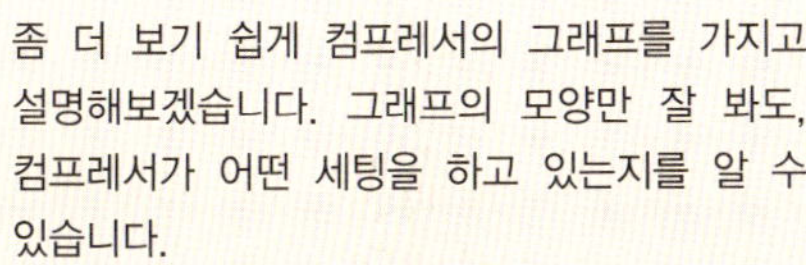

좀 더 보기 쉽게 컴프레서의 그래프를 가지고 설명해보겠습니다. 그래프의 모양만 잘 봐도, 컴프레서가 어떤 세팅을 하고 있는지를 알 수 있습니다.

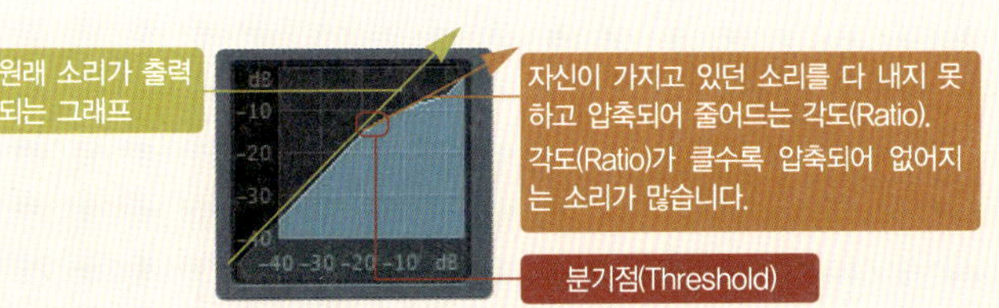

● 이번에는 Ratio를 10:1로 높여보겠습니다. 컴프레서의 곡선이 점점 더 가파르게 휘어집니다. 이번에는 10%의 소리만 오버해서 출력되고 압축되어 없어지는 소리가 90%가 됩니다. 쉽게 말해 꾹꾹 눌러 담는 힘을 좀 더 크게 주는 것입니다.

3 Attack과 Releas

● 90%가 없어진다고 해서 칼로 자르듯이 넘치는 소리의 양을 뚝 자르는 것은 아닙니다. 넘치자마자 자를 것인가, 넘치고 나서 조금 기다렸다가 자를 것인가에 대한 시간을 결정하는 것이 '어택(Attack)' 입니다. 어택(Attack)을 길게 하면 넘치고 나서 시간이 좀 나서 소리를 잘라내게 되므로 큰 소리(파도)가 살아남아 공격적인(어택) 소리가 형성된다고 연상하면 이해가 쉬울 수도 있겠습니다.

● 넘치는 소리를 잘랐을 때, 잘린 소리가 쓱하고 사라지는 것도 아닙니다. 분기점을 넘어서 잘렸다는 통보를 받을 때까지의 시간이 어택(Attack)이라면, 통보를 받고나서 제자리로 돌아가는 시간이 '릴리즈(Release)' 입니다. 제자리로 돌아가는 시간이 빠를수록 파도의 모양이 좀 더 인위적이면서 급할 수 있음을 연상해봅니다. 제자리로 돌아가는 시간이 길수록 잘렸다는 증거가 애매모호하므로 압축(컴프레서)의 역할이 뚜렷하기 보다는 자연스럽게 행해지게 됩니다.

4 Gain Reduction

이렇게 작동된 로직의 컴프레서에서는 실시간으로 압축되는 소리의 양을 시각적으로 볼 수 있습니다.

컴프레서 또한 프리셋의 활용을 권장합니다. 프리셋을 바꿔가면서 소리의 변화를 느껴보고, 위에서 언급했던 노브들을 극단적으로 움직여서 어떤 식으로 작동하는지를 나름대로 이해하면서 본인이 원하는 소리에 다가가는 것이 좋습니다.

9. 리버브(Reverb)

예제 파일 : 01 Wayhome – 01 Wayhome

방에서 노래를 부르는 것과 욕실에서 노래는 부르는 것과 학교 강당에서 노래를 부르는 것의 느낌은 매우 다릅니다. 소리가 반사되어 오는 시간과 질감이 다르기 때문인데, 이러한 공간을 가상으로 만들어주는 장치가 '리버브(Reverb)'입니다. 로직에서는 다양한 리버브 플러그인을 제공하고 있는데 가장 대표적인 Space Designer에 대해 간략히 배워보겠습니다.

Space Designer 창 실행하기

01 스페이스 디자이너(Space Designer)를 불러보겠습니다.

02 Space Designer 칭이 나타납니다. 이곳에서 세부적인 설정을 할 수 있습니다.

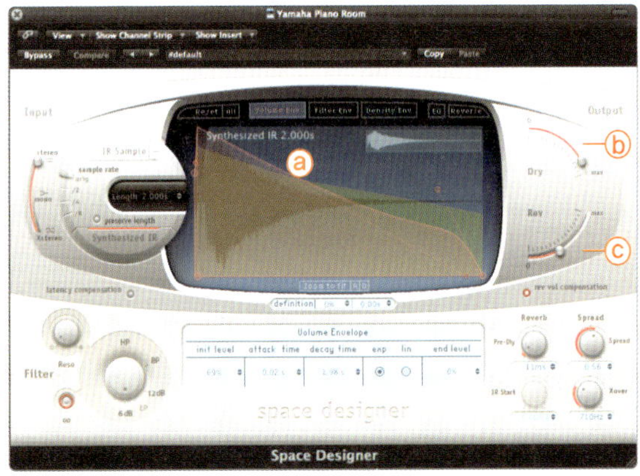

ⓐ 소리가 돌아오는 시간을 보여줍니다. 공간이 클수록 시간이 길어집니다.

ⓑ 리버브가 적용되기 전의 소리를 나타냅니다.

ⓒ 리버브가 적용된 소리를 나타냅니다.

Space Designer 창 기본 조작법 살펴보기

- 프리셋을 살펴보면 Large, Medium, Small Spaces로 공간의 크기별로 나뉘어져 있습니다.

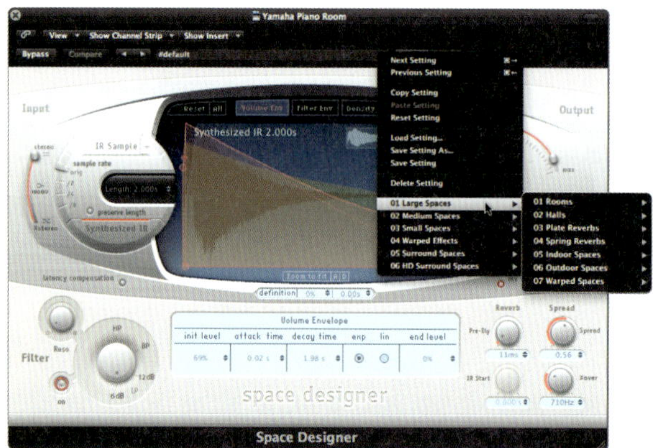

- 붉은색 점을 드래그해서 리버브 소리가 줄어드는 곡선을 조절할 수 있습니다.

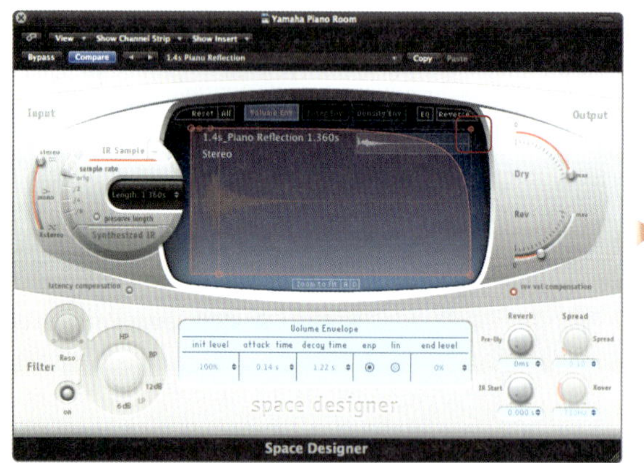
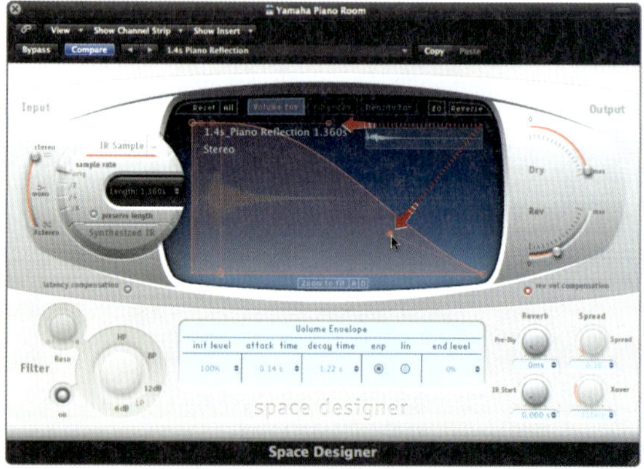

- 리버브의 EQ를 조절할 수 있습니다.

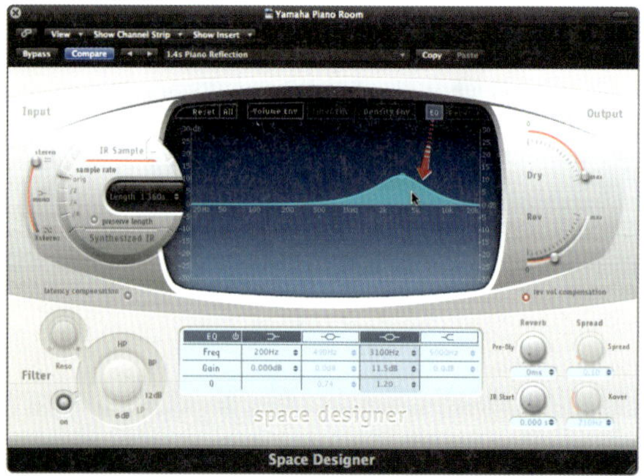

CHAPTER 03 바운스 (Bounce)

바운스(Bounce)는 믹스를 마친 프로젝트를 WAV, MP3와 같은 음원 파일로 추출하는 것을 뜻합니다. 고생한 결과물을 얻어내는 순간이니 만큼 신중하고 보람차게 임하길 바랍니다.

1. 프로젝트 바운스(Bounce)

예제 파일 : 01 Wayhome – 01 Wayhome

Bounce 창 실행하기

01 바운스할 영역을 로케이터로 지정해보겠습니다. 어레인지 윈도우 상에서 `Command` + `A` 키로 모든 리전을 선택합니다.

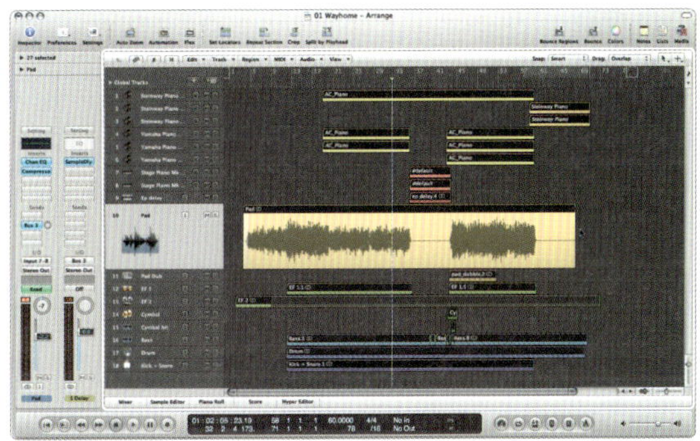

02 어레인지 편집창의 메뉴바에서 Region 〉 Set Locators by Regions를 실행합니다.

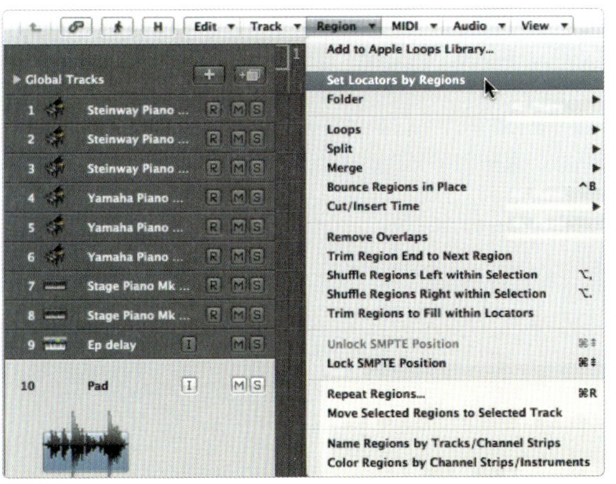

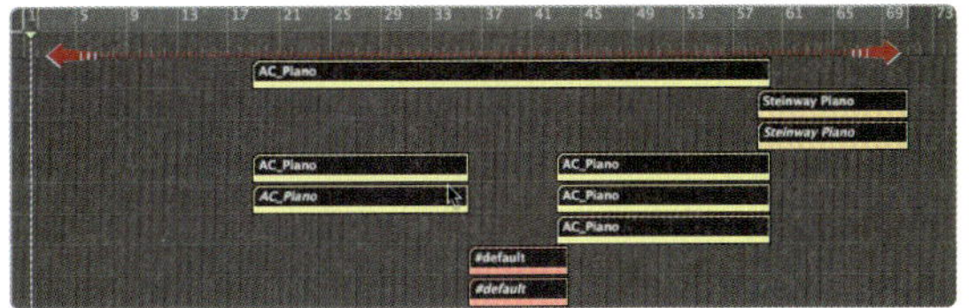

03 설정된 영역을 수정하고 싶을 때는 C 키를 눌러 싸이클 모드를 활성화한 다음, 로케이터를 움직여서 조절합니다. 시작 부분도 그렇지만 특히 끝나는 부분의 영역은 리버브의 잔여음같은 것이 남을 수 있으니 넉넉하게 잡도록 합니다.

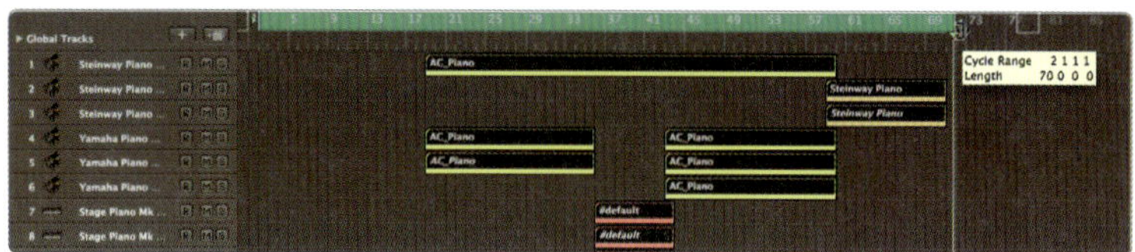

04 단축키 Command + B 로 바운스를 실행합니다. 바운스 설정창이 나타납니다.

메뉴바에서 실행할 수도 있습니다.

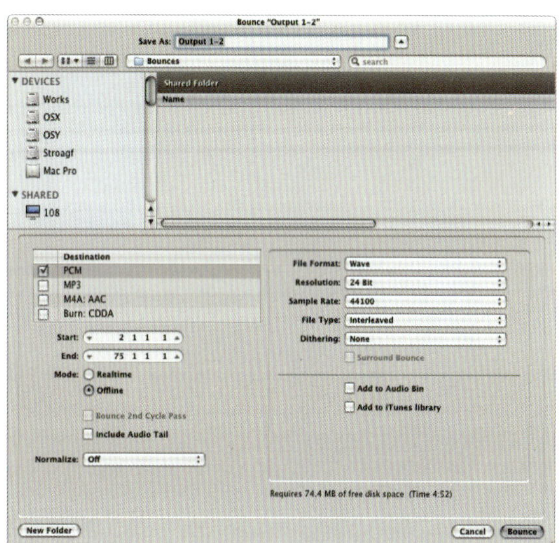

Bounce 창 기본 조작법 살펴보기

1 Destination – PCM

PCM 바운스는 AIFF, (Broadcast) Wave, CAF와 같은 타입의 파일로 추출해낼 수 있습니다.

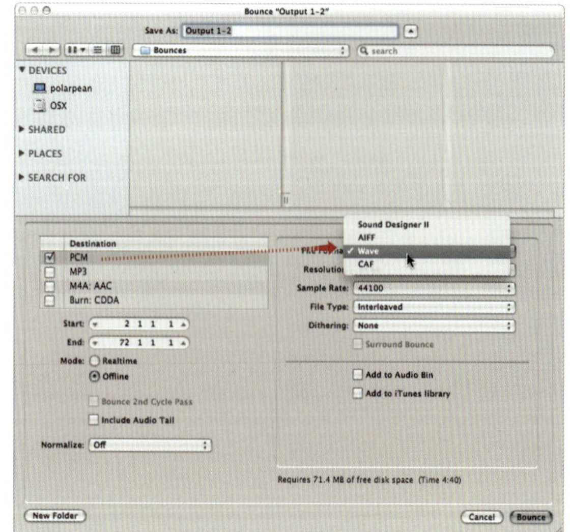

❷ Start / End

바운스할 영역을 나타냅니다. 싸이클 모드에서 로케이터로 설정한 영역이 표시됩니다.

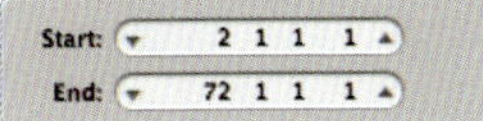

❸ Mode

바운스 모드를 나타냅니다.

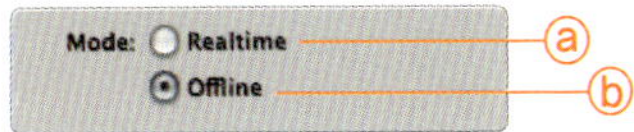

ⓐ Realtime 모드는 실시간으로 프로젝트를 재생해서, 마치 테이프를 틀어 놓고 다시 녹음하는 것과 같이 바운스를 실행하게 됩니다. 외장 플러그인이나, 외부 미디 악기를 사용했을 경우 컴퓨터 내부에서만 처리할 수 없기 때문에 Realtime 모드를 사용해야 합니다.

ⓑ Offline 모드는 로직에서 소프트웨어 악기와 플러그인만을 사용했을 경우 CPU로 빠르게 처리해서 바운스해주는 기능입니다.

❹ Normalize

- 노말라이즈(Normalize) 기능은 말 그대로, 평준화시켜주는 기능입니다.
- 바운스되는 파일의 음량이 너무 작을 때는 소리를 키워서 가장 큰 소리(peak)가 0dB에 닿을 수 있도록 만들어주고, 소리가 너무 클 때는 줄여서 0dB를 넘지 않게 해줍니다.
- 로직의 바운스에서는 노말라이즈를 켜고 끄는 옵션 외에도 0dB를 넘어설 때만 노말라이즈를 실행하는 'Overload Protection Only' 옵션을 제공하고 있습니다.

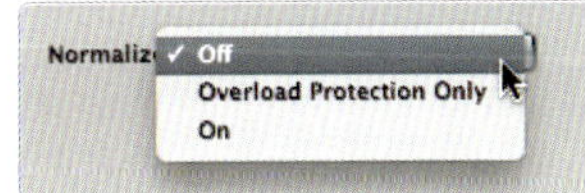

❺ Resolution

- 해상도(Resolution)를 결정합니다.
- 일반적으로 CD 품질은 16bit이지만, 바운스한 파일에 별도의 공정이 더 필요할 경우 24bit로 추출하는 것이 바람직합니다.

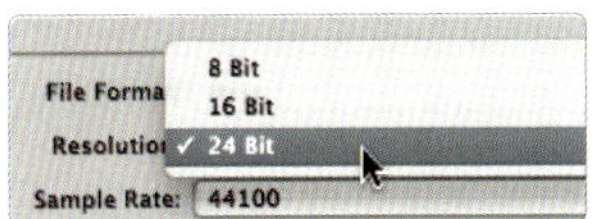

6 Sample Rate

- 샘플 레이트(Sample Rate)를 결정합니다.
- 프로젝트 세팅할 당시에 정해져 있던 샘플 레이트가 보여지게 됩니다. 프로젝트 세팅에서 44100으로 되어 있고, 오디오 레코딩을 실행했다면 프로젝트가 가지고 있는 오디오 파일이 이미 44100이므로 48000으로 바꾸어 바운스해도 음질이 좋아지진 않고, 샘플 레이트를 변환시킬 뿐입니다. 프로젝트 세팅에서 샘플 레이트를 바꾸면 소프트웨어 악기들의 소스들도 샘플 레이트에 맞추어 다시 로딩되어지고, 오디오 트랙을 레코딩할 때도 설정된 샘플 레이트로 레코딩되므로 프로젝트에서 샘플 레이트를 정리하고, 바운스할 때는 같은 값으로 하는 것이 좋습니다.
- 해상도와 마찬가지로 CD 품질은 44100이지만, 별도의 공정이 필요한 경우 48000으로 하는 것이 좋습니다.

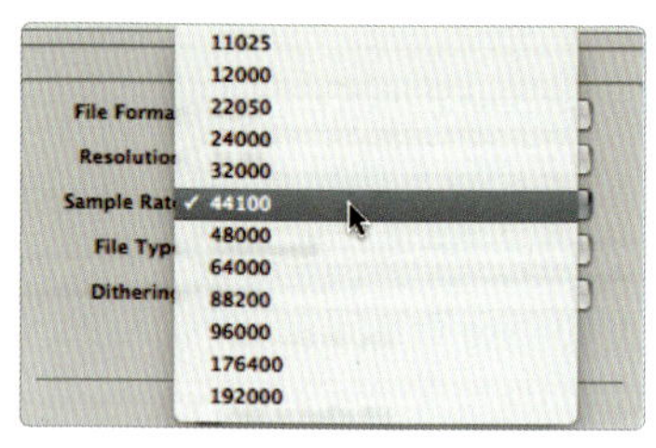

7 Add to Audio Bin / Add to iTunes library

- ⓐ 'Add to Audio Bin'을 체크하면, 추출된 파일이 프로젝트의 Audio Bin에 추가됩니다.
- ⓑ 'Add to iTunes library'를 체크하면 추출된 파일이 아이튠스의 라이브러리에 추가됩니다.

8 Destination – MP3

로직에서는 한 번에 여러 가지 파일을 동시에 바운스할 수 있습니다. PCM과 함께 MP3 박스도 체크하면 두 개의 파일을 동시에 바운스합니다.

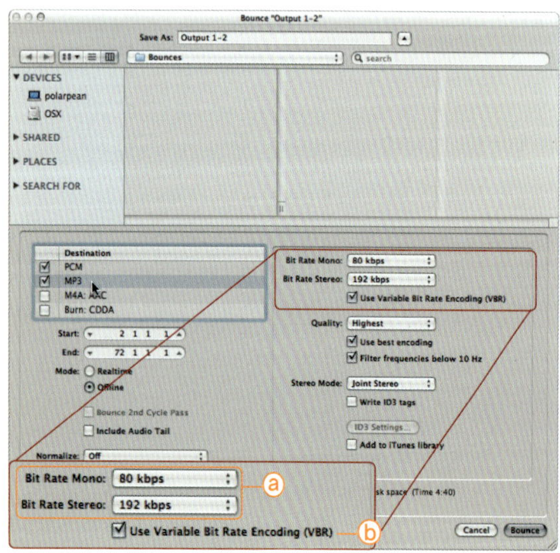

- ⓐ 모노(mono)일 때와 스테레오(stereo)일 때의 음질을 결정합니다. 흔하게 사용하는 Stereo MP3에서는 일반적으로 128 kbps 이상의 소리이면 무난합니다.
- ⓑ Use Variable Bit Rate Encoding(VBR) 옵션은 소리의 많고 적음에 따라 압축하는 정도가 달라지는 옵션입니다. 체크해서 기능을 활성화시키면 일반적으로 더 좋은 퀄리티를 출력해줍니다.

2. 멀티트랙 익스포트(Export)하기

작업한 프로젝트를 트랙별로 바운스해서 다른 작업자에게 보내거나 믹스 준비를 하는 것은 중요한 작업입니다. 로직에서는 아주 편리하게 멀티트랙 익스포트를 지원하고 있습니다.

Multi-Track Export 창 실행하기

- 멀티트랙 익스포트는 프로젝트 바운스처럼 범위를 다양하게 지정할 수가 없습니다. 무조건 프로젝트의 시작부터 끝까지를 익스포트(Export)하게 되는데, 프로젝트의 끝 부분을 지정하는 것은 룰러의 하얀색 상자입니다. 이 상자를 드래그해서 프로젝트가 끝나는 지점을 설정합니다. 어레인지 윈도우의 리전이 이 상자보다 뒤에 있게 될 경우, 자동으로 비활성화됩니다.

- Shift + Command + E 키를 눌러 'All Tracks as Audio Files..'를 실행하면 멀티트랙 익스포트가 시작됩니다. 물론 메뉴바에서도 실행할 수 있습니다. 몇 개의 트랙이 바운스될지 표시됩니다.

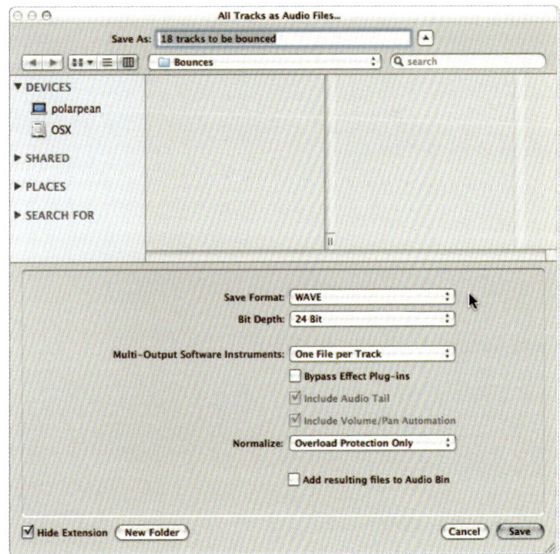

Multi-Track Export 창 창 기본 조작법 살펴보기

■ Save Format / Bit Depth

저장될 파일의 포맷과 Bit를 결정합니다.

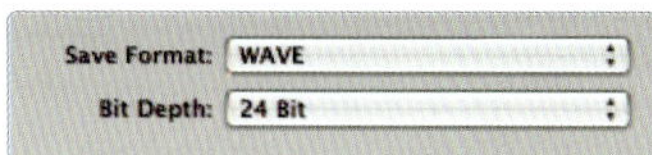

■ Multi-Output Software Instrument

- 울트라비트나 옴니스피어, 콘탁과 같이 멀티아웃 설정이 가능한 소프트웨어 악기에 대한 설정 값을 지정합니다. 외부 악기를 많이 사용하는 유저에게는 특히 중요한 설정입니다.
- 믹서에서 멀티아웃 악기에 대한 Aux 채널을 만들어 멀티아웃을 따로 관리할 수 있게 해놓은 경우 'One File per Channel Strip'을 선택해야 멀티아웃이 개별적인 트랙으로서 바운스됩니다.
- 'One File per Track'을 선택했을 때는, Aux를 통한 아웃이 여러 개 있어도 어레인지 윈도우 상의 트랙이 하나밖에 없으면 하나의 트랙으로 바운스됩니다.

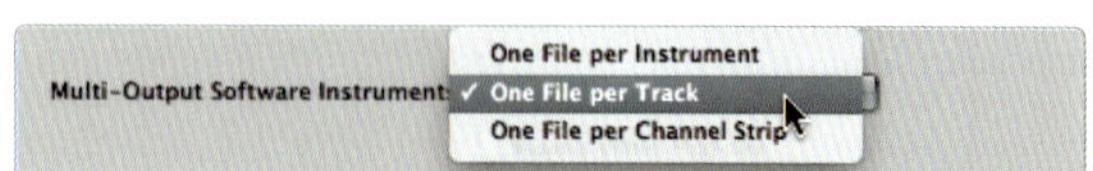

■ Normalize / Add resulting files to Audio Bin

노말라이즈 옵션과 오디오 빈에 추가하는 옵션은 프로젝트 바운스와 동일합니다.

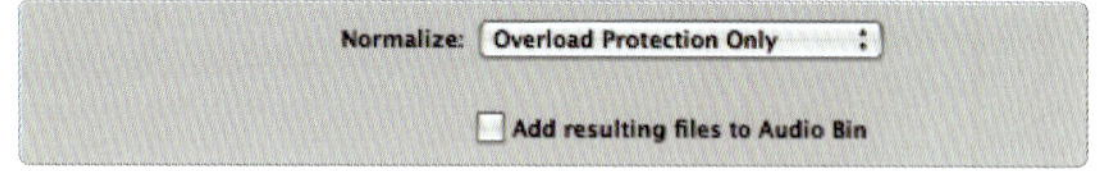

3. 미디 파일로 익스포트하기

작업한 미디 리전들을 미디 파일로 간단하게 익스포트하는 방법을 배워보겠습니다.

◦ 익스포트할 미디 리전들을 선택하고, Alt + Command + E 키를 눌러 'Selection as MIDI File...' 을 실행하면 미디 파일로 익스포트할 수 있습니다. 이름을 지정하고 [Save] 버튼을 클릭하면 저장이 마무리 됩니다.

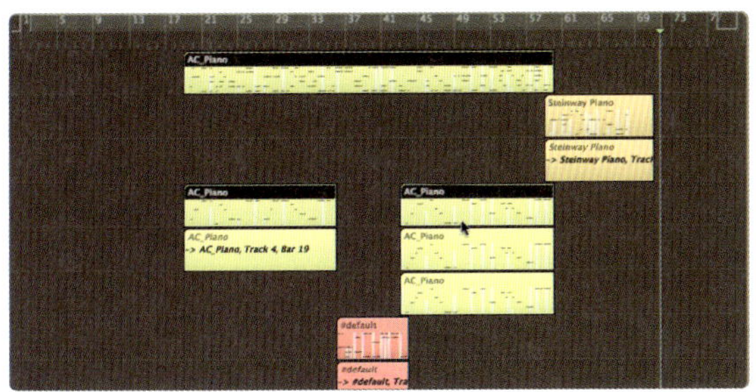
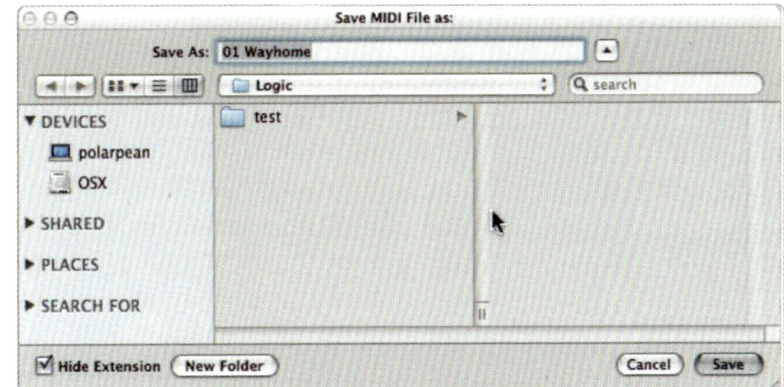

◦ 물론 메뉴바에서도 실행할 수 있습니다.

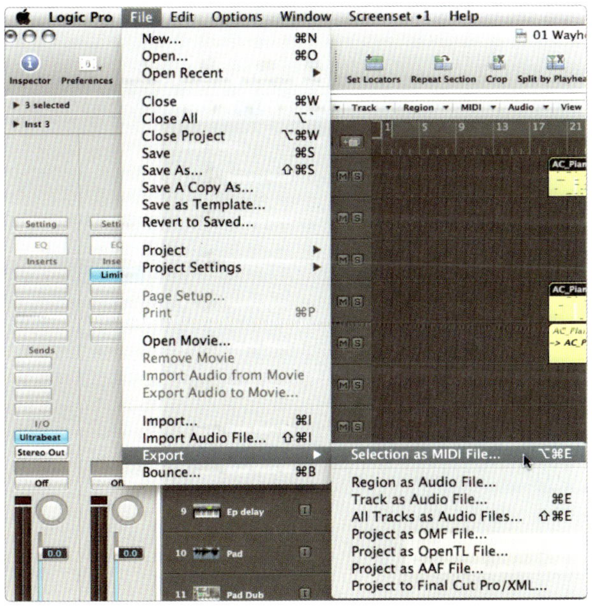

사용자 환경 최적화와 동영상 불러오기

Chapter 1. 단축키 활용 (Key Commands)
Chapter 2. 스크린셋 (Screen Set)
Chapter 3. 템플릿 (Template)
Chapter 4. 동영상 불러오기 (Importing Movies)

여기까지 차분히 공부했다면 로직에 대한 기본적인 기능들에 대해서는 어느 정도 숙지되었으리라 믿습니다. 여기서는 로직의 사용자 환경을 자신에 맞게 바꾸어 사용하는 법과 동영상을 불러와 작업하는 방법에 대해 배워보겠습니다.

단축키 활용 (Key Commands)

단축키는 작업을 효율적으로 함에 있어 필수 불가결한 기능입니다. 지금까지 로직에서 기본으로 제공하는 단축키에 대해 알아보았지만, 이제 사용자 편의에 맞게 단축키를 변경, 저장하는 법에 대해 배워보겠습니다.

1. 단축키 창 불러오기

Option + K 키로 단축키 창(Key Commands)을 열어보겠습니다. 메뉴바에서 불러올 수도 있습니다.

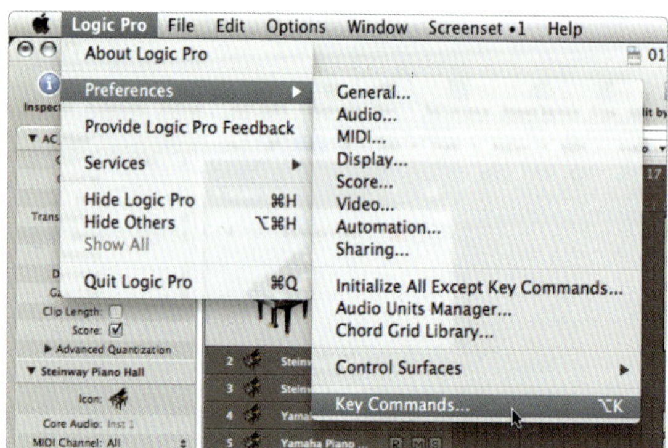
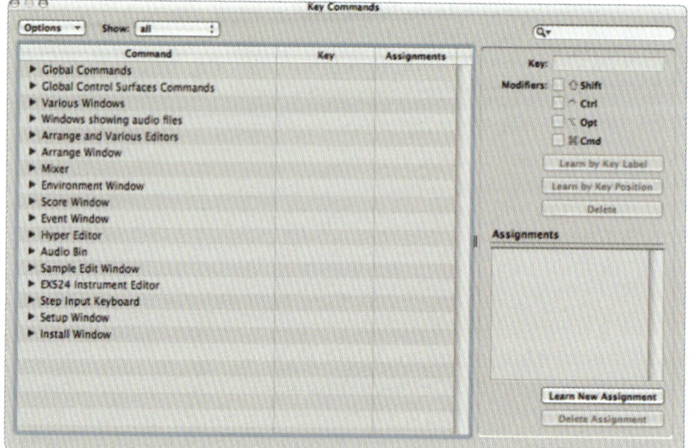

2. 단축키 창의 기본적인 기능

삼각형 아이콘(▶)을 클릭해서 카테고리별로 지정 가능한 기능들을 모두 볼 수 있습니다.

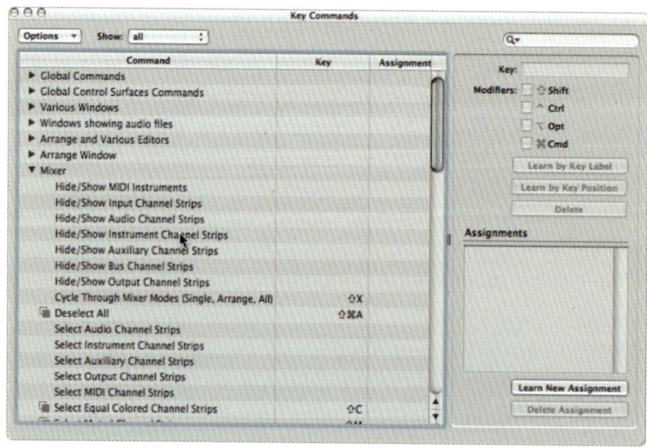

● Show 옵션을 이용하면 사용되고 있는 단축키, 혹은 단축키가 사용되지 않는 기능들만 정렬해서 볼 수 있습니다.

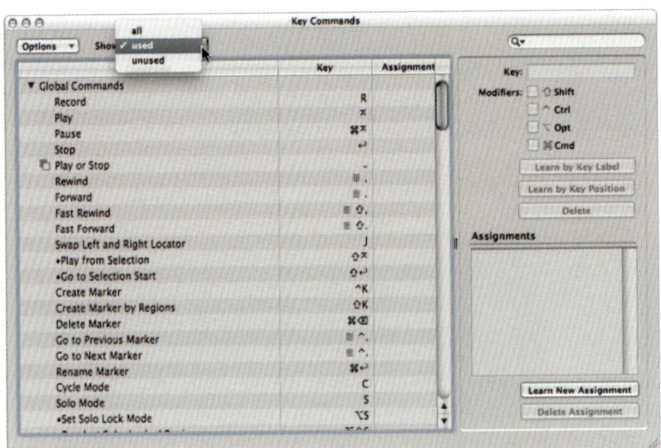

● 검색창에서 원하는 기능을 검색해볼 수 있습니다.

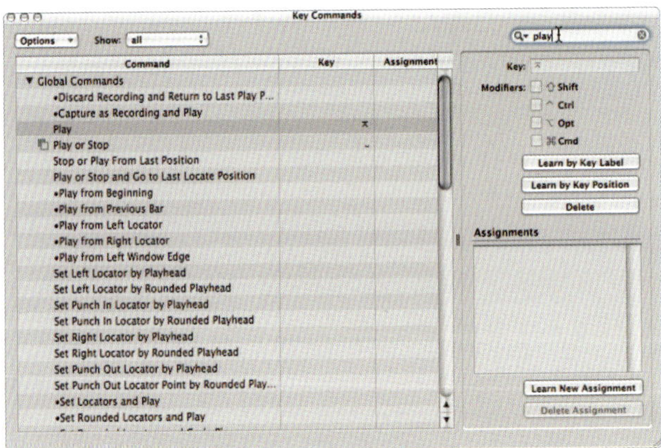

● 키보드의 키를 눌러 지정되어 있는 기능을 검색할 수 있습니다. 예를 들어 P 키를 입력하면 P 키가 지정되어 있는 기능이 보여집니다.

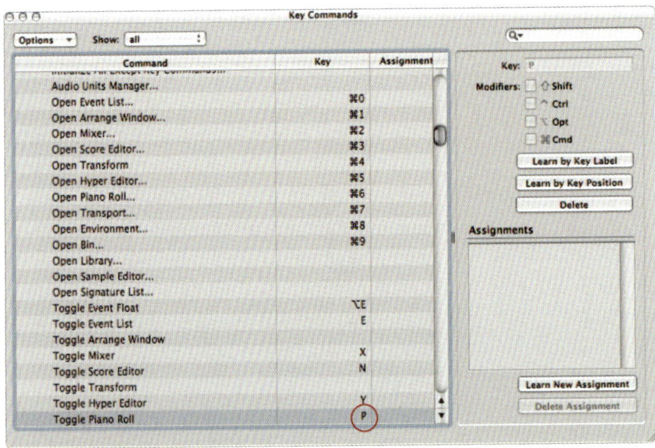

3. 단축키 지정, 변경하기

단축키를 지정, 변경하고자 하는 기능을 찾은 다음 [Learn by Key Label] 버튼을 클릭하고 원하는 키를 입력합니다.

01 [Option] + [K] 키를 눌러 Key Commands 창을 연 후, 검색창에 'toggle piano'로 검색합니다.

02 Toggle Piano Roll 기능의 단축키를 [V] 키로 변경해 보겠습니다. [Learn by Key Label] 버튼을 누르고 [V] 키를 누릅니다.

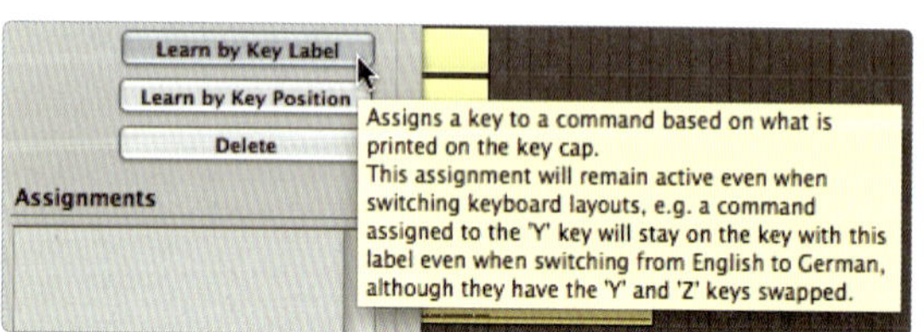

03 [V] 키가 이미 'Hide/Show All Plug-in Windows' 라는 기능에 단축키로 쓰이고 있다는 경고창이 나타납니다. [Replace] 버튼을 클릭하면 기존의 단축키 설정은 없어지고 현재 지정한 'Toggle Piano Roll' 기능의 단축키로 바뀌게 됩니다.

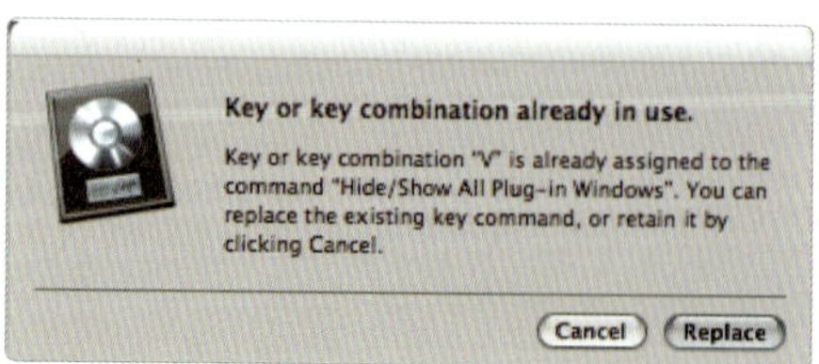

04 'Toggle Piano Roll' 기능의 단축키가 'V'로 바뀌었습니다.

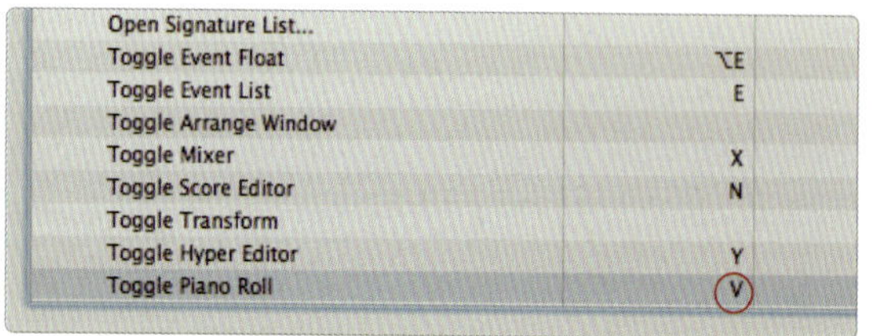

방금 사용한 [Learn by Key Label] 버튼은 키의 이름(Label)을 이용해서 단축키를 지정하지만, [Learn by Key Position] 버튼은 위치(Position)를 이용해 단축키를 지정합니다. 예를 들어 숫자 '3'을 단축키로 지정하고자 할 때 키보드 위쪽에 있는 숫자와 키패드에 있는 숫자는 이름(Label)은 같지만, 위치(Position)는 다르므로 [Learn by Key Position] 버튼을 이용해 단축키를 지정하면, 서로 다른 기능을 지정할 수 있습니다.

4. 단축키 관리하기

이렇게 본인이 만들어 놓은 단축키를 편리하게 관리할 수 있습니다.

- 'Import Key Commands'를 실행하면 저장해 놓은 단축키를 불러올 수 있습니다.

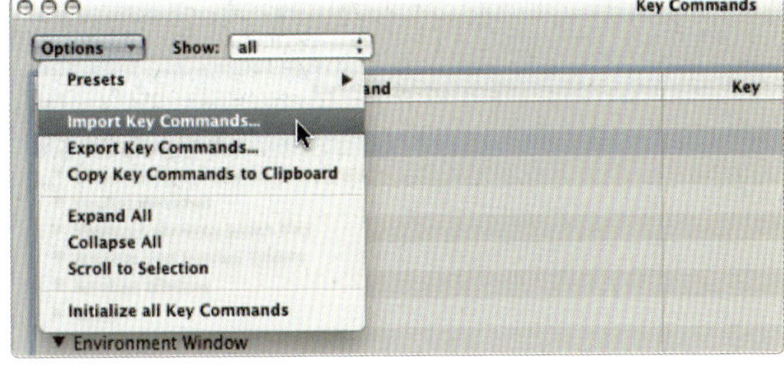

- 'Export Key Commands'를 실행하면 현재 지정된 단축키들을 저장할 수 있습니다.

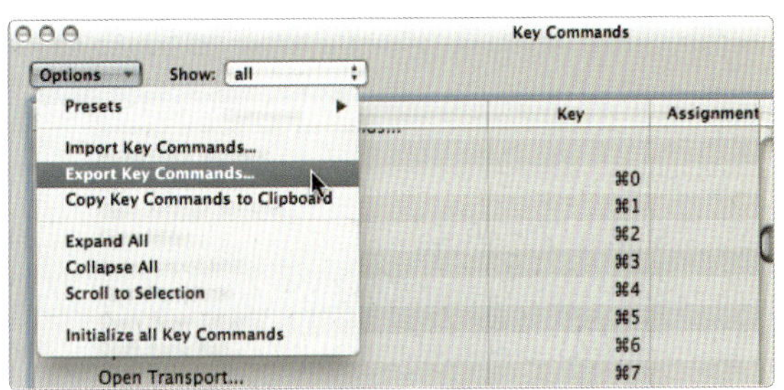

- 'Initialize all Key Commands' 기능은 모든 단축키를 초기화시킵니다.

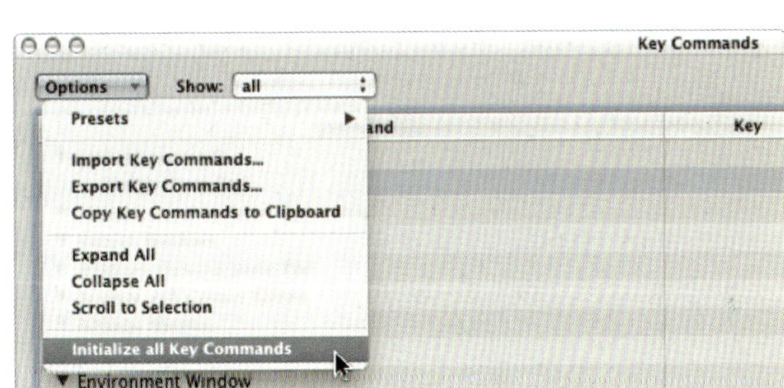

- 'Copy key Commands to Clipboard' 기능을 실행하면 지정되어 있는 단축키의 목록이 텍스트 형태로 클립보드에 복사됩니다. 이렇게 복사된 단축키의 데이터를 텍스트 편집기를 열어 Command + V 로 붙이기를 실행하면 그림처럼 지정된 단축키와 기능들이 표시됩니다.

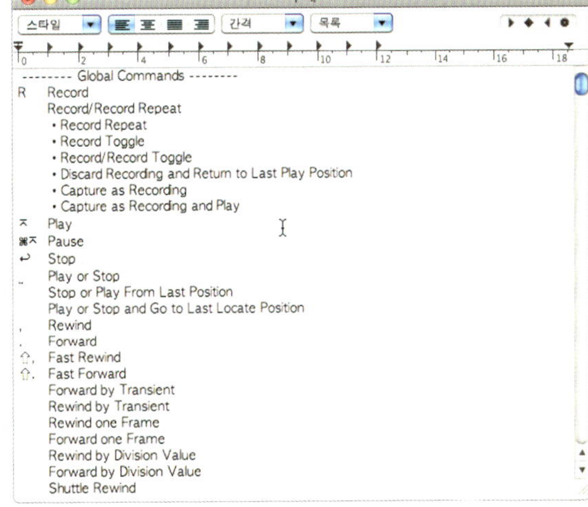

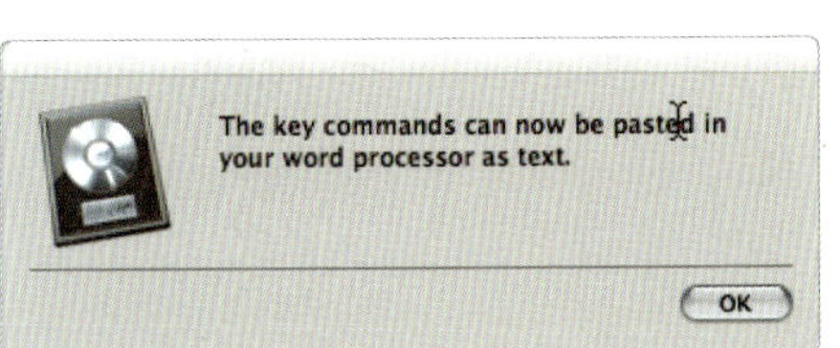

CHAPTER 02 스크린셋 (Screen Set)

스크린셋은 한정된 모니터 공간을 작업 종류에 맞추어 효율적으로 사용할 수 있게 해주는 유용한 기능입니다.

1. Screen Set 설정하기

예제 파일 : 02 RegionEdit - 01 RegionEdit_final

01 프로젝트가 열려 있는 상태에서 숫자 키 `1`~`9` 중에 아무 숫자나 입력해도 됩니다만, 예제를 위해서 '5'를 입력해보겠습니다. 상단 메뉴바에 'Screenset 5' 라고 표시됩니다.

02 이 상태에서 `X` 키로 믹서창을 열어보겠습니다.

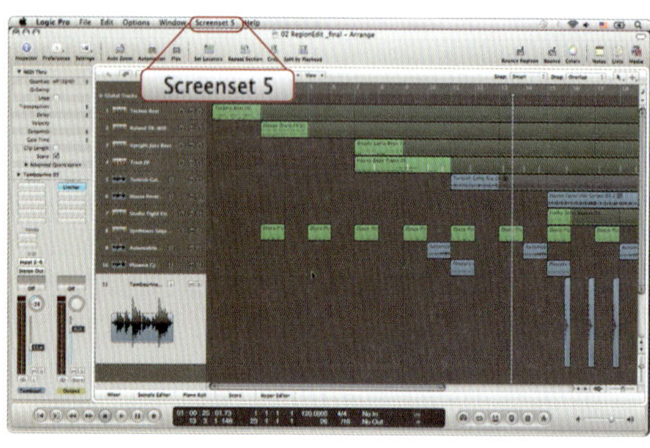

03 숫자 키 `1`을 눌러 Screenset 1번으로 돌아가보겠습니다. 화면 구성이 바뀌면서 메뉴바에 'Screenset 1' 이라고 표시됩니다.

04 `Control` + `Option` 키를 누른 채 드래그해서 리전을 확대해보겠습니다.

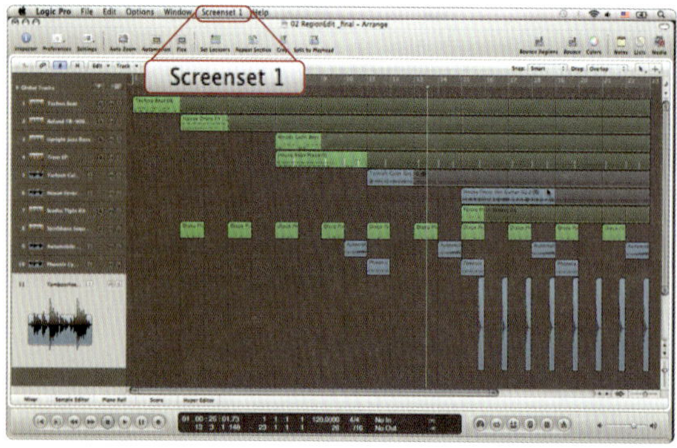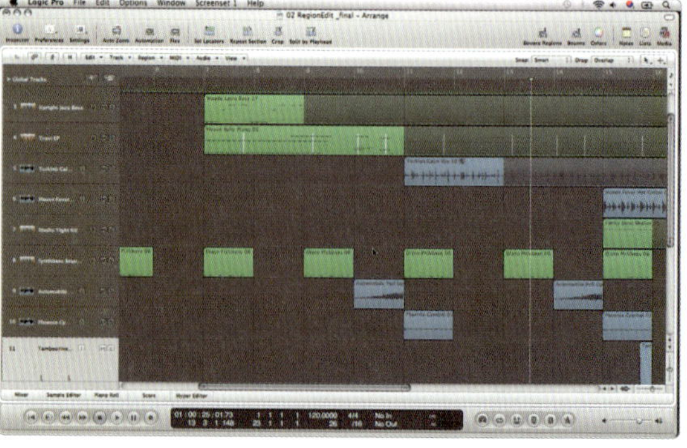

05 숫자 키 `5`와 `1`을 눌러 'Screenset 1'과 'Screenset 5'로 바꾸어보겠습니다. Screenset 5에서는 믹서창을 열어 놓았던 상태가 보여지고, 1에서는 리전을 확대한 상태가 보여집니다. 이와 같은 방법으로 1~9번까지 화면을 설정할 수 있습니다.

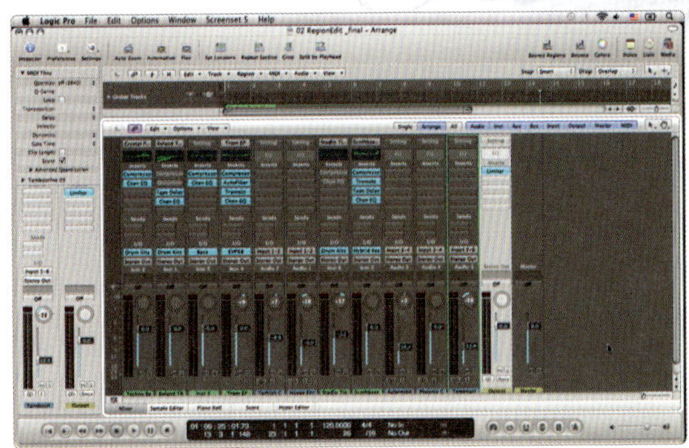

▲ 숫자 키 `5`를 눌렀을 때

스크린셋의 설정은 해당 번호에 따라 화면이 자동으로 변경되어 기록되지만, 더 이상 변경되지 않도록 잠가(lock) 놓을 수도 있습니다. 잠가 놓은 상태에서는 화면을 바꾸어도 스크린셋의 화면구성이 변하지 않습니다. Lock 상태의 스크린셋에서는 잠금 상태를 해제시킬 수 있는 'Unlock' 메뉴가 나타납니다.

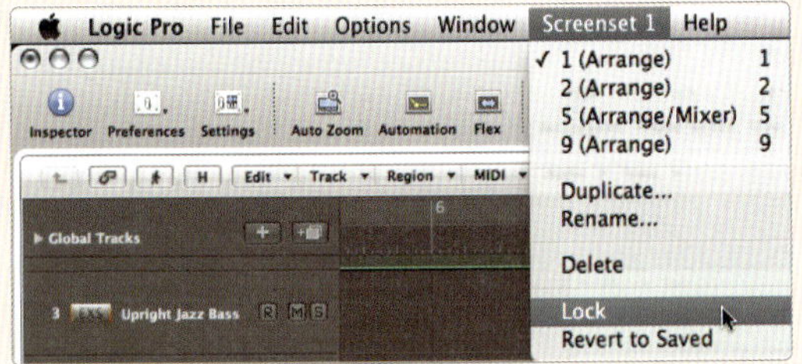
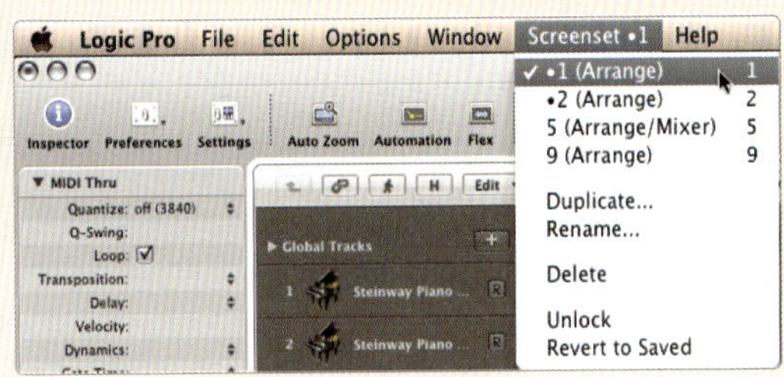

2. Screen Set 이름 변경하기

스크린셋의 이름을 지정할 수 있습니다.

01 상단 메뉴바에서 **Screenset 1 〉 Rename**을 선택합니다.

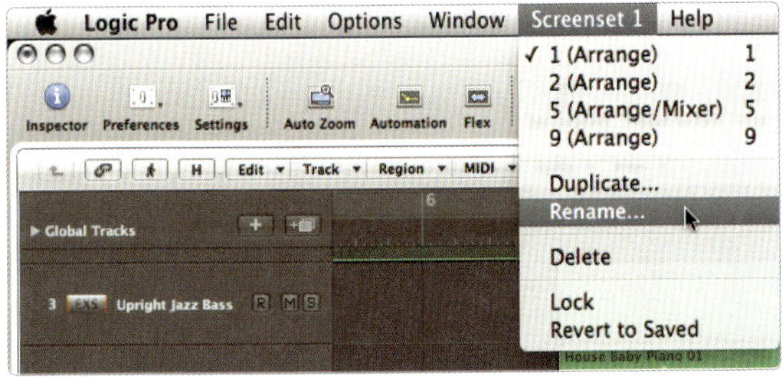

02 Screenset 1번의 이름을 'Zoom' 이라 입력해보겠습니다.

03 스크린셋 메뉴에서 'Zoom'이라는 이름이 나타나는
것을 확인할 수 있습니다.

3. Screen Set 복제하기

스크린셋을 복제할 수 있습니다.

01 상단 메뉴바에서 **Screenset 1 > Duplicate**를 선택
합니다.

02 복제시킬 스크린셋의 번호와 이름을 지정합니다.

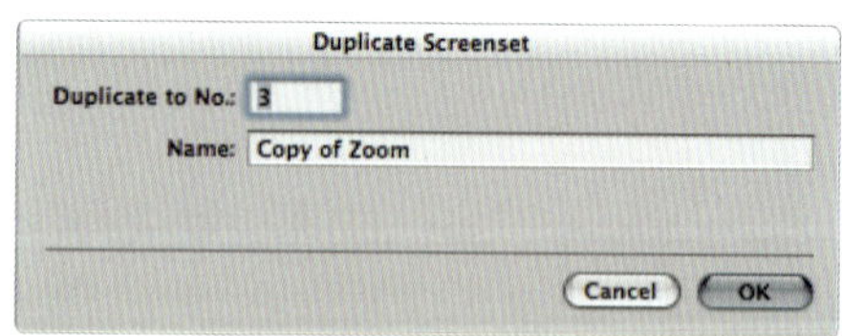

03 Screenset 3번에 'Copy of Zoom'이라는 이름으로
1번 스크린셋의 복제가 생긴 것을 확인할 수 있습니다.

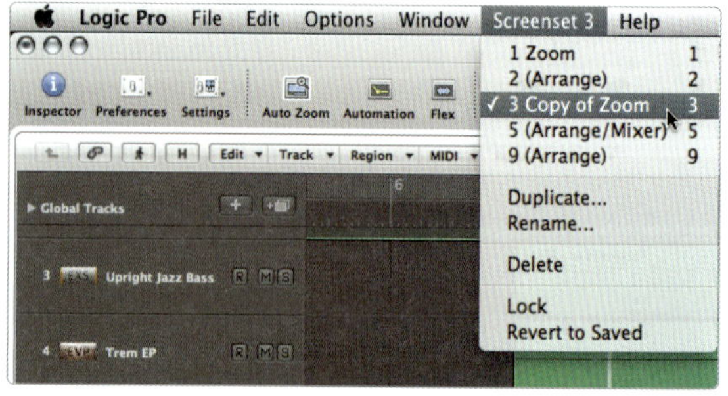

템플릿 (Template)

로직에서는 다양한 템플릿을 기본으로 제공하고 있습니다. 제공되는 템플릿의 간단한 활용과 본인이 직접 템플릿을 만들어 저장하는 방법을 배워보겠습니다.

1. Template 활용하기

새로운 프로젝트를 만들 때 나타나는 창에서 다양한 템플릿을 선택해서 만들 수 있습니다.

 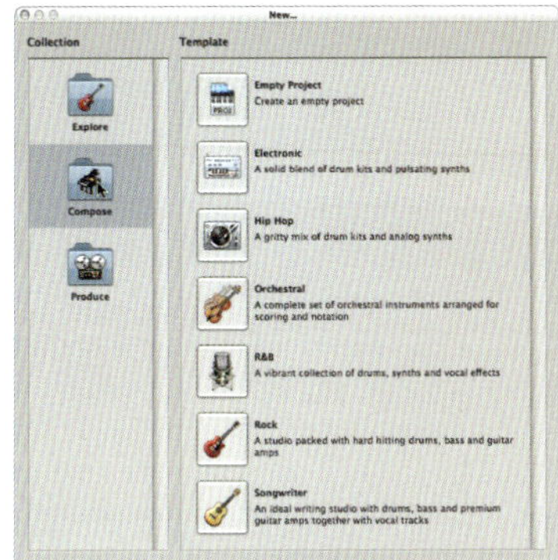 

Compose 활용-예

01 상단 메뉴바에서 File 〉 New를 선택합니다.

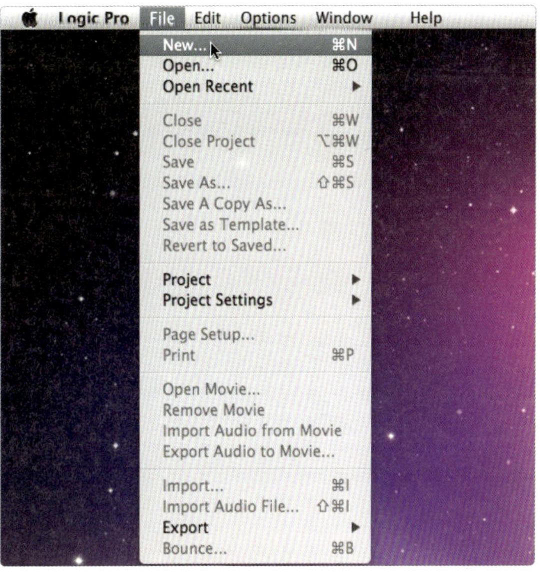

02 New 창이 나타나면 **Compose 〉 Songwriter**를 선택해봅니다.

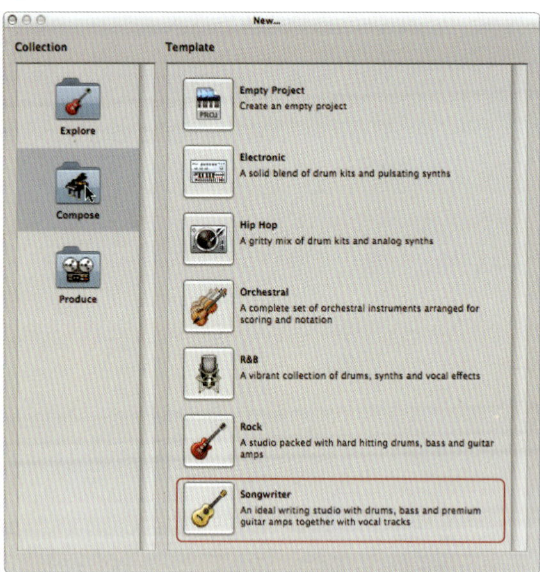

03 프리셋으로 톤이 만들어져 있어, 기타와 보컬을 연결하기만 하면 바로 사용할 수 있는 트랙들과 울트라비트로 리듬이 만들어져 있는 트랙이 보입니다. 프로젝트를 재생해보면 울트라비트의 전원이 켜져 있어 리듬이 자동재생됩니다.

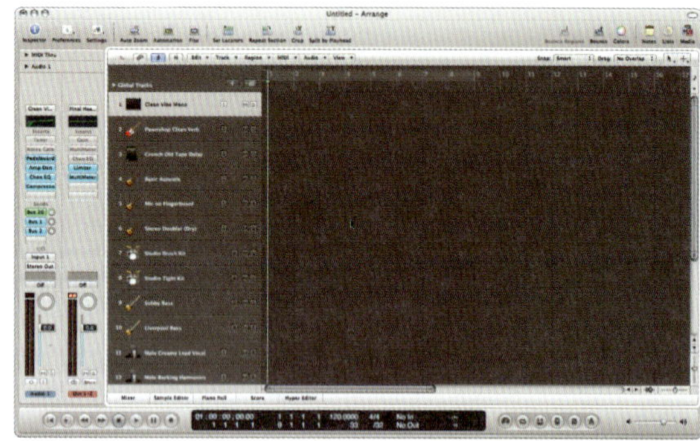

Produce 활용-예

01 상단 메뉴바에서 **File 〉 New**를 선택하여 **Produce 〉 Multi-Track Stereo Production**를 열어보겠습니다.

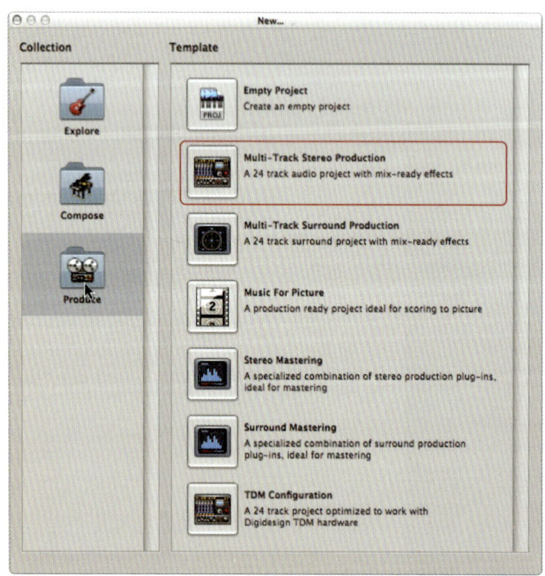

02 믹스하기 편리하게 여러 개의 오디오 트랙이 Aux 채널이 설치되어 있는 상태로 만들어져 있습니다.

03 프로젝트에 사용할 음원들을 드래그해서 가져다 놓습니다.

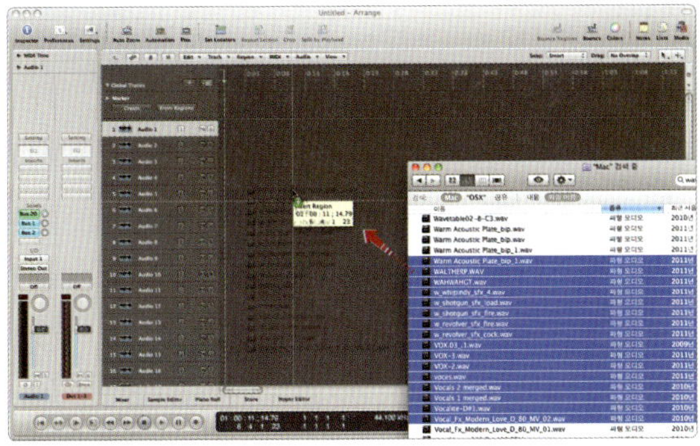

04 'Create new tracks(새로운 트랙을 만들어 이용하기)'을 선택하면, 새로운 트랙을 만들어 음원들을 순차적으로 배열하지만, 이 프로젝트에서는 이미 오디오 트랙이 많이 만들어져 있으므로 'Use existing tracks(기존에 만들어진 트랙을 이용하기)'를 선택합니다.

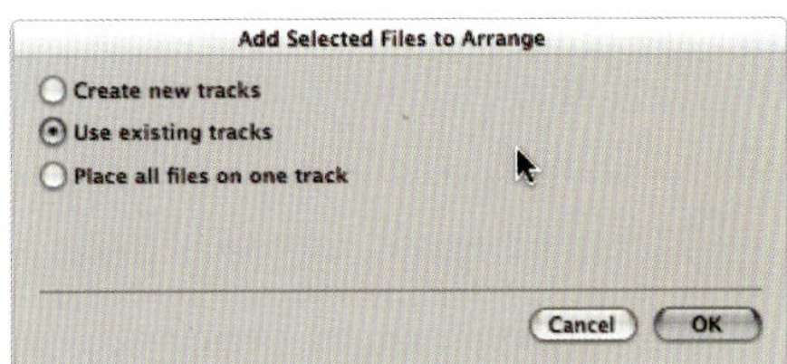

05 음원들이 이미 만들어져 있는 트랙에 순차적으로 안착되는 것을 확인할 수 있습니다.

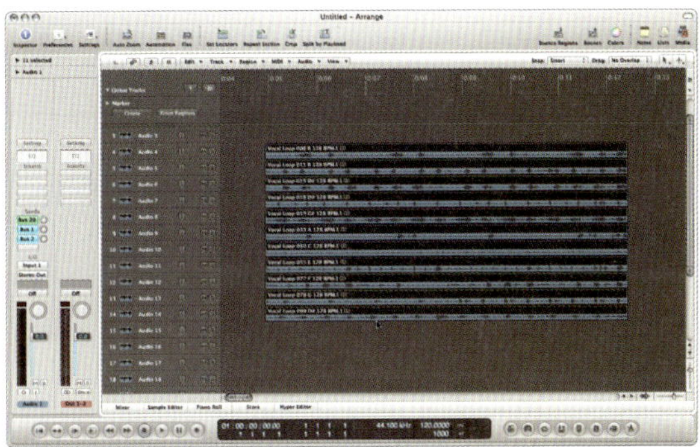

2. 나만의 Template 만들기

01 상단 메뉴바에서 **File > New**를 선택하여 **Explore > Empty Project**의 형태로 새로운 프로젝트를 만듭니다.

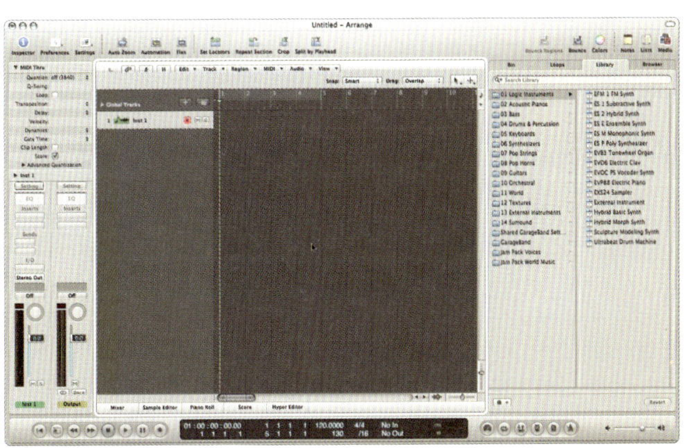

02 본인이 자주 사용하는 음원을 트랙에 로딩하고, 마이크가 연결되어 있는 인풋 채널을 설정해서 오디오 트랙을 만드는 등, 평소에 프로젝트를 만들 때 자주 반복하는 과정을 수행해봅니다. 예로 피아노 악기 트랙과 보컬 녹음을 위한 오디오 트랙을 만들어보겠습니다.

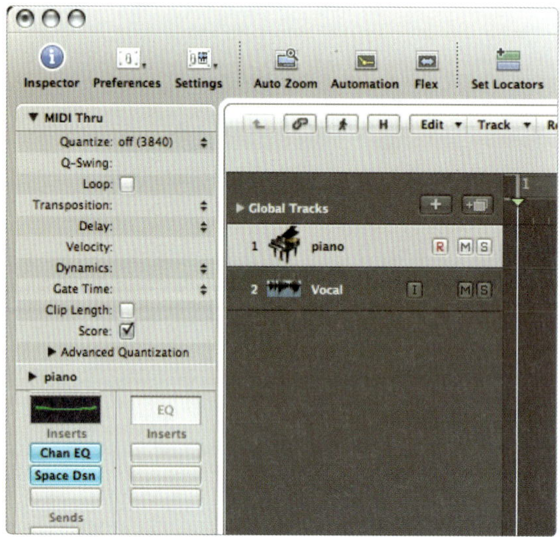

03 상단 메뉴바에서 **File 〉 Save as Template**를 실행합니다.

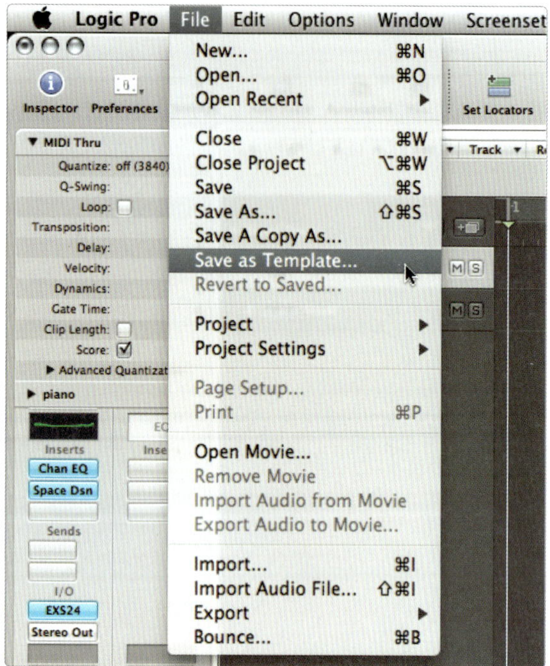

04 이름을 ‘piano_vocal’로 설정해보겠습니다. [Save] 버튼을 클릭합니다.

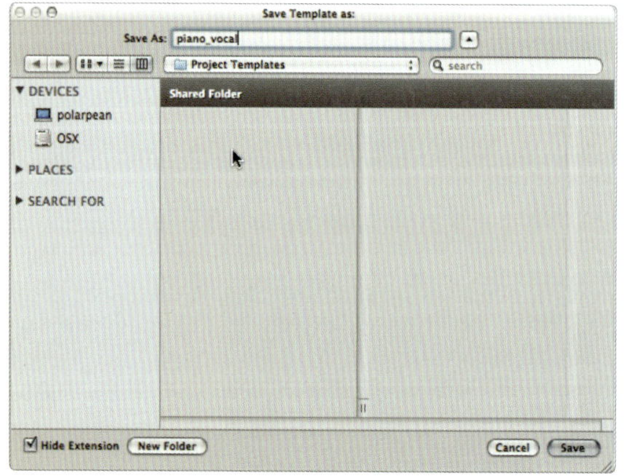

05 프로젝트를 닫고, 새로운 프로젝트 만들기 창을 열어보겠습니다. ‘My Templates’라는 폴더가 생기고, 방금 저장한 ‘piano_vocal’이 보이는 것을 확인할 수 있습니다. 이러한 방법으로 다양한 템플릿을 만들어서 활용할 수 있습니다.

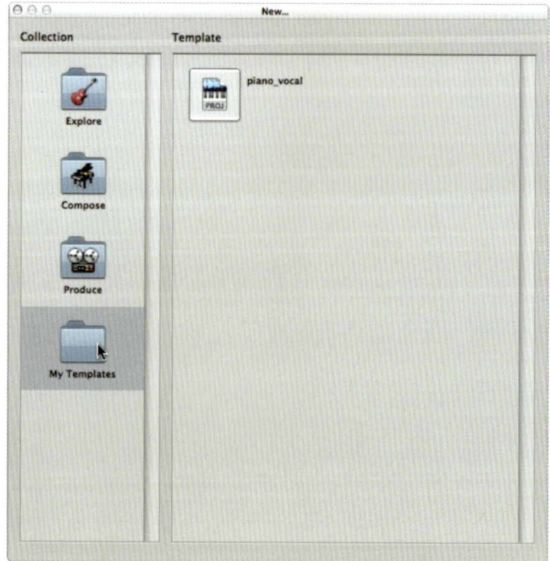

CHAPTER 04 동영상 불러오기
(Importing Movies)

로직에서는 동영상과의 연동을 통해 영상 음악작업을 할 수 있게 지원하고 있습니다. 멀티미디어 작업은 다양하게 사용될 수 있고, 특히 로직에서의 동영상 연동은 매우 안정적으로 작동하기 때문에 유용하게 활용할 수 있습니다.

1. 동영상 불러오기

File 〉 Open Movie를 실행하여 동영상을 불러올 수 있습니다.

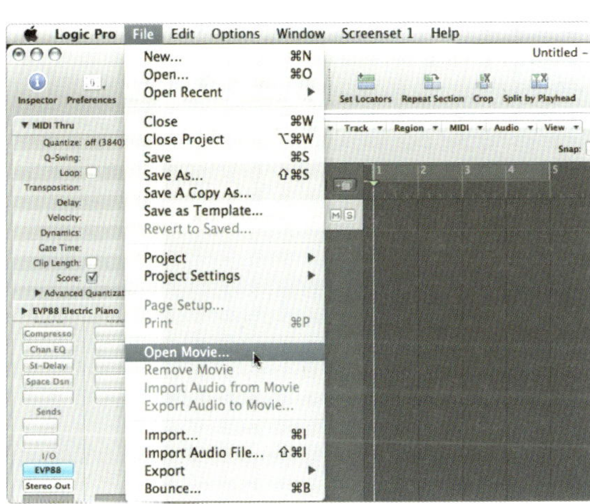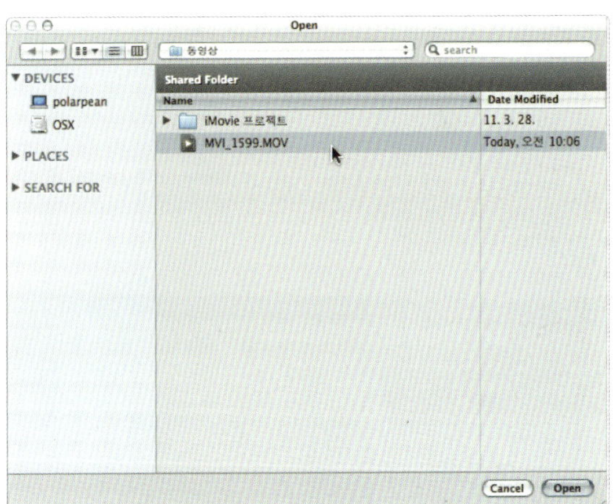

2. 동영상 재생하기

동영상 재생을 위한 창이 별도로 나타납니다. 프로젝트를 재생하면 이 창에서 동영상이 함께 재생됩니다.

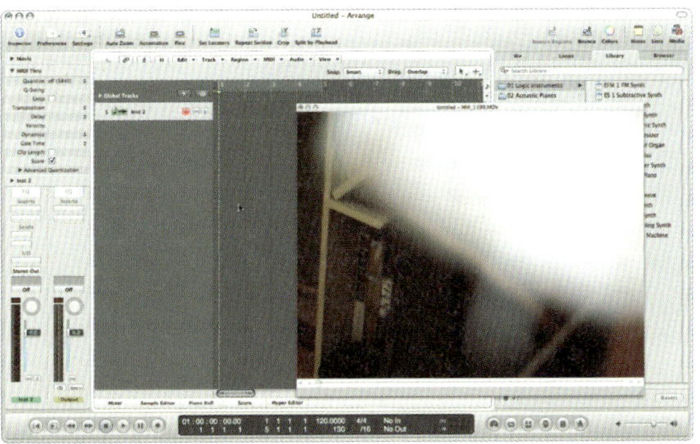

● 화면을 우클릭하면 화면의 크기와 위치를 지정할 수 있습니다.

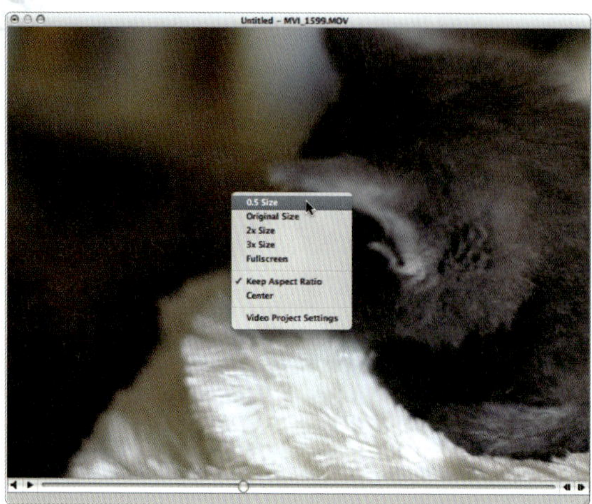

● 동영상 플레이창 좌측 상단의 ⊙ 버튼을 클릭하여 창을 닫으면 인스펙터창에 'Movie'라는 항목이 생성되면서 동영상이 작은 사이즈로 보입니다. 영상을 더블클릭하면 다시 큰 창이 나타납니다.

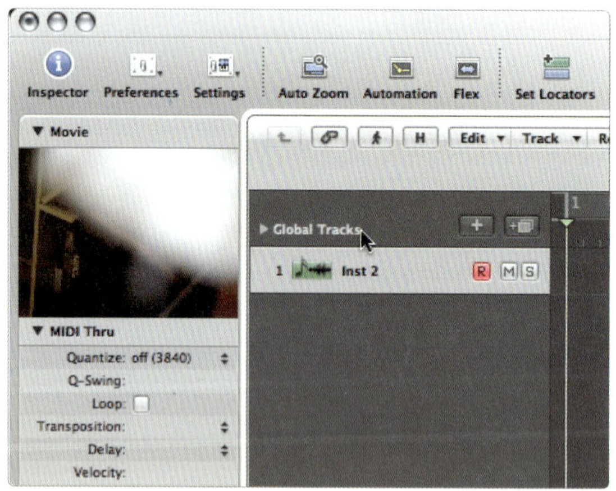

● Global Tracks(글로벌 트랙)의 'Video' 트랙을 열면, 영상의 흐름을 볼 수 있습니다.

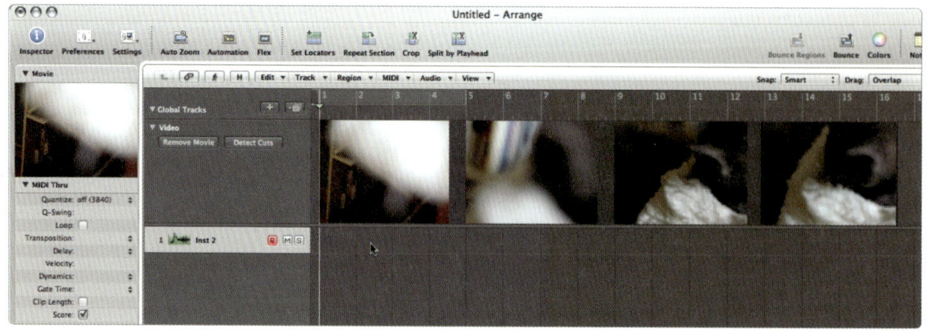

3. 동영상의 오디오 추출하기

File 〉 Import Audio from Movie를 실행하면 영상의 오디오를 불러올 수 있습니다.

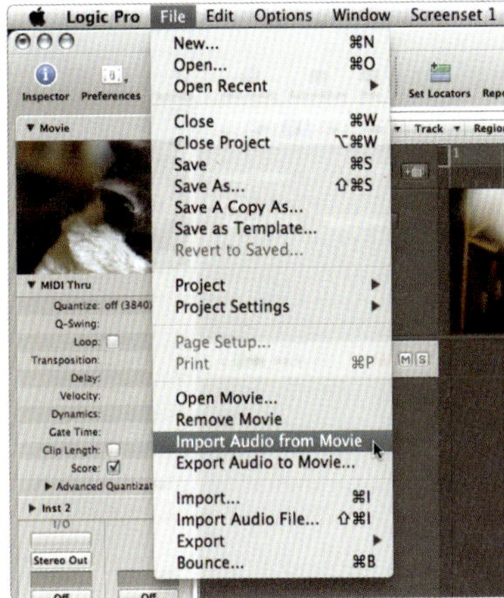

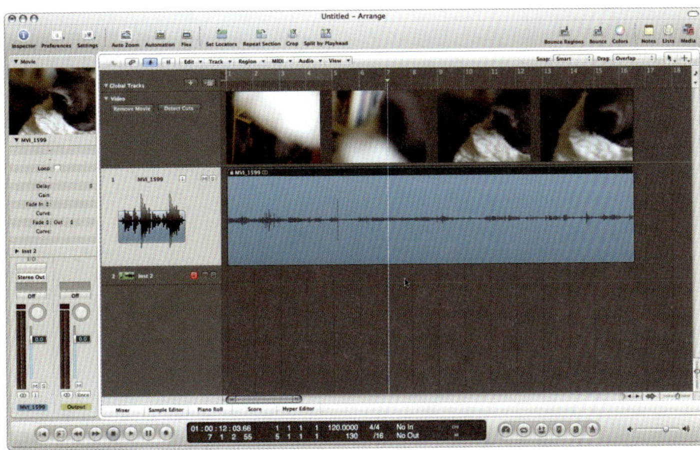

4. 동영상 내보내기

영상에 맞추어 음악 작업을 한 후에 다시 동영상으로 내보낼(Export) 수 있습니다.

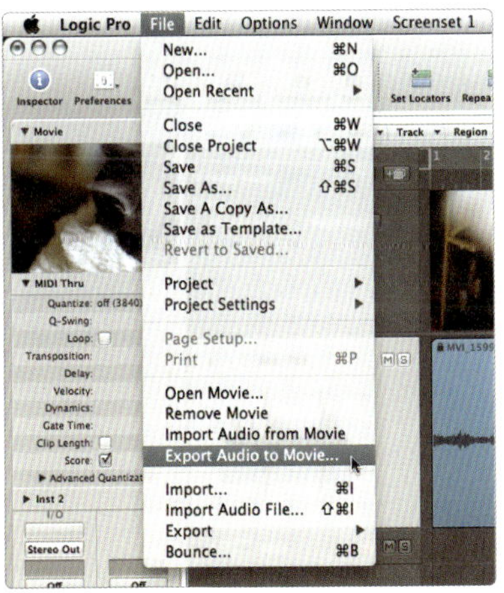

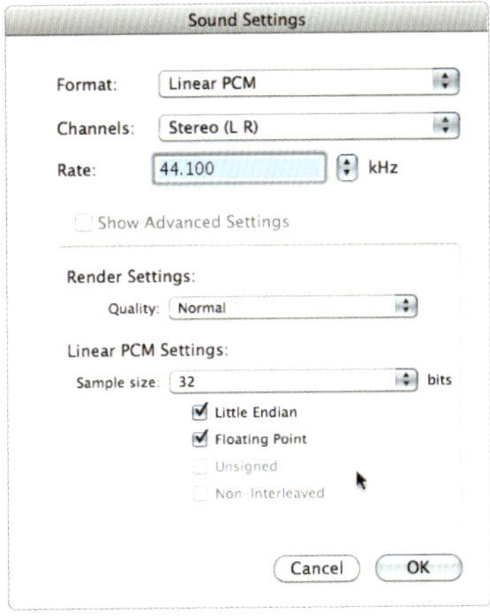

5. 설정 변경하기

● 프로젝트의 비디오 설정을 변경할 수 있습니다.

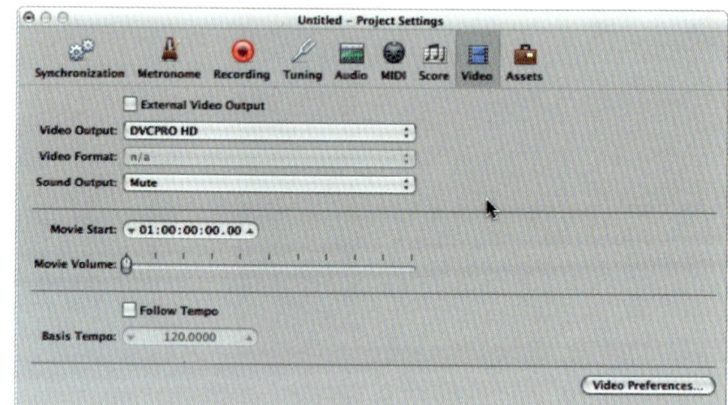

● 로직의 비디오 설정을 변경할 수 있습니다.

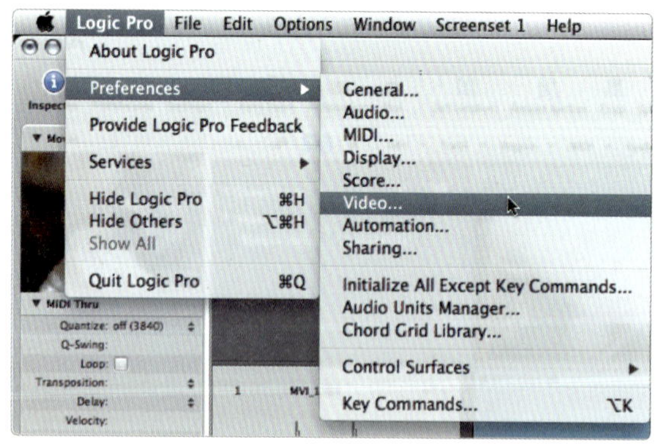

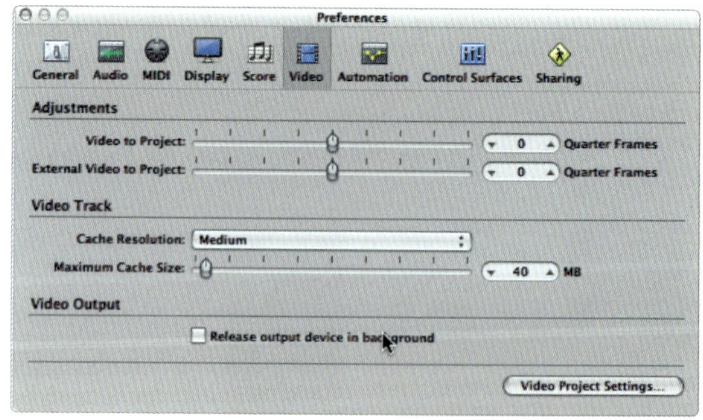

Memo

자유롭고, 아름다운 음악 창작을 위한

Logic Pro 9 입문편

1판 1쇄 인쇄 2012년 01월 05일
1판 1쇄 발행 2012년 01월 10일

저　　자 최 인 영
발 행 인 이 미 옥
발 행 처 디지털북스
정　　가 23,000원

저자 합의
인지 생략

등 록 일 1999년 9월 3일
등록번호 220-90-18139
주　　소 서울 광진구 능동 253-21 (우편번호 143-849)
전화번호 (02) 447-3157~8
팩스번호 (02) 447-3159

www.digitalbooks.co.kr

ISBN　978-89-6088-094-8 (13000)